신약
성경
해설

한국성서학연구소는
종교개혁의 신학 전통을 이어받아
다양한 성서해석 때문에 갈등을 겪는 한국교회를
하나님의 말씀 위에 바로 세우기 위하여 일하고 있습니다.
한국교회가 안고 있는 현실 문제에 대한 성서적이고
올바른 신학적 해석을 제시함으로써 이 땅의 문화가
그리스도의 이름 아래 세워질 때까지
이 일을 계속해 나가겠습니다.

독일 학계의 최신 연구를 반영한

신약성경해설

개정증보판 1쇄 발행 2024년 3월 15일
지은이 김창선
펴낸이 김지철
펴낸곳 도서출판 한국성서학
등록 제2022-000036호 (1991.12.21.)
주소 서울 광진구 광장로5길 25(광장동), 2층
전화 02-6398-3927
이메일 bibleforum@bibleforum.org
홈페이지 http://www.bibleforum.org
총판 비전북(전화 031-907-3927 / 팩스 031-905-3927)
인쇄·제본 성광인쇄

값 25,000원
ISBN 979-11-91619-07-2 03230
ⓒ 김창선 2024

개정증보판

독일 학계의 최신 연구를 반영한

신약 성경 해설

김창선 지음

한국성서학연구소
KOREA INSTITUTE OF BIBLICAL STUDIES

머리말

...

　지난 세기 한국교회는 경제 성장의 속도에 발맞추어 유례를 찾아보기 어려울 만큼의 경이로운 성장을 이룩했다. 그러나 21세기에 들어선 지금 사람들은 한국 개신교가 총체적인 위기에 빠져있다고 말한다. 아니, 총체적 위기 상황임이 분명하다. 교회의 성장은 멈추었고, 어린이들과 청년들이 교회에서 이탈하는 속도가 심상치 않다. 또한 물질적 세속주의와 교회 세습 문제 등으로 인해 교회와 교회 지도자들에 대해 사람들이 갖고 있는 기대와 인상은 더 이상 긍정적이지 않다. 이런 위기를 감지한 많은 교인들은 교회 개혁의 필요성을 외치고 있다.

　이러한 여망與望에 부응하고자 한국교회가 나름대로 교회 개혁 프로그램을 개발해서 하나둘씩 실천에 옮기며 많은 노력을 기울이고 있지만 그리 밝은 전망을 보이지 못하는 것은 무엇인가 출발점에서부터 미흡한 점이 있어서일 것이다. 한국교회 안에서 보완되어야 할 가장 시급한 사안은 말씀이 참 말씀 되지 못한 현실을 극복해 나가는 데 있다고 보면서 필자는 마땅히 성경에 대한 바른 이해로부터 교회 개혁이 출발해야 한다고 생각한다. 종교개혁자들이 교회의 낡은 관습과 그릇된 관행에 저항하면서 "오직 성경으로"sola scriptura의 구호를 내세움으로써 현실적으로 거의 불가능해 보이던 종교개혁을 끝내 이룩할 수 있었듯이, 한국교회 개혁의 성패는 개혁의 의지와 방향이 과연 성경적인가 아닌가에 달려있다고 생각한다.

　사실 한국교회의 교인들이 여타 다른 나라의 교인들이 따라올 수 없을 정도로 성경 읽기에 많은 관심과 열의를 보이는 것은 참으로 감사한 일이다. 그러나 문제는 성경을 얼마나 열심히 읽고 핵심 성구를 얼마나 많이 암송하는가가 아니라, 성경의 진정한 의미를 얼마나 잘 깨닫고 그 말씀을 얼마나 잘 실천에 옮기며 살아가는가에 달려 있다. 곧 교회와 그리스도인들의 삶의 자리에서 그 말씀의 생명력이 드러나야 한다는 말이다. 이렇게 교회 개혁의 성패도 성경의 올바른 이해에 달려있다고 할 수 있는데, 그렇다면 거의 2,000년 전에 기록된 신약성경을 오늘의 우리가 어떻게 이해할 것인가의 문제가 언제나 관건이 된다.

기독교 경전인 성경은 시대를 막론하고 불변하는 하나님의 진리의 말씀으로 "구약성경"과 "신약성경"으로 나뉜다. 이 가운데 특히 신약성경은 기독교 메시지의 특징을 잘 드러낸다. 신약성경을 "기독교 신앙의 대헌장"이라고 부르는 것도 그 때문이다. 그리하여 필자는 신약성경이 어떤 종류의 책이며, 그 특징은 무엇이고, 또한 어떤 메시지를 담고 있으며, 어떻게 생성되었는가 등에 대한 질문에 가능한 한 충실하게 대답하여 오늘의 그리스도인들이 신약성경을 올바르게 이해하는 데 도움을 주려 한다. 무엇보다 성경 본문을 가능한 한 충분하게 제시함으로써 평신도를 포함한 신학 입문자의 눈높이에 맞추어 설명하려고 노력함과 동시에 중심 문제에 대하여 교리 위주의 단답형·암기식 성경공부 방식에서 벗어나 서술적 방식을 통해 대답함으로써 더 쉽고 명확한 이해를 꾀하였다. 그러면서도 단순히 전통적인 시각에 머무르지 않고 성서학자들의 중요한 연구 결과를 진솔하게 소개하여 신학과 교회 현장 사이에 가로놓인 간격을 좁히려고 애를 썼다.

이 책의 제1부 "신약성경 기초 다지기"는 필자가 교회 현장에서 교인들을 대상으로 강의하였던 실제 강의안을 바탕으로 한 것이다. 이 강의는 신약성경에 대한 본격적인 공부에 앞서 신약성경이 어떤 책인지를 소개하여 신약성경의 바른 이해를 돕는 기초 훈련에 해당한다. 그리고 제2부 "신약성경 각 권으로의 초대"에서는 신약성경 각 권의 특징과 핵심 메시지를 제일 먼저 요약하고, 이를 둘러싼 현대 성서신학의 연구 결과를, 특히 성서학의 종주국으로 자부하는 독일 신학계의 최신 연구 결과를 본문의 흐름에 따라 효율적으로 반영하면서 간결하면서도 깊이 있는 서술로 알기 쉽게 소개하려 하였다.

여기에 제시된 신약성경의 순서는 학계의 관행을 따라 신약 각 책의 생성 연대와 특징을 고려하면서 그룹별로 배열하였다. 그리하여 바울서신을 필두로, 공관복음과 사도행전, 제2바울서신, 공동서신, 그리고 요한문서의 순으로 다룬다. 이렇게 하면 신약성경 전체의 생성 과정과 구조를 이해하는 데 도움이 될 것이다. 성경 구절의 인용은 대한성서공회가 1998년에 출간한 『성경전서 개역개정판』을 따랐음을 밝힌다.

필자는 이 책에 최근까지의 학문적 연구 결과를 가능한 한 충실히 반영하려고 노력하였으며, 또 독자들의 이해를 돕기 위해 성경의 주요 본문들을 설명과 함께 제시하였고 또 관련된 여러 장의 그림도 첨가하였다. 이 책은 미래 교회의 주역으로 활동할 평신도 지도자의 성경공부 교재나,

말씀 선포 자체에 관심이 많은 신학도와 목회자를 위한 신약성경 개론서로도 적합하고 유용하게 사용될 수 있을 것이다.

2017년 개정판에 이어 이번에 완전히 새로운 판형으로 출간된 개정증보판은 최근 출간된 여러 전문 서적을 참고하는 가운데 내용 전반에 걸쳐 (특히 제2부) 수많은 수정과 보완을 통해 완성도를 높였다. 그 결과 전체 분량이 늘어나는 것을 피할 수 없었다. 계속하여 독자들의 많은 관심과 질정을 기다린다. 이 책이 독자들의 성경 이해의 폭을 더욱 넓히고 성경의 깊이 있는 가르침을 깨달아 각자가 처한 교회와 삶의 영역에서 말씀에 따라 살아가는 데에 도움이 되고, 그리하여 한국교회의 미래가 밝아지고 새로운 도약이 일어나는 데에 조금이라고 기여할 수 있다면 여기서 더 큰 바람이 없을 것이다. 개정증보판의 출판을 흔쾌히 허락해 주신 <한국성서학연구소>의 소장 배정훈 교수님, 또 편집과 교정일로 수고해 주신 장성민 박사님과 전임연구원 김도현 목사님께 진심으로 감사드린다.

Gloria in excelsis Deo!

2024년 2월
저자 김창선

목차
✚

제1부

✝

신약성경 기초 다지기

이 필사본은 19세기 중엽 독일 라이프치히대학교의 티셴도르프 Constantin von Tischendorf, 1815-1874가 시내산 중턱에 자리 잡은 성 카타리나 수도원에서 발견한 "시내 사본" Codex Sinaiticus, 4세기이다. 여기에는 구약성경의 상당 부분과 신약성경 27권 전부가 그리스어 대문자로 기록되어 있다.

I

신약성경은 어떤 책인가?

...

    신앙은 다양한 얼굴로 그 모습을 드러낼 수 있다. 아무런 과학적·합리적인 근거도 없는 것을 맹목적으로 믿는 '미신', 옳고 그름의 분별없이 덮어놓고 믿는 '맹신', 미치다시피 이성을 잃고 무비판적으로 믿는 '광신' 등의 형태의 신앙은 그릇된 신앙의 전형을 보이는 것들이다. 이러한 종류의 신앙에 빠진 사람들을 주변에서 자주 만나게 된다. 극단적인 경우 이들은 반사회적이고 폭력적인 행동도 마다하지 않는다. 그러나 그러한 신앙은 왜곡된 것으로 실로 위험한 신앙이며 성경에 근거한 것이 아님이 분명하다.

    우리 그리스도인의 신앙은 진리의 말씀인 성경에 바탕을 둔 것이어야 한다. 올바른 성경 이해에 바탕을 두지 않는다면 미신과 맹신, 광신 등의 헛된 믿음에 붙들리기 쉬울 뿐만 아니라 성경을 그릇되게 해석하는 이단의 미혹에 빠지기도 쉽다. 그런 것들은 자신을 신앙이라는 이름으로 포장할 수는 있으나 이는 참된 신앙이 아니다. 참된 기독교 신앙은 다름 아닌 올바른 성경 이해 위에 선 신앙이다. 바로 이 점에서 우리는 성경을 올바로 이해하는 것이 얼마나 중요한가를 배우게 된다.

    성경은 베스트셀러요, '책 중의 책'이다. 1946년 영국에 설립된 '세계성서공회연합회'United Bible Societies에 따르면 성경이 3,435개의 다양한 언어로 번역되었다고 한다2020.08 기준: 성경전서 704, 신약 1571, 단편성서 1160. 참으로 놀라운 일이 아닐 수 없다.

성경에는 여러 종류가 있다. 책으로 만들어진 성경 말고도 성경을 컴퓨터용 파일에 담은 멀티미디어 성경, 시각 장애인을 위한 점자 성경, 귀로 듣도록 만들어진 오디오 성경도 있다. 성경이 이렇게 다양한 모습으로 우리와 아주 가까이 있어 얼마나 감사한 일인지 모른다.

우리나라 그리스도인들은 책 중의 책인 성경을 참으로 귀하게 여긴다. 우리처럼 성경을 귀하게 여기는 그리스도인들은 아마 세계의 다른 어느 나라에서도 찾아보기 힘들 것이다. 한국교회의 많은 교인이 보통 가죽 장정에 금칠이 되어 있고, 책이 상하지 않도록 지퍼를 단 성경을 사용한다. 기독교 국가인 독일에도 금칠을 하고 가죽으로 장정을 한 성경이 있지만, 이는 주로 특별한 선물용으로 사용될 뿐이다. 하나님의 말씀을 담고 있는 성경책을 이토록 값지게 여기며 소중히 여기고 널리 사용하는 것 자체는 참으로 하나님의 은혜임이 분명하다.

그런데 성경을 소중히 여기고 널리 사용한다고 해서 그것이 곧 성경이 전하는 메시지를 잘 알고 있음을 뜻하지는 않는다. 성경을 이해하는 데는 여러 수준의 차원이 있다. 곧 성경을 순수한 아이의 수준에서 이해하는 차원이 있고, 이성적인 질문을 제기하는 청소년기의 수준에서 읽거나 전문 성경연구가의 수준에서 예리한 분석적 시각으로 한층 깊이 이해하는 차원도 있다. 물론 성경 이해의 정도가 신앙의 깊이를 결정하지는 않는다. 그러나 성경 이해가 넓어지고 깊어질수록 신앙 성장의 가능성도 커질 것이다.

성경은 "살아계신 하나님의 말씀"이므로 교회의 삶과 우리의 삶을 위한 기준이 된다. 그래서 "성경", 즉 "성스러운 경전"이라고 부르는 것이다. 성경을 흔히 '카논'Kanon, 즉 정경正經이라고 하는데, 이 단어는 "갈대"를 뜻하는 히브리어 '카네'קָנֶה에서 나왔을 것이다. 즉 길고 곧은 갈대를 측량 도구로 삼았던 고대 세계의 관습에서 "규범", "기준"을 뜻하는 카논이라는 말이 생겨났다. 그리하여 카논은 성경이 신앙의 삶을 위한 규범과 기준이 됨을 가리킨다. 따라서 올바른 신앙인으로 살아가려면 성경 말씀을 받아들이기 위한 겸손한 마음과 더불어 규범과 기준이 되는 성경을 이해하려는 진지한 노력이 필요하다.

이와 같이 온전한 성경 이해를 가져야 비로소 신앙인으로서의 온전한 실천이 가능하다. 최근 들어 한국교회가 타락했다고 우려하는 소리를 자주 듣게 된다. 우리 교계의 성경 이해가 부족하여 말씀에 근거한 실천적인 삶이 결여되어 있어 있음이 근본적인 이유라는 것이 필자의 소견이다. '말씀' 위에 튼튼히 서 있는 교회는 결코 이단적 교설에 흔들리지 않고, 또한 하나님께서 원하시는 올바르고도 실천적인 삶을 이루어갈 수 있다.

필자가 본 바로는 종교개혁과 개신교 탄생의 본고장으로 장구한 기독교 전통을 갖고 있는 독일의 경우, 이단은 별다른 영향력을 발휘하지 못한다. 독일 교계가 말씀 위에 굳게 서 있고, 독일 사회는 건전한 기독교 문화 위에 서 있고, 교회는 하나로 통일되어 있다. 물론 루터교회의 규모가 압도적으로 크지만 감리교회, 개혁교회 외 서로 다른 교파들이 "독일 개신교회"EKD= Evangelische Kirche in Deutschland라는 이름으로 하나로 뭉쳐 있어서 그 위상은 참으로 대단하다. 그리하여 독일 교회는 독일 사회 안에서 막강한 영향력을 갖고 있으며, 독일뿐만 아니라 전 세계를 상대로 엄청난 규모의 섬김 프로젝트를 수행하고 있다.[1]

한국교회의 교세는 전체적으로 세계가 놀랄 정도의 규모를 갖고 있다고 자랑한다. 그러나 우리 교계처럼 사분오열된 교회는 세계 어느 곳에

---

1) 대표적인 사회봉사 단체로서 개신교의 경우 십 수만 명의 구성원을 가진 "디아코니셰스 베르크"Diakonisches Werk, 가톨릭의 경우 세계적인 네트워크를 가진 "카리타스"Caritas라고 불리는 방대한 조직이 있다.

서도 찾아보기 어려울 것이며, 교회가 우리 사회에 미치는 영향력도 유감스럽지만 그리 크다고는 할 수 없다. 개별 교회들이 구석구석에서 남몰래 우리 사회의 소외된 이웃을 향해 많은 봉사와 섬김을 실천하기는 하지만, 모든 교회가 하나로 힘을 결집하지 못하는 까닭에 그 역할이 사회의 기대에 못 미치고, 그로 인해 많은 비판의 소리를 듣는 것이 현실이다. 말씀 위에 굳게 서 있는 교회는 나뉠 수 없다. 하나님과 주 예수 그리스도의 교회는 본질적으로 하나이기 때문이다.

이방인을 위한 사도로 부름 받은 바울은 자신이 세운 이방인 중심의 교회가 유대 그리스도인으로 구성된 예루살렘 모교회에서 분리되지 않기를 간절히 원했다. 그리스도의 몸 된 교회는 하나여야 함을 깨달은 바울은 초기부터 교회의 통일을 그 누구보다도 중요하게 생각했던 것이다.

이 책을 읽는 독자 여러분의 성경 이해의 폭과 깊이가 더욱 확대되어 말씀의 바탕 위에서 하나님 보시기에 아름다운 삶을 더욱 잘 이끌어 가기를 바란다. 그리하여 우선 성경을 둘러싼 몇 가지 논쟁을 살펴보면서 성경이 어떤 성격의 책인지에 대하여 논하려 한다.

제1강: 성경을 둘러싼 논쟁

1. 그리스도인과 비그리스도인 사이의 논쟁: 성경은 하나님의 말씀인가, 인간의 말인가?

그리스도인은 성경을 살아계신 "하나님의 말씀"으로 믿는다. 성경을 하나님의 말씀으로 받아들이는 것은 오직 신앙을 통해서이다.

그래서 위대한 종교개혁가 칼빈은 다음과 같이 말했다.

불신자에게 성경이 하나님의 말씀임을 입증해 주려는 행위는 참으로 어리석은 짓이다. 신앙이 아니고서는 성경이 하나님의 말씀임을 알 수 없기 때문이다『기독교강요』 I,8.

그러나 비그리스도인은 성경을 옛 사람의 진술을 담은 보통 문서로 간주하며, 기껏해야 윤리적으로 또는 사상적으로 뭔가 유익한 내용을 담은 고대 문서의 하나로 여길 뿐이다. 이슬람교 신자들은 자신들의 경전인 코란꾸란이 하늘에서 예언자 무함마드의 마음에 내려온 신성한 말씀 자체라고 믿는다. 따라서 코란은 반드시 원어인 아랍어로만 읽어야 하며, 다른 언어로 번역된 코란을 읽는 것은 불경한 일이라고 말한다. 그렇지만 우리가 "하나님의 말씀"으로 고백하는 성경은 "하늘에서 뚝 떨어진" 책이 아니다. 성경 저자들은 자신들이 살았던 역사의 특정 장소와 특정 시간 안에서 성경을 기록했다. 이렇게 본다면 성경을 고대 문서 중의 하나로 여기면서 그것이 어떻게 영원한 진리의 말씀일 수 있는가 반문하는 비그리스도인의 반응도 이해할 수 있게 된다.

주후 2세기 후반의 사람 알렉산드리아 출신의 철학자 켈수스Celsus는 그의 작품 『참된 말씀』ἀληθὴς λόγος, 178년경에서 플라톤 철학의 우수성을 변증하면서 그리스도교를 엉터리 종교라고 비난했다. 그는 예컨대 '아들 파송派送'에 대한 기독교의 신앙은 초월적인 최고신의 본질에 어긋나며, 또한 그리스도인들은 국가와 사회 발전에 동참하기를 좋아하지 않는다고 하면서, "그들은 자기들이 믿는 것에 대해 이유를 대려고 하지도 않고, '검증하려 들지 말고 믿으라', '너의 믿음이 너를 구원할 것이다', '이 세상에 있는 지혜는 흉악하여, 어리석음이 좋다'는 격언을 필요로 할 뿐이다"라고 비난하였다. 이처럼 켈수스는 철학적 신에 관한 신앙이 그리스도교보다 더욱 합리적이라고 주장했다.[2)]

2) 이와 같은 켈수스의 그리스도교 비판에 반박하는 Contra Celsum을 교부 오리게네스 Origenes, 185-254가 3세기 중엽에 저술했다. 이 책은 우리말로 번역되었다. 임걸 옮김, 『켈수스를 논박함』 (새물결출판사, 2005).

기독교에 대한 이러한 비난은 오늘날에도 여전히 계속되고 있다. 비그리스도인의 이러한 거부에 대해 그리스도인으로서 분명히 해야 할 일은 인간에 의해 기록된 성경이 어떤 의미에서 하나님의 말씀이며 진리의 말씀인가를 밝히는 것이다. 이는 그리스도인 자신에게 중요할 뿐만 아니라 선교의 측면에서도 매우 중요한 일이다.

성경은 특정 시대, 특정 장소에 살았던 사람들의 작품이기에 철두철미하게 인간적인 책이라고 할 수 있다. 그러나 동시에 성경은 오늘 믿는 사람에게도 "살아계신 하나님의 말씀"으로 체험되기에 구원의 메시지를 선포하는 하나님의 말씀으로 읽혀야 마땅한 책이다.

2. 교회 사이의 논쟁

성경 때문에, 더 정확히 말하면, 성경을 둘러싼 해석 때문에 교회의 분열이 초래되곤 했다. 저마다 성경을 하나님의 말씀으로 받아들인다고는 하나, 그 해석에 대해서는 서로 입장이 다르기 때문이다. 서로 다른 입장의 해석의 한 예로 베드로를 향한 예수님의 말씀을 들 수 있다.

> (마 16:18-19) [18] 또 내가 네게 이르노니 너는 베드로라 내가 이 반석 위에 내 교회를 세우리니 음부의 권세가 이기지 못하리라 [19] 내가 천국 열쇠를 네게 주리니 네가 땅에서 무엇이든지 매면 하늘에서도 매일 것이요 네가 땅에서 무엇이든지 풀면 하늘에서도 풀리라 하시고

가톨릭교회는 이 구절을 교황 제도와 관련지어 해석하지만 개신교회는 그런 해석을 거부한다. 이러한 논란이 생길 경우 가톨릭 교인은 교황청의 판단을 따르지만, 개신교인은 다시 성경으로 돌아가 성경의 권위에 순종하게 된다_sola scriptura, "오직 성경으로"_. 성경 해석을 둘러싼 개신교인들 사이의 논쟁은 특히 우리나라의 경우 심각하다.

3. 성경 번역과 관련된 논쟁

현재 여러 종류의 성경 번역본이 시중에 나와 있는데, 저마다 자신의 번역이 최상의 것이라 하겠지만 완벽한 성경 번역본은 존재할 수 없다.

	개역성경	한글킹제임스성경
로마서 8:1	그러므로 이제 그리스도 예수 안에 있는 자에게는 결코 정죄함이 없나니	그러므로 이제 그리스도 예수 안에 있는 자에게는 결코 정죄함이 없나니, 그들은 육신을 따라 행하지 아니하고 성령을 따라 행하느니라
로마서 16:24	없음	우리 주 예수 그리스도의 은혜가 너희 모두와 함께 있을지어다. 아멘
골로새서 1:14	그 아들 안에서 우리가 구속 곧 죄 사함을 얻었도다	그 안에서 우리가 그의 보혈을 통하여 구속, 곧 죄들의 용서함을 받았느니라

위의 표에서 보는 것처럼 스스로 "기존의 한글 성경들은 변개된 가톨릭 원문에서 번역되었지만 '한글킹제임스성경'은 올바로 보존된 종교개혁 원문에서 번역되었습니다"라고 말하는 『한글킹제임스성경』은 『개역(개정)성경』의 본문과는 좀 다른 본문을 제시한다.

『개역(개정)성경』에는 로마서 8:1이 "그러므로 이제 그리스도 예수 안에 있는 자에게는 결코 정죄함이 없나니"라고 되어 있으나, 『한글킹제임스성경』은 여기에 다른 내용을 첨가하여 "그러므로 이제 그리스도 예수 안에 있는 자에게는 결코 정죄함이 없나니, 그들은 육신을 따라 행하지 아니하고 성령을 따라 행하느니라"고 기록한다.

또한 『개역(개정)성경』에는 로마서 16:24이 "없음"으로 나오는데 반해서, 『한글킹제임스성경』은 이 자리에 "우리 주 예수 그리스도의 은혜가 너희 모두와 함께 있을지어다. 아멘."이라고 기록하였다. 골로새서 1:14과 관련하여 『개역(개정)성경』에는 "그 아들 안에서 우리가 구속 곧 죄 사함을 얻었도다"라고 하는데, 『한글킹제임스성경』은 "그 안에서 우리가 그의 보혈을 통하여 구속, 곧 죄들의 용서함을 받았느니라"고 "그의 보혈을 통하여"를 더 넣었다.

그렇다면 어느 번역이 더 좋은 번역일까? 1546년, 파리에서 에스티엔 Robert Estiene, 1503-1559이라 불리는 출판업자3)가 중세 후기에 만들어진 필사본을 토대로 그리스어 성경을 출판했다. 그는 최초로 신약성경 각 책의 장chapter 안에 절verse의 숫자를 표시하여 성경 사용을 편리하게 만들기도 했는데,4) 그의 그리스어 성경을 대본으로 하여 1611년에 영어로 번역한 것이 『킹제임스성경』이다. 이 성경은 당시 훌륭한 번역으로 각광받았다.

그러나 그 뒤 성서학계는 그보다 더 오래된 4-6세기 필사본들을 토대로 한층 원본에 가까운 형태의 성서본을 출판하였다. 현재 우리가 사용하는 『개역(개정)성경』은 더 먼 옛날에 만들어진 필사본을 토대로 한 번역으로, 더 좋은 번역이라고 할 수 있다. 이와 같은 사실은 학문적으로도 입증할 수 있다.5) 앞에서 언급한 로마서의 경우에 『한글킹제임스성경』은 『개역(개정)성경』보다 긴 본문을 제시하는데, 이는 짧은 본문보다 후대에 만들어진 것이다. 본래 사도 바울이 기록했던 본문은 짧은

King-James Bible 1611년 초판

본문에 가깝다고 할 수 있다. 하나님의 말씀으로 전해 내려오던 성경 본문을 그 뜻이 불분명하다고 판단하여 내용을 첨가함으로써 명백하게 하려고 했기 때문에 그러한 긴 본문이 생겨나게 된 것이다. 좋은 의도에서였겠지만 없던 구절을 첨가함으로써 본래 성경 저자의 기록과는 어느 정도의 차

---

3) 그의 라틴어식 이름은 '스테파누스'Stephanus, 즉 스데반이다.

4) 13세기에 영국의 신학자이며 캔터베리 대주교1207-1228였던 Stephan Langton이 성경의 '장chapter을 나누었다.

5) 이와 관련하여 필자의 "그리스어 신약성경 본문비평본의 역사" (『성경원문연구』 제7호/2000, 대한성서공회, 100-116)를 참조하라. 같은 글이 필자의 『21세기 신약성서 신학』 (예영커뮤니케이션, 2004), 129-151에도 실려 있다.

이가 생기게 된 것이다.

성경이 하나님의 말씀이기에 현대인을 위한 성경 번역은 더없이 중요하다. 현재 몇 종류의 우리말 번역이 있으나, 우리의 교회는 1938년에 간행된 이른바 『개역(개정)성경』에 매달리는 경향이 강하다. 말은 장소에 따라 시대와 함께 변하기에, 성경 번역 작업은 계속되어야 한다. 또한 번역은 학문적인 연구가 반영된 일종의 해석이므로 완벽할 수 없기에 계속하여 보완되고 수정되어야 한다.

여러 종류의 우리말 성경 가운데 두 권을 추천한다. 하나는 대한성서공회가 1998년에 출간한 『성경전서 개역개정판』에 "Good News Study Bible"세계성서공회연합회, 1997의 스터디 노트를 붙인 『굿 뉴스 스터디 바이블』대한성서공회, 2001로 스터디 노트에 학문적으로 신뢰할 만한 정보를 비교적 이해하기 쉽게 설명했다. 다른 하나는 1997년에 대한성서공회가 펴낸 『해설·관주 성경전서 독일성서공회판』으로 이 성경은 『개역한글판』 본문에 『독일성서공회판 성경전서』에 실린 양질의 해설과 관주를 더한 성경이다. 2004년에는 대한성서공회가 독일성서공회판 관주와 해설을 개역개정판 본문과 함께 엮어 『관주·해설 성경전서 개역개정판-독일성서공회 해설』로 펴냈다. 일반적으로 교인들이 아름다운 장정과 갖고 다니기 편리하게 부피가 작고 가벼운 종류의 성경을 선택하여 사용하는 경우가 많지만 공인된 기관인 대한성서공회가 출판한 해설·관주 성경을 선택하는 것이 바람직하다고 여겨 추천하는 바이다. 이들 성경은 현대 학자들의 연구 결과를 반영한 해설과 관주를 달고 있기 때문이다.[6)]

---

6) 한국 가톨릭교회는 이해하기 쉬운 우리말 현대어로 번역한 『성경』을 2005년에 출간했다.

제2강: 성경은 자연과학이나 역사 교과서가 아니다

1. 성경은 자연과학 교과서가 아니다 : 성경은 하나님의 말씀인가, 인간의 말인가?

우리가 일상적으로 하는 말 가운데 **"문 닫고 들어와!"**라는 표현이 있다. 논리적으로는 전혀 말이 되지 않는다. 이 표현을 그대로 번역해서 외국인에게 말하면 도대체 무슨 뜻인지 이해하지 못한다. 문을 닫은 다음에는 아무도 들어갈 수 없기 때문이다. 그러나 이 말은 결코 틀린 말이 아니다. 이 말은 원래 문을 닫을 것을 강조하는 의도를 가진 말이기 때문이다. 다른 예로, **"아침에는 해가 뜨고, 저녁이 되면 해가 진다"**는 말이 있다. 사실 이 말은 과학적으로 보면 틀린 말이다. 해가 움직여 뜨고 지는 것이 아니라 우리가 살고 있는 지구가 회전하기 때문에 우리 눈에 마치 해가 뜨고 지는 것처럼 보인다. 그리하여 이 말은 우리가 체험하는 사실을 반영하는 상징적인 표현이라고 할 수 있다.

근대에 들어오기까지 사람들은 지구가 온 세상의 중심이라고 하면서 태양과 별과 달이 모두 지구 둘레를 돌고 있다는 세계상을 갖고 있었다. 이러한 세계상을 무너뜨린 것은 신학이 아니라 자연과학이었다. 16세기 전반에 활동했던 천문학자 코페르니쿠스 Nikolaus Kopernikus, 1473-1543는 천동설의 오류를 지적하면서 지동설을 주장했다. 그는 자신의 저서 『천구의 회전에 관하여』에서 정지 상태의 지구가 우주의 중심이며 태양을 비롯한 달, 행성, 항성 등이 지구 주위를 돈다는 천동설은 오류이고, 지구를 포함한 모든 행성들이 천구의 중심인 태양 주위를 돈다는 지동설이 옳음을 입증했다. 코페르니쿠스의 주장은 대략 한 세기가 지나 갈릴레이 Galileo Galilei, 1564-1642와 케플러 Johannes Kepler, 1571-1630의 연구를 거치면서 정설로 자리를 잡게 되었다. 이로 말미암아 당시 교회는 커다란 혼란을 겪었다. 성경

에 나타나는 세계상은 지동설과는 완전히 다른 모습을 띠고 있기 때문이다.[7]

성경 저자는 고대 세계에 속한 사람으로서 성경을 기록하던 그 당시의 세계상을 전제로 기록할 수밖에 없었다. 고대인들은 보통 다음의 그림과 같은 하늘 층, 지구 평면, 지하 세계의 세 부분으로 이루어진 세계상을 갖고 있었다.

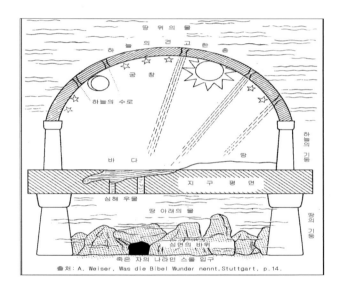

출처: A. Weiser, Was die Bibel Wunder nennt, Stuttgart, p.14.

욥기 37:18에서 욥의 친구 엘리후가 욥에게 하는 말("그대는 그=하나님를 도와 구름장들을 두들겨 넓게 만들어 녹여 부어 만든 거울같이 단단하게 할 수 있겠느냐")과 이사야 40:22의 진술("그는 땅 위 궁창에 앉으시나니 땅에 사는 사람들은 메뚜기 같으니라 그가 하늘을 차일 같이 펴셨으며 거주할 천막 같이 치셨고")에는 당시 고대인이 가졌던 세계상이 전제되어 있다. 또한 바울은 고린도후서 12:2에서 셋째 하늘에 대해 말한다. "내가

_____

7) 1994년에 교황 요한 바오로 2세는 "3000년을 맞은 칙서"에서 갈릴레이에 대한 중세 가톨릭교회의 재판이 잘못이었음을 인정했다.

그리스도 안에 있는 한 사람을 아노니 그는 십사 년 전에 셋째 하늘에 이끌려 간 자라." 여기서 "셋째 하늘"이란 가장 높은 하늘을 가리키는 말이다 참조, 왕상 8:27 "하늘과 하늘들의 하늘".

이처럼 고대 사람들이 알고 있던 자연은 오늘 우리가 아는 자연과는 다를 수밖에 없다. 창세기를 기록한 성경 저자도 고대 세계에 속한 사람으로 창세기에 묘사된 창조 이야기는 온 창조가 하나님의 섭리 가운데 놓여 있음을 입증하는 데 초점을 맞추었다. 성경 저자는 우주를 과학적으로 설명하는 일이 아니라, 온 우주가 전능하신 하나님의 창조물이라는 **신학적 진리를 선포**하고자 한 사람이었다. 위의 그림을 통해 우리는 현대인이 우주를 해설하는 방식과 성경 저자들의 표현 방식이 상당히 다름을 알 수 있다. 그러나 현대의 신앙인 역시 하나님께서 창조한 우주에 대해 경탄하고 감사하는 시편 저자와 마음을 함께 나눌 수 있다.

(시 8편) [1] 여호와 우리 주여 주의 이름이 온 땅에 어찌 그리 아름다운지요 주의 영광이 하늘을 덮었나이다 [2] 주의 대적으로 말미암아 어린 아이들과 젖먹이들의 입으로 권능을 세우심이여 이는 원수들과 보복자들을 잠잠하게 하려 하심이니이다 [3] 주의 손가락으로 만드신 주의 하늘과 주께서 베풀어 두신 달과 별들을 내가 보오니 [4] 사람이 무엇이기에 주께서 그를 생각하시며 인자가 무엇이기에 주께서 그를 돌보시나이까 [5] 그를 하나님보다 조금 못하게 하시고 영화와 존귀로 관을 씌우셨나이다 [6] 주의 손으로 만드신 것을 다스리게 하시고 만물을 그의 발 아래 두셨으니 [7] 곧 모든 소와 양과 들짐승이며 [8] 공중의 새와 바다의 물고기와 바닷길에 다니는 것이니이다 [9] 여호와 우리 주여 주의 이름이 온 땅에 어찌 그리 아름다운지요

이 시는 창조주 하나님의 영광과 하나님의 형상을 닮은 인간의 존엄을 노래한다. 우주와 생명의 탄생이 하나님의 창조에 기인한다는 점을 과학적인 방법으로 증명하려 애쓰는 '창조과학회'라는 그리스도인의 모임이 있다. 이 창조과학회는 창조론에 대하여 다음과 같이 요약하여 설

명한다.

> 우주와 지구, 생명체는 너무나 정밀하고 복잡하고 의미가 있어서 반드시 지
> 적인 존재의 창조설계를 필요로 한다. 이것들은 우연의 결과로 된 것이 아니
> 다.8)

물론 필자도 역시 그렇게 믿는다. 그렇지만 우주와 생명의 탄생을 과
학적으로 설명하려고 노력하기보다는 신앙으로 받아들인다. 과학적으
로 설명하려는 노력을 인정은 하지만, 그것을 완벽하게 설명하기 위해
서는 결국 우리가 하나님의 자리에 앉아야만 할 것이기 때문이다. 창조
론은 오직 신앙의 눈을 통해서만 받아들일 수 있다. 구약성경의 창조
기사의 목적은 한마디로 온 세상과 인간이 창조주 되시는 하나님으로부
터 비롯된, 하나님의 피조물이라는 신학적 진리를 선포하는 것이다. 이
진리는 결코 과학으로 입증될 수 없다.

결국, 성경이 시대를 초월하여 적용될 수 있는 완벽한 자연과학적 정
보를 제공할 목적으로 기록된 책이 아니라는 사실을 인정해야 한다. 구
약의 창세기에서부터 신약의 마지막 책인 요한계시록에 이르기까지 성
경은 철저히 신학적 진리를 선포하는 책이다. 신학적 진리 또는 "복음의
진리"갈 2:5는 과학적 정보의 참과 거짓에 지배를 받지 않는다.

2. 성경은 역사 교과서가 아니다

역사학은 자연과학과 마찬가지로 나름의 방법과 법칙을 갖고 있다.
그 방법과 법칙을 안다면 누구라도 역사학의 연구 결과를 검증하고 판
단할 수 있다. 이때 내리게 되는 판단은 "역사적으로 신빙성이 있다"는
판단으로부터 "역사적으로 확실치 않다"와 "비역사적이다"라는 판단에
이르기까지 다양하게 나타날 것이다. 이런 역사적인 판단은 판단을 내

---

8) "창조과학회" KACR 인터넷 홈페이지에서 인용하여 수정하였다.

리는 사람의 신앙과는 무관하다는 점을 먼저 이해할 필요가 있다.

네 복음서에는 각 복음서 사이에 서로 차이가 나는 경우가 있다. 예를 들어 예수님께서 돌아가셨던 날에 대한 보도는 복음서마다 서로 다르게 나타난다. **마태·마가·누가복음**에 따르면 예수님은 유월절 축제 첫날에 돌아가셨다. 유대인들은 저녁 해 질 무렵부터 시작하여 다음날 해 질 무렵까지를 하루로 계산한다. 그런데 예수님은 일주일 동안 지속되는 유월절 축제가 시작되는 첫날, 그날 저녁에 제자들과 함께 유월절 식사를 나누면서 최후의 만찬을 거행하셨다 막 14:14, 17; 마 26:19-20; 눅 22:15.

> (막 14:12 이하) ¹² 무교절의 첫날 곧 유월절 양 잡는 날에 제자들이 예수께 여짜오되 우리가 어디로 가서 선생님께서 유월절 음식을 잡수시게 준비하기를 원하시나이까 하매 ¹³ 예수께서 제자 중의 둘을 보내시며 이르시되 성내로 들어가라 그리하면 물 한 동이를 가지고 가는 사람을 만나리니 그를 따라가서 ¹⁴ 어디든지 그가 들어가는 그 집 주인에게 이르되 선생님의 말씀이 내가 내 제자들과 함께 유월절 음식을 먹을 나의 객실이 어디 있느냐 하시더라 하라 ¹⁵ 그리하면 자리를 펴고 준비한 큰 다락방을 보이리니 거기서 우리를 위하여 준비하라 하시니 ¹⁶ 제자들이 나가 성내로 들어가서 예수께서 하시던 말씀대로 만나 유월절 음식을 준비하니라 ¹⁷ 저물매 그 열둘을 데리시고 가서 ¹⁸ 다 앉자 먹을 때에 … ²² 그들이 먹을 때에 예수께서 떡을 가지사 축복하시고 떼어 제자들에게 주시며 이르시되 받으라 이것은 내 몸이니라 하시고⁹⁾

예수님은 제자들과 마지막 만찬을 나눈 다음 겟세마네에 가서 기도하신다. 그날 밤에 예수께서 체포되고 새벽에 빌라도에게 넘겨진다. 이어서 같은 유월절 첫날 오후에 돌아가신다.

> (막 15:33-37) ³³ 제육시=정오가 되매 온 땅에 어둠이 임하여 제구시=오후 3시까지 계속하더니 ³⁴ 제구시에 예수께서 크게 소리 지르시되 엘리 엘리 라마 사

---

9) (눅 22:14-16) "¹⁴ 때가 이르매 예수께서 사도들과 함께 앉으사 ¹⁵ 이르시되 내가 고난을 받기 전에 너희와 함께 이 유월절 먹기를 원하고 원하였노라 ¹⁶ 내가 너희에게 이르노니 이 유월절이 하나님의 나라에서 이루기까지 다시 먹지 아니하리라 하시고"

박다니 하시니 이를 번역하면 나의 하나님, 나의 하나님 어찌하여 나를 버리 셨나이까 하는 뜻이라 ³⁵ 곁에 섰던 자 중 어떤 이들이 듣고 이르되 보라 엘 리야를 부른다 하고 ³⁶ 한 사람이 달려가서 해면에 신 포도주를 적시어 갈대 에 꿰어 마시게 하고 이르되 가만 두라 엘리야가 와서 그를 내려 주나 보자 하더라 ³⁷ 예수께서 큰 소리를 지르시고 숨지시니라

이처럼 마가복음에서 예수님은 유월절 명절 첫날에 돌아가신다. 그러 나 **요한복음**은 예수님의 돌아가시는 날을 다른 날로 보게 한다. 요한복 음에는 유월절 식사와 성만찬에 대한 언급 대신 제자들의 발을 씻어주 는 보도가 13장에 나오고, 이어 예수님의 긴 고별담화가 14-16장에 나오 는데, 여기서 죽음을 앞둔 예수님은 홀로 남게 되는 제자들에게 근심하 지 말라고 위로하며 보혜사 성령을 약속하신다. 이어서 이른바 "대제사 장적 기도"라 불리는 제자들을 위한 예수님의 기도가 17장에 나타나고, 예수님의 체포 장면이 18장에서 보도된다. 베드로가 예수님을 부인하는 장면에 이어서 18:28에 다음과 같은 보도가 나온다.

> 그들이 예수를 가야바에게서 관정으로 끌고 가니 새벽이라 그들은 더럽힘을 받지 아니하고 유월절 잔치를 먹고자 하여 관정에 들어가지 아니하더라

이 보도를 살펴보면 예수님의 체포와 심문이 한밤중에 일어났으며, 예수 님을 새벽에 빌라도가 있는 관정으로 끌고 갔으며, 유월절 식사는 아직 시작되지 않았다는 사실을 알 수 있다. 곧 유월절 축제가 시작되기 하루 전날 예수님은 제자들의 발을 씻어주었고, 그런 뒤 체포되어 십자가형을 받아 죽었다. 요한복음 19:14은 다음과 같이 분명하게 말한다.

> 이 날은 유월절의 준비일이요 때는 제육시=정오라 빌라도가 유대인들에게 이 르되 보라 너희 왕이로다

여기서 "유월절 준비일"이란 유월절 명절이 시작되기 전날인 예비일

을 가리킨다. 이와 같이 공관복음=마태, 마가, 누가복음과 요한복음은 예수님의 사망일에 대해 서로 다르게 말한다. 어느 정보가 참일까? **역사적으로 묻는다면**, 이 두 가지 중 오직 하나만 참이다. 이 문제를 둘러싸고 학계에서는 많은 토론이 있었다.

구분	예수께서 돌아가신 날
마태복음, 마가복음, 누가복음	유월절 당일(니산월 15일)
요한복음	유월절 하루 전날=예비일(니산월 14일)

공관복음의 정보와 요한복음의 정보를 역사적인 차원에서 비교한다면, 예전에는 요한복음보다 공관복음의 정보가 더 신빙성이 크다고 했으나 J. Jeremias, 근자에 와서는 요한복음의 연대기가 수난 사건들의 전개 과정을 보다 설득력 있게 제시한다는 이유에서 공관복음의 연대기보다 역사적 가능성이 더 크다고 말한다 G. Theissen. 이러한 판단은 단지 역사적인 판단일 뿐이다. 역사적인 판단은 판단의 자료와 근거에 따라 변할 수 있다.10)

그런데 요한복음이 예수 그리스도가 누구인가에 대해 신학적으로 심도 깊은 진술을 하고 있음은 익히 알려진 사실이다. 예수님의 죽음과 관련해서도 요한복음은 심도 있는 신학적 진술을 담고 있다. 앞서 말했듯이, 요한복음에 따르면 예수님은 유월절 명절 전날 이른바 예비일에 돌아가시는 것으로 되어 있다. 이날은 성전에서 유월절에 봉헌할 양들을 도축하는 날이다. 그런데 초기 교회는 유대인들의 유월절 양 대신 예수를 '진정한 유월절 양이라 불렀다. 사도 바울은 고린도전서 5:7에서 "우리의 유월절 양 곧 그리스도께서 희생되셨느니라"고 말한다. 또한

---

10) 2세기 중엽에 생성된 신약 외경 베드로복음 2:5과 탈무드 bSanh 43a에 따르면 예수님이 유월절 축제 전날 밤에 처형된 것으로 나온다.

요한복음의 서두에서 이미 세례 요한은 예수님을 가리켜 "보라 세상 죄를 지고 가는 하나님의 어린 양이로다"요 1:29라고 말한다. 예수님이 돌아가신 시간과 유월절 양들을 도축하는 시간이 같다고 말함으로써 **요한복음이 강조하려 했던 것**은 예수님은 "세상 죄를 지고 가는 하나님의 어린 양"이라는 신학적 진술이었다. 이렇게 본다면 예수님의 죽음과 관련된 요한의 진술이 역사적 진위를 떠나서 신학적으로는 정당할 뿐만 아니라 깊이가 있다는 사실을 알 수 있게 된다.

예수님의 사망 시간을 예로 살펴보았듯이, 성경은 **일차적으로** 역사적 정보를 주기 위해 기록한 역사 교과서가 아니다. 물론 우리는 성경 가운데서 수많은 역사적 정보를 얻을 수 있다. 그러나 이들 정보는 성경 저자가 선포하는 "진리의 말씀"을 드러내려는 목적을 갖고 있다. 혹자는 초기 교회의 역사가 기록된 사도행전을 지적하면서 사도행전이 정확한 역사서술을 주목적으로 하고 있을 것이라고 주장할지도 모른다. 사도행전의 저자 누가는 신약성경 저자 중에서 역사서술에 가장 많은 관심을 보인 사람임에 틀림없다. 누가는 "누가복음"이라는 예수님의 이야기에 이어서 속편으로 "사도행전"을 기록한 유일한 복음서 저자이기 때문이다. 누가는 자신의 복음서 서문에서 다음과 같이 진술한다.

(눅 1:1-4) ¹ 우리 중에 이루어진 사실에 대하여 ² 처음부터 목격자와 말씀의 일꾼 된 자들이 전하여 준 그대로 내력을 저술하려고 붓을 든 사람이 많은지라 ³ 그 모든 일을 근원부터 자세히 미루어 살핀 나도 데오빌로 각하에게 차례대로 써 보내는 것이 좋은 줄 알았노니 ⁴ 이는 각하가 알고 있는 바를 더 확실하게 하려 함이로라

이 서문은 저술 동기와 의도와 작업 과정을 밝히는 누가의 프로그램을 담은 본문이다. 복음서 저자 가운데 유일하게 누가는 헬레니즘 문학의 관습에 따라 작성된 서문을 통해 자신의 작업이 공적인 문학적 산물

이라는 사실을 강조하며, 동시에 이제까지 전해 내려오는 지역적이고 토속적인 그리스도교 전승을 더 높은 단계로 끌어올린다. 고대 세계의 역사 분야에서 전문용어로 사용된 개념인 '디에게시스'διήγησις, 내력 또는 '프라그마'πρᾶγμα, 사실라는 말이 서문에 나타나는 것으로 미루어 누가가 갖고 있던 역사적 관심을 읽을 수 있다.

그러나 우리는 누가가 순수한 역사적 보도가 아니라 "우리 중에 이루어진"성취된 **구원사 서술을 목표로** 한다는 사실에 유의해야 할 것이다. 누가는 말씀 선포라는 목표를 잃지 않으면서도 예수 그리스도에 관한 복음을 역사적이며 동시에 구원사적으로 서술한다. 그래서 필자의 은사이기도 한 튀빙엔 대학의 마르틴 헹엘Martin Hengel 교수는 누가를 그리스도교 "최초의 신학적 역사가"라 부른다. 예수 그리스도를 통해 성취된 모든 일을 그 근원까지 자세히 미루어 살폈다고 말하는 누가는 하나님의 진리의 말씀인 복음이 확실히 신뢰할 만하다는 점4절을 데오빌로뿐만 아니라 후대의 독자에게 밝히려 했다.

누가를 포함한 성경 저자들은 한결같이 과학적으로나 역사적으로 정확한 정보를 후대에 전해주고자 노력하기보다 근본적으로 하나님의 진리의 말씀을 선포하고 전하는 일에 초점을 맞추었다. 그것은 곧 하나님께서 성경 저자들을 통해 우리에게 선포하시는 신학적 메시지이다.

제3강: 성경은 예수 그리스도를 증언하는 복음이다

1. 예수님의 하나님 나라 선포와 제자들의 예수 선포

갈릴리 나사렛 출신인 예수님은 이 세상에 자신의 글을 단 한 줄도 남기지 않았다.[11] 그러나 예수님은 글을 읽을 줄도, 또한 쓸 줄도 알았고, 당시 팔레스타인의 일상어인 아람어는 물론이고, 헬레니즘 세계의 공용어인 그리스어도 어느 정도 이해했을 것이며, 또한 부친의 직업을 이어받은 장인으로서 "목수" τέκτων, 막 6:3 일을 하셨던 중산층에 속한 분이었다고 말할 수 있다.

예수님이 세례받을 때막 1:9-11 하나님께 받은 소명은 하나님의 통치가 이 땅에 시작되었다는 사실을 이스라엘 백성에게 선포하는 일이었다. 예수님보다 먼저 세례 요한은 임박한 하나님의 종말론적인 최후의 진노에 직면하여 회개를 외쳤다막 1:4; 눅 3:7-9. 물론 예수님도 하나님의 통치가 시작되었다고 하면서도막 1:14-15 하나님을 무시무시한 심판자가 아니라 이 땅의 가련한 자들을 구원하시는 자비로운 분으로 선포했다눅 6:20-23.

예수님은 임박한 하나님 나라를 선포하는 일에 동참할 제자를 불러 모았다막 3:14. 이스라엘의 재건이 시작되었음을 알리기 위해 12명의 제자를 선택했다막 3:13-19. 이들을 핵으로 하는 제자단이 예수님을 따랐고마 18:28, 예수님은 이들에게 가르침을 주었다. 가난하고 소외된 사람을 위한 치유의 메시지를 전하는 "기적의 카리스마자"G. Theissen로 등장한 예수님은 여러 놀라운 행위와 권세 있는 말씀을 통해 "하나님의 통치"="하나님의 나라", βασιλεία τοῦ θεοῦ가 이 땅에 시작되었다는 기쁜 소식을 전한다.

예수님은 온 이스라엘을 임박한 하나님의 통치와 대면시키고, 종말에 하나님의 백성을 모으는 종말론적인 예언자의 소명을 완수하기 위해 자신에게 닥칠 위험을 알면서도 유대교의 종교적 중심지인 예루살렘으로 올라가지 않을 수 없었다. 예수님은 성전 항쟁막 11:15-17을 통해 예부터 내려온 성전 제의 시대를 끝내고 종말론적인 새 시대가 열리는 것을

---

11) 역사적 예수 이해와 관련하여 다음을 참조하라: G. Theissen/A. Merz, 『역사적 예수』, 손성현 옮김 (다산글방, 2001); J. Gnilka, 『나자렛 예수』, 정한교 옮김 (분도출판사, 2002); D. Gowler, 『최근 역사적 예수 연구 동향』, 김병모 옮김 (기독교문서선교회, 2009); J. D. G. Dunn, 『예수와 기독교의 기원』(상/하), 차정식 옮김 (새물결플러스, 2010); G. Lohfink, 『예수 마음 코칭』, 김혁태 옮김 (생활성서사, 2015); M. A. Powell, 『예수에 대한 다양한 이해』, 최재덕/김의성 옮김 (대한기독교서회, 2016).

Julius Schnorr von Carolsfeld의 목판화(1860년)

극적으로 보여주었다. 그것은 성전 제의 체제를 비판하는 예언자적 상징 행위였다. 그러자 예수님의 등장을 성전 제의 체제에 대한 심각한 위협으로 느낀 대제사장을 중심으로 사두개파 성전귀족층산헤드린은 온갖 수단을 동원해 그를 제거하려 했고 막 11:18, 마침내 그를 체포하여 심문한 뒤눅 22:66-71, 로마 총독 빌라도에게 넘겼다막 15:1-2. 예수님을 정치적 불안 세력으로 간주한 로마는 결국 그를 십자가형에 처했다.

예수님이 돌아가시자 제자들은 절망에 빠졌으나, 곧 그의 부활을 체험하게 되었다. 십자가에 참혹하게 돌아가신 예수님이 새로운 실존으로 부활하셨다는 사실을 통해 이제 제자들은 예수님이 실패자로 생을 마감한 분이 아니라 하나님에 의해 인정받은 승리자였다는 사실을 새롭게 깨닫고 그것을 하나님께서 행하신 일로 확신했다. 그와 같은 예수 부활에 대한 확신과 성령 체험을 통해 용기를 얻은 제자들은 예루살렘에 교회를 세웠다. 제자들은 예수 부활의 메시지를 전파해야 할 소명으로 느꼈다. 그런데 이 부활 선포는 나사렛 예수님의 선포를 단순히 지속한 것이 아니었다. 예수님은 하나님 나라를 선포했으나, 이제 제자들은 십자가에 돌아가신 예수님을 선포했다! 곧 예수님을 하나님이 놀라운 방식으로 역사하신 "그리스도"Χριστός=메시아로서 선포했고고전 15:3-5, 나아가 예수님을 "주님"κύριος이자 "하나님의 아들"υἱὸς τοῦ θεοῦ이고 온 세상의 "구세주"σωτήρ로 선포했다. 또한 하나님의 우편에 앉아 계신 예수님이 하늘 구름을 타고 세상의 심판주 "인자"υἱὸς τοῦ ἀνθρώπου로 재림하리라 굳게 믿었다막 14:62.

이러한 신앙 안에서 제자들은 예수님에 대한 여러 전승을 잘 간직하여 후대에 전해주었다. 곧 다양한 비유 말씀막 4장, 율법 해석가로서의 말씀 7:1-13; 10:1-9; 12:28-34; 마 5:21-48 등, 지혜의 말씀눅 6:20b-23a, 제자들을 향한 말씀막 1:16-20; 2:13-14; 10:35-40; 마 1:42 등과 같은 여러 말씀 전승뿐 아니라, 치유 이야기와 기적 이야기눅 7:11-17; 막 6:34-44; 8:1-9; 막 5:1-20 또는 적대자들과 벌이는 논쟁막 2:1-3:6, 수난 이야기막 15:20b-41 등과 같은 예수님의 행적에 대한 전승이다. 이와 같은 예수 전승은 점점 보다 큰 단위로 수집되고 문서화되었고, 훗날 복음서라는 책이 만들어지게 되었다.

2. 네 복음서

신약성경 가운데 예수 그리스도를 증언하고 선포하는 복음서는 마태복음, 마가복음, 누가복음, 요한복음 모두 네 권이다. 이들 네 복음서 사이에 차이가 있다는 사실은 이미 고대 교회에도 알려져 있었다. 예컨대, 네 복음서의 첫 부분이 서로 다르게 시작된다.

마태복음	¹ 아브라함과 다윗의 자손 예수 그리스도의 계보라 ² 아브라함이 이삭을 낳고 이삭은 야곱을 낳고 야곱은 유다와 그의 형제들을 낳고 … ¹⁵ 엘르아살은 맛단을 낳고 맛단은 야곱을 낳고 ¹⁶ 야곱은 마리아의 남편 요셉을 낳았으니 마리아에게서 그리스도라 칭하는 예수가 나시니라
마가복음	¹ 하나님의 아들 예수 그리스도의 복음의 시작이라 ² 선지자 이사야의 글에 보라 내가 내 사자를 네 앞에 보내노니 그가 네 길을 준비하리라 ³ 광야에 외치는 자의 소리가 있어 이르되 너희는 주의 길을 준비하라 그의 오실 길을 곧게 하라 기록된 것과 같이 ⁴ 세례 요한이 광야에 이르러 죄 사함을 받게 하는 회개의 세례를 전파하니 ⁵ 온 유대 지방과 예루살렘 사람이 다 나아가 자기 죄를 자복하고 요단 강에서 그에게 세례를 받더라
누가복음	⁵ 유대 왕 헤롯 때에 아비야 반열에 제사장 한 사람이 있었으니 이름은 사가랴요 그의 아내는 아론의 자손이니 이름은 엘리사벳이라 … ⁸ 마침 사가랴가 그 반열의 차례대로 하나님 앞에서 제사장의 직무를 행할새 ⁹

	제사장의 전례를 따라 제비를 뽑아 주의 성전에 들어가 분향하고 [10] 모든 백성은 그 분향하는 시간에 밖에서 기도하더니
요한복음	[1] 태초에 말씀이 계시니라 이 말씀이 하나님과 함께 계셨으니 이 말씀은 곧 하나님이시니라 [2] 그가 태초에 하나님과 함께 계셨고 [3] 만물이 그로 말미암아 지은 바 되었으니 지은 것이 하나도 그가 없이는 된 것이 없느니라 [4] 그 안에 생명이 있었으니 이 생명은 사람들의 빛이라

　　네 복음서의 첫 부분과 관련하여, 4-5세기에 걸쳐 살았던 교부 히에로니무스Hieronymus=제롬는 자신의『마태복음 주석서』서문에서 네 복음서의 저자를 성경에 나오는 상징에[12] 비유했다. 즉 마태복음에는 예수님의 족보가 나오므로 마태를 "인간"으로, 마가복음에 나오는 광야에서 외치

The Book of Kells, 9세기 초

는 세례 요한을 생각해서 마가를 "사자"로 표현했다. 또한 성소에서 제사장의 직무를 행하는 사가랴 기사를 전하는 누가는 "송아지"로, 독수리의 날갯짓을 통해 더 높은 하늘로 날아오르듯 하나님의 말씀을 놀랍게 해석하는 요한은 "독수리"로 비유했다.[13] 그래서 서양 미술에는 이 같은 네 복음서 저자의 상징을 그림으로 남기기도 했다.

　　그런데 왜 복음서가 굳이 네 권씩

---

12) (겔 1:10) "그 얼굴들의 모양은 넷의 앞은 사람의 얼굴이요 넷의 오른쪽은 사자의 얼굴이요 넷의 왼쪽은 소의 얼굴이요 넷의 뒤는 독수리의 얼굴이니"; (계 4:7) "그 첫째 생물은 사자 같고 그 둘째 생물은 송아지 같고 그 셋째 생물은 얼굴이 사람 같고 그 넷째 생물은 날아가는 독수리 같은데"

13) 이미 2세기 때 이레네우스Irenaeus는 최초로 네 복음서를 그리스도 모형론Christus Typology의 관점에서 성경에 나오는 4가지 상징에 비유했다: 마태복음을 인간 가운데 인간이 되신 그리스도에, 마가복음을 독수리로서 성령을 선사하시는 그리스도에, 누가복음을 송아지로서 제사장적인 그리스도에, 요한복음을 사자와 같은 근엄하신 그리스도에 비유했다.

이나 존재할까? 네 권의 복음서가 다 같은 내용을 담고 있다면 네 권으로 있을 필요가 없다. 하나의 멋진 미술 작품을 두고 네 사람이 감상한 뒤 각자 자신의 느낀 바를 기록한 경우에 비유해 본다면 이들 네 사람의 감상 보도는 결코 동일하지 않을 것이다. 그렇다고 어느 한 사람의 감상만이 옳고 다른 세 사람의 감상은 틀렸다고 말할 수도 없다. 오히려 네 사람의 서로 다른 감상을 종합함으로써 작품에 대해 한층 깊은 이해를 얻을 수 있게 될 것이다.

리용의 이레네우스 Irenaeus, 200년경 사망 감독은 네 가지의 정경 복음서가 존재한다는 사실을 최초로 입증하였다. 그는 당시 이단들이 네 가지 이상의 복음서를 취하거나 네 가지 정경 복음서를 인정하지 않은 것에 대항하여 180년경에 저술한 『이단 논박』에서 네 가지의 정경 복음서가 반드시 필요하다는 점을 역설했다.

이 복음서들보다 더 많거나 더 적을 수 있다. 우리가 살고 있는 이 세상에는 사방이 있으며, 네 개의 바람 방향이 존재하며, 온 세상에 교회의 씨앗이 뿌려져 있고, 복음은 교회의 기둥이며 토대이자 생명의 숨길이다. 따라서 교회가 네 기둥을 갖고 있는 것이 당연하며, 이로써 모든 측면으로부터 불멸을 내뿜으며 인간을 다시 살려낸다. 이렇게 본다면 케루빔 위에 권좌를 잡고 모든 것을 포괄하는 로고스가 인간에게 계시될 때 우리에게 네 가지 형태의 복음을 주었다. 이들은 하나의 영에 의해 서로 연결되어 있다. … 케루빔은 네 얼굴을 취하고 있는데, 이 얼굴들은 하나님 아들의 구원 방향을 모방한 것이다. … 결국 복음서들은 그리스도가 권좌에 올라앉은 본질들에 적합하다. *Adv. haer.* III,11,8

네 권의 복음서가 모두 예수 그리스도에 대해 이야기한다. 그러나 복음서 내용이 서로 유사하면서도 동시에 차이가 나는 부분이 적지 않다. 특히 요한복음은 다른 세 복음서=마태복음, 마가복음, 누가복음와 두드러지게 구분된다. 앞서 언급했듯이 요한복음의 시작은 다른 세 복음서와 완전히 다르다. 마태, 마가, 누가복음은 예수님의 지상적 삶으로부터 시작하지만 요한복음은 세상 창조 전에 존재하신 "로고스"말씀로서 하나님과 함께 하시던 예수 그리스도가 인간과 세상을 구원하시기 위해 인간의 육(肉)을 입고 이 땅에 내려오셨다는 보도로 시작한다.

뿐만 아니라 요한복음 전체에 걸쳐 예수님은 전적으로 위대한 하나님의 아들로서의 자신의 영광을 계시하는 자로 나타난다. 마가복음 14:34-36마 26:38-39 병행에는 체포되기에 앞서 예수님께서 심히 고민하는 말과 함께 고난에 가득 찬 기도를 드리는 겟세마네에서의 기도가 나타난다.

> 34 말씀하시되 내 마음이 심히 고민하여 죽게 되었으니 너희는 여기 머물러 깨어 있으라 하시고 35 조금 나아가사 땅에 엎드리어 될 수 있는 대로 이 때가 자기에게서 지나가기를 구하여 36 이르시되 아빠 아버지여 아버지께는 모든 것이 가능하오니 이 잔을 내게서 옮기시옵소서 그러나 나의 원대로 마시옵고 아버지의 원대로 하옵소서

그러나 요한복음은 이렇게 고뇌에 찬 겟세마네 장면을 보도하지 않는다. 또 하나의 좋은 예는 십자가상의 마지막 말씀이다. 마태복음27:46과 마가복음15:34의 예수님은 "나의 하나님 나의 하나님 어찌하여 나를 버리셨나이까" "엘리 엘리 라마 사박다니"라고 절규하며 하나님의 도우심을 기다리는 철저하게 고난받는 자로서 묘사되지만, 요한복음의 예수님은 "다 이루었다!"19:30고 자신의 지상 사역의 완성을 장엄하게 선언한 뒤 아버지께로 돌아가는 위대한 승리자의 모습으로 묘사된다.

아무튼 네 복음서는 다 같이 예수 그리스도를 선포하는 복음서라는 공통점이 있다. 네 복음서가 신약성경 맨 앞에 놓여 있는 것은 우연한 일이 아니다. 그것은 예수 그리스도를 직접 다루고 있다는 점에서 교회사에서 다른 책보다 더 중요하게 간주되었기 때문이다. 그런데 네 복음서만 예수 그리스도에 관한 복음을 선포하는 것은 아니다. 신약성경의 저자들은 저마다 예수 그리스도를 선포하고자 펜을 들었던 사람들이다.

따라서 신약성경 전체를 복음이라 부를 수 있다.

3. 복음이란 무엇인가

"복음"은 그리스어 '유앙겔리온'εὐαγγέλιον에 해당하는 우리말 번역으로, "좋은 소식" 또는 "기쁜 소식"을 뜻한다. 그런데 어원을 생각하면 이와 같은 이해가 그릇된 것은 아니지만, 원어가 담고 있는 특유한 의미를 잘 나타내지는 못한다. "복음"이란 개념은 신약성경 가운데 주로 바울서신과 바울의 영향을 받아 작성된 서신에 집중되어 나타난다.14) 사도 바울은 로마교회에 보낸 서신 첫머리에서 자신을 소개하면서 자신의 사명과 선포의 중심 주제를 다음과 같이 말한다.

> (롬 1:1-4) ¹ 예수 그리스도의 종 바울은 사도로 부르심을 받아 하나님의 복음을 위하여 택정함을 입었으니 ² 이 복음은 하나님이 선지자들을 통하여 그의 아들에 관하여 성경에 미리 약속하신 것이라 ³ 그의 아들에 관하여 말하면 육신으로는 다윗의 혈통에서 나셨고 ⁴ 성결의 영으로는 죽은 자들 가운데서 부활하사 능력으로 하나님의 아들로 선포되셨으니 곧 우리 주 예수 그리스도시니라

여기에 잘 드러나듯이, 바울이 선포하는 복음의 주제와 내용은 다름 아닌 예수 그리스도이다. 복음이란 하나님의 보내심을 받아 십자가 죽임을 당하고 부활하신 분을 주님으로 선포하는 것을 가리킨다. 그것은 한마디로 "예수 그리스도 사건"에 관한 것이다. 그래서 바울은 고린도교회에 보낸 서신에서 "복음을 전하다"고전 1:17 또는 "그리스도를 전하다"고전 1:23; 15:12 라는 표현을 바꿔가면서 사용한다.

> (고전 1:17) 그리스도께서 나를 보내심은 세례를 베풀게 하려 하심이 아니요 오직 복음을 전하게 하려 하심이로되 말의 지혜로 하지 아니함은 그리스도의

---

14) 이른바 바울의 친서에만 48번 나타난다.

십자가가 헛되지 않게 하려 함이라

(고전 1:23) 우리는 십자가에 못 박힌 그리스도를 전하니 유대인에게는 거리
끼는 것이요 이방인에게는 미련한 것이로되

주후 50년대에 활동한 신약성경 최초의 저자인 사도 바울은 복음이
예수 그리스도 사건이며, 예수 그리스도 사건은 십자가상의 죽음과 부
활을 가리킨다고 이해했다. 따라서 십자가와 부활 사건이 바로 바울이
선포한 복음의 내용이다. 곧 바울은 자신이 이 복음 전하는 일을 위하여
사도로 부르심을 받은 사람이라고 확신했다.

그런데 이 복음 개념이 바울 이후에는 좀 다른 어감을 가지게 된다.
즉 나사렛 예수의 전체 역사를 복음의 내용과 동일시하게 된 것이다.
역사에 대한 이해와 그리스도에 관한 이해가 함께 어울리게 된 셈이다.
곧 예수님의 전체 역사를 하나님의 구원 활동의 완성으로 본 것이다.
이것은 하나님께서 당신 백성의 역사 가운데 활동하신다는 구약성경의
역사서와 같은 이해이다. 이는 곧 예수님의 전체 역사가 바로 하나님의
구원 활동의 완성을 의미한다는 것이다. 이런 생각을 처음 기록한 문서
는 바울서신보다 대략 20년 뒤인 주후 70년경에 기록된 마가복음이다.

마가복음은 예수님의 출생과 어린 시절, 가정과 부모에 대해 전혀 언
급하지 않고, 세례자 요한에게 세례를 받으면서 하나님의 아들로서 사
역하는 모습으로 시작한다.

(막 1:1) 하나님의 아들 예수 그리스도의 복음의 시작이라

이 구절은 단순히 마가복음의 시작을 알리는 말씀이라기보다 마가복
음 전체의 제목에 해당한다. 여기서 마가가 나사렛 예수의 모든 행적을
담은 전체 역사를 복음의 내용으로 이해하는 것을 알 수 있다. 또한 마가
복음 1:14-15은 예수님의 공사역 전체가 복음의 빛 가운데 놓여 있음을

보여준다.

(막 1:14-15) [14] 요한이 잡힌 후 예수께서 갈릴리에 오셔서 하나님의 복음을 전파하여 [15] 이르시되 때가 찼고 하나님의 나라가 가까이 왔으니 회개하고 복음을 믿으라 하시더라

종말론적인 구원 소식을 가져온 예수님의 사역과 더불어 하나님의 복음 전파가 시작되었다고 말한다. 다시 다음과 같이 정리할 수 있다.

바울의 복음 이해(50년대)	마가의 복음 이해(70년경)
예수사건=십자가와 부활	예수님의 전체 공사역

이렇게 바울과 마가복음의 경우에 잘 드러나듯이, "복음"은 신약성경이 선포하는 내용을 가리키는 전문 용어이다. 비록 마가는 아직 복음이란 단어를 문학의 한 장르로 생각하지는 않았으나, 그가 기록하여 남긴 작품 "마가복음"은 훗날 유사한 작품들의 모델이 되었다. 결국 다른 복음서들이 탄생하게 된 주춧돌을 놓은 셈이다. 그리하여 "복음" 또는 "복음서"는 예수 그리스도에 대한 이야기를 담은 책을 가리키게 되었다.

::: Excursus
책명 "KATA MARKON"(="마가에 따라서", "마가복음")

이와 같이 간단히 표현된 제목을 단지 몇몇 사본이 전할 뿐이다. 시내 사본ℵ과 바티칸 사본B을 비롯한 몇몇 다른 필사본은 "마가에 따라서"로, 대다수 다른 필사본은 "마가에 따른 복음", 몇몇 소문자 사본Minuskeln은 "마가에 따른 성스러운 복음"이란 긴 제목으로 전한다. 이들 제목에 작품 저자가 '속격'으로 언급되지 않는 점이 여타 고대 문서와는 다른 독특한 점이다 M. Hengel, *Evangelienüberschriften*, 9-10 참조.
이와 같은 분류는 유사한 다른 복음서들이 존재했다는 사실을 전제로 한다. 실제로 여러 종류의 외경 복음서들이 오늘날까지 전해 내려온다 베드로복음, 히브리복음, 나사렛복음 등. 마가복음이 가장 먼저 만들어진 복음서이므로 이 제목은 원래의 작품에 속한 것이 아니라 나중에

첨가된 것으로 보아야 한다.

2세기에 순교자 유스티누스가 자신의 변증서^{Apology 1, 66}에서 "복음"이란 단어를 처음으로 문학적인 개념으로 사용했다. 그런데 "복음"은 그리스 도인만이 사용하는 용어가 아니라 오랜 역사를 갖고 있는 말이다. 이 개념의 유래를 두고 두 가지 상반된 견해가 있다.

4. "복음"의 유래

1) 헬레니즘 문화권에서 유래

"복음"은 헬레니즘 문화권 안에서 황제의 탄생이나 선행과 관련하여 정치적인 개념으로 사용되던 용어였다. 1892년에 19세기 독일의 저명한 역사학자 몸젠^{Th. Mommsen}과 고전 언어학자 빌라모비츠-묄렌도르프^{U. v. Wilamowitz-Möllendorf}가 공개한 튀르키예의 프리네^{Priene}라는 지역에서 나온 한 비문에는 "그 신의 탄생이 세상에는 그로 말미암은 기쁜 소식들^{εὐαγγέλιον}의 시작이었다"는 기록이 있다. 여기서 "그 신"은 로마 황제 아우구스투스를 가리키는데, 신으로 추앙받는 이 황제의 탄생을 온 세상을 위한 정치적인 구원 사건으로 이해하는 것이다. 결국 "기쁜 소식", 즉 복음이라는 개념이 정치적인 의미와 결부되어 나타난 셈이다.

2) 구약성경에서 유래

이사야 52:7에 다음과 같은 말이 나온다.

> 좋은 소식을 전하며 평화를 공포하며 복된 좋은 소식을 가져오며 구원을 공포하며 시온을 향하여 이르기를 네 하나님이 통치하신다 하는 자의 산을 넘는 발이 어찌 그리 아름다운가

여기서 하나님의 임박한 도래가 평화와 구원을 가져오는 복된 소식으로 공포된다. 이처럼 구약성경의 전통에서 복음 개념의 유래를 찾는 것이 옳다. 바로 이 구절을 바울이 로마서에서 인용하는 사실이 그것을 뒷받침한다.

(롬 10:15) 보내심을 받지 아니하였으면 어찌 전파하리요 기록된 바 아름답도다 좋은 소식복음을 전하는 자들의 발이여 함과 같으니라

바울은 이사야 구절을 염두에 두고 "좋은 소식", 즉 복음이라는 말을 사용했음을 알 수 있다.

3) 초기 교회에서 선교어로 사용된 복음

신약성경 저자 가운데 가장 이른 시기에 활동한 바울은 "복음"이라는 말을 한마디로 예수 그리스도의 "십자가의 죽음과 부활"을 가리키기 위해 사용했다. 그런데 복음을 십자가의 죽음과 부활이라는 예수 사건으로 이해하는 것은 바울 고유의 진술이 아니라 바울이 신앙의 선배들로부터 전해받은 것이라는 사실을 알 필요가 있다. 고린도전서 15장에서 바울은 이에 대하여 분명히 밝히는데, 다음에 자세히 다루려고 한다.

제4강: 초기 그리스도교의 믿음과 신약성경

1. 사도신경의 유래

오늘 그리스도인은 "사도신경"을 통해 신앙고백을 한다. 이로써 모든 교인이 한 신앙을 갖고 있으며, 한 교회의 지체라는 사실이 드러나게 된다. 사도신경은 기독교 신앙의 핵심을 요약한 것이다. 사도신경의 탄

생을 둘러싼 전설이 있는데, 교부 루피누스 Rufinus of Aquileja, 345-410가 404년에 저술한 『사도신경 주석』 Commentarius in Symbolum apostolorum에 기록되어 있다. 전설의 내용은 대략 다음과 같다.

> 오순절에 사도들은 성령 체험과 더불어 여러 언어로 방언을 하게 되고, 온 백성에게 말씀을 선포하라는 주님의 명령을 듣게 된다. 말씀을 전파하러 떠나가기에 앞서 사도들은 서로 다른 말씀을 선포하는 오류를 범하지 않기 위해 하나로 통일된 설교 기초문을 작성하여 기준을 삼으려 하였다. 이때 각 사도는 사도신경의 한 조목을 저마다 책임을 지고 작성한다. 그리하여 사도신경이란 신앙고백이 탄생하였고, 이것이 신앙고백의 기준과 잣대로 후대에 전해졌다.

루피누스가 전하는 이와 같은 보도는 역사적 사실이라기보다는 사도신경의 탄생 과정을 이상적인 모습으로 묘사한 전설임에 틀림없다. 이를 통해 우리가 고백하는 사도신경이 오래되고, 중요한 것이라는 점을 강조한다. 소아시아 북서쪽에 위치한 '니케아'에서 주후 325년 열렸던 교회 지도자들의 총회에서 그 전부터 전해오던 삼위일체론과 기독론과 관련된 '니케아 신조'라는 신앙고백문이 채택되었고, 이어서 381년에 150명의 교부가 콘스탄티노플 지금의 이스탄불에 모여 니케아 신조를 정통 신조로 받아들여 이를 보충함으로써 오늘 우리가 사용하는 사도신경의 형태를 대체로 확정했다. 사도신경은 이처럼 오랜 역사를 갖고 있으며, 신약성경에 담겨 있는 사도 시대로부터 유래하는 다양한 형태의 신앙고백에 뿌리를 두고 있다.

2. 사도 바울의 교회 이해

신약성경에 나타나는 초기 교회의 믿음 이해를 살펴보기에 앞서 신약성경 최초의 저자인 바울의 교회 이해를 먼저 살펴보려 한다. 바울은 고린도교회에 보낸 첫 번째 서신을 다음과 같은 인사말로 시작한다.

(고전 1:1-3) [1] 하나님의 뜻을 따라 그리스도 예수의 사도로 부르심을 받은 바울과 형제 소스데네는 [2] 고린도에 있는 하나님의 교회 곧 그리스도 예수 안에서 거룩하여지고 성도라 부르심을 받은 자들과 또 각처에서 우리의 주 곧 그들과 우리의 주 되신 예수 그리스도의 이름을 부르는 모든 자들에게 [3] 하나님 우리 아버지와 주 예수 그리스도로부터 은혜와 평강이 있기를 원하노라

여기서 우리는 바울이 생각하는 교회의 본질을 알 수 있다. 교회는 **"그리스도 예수 안에서 거룩하여지고 성도라 부르심을 받은 자들"**의 신앙 공동체를 가리키는 표현이다. 여기 "거룩하여지고", "부르심을 받은" 이라는 **수동적인 표현**을 통해 교회 탄생에 앞서 하나님의 구원의 역사가 있다는 사실이 강조된다. 즉 교회는 하나님이 주도하신 예수 그리스도의 대속의 죽음을 통해 마련된 구원의 역사로 거룩하게 된 사람들의 모임이다. 이어서 바울은 "우리의 주 되신 예수 그리스도의 이름을 부르는 모든 자"라는 표현을 통해 교회를 정의한다. 이 두 번째 표현은 믿는 사람들의 **능동적인 자세**를 강조하는 것이다. 여기서 "예수 그리스도의 이름을 부른다"는 "예수 그리스도의 이름을 고백한다"는 뜻이다. 즉 교회는 예수 그리스도를 나의 주님으로 고백하는 사람들의 모임이다.

신약성경에서 가장 먼저 기록된 문서는 대략 주후 50년대에 기록된 바울서신이다. 그렇다면 예수님이 돌아가신 주후 30년경부터 바울서신이 기록되기까지 20년 동안 그리스도교 신앙의 역사가 있었음을 알 수 있다. 이 최초 시기는 예루살렘 모(母)교회의 영향력이 압도적인 시기였다.

3. 초기 교회의 믿음 이해

1) 바울 이전 시대의 믿음 양식문

신약성경에는 그리스도교 최초 단계의 믿음 이해가 들어 있다. 그것은 바로 바울보다 앞선 시기에서 유래한 초기 교회의 가장 대표적인

믿음 양식문으로 고린도전서에 나타난다.

> (고전 15:3-5) ³ 내가 받은 것을 먼저 너희에게 전하였노니 이는 성경대로 그
> 리스도께서 우리 죄를 위하여 죽으시고 ⁴ 장사 지낸 바 되셨다가 성경대로
> 사흘 만에 다시 살아나사 ⁵ 게바에게 보이시고 후에 열두 제자에게와

바울은 고린도 지역 교인들에게 전한 복음이 자신이 스스로 고안해
낸 것이 아니라 신앙의 선배들로부터 "받은 것"임을 유대적 전승 과정의
전문 용어를 사용하여받다-전하다 분명하게 밝힌3a절 후에15) 복음의 내용에
대해 진술한다3b-5절. 여기서 우리를 위한 예수 그리스도의 대속의 죽음
과 부활 사건이 강조된다. 초기 교회의 양식화된 신앙 이해를 담고 있는
이 본문을 "믿음 양식문"Pistis-Formel 이라 부른다.

이 본문에 바울이 다른 곳에서는 전혀 사용하지 않는 개념들"성경대로",
"살아나사", "사흘 만에", "열두 제자"이 나타난다는 사실에서 우리는 바울이 이 개념
들을 앞선 시대에서 물려받아 사용하였음을 알 수 있다.

앞서 살펴보았던 로마서 1:1-4에도 바울 이전 시기에 만들어진 초기
교회의 믿음 이해를 접할 수 있는 믿음 양식문이 담겨 있다.

먼저 바울은 낯선 로마교회에 서신을 보내면서 자신을 "예수 그리스
도의 종"이라고 소개한다. 이는 우리가 주되시는 예수 그리스도 앞에
철저히 자신을 낮추는 겸손한 신앙인의 모습을 나타내려 하는 경우에
종종 사용하는 익숙한 표현인데, 로마서 서두에서 바울이 사용한 "예수
그리스도의 종"은 좀 다른 의미를 갖는다. 바울은 "사도로 부르심을 받
아 하나님의 복음을 위하여 택정함을 입은" 자신의 권위를 나타내기 위
해 이 표현을 썼다. 물론 여기서 말하는 "권위"는 이방인을 위한 사도로
부름 받은 바울의 높은 자의식을 나타내는 표현이다. 한마디로 "예수

---

15) 그리스어 '파라디도미' παραδίδωμι=전하다는 구전의 토라 전승을 전해주는 것을 가리키
는 히브리어 '마사르' מסר에, '파라람바노' παραλαμβάνω=받다는 전수받는 것을 가리키는 '킵벨'
קבל에 해당한다.

그리스도의 종"이란 복음 선포자로 부름을 받은 바울의 자의식에서 나온 영예와 영광의 칭호이자 장엄한 표현으로, 마치 구약 시대의 위대한 선지자들을 일컫는 "하나님의 종"과 같은 영광스러운 칭호이다.

이와 같이 자신을 소개한 후에 바울은 로마 교인들을 향해 자신이 선포하는 "복음"에 대하여 증언한다. 3-4절에서 바울은 예수 그리스도와 동일시되는 복음을 더욱 자세히 설명한다. 즉 복음은 "육신으로는 다윗의 혈통에서 나셨고 성결의 영으로는 죽은 자들 가운데서 부활하사 능력으로 하나님의 아들"이 되신 예수 그리스도를 선포하는 것이다. 이러한 표현은 바울이 자기보다 앞선 초기 교회의 전형적인 예배 의식에서 유래한 것으로 보이는 사도적 믿음 양식문을 인용한 것이다. 이 양식문은 서로 대조를 이루는 평행 문장으로 구성되어 있다.

A	B	C
육신으로는	다윗의 혈통에서	(태어) 나셨고
성결의 영으로는	죽은 자들 가운데서 부활하사 능력으로	하나님의 아들로 선포되셨으니

위의 문장에서 두 동사 "나셨고", "선포되셨으니"가 전형적인 신앙고백문과 마찬가지로 수동태로 나타나며, 여기에 "다윗의 혈통", "성결의 영"과 같은 표현이 바울에게는 전적으로 낯선 표현이라는 사실에서, 이 양식문이 초기 교회의 사도적 전승에서 유래한 것이라고 여기게 되었다.

2) 초기 교회 믿음 이해의 특징

바울보다 그 시기가 앞서는 초기 교회의 믿음 이해에는 몇 가지 특징적인 양식이 나타난다.

① 죽음 양식 Sterbens-Formel

고린도전서 15:3-5, 특히 "우리 죄를 위하여 죽으시고"에서는 예수님의 죽음이 가지는 대속의 의미가 강조되며, 로마서 5:6-8에서는 죄인된 인간을 위한 그리스도의 대속의 죽음의 의미가 강조된다.

> (롬 5:6-8) ⁶ 우리가 아직 연약할 때에 기약대로 그리스도께서 경건하지 않은 자를 위하여 죽으셨도다 ⁷ 의인을 위하여 죽는 자가 쉽지 않고 선인을 위하여 용감히 죽는 자가 혹 있거니와 ⁸ 우리가 아직 죄인 되었을 때에 그리스도께서 우리를 위하여 죽으심으로 하나님께서 우리에 대한 자기의 사랑을 확증하셨느니라

두 본문 고전 15:3b-5; 롬 5:6-8 은 "죽다"를 사용하여 죄인을 위한 그리스도의 대속의 "죽음"을 강조한다. 그래서 학자들은 이 두 본문을 "죽음 양식문"이라고 부른다. "그리스도께서 우리를 위하여 또는 경건하지 않은 자를 위하여 죽으셨다"는 진술은 이미 초기 교회의 신앙고백이었다.

② 내줌 양식 Dahingabe-Formel

(롬 8:32) 자기 아들을 아끼지 아니하시고 우리 모든 사람을 위하여 내주신 이가 어찌 그 아들과 함께 모든 것을 우리에게 주시지 아니하겠느냐
(롬 4:25) 예수는 우리가 범죄한 것 때문에 내줌이 되고 또한 우리를 의롭다 하시기 위하여 살아나셨느니라
(갈 1:4) 그리스도께서 하나님 곧 우리 아버지의 뜻을 따라 이 악한 세대에서 우리를 건지시려고 우리 죄를 대속하기 위하여 자기 몸을 주셨으니
(갈 2:20) 내가 그리스도와 함께 십자가에 못 박혔나니 그런즉 이제는 내가 사는 것이 아니요 오직 내 안에 그리스도께서 사시는 것이라 이제 내가 육체 가운데 사는 것은 나를 사랑하사 나를 위하여 자기 자신을 버리신 하나님의 아들을 믿는 믿음 안에서 사는 것이라

위의 본문에서 동사 "내주다"^{παραδίδωμι} 또는 "주다"가 특징적이기에 이 본문을 "내줌 양식"이라 부르게 되었다.

③ 속죄 양식 Sühne-Formel

여기에는 예수님의 죽음을 "속량" 또는 "화목제물"로 나타낸다.

(롬 3:24-25) ²⁴ 그리스도 예수 안에 있는 속량으로 말미암아 하나님의 은혜로 값 없이 의롭다 하심을 얻은 자 되었느니라 ²⁵ 이 예수를 하나님이 그의 피로써 믿음으로 말미암는 화목제물로 세우셨으니 이는 하나님께서 길이 참으시는 중에 전에 지은 죄를 간과하심으로 자기의 의로우심을 나타내려 하심이니

위에 나열한 본문들은 모두 바울서신의 것이지만, 바울 자신이 처음으로 만든 개념과 표현이 아니고 바울보다 앞선 시대에 살았던 그리스도인들의 신앙고백을 바울이 수용하여 자신의 서신에 기록한 것이다. 이처럼 신약성경에는 성경 저자들의 글뿐만 아니라, 그들이 사도들로부터 전해 받은 초기 교회의 신앙고백도 담겨 있다. 이와 같이 전형적인 양식을 갖춘 믿음 양식 외에도 신약성경에는 한층 짧은 형태로 초기 교회의 믿음을 나타내는 표현들이 나온다.

④ 신앙의 외침 Acclamation

신약성경에 예수님을 향한 신앙고백적인 외침에서 유래한 간단한 표현들이 상당수 나타난다. 헬레니즘 시대의 황제 숭배에서 백성이 황제를 찬양하는 소리를 높이 외쳤는데, 그리스도를 향한 외침은 그에 대한 반대 명제의 어감을 담고 있다.

• "예수는 주님이시다!": 고린도전서 12:3 ("그러므로 내가 너희에게 알리노니 하나님의 영으로 말하는 자는 누구든지 예수를 저주할 자라 하지 아니하고 또 성령으로 아니하고는 누구든지 예수를 주시라 할 수 없느니라"); 로마서 10:9 ("네가 만일 네 입으로 예수를 주로 시인하며 또 하나님께서 그를 죽은 자 가운데서 살리신 것을 네 마음에 믿으면 구원을 받으리라").

• "예수 그리스도는 주님이시다!": 빌립보서 2:11 ("모든 입으로 예수 그리스도를 주라 시인하여 하나님 아버지께 영광을 돌리게 하셨느니라")

• 한 하나님, 한 주 예수 그리스도: 고린도전서 8:6 ("그러나 우리에게는 한 하나님 곧 아버지가 계시니 만물이 그에게서 났고 우리도 그를 위하여 있고 또한 한 주 예수 그리스도께서 계시니 만물이 그로 말미암고 우리도 그로 말미암아 있느니라")

• 그리스도=메시아: 마태복음 16:16, 20; 26:63; 마가복음 14:61; 누가복음 4:41; 22:67; 사도행전 9:22; 18:5; 17:3; 요한복음 7:26, 41; 10:24; 11:27; 20:31 등

• 하나님의 아들: 마태복음 16:16; 누가복음 4:41; 마가복음 1:11; 사도행전 8:37; 9:20; 요한복음 1:34, 49; 10:36; 11:27 등

• 다윗의 아들: 마태복음 12:23; 사도행전 8:37; 9:20 등

• 세상의 구주: 요한복음 4:42

• 인자: 요한복음 3:13; 5:27; 9:35-37

• 선지자: 요한복음 6:14; 7:40

• 하나님의 거룩하신 자: 요한복음 6:69

• 유대인의 왕: 요한복음 18:33

⑤ 그리스도 찬송시 Christushymn

초기 교회의 예배에서 사용된 것으로, 예수 그리스도를 통한 하나님의 구원 활동에 대해 찬송과 감사와 기원을 드리는 내용을 담고 있는 그리스도 찬송시는 3인칭의 어투로 묘사되는 특징을 갖고 있다. 우리에게 알려진 가장 오래된 그리스도 찬송시는 빌립보서의 찬송시빌 2:6-11이며, 골로새서에 나오는 찬송시골 1:15-20는 그보다 늦게 생성된 것으로 간주된다. 이 두 찬송시 외에도 디모데전서 3:16과 히브리서 1:3-4, 요한복음 1:1-18에도 그리스도 찬송시가 나온다. 이 중 요한복음의 서문을 이루는 찬송시가 가장 유명하다.

이제까지 신약성경에 담겨 있는 초기 교회의 다양한 믿음 이해를 살펴보았다. 이러한 믿음 이해는 사도 시대로부터 유래한 것으로 바로 이 점에 신약성경의 중요성이 드러난다. 신약성경이 없이는 사도들의 신앙 전통에 대하여 알 길이 없게 된다. 따라서 신앙인들은 신약성경을 특히 귀하게 여겨야 한다. 신약성경을 중요하게 여기지 않고 예컨대 신비주의 운동이나 다른 계시를 따른다면 초기 교회의 신앙으로부터 떨어져 나갈 위험이 크다. 오늘날 우리 사회에는 여러 이단적인 움직임이 있는데, 성경의 말씀 위에 바로 서지 못하고, 바로 이해하지 못한다면 이단적 교설에 빠지기 쉬우며, 무엇이 이단적 교설인지 분간하기도 어렵게 된다. 신약성경을 통하여 우리는 비로소 예수님에 뿌리를 둔 초기 교회의 선포와 메시지에 연결될 수 있다. 이를 다음과 같이 나타낼 수 있다.

예수님 → 초기 교회의 사도적 전승 → 바울
→ 복음서, 기타 신약 문서 → 우리

바울보다 앞선 초기 교회까지 거슬러 올라가는 사도적 전승은 한결같이 예수 그리스도에 대한 신앙고백에 초점을 맞추면서 예수 그리스도를 증언한다. 신약성경에는 예수 그리스도에 대한 사도들의 신앙고백으로부터 시작하여 바울과 복음서 저자들 및 기타 성경 저자들의 신앙고백이 담겨 있다. 사도 바울을 비롯하여 신약성경 저자들은 한결같이 예수 그리스도를 하나님의 아들이고 인자이며 주님으로 선포하였다. 이와 같이 신약성경은 예수 그리스도를 증언하는 복음이다.

II

신약성경의 중심 - 예수 그리스도

...

제5강: "예수 그리스도", 신약성경의 중심과 바탕

기독교가 무엇인가를 이해하고자 하는 경우에 빠져서는 안 될 내용은 "예수 그리스도"에 대한 진술이다. 이 주제야말로 기독교를 기독교답게 만드는 가장 독특한 내용이다. 예수 그리스도가 신약성경의 중심이며 바탕이기 때문이다.

1. 신약성경은 예수 그리스도께서 마련하신 "새 언약"의 책이다

'신약성경'을 영어로 'New Testament'라고 하는데, 이는 그리스어 '카이네 디아테케' $^{καινὴ\ διαθήκη}$의 번역으로 '새 언약'이라는 뜻을 담고 있다. 이 새 언약은 예수 그리스도에 의해 마련된 새로운 구원 질서가 '옛 언약'을 대신함을 뜻하는 표현이다.

> (고후 3:6) 그가 또한 우리를 새 언약의 일꾼 되기에 만족하게 하셨으니 율법 조문으로 하지 아니하고 오직 영으로 함이니 율법 조문은 죽이는 것이요 영은 살리는 것이니라; (갈 4:24) [하갈과 사라의 비유와 관련하여]: 이것은 비유

니 이 여자들은 두 언약이라 하나는 시내 산으로부터 종을 낳은 자니 곧 하갈이라; (히 8:6) 그러나 이제 그는 더 아름다운 직분을 얻으셨으니 그는 더 좋은 약속으로 세우신 더 좋은 언약의 중보자시라; (히 9:15) 이로 말미암아 그는 새 언약의 중보자시니 이는 첫 언약 때에 범한 죄에서 속량하려고 죽으사 부르심을 입은 자로 하여금 영원한 기업의 약속을 얻게 하려 하심이라; (히 12:24) 새 언약의 중보자이신 예수와 및 아벨의 피보다 더 나은 것을 말하는 뿌린 피니라

"새 언약"이란 표현은 본래 예수님이 **최후의 만찬**에서 하신 말씀으로부터 나왔다.

> (고전 11:25) 식후에 또한 그와 같이 잔을 가지시고 이르시되 이 잔은 내 피로 세운 새 언약이니 이것을 행하여 마실 때마다 나를 기념하라 참조. 눅 22:20; 마 26:28; 막 14:24

2세기부터 교회는 이 '새 언약'이란 표현을 원시 그리스도교에서 나온 성스러운 문서모음집을 가리키는 용어로 사용하기 시작했다. 새 언약이란 표현은 당시 교회가 유대 회당 안에서 전수된 성스러운 문서를 '옛 언약[1] '팔라이아 디아테케', παλαια διαθήκη=구약성경 이라고 부른 것에 대비가 되도록 만든 것이다. 새 언약의 책인 신약성경이 증언하는 예수 그리스도에 대하여 이야기하기에 앞서, "예수는 신화다"라는 주장에 대하여 살펴보려 한다.

2. 신약성경이 증언하는 예수님 이야기는 신화가 아니다

프리크 Timothy Freke 와 갠디 Peter Gandy 의 공저 『예수는 신화다: 기독교 탄생의 역사를 새로 쓰는 충격 보고』원제: The Jesus Mysteries 라는 책이 2002년 출

---

1) '구약'이라는 용어는 고후 3:14에 처음으로 사용되었다. 독일의 저명한 구약학자 쳉어 E. Zenger는 '구약성경'의 명칭이 '신약성경'과 비교하여 유대교에 대한 평가절하의 어감을 담고 있다는 시각에서 "첫째 성경"이란 명칭을 사용하자고 제안하였다: E. Zenger, *Das erste Testament: Die jüdische Bibel und die Christen*, Düsseldorf, 1991; E. Zenger, 『구약성경 개론』, 이종한 옮김 (분도출판사, 2012), 24-26.

간 당시 상당히 자극적인 제목으로 많은 사람의 관심을 끌었다. 이 책의 주장에 놀란 '한국기독교총연합회'는 이 책을 출판한 동아일보사에 항의의 뜻을 전하고 판매 금지를 요청했고, 결국 같은 해 10월에 동아일보사는 이 책의 절판을 결정했다.

이 책의 저자는 "예수의 미스테리아 명제"라는 것을 소개한다.

> 고대 지중해 세계는 더 먼 옛날의 미스테리아를 받아들여 이를 민족적 취향에 따라 각색했으며, 신이 죽은 뒤 부활한다는 신인神人 신화의 여러 버전을 만들었다. 일부 유대인들이 이교도의 미스테리아를 받아들여 우리가 오늘날 '영지주의'로 알고 있는 사상을 만들어 냈으며, 유대인 미스테리아 입문자들은 오시리스-디오니소스 신화의 유력한 상징들을 신화로 각색했다. 그 신화의 주인공이 바로 죽었다가 부활한 신인godman 예수이다(33쪽).

기독교가 고대 세계에 만연되어 있던 이방의 신비종교로부터[2] 영향을 받아 각색된 예수 신화에 근거를 두었다고 저자는 주장한다. 고대 이집트 신화에서는 고대 이집트 나일강의 신으로, 풍요의 신으로 숭상되었던 오시리스가 여신 이시스와 결혼하자 이를 질투한 오시리스의 동생인 세트가 오시리스를 살해하고, 이시스가 오시리스를 매장하자 세트는 다시 오시리스의 주검을 꺼내어 열네 조각으로 찢어 사방에 뿌리고, 그러자 여신 이시스가 아비누스 신의 도움으로 시신 조각들을 짜 맞추어 오시리스를 소생시킨다. 이처럼 오시리스가 죽었다가 다시 살아났다고 해서 죽은 자의 신으로 통한다. 그리스인들은 오시리스 신을 수많은 신 가운데 특히 디오니소스와 동일시하였다. 디오니소스는 그리스 신화에 나오는 제우스의 아들로, 흔히 포도주의 신이라고 불린다.

위 책의 저자는 신약성경에 나오는 예수 이야기가 바로 이러한 이방 종교의 신화에 나오는 상징을 사용하여 꾸며진 것이라고 주장한다. 따

---

2) 헬레니즘 시대의 신비종교에 대해서는 김창선, 『유대교와 헬레니즘』(한국성서학연구소, 2011), 225-247을 참조하라.

라서 예수님이 역사적 인물이 아니라 "가명을 사용한 미스테리아의 신인"으로서 "역사적인 다윗의 아들로 변장한 신비한 '하나님의 아들'"(357쪽)이라고 말한다. 또한 예수 미스테리아, 즉 예수 신화를 기독교로 발전시킨 사람은 다름 아닌 바울이라고 하면서, 바울이 영지주의자였다고 주장한다. 게다가 두 저자는 영지주의를 기독교의 이단이 아니라 "참된 그리스도교"로 간주하고 "예수"라는 단어는 영지주의자들이 사용한 하나의 신비한 "암호"에 불과하다고 말한다. 각 알파벳이 나타내는 숫자를 이용해서 한 단어가 지닌 뜻을 풀어내는 게마트리아Gematria 방법을 따르면, 그리스어 IHΣOYΣ=예수라는 여섯 개의 철자로 이루어진 암호는 고대인들에게 신성하고 마법적인 수인 "888"을 나타내는 말이라고 한다(208쪽).[3] 이런 주장을 반박하기에 앞서 도대체 영지주의가 무엇인지부터 살펴보자.

3. 영지주의란 무엇인가

'영지', 즉 그노시스Gnosis 는 '깨달음, 인식'을 가리키는 말로, 인간 실존의 진리에 대한 깨달음을 뜻한다.[4] 영지주의자는 인간의 근원적 유래와 종국의 목적에 대해 질문함으로써 인간의 본질이 무엇인지 묻는다. 이 질문은 인간 특히 자아自我가 왜 구원을 열망하는지에 관한 질문과 직결된다. 영지주의는 인간 또는 본래 자아가 "저 세상의 빛"으로부터 나와 "이 세상"코스모스 가운데 던져진 존재라고 보았다. 곧 저 세상으로 되돌아가는 것이 인간의 궁극 목적이며 그것이 바로 구원이라는 것이다.

영지주의에서 세상은 인간의 고향으로서 인간을 감싸고 있는 질서정연한 건축물이 아니라 인간에게 적대적인 세력이다. 이 세상은 인간의

---

3) 그리스어 알파벳은 숫자로도 사용된다. 그런 사용법에 따르면 "IHΣOYΣ"는 I(10)+H(8)+Σ(200)+O(70)+Y(400)+Σ(200)=888이 된다.

4) 영지주의에 대해서는 나의 졸저 『유대교와 헬레니즘』, 251-277을 참조하라.

본래 고향인 저편의 빛Pleroma으로부터 우리를 가로막는 담벼락과 같은 것이고, 별들은 우리를 물질의 세계에 가두는 감시자이다. 따라서 인간은 이 세상으로부터 벗어나야 한다. 이러한 이해 안에서 하나님은 코스모스에 전혀 참여하지 않는, 저편의 빛과 동일한 분으로 간주된다. 이는 하나님은 "순전한" 존재로 세상을 절대적으로 초월한 분이라는 것이다. 이러한 영지주의의 사고방식을 지배하는 것은 이원론이다. 즉 한편에는 인간을 구속하는 세력인 "낯선" 물질세계가, 다른 편에는 우리의 본래 고향인 구원의 영역 "플레로마"가 있다는 것이다.

이와 같은 이원론적인 세계관에 걸맞게 영지주의는 인간을 두 부분으로 나눈다. 즉 본래적 자아인 인간의 영 Pneuma, 프뉴마 이 물질 영역Hyle, 휠레 에 속하는 육체와 혼Psyche, 프시케 안에 갇혀있고, 그래서 인간은 감옥과 같은 육체를 벗어나야 한다. 이는 본래적인 자아가 저편의 빛과 하나가 됨으로써 인간의 구원이 이루어진다고 본 것이다.

영지주의는 인간은 저편의 빛에서 나온 불꽃이기에 고향으로 돌아가고픈 욕망이 있다는 시각에서 인간 구원의 필요성을 제기하면서 2세기 중엽 기독교 안에서 독특한 세계관을 형성했고, 일부 그리스도인에게 예컨대, 발렌티누스와 그의 제자들에게 영향을 미쳤다.5)

이러한 영지주의적인 생각이 오늘날 우리에게도 있지 않나 생각해 볼 필요가 있다. 이 세상적인 것을 업신여기거나 등한시하고 내세적이며 영적인 것을 추구하는 신앙의 모습이 없는지 자문해봐야 한다. 물론 우리 신앙인은 미래에 있을 구원의 완성에 소망을 둔다. 그렇다고 해서 이 세상의 삶을 경시해서는 안 된다. 하나님은 이 세상을 이처럼 사랑하사 독생자를 보내셨으며요 3:16, 예수님은 이 땅에서 소외되고 고난받는 이들을 향해 복을 선언했다는 사실을 기억해야 한다. 미래의 소망이 소

---

5) 영지주의 문서에 대한 신뢰할 만한 현대어 번역으로 다음을 참조하라. W. Barnstone/ M. W. Meyer (eds.), *The Gnostic Bible* (Boston, Mass.: Shambahla, 2003); H.-M. Schencke/ H.-G. Bethge/U. Ulrike (eds.), *Nag Hammadi Deutsch* (Berlin: de Gruyter, 2010).

중하듯이 지금 우리의 삶 또한 귀한 것이다.

영지주의의 경우, 순전한 존재로서 세상을 절대적으로 초월한 분으로 간주되는 하나님이 당신의 아들을 육의 몸으로 이 세상에 보내셨다는 생각은 도저히 받아들일 수 없는 생각이었다. 그래서 하나님의 아들이신 예수 그리스도가 인간의 몸으로 이 땅에 태어났다는 것은 말도 안 된다고 말한다. 앞서 언급한 『예수는 신화다』의 저자는 이러한 영지주의의 견해를 받아들여 "예수는 신화"라고 주장한다.

4. 기독교 신앙은 나사렛 예수와 분리되지 않는다

『예수는 신화다』의 저자의 주장은 한마디로 터무니없는 것이다. 이들은 역사적인 예수 사건을 부인하고, 자기들이 생각하는 영지주의적인 기독교가 참된 기독교라고 주장하는데, 받아들일 수 없는 주장이다. 역사적으로 일어났던 예수 사건이 바로 기독교 신앙의 핵심을 이루고 있기 때문이다. 나사렛 예수가 없는, 그의 십자가와 부활 사건이 빠진 기독교는 기독교가 아니다. 요한복음은 다음과 같이 분명하게 선언한다.

> (요 1:14) 말씀이 육신이 되어 우리 가운데 거하시매 우리가 그의 영광을 보니 아버지의 독생자의 영광이요 은혜와 진리가 충만하더라

이 구절은 요한복음의 핵심을 담고 있는 진술로, 영원히 하나님께 속한 창조의 말씀이 나약한 인간의 육을 입고 이 땅에 오셨다는 사실을 선언한다. 말씀이 육신이 되어 우리 가운데 오신 예수님을 믿는가, 거부하는가에 따라 구원과 심판이 갈리게 된다.

예수님이 역사적 인물이라는 것은 신약성경이 증언하는 사실일 뿐만 아니라 당시 고대 세계의 역사가들에게도 충분히 알려진 사실이었다.

- 로마 시대의 행정 관료이자 저술가인 **수에토니우스**Suetonius, 70-140 는

『황제들의 삶에 대하여』*De vita Caesarum, 120년*에 담긴 클라우디우스 황제[41-54]에 대한 부분*Claudius 25,4*에서 다음과 같이 썼다.[6]

> 그는 유대인들을 로마에서 내쫓았다. 그들이 크레스투스의 사주를 받아 지속해서 불안을 조장했기 때문이다("Iudaeos impulsore Chresto assidue tumultantes Roma expulit").

이는 주후 49년에 일어났던 유대인들과 유대 그리스도인들을 로마에서 추방한 사건을 묘사한 것으로 여기서 "크레스투스"는 그리스도를 가리키는 것이 분명하다. 수에토니우스는 당시 그리스도*즉, 예수*가 로마에 없었고, 또한 그가 어떤 인물인지에 대해서 몰랐던 것으로 보인다. 그것은 그의 관심사가 아니었다.

• 로마 시대의 역사가인 **타키투스**^Tacitus, 55-120가 집필한 『연대기』*Annales XV 44, 116년*도 마찬가지이다.[7] 타키투스는 네로 황제 시대[54-68]에 로마에 화재가 발생한 사실과 관련하여, 네로가 로마에 살던 그리스도인들을 공격하도록 했다고 기술하면서 다음과 같이 썼다.

> 그들의 이름은 티베리우스 치하의 총독 본디오 빌라도에 의해 십자가형을 받았던 그리스도로부터 비롯되었다("Autor nominis eius Christus Tiberio imperitante per procuratorem Pontium Pilatum supplicio affectus erat").

타키투스는 그리스도인들이 박해를 받았다는 사실만을 언급할 뿐 예수님의 생애에 대해서는 어떠한 기술도 하지 않는다. 아마 타키투스는 "그리스도"를 사람의 이름으로 여겼던 것으로 보인다.

• 유대 역사가로 유명한 **요세푸스** Josephus, 37/8-100 이후?는 『유대 고대사』 *Antiquitates Judaicae XX 200*에서 대제사장 아나노스*한나 2세*가 62년에 이른바 "그

---

6) 수에토니우스, 『풍속으로 본 12인의 로마 황제』, 박광순 옮김 (풀빛미디어, 1998).
7) 타키투스, 『연대기』, 박광순 옮김 (범우, 2005).

리스도"라 불리는 예수님의 형제 야고보를 살해했다고 보도한다.[8] 유대인이었던 요세푸스는 "그리스도"가 이름이 아니라 칭호라는 사실을 알고 있었다.

• 주후 600년경에 와서야 거의 완성되는 "바벨론 유대교의 국립도서관"으로 불리는 방대한 규모의 **바벨론 탈무드** The Babylonian Talmud는 예수님에 대한 적대감을 담은 단편적인 내용만을 간단히 전할 뿐이다. "예슈아"라는 사람이 마술을 행했다는 사실과, 그가 다섯 명의 제자를 가졌고, 유월절 축제 전야에 십자가형에 처해졌다는 사실에 대해 언급할 뿐 예수님에 대해 별다른 관심을 보이지 않는다.

> 유월절 축제 전날 밤 사람들은 예슈아를 매달았다. 사십 일 전 전령이 외쳤다. '그 사람은 마술을 행하고 이스라엘을 그릇된 길로 인도하여 불충한 자들로 만들었으니, 끌려가 돌팔매질을 당할 것이다. 그를 변호할 자는 나와서 말해보라.' 그러나 아무도 그를 변호하는 말을 하지 않았기 때문에 사람들은 그를 유월절 축제 전날 밤 매달았다. 랍비들은 이렇게 가르쳤다. 예수에게는 마타이, 나카이, 네제르, 부니, 토다 이렇게 다섯 명의 제자가 있었다 … bSanh 43a.[9])

신약성경의 보도만이 아니라 고대 역사 기록을 통해서도 "예수"라는 역사적 인물이 존재했다는 사실에 대해서는 의심의 여지가 없다. 예나 지금이나 사람들은 다른 한 인간을 신으로 고백하며 그를 경배의 대상으로 삼는 것에 "거리낌"을 갖고 있다. 그래서 영지주의에 미혹된 사람들은 하나님의 아들이 우리 인간과 똑같은 몸을 가졌다는 사실을 받아들이기를 주저했다. 본래부터 초월적인 존재를 신으로 믿으라고 말한다면 어느 정도 받아들이기 쉬웠을 것이다. 그러나 나사렛 동네에 살았던

---

8) 요세푸스, 『유대고대사 1-2』, 김지찬 옮김 (생명의말씀사, 1987/1992).

9) 참조, Theissen/Merz, 『역사적 예수』, 127. 유대학의 전문가인 마이어 Johann Maier 는 주후 220년까지의 랍비문서에는 예수에 관한 진술이 전혀 나타나지 않는다고 하였다(*Jesus von Nazareth in der talmudischen Überlieferung*, Darmstadt, ²1992, 268).

목수 요셉의 아들 예수를 하나님의 아들이요, 구세주요, 주님으로 받아들이는 것은 이성적으로는 결코 할 수 없는 문제였다. 기독교의 핵심은 그런 역설 안에 놓여 있다. 인간 예수가 다름 아닌 하나님의 아들 되시는 그리스도라는 역설이 기독교의 핵심 진리이다.

5. "예수 그리스도"의 의미

가장 대중적인 기독교 명절인 예수 그리스도의 탄생을 기념하는 성탄절 시즌에 사용되는 성탄 카드에 자주 "X-mas"라고 쓰인 것을 볼 수 있다. 그런데 여기서 "X"는 영어의 X가 아니라 그리스어 "Χριστός", 즉 "그리스도"의 첫 글자를 나타낸다. X-mas는 Christus라는 말과 "미사"예배를 뜻하는 mas가 합쳐진 용어로, 크리스마스는 '그리스도를 예배한다, 경배한다'는 뜻을 담고 있는 단어이다.

"예수"는 히브리어로 "예수아"ישוע, 그보다 후기의 형태로 '여호수아'(יהושע)이다. 이는 유대인들이 많이 사용하는 이름으로, "하나님이 도우신다"는 뜻을 담고 있다. 우리는 이 "예수"라는 이름에 "그리스도"라는 단어를 덧붙여 "예수 그리스도"라는 이름을 자주 말한다. 기도를 마치면서 "예수 그리스도의 이름으로 기도합니다" 하는 경우 예수 그리스도라는 이름은 하나의 고유명사로 사용된 것이다. 그런데 신약성경에는 예수 그리스도와 관련한 다양한 표현이 나타난다.

- "예수 그리스도"(롬 1:4, 6, 7, 8; 고전 1:3)
- "그리스도 예수"(롬 1:1, 고전 1:1, 2)
- "그리스도라 하는 예수" 또는 "그리스도라 칭하는 예수"(마 1:16)

이와 같이 예수 그리스도는 단지 하나의 고유명사로 사용되지 않았다. "나사렛 예수"는 나사렛이란 동네에서 온 예수라는 이름을 가진 사람을 가리킨다. "그리스도"가 처음부터 예수라는 이름과 함께 사용되지 않았다. 그것은 일종의 직분을 가리키는 표현으로 원래 히브리어 "기름 부음을 받은 자"를 뜻하는 "메시아"에 해당하는 그리스어 단어다.

전통적으로 **이스라엘의 왕은 기름 부음을 받은 자**로 통했다. 사무엘서 에는 이스라엘 백성이 주변 나라들처럼 왕을 갖기를 원하자 하나님이 선지자 사무엘을 시켜 사울에게 기름을 부음으로 그를 이스라엘의 왕으로 삼는 장면이 나온다.

(삼상 9:15-16) [15] 사울이 오기 전날에 여호와께서 사무엘에게 알게 하여 이르시되 [16] 내일 이맘때에 내가 베냐민 땅에서 한 사람을 네게로 보내리니 너는 그에게 기름을 부어 내 백성 이스라엘의 지도자로 삼으라 그가 내 백성을 블레셋 사람들의 손에서 구원하리라 내 백성의 부르짖음이 내게 상달되었으므로 내가 그들을 돌보았노라 하셨더니

이처럼 이스라엘의 왕은 여호와를 대신하여 신적인 기능을 행사한다는 의미에서 "하나님의 기름 부으심을 받은 자"로 간주되었다. 그런데 왕뿐만 아니라 하나님이 특별한 사명을 부과하는 사람은 누구든지 "기름 부음을 받은 자"의 칭호를 지닐 수 있었다. 그래서 이스라엘의 제사장이나 선지자=예언자도 기름 부음을 받았다.

(출 28:41) 너는 그것들로 네 형 아론과 그와 함께 한 그의 아들들에게 입히고 그들에게 기름을 부어 위임하고 거룩하게 하여 그들이 제사장 직분을 내게 행하게 할지며
(왕상 19:16) 너는 또 님시의 아들 예후에게 기름을 부어 이스라엘의 왕이 되게 하고 또 아벨므홀라 사밧의 아들 엘리사에게 기름을 부어 너를 대신하여 선지자가 되게 하라

심지어 이방의 왕도 하나님으로부터 특별한 과제를 부여받음으로써 "기름 부음을 받은 자"로 불릴 수 있었다. 그래서 이사야 45:1에서 페르시아의 왕 "고레스"도 기름 부음을 받은 자로 나타난다.

(사 45:1) 여호와께서 그의 기름 부음을 받은 고레스에게 이같이 말씀하시되 내가 그의 오른손을 붙들고 그 앞에 열국을 항복하게 하며 내가 왕들의 허리를 풀어 그 앞에 문들을 열고 성문들이 닫히지 못하게 하리라

이방인으로서 유일하게 "기름 부음을 받은 자", 곧 "메시아"로 일컬어진 고레스는 하나님의 명령에 따라 바벨론을 정복함으로써 바벨론의 포로가 된 이스라엘 백성들에게 자유를 가져다주는 역할을 했다.

구약성경에 나타나는 메시아는 아직 종말론적인 메시아가 아니었다. 메시아라는 말이 "종말에 이스라엘을 구원하기 위해 하나님께서 보낸 구원자"를 가리키는 개념으로 사용된 것은 구약성경 시대가 끝나고 신약성경 시대가 시작되기 전[하] 단계에 이르러서였다. 아마 신구약 중간시대인 **주전 2세기 중엽에서 1세기 사이에 와서야 비로소 종말론적인 메시아 대망으로 발전**했을 것이다. 그런데 한 가지 중요한 사항은 당시 유대인들이 대망하던 메시아는 역사의 종말에 하늘로부터 구름을 타고 오는 어떤 초월적인 인물이 결코 아니었다는 사실이다.

어쨌든 여기서 기억해야 할 것은 기름 부음을 받은 자를 나타내는 "메시아"가 하나의 직분을 가리키는 용어라는 사실이다. 초기 교회는 유대의 이런 전통적인 메시아 개념을 예수님에게 돌려 십자가에 매달려 처참하게 돌아가신 예수님이 바로 유대인들이 오랫동안 고대하던 그 메시아라고 하였다. 따라서 "예수 그리스도" 또는 "그리스도 예수"라는 표현은 "예수님이 그리스도시다"라는 사실을 담은 그리스도인의 신앙고백으로 예루살렘에 있던 최초의 교회가 진술했던 신앙고백이다. "십자가에 못 박혀 돌아가신 나사렛 예수님이 하나님께서 약속하신 구원자 그리스도시다."

사도행전 2:36의 베드로의 설교에서 다음과 같은 말이 나온다. "너희가 십자가에 못 박은 이 예수를 하나님이 주와 그리스도가 되게 하셨느니라." "예수는 그리스도이다"라는 간단한 표현은 유대 지방에 살던 최

초의 그리스도인들이 말한 신앙고백임에 틀림이 없다. 그런데 그리스도교가 유대인이 아닌 이스라엘 밖의 비유대인, 즉 이방인들에게 전파되었을 때, 이들은 "그리스도"=메시아라는 칭호 속에 담긴 의미를 더 이상 이해할 수 없었다. 이들에게 "예수 그리스도"는 하나의 고유명사로 받아들여졌고, 마치 하나의 이름처럼 사용되었다.10)

제6강: 예수 그리스도는 누구인가?

앞에서 "그리스도"가 "메시아" 개념에 상응하는 그리스어 표현이며, 그 메시아는 하나님의 특별한 사명을 부여받은 기름 부음을 받은 자라고 하였다. 또한 "예수 그리스도"라는 표현은 본래 "예수는 그리스도이시다!""예수는 메시아이시다!" 라는 초기 교회의 신앙고백에서 유래하였다고 했다. 이제 그리스도인들이 신앙의 대상으로 삼고 있는 예수 그리스도가 어떤 분인가를 알아보자.

"예수를 믿습니까?"라는 질문을 받는다면 신앙인들은 즉시 "예수님을 믿습니다"라고 대답할 것이다. 예수님에 대한 신앙 여부에 따라 그리스도인 여부가 결정된다. 문제는 예수님을 누구로, 어떻게 이해하는가에 있다. 예수님을 모든 소원을 들어주시는 마법사와 같은 분으로 여기는가, 아니면 유대인들이 믿던 메시아와 같은 분으로 여기는가?

1. 신약성경이 증언하는 예수 그리스도

바울은 로마서의 서두에서 초기 교회에서 유래한 신앙고백을 사용하면서 예수 그리스도에 대해 다음과 같이 진술한다.

---

10) 메시아 개념에 대한 성경적 이해와 관련하여 다음을 참조하라. 김창선, "'성서적 신학'의 주제로서 메시아", 장흥길 편, 『'성서적 신학'의 관점에서 바라본 신약신학의 주요 주제』 (한국성서학연구소, 2012), 101-130.

(롬 1:3-4) ³ 그의 아들에 관하여 말하면 육신으로는 다윗의 혈통에서 나셨고 ⁴ 성결의 영으로는 죽은 자들 가운데서 부활하사 능력으로 하나님의 아들로 선포되셨으니 곧 우리 주 예수 그리스도시니라

위에서 바울은 예수 그리스도에 대하여 "예수 그리스도는 다윗의 혈통에서 나셨다, 예수 그리스도는 하나님의 아들이시다, 예수 그리스도는 우리의 주님이시다"라고 말한다.

1) 예수 그리스도는 다윗의 혈통에서 나셨다

사도 바울을 포함하여 초기 교회는 예수 그리스도가 다윗 가문 출신임을 강조하여 예수님이 다윗 가문 출신의 메시아, 곧 나사렛 예수가 유대인들이 오랫동안 기다려 온 바로 그 메시아라는 것을 나타냈다. 마태복음은 **예수님의 계보**를 언급하는 것으로 시작된다. 신약성경을 펼치면 자연스럽게 맨 첫 부분에서 마태복음에 접하게 된다. 마태복음 1:1-17에 "누가 누구를 낳고"를 반복하는 긴 족보는 중요한 신학적 진술을 담고 있는 의미 깊은 본문이다. 이 족보를 통해 마태는 나사렛 예수가 누구이며 어디에서 오신 분인가 하는 물음에 대답한다.

마태는 예수님의 계보를 14대씩 세 대로 정리하여 아브라함의 선택에서부터 예수님까지 이르는 전체 역사가 하나님의 섭리 가운데 있음을 강조한다. 곧 아브라함이 이스라엘 역사의 출발점이라면, 다윗은 이스라엘 역사의 절정이며, 예수 그리스도는 이스라엘 역사의 목표점인 것으로 나타난다. 여기서 마태가 강조하는 것은 아브라함과 다윗의 역사를 인도하시며 이들과 언약을 맺으신 하나님이 예수 그리스도 가운데에서 그 모든 것을 성취하셨다는 사실이다. 곧 나사렛 예수는 종말의 메시아이며, 이스라엘의 역사는 처음부터 메시아이신 예수님의 오심을 염두에 두었다. 이와 같이 마태는 계보를 통해 예수 그리스도와 더불어 구약성경의 예언이 다 성취되었으며, 예수 그리스도는 오랫동안 기다려 왔던 다윗 가문의 바

로 그 메시아라는 사실을 강하게 증언한다.

이 계보에서 마태가 강조하는 또 다른 신학적 의도도 엿볼 수 있다. 마태는 이방 여인들, 곧 유다의 아내 다말^{창 38:6-30 참조}, 살몬의 아내 라합^{수 2:1-21; 6:17, 22-25}, 보아스의 아내 룻^{룻 1-4장}, 우리아의 아내 밧세바^{삼하 11:2-5; 왕상 1:11-14; 2:13-18}를 언급한다. 이방 여인들이 예수님의 혈통에 연관되었다는 사실을 통해 마태는 복음서 시작에서부터 벌써 예수 그리스도의 복음이 유대인에게만 아니라 온 세상 사람들을 위한 구원의 메시지라는 사실을 은근히 드러낸다.

2) 예수 그리스도는 하나님의 아들이시다

초기 교회는 예수 그리스도를 "하나님의 아들"이라고 불렀다. 이 말은 본래 팔레스타인에 있던 초기 교회가 부활하신 분을 가리키는 칭호였으나, 이스라엘 본토 밖에 있던 헬레니즘적 교회는 지상의 예수님뿐만 아니라 선재^{先在}하는, 즉 창조 전부터 계시던 그리스도를 가리키는 칭호로 확대하여 사용했다. 이는 당시 헬레니즘 세계에는 여러 형태의 신의 아들들이 있었는데, 오직 예수 그리스도만이 참된 하나님의 아들이라는 신앙고백을 나타내는 표현이다. 이 말은 예수님은 하나님의 아들이라는 신적인 위엄을 갖고 있는 분이며, 하나님 아버지께 순종하는 그 분의 참된 아들이라는 두 가지 사실을 강조하는 것이다.

(갈 4:4) 때가 차매 하나님이 그 아들을 보내사 여자에게서 나게 하시고 율법 아래에 나게 하신 것은
(롬 8:3) 율법이 육신으로 말미암아 연약하여 할 수 없는 그것을 하나님은 하시나니 곧 죄로 말미암아 자기 아들을 죄 있는 육신의 모양으로 보내어 육신에 죄를 정하사
(막 1:11) 하늘로부터 소리가 나기를 너는 내 사랑하는 아들이라 내가 너를 기뻐하노라 하시니라
(막 9:7) 마침 구름이 와서 그들을 덮으며 구름 속에서 소리가 나되 이는 내

사랑하는 아들이니 너희는 그의 말을 들으라 하는지라

3) 예수 그리스도는 우리의 주님이시다

"주님"은 본래 하나님을 대상으로 사용하던 개념으로 예수 그리스도의 죽음과 부활을 체험한 초기 교회는 예수님을 "주님"으로 불렀다. 이와 같은 사실을 예수님을 주님으로 고백하는 초기 교회의 아람어 기도문인 "마라나타"^{Maranatha}를 통해서 알 수 있다. "마라나타"^{고전 16:22}를 번역하면 "우리 주여 오시옵소서"이다. 이것은 주님의 재림을 기다리는 외침 기도이다.

(고전 16:22) 만일 누구든지 주를 사랑하지 아니하면 저주를 받을지어다 우리 주여 오시옵소서

"주님"에 해당하는 그리스어 '퀴리오스'^{κύριος}는 헬레니즘 시대의 종교에서 신들을 가리키거나 황제 숭배에 사용하던 개념이면서, 동시에 칠십인경에서 야훼 하나님을 가리키는 경우에 사용한 개념이다. 헬레니즘 시대의 그리스도인들은 예수님을 퀴리오스로 고백했다.

(행 16:31) 주 예수를 믿으라 그리하면 너와 네 집이 구원을 받으리라
(빌 2:9-11) ⁹ 이러므로 하나님이 그를 지극히 높여 모든 이름 위에 뛰어난 이름을 주사 ¹⁰ 하늘에 있는 자들과 땅에 있는 자들과 땅 아래에 있는 자들로 모든 무릎을 예수의 이름에 꿇게 하시고 ¹¹ 모든 입으로 예수 그리스도를 주라 시인하여 하나님 아버지께 영광을 돌리게 하셨느니라
(히 1:8) 아들에 관하여는 하나님이여 주의 보좌는 영영하며 주의 나라의 규는 공평한 규이니이다

그리스도인들을 "주의 이름을 부르는 자들"이라고도 불렀다.

(고전 1:2) 고린도에 있는 하나님의 교회 곧 그리스도 예수 안에서 거룩하여지고 성도라 부르심을 받은 자들과 또 각처에서 우리의 주 곧 그들과 우리

의 주 되신 예수 그리스도의 이름을 부르는 모든 자들에게
(롬 10:13) 누구든지 주 =예수의 이름을 부르는 자는 구원을 받으리라

이와 같이 초기 교회는 예수님을 가리켜 다윗 가문의 메시아, 하나님의 아들, 주님이라고 불렀다. 그 밖에도 예수님과 관련된 중요한 칭호로 "인자" =사람의 아들, "구주" 빌 3:20 "구원하는 자 곧 주 예수 그리스도", "선지자/예언자" 행 3:22; 7:37 등의 표현이 있다.

초기 교회와 신약성경이 증언하는 예수 그리스도 이해는 유대인들이 전통적으로 갖고 있던 유대 메시아관과 일치하는 면도 있지만 그것과는 다른 이해라고 할 수 있다.

2. 유대인의 메시아 이해

현재 유대인들이 갖고 있는 메시아관은 주전 2세기 중엽에서 1세기 무렵의 고대 유대교 시대에 처음으로 형성된 것으로 볼 수 있다. 당시 유대인들이 대망하던 메시아의 전형적인 모습은 『솔로몬의 시편』Psalms of Solomon, 구약성경의 다윗의 시편과는 전혀 다른 책이라 불리는 한 유대인의 작품 가운데 잘 드러난다. 모두 18편의 시를 담고 있는 이 작품은 신구약 중간 시기인 주전 1세기에, 아마도 헤롯 대왕주전 37-4 이전 팔레스타인 유대교에 그 기원을 두는 것으로 여기는데, 저자는 바리새파 사람이었거나 이에 동조하는 사람이었을 것이다. 유대 메시아관을 특히 잘 드러내는 제 17편의 핵심 부문만 소개하면 다음과 같다.

(솔로몬의 시편 17:21-32) 21 주여 보소서. 당신의 종 이스라엘을 다스리기 위해, 오 하나님, 당신께서 선택한 시기에 그들의 왕 다윗의 아들을 세워주소서. 22 그를 강직함으로 무장시켜 불의한 영주들을 쳐부수고, 예루살렘을 짓밟는 이방민족들로부터 이를 정화시키소서. 23 지혜와 공의 가운데 죄인들이 상속 받지 못하게 하고, 죄인의 오만을 도공의 질그릇처럼 깨뜨리고, 24 쇠방망이로 그들의 모든 근거를 쳐부수고, 당신 입에서 나오는 말씀으로 포악한 이방족

들을 섬멸시키고, [25] 그가 위협함으로써 적을 그의 면전으로부터 내쫓고, 죄인들을 그의 마음속 말로 훈육시키소서. [26] 그리하여 그는 공의로 인도할 거룩한 백성을 모을 것이고, 그의 하나님 주님에 의하여 거룩해진 백성의 지파들을 심판하리라. [27] 또한 그는 불의가 그들 가운데 거하는 것을 허락하지 않을 것이며, 사악하다고 알려져 있는 어느 누구도 그들과 함께 거하지 못하리라. [28] 또한 그는 (가나안) 땅위의 지파 사이로 그들을 분배할 것이며, 어떠한 이방인이나 외국인도 그들 가운데 거하지 못하리라. [29] 그는 이방민족과 이방족속들을 그의 정의의 지혜로써 심판하리라. [30] 또한 이방민족이 그의 굴레 아래에서 그를 위해 부역하도록 하리라. 그는 온 세상이 보는 가운데 주님을 영화롭게 할 것이며, 예루살렘을 처음과 마찬가지로 성스럽게 정화하리라. [31] 그리하여 그의 영광을 보러 이방인들이 땅 끝으로부터 올 것이며, 그의 피곤에 지친 아들들을 선물로서 수반하리라. [32] 또한 그는 하나님으로부터 가르침을 받은 공의로운 그들의 왕입니다. 그가 다스리는 동안 그들 가운데에 불의가 없네. 그들 모두가 성스럽고, 그들의 왕은 주님의 메시아이기 때문이네.

이 본문 21절에서는 "다윗 왕 이스라엘의 메시아"에 대한 강한 대망이 언급되고, 22절 이후에는 이 메시아가 수행할 것으로 기대되는 과업이 묘사된다. 그 과업은 먼저 불의한 세상 지배자들을 제거하고[22a절], 예루살렘을 이방인들로부터 정화시키고, 죄인인 이방인들을 이스라엘의 상속에서 제외시키는 일[22b-23a절]이다. 계속되는 23b-25절에는 포악한 이방 민족의 섬멸을 희망하는 이야기가 나온다. 그런 다음 이스라엘의 지파들을 불러 모아 심판하고[26절], 29절 이하에서는 메시아가 이방 세계를 공의롭게 심판하며, 이들을 자신의 사역에 봉사하도록 한다. 32절에서는 이스라엘의 왕 메시아에 대한 묘사가 한층 자세하게 언급된다.

이와 같이 유대교의 전형적인 메시아는 두 가지 기능을 갖고 있다. 첫째, 이스라엘의 모든 적대 세력을 물리치는 **대장군**으로서의 기능으로, 곧 다윗 가문에서 출생한 메시아는 막강한 군사적 힘을 지니는데, 메시아가 나타나면 지금 이스라엘을 괴롭히는 모든 이방 세력을 섬멸하리라고 믿는다. 다른 하나는 불의한 자들을 하나님의 공의로 다스리는 절대적인 권능을 가진 **대심판가**로서의 기능으로, 종말에 메시아가 나타나면 온 세상 사람들을 하나님의 정의에 비추어 심판을 한다는 것이다. 유대인들이 믿는 메시아는 종말이 되면 막강한 군사적 힘과 왕의 권세를 지닌 한 인간으로서 다윗 가문에서 나타나 이스라엘의 모든 원수를 섬멸하고, 흩어진 이스라엘 지파를 모아 다시 다윗 왕국을 세우고, 이 땅에 하나님의 평화와 공의를 실현하는 인물이다. 여기서 유대인이 기다리는 메시아와 우리가 기다리는 그리스도 사이에 어떤 관계가 있는가 하는 질문이 생긴다.

3. 유대 메시아관과 기독교의 그리스도관 비교

이와 같은 유대인들의 메시아관은 기독교인의 그리스도 이해와 유사하면서도 차이가 있다. 유사한 점은 메시아가 다윗의 혈통에서 나왔으며 또한 막강한 권세 가운데 이루어지는 종말의 심판자 기능을 수행할 것이라는 믿음이다. 그리스도인도 "인자"=사람의 아들 표상表象을 가지고 있어서, 인자되시는 예수 그리스도가 종말에 심판가로서 재림한다고 믿는다. 여기서 "인자"란 개념은 권능자로 다시 오실 예수 그리스도를 가리키는 영광의 칭호이다. 마가복음에 다음과 같은 진술이 나온다.

> (13:26) 그 때에 인자가 구름을 타고 큰 권능과 영광으로 오는 것을 사람들이 보리라; (14:62) 인자가 권능자의 우편에 앉은 것과 하늘 구름을 타고 오는 것을 너희가 보리라

그러나 유대 민족의 구원을 목표로 하는 민족주의적인 유대 메시아 개념은 기독교의 그리스도 이해와 본질적으로 차이가 있다. 유대인들이 믿는 메시아가 아무리 막강한 권세로써 하나님의 공의를 실현한다 할지라도, 그는 여전히 초월적 차원과는 무관한 한 인간에 불과하다. 그러나 그리스도인이 고백하는 예수 그리스도는 한 인간으로 왔을 뿐만 아니라 "하나님

의 아들"이며, "대속자", "주님"으로서 이 땅에 오신 분이다.

또 하나의 현격한 차이는 예수님의 십자가 사건 안에 놓여 있다. 대다수 유대인들은 그리스도인들이 믿는 예수 그리스도를 그들이 대망하던 메시아로 받아들일 수 없었고, 지금도 받아들이지 않는다. 그들이 기다리던 메시아와 "처참하고 나약하게" 십자가형을 받은 나사렛 예수 사이에는 한 치의 연결점도 찾을 수 없기 때문이다.

> (신 21:23) 그 시체를 나무 위에 밤새도록 두지 말고 그 날에 장사하여 네 하나님 여호와께서 네게 기업으로 주시는 땅을 더럽히지 말라 나무에 달린 자는 하나님께 저주를 받았음이니라

유대인들은 예수님을 자기들이 기다리던 메시아와 절대로 동일시할 수 없었다. 예수님이 십자가 나무에 매달려 죽음으로써 하나님으로부터 저주를 받은 자로 보였기 때문이다. 만일 나사렛 예수가 진정 메시아였다면 이 세상이 바뀌어 하나님의 공의가 지배하는 세상이 되었을 것이라고 유대인들은 말한다.

예수님이 이 땅에 오신 뒤 세상이 바뀌었는가? 유대인들은 이미 이 세상에 하나님의 나라가 도래하기 시작했다는 사실을 받아들이지 않는다. 세상은 예수가 온 뒤에도 전혀 바뀌지 않았고, 여전히 불의가 득세하는 곳으로 남아 있고, 그리하여 예수는 메시아가 아니라고 한다. 그러나 그리스도인들은 종말에 있을 구원의 완성이 바로 나사렛 예수의 사역과 더불어 이미 이 세상 가운데에 이루어지기 시작했다고 믿는다 고후 5:14-17; 롬 6:4: 갈 6:14-15. 그리스도 안에 있는 자는 이미 새로워진 존재이다 고후 5:17. 바로 이 점에 우리 그리스도인이 믿는 그리스도론과 유대인들이 믿는 메시아론 사이에 본질적인 차이가 있다.

유대인들뿐만 아니라 영리하다고 소문난 헬라인, 즉 그리스 사람들 역시 그리스도인들이 십자가에 돌아가신 분을 자기들의 "구세주"라고

부르는 것을 도무지 이해할 수 없었다. 그래서 바울은 고린도전서 1장에서 "표적을 구하는" 합리적이고 현실적인 유대인들 보기에 예수의 십자가 사건은 "거리끼는 것"이며 "지혜를 찾는" 헬라인에게 그것은 단지 "미련한 것"에 불과하나, 예수 그리스도를 하나님의 아들이며 나의 주님으로 고백하는 모든 믿는 자에게는 십자가에 못 박힌 그리스도 사건이 인간을 위한 하나님의 능력과 지혜라고 선언하였다고전 1:22-24.

바울 이후 '마가'는 자기의 복음서에서 예수 그리스도의 고난받는 모습을 특별히 부각해 묘사했다. 예수 그리스도의 부활에 이르는 영광의 길은 그 전에 반드시 십자가의 길 즉 고난의 길을 거쳐야만 한다는 점을 다른 복음서 저자보다 더욱 강조하였다. 그에 따라 예수님을 따르는 제자들 역시 자기 십자가를 지고 예수님을 따를 것을 강조했다. 오늘 우리 역시 각자의 십자가를 지고 그리스도를 따를 때 진정한 의미에서 주님의 제자로 불릴 수 있을 것이다.

제7강: 예수 그리스도는 기독교 신앙의 핵심이다

1. 중심이 약한 신앙은 무너지기 쉽다

중심이 약한 건물은 무너지기 쉽다. 1970년 4월에 서울에서 건축한 지 겨우 4개월밖에 안 된 아파트 한 동 전체가 무너져 내리는 사고가 일어났다. 본래 "와우"臥牛란 "소가 누워있다"는 뜻인데, 이 아파트가 "와우~" 소리를 내면서 붕괴되어 "와우 아파트"라 불리게 되었다는 낭설이 나돌 정도로 유명한 사건이었다. 중심을 견고하게 세우지 못한 부실공사로 인해 그와 같은 재앙이 일어났던 것이다. 또한 건물을 튼튼하게 잘 지었다 하더라도 그 중심에 타격을 받으면 전체 건물이 무너지게 된다. 2001년 9월에

납치된 두 대의 여객기가 미국 뉴욕시에서 세계무역센터^{WTC} 건물에 충돌하는 사건이 있었다. 생명을 잃은 사람이 2,792명이나 되는 엄청난 비극적인 사건으로 아직도 우리의 뇌리에 생생하게 남아 있다.

견고한 건물이라도 외부에서 강한 공격을 받는다면 속수무책으로 무너져 버리고 마는데, 중심이 약하고 중심에 바로 서지 못한 신앙인이 외부로부터 크고 작은 시험을 당하게 되는 경우 어떠하겠는가? 연약한 인간은 견고한 믿음을 가졌다 하더라도 한순간에 넘어질 수 있기에 늘 우리는 시험에 들지 않도록 깨어 기도하며 우리의 신앙의 중심을 더욱 견고히 해나가야 한다는 것을 다시 한번 강조한다. 그 중심을 견고히 하는 것은 바로 신약성경이 증언하는 예수 그리스도를 우리의 마음 중심에 확고하게 간직하는 것이다.

2. 루터와 성경의 중심

Martin Luther, 1483-1546

예수 그리스도를 중심에 둔 신앙인의 예로 16세기 전반에 활동했던 위대한 독일의 종교개혁가 루터^{Martin Luther}를 들 수 있다. 루터로 말미암은 종교개혁 운동의 결과로 이른바 "개신교"^{Protestantism}가 탄생하게 되었다. 현재까지도 그의 영향력은 독일에선 압도적이다.

한마디로 독일을 이끌어 가는 교회는 루터 교회라고 말할 수 있다. 독일 교회를 화롯불에 비유할 수 있다. 화롯불의 상층부는 회색의 재만 보이나, 한 꺼풀 속을 뒤집으면 여전히 뜨겁게 달아오른 벌건 불덩이를 볼 수 있어서 독일 교회가 마치 이런 화롯불과 같다는 뜻이다. 겉보기에 독일 교회는 사람들도 별로 모이지 않고 형식화되어 가는 교회처럼 보이나, 2000년이라는 긴 기독교 역사의 저력을 아직도 간직하고 있는 교회이고, 이 교회를 이끌어 가는 중심에 루터가 있다.

1483년에 아이스레벤Eisleben에서 태어난 루터는 에어푸르트Erfurt 대학에서 아버지의 뜻에 따라 법학 공부를 시작했다. 그런데 루터는 고향집에 갔다가 에어푸르트로 돌아오는 날, 정확히 1505년 7월 2일 슈토테른하임Stottern-heim에서 강한 여름철 뇌성을 맞는다. 다행히 벼락은 루터의 바로 옆을 내리쳤고, 그로 인해 그는 거의 사경 상태에 빠진다. 이때 루터는 종말론적인 하나님의 심판을 경험한다. 그리하여 벼락이 떨어진 후 15일째 되던 날, 1505년 7월 17일에 법학 공부를 중도 포기하고 에어푸르트 대학에 바로 붙어 있는 어거스틴 은자수도원에 들어간다. 수도사가 된 루터는 설교와 성경 연구를 중시한 이 수도원에서 인정을 받아 1507년 4월 3일에 사제 서품을 받고, 공부를 계속하여 1512년에 비텐베르크 대학에서 신학박사 학위를 받아 성경 교수가 되었다.[11]

그러나 루터는 유능한 설교자에 경건하고 학문이 뛰어난 사람으로 인정을 받았지만, 마음의 평안을 찾지는 못했다. 고해성사와 여러 금욕적 실천을 통해서 마음의 평안을 찾고자 애썼으나, 거룩하고 의로우신 하나님을 생각하면 깊은 죄의식으로부터 벗어날 수 없었다. 그러던 어느 날 로마서를 주석하다가 한 가지 놀라운 사실을 발견하였다. 곧 인간이 의로워지는 것은 그 어떤 인간적 행위에 의해서가 아니라 전적으로 하나님의 자비하심에 달렸음을 깨달은 것이다. 하나님 스스로 예수 그리스도를 통해 당신의 공의를 우리에게 보이심으로써 죄인 된 인간이 의롭다고 칭함을 받게 되었다는 확신에 도달했다. 곧 "율법적으로 인간은 하나님의 진노 아래 있었으나 그리스도 안에서 율법이 온전히 성취됨과 동시에 폐지되고 믿음으로 말미암아 의로운 인간이 되었다."[12]

---

11) 김용주, 『루터: 혼돈의 숲에서 길을 찾다』 (익투스, 2016).
12) 윤철호, 『너희는 나를 누구라 하느냐: 통전적 예수 그리스도론』 (대한기독교서회, 2013), 474.

이를 가리켜 신학 용어로 "칭의론"稱義論, Rechtfertigungslehre 또는 "이신칭의
론"以信稱議論이라고 한다. 율법의 행위를 통해서가 아니라 예수 그리스도
에 대한 믿음으로써 인간이 의롭게 된다는 칭의론의 발견이야말로 당시
경직되고 악폐에 가득 차 있던 가톨릭교회에 대항하여 위대한 종교개혁
을 일으키게 된 내적 원동력이었다. 당시 칭의론을 발견했을 때의 감격
과 흥분을 훗날 루터는 다음과 같이 회고했다.

> 그러는 동안 이미 금년에 나는 다시 시편으로 돌아가 재차 주석을 하고자
> 했다. 로마서와 갈라디아서 또한 히브리서를 강의에서 다룬 뒤라 그 작업을
> 하는 데 한층 능숙한 상태에 있으리라 믿었다. 그런데 갑자기 로마서의 바울
> 을 이해하고픈 열망이 나를 사로잡았다. 하지만 그때까지 나를 방해한 것은
> 냉담이 아니라, "하나님의 의가 나타나서" 롬 1:17 라는 한 마디였다. 나는 "하
> 나님의 의"라는 이 단어를 증오했다. 이 단어를 나는 모든 교사로부터 일상
> 적인 용법으로 배웠는데, 이른바 형식적이거나 능동적인 의에 대하여 철학적
> 으로 이해하는 일이었고, 이로써 하나님은 의로우시며 죄인과 불의한 자들은
> 심판을 받는다는 것이었다.
> 하지만 내가 아무리 수도자로서 흠 없이 살고 있다 할지라도, 하나님 앞에서
> 는 양심의 불안함을 느낄 수밖에 없었으며 또한 나의 내적 만족감을 통해
> 화해되었다는 사실에 나를 맡길 수 없었다. 그래서 나는 의로우시며 죄인을
> 심판하시는 하나님을 사랑하지 못했다. 아니, 증오하였다. 그래서 짜증을 내
> 거나 하나님에 대해 엄청난 불평을 늘어놓았다. 가련하며 원죄로 인해 영원
> 히 멸망 받은 죄인이 십계명의 율법을 통해 심판의 나락에 버려졌다는 사실
> 만으론 부족한지, 한 걸음 더 나아가 하나님은 복음을 통해 고통에 고통을
> 더하며 복음을 통해서까지 당신의 공의와 진노로 우리를 위협하고 계신 듯이
> 말이다. 황폐하며 혼잡스런 나의 마음은 미친 듯 갈팡질팡했다. 그럼에도 나
> 는 바울의 그 구절에 매달려서 도대체 바울이 무엇을 원하는지를 알고자 하
> 는 갈증으로 뜨겁게 달아올랐다.
> 하나님의 자비하심에 힘입어 밤낮으로 계속해서 그 문제에 대해 골몰하다가,
> 이 말의 문맥에 유의하게 되었다. '하나님의 의가 나타나서, 기록된 바 의인
> 은 믿음으로 말미암아 살리라.' 그때 나는 하나님의 의를 깨닫기 시작했다.
> 의인은 하나님의 선물인 하나님의 의를 통해서 살게 되니, 즉 믿음으로 말미

암아 산다. 그 뜻은 다음과 같다. 복음을 통해 하나님의 의가 계시되었으니 곧 수동적인 것이고, 이로써 자비로우신 하나님은 우리를 믿음을 통해 의롭게 하시니, 기록된 바, '의인은 믿음으로 말미암아 살리라.' 바로 그때 나는 새롭게 태어난 듯했으며 환히 열린 문을 통해 바로 낙원에 들어간 듯한 느낌을 가졌다. 바로 그때 곧장 성경 전체가 새로운 얼굴로 내게 다가왔다. 그러자 나는 기억을 통해 성경을 훑어가면서 다른 어휘 가운데도 나타나는 상응하는 표현을 보았다. '하나님의 활동', 그것은 하나님이 우리 가운데 활동하신다는 것을 뜻하며, '하나님의 권세'는 하나님이 우리에게 권세를 주신다는 뜻이며, '하나님의 지혜'는 우리를 지혜롭게 만드신다는 뜻이며, '하나님의 강직함', '하나님의 구원', '하나님의 영광'도 마찬가지이다. 예전엔 내가 "하나님의 의"라는 개념을 그토록 증오했으나, 이제는 내게 가장 달콤한 말로서 엄청나게 사랑하게 되었다. 바울의 이 구절은 내게 참으로 낙원으로 들어가는 문이었다.[13)]

루터는 "성경의 중심"Mitte der Schrift을 강조한 사람이었다. 루터 당시 가톨릭교회는 "면죄부"를 판매했다. 면죄부는 본래 불신자와 벌이는 전쟁에서 죽은 병사에게 연옥의 형벌을 면해주는 제도였는데, 12세기부터는 성전에 참여하지 않은 사람도 돈을 지불하고 면죄부를 구입할 수 있게 하였다. 그러면서 면죄부는 교회 재정에 중요한 몫을 차지하게 되었다. 현재 로마 바티칸에 있는 성 베드로 대성당은 대표적인 르네상스식 교회 건축물로서 르네상스 예술 정신을 가장 이상적으로 표현한 최고의 걸작이라고 알려져 있다. 이 성당의 건축을 위해 1506년부터 로마 교황은 기념 면죄부를 판매하기 시작했다. 당시 막데부르크의 대주교 알브레히트Albrecht는 교황에게 거액을 지불하는 대가로 마인츠 대주교 겸직을 인정받을 뿐만 아니라 자기 교구에서 면죄부 판매액의 절반을 차지할 것을 교황으로부터 허락받게 된다. 면죄부 판매 수입을 올리기 위해 웅변술이 뛰어났던 텟첼Johann Tetzel이 나서서 면죄부의 효력을 과장하였다.

---

13) 여기에 제시된 루터의 진술은 라틴어로 1545년에 출판된 비텐베르크판 첫 권의 서문에 나온다. 라틴어 본문은 바이마르판D. Martin, *Luthers Werke* 54, 185,12-186,16에서 찾을 수 있다.

이러한 상황에 당시 수사이면서 신학 교수였던 루터는 구원을 돈으로 사고파는 가톨릭교회의 면죄부 판매 관행에 반대하여 1517년 10월 31일 95개 조항의 반박문[14]을 비텐베르크 성채 교회 정문에 내걸었다.

이로써 루터는 개신교 탄생을 촉발하는 도화선에 불을 붙였다. 사실 루터는 당시 문제로 드러난 것을 학문적 공개 토론의 대상으로 삼고자 하는 생각에 반박문을 발표한 것이었다. 이 사건은 가톨릭교회와 엄청난 마찰을 일으키며 종교개혁 운동으로 번져 나가게 하였다. 루터는 어느 누구도 대항할 수 없었던 가톨릭교회의 막강한 전통에 맞서 성경을 높이 치켜들고 담대히 저항하였다. 교회의 전통과 교리가 성경 위에 군림할 수 없고, 역으로 모든 것은 성경의 권위에 순종해야 한다는 사실을 역설했다. 루터는 이렇게 "그리스도를 드러내는 것"Was Christum treibet을 "성경 중의 성경"Kanon im Kanon으로, 즉 성경의 중심으로 여겼다. 이와 같이 루터는 성경을 새롭게 읽었고, 복음을 발견했던 것이다.

인간은 오직 믿음으로만 하나님 앞에 설 수 있고, 오직 예수 그리스도를 통해서만 칭의가 이루어진다는 루터의 확신을 "종교개혁의 근본 원리"로 통하는 네 가지 라틴어 개념으로 요약한다.

• sola gratia("오직 은혜로"): 모든 인간은 하나님 앞에서 죄인이기 때문에 칭의는 전적으로 하나님이 베푸신 은혜이지 자신의 공적이 아니다.
• sola fide("오직 믿음으로"): 선행을 행함으로써 칭의가 이루어질 수 없다. 하나님 나라는 인간의 선행으로 만들어지는 것이 아니다.
• solus Christus("오직 그리스도"): 예수 외에는 다른 구세주가 없다. 교회 역시 구원을 보장할 수 없다는 뜻도 포함한다.
• sola scriptura("오직 성경으로"): 오직 성경만이 신앙의 토대이다. 그것은 곧 교회의 전통은 신앙을 위한 표준이 아님을 말한다.

---

14) 이 95개 조항은 "Pro declaratione virtutis indulgentiarum"면죄부 효력의 계몽에 대하여로 불렸다.

3. 예수 그리스도 - 신약성경의 중심

신약성경이 증언하는 예수 그리스도에 대한 복음의 내용을 가장 잘 나타내는 성경구절은 아마도 요한복음 3:16일 것이다: **"하나님이 세상을 이처럼 사랑하사 독생자를 주셨으니 이는 그를 믿는 자마다 멸망하지 않고 영생을 얻게 하려 하심이라."** 이 구절은 기독교가 선포하는 구원 소식 전체를 한마디로 요약한 것으로 복음의 핵심 구절이다. 이는 하나님이 당신의 독생자인 예수 그리스도를 죄인 인간을 위해 대속의 죽음을 감당하도록 이 땅에 보내셨다는 메시지의 선포이다. 곧 우리 인간을 구원하기 원하시는 하나님의 간절한 사랑의 메시지이다. "예수 그리스도를 드러내는" 복음을 선포하는 또 다른 핵심 성경 구절의 좋은 예는 로마서에 나타난다.

> (1:16-17) [16] 내가 복음을 부끄러워하지 아니하노니 이 복음은 모든 믿는 자에게 구원을 주시는 하나님의 능력이 됨이라 먼저는 유대인에게요 그리고 헬라인에게로다 [17] 복음에는 하나님의 의가 나타나서 믿음으로 믿음에 이르게 하나니 기록된 바 오직 의인은 믿음으로 말미암아 살리라 함과 같으니라

이 구절은 로마서 전체 주제를 담고 있는 핵심 구절이다. 여기서 바울은 복음이 모든 믿는 자를 구원하시는 하나님의 능력임을 강조하며, 하나님의 의가 복음 가운데 계시되었다는 사실을 부각시킨다. 구원사의 도식에 따라 우선은 유대인에게, 이어 이방인의 대표인 헬라인에게 하나님의 구원의 능력이 선사되었다. "기록된 바"라고 말하면서 구약성경 하박국 2:4을 인용하는데 "보라 그의 마음은 교만하며 그 속에서 정직하지 못하나 의인은 그의 믿음으로 말미암아 살리라", 바울은 자신의 진술이 성경에 따른 것이고 동시에 하나님의 섭리에 따른 것이라고 한다. 여기서 바울은 "믿음으로 말미암아 살리라"는 말을 강조하면서 새롭게 주석한다. 곧 예수 그리스도의 죽음과 부활 가운데 활동하시는 하나님의 구원 사역에 대한 믿음과 신

뢰를 강조하는 것이다. "믿음으로 말미암아 살리라"에 대한 한층 자세한 해설은 로마서 3:21-26에 나타난다.

예수 그리스도에게 드러난 하나님의 의는 모든 믿는 자를 구원하는 복된 소식, 즉 복음이다. 이는 모든 사람이 죄를 지어 멸망에 처할 운명이었으나, "이제" 우리를 위해 대신 돌아가신 예수 그리스도에 대한 믿음으로 말미암아 은혜로 의롭다 칭함을 얻었다는, 즉 구원을 얻게 되었다는 복된 소식을 선포하는 말씀이다. 24-26절에서 바울은 구원을 가져오는 하나님의 의는 하나님 스스로 "화목 제물"로 마련한 예수 그리스도에 대한 믿음을 통하여 값없이 선사된 것임을 강조한다.

"그리스도를 드러내는" 것의 중요성을 강조한 루터는 고린도전서 2:2의 "내가 너희 중에서 예수 그리스도와 그가 십자가에 못 박히신 것 외에는 아무 것도 알지 아니하기로 작정하였음이라"고 한 말씀에 깊이 영향을 받았을 것이다. 루터는 심지어 신약성경 27권에 대해서도 이 원리에 따라 나름대로 평가를 내릴 정도로 대담한 사람이었다.

> 성 요한의 복음과 그의 서신, 성 바울의 서신들, 특히 로마서, 갈라디아서, 에베소서, 또한 성 베드로의 첫 서신, 이것들은 비록 당신이 다른 책이나 교리를 결코 보거나 듣지 못한다 할지라도 당신에게 그리스도를 보여주며 당신에게 알 필요가 있고 복이 되는 모든 것을 가르쳐주는 책들이다. 따라서 성 야고보의 서신은 이것들에 대립된 진정 지푸라기 문서이다. 그것은 아무런 복음적 성질을 갖고 있지 않기 때문이다.[15]

믿음을 강조하는 바울서신과 달리 야고보서는 행함의 중요성을 강조하는 서신이다. 야고보서에 다음과 같은 진술이 나온다.

---

15) WA, DB 6, 10, 29 이하. 루터는 야고보서 외에도 히브리서와 요한계시록에 대해서도 부정적인 평가를 내렸다. 이들 문서에 대한 루터의 머리말이 우리말로 번역되어 있다: 김창선, "마틴 루터와 역사비평적 성서해석", 『역사적 성서해석과 신학적 성서해석』 (교육과학사, 2016).

(2:14-17) [14] 내 형제들아 만일 사람이 믿음이 있노라 하고 행함이 없으면 무슨 유익이 있으리요 그 믿음이 능히 자기를 구원하겠느냐 [15] 만일 형제나 자매가 헐벗고 일용할 양식이 없는데 [16] 너희 중에 누구든지 그에게 이르되 평안히 가라, 덥게 하라, 배부르게 하라 하며 그 몸에 쓸 것을 주지 아니하면 무슨 유익이 있으리요 [17] 이와 같이 행함이 없는 믿음은 그 자체가 죽은 것이라

(2:26) 영혼 없는 몸이 죽은 것 같이 행함이 없는 믿음은 죽은 것이니라

이러한 야고보가 인간의 행함을 강조할 뿐 그리스도를 잘 드러내지 못한다고 여겼던 루터는 야고보서를 지푸라기 문서라고 낮추어 불렀던 것이다. 야고보서에 대한 루터의 평가가 옳았는가에 대해서는 논란을 벌일 수 있겠으나, 여기서는 루터가 예수 그리스도를 기독교 신앙의 핵심으로 강조했다는 사실만을 염두에 두기로 한다. 야고보서 저자를 포함한 신약성경 저자 모두 예수 그리스도를 드러내려고 애썼으며, 단지 각자가 처한 상황에 따라 강조점에 차이가 있었을 것이다.

여기서 분명히 해야 할 사항은 성경 저자들이 강조하는 예수 그리스도가 십자가에서 죽은 나사렛 예수와 다른 사람이 아니라는 사실이다. 예수님이 역사적 인물이라는 사실은 기독교 신앙의 핵심에 속한다. 역사적 인물인 유대인 예수를 떠나서는 기독교의 존재 기반이 사라진다. 기독교 신앙의 핵심은 "말씀Logos이 육신이 된 예수 그리스도"요 1:14를 하나님께서 우리를 위해 보내신 구세주라고 고백하는 데 있기 때문이다.

독재자 히틀러 정권 시절에 독일에서는 예수님이 유대인이 아니라 독일 게르만족의 선조 격인 아리아족의 핏줄을 가졌던 사람이라는 터무니없는 주장이 나왔다. 이러한 시각을 갖고 있었던 당시 독일 교계의 상당수는 나치가 행한 600만 명의 유대인 대학살에 동참하였다. 예수님이 유대인이었다는 사실을 망각해서 이처럼 끔찍한 일이 일어났던 것이다.

4. 예수님의 "하나님 나라" 선포에서 초기 교회의 "예수 그리스도" 선포로

나사렛 예수는 유대인이었고, 최초의 예수 운동이 유대교 내적인 운동이었음은 명백한 사실로 통한다. 그럼에도 기독교의 탄생은 예수 시대에 유대교의 기반을 넘어서는 것으로부터 발전하였는데, 다름 아닌 예수님이 선포한 하나님의 나라와 관련된 것이다. "하나님의 나라" βασιλεία τοῦ θεοῦ가 예수님의 선포의 중심 주제라는 사실은 나사렛 예수에 관한 연구에서 의심의 여지없는 합의 사항에 속한다.[16] 예수님이 선포한 하나님 나라는 두 가지 특징을 지니고 있다.

① 하나님 나라는 이 세상을 지배하는 사탄의 권세를 제거한다(눅 10:18, "예수께서 이르시되 사탄이 하늘로부터 번개 같이 떨어지는 것을 내가 보았노라"; 참조, 요 12:31, "이제 이 세상에 대한 심판이 이르렀으니 이 세상의 임금이 쫓겨나리라"; 계 12:7-12).

② 하나님 나라는 이미 현재에 드러나기 시작했다(눅 11:20, "내가 만일 하나님의 손을 힘입어 귀신을 쫓아낸다면 하나님의 나라가 이미 너희에게 임하였느니라"; 눅 17:21, "또 여기 있다 저기 있다고도 못하리니 하나님의 나라는 너희 안에 있느니라").

하나님 나라의 현재성을 강조한다고 해서 하나님 나라의 미래성이 부인되어서는 안 될 것이다. 예수님은 동시에 미래에 완성될 하나님 나라에 대한 비전도 갖고 계셨다. 주기도문에서는 하나님 나라가 오기를 간구했고[눅 11:2; 마 6:10], 십자가에 돌아가시기 전에 제자들과 함께 나누었던 마지막 만찬에서도 미래의 하나님 나라에서 거행될 만찬에 참여하기 전 마지막으로 포도주를 마신다고 말씀하셨다[막 14:25].[17]

---

16) J. Jeremias, 『신약신학』, 정충하 옮김 (크리스챤다이제스트, 2009), 150을 참조하라.

17) 예수님이 선포하신 하나님 나라의 현재성과 미래성에 대해서는 Theissen/Merz, 『역사적 예수』, 369-386을 참조하라.

그런데 부활을 체험한 그리스도인들은 예수님처럼 하나님의 나라를 선포하지 않고, 그러한 선포를 한 예수님을 나의 주님이며 그리스도 메시아라고 선포했다. 선포하던 자가 선포의 대상이 되었다는 뜻이다. 한 인간을 신격화하는 것을 그 무엇보다 경계했던 유대인으로서 최초의 예수 추종자들은 인간 나사렛 예수가 곧 부활하신 주님이라며 신앙고백의 대상으로 삼았는데, 도대체 이 일이 어떻게 가능할 수 있었는가? 혹자는 이와 같은 전환을 기독교 최대의 불가사의라고 말하기도 한다.

그리스도인들은 이 땅에 오신 나사렛 예수를 나의 주님이며 "그리스도"=메시아로 고백하는 자들이다. 예수님을 메시아로 주님으로 고백하는 것은 예나 지금이나 사람들에게 "걸림돌"이 된다. 사람의 아들이 동시에 하나님의 아들이라고 말하는 것은 유대인들이 도저히 수용할 수 없는 하나의 "거리끼는 것"이며 지혜롭다는 헬라인들에게는 "미련한 것"으로 보일 수밖에 없었다. 그러나 예수 그리스도 사건, 곧 "십자가 사건"은 "구원을 받는 우리에게는 하나님의 능력"고전 1:18이다. 이러한 신앙 고백을 한 신약성경 저자들은 당시 자기들이 속한 교회와 후대의 교인들인 우리를 위해 하나님의 능력인 예수 그리스도 사건을 증언하려고 펜을 들었던 사람들이었다.

III

신약성경의 생성과 해석의 필요성

...

제8강: 신약성경은 이해하기 쉽지 않은 책이다

1. 신약성경은 본래 헬레니즘 시대의 그리스어로 기록된 책이다

우리말로 번역된 성경을 갖게 된 것은 그리 오래된 일이 아니다. 처음에는 낱권으로 번역이 이루어졌는데, 먼저 1882년에 스코틀랜드 로스 John Ross 선교사를 중심으로 매킨타이어 John MacIntyre, 이응찬, 백홍준, 서상륜, 이성하 등이 누가복음과 요한복음을 각각 번역, 출판했다.

이어서 다른 책들이 차례로 번역되다가 1887년에 완역된 최초의 신약성경이 태어나는데, 이를 "예수성교전서", 흔히 "로스 역 신약전서"라고도 한다. 한문 성경을 대본으로 하였던 이 신약성경의 번역은 구어체를 많이 사용한 번역이었다.

1887	예수성교전서	만주에서 간행된 최초의 우리말 신약성경 John Ross 목사 주도
1911	성경전서 (=구역)	신약전서(1900). 외국 선교사들과 한국인 번역가들의 합작

1938	개역성경	"구역"을 개역한 성경
1977	공동 번역 (개정판, 2001)	가톨릭교회와 개신교회의 합작[참조, <북한성서>= "공동번역 평양 교정본"(조선기독교연맹, 1982/1984)]
2004	새번역	표준 새번역(1993), 표준 새번역 개정판(2004)
2005	가톨릭 성경	한국 천주교 주교회의 간행

1911년에 최초로 완역된 신구약성경전서=구역(舊譯)가 모습을 드러낸다. 이를 1938년에 개정하여 출판하였는데, 바로 이 성경이 "개역改譯 성경"이며, 오늘날 우리가 사용하는 성경 번역과 거의 같은 성경이다. 1977년에는 가톨릭교회와 개신교회가 협력하여 "공동 번역"을 출판했으나, 이후 각자의 길을 가게 된다. 준비 단계를 거쳐 2004년 한국 개신교는 순수 한국인에 의해 현대어로 번역된 "새번역"을 출판하고, 가톨릭교회는 2005년에 "성경"을 출판했다.[1]

예전 우리말 번역 성경의 모습을 살펴보기 위해 1887년에 번역된 '예수성교전서'의 주기도문을 예로 들어본다.

우리하날에게신아바님아바님의일홈이셩ㅎ시며아바님나라이님ㅎ시며아바님뜻이쌍에이루기롤 하날에힝ㅎ심갓치ㅎ시며쓰는 바음식을날마당우리롤 주시며사롬의빗샤홈 갓치우리빗을샤ㅎ시며우리로시험에드지안케ㅎ시며오직우리롤 악에구완하여닉소서(마태 6:9-13)

띄어쓰기를 하지 않은 이 주기도문은 당시 한반도 서북 지방의 방언을 사용하여 번역되었기에, 오늘 우리가 사용하는 주기도문과는 상당히 다른 느낌을 받는다. 그러나 주기도문은 우리가 익히 알고 있는 내용이

---

1) 한글 성경과 관련된 보다 자세한 내용은 이환진, 『구약성서 속에서 노닐다』 (신앙과지성사, 2011), 13-56을 참조하라.

고 또한 비록 백 수십 년 전이라지만 우리말 번역이라 오늘의 우리도 어느 정도 이해할 수 있다. 100여 년 전에 기록된 또 다른 예를 들어 본다.

> 신묘흐신 의원의 힝적이라 화셜 거의 이쳔년전에 유튀국이라 흐는 나라에 여러 가지 병을 다 능히 곳치신는 의원 흔 분이 계셔 열두뎨즈로 더브러 흠 믜 각도 각읍으로 둔니실 째에 절쓱발이와 눈먼쟈와 모든 신병잇는 사롬이 다 그 의원계신 곳쓸 좃차 옹위흐거늘 그 의원이 모든 병인을 도라보시고 곳쳐 주시되 이 셰샹에 례스로온 의원과 굿치 약을 쓰지 아니 흐시고 다만 즈기 손으로 병든 자룰 흔번 믄지기만 흐시면 병이 곳 나으니라 …

이 이야기는 일종의 전도지였던 1896년에 간행된 『의원의 행적』이란 책에 나오는 예수님 이야기이다. 여기에는 요즈음은 더 이상 쓰이지 않는 표현도 많을 뿐만 아니라, 예수님을 "의원"으로 부르는 것도 흥미롭다. 약을 처방하는 평범한 의원이 아니라 손으로 한 번 만지기만 해도 병이 낫는 신묘한 의원이라고 말한다. 100년 전에 기록된 문서라 오늘 우리가 사용하는 언어와 이렇게 차이가 나는 것이다.

그런데 성경은 본래 고대어로 기록된 책이다. 구약성경은 고대 이스라엘 사람들이 썼던 히브리어로 기록되었으며, 신약성경은 헬레니즘 시대에 보편적으로 통하던 그리스어로 기록된 책이다. 따라서 성경을 제대로 이해하기 위해서는 이들 고전어에 대한 이해가 반드시 필요하다.

바로 위에서 살폈듯이 불과 100여 년 전 우리말로 기록된 글을 우리가 이해하는 것도 쉽지 않은 일인데, 하물며 거의 2000년 전에 다른 나라 말로 기록된 고문서를 읽고 이해하는 것이 얼마나 어려울지는 쉽게 상상할 수 있다. 또한 말을 안다 해도 그 말이 속한 문화를 모르면 그 말의 참뜻을 이해하기 어렵다. 필자가 1982년부터 1998년 사이에 신학 공부를 하느라 우리나라를 떠나 독일에서 살다가 16년 만에 돌아와 보니 뉴스나 일간 신문에서 약자로 말하거나 표기하는 것뿐만 아니라 인터넷 시대의 용어 등을 전혀 이해할 수 없었다. 긴 시간 동안의 문화적 괴리감을 극복하느라 얼마나 많이 애를 썼는지 모른다.

이보다 훨씬 큰 간격이 신약성경과 오늘 우리 사이에 놓여 있다. 신약성경은 우리의 말과 문화적 전통과는 완전히 다른 문화권에서 탄생했으며, 또한 거의 2000년 전에 기록된 신약성경의 저자들은 고대 유대교 및 헬레니즘 시대에 살았던 사람들이며, 그들의 통용어는 당시 대중어인 코이네 그리스어였다.[2] 그러므로 오늘 우리가 신약성경을 바로 이해하는 일이 결코 쉬운 일이 아니라는 것을 인식하면서 헬레니즘 그리스어에 대한 이해뿐만 아니라 당시 삶과 문화에 대한 이해를 위한 노력을 기울여야 할 것이다. 곧 신약성경이 기록된 이천 년 전 그리스어 문장을 당시 상황 안에서 이해할 수 있어야 한다는 말이다.

신학대학교에서 본격적인 신학 수업을 시작하기에 앞서 학생들에게 성경언어인 그리스어와 히브리어를 가르치는 것은 원문 성경을 읽으면서 그 당시의 삶과 문화를 이해하고 받아들이는 것을 그만큼 중요하게 여기기 때문이다.

성경을 읽다 보면 이해되지 않는 부분들이 종종 나타난다. 성경이 우리 시대의 산물이 아니라 고대에 기록된 책이기 때문에 그러한 어려움이 생긴다는 사실을 이해하고 받아들이면서 성경 언어의 사용이 용이하도록, 또한 성경이 기록되던 당시의 삶과 문화를 이해하도록 많은 노력을 기울여야 할 것이다.

2. 신약성경은 다양한 장르로 이루어진 책이다

앞서 언급했듯이 신약성경의 주제는 한마디로 예수 그리스도라고 요

---

2) 2008년 4월 1일까지 모두 5,760개의 그리스어 신약성경 사본(파피루스 124개, 대문자 사본 318개, 소문자 사본 2,882개, 성서일과 2,436개)이 공식적으로 등록되어 있다(민경식, 『신약성서, 우리에게 오기까지』, 대한기독교서회, 2010, 179).

약할 수 있다. 신약성경에 나오는 모든 진술은 예수 그리스도 중심, 또는 그를 정점으로 하여 기록했음에 틀림없다. 여러 성경 저자가 쓴 신약성경은 대략 다음과 같은 형태의 책으로 구성되었다.

- **복음서**: 마태, 마가, 누가, 요한복음이 여기에 속한다. 복음서는 예수님의 사역을 묘사하는 가운데 예수님이 하나님의 아들이며 우리의 구세주시라는 사실을 증언하는 책이다.
- **역사적 단행본**: 사도행전이 여기에 속한다. 사도행전은 예루살렘에서 시작된 초기 선교의 역사를 다루는데, 후반부는 바울의 선교 여정을 집중적으로 다룬다.
- **서신**편지: 바울서신, 목회서신디모데전/후서, 디도서, 요한서신요한일서, 요한이서, 요한삼서, 유다서, 베드로전/후서.
- **편지 형태의 교훈서**: 야고보서는 헬레니즘적 유대교 지혜 문학의 영향을 많이 받은 문서로 윤리적 권면의 성격이 강한 일종의 교훈서이다.
- **편지 형태의 논설**: 히브리서와 에베소서가 여기에 속한다. 고대 교회는 히브리서를 바울서신으로 간주하여 바울서신집에 포함시켰는데, 그 덕분에 정경으로 인정되어 오늘 우리에게까지 전해 내려올 수 있었다. 그러나 흥미롭게도 이 문서는 편지의 서두 부분을 갖고 있지 않다. 편지 형식은 기껏해야 마감 부분13:22-25에만 나타난다. 또한 고대 필사본($\mathfrak{P}^{46}$; B; ℵ)이 전하는 에베소서의 원형에는 "에베소에 있는 (성도들)"1:1이란 표현이 없다. 본래 에베소서는 수신자를 언급하지 않은 일종의 회람서신으로 교회의 보편성을 강조하는 신학적 논설로 볼 수 있다.
- **묵시문학** =계시록: 요한계시록. 이 문서는 구약의 다니엘서와 기타 유대 묵시문학으로부터 여러 비유와 상징을 빌려왔다. 이러한 비유와 상징이 그리스도 사건이라는 새로운 구원사의 문맥에서 새롭게 사용되었다.

신약성경의 각 책은 저마다 예수 그리스도에 대한 공통된 신앙 안에서 기술되었음에도 불구하고 다양한 문학적인 형식에 다양한 내용을 담은 책이라는 사실을 주목할 필요가 있다. 따라서 신약성경을 올바로 이해하기 위해서는 이러한 다양한 문학적 특징들을 이해해야 한다.

3. 신약성경은 다양한 시각을 담고 있다

신약성경을 바르게 이해하기 위해서는 신약성경이 다양한 시각을 담고 있는 책이라는 사실도 알아야 한다. **공관복음과 요한복음에 나타나는 예수 그리스도의 표상에 대한 차이**를 예로 들 수 있다. 마태는 예수 그리스도에 대해 하나님의 뜻을 가르치는 교사이자 세상 심판주의 모습을, 마가는 고난과 죽음 가운데 있는 하나님의 아들의 모습을, 누가는 잃은 자를 찾아오셔서 구원하시는 구세주를 강조했다. 또한 요한은 말씀이 육신이 되어 세상에 오셔서 사망과 어두움을 정복한 그리스도의 모습을 강조하였다. "믿음"을 강조하는 바울서신과 "행함"의 중요성을 강조하는 야고보서, 바울이 기록한 바울서신과 사도행전에서 누가의 바울 보도 사이에 나타나는 차이 등도 그런 예가 된다.

예수님이 십자가에서 하신 말씀에서도 이러한 차이들이 나타난다. 마태복음 27:46 과 마가복음 15:34 에는 예수님께서 하신 마지막 말씀이 "엘리 엘리 라마 사박다니"="나의 하나님, 나의 하나님, 어찌하여 나를 버리셨나이까"라는 고통과 절규의 말로 나타나는 반면,[3] 요한복음 19:30 에는 "예수께서 신 포도주를 받으신 후에 이르시되 다 이루었다 하시고 머리를 숙이니 영혼이 떠나가시니라"고 기록되어 있다.

한편에는 고통스러운 예수님의 절규로 나타나고, 다른 편에서는 장엄하게 "다 이루었다"고 하면서 예수님의 지상 사역의 완성을 선언하는

---

3) 참조, (눅 23:46) "예수께서 큰 소리로 불러 이르시되 아버지 내 영혼을 아버지 손에 부탁하나이다 하고 이 말씀을 하신 후 숨지시니라"

이 서로 다른 말씀을 같은 순간에 하신 예수님의 말씀으로 받아들이기가 어렵다. 기독교를 비판하는 사람들은 예부터 이러한 차이를 이유로 들어 신약성경은 모순투성이고 믿을 수 없는 책이라고 주장하기도 했다. 이러한 비판가들의 주장에 직면해서 기독교를 옹호하고자 하는 사람들은 복음서의 진술은 한 치의 모순도 없다는 점을 입증하기 위해 복음서에서 차이가 나는 내용을 애써 조화시키려고 애썼다. 그러나 그러한 차이점이 없다고 입증하려고 노력하는 것은 신학적으로 바람직하지 않다.

그리스도에 대한 증언이 하나가 아니라 넷이라는 사실은 오히려 그리스도의 증언이 획일화되지 않고 풍성하다는 뜻이며 교회 선포가 살아있음을 입증하는 것이다. 바로 이런 이유에서 초기 교회는 우리에게 단하나의 복음서가 아니라 의도적으로 네 개의 복음서를 전한 것이다.[4] 성경 안에 담긴 이와 같은 차이를 무시하고 없애려는 태도는 성경을 하나님의 말씀으로 진지하게 받아들이지 못하는 태도이다. 무엇보다 중요한 것은 우리 자신의 시각을 성경 속에 강제로 삽입할 것이 아니라, 우선적으로 성경의 말씀에 겸손히 귀 기울이는 자세이다.

마가복음에 나오는 십자가상의 절규는 (마태는 마가의 본문을 수용하였다!) 복음서 전체의 예수상과 밀접하게 연관되어 있다. 마가복음은 고난받는 예수님의 모습을 다른 복음서보다 특별히 강조한다.

(막 8:34-35) [34] 무리와 제자들을 불러 이르시되 누구든지 나를 따라오려거든 자기를 부인하고 자기 십자가를 지고 나를 따를 것이니라 [35] 누구든지 자기 목숨을 구원하고자 하면 잃을 것이요 누구든지 나와 복음을 위하여 자기 목숨을 잃으면 구원하리라

영광과 부활의 길에 도달하기 위해서는 반드시 십자가의 길, 고난의

---

4) 필자는 마태, 마가, 누가가 전하는 예수 이야기의 차이점을 해설한 책을 출판하였다: 『공관복음서의 예수』 (비블리카 아카데미아, 2012).

길을 거쳐야만 한다. 이런 이유에서 예수님의 십자가상의 모습이 고난의 절정으로 묘사되었고, 마가는 "엘리 엘리 라마 사박다니"하고 부르짖는 예수님의 말씀을 강조한다.

그러나 요한복음에 나타나는 예수님은 영광스러운 모습의 예수님이다. 선재先在하신창조 전부터 하나님과 함께 하신 로고스로서 이 땅에 오신 예수 그리스도는 하나님 아버지를 대신하는 위대한 계시자로 모습을 드러낸다. 따라서 지금 예수님을 영접하느냐 거부하느냐에 따라 종말에 있을 구원과 심판이 결정된다는 사실을 강조한다.

> (요 3:18-19) [18] 저를 믿는 자는 심판을 받지 아니하는 것이요 믿지 아니하는 자는 하나님의 독생자의 이름을 믿지 아니하므로 벌써 심판을 받은 것이니라 [19] 그 정죄는 이것이니 곧 빛이 세상에 왔으되 사람들이 자기 행위가 악하므로 빛보다 어두움을 더 사랑한 것이니라
> (요 5:24-25) [24] 내가 진실로 진실로 너희에게 이르노니 내 말을 듣고 또 나 보내신 이를 믿는 자는 영생을 얻었고 심판에 이르지 아니하나니 사망에서 생명으로 옮겼느니라 [25] 진실로 진실로 너희에게 이르노니 죽은 자들이 하나님의 아들의 음성을 들을 때가 오나니 곧 이 때라 듣는 자는 살아나리라
> (요 11:25-26a) [25] 예수께서 가라사대 나는 부활이요 생명이니 나를 믿는 자는 죽어도 살겠고 [26] 무릇 살아서 나를 믿는 자는 영원히 죽지 아니하리니 이것을 네가 믿느냐

이처럼 예수님의 영광의 모습은 십자가 위에서도 "다 이루었다"는 말로써 하나님 아버지에 의해 맡겨진 계시의 사역을 예수님이 완성하였다는 사실을 나타낸다. 이 말은 고통의 표현이 아니라 승리의 표현이다. 이처럼 마가복음과 요한복음의 강조점이 다르듯이, 각각의 성경책은 나름대로 독특한 메시지를 담고 있다. 그리하여 우리는 성경을 읽으면서 성경 저자들이 본래 전하고자 했던 메시지를 파악하는 데 정성을 쏟고 그 메시지를 오늘 나를 위한 하나님의 말씀으로 들을 수 있는 열린 마음을 가져야 한다.

4. 신약성경의 메시지를 올바로 찾는 일이 중요하다

성경 저자가 본래 전하고자 하는 메시지를 경청하려는 자세를 벗어나 성경 말씀을 오늘 우리의 상황에 즉각적으로 적용해서 사용하고자 하는 경우 성경 본문이 본래 말하고자 한 것을 본의 아니게 왜곡하는 결과가 나오기 쉽다. 성경은 방대한 내용과 다양한 진술을 담고 있다. 이단들은 이렇게 방대한 성경을 오직 자기 입맛에 맞게 취사선택하는 가운데 자신들의 주장이 옳다고 한다. 이러한 일이 오늘 자주 일어나고 많은 사람들이 그러한 주장에 미혹되기 때문에 이단이 만연하게 된 것이다.

성서학자의 일차적인 과제는 성경 저자들이 본문을 통해 말하고자 한 본래의 뜻을 밝혀내는 일이다. 우리가 갖고 있는 온 정성과 힘을 다해 성경의 말씀을 바로 드러내도록 노력해야 한다. 그런 다음 그 말씀을 오늘 우리의 상황에 맞게 적용하기 위해 해석해야 한다. 성경 본문을 본래의 문맥에서 이탈시켜 제멋대로 해석할 경우, 우리는 초기 교회가 선포하고자 했던 메시지를 왜곡하고 예수 그리스도의 "복음의 진리" 갈 2:5, 14 에서 벗어나며, 결국 현대 교회와 초기 교회 간의 연속성 또한 약화하거나 단절될 위험에 처할 것이다. 따라서 성경 이해의 과제가 아무리 어렵다고 하더라도 이를 온 정성을 다해 수행하지 않으면 안 된다.

제9강: 초기 그리스도교의 탄생과 신약성경

신약성경을 올바르게 이해하기 위해서 먼저 초기 그리스도교의 모습에 대하여 살펴보도록 하자.

1. 예루살렘 초대 교회는 두 개의 그룹으로 구성된 공동체였다

제자들은 예수님이 돌아가신 뒤주후 30년경 절망에 빠져 있다가 부활하신 분의 나타나심, 즉 현현顯現을 체험한 뒤 새 힘을 얻어 예루살렘에 모였다. 그들을 중심으로, 예수님을 "메시아"요, "하나님의 아들"이며 "주님"으로 고백한 최초의 신앙 공동체가 만들어졌다. 이 공동체를 예루살렘 초대 교회라 한다. 사도행전에서 우리는 예루살렘 초대 교회의 탄생에 대한 이야기를 접할 수 있다. 부활하신 그리스도께서 제자들에게 주시는 다음과 같은 명령이 사도행전 1장에 나온다.

> (행 1:8) 오직 성령이 너희에게 임하시면 너희가 권능을 받고 예루살렘과 온 유대와 사마리아와 땅 끝까지 이르러 내 증인이 되리라 하시니라

성령으로 말미암아 권능을 받은 제자들이 예루살렘에서 시작하여 온 유대 지방과 사마리아 지방을 거쳐 당시 땅끝에 해당하는 로마에까지 복음을 증언하는 내용을 기록한 책이 사도행전이다. 이렇게 1:8은 사도행전의 전체 내용을 한마디로 축약했다고 말할 수 있다.

2:1-13은 놀라운 성령 체험을 한 초기 교회에 대해 보도하는데, 이것은 부활하신 그리스도의 성령 강림의 약속[1:8]이 성취되고 있음을 나타낸다. 또한 그날 베드로의 오순절 설교[2:14-41]를 듣고 세례를 받은 사람이 무려 삼천 명이나 된다고 보도한다. 이어서 성령의 인도 가운데 한 마음으로 이루어진 이상적인 교회의 모습이 나타난다[2:44-47].

> (행 2:44-47) [44] 믿는 사람이 다 함께 있어 모든 물건을 서로 통용하고 [45] 또 재산과 소유를 팔아 각 사람의 필요를 따라 나눠 주며 [46] 날마다 마음을 같이하여 성전에 모이기를 힘쓰고 집에서 떡을 떼며 기쁨과 순전한 마음으로 음식을 먹고 [47] 하나님을 찬미하며 또 온 백성에게 칭송을 받으니 주께서 구원 받는 사람을 날마다 더하게 하시니라

이 예루살렘 초대 교회는 전적으로 유대인으로 구성된 공동체였다. 초대 교회의 구성원들은 아람어를 말하는 팔레스타인 유대인들=["히브리파

사람" 뿐만 아니라, 팔레스타인 본토 밖에서 살다가 본토로 귀향해서 주로 그리스어를 말하는 유대인들="헬라파 유대인"로 구성된 공동체였다. 예루살렘 초대 교회 안에서 생겼던 한 잡음에 대해 이야기하는 사도행전 6장을 통해 이러한 사실을 알 수 있다. 그것은 그리스어를 말하는 유대인들이 교회 공금을 나누는 데 자기네 과부들이 차별 대우를 받는다고 불평한 데서 비롯된 잡음이다.

> (행 6:1-7) [1] 그 때에 제자가 더 많아졌는데 헬라파 유대인들이 자기의 과부들이 매일의 구제에 빠지므로 히브리파 사람을 원망하니 [2] 열두 사도가 모든 제자를 불러 이르되 우리가 하나님의 말씀을 제쳐 놓고 접대를 일삼는 것이 마땅하지 아니하니 [3] 형제들아 너희 가운데서 성령과 지혜가 충만하여 칭찬 받는 사람 일곱을 택하라 우리가 이 일을 그들에게 맡기고 [4] 우리는 오로지 기도하는 일과 말씀 사역에 힘쓰리라 하니 [5] 온 무리가 이 말을 기뻐하여 믿음과 성령이 충만한 사람 스데반과 또 빌립과 브로고로와 니가노르와 디몬과 바메나와 유대교에 입교했던 안디옥 사람 니골라를 택하여 [6] 사도들 앞에 세우니 사도들이 기도하고 그들에게 안수하니라 [7] 하나님의 말씀이 점점 왕성하여 예루살렘에 있는 제자의 수가 더 심히 많아지고 허다한 제사장의 무리도 이 도에 복종하니라

이 이야기에서는 언뜻 보기에 원시 공동체 내에 생긴 새로운 직분, 즉 사도를 도와서 봉사에 힘쓰는 집사 직분이 문제가 되는 것처럼 보인다. 그러나 이것은 누가가 묘사하는 외형적 이야기에 불과하다. 이 이야기의 속내에는 그리스도교의 초기 역사에 일어난 새로운 변혁이 있다. 곧 예루살렘에 있었던 최초 교회=원시 공동체의 발전과 관련된 한 중요한 전환기를 나타내는 이야기이다. 그것은 **예루살렘에 헬라파 유대인들로 구성된 독자적인 그리스도교 공동체가 탄생했다**는 사실이다. 이 헬라파는 예루살렘 초대 교회 안에서 새로운 한 무리를 이루었다. 이들은 히브리파와 구분되는 독자적인 조직을 가졌으며, 또한 히브리파와는 차이가 나는 메시지를 선포했다. 이러한 사실은 다음과 같은 세 가지를 살펴봄

으로써 알 수 있다.

첫째, 헬라파 유대인들로 "일곱 집사"를 세운 것은 식사 준비를 위해서 였다[6:2b, 3b]. 이 "일곱 집사"가 이어지는 본문에서는 일곱 집사 중 한 사람 이었던 스데반처럼 오직 말씀을 선포하는 자요, 선교사로서 활동한다. 역할이 달라지는 것에 대해서는 한마디도 언급되지 않는다.

둘째, 이 헬라파 일곱 집사가 선포하는 것은 베드로를 비롯한 사도들의 선포와 차이가 나는 새로운 강조점을 담고 있다. 이 "일곱" 사람은 성전과 모세의 율법에 비판을 가하고 있다는 것이 바로 그런 점이다. 이와 같은 사실은 6:14에서 확인할 수 있다. "그=스데반의 말에 이 나사렛 예수가 이곳을 헐고 또 모세가 우리에게 전하여 준 규례를 고치겠다 함을 우리가 들었노라 하거늘." 이 말은 지혜와 성령이 충만한 스데반을 모함하기 위해 유대 공회에 매수된 사람들이 하는 거짓 증언이다. 이미 이들은 6:11에서 스데반이 "모세와 하나님을 모독하는 말을 하는 것을 우리가 들었노라"고 거짓 증언하였다. 11절의 거짓 증언을 14절에서 다시 한번 반복하는 셈이다. 14절의 "이 곳"은 예루살렘 성전을 가리키고, 모세의 규례를 고치겠다는 예수님의 말씀은 "모세 오경"에 대한 비판을 담고 있는 말이다. 이들은 모세 오경의 전통을 강조하는 바리새적인 유대교과 정면으로 대치한다.

셋째, 스데반 사건으로 그리스도교 공동체가 박해를 받았는데, 예루살렘에 있던 모든 그리스도교인이 아니라 단지 헬라파 공동체 사람들만 박해의 대상이 되었다는 점이다. 이것은 헬라파 유대 그리스도인들이 히브리파 유대 그리스도인들과 구분되는 무리였다는 사실을 나타낸다.

2. 예루살렘 초대 교회에 들이닥친 박해는 헬라파를 향한 것이었다

"일곱 집사" 중 한 사람인 스데반이 붙잡혀 대제사장 앞에서 설교한 뒤에 돌로 맞아 순교하는 내용이 사도행전 6:8-7:60에 나오고 이어 8장에는 다음과 같은 이상한 보도가 나온다.

> (행 8:1-3) [1] 그 날에 예루살렘에 있는 교회에 큰 박해가 있어 사도 외에는 다 유대와 사마리아 모든 땅으로 흩어지니라 [2] 경건한 사람들이 스데반을 장사하고 위하여 크게 울더라 [3] 사울이 교회를 잔멸할새 각 집에 들어가 남녀를 끌어다가 옥에 넘기니라

이것은 일반적인 상식을 넘어서는 이야기이다. 이 보도는 "헬라파 유대인"에 속하는 스데반 집사를 돌로 쳐 죽이는 사도행전 6-7장의 끔찍한 박해 이야기에 이어서 나온다. 8:1의 "그 날에"는 스데반 집사가 순교한 날을 가리킨다. 스데반 집사가 처형당하는 날에 예루살렘 교회에 밀어닥친 큰 박해로 말미암아 "다 유대와 사마리아 모든 땅으로 흩어졌다"고 보도한다. 그런데 여기에는 이상하게도 "사도 외에는"이라는 표현이 붙어 있다. 즉 사도들만 박해에서 제외되어 예루살렘에 남을 수 있었고 나머지 그리스도인들은 박해를 피해 예루살렘을 탈출하였다는 것이다. "사울"=바울이 교회를 완전히 파괴하고자 하였다면[8:3] 어찌하여 교회의 지도자인 사도들을 제외한 채 성도들만 박해했을까? 이것은 상식 밖의 이야기처럼 들린다.

이 의문에 대한 답은 당시 예루살렘에 불어닥쳤던 그리스도인 박해가 단지 헬라파 유대 그리스도인만을 대상으로 했다는 사실에 있다. 예루살렘 교회의 한 분파였던 이른바 헬라파 유대 그리스도인들은 바울과 유대 회당의 박해로 말미암아 유대와 사마리아 모든 땅으로 흩어지게 되었고, 그것이 오히려 복음 전파를 낳는 놀라운 계기가 되었다. 당시 예루살렘 공동체는 외부 사람들에게 두 개의 서로 다른 그룹이 모인 것으로 비쳤을 것이다. 게다가 사도들은 이 두 그룹 가운데 단지 한 그룹만을 대표할 뿐, 다른 그룹의 가르침과는 무관했을 것으로 보인다. 외부

사람들이 보기에 사도들은 성전과 모세 율법에 대한 헬라파 그리스도인들의 비판에 아무런 책임이 없었다. 당시 예수님을 영접하지 아니한 유대인들은 사도들을 중심으로 한 예루살렘의 히브리파 유대 그리스도인들을 아직 이단으로 여기지 않고, 유대교 전통에 있는 공동체로 간주했다. 따라서 히브리파 유대 그리스도인들은 박해를 피할 수 있었다.

스데반의 순교와 예루살렘 초대 교회의 한 그룹인 헬라파에 대한 박해는 복음이 예루살렘을 넘어 유대와 사마리아 및 인근 지역으로 퍼지는 계기가 되었다. 인간적인 시각으로는 그리스도교의 탄생을 알린 예루살렘 교회가 박해를 받음으로써 그리스도교가 종말을 고하는 것처럼 보였지만, 오히려 이 박해 사건은 복음 전파에 기여하였다. 결국 사도행전 1:8에 언급된 부활하신 그리스도의 명령이 성취되었다.

3. 초기 그리스도교는 아직 유대교와 완전히 분리된 상태가 아니었다

12제자를 중심으로 형성된 예루살렘 초대 교회의 교인들은 자신들이 유대교의 범주를 완전히 떠나서 새로운 종교=기독교를 믿는다고 여기지 않았다. 그들은 자신들이 여전히 유대교에 속하여 있고, 예수님을 메시아로 믿는 사람들로 이해했다. 다메섹에서 부활한 주님을 체험하고 난 후 열렬한 복음 전도자의 삶을 살다가 순교한 바울 역시 자신이 유대교를 버리고 새로운 종교, 즉 기독교로 개종했다고 생각하지 않았다. 바울은 예수가 진정 메시아이며, 자신이 이방인을 위한 사도로 부름 받았다는 사실을 깨닫고 이러한 구원 사역을 마련하신 하나님을 유대인들을 넘어서 모든 이방인에게도 전하려 했다. 그리스도인이 되었지만 바울도 여전히 유대교의 테두리 안에서 생각했던 것이다. 그래서 독일 하이델베르크 대학교의 저명한 신약학자인 타이센G. Theissen은 바울을 가리켜 "유대교 근본주의자"였던 사람이 "유대교의 보편적 개방운동의 지도자"가 되었다고 말한다.5) 이방인을 위한 사도로 부름 받았다는 자의식을 갖고 있었던 바울은 동시에 자기 혈육인 유대인의 구원을 간절히 염원한 사람이었다. 그래서 로마교회에 보내는 서신에서 다음과 같이 말했다.

(롬 9:1-3) 1-2 내가 그리스도 안에서 참말을 하고 거짓말을 아니하노라 나에게 큰 근심이 있는 것과 마음에 그치지 않는 고통이 있는 것을 내 양심이 성령 안에서 나와 더불어 증언하노니 3 나의 형제 곧 골육의 친척을 위하여 내 자신이 저주를 받아 그리스도에게서 끊어질지라도 원하는 바로라

자기의 혈육인 유대인들이 예수님을 영접하여 구원을 받을 수만 있다면 자신이 저주를 받아 그리스도에게서 끊어져도 기꺼이 감수하겠다는 말이다. 동포에 대한 바울의 뜨거운 사랑을 엿볼 수 있는 말이다.

또한 바울이 주축이 된 유대교 개방 움직임은 이방인들에게 할례와 정결법을 강요하지 않았는데, 많은 유대인들은 이러한 움직임에 반대했다. 이로 인해 예수님 이후 제1세대 유대인들 사이에 분열이 일어나게 되었지만 동질성에 대한 자의식은 아직도 여전했다. 유대교와 기독교의 명확한 분리는 좀 더 시간이 지나서 이루어진다.

4. 초기 그리스도교가 유대교에서 완전히 분리된 것은 유대 전쟁 이후다

유대인과 그리스도인 사이의 구분이 어느 정도 명확해진 것은 주후 67-70년에 있었던 유대 전쟁 이후이다. 유대인들이 로마의 압제에 항거하여 일으킨 유대 전쟁에 그리스도인들이 동참하지 않은 것이 분리의 원인이라고 설명하는 사람도 있다. 고대 유대교는 주후 70년 이후, 예루살렘 성전 파괴와 더불어 상실된 유대교의 정체성을 다시 회복하기 위해 애를 썼다. 당시 유대인들이 날마다 드리는 18개의 조항으로 이루어져 있어 흔히 '쉬모네 에스레'Shemoneh Esreh, 18개 청원 기도문 라고 하는 기도문이

---

5) G. Theissen, 『그리스도인 교양을 위한 신약성서』, 노태성 역 (다산글방, 2005), 68-70.

있다.6) 이 기도문의 12번째 조항은 본래 다음과 같다.

변절자들에게는 어떠한 희망도 없으며, 그 건방진 정부=로마가 하루속히 우리 시대에 삭아 없어지길 기원합니다.

그런데 85-90년 사이에 이 조항에 이단자에 대한 저주문인 "비르캇 하 미님"Birkat ha-minim이 붙어 다음과 같이 길어지게 되었다.

변절자들에게는 어떠한 희망도 없으며, 그 건방진 정부가 하루 속히 우리 시대에 삭아 없어지길 기원합니다. 또한 나사레 사람들=그리스도인들과 이단자들=minim이 갑작스레 멸망하기를 기원합니다. 이들이 생명책에서 지워짐으로 의인들과 더불어 기록되지 않기를 기원합니다.

예수님을 믿는 그리스도인들을 저주하는 말이 첨가된 것을 볼 수 있다. 이로써 그리스도인들은 더 이상 유대교 회당 예배에 참석할 수 없게 되었고, 전통적인 유대인과 복음을 영접한 유대 그리스도인이 완전히 분리되었다. 주후 50년대의 바울 시대만 하더라도 복음 전도를 위해 바울이 찾아간 곳은 일차적으로 유대 회당이었다. 유대인들이 바울을 일단은 유대 형제로 받아주었다는 말이다. 그러나 이단자에 대한 저주문이 생긴 뒤에는 그와 같은 유대 회당 출입이 더 이상 가능하지 않게 되었다. 유대인과 그리스도인과의 완벽한 결별이 이루어진 것이다. 마태복음80년경에 기록과 요한복음1세기 말경에 기록은 완전히 분리된 교회와 유대 회당의 대립 관계를 반영하는 복음서이다.

마태복음은 교회가 유대 회당과 분리된 지 얼마 지나지 않아 기록된 책으로서 서기관과 바리새인을 향한 강한 비난을 담고 있다.

(마 23:29-33) [29] 화 있을진저 외식하는 서기관들과 바리새인들이여 너희는 선

---

6) "쉬모네 에스레"에 대해서는 『유대교와 헬레니즘』, 150-153을 참조하라.

지자들의 무덤을 만들고 의인들의 비석을 꾸미며 이르되 [30] 만일 우리가 조상 때에 있었더라면 우리는 그들이 선지자의 피를 흘리는 데 참여하지 아니하였으리라 하니 [31] 그러면 너희가 선지자를 죽인 자의 자손임을 스스로 증명함이로다 [32] 너희가 너희 조상의 분량을 채우라 [33] 뱀들아 독사의 새끼들아 너희가 어떻게 지옥의 판결을 피하겠느냐

요한복음에는 요한의 추종자들이 예수 그리스도에 대한 신앙고백으로 인해 유대 회당으로부터 쫓겨났음을 암시하는 몇몇 구절이 있다[9:22; 12:42; 16:2]. 특히 16:2는 유대인들이 그리스도인들을 유대 회당에서 출교시킨 행위를 "하나님을 섬기는 일"이라고 생각했다고 한다. 또한 8:44는 유대인들을 마귀의 자손이라고 말한다("너희는 너희 아비 마귀[διάβολος]에게서 났으니 너희 아비의 욕심대로 너희도 행하고자 하느니라").

5. 초기 그리스도교는 아직 신약성경을 갖고 있지 않았다

신약성경이 없던 시대의 초기 교인들은 강력한 그리스 문화의 영향 가운데 살았다. 당시 신약성경 가운데 제일 먼저 기록된 글인 바울서신이나 대략 주후 70년-1세기 말경에 생성된 복음서들 역시 하나님의 말씀인 신약성경으로 간주되지는 않았다.

마케도니아의 알렉산더[주전 334-323 재위]가 팔레스타인을 포함한 지중해 일대와 이집트, 바벨론, 인더스강에 이르는 지역을 정복하면서 이른바 "헬레니즘"의 정신과 문화가 팔레스타인 본토에 밀려오기 시작했다.

::: **Excursus**

헬레니즘

"헬레니즘"은 독일의 역사학자 드로이젠[Johann Gustav Droysen]의 저서 『헬레니즘의 역사』[*Geschichte des Hellenismus*. 2 Vols., Hamburg: Perthes, 1836-43]에서 유래한 개념이다. 드로이젠은 헬레니즘을 알렉산더 시대[주전 333년 알렉산더 대왕이 페르시아 왕 다리우스 3세를 이소스 전투에서 격퇴한 때]부터 기독교 성립에

이르는 기간에 그리스 교육을 통해 서방 문화와 근동 지방의 문화가 서로 혼합된 것을 가리키는 개념으로 사용했다. 그러나 헬레니즘 제국^{諸國}들은 서쪽에서는 로마의 공격을 받고 동쪽에서는 파르티아 왕국의 공격을 받아 기독교가 등장하기 전에 이미 멸망했다. 따라서 알렉산더 대왕 시대에서 로마의 동방 정복이 끝나는 시기까지를 가리키는 말로 사용하는 것이 바람직하다. 페르시아의 여러 나라가 마케도니아와 그리스의 지배를 받으면서, 그리스 언어와 교육과 문화가 확산되었다. 로마제국 시대에도 그리스 문화가 지배적이어서, 그리스의 예술, 건축, 철학, 문학 등이 로마제국에 커다란 영향을 끼쳤다. 로마제국의 동쪽은 근본적으로 그리스의 영향 안에 있었고, 서쪽 라틴 지역도 그리스의 언어와 문화와 종교로부터 많은 영향을 받았다.

로마제국의 발달은 헬레니즘을 떠나서는 이해할 수 없다. 로마제국이 헬레니즘화되었다는 점에서, 헬레니즘은 비잔틴 시대 _{395년에 로마제국으로부터 분리되어 1453년 콘스탄티노플이 점령될 때까지} _{존속한 동로마제국 시대}에도 계속되었다고 말할 수 있다. 로마제국 시대 초기에 시작된 기독교는 이미 헬레니즘의 영향을 받은 유대교의 상속자로서 로마 세계와 관련을 맺고 있었다.

그리하여 주전 2세기 중엽부터 팔레스타인 역시 헬레니즘의 영향을 받게 된다. 그리스어를 통용어로 사용하면서 유대인들은 히브리어에 대한 이해가 점점 부족해져만 갔다. 이러한 현상은 특히 팔레스타인 본토를 떠나 이른바 디아스포라로 살아가던 유대인의 경우 더욱 심각했다. 고대 세계에서 유명했던 대도시 가운데 하나였던 이집트의 알렉산드리아에는 수많은 유대인 디아스포라가 살고 있었다. 이들은 헬레니즘화에 직접 노출된 나머지 히브리어 성경을 더 이상 이해할 수 없게 되었고, 결국 히브리어 성경을 그리스어로 번역하게 되었다. 이렇게 하여 탄생한 그리스어 구약성경을 "셉투아긴타"^{Septuaginta}, 즉 "칠십인경"이라 부른다.[7] 이 번역은 흔히 "LXX"로 표기되는데, 50을 가리키는 L과 10을 가리키는 X로 만들어져 "70"을 뜻하는 라틴어 숫자 표시이다.

::: **Excursus**

셉투아긴타

---

7) 칠십인경 본문은 A. Rahlfs/R. Hanhart, *Septuaginta. Das Alte Testament griechisch*, Stuttgart, ²2006에서 찾아볼 수 있다. 독일어 번역은 W. Kraus/M. Karrer (eds.), *Septuaginta Deutsch: Das griechische Alte Testament in deutscher Übersetzung*, Stuttgart, 2009를 보라.

섭투아긴타라는 이름은 대략 주전 150-100년 사이에 기록된 것으로 간주되는 위경 "아리스테아스 서신" The Letter of Aristeas 에 들어 있는 한 전설에서 유래한다. 이에 따르면 예루살렘에서 온 (각 지파로부터 6명씩) 72명의 장로들이 이집트의 알렉산드리아에 모여 히브리어 성경을 그리스어로 번역했다고 한다. 이때 72라는 숫자가 70으로 줄어든 것은 하나님께서 시내산에서 모세와 70명의 장로들에게 율법을 계시했다는 출애굽기 24장 전승에서 영향을 받은 것으로 보인다(출 24:1, "또 모세에게 이르시되 너는 아론과 나답과 아비후와 이스라엘 장로 칠십 명과 함께 여호와께로 올라와 멀리서 경배하고"; 24:9, "모세와 아론과 나답과 아비후와 이스라엘 장로 칠십 인이 올라가서").

헬레니즘의 영향에 노출되었던 예수님 시대와 초기 교회 시대의 수많은 유대인들은 구약성경을 오직 그리스어 번역인 "칠십인경"을 통해서 이해했고, 초기 교회의 대다수 유대 그리스도인 역시 "칠십인경"을 유일한 하나님의 말씀으로 받아들였다. 사도 바울이 자신의 서신에서 바로 "칠십인경"으로 구약성경을 인용하는 것을 확인할 수 있다. 신약성경은 신약성경 저자들이 모두 죽은 뒤에 탄생하게 된다.

제10강: 신약성경은 어떻게 탄생했나?

1. 초기 그리스도인들은 글을 남겼다

예수 그리스도에 대한 신앙에 붙들려 그에게 속한 사람을 '그리스도인'이라 부른다. 본래 이 이름은 그리스도인들이 자신을 지칭하는 말로 고안한 것이 아니라 바울과 바나바의 중요한 활동 무대였던 시리아의 지중해 연안에 있는 안디옥에서 생겨났다. 안디옥 사람들이 안디옥 교회에 모여 예배하던 사람들을 '크리스티아노이'Χριστιανοί, 행 11:26, 곧 '그리스도를 따르는 자들'이라고 불렀다. 여기서 오늘날 '크리스천'Christian 이라는 단어가 생겼다. 그런데 나사렛 예수를 그리스도요, 하나님의 아들로

고백한 초기 그리스도인들은 자신들이 믿었던 신앙의 내용을 후대에 전해주기 위해 글을 남겼다.

초기 그리스도교의 가장 위대한 선교사라고 할 수 있는 사도 바울은 선교 중에 교회에 보내는 여러 편지를 남겼다. 이 편지들은 실질적인 목적을 위해 기록된 공적인 성격을 띤 편지이다. 신약성경 가운데 가장 먼저 기록된 바울서신들은 대략 주후 50년대에 생성되었다. 데살로니가 전서는 주후 50년경에 기록된 최초의 바울서신이다. 이 서신이 담고 있는 중심이 되는 신학 주제는 종말론으로 이 서신을 통해 당시 데살로니가 교인들이 강렬한 종말론을 갖고 있었음을 알 수 있다. 데살로니가전서의 수신자인 데살로니가교회는 설립된 지 얼마 되지 않아 아직 굳게 서지 못한 작은 디아스포라 교회로 그리스도 신앙으로 인해 주위 이방 세계로부터 많은 박해를 받는 교회였다^{살전 2:14-16}.

설립된 지 얼마 되지 않은 초기 교회의 신자들이면 누구라도 그렇듯이, 이들이 처한 운명은 한마디로 고난의 운명이었다. 고난 가운데서 이들은 "주 예수께서 강림하실 때"^{3:13; 5:23}를 열망하는 구원의 확신으로 가득 차 있었다. 뜨거운 신앙을 가진 교인들은 현실의 삶을 별로 중요하게 여기지 않게 되었다. 이러한 데살로니가 교인들의 태도에 대해서 바울은 다음과 같이 권면했는데, 여기서 종말론에 대한 잘못된 이해를 교정하기 위한 바울의 노력을 엿볼 수 있다.

(살전 4:10b-12) ^{10b} 형제들아 권하노니 더욱 그렇게 행하고 ¹¹ 또 너희에게 명한 것 같이 조용히 자기 일을 하고 너희 손으로 일하기를 힘쓰라 ¹² 이는 외인에 대하여 단정히 행하고 또한 아무 궁핍함이 없게 하려 함이라

또한 고린도전서는 당시 바울이 이방 세계에 세웠던 교회의 구체적인 실상을 우리에게 알려주는 귀한 서신이다. 고린도는 교통의 요지에 있는 항구 도시라 여러 이방인들이 함께 살았고, 고린도교회는 자연히 이

들 이방 문화와 접촉하게 되었다. 뜨거운 성령 체험을 중시한 고린도 교인들은 "모든 것이 가하다"^{고전 10:23}는 슬로건을 내세운 열광적 신앙을 가지고 있었다. 그런 그들이 이방 문화와 종교에 노출되면서 여러 문제가 불거졌다. 그리하여 고린도교회는 설립자인 사도 바울에게 여러 가지 질문을 했고, 이에 대한 답장이 바로 오늘 우리가 읽는 고린도전서이다. 고린도전서는 고린도교회가 제기한 여러 질문 사항을 조목조목 언급한다(7:1 "너희가 쓴 문제에 대하여"; 7:25 "처녀에 대하여는"; 8:1 "우상의 제물에 대하여는"; 12:1 "신령한 것에 대하여"; 16:1 "헌금에 관하여는"; 16:12 "형제 아볼로에 대하여는").

갈라디아서는 바울이 갈라디아에 있는 자신이 세운 교회에 보낸 서신이다. 이 서신을 기록한 목적은 갈라디아서 1:6-9에 나타난다.

> (갈 1:6-9) ⁶그리스도의 은혜로 너희를 부르신 이를 이같이 속히 떠나 다른 복음을 따르는 것을 내가 이상하게 여기노라 ⁷다른 복음은 없나니 다만 어떤 사람들이 너희를 교란하여 그리스도의 복음을 변하게 하려 함이라 ⁸그러나 우리나 혹은 하늘로부터 온 천사라도 우리가 너희에게 전한 복음 외에 다른 복음을 전하면 저주를 받을지어다 ⁹우리가 전에 말하였거니와 내가 지금 다시 말하노니 만일 누구든지 너희가 받은 것 외에 다른 복음을 전하면 저주를 받을지어다 참조. 갈 5:10, " … 너희를 요동하게 하는 자는 누구든지 심판을 받으리라"

외부에서 온 그리스도교 선교사들이 교회로 들어와 갈라디아 교인들을 미혹한 것에 자극을 받아 바울은 상당히 화가 난 심정에서 갈라디아서를 썼다. 이들 외부 출신 선교사들은 바울이 세워나가는 이방 그리스도교의 신학적 정당성을 인정하지 않는 유대 그리스도인들이었다. 이들 유대주의 선교사들이 바울이 전한 복음과 다른 복음을 전하자, 갈라디아 교인들이 이들의 부추김에 쉽게 빠져버렸고, 바울은 이를 질책하는 가운데 다시 복음의 진리 위에 흔들림이 없이 굳게 서기를 권면하려고 갈라디아서를 썼다. 이들과 벌이는 강한 논쟁이 서신 전체에 깔려 있어서 갈라디아서를 흔히 '투쟁서신'이라 부르기도 한다.

여러 교회를 개척한 사도 바울은 서신 또한 여럿을 남겼다. 이들 바울 서신은 이미 바울을 알고 있던 공동체 사이에서 귀한 글로 받아들여져 돌려가며 읽혔다. 그리하여 2세기 초 소아시아에는 여러 바울서신을 담은 바울서신 모음집이 존재하게 되었다. 바울서신 모음집이 있었다는 사실을 우리는 베드로후서 3:15-16을 통해 알 수 있다.

> (벧후 3:15-16) [15] 또 우리 주의 오래 참으심이 구원이 될 줄로 여기라 우리가 사랑하는 형제 바울도 그 받은 지혜대로 너희에게 이같이 썼고 [16] 또 그 모든 편지에도 이런 일에 관하여 말하였으되 그 중에 알기 어려운 것이 더러 있으니 무식한 자들과 굳세지 못한 자들이 다른 성경과 같이 그것도 억지로 풀다가 스스로 멸망에 이르느니라

바울서신 중에 "알기 어려운 것이 더러 있다"는 표현을 보면, 당시 사람들에게도 바울서신은 이해하기가 쉽지 않은 서신이었던 것 같다.

60년 초반에 순교한 바울이 남긴 서신들은 교회 안에서 높은 권위를 인정받게 되었다. 그 무렵 예수님의 형제 야고보와 베드로도 순교한다. 이로써 1세대 그리스도교를 대표한 가장 중요한 세 사람 모두가 역사의 무대에서 사라진 셈이다. 누가 그들의 뒤를 이어 초기 교회를 대표하는 권위를 이어받을 수 있을까? 당시 교회는 아직 확고한 조직을 갖추지 못했기 때문에 기존의 권위에 의지할 수밖에 없는 상태였다. 두 가지 가능성 중 하나는 사도 바울의 권위에 의지하여 서신들을 만드는 길이다. 그리하여 바울친서를 모방한 이른바 제2바울서신이 만들어졌다. 다른 하나는 절대적인 예수님의 권위에 의지하여 그의 구전 전승들을 이용한 문서를 만드는 길이다. 그리하여 최초의 복음서인 마가복음이 탄생하였다. '복음서'라는 새로운 형태의 장르를 창조한 마가복음은 향후 복음서 발전에 커다란 영향을 끼친다. 마가복음을 모방하여 마태복음과

누가복음이 만들어지고 또한 요한복음이 1세기 말경에 탄생한다. 이처럼 바울의 서신과 마가의 복음서는 향후 신약성경 발전을 위한 두 가지 기본 형태를 이룬다고 말할 수 있다.[8]

2. 신약성경에 담긴 글들은 대략 주후 50-130년 사이에 기록되었다

오늘날 우리가 사용하는 신약성경에 나오는 각 책자는 연대나 내용에 따라 순서대로 배열된 것이 아니다. 예수 그리스도에 대한 이야기를 전하고 있는 네 복음서가 신약성경의 맨 앞에 자리를 잡고 있는 것은 복음서에 대한 경외심에서 비롯되었다고 볼 수 있다. 네 복음서 중에서 마태복음이 가장 먼저 오는 것은, 당시 교회가 가장 사랑했던 복음서가 바로 마태복음이었기 때문이다. 이 복음서들은 바울서신보다 뒤늦게 기록되었는데, 학자들은 그 시기를 대체로 주후 70년-1세기말 정도일 것으로 추측한다. 신약성경에 나타나는 그 밖의 글들도 주후 130년경에 이르러 모두 집필되었다고 본다.

신약성경 27권의 책들은 한 사람의 작품이 아니라 여러 성경 저자가 각자가 처한 다양한 상황에서 기록한 것이다. 대다수의 글은 서로 관련이 없으나, 예외적으로 서로 관련된 글도 있는데, 가장 좋은 예가 누가가 기록한 누가복음과 사도행전이다. 오늘 우리의 성경에는 누가복음과 사도행전이 서로 분리되어 있어 마치 양자가 무관한 두 권의 책으로 보이지만, 본래 이 두 글은 긴밀하게 연결된 한 작품이다. 저자 누가는 이 두 글을 하나로 연결된 글로 생각하고 기록했기 때문이다.

최초의 신약성경 본문은 파피루스 Papyrus에 기록되었다. 그런데 파피루

---

8) 타이센은 초기 그리스도교 문헌사를 다음과 같이 두 단계로 구분한다. 곧 예수와 바울에 의해 규정된 "카리스마적 단계"로서 "원초문서" Urliteratur 가 형성되는 단계와, 익명의 저자들에 의해 규정된 "위문서 단계"로서 "모방문학" Nachahmungsliteratur 이 등장하는 단계다(G. Theissen, *Die Entstehung des Neuen Testaments als literaturgeschichtliches Problem*, Heidelberg: Winter, [2]2011, 148 이하).

카타리나 수도원에서 발견된 시내 사본, 4세기

스는 우리의 창호지처럼 식물을 재료로 한 것이라서 그리 오래 보존될 수 없었다. 그래서 3세기 초부터는 값비싸지만 견고한 양피지를 사용하기 시작했다. 고대에는 아직 인쇄술이 발명되지 않아, 여러 사람이 성경을 보기 위해서는 성경을 필사하지 않으면 안 되었다. 오늘날까지 남아 있는 신약성경 필사본은 무려 5,760여 개나 된다각주 29 참조.

대략 50-130년 사이에 기록된 27권의 문서들이 하나님의 말씀을 담아 절대적인 권위를 지닌 한 권의 책으로 완성되어 "신약성경"의 모습을 갖추기까지는 상당한 시간이 걸렸다.

3. 마르키온의 등장과 신약성경의 탄생

신약성경이 생성되는 과정에 중요한 사건이 있었다. 2세기 중엽 로마에서 활동하던 '마르키온'Marcion, 대략 85-160의 등장이 그것이다. 본도Pontus, 지금의 터키 북쪽 흑해 연안에 있던 지역 출신인 마르키온은 부유한 선박 소유주이며 상인이었는데, 144년에 당시 로마교회에서 출교하여 독자적인 경전을 가진 독립된 교회를 세운다. 자신의 가르침과 당시 로마교회의 가르침 사이에 놓인 극복할 수 없는 차이 때문이었다.

영지주의 영향을 받은 마르키온은 두 가지 신에 대한 교리를 갖고 있었다. 예수께서 계시한 낯선 하나님이신 사랑의 하나님과, 구약성경에 나오는 잔인하게 심판하는 공의로운 창조주=데미우르그, δημιουργός를 도저히 동일시할 수 없었다. 따라서 당시 교회의 성경이었던 창조주에 관한 내

용을 담고 있는 구약성경을 거부했다.[9]

마르키온은 자신을 추종하는 공동체들을 위해 자신의 판단에 따라 율법과 대립된 순수한 복음, 즉 하나님의 선하심과 사랑에 관한 예수님의 선포를 토대로 삼고자 했다. 그런데 마르키온은 율법에서 자유로운 복음을 전한 바울만이 참된 사도라고 믿었고[예, 갈 1-2장], 초기 그리스도교가 전해준 문서들은 거짓된 신 데미우륵의 휼계에 빠져 오염되었다고 생각했다. 데미우륵이 유대주의를 도모하는 거짓 사도를 파송하여 예수 그리스도의 아버지와 창조주를 동일시하도록 왜곡시켰고, 율법과 복음의 관계를 긍정적으로 꾸몄다고 확신했기 때문이다.

따라서 마르키온은 유대주의에 오염된 요소를 제거한 10개의 바울서신을 정경으로 간주했다.[10] 갈라디아서 1:6-7 등에 따라 오직 하나의 복음만이 존재해야 하기 때문에 역시 유대적 요소를 제거한 정화된 누가복음을 가지고 유일한 복음을 만들었다. 아마도 여러 복음서 중에서 바울의 제자인 누가가 기록한 것으로 여긴 누가복음을 취한 것으로 보인다. 그리하여 마르키온은 최초로 서신과 복음서로 구성된 기독교 정경 이념을 만들었다. 이와 관련하여 퀴멜[W. G. Kümmel]은 "마르키온의 경전은 교회가 스스로의 경전을 형성하는 계기를 제공한 것은 아니나, 그것을 촉진시킨 것은 사실이다"라고 평가한 반면, 역사신학자 캄펜하우젠[H. Fr. von Campenhausen]은 마르키온의 영향력이 신약 정경 형성에 결정적이었다고 여기면서 "마르키온의 공격은 당시 기독교에 충격으로 작용했다"고 말했다.[11]

---

9) 마르키온은 자신의 정경 부록[또는 서론]에 담긴 "반대 명제"[Antithesen]를 통해 자기 입장을 주석적으로 입증했다. 마르키온에 관한 고전을 쓴 하르낙[A. von Harnack]의 저서 *Marcion: Das Evangelium vom fremden Gott* (1924; 1985)와 그의 초기 저서 *Marcion: der moderne Gläubige des 2. Jahrhunderts, der erste Reformator. Die Dorpater Preischrift* (1870), Berlin/ New York, 2003을 참조하라. 여기에서 하르낙은 마르키온을 "제2세기의 현대적 신앙인"이며 "최초의 종교개혁가"로 부른다.

10) 마르키온의 바울서신집 (연대기적?) 순서: 갈; 고전/후; 롬(14장까지); 살전/후; 라오디게아서(엡); 골; 빌; 몬.

4. 정통 교회의 정경화 작업

마르키온의 움직임에 대항할 필요성을 느낀 당시 "정통" 교회는 정경화 작업에 박차를 가했다. 당시 교회는 사도적 권위와 관련이 있다고 판단되는 네 개의 복음서를 선택했는데, 이는 "네 겹의 복음서" 사상을 발전시킨 이레네우스200년경 사망의 영향을 받은 것으로 볼 수 있다제3강 참조.12) 네 복음서 외에도 13개의 바울서신과 사도행전을 일반적으로 권위 있는 문서로 받아들였다. 그러나 히브리서와 이른바 "공동서신"Catholic Epistles: 야고보서, 베드로전/후서, 요한일/이/삼서, 유다서과 요한계시록의 수용에 대해서는 논란이 있었다. 서방 교회가 히브리서를 받아들이는 데 한동안 주춤했다면, 동방 교회는 요한계시록을 정경으로 수용하기를 주저했다.

신약 정경의 범위가 2세기 말경에 이미 상당 부분 확정되나, 그에 대한 논의는 4세기 말경에 이르러서야 종결된다. 동방 교회에서는 367년에 알렉산드리아의 감독 아타나시우스Athanasius의 "39번째 부활절 서신"으로 논란에 종지부를 찍었다. 서방 교회에서는 이보다 조금 늦은 382년에 로마 감독 회의Synode에서 정경 문제를 매듭지었다. 이로써 신약성경의 정경 범위가 확정되었다. 정경성의 문제를 마감한 것은 수십 년 동안 여러 기독교 공동체가 신자들에게 가르침을 전하고 복음을 선포하기 위해 사용하고 예배 중에 낭독하면서 자연스럽게 권위를 부여받은 문서들을 교회가 '카논'정경이라고 선언적인 결정을 내린 것으로 이해하는 것이 바람직하다.13)

---

11) W. G. Kümmel, *Einleitung in das Neue Testament*, 박익수 옮김, 『신약정경개론』 (대한기독교출판사, 1988), 493; H. von Campenhausen, *Die Entstehung der christlichen Bibel*, Tübingen, 1968, 193-194.

12) 2세기 말경 교부 테르툴리아누스는 『마르키온 반박문』 가운데 정경에 포함될 만한 복음서는 반드시 사도적 저자로부터 비롯된 것이어야 한다고 말했다 Tert. Adv. Marc. 4,2.

13) 캄펜하우젠은 "정경적 수집물인 신약성경을 마르키온 이후 시대 교회의 창조물로 이해할 수 있다. 또한 교회의 문서 자체는 어느 정도 '사도적 증언'으로서 주어져 있었다. 교회는 이 증언을 삶으로 불러내었고 그 문서들을 창조하지는 않았으며, 단지 수용하고 긍정하고 확정

초기 교회는 모두 90여 개의 문서를 남겼는데,[14] 그 가운데 신약성경에 속하게 된 문서는 27권이다. 신약성경에 들어오지 못한 나머지 문서들[15] 가운데 신약성경의 문서처럼 내용상 기독교의 정체성을 잘 보여주는 문서를 찾는 일은 쉽지 않다. 이런 의미에서 신약성경의 정경화가 교회의 권위에 따른 것임이 분명하지만, 신앙의 눈으로 본다면 이를 성령의 역사로 이해할 수도 있을 것이다. 이렇듯 예수 그리스도를 구세주로 믿는 사람들이 성령의 감화로 딤후 3:16 인도되어 복된 소식을 기록한 글을 '성경', 좀 더 정확히는 '신약성경'이라 한다. 신약성경이 존재하기 전 단계의 최초의 그리스도인들은 모두 핏줄로는 유대인이었다에게는 이미 성경이 있었는데, 이것을 나중에 생긴 신약성경에 비추어 '구약성경'이라고 하였다. 구약성경이라는 말은 기독교인들의 시각에서 사용하는 말이고, 유대인들은 자신의 성경을 '히브리어 성경'Hebrew Bible이라고 한다.

::: Excursus
유대인의 "히브리어 성경"과 그리스도인의 "구약성경" 비교

유대인이 사용하는 히브리어 성경과 기독교인이 부르는 구약성경은 한마디로 같으면서도 차이가 있는 책이다. 기독교인의 구약성경은 학개, 스가랴, 말라기, 즉 마지막 선지자들의 예언으로 끝나는데, 기독교인들은 그것을 나중에 오실 메시아 예수 그리스도에 대한 예언으로 이해한다. 이런 시각을 가리켜 "예언과 성취의 모델"이라 부른다.
그러나 유대인의 성경은 말라기가 아니라 "역대하"로 끝난다. 역대하는 페르시아 왕 고레스가 유대 예루살렘 성전 건축을 허가하고 전 세계에 흩어져 있는 유대 백성들이 예루살렘으

지었을 뿐이다. 따라서 정경은 내용적으로 스스로를 관철시킨 것으로 교회의 작품이라고 볼 수 없다"고 말했다(Entstehung der christlichen Bibel, Tübingen, 1968, 381-382, n.12).
    14) K. Berger/Ch. Nord, Das Neue Testament und frühchristliche Schriften, Insel Verlag, 2005.
    15) 이 문서들을 "신약 외경"이라 하고, 그중 정통 신앙을 담은 문서를 가려내어 17세기부터 "사도적 교부들"Apostolische Väter이라 부른다. 여기에는 '클레멘스 서신' 2통, '바나바 서신', '디다케'=12사도의 편지, 안디옥의 감독 '이그나티우스 서신', 스미르나의 감독 '폴리캅 서신' 2통, '헤르마스의 목자서' 등이 속한다. 다른 많은 신약 외경은 "이단적" 성향을 나타낸다. 송혜경 역주, 『신약 외경』(상/하) (한님성서연구소, 2009/2011)을 참조하라.

로 올라갈 것을 희망하는 것으로 끝난다.

(대하 36:22-23) "²² 바사의 고레스 왕 원년에 여호와께서 예레미야의 입으로 하신 말씀을 이루시려고 여호와께서 바사의 고레스 왕의 마음을 감동시키시매 그가 온 나라에 공포도 하고 조서도 내려 이르되 ²³ 바사 왕 고레스가 이같이 말하노니 하늘의 신 여호와께서 세상 만국을 내게 주셨고 나에게 명령하여 유다 예루살렘에 성전을 건축하라 하셨나니 너희 중에 그의 백성된 자는 다 올라갈지어다 너희 하나님 여호와께서 함께 하시기를 원하노라 하였더라 (『새번역』 ²³ᵇ 이 나라 사람 가운데, 하나님을 섬기는 모든 백성에게, 하나님께서 함께 계시기를 빈다. 그들을 모두 올라가게 하여라"『새번역』이 히브리어 원문 순서에 가깝다.)

유대인과 기독교인이 사용하는 성경 사이에는 유사점과 동시에 구조상의 차이가 있는데, 이는 서로 간의 신앙의 차이와 직결된 것이다.

5. 구약성경에서 신약성경으로 뻗은 구원사의 길

오늘날 우리가 사용하는 성경전서는 다음과 같은 순서로 되어 있다. 창세기로부터 신명기에 이르는 모세 오경, 역사서들이 그 뒤를 따르며, 그런 다음 시편을 포함한 지혜서들이 오고, 대예언서와 소예언서들로 구약성경이 마감된다. 이어서 나오는 신약성경은 제일 먼저 네 복음서로 시작하여 사도행전으로부터 전개되는 사도적 부분바울서신과 공동서신이 뒤따르고 마지막으로 요한계시록으로 전체가 마감된다.

이와 같이 오늘날 우리가 사용하는 성경전서의 순서는 하나님이 이스라엘을 비롯한 세상과 함께 걸어가신 구원사의 길을 나타낸다: 하나님의 길은 창조로부터 시작하여 이스라엘의 선택과 시내산 계시로 나아간다. 여기서부터 하나님의 백성은 예루살렘, 곧 시온으로 인도되며, 이스라엘의 기도와 삶의 지혜가 눈앞에 전개되며, 예언자들은 신약의 충만한 사건을 예시한다. 복음서들이 분명하게 밝히는 것은 성육신과 십자가와 부활에서 절정에 이르는 그리스도 예수의 역사가 신앙 공동체의 믿음에 앞서갔으며 또한 이에 대한 근거를 제시한다는 사실이다. 예수님에 의해 부름을 받았으며 부활절 이후 새롭게 과제를 부여받은 사도들의 사역은 예수 그리스도에 대한 하나님의 복음을 전체 세상에 있는 유대인과 이방인에게 선포하라는 선교 명령을 따른 것이다. 마지막으로 요한계시록은 부활하신 그리스도를 통해 하나님 나라가 관철되는 현재적이며 미래적인 사역을 조망한다.[16]

제11강: 신약성경을 어떻게 이해할 것인가?

신약성경은 대략 2000년 전에 살았던 사람들이 기록한 고대 문서라 오늘 현대인이 이해하기 위해서는 반드시 해석^{설명}이 필요하다. 성경을 해석하기 위한 다양한 방법이 발전해 왔는데, 이를 통해 옛 문서인 신약 성경이 오늘 우리를 위한 "살아계신 하나님의 말씀"으로 다가오게 된다. 이런 의미에서 성경에 대한 해석은 상당히 중요하다. 이제 복음서를 중심으로 성경 해석의 몇몇 단계를 간략하게 설명하려 한다.

1. 복음서를 예수님의 전기로 이해

복음서를 '전기'biography로 이해한 시기인 19세기에 서구 사람들은 복음서를 전기로서 혹은 아주 정확한 역사 기록으로 받아들였다. 따라서 많은 작가들이 현대적인 예수전(傳)을 쓰기 위해 네 복음서에 흩어진 조각을 모아 합쳐보려고 했다. 누가복음에만 나오는 예수님의 어린 시절 이야기2:40-52, 또는 마가복음에 나오는 베드로가 예수님을 메시아로 고백한 것8:27 이하 등의 묘사를 근거로 복음서를 전기로 간주할 수 있었다.

> (막 8:27-29) ²⁷ 예수와 제자들이 빌립보 가이사랴 여러 마을로 나가실새 길에서 제자들에게 물어 이르시되 사람들이 나를 누구라고 하느냐 ²⁸ 제자들이 여짜와 이르되 세례 요한이라 하고 더러는 엘리야, 더러는 선지자 중의 하나라 하나이다 ²⁹ 또 물으시되 너희는 나를 누구라 하느냐 베드로가 대답하여 이르

---

16) P. Stuhlmacher, *Biblische Theologie des Neuen Testaments* II, Göttingen, 1999, 331-332.

되 주는 그리스도시니이다 하매

예수님의 부모와 계보^{마 1장, 눅 3장}, 예수님의 직업^{막 6:3}과 아버지의 직업^{마 13:55}, 예수님의 형제자매^{막 6:3} 이야기처럼 복음서는 예수님의 평범한 삶에 대한 약간의 정보를 담고 있으나, 오늘날의 전기에서 찾아볼 수 있는 주된 특징을 두루 갖췄다고 말하기 어렵다. 즉 과거의 한 인물에 대한 외적인, 내적인 발전 과정을 빠짐없이 다루는 전기가 아니라는 말이다. 복음서 저자는 정확한 연대기에 별로 관심이 없고, 예수님의 개인적인 모습^{성장하면서 체험한 여러 일이나 교육, 재능 등}을 강조하여 묘사하지도 않으며, 예수님의 외모나 인격 성장을 설명하려고 애쓰지도 않고, 예수님의 사회적, 가정적 배경에도 관심이 없다. 예수님의 사역은 세례 요한을 통해 받는 세례로부터 시작하여 십자가형에 처해지는 단지 짧은 시간에 집중하고 있을 뿐이다. 이러한 이유에서 많은 학자는 복음서를 단순히 고대 위인전의 양식을 모방하여 서술된 예수님의 전기로 보는 시각에 대해 주의를 요청했다.[17]

2. 자료비평을 통한 복음서 이해

'**자료비평**'source criticism은, 복음서 저자는 자기가 쓰고 있는 것을 도대체 어떻게 알게 된 것인지에 대한 질문에서 탄생했다. 복음서 생성에 어떤 자료가 사용되었는가를 밝힘으로써 복음서의 내용을 더욱 잘 이해하려는 해석 방법을 가리킨다.

---

17) 최근 들어 복음서가 "고대 민속적 전기"antike volkstümliche Biographie와 유사성이 많다는 점을 새롭게 강조한다. 롤로프J. Roloff는 고대에 유행하던 전기 가운데 극히 일부만 오늘날까지 전해 내려왔는데, "이솝의 생애"와 "호머의 생애"의 경우 영웅이 이야기 중심에 있으나 그에 대한 내외적 발전 과정에 대해 묘사하지 않는다고 말한다(*Einführung in das NT*, Stuttgart, ⁷2012, 150). 또한 클라인H. Klein은 누가복음의 장르가 고대 전기와 비교할 만하다고 말한다 (*Das Lukasevangelium*, KEK I/3, Göttingen, 2006, 43).

1) '공관복음의 문제' The Synoptic Problem

공관복음은 신약성경의 네 권의 복음서 가운데 세 권, 즉 마태복음, 마가복음, 누가복음을 함께 부르는 명칭이다. 여기서 "공관"共觀이란 공통된 관점을 나타내어 곧 공관복음은 마태 마가 누가의 공유하는 관점에 따라 기록된 세 권의 복음서를 뜻한다. 곧 세 복음서가 예수님에 대한 이야기를 같은 방식으로 기록하였고, 따라서 이 셋을 함께 조망할 필요가 있다는 뜻에서 공관복음이라 부르는 것이다. 요한복음을 여기에 함께 포함하지 않는 것은 이미 앞에서 다룬 바와 같이 요한복음이 이 세 복음서와 여러 면에서 너무 다르기 때문이다.

공관복음은 여러 면에서 서로 일치하거나 공통점이 많은데, 학자들은 이러한 일치와 공통점이 우연히 생긴 것이 아니라 서로 간에 모종의 관계가 있을 것이라고 생각하게 되었다. 그래서 이 세 복음서를 서로 공통되거나 유사한 부분을 한눈에 볼 수 있도록 같은 면에 나열하여 공관복음 대조서Synopsis를 만들었다.[18] 결국 '공관복음의 문제'는 이 세 복음서 상호 간의 공통점과 차이점이 어떻게 생긴 것인가를 묻는 가운데 그 사이에 존재하는 문학적 종속 관계를 밝히는 질문이다.[19]

2) 공관복음서에 나타나는 공통점

세 복음서는 상당 부분 동일한 소재로 이루어져 있다. 마가복음은 16:8까지 모두 661절로 구성되어 있는데,[20] 이 중 마태복음과는 600절 이상 같은 소재를 다루고, 누가복음과도 320절 이상 공통되는 내용을

---

18) 성종현, 『공관복음서 대조 연구』(장로회신학대학교출판부, 1998); 정훈택, 『새로 번역한 공관복음 대조성경』(민영사, 2008); A. T. Robertson, *A Harmony of the Gospels for Students of the Life of Christ*, 도한호 옮김, 『복음서 대조서』(요단, 2009).

19) 교부 어거스틴354-430은 복음서들 사이의 문학적 관계에 대한 생각을 처음으로 발전시켰다. 그는 "복음서들 간의 일치에 관하여"De consensu evangelistarum I,2에서 마가복음을 마태복음의 축소판으로 여겼다.

20) 마태복음은 약 1,070구절, 누가복음은 대략 1,150구절로 이루어져 있다.

다룬다. 또한 이야기 전개 순서의 측면에서도 상당한 일치가 나타난다.

　세 복음서는 세례 요한의 출현과 예수님이 그로부터 세례를 받으시는 장면으로 예수님의 공생활 묘사를 시작하며, 갈릴리 지역과 가버나움을 중심으로 하는 예수님의 활동과 팔레스타인을 거쳐 예루살렘으로 가는 도상에서 일어난 여러 가지 사건들을 공통적으로 묘사한다. 마지막으로 예루살렘 체류 기간에 겪게 되는 예수님의 수난과 죽음과 장례에 관한 이야기며 부활 이야기를 세 복음서 저자가 다 같이 보도한다.

　심지어 세 복음서 사이에는 글자 하나하나에 이르기까지 일치하는 경우도 있다. 예컨대 <중풍병자 치유이야기>가 그러하다.

마가복음 2:10	마태복음 9:6	누가복음 5:24
[10] 그러나 인자가 땅에서 죄를 사하는 권세가 있는 줄을 너희로 알게 하려 하노라 하시고 중풍병자에게 말씀하시되 [11] 내가 네게 이르노니 일어나 네 상을 가지고 집으로 가라 하시니 [12] 그가 일어나 곧 상을 가지고 모든 사람 앞에서 나가거늘 그들이 다 놀라 하나님께 영광을 돌리며 이르되 우리가 이런 일을 도무지 보지 못하였다 하더라	[6] 그러나 인자가 세상에서 죄를 사하는 권능이 있는 줄을 너희로 알게 하려 하노라 하시고 중풍병자에게 말씀하시되 일어나 네 침상을 가지고 집으로 가라 하시니 [7] 그가 일어나 집으로 돌아가거늘 [8] 무리가 보고 두려워하며 이런 권능을 사람에게 주신 하나님께 영광을 돌리니라	[24] 그러나 인자가 땅에서 죄를 사하는 권세가 있는 줄을 너희로 알게 하리라 하시고 중풍병자에게 말씀하시되 내가 네게 이르노니 일어나 네 침상을 가지고 집으로 가라 하시매 [25] 그 사람이 그들 앞에서 곧 일어나 그 누웠던 것을 가지고 하나님께 영광을 돌리며 자기 집으로 돌아가니 [26] 모든 사람이 놀라 하나님께 영광을 돌리며 심히 두려워하여 이르되 오늘 우리가 놀라운 일을 보았다 하니라

　또한 같은 문장에 나타나는 오류도 동일하게 세 복음서 모두에서 발

견된다. 예수님이 중풍병자의 죄를 용서해주었기 때문에 바리새인들이 당혹해하자, 예수님이 그들에게 말하는 대목이 다음과 같다.

마가복음 2:10-11	마태복음 9:6	누가복음 5:24
[10] 인자가 땅에서 죄를 사하는 권세가 있는 줄을 너희로 알게 하기 위해 – 중풍병자에게 말씀하시되 [11] 내가 네게 이르노니 일어나 네 상을 가지고 집으로 가라 하시니	인자가 세상에서 죄를 사하는 권능이 있는 줄을 너희로 알게 하기 위해[21] – 중풍병자에게 말씀하시되 일어나 네 침상을 가지고 집으로 가라 하시니	인자가 땅에서 죄를 사하는 권세가 있는 줄을 너희로 알게 하기 위해 – 중풍병자에게 말씀하시되 내가 네게 이르노니 일어나 네 침상을 가지고 집으로 가라 하시매

세 복음서에 나오는 처음 진술이 모두 주문장이 없고 목적을 나타내는 부문장 ἵνα 문장으로만 되어 있다. "인자가 세상에서/땅에서 죄를 사하는 권세가 있는 줄을 너희로 알게 하기 위해." 즉 온전히 끝맺지 못한 불완전한 문장이란 뜻이다. 이러한 차이는 기존의 우리말 번역 성경에는 드러나지 않고, 그리스어 원문을 볼 경우에만 명확히 드러난다.

공관복음 사이에 존재하는 이런 일치를 세 복음서 저자가 예수님의 말씀을 토씨 하나 틀리지 않고 정확하게 전해주었기 때문이라고 말할 수도 있겠지만, 그것은 설득력이 약하다. 복음서에 있는 예수님의 말씀은 복음서 저자들에 의해 처음부터 그리스어로 기록된 것인 반면, 예수님은 당시 팔레스타인의 일상어인 아람어로 말씀하셨기 때문이다. 서로 전혀 알지 못하는 세 명의 복음서 저자가 아람어로 하신 예수님의 말씀을 그리스어로 옮기면서 우연히 똑같은 문장을 사용했으리라고 볼 수 없다. 그리하여 학자들은 마태, 마가, 누가복음 상호 간에 문학적인 연관

---

21) 그리스어 원문에 따라 수정했다.

성이 있을 것이라는 가정을 진지하게 생각하게 되었다.[22]

3) '두 자료설'의 탄생

(1) 마가복음 우선설

18세기 중엽 공관복음 상호 간의 관계에 대해 비판적인 질문이 본격적으로 제기되면서 마태, 마가, 누가복음은 서로 상당한 차이가 있으면서도 동시에 많은 공통점을 보인다는 인식에 이르렀고, 이들 복음서가 아무런 관련 없이 생성된 것으로는 보기 어렵다는 사실이 부각되면서 문학적으로 서로 의존하고 있다는 결론에 도달하게 되었다. 그리하여 공관복음의 문제에 대한 다양한 가설이 나왔다.

• **원原복음서 가설** Urevangeliumshypothese

독일 계몽주의 시대의 유명한 작가 레싱G. E. Lessing은 사도들의 소실된 아람어 저작이 모든 복음서의 토대를 이룬다고 주장했다Neue Hypothesen über die Evangelisten … , 1778. 복음서 상호 간에 나타나는 차이점이 원복음서에 대한 서로 다른 번역에서 비롯된 것이라고 여긴다.

• **전승 가설** Traditionshypothese

독일의 작가이자 신학자, 문화철학자로 통하는 헤르더J. G. Herder는 공관복음이 서로 의존하지 않았다고 하면서 모두 공통된 구두 전승에서 나온 것으로 여겼다Von Gottes Sohn … , 1797. 구전의 원복음은 다양한 소재들의 창고였고, 거기에는 자유롭게 선택되고 상황마다 달리 수집된 여러 소재들이 있다고 한다.

---

22) 마태·마가·누가복음의 예수 이야기를 공관복음적 관점에서 비교 분석한 필자의 『공관복음서의 예수』(비블리카 아카데미아, 2012)를 참조하라.

• 이야기 가설 Diegesenhypothese 또는 단편 가설 Fragmentenhypothese

신학자이자 철학자요 고문헌학자인 슐라이어마허 F. D. E. Schleiermacher는 누가복음의 형성과 관련된 주장을 제시했다. 누가는 자신의 복음서에 몇 가지 논문을 이용했는데, 거기에 내용적 관심에 따라 편성된 개별 이야기들 기적 이야기; 설교; 그리스도의 마지막 날/부활 사건이 담겨 있었다고 한다. 훗날 이 가설이 공관복음 전체에 적용되면서, 문서화된 단편 모음집들을 이용해서 복음서 저자들이 복음서를 만들었다고 여겼다.

18세기 말경 독일 예나 대학교의 신약학 교수인 그리스바하 Johann Jakob Griesbach, *Commentatio* … , 1789/90 는 마태복음이 가장 오래된 복음서이고 다른 복음서는 마태복음을 자료로 이용했다는 가설을 주장했다. 이를 '마태복음 우선설'이라고 한다.

마태 우선설은 마태복음이 가장 오래된 복음서이고, 누가복음은 마태복음을 참조했고, 가장 짧은 마가복음은 마태복음과 누가복음의 발췌본이라고 한다. 찬 Th. Zahn, 1838-1933 혹은 슐라터 A. Schlatter, 1852-1938 와 같은 보수 성향의 저명한 학자들은 그 가설을 따랐다. 그러나 학계에서는 이러한 입장을 받아들이지 않았다. 만일 누가가 마태를 이용하였다면 예수님의 어릴 적 이야기가 나오는 마태복음 1-2장을 누가가 의도적으로 제거한 것이 되고, 마가는 이런 것을 완전히 삭제시키고 세례 요한으로부터 복음서를 시작한 셈이 된다. 이는 거의 불가능한 가정이다. 또한 다른 섬세한 부분에서도 마태와 누가가 마가보다 뒤늦게 생겨났다는 것을 알 수 있게 한다. 마가복음 1:34에는 예수님께서 "많은 사람을 고치셨다"는 보도가 나오는데, 마태복음 8:16에는 "다 고치셨다"로 기록되어 있다. "많은 사람"이란 표현을 "다"=모두로 바꿨다고 보아야 옳을 것이다.

마가복음 1:34	마태복음 8:16
[32] 저물어 해 질 때에 모든 병자와 귀신 들린 자를 예수께 데려오니 [33] 온 동네가 그 문 앞에 모였더라 [34] 예수께서 각종 병이 든 많은 사람을 고치시며 많은 귀신을 내쫓으시되 귀신이 자기를 알므로 그 말하는 것을 허락하지 아니하시니라	[16] 저물매 사람들이 귀신 들린 자를 많이 데리고 예수께 오거늘 예수께서 말씀으로 귀신들을 쫓아내시고 병든 자들을 다 고치시니

결국 마태와 누가가 마가복음을 이용하여 각자의 복음서를 기록했다고 보는 주장이 가장 설득력 있다고 본다. 이를 마가복음 우선설이라고한다. 이미 1838년에 빌케[C. G. Wilke]는 마가복음이 가장 오래된 복음서라고 말했다.[23] 그런데 그는 마태는 가장 오래된 마가복음을 이용했을 뿐만 아니라 보충하는 둘째 자료로 누가복음도 이용했다고 여겼다.

(2) '예수 어록' Q의 발견과 '두 자료설' Two-Source Theory

학자들은 마태, 마가, 누가복음 상호 간의 관계만 가지고는 모든 문제를 해결할 수 없었다. 마가를 이용하지 않은 부분에서도 마태와 누가사이의 문학적인 연관성이 나타나기 때문이다. 곧 마태와 누가는 마가복음 외에 또 다른 공통된 자료를 사용했을 것이라는 확신에 이르게되었고, 이 공통된 부분은 주로 예수님의 말씀으로 이루어졌음이 밝혀졌다.

학자들은 예수님의 말씀을 담은 이 공통된 자료를 '예수 어록' Logienquelle이라 하고 'Q'로 표현하였다. 이것은 독일어 '크벨레' Quelle=자료에서 나온용어이다. 예수 어록은 유랑하면서 복음을 전한 "유랑 설교자"에 의해

---

23) C. G. Wilke, *Der Urevangelist, oder exegetisch-kritische Untersuchung über das Verwandtschaftsverhältnis der drei ersten Evangelien*, 1838.

전승되는 과정을 거치면서, 유대 전쟁이 일어나기 전 주후 50-60년경 팔레스타인에서 완성된 것으로 보인다. 예수 어록은 중도에 안타깝게 소실되고 말았으나, 여러 학자의 오랜 노력을 거쳐 예수 어록의 원형에 가깝다고 추정되는 본문이 현재 복원되었다.24) 이 예수 어록을 "큐 복음서" 또는 "말씀 복음서"라고 부르기도 한다.

예수 어록의 발견은 19세기 신약학계가 이룬 가장 위대한 공헌이다. 이 발견으로 말미암아 복음서들의 생성사에 대한 설명이 가능해졌을 뿐만 아니라, 나사렛 예수님이 선포하신 케리그마를 본래 말씀 형태 그대로 보존하고 전했던 초기 기독교 공동체의 신학 세계를 이해할 수 있게 되었기 때문이다.

예수님의 "복 선언" 본문을 비교하면 다음의 차이점이 나타난다. 첫째, 두 본문의 문맥이 서로 다르다. 마태의 본문은 "산상설교"5-7장 가운데 나타나나, 누가의 본문은 예수께서 산에서 "내려오사 평지에 서서" 하신 "평지설교"에 있다. 둘째, 누가복음에는 네 개의 복 선언과 네 개의 화(禍) 선언이 서로 짝을 이루지만, 마태복음에는 화 선언이 나타나지 않고 모두 아홉 개의 복 선언이 있다. 셋째, 마태복음에 나오는 아홉 개의 복 선언 가운데 네 개는 누가복음의 복 선언 내용과 상당히 유사하다.

---

24) J. M. Robinson/P. Hoffmann/J. S. Kloppenborg, *The Critical Edition of Q: A Synopsis Including the Gospels of Matthew and Luke, Mark and Thomas with English, German and French Translation of Q and Thomas* (Leuven: Peeters Press; Minneapolis, 2000). 우리말 번역은 소기천, 『예수말씀 복음서 Q 개론』 (대한기독교서회, 2004), 338-387에 제시되어 있다. 또한 K. St. Ktieger, *Was sagte Jesus wirklich*, 『큐복음서: 예수는 실제로 무슨 말씀을 하셨을까?』, 김명수 옮김 (피피엔, 2010)를 참조하라.

마태복음 5:3-12	누가복음 6:20-23
[1]예수께서 무리를 보시고 산에 올라가 앉으시니 제자들이 나아온지라 2 입을 열어 가르쳐 이르시되	[17]예수께서 그들과 함께 내려오사 평지에 서시니 …
[3]심령이 가난한 자(1)는 복이 있나니 천국이 그들의 것임이요 [4]애통하는 자(3)는 복이 있나니 그들이 위로를 받을 것임이요 [6]의에 주리고 목마른 자(2)는 복이 있나니 그들이 배부를 것임이요	[20]예수께서 눈을 들어 제자들을 보시고 이르시되 너희 가난한 자(1)는 복이 있나니 하나님의 나라가 너희 것임이요 [21]지금 주린 자(2)는 복이 있나니 너희가 배부름을 얻을 것임이요 지금 우는 자(3)는 복이 있나니 너희가 웃을 것임이요
[11]나로 말미암아 너희를 욕하고 박해하고 거짓으로 너희를 거슬러 모든 악한 말을 할 때(4)에는 너희에게 복이 있나니 [12]기뻐하고 즐거워하라 하늘에서 너희의 상이 큼이라 너희 전에 있던 선지자들도 이같이 박해하였느니라	[22]인자로 말미암아 사람들이 너희를 미워하며 멀리하고 욕하고 너희 이름을 악하다 하여 버릴 때(4)에는 너희에게 복이 있도다 [23]그 날에 기뻐하고 뛰놀라 하늘에서 너희 상이 큼이라 그들의 조상들이 선지자들에게 이와 같이 하였느니라

이와 같은 본문 관찰에서 본래 마태와 누가가 전혀 알지 못하는 사이인데도 네 개의 복 선언에서 서로 상당히 유사한 본문을 제시하는 것은 두 사람이 공통된 자료를 참조한 까닭이라는 결론을 끌어낼 수 있다.

이 공통된 자료를 학자들은 "예수 어록"이라고 불렀다. 공통된 자료에서 나온 네 개의 복 선언이 완전히 같지 않은 것은 복음서 저자 특유의 시각 때문일 것이다. 이렇게 하여 '두 자료설'Two-Source Theory 이 탄생했다. 이 이론을 다음과 같이 세 가지로 정리할 수 있다. 첫째, 마가복음은 세 복음서 가운데 가장 오래된 복음서이고 마태와 누가는 독자적으로 마가복음을 자료로 이용했다는 사실이다. 둘째, 마가복음 이외에도 마태와 누가는 또 다른 자료를 이용했는데, 이 자료가 예수 어록이었다는 것이다.25) 셋째, 두 자료인 마가복음과 예수 어록 외에도 마태와 누가는 각기 고유한 자료, 즉 마태 특수자료M와 누가 특수자료L를 (구전 형태나 문서 형태로) 이용했다. 엄밀하게 말하면 '네 자료설'이라 부를 수 있다. 두 자료설은 다음과 같이 그림으로 나타낼 수 있다.

두 자료설 / 네 자료설

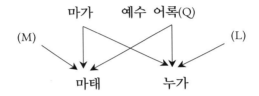

Q는 이스라엘 선교를 목표로 한 카리스마를 지닌 방랑 선교사들의 전승이 수집된 유대 그리스도교의 문서이다. 여기에는 수난 보도와 부활의 메시지와 같은 기독교 선포의 근간을 이루는 부분들이 빠져 있고, 십자가를 강조하지 않을 뿐만 아니라, 율법 비판적인 예수님의 극단적인 말씀도 없다. 그래서 Q를 "반쪽 복음서"Halbevangelium라 부르기도 한다.

이런 의미에서 Q는 예수님을 단지 하나님에게서 비롯된 구원을 선포하는 예언자 또는 윤리 교사로만 이해하는가 하는 질문을 제기할 수 있다. 물론 Q에서 예수님은 특히 하나님의 백성 이스라엘을 위한 하나님의 '종말론적 마지막 사자요, 지혜의 교사'로 등장하나, 동시에 예언자와 지혜의 교사를 넘어서는 "인자"며 "하나님의 아들"로서 나타나기도

---

25) 두 자료설은 홀츠만(H. J. Holtzmann, *Die synoptische Evangelien. Ihr Ursprung und geschichtlicher Charakter*, 1863)과 베른레(P. Wernle, *Die synoptische Frage*, 1899)에 의해서 공고한 가설로 확립되었다. 오늘날 복음서를 연구하는 사람들은 "두 자료설"을 정설로 받아들인다.

한다. 게다가 구원과 멸망에 대한 마지막 결정이 예수님에 대한 태도 여하에 달려있다는 점도 분명히 드러난다. 예수님은 하나님의 지혜를 선포하실 뿐만 아니라 자신이 바로 그 지혜의 대표자로 나타난다.

Q 문서의 문학적 장르를 둘러싼 문제와 관련하여 다양한 입장이 있다. Q를 마가복음에 비추어 "말씀 복음서"C. Heil 또는 "말씀 전기"D. Dormeyer 라고 하는가 하면, 일종의 "금언서"J. D. Michaelis 나 "지혜서"James Robinson 로 보는 시각도 있고, "예언서"Migaku Sato 또는 다양한 장르의 혼합물Marco Frenschkowski 로 간주하는 경우도 있다.

3. 양식비평을 통한 복음서 이해(1920년 전후)

'**양식비평**'form criticism은 자료비평에 대한 일종의 수정으로서 탄생했다. 복음서 본문의 양식과 내용에서 드러나는, 초기 그리스도교의 전형적이며 보편적인 것을 지향한다. 1920년 전후에 복음서를 더 이상 예수님에 대한 '전기'가 아니라 예수 그리스도를 선포하는 메시지를 담은 단편 전승들을 수집한 책으로 이해하기 시작했다.26) 이와 같은 방향 전환은 복음서에 담겨 있는 전승 자료를 새로운 시각에서 분석함으로써 시작되었다. 학자들은 마가복음의 내용이 예수님의 행적과 가르침에 대한 짧은 독립된 단락들로 이루어졌음을 주목했다. 이들 개별 단락들은 특정 양식과 또 특정 관심에서 형성된 것으로서 그렇게 이야기하고자 하는 특별한 목적을 지닌 것으로 간주된다.

실제로 공관복음은 그 자체로 시작과 끝을 갖는 완전한 이야기로 된 수많은 독립된 이야기들로 구성되어 있다. 각각의 이야기들은 서로 연결되어 있지 않고 또 서로 내용을 참조한 경우도 거의 없다. 물론 복음서가 하나의 연속된 이야기라는 인상을 주는 것은 사실이나, 그러한 인상

---

26) K. L. Schmidt, *Der Rahmen der Geschichte Jesu* =예수 이야기의 틀, Berlin, 1919.

은 복음서 저자가 앞뒤 단락을 연결하는 "그리고" 같은 접속사나 아니면 "예수께서 … 했을 때"와 같은 연결 문장을 사용한 결과다.

이러한 관찰을 근거로 복음서 저자들은 단순한 '전승 수집가'로 간주되었다. 그리하여 학자들은 각각의 독립된 단락에 관심을 갖게 되었고, 그 단락들 가운데 다양한 양식樣式이 나타난다는 사실을 주목했다. 저명한 구약학자 헤르만 궁켈H. Gunkel, 1862-1932의 두 제자가 양식비평의 대표 주자로 널리 알려져 있다.

1) 디벨리우스 M. Dibelius, 1883-1947

디벨리우스는 원시그리스도교의 설교에서 유래한 다양한 양식을 1919년에 출간된 저서 『복음의 양식사』에서 다음과 같이 구분하였다.[27]

• 파라디그마Paradigma : 본래 독립적으로 전해 내려온 것으로, 짧으면서도 완벽한 전승 단위이다. 단락의 말미에서 예수님의 말씀을 강조한다. 교훈의 말씀을 전하기 위한 양식으로서 설교에서 예화로 사용된다. 중풍병자 치유막 2:1-12; 금식 문제막 2:18-22; 안식일에 밀 이삭을 자름막 2:23-28; 손 마른 사람을 고침막 3:1-6; 예수의 친척막 3:31-35; 어린이들을 축복막 10:13-16; 가이사에게 세 바치는 일막 12:13-17; 예수의 머리에 향유를 부음막 14:3-9.

• 노벨레Novelle : 현실적인 이야기 투와 다양한 세속 모티브를 사용한 완벽한 단일 이야기로서 이야기 자체를 즐겁게 듣도록 문학적 기교를 사용하여 길게 만든 양식이다. 나병환자를 고침막 1:40-45; 바람과 바다를 잔잔하게 함막 4:35-41; 귀신과 돼지막 5:1-20; 야이로의 딸과 혈루증 앓는 여인 막 5:21-43; 오천 명을 먹이심막 6:35-44; 물 위로 걸음막 6:45-52; 귀먹은 사람을 고침막 7:32-37; 벳새다의 맹인을 고침막 8:22-26; 귀신들린 아이를 고침막 9:14-29.

• 전설 Legende : 성자들에 대한 경건한 이야기예수의 탄생사화 및 어린 시절 이야기,

---

27) M. Dibelius, *Die Formgeschichte des Evangeliums*, 1919.

마 1:18-2:23; 눅 1:5-2:52.

- **수난 이야기** Leidensgeschichte
- **권면** Paränese

2) **불트만** R. Bultmann, 1884-1976

불트만은 1921년에 출간된 저서 『공관복음 전승사』에서 전승의 형태를 기본적으로 다음의 5가지로 나누었다.[28]

- **아포프테그마** Apophthegmata : 짧은 틀에 담긴 예수 말씀이 핵심이 되는 전승 단위이다. 논쟁 대화와 사제 대화Streit-und Schulgespräche, 막 2:23-28; 3:1-6, 또는 '전기적인 아포프테그마'막 1:16-20; 10:13-16.
- **주님의 말씀** Herrenworte: 지혜 교사로서의 말씀 마 6:34; 눅 6:39, 예언적이며 묵시적인 말씀막 13:2; 마 11:5-6, 신앙 공동체의 규칙마 16:18 이하, 율법 말씀막 3:4; 11:25, "내가 온 것은 … "Ich-Worte, 마 10:34-36 등.
- **기적 이야기** Wundergeschichten : 병고침 기적막 1:21- 28; 5:1-21, 자연 기적막 4:37-41; 6:45-52.
- **역사 이야기**Geschichtserzählungen 및 **전설**Legenden : 예수의 세례 및 시험받음, 변화산 이야기, 예루살렘 입성 및 수난사화, 부활 이야기.

이런 양식은 초기 교회의 다양한 상황, 즉 선교를 위한 설교, 교리 학습, 적대자들과의 논쟁, 예배 등과 같은 다양한 "삶의 자리"Sitz im Leben 에서 생긴 것으로 추정된다. 학자들은 양식을 연구함으로써 초기 교회 에 대한 이해가 가능하리라고 생각했다. 각 단락에서 정형화된 형태나 양식을 구분해 내는 연구 방법에서 '양식비평'이란 말이 생겨났다. 양식 비평은 복음서 가운데 들어 있는 다양한 전승들이 문서 이전 단계 즉

---

28) R. Bultmann, *Geschichte der synoptischen Tradition*, Göttingen, 1921.

구전 단계로부터 시작하여 특정한 양식을 지닌 문서로 고정되기까지 어떤 흐름을 거치는가를 연구하는 것이다.

4. 편집비평을 통한 복음서 이해

1950년대에 들어와 **'편집비평'** redaction criticism 이라는 새로운 방법론이 유행하기 시작한다. 자료비평이 복음서 작성 시 사용된 자료들에 대해 묻는 방법이었고, 또한 양식비평이 복음서 저자들이 수용한 전승 및 그 전승이 생겨난 공동체의 삶의 자리에 대해 묻는 방법인 것과 달리, 편집비평은 복음서 저자 특유의 '편집의도'를 밝혀 복음서를 이해하려는 시도이다. 이 방법은 복음서 저자의 신학적 입장과 복음서의 기록 목적에 관심을 갖는다. 그래서 복음서 저자는 단순한 수집가나 전승자가 아니라 '전승에 대한 해석자'라는 사실을 강조한다.

바람과 바다를 잔잔하게 하시는 예수님을 묘사하는 예문 막 4:35-41 // 마 8:23-27 을 통해 편집비평에 대하여 살펴보자.[29] 두 본문이 놓인 문맥은 서로 다르다. 마가복음의 기사는 갈릴리 주변에서 행하신 일련의 기적 이야기의 시작을 이룬다 막 5:1-20: 귀신 들린 사람을 고치는 이야기; 막 5:21- 43: 야이로의 딸과 열두 해를 혈루증으로 앓아 온 여자의 치유 이야기.

마가는 "그가 누구이기에 바람과 바다도 순종하는가" 막 4:41 라고 말하며 예수님이 행하신 놀라운 기적에 대해 심히 두려워하는 제자들의 반응을 전하는 것으로 끝을 맺는다. 한마디로 이 이야기를 통해 마가는 놀라운 **기적을 행하시는 예수님의 능력**을 강조한다.

마태복음에서는 이 기적 이야기에 앞서 5-7장에 산상설교가 나오며, 이어서 8-9장에 전개되는 기적 이야기의 한 부분으로 나타난다. 곧 마태복음에 나오는 바람과 바다를 잔잔하게 하는 이야기는 예수님을 따르라

---

29) G. Bornkamm, "Die Sturmstillung im Mt-Ev", *Wort und Dienst* (1948), 49-54.

는, '제자도'를 강조하는 두 사건[8:19-22] 뒤에 나온다.

마가복음 4:35-41	마태복음 8:23-27
[35] 그 날 저물 때에 제자들에게 이르시되 우리가 저편으로 건너가자 하시니	[18] 예수께서 무리가 자기를 에워싸는 것을 보시고 건너편으로 가기를 명하시니라 [[19] 한 서기관이 나아와 예수께 말씀하되 선생님이여 어디로 가시든지 저는 **따르리이다** [20] 예수께서 이르시되 여우도 굴이 있고 공중의 새도 거처가 있으되 인자는 머리 둘 곳이 없다 하시더라 [21] 제자 중에 또 한 사람이 이르되 주여 내가 먼저 가서 내 아버지를 장사하게 허락하옵소서 [22] 예수께서 이르시되 죽은 자들이 그들의 죽은 자들을 장사하게 하고 너는 **나를 따르라** 하시니라]
[36] 그들이 무리를 떠나 예수를 배에 계신 그대로 모시고 가매 다른 배들도 함께 하더니 [37] 큰 광풍이 일어나며 물결이 배에 부딪쳐 들어와 배에 가득하게 되었더라 [38] 예수께서는 고물에서 베개를 베고 주무시더니 제자들이 깨우며 이르되 선생님이여 우리가 죽게된 것을 돌보지 아니하시나이까 하니 [39] 예수께서 깨어 바람을 꾸짖으시며 바다더러 이르시되 잠잠하라 고요하라 하시니 바람이 그치고 아주 잔잔하여지더라 [40] 이에 제자들에게 이르시되 어찌하여 이렇게 무서워하느냐 너희가 어찌 믿음이 없느냐 하시니 [41] 그들이 심히 두려워하여 서로 말하되 **그가 누구이기에 바람과 바다도 순종하는가** 하였더라	[23] 배에 오르시매 제자들이 **따랐더니** [24] 바다에 큰 놀이 일어나 배가 물결에 덮이게 되었으되 예수께서는 주무시는지라 [25] 그 제자들이 나아와 깨우며 이르되 주여 구원하소서 우리가 죽겠나이다 [26] 예수께서 이르시되 어찌하여 무서워하느냐 믿음이 작은 자들아 하시고 곧 일어나사 바람과 바다를 꾸짖으시니 아주 잔잔하게 되거늘 [27] 그 사람들이 놀랍게 여겨 이르되 이이가 어떠한 사람이기에 바람과 바다도 순종하는가 하더라

마가의 경우 제자들은 예수님을 "배에 계신 그대로 모시고"[4:36] 가지만 마태는 "배에 오르시매 제자들이 따랐더니"[8:23] 라고 말한다. 여기서 "따랐다"는 동사는 바로 앞 단락의 "따르다" 동사와 같은 문맥에 있다.

이렇게 **마태**는 바람과 바다를 잔잔하게 하는 기적 이야기를 **제자의 나아길 길을 강조**하는 것으로 해석한다. 제자들이 예수님을 "선생님이여"[막 4:38] 라고 부른 것을 "주여"[마 8:25] 라는 호칭으로 바꾸어 놓은 것에서도 마태의 해석적인 관점이 드러난다. 마태는 선생님이라는 인간적 존칭을 "주여"라고 바꾸어 신적 전권을 지닌 예수님의 모습을 강조한다. 기적 이야기를 편집하는 가운데 마태가 강조하려는 것은 예수님을 따라 거친 폭풍을 뚫고 담대히 나아가는 제자도였다. 제자들이 탄 폭풍에 흔들리는 배는 곧 교회에 비유될 수 있다.

편집비평은 신약성경 저자를 우리에게까지 전해 내려온 신약성경 전승의 "편집자"로서 이해하는 것에서 출발하는 연구 방법이다. 아래의 저서들은 공관복음에 대한 편집비평적 연구의 고전으로 통한다.

• 누가복음 연구: H. Conzelmann, *Die Mitte der Zeit: Studien zur Theologie des Lukas* (Tübingen 1954, [6]1977).

• 마가복음 연구: W. Marxsen, *Der Evangelist Markus. Studien zur Redaktionsgeschichte des Evangeliums* (Göttingen [2]1959).

• 마태복음 연구: G. Bornkamm/G. Barth/H. J. Held, *Überlieferung und Auslegung im Matthäusevangelium* (Neukirchen-Vluyn 1970, [7]1975); W. Trilling, *Das wahre Israel: Studien zur Theologie des Mattäus- Evangeliums* (1959, [3]1975); G. Strecker, *Der Weg der Gerechtigkeit: Untersuchungen zur Theologie des Matthäus* (Göttingen 1962, [3]1971).

위에서 언급한 양식비평은 주로 복음서 이전의 전승 단계에 초점을 맞추면서 복음서 저자들을 본질적으로 "수집가" 또는 "전승가"로서 이해했다. 이와 달리 편집비평은 신약성경 전승의 마지막 형태, 즉 오늘 우리가 알고 있는 본문 형태에 초점을 두어, 각 복음서 저자의 독특한 의도나 신학을 밝힘으로써 신약성경 각 작품이 어떻게 하여 오늘과 같은 모습을 갖추게 되었는지를 설명한다.

자료비평, 양식비평, 편집비평 등의 비평 방법을 한마디로 '**역사 비평 방법**' Historical-Critical Method 이라 부른다.30) 역사비평적 성경 연구는 성경의 역사적 뿌리를 규명하기 위해 이미 18세기 계몽주의 시대부터 발전되어 온 성경해석 방법이다. 실상 이 방법은 현대인에게 많은 도움을 주었고 지금도 여전히 그러하다. 그러나 고대 세계에 형성된 성경을 단지 역사적인 시각으로만 접근한다는 점에서 근본적인 한계에 부딪히게 되었다. 오늘의 현대인이 신약성경 본래의 의미를 찾는 작업이 너무나 힘든 일이라는 사실을 점차 분명히 인지하기 시작했다. 게다가 역사비평적 작업은 일반 대중들로 하여금 성경에 가깝게 다가가는 데 도움을 주기보다는 오히려 점점 더 멀어지게 하는 역효과를 낳는 경우도 있다. 또한 역사적 작업을 수행하는 사람이 갖고 있는 전제나 편견으로부터 독립된 역사적 연구의 순수한 객관성을 담보하기도 어렵다는 인식에 이르게 되었다. 그렇다고 역사비평방법을 통째로 버릴 수는 없다. 그것은 한계를 갖고 있지만 여전히 현대인을 위한 유익한 성경해석 방법이 분명하기 때문이다. 이런 상황에서 역사비평 방법을 보완하는 다른 방법이 현대에 와서 발전하게 되었는데, 그 가운데 하나가 서사비평이다.

---

30) "본문비평" Textkritik 도 여기에 속한다. 성경 원본이 모두 소실되었고, 서로 약간씩 차이 나는 수많은 필사본을 통해 성경 내용이 전해 내려오기 때문에 원문 형태를 밝혀야 할 필요성이 생겼다. 그리하여 본문비평은 수많은 필사본의 내용을 서로 비교하여 성경 저자가 기록했던 원문 형태를 복원해 내는 방법을 가리킨다. 이와 관련하여 김창선, "그리스어 신약 성서 본문 비평본의 역사"(『21세기 신약성서 신학』, 129-151)를 참조하라.

5. 서사비평을 통한 복음서 이해

최근에는 복음서를 **잘 짜인 이야기**로 파악하면서, 예수님에 대한 이야기가 어떻게 시작하여 어디에서 절정과 파국에 이르며 어떻게 마감되는가를 주의 깊게 살피려는 시도가 유행한다. 이를 '서사敍事 비평' 혹은 '이야기 비평'narrative criticism이라 한다. 곧 현대 소설 연구에서 얻은 통찰을 복음서에 적용하는 것이다. 그렇게 해서 독자로 하여금 갈등과 긴장, 예상하지 못한 반전 등으로 가득 찬 "이야기 세계" 안으로 들어갈 것을 요청한다. 서사비평은 복음서의 최종 형태인 현재의 본문을 대상으로 하는 해석이다. 본문을 자세히 읽는 가운데close reading 본문에 담겨 있는 이야기의 형식이나 관습적인 구조를 밝히고, 이야기의 줄거리를 결정하고, 등장인물의 특징적인 성격을 규정하며, 본문의 관점을 구별하고, 언어 사용에서 드러나는 의미 등을 밝힘으로써 본문을 이해하려는 방법이라고 할 수 있다.31)

6. 심층심리학적 이해

이것은 특히 심리학자 융C. G. Jung에게서 영향을 받은 해석이다. 성경을 역사비평적으로 해석하기보다는 심층심리학적 해석을 통해 종교문서인 성경이 선포하는 진리의 메시지를 현대인이 이해할 수 있도록 돕고자 한다. 심층심리학적 성경 해석은 기본적으로 다음의 4가지 기본원리로 정리할 수 있다:

① 인간 보편적인 것이 역사적으로 특수한 것보다 우선권을 갖는다. ② 내적인 것이 외적인 것보다 우선권을 갖는다. ③ 무의식적인 것이 의식적인 것보다 우선권을 갖는다. ④ 개개인이 집단보다 우선권을 갖

---

31) 참조, Mark A. Powell, *What is Narrative Criticism?*, 『서사비평이란 무엇인가?』, 이종록 옮김 (한국장로교출판사, 1995).

는다. 이러한 관점에서 이루어지는 심층심리학적 해석은 본문을 중심으로 삼기보다는 독자와 관련된 접근방식을 더욱 중요하게 여기는 경향이 있다. 이를 통해 성경 본문을 개인적으로 읽는 데 도움을 얻을 수 있다. 독일어권의 대표주자는 다음과 같다: 뮌스터 대학의 신학교수 마리아 카셀Maria Kassel, 1931-2022, 1990년대에 유럽 교계에 엄청난 영향력을 행사했던 신학자 오이겐 드레버만Eugen Drewermann, 1940년생, 베네딕트회 신부 안셀름 그륀Aselm Grün, 1945년생.

오늘날 현대인은 여러 방법을 통해 (신약)성경을 이해할 수 있다. 그런데 우리가 잊지 말아야 할 것은 신약성경 저자들은 예수 그리스도와 십자가의 사건을 단순히 역사적인 호기심에서가 아니라 신앙심에 근거하여 바라보았다는 사실이다. 이들은 예수님이 부활하여 하나님께로 올라가신 분이라는 확신 아래에서 신약성경을 기록하였다. 곧 부활 이전 예수님의 지상 사역을 부활 사건의 시각을 통해서 되돌아보았던 것이다. 신약성경 저자들이 예수님의 삶과 죽음과 부활이라는 '예수 그리스도 사건'에 관심을 보인 것은 그들이 처한 삶 가운데 이를 선포하려 했기 때문이었다. 우리는 그들이 선포하고자 했던 메시지를 잘 파악하여 오늘의 상황에 적용함으로써 살아계신 하나님이 우리를 위해 주신 말씀으로 받아들일 수 있어야 할 것이다.

IV

신약성경의 최초 저자 사도 바울

...

제12강: 사도 바울은 어떤 사람이었나?

1. 교회사에서 차지하는 바울의 자리

바울은 우리가 접할 수 있는 가장 이른 시기의 신약성경 저자이다. 당시 팔레스타인을 둘러싼 문화권 내에서는 바울에 대해 그 누구도 관심을 보이지 않았다. 그리스·로마 문헌이나 1세기 후반에 활동한 유대 역사가 요세푸스의 작품, 유대인의 정경에 속하는 탈무드와 미드라쉬 문헌은 바울에 대해서는 침묵으로 일관한다.

그러나 기독교 역사에서 바울의 위상은 이와는 전혀 다르다. 기독교 역사에 끼친 바울의 영향이 실로 엄청나다는 사실에 대해 아무도 이의를 제기하지 않을 것이다. 특히 종교개혁 이래 독보적인 존재로 받아들여진 바울은 대표적인 기독교 교사며 선교사이고 또 위대한 사도로 추앙받게 되었다. 그가 남긴 서신은 신약성경 가운데 중요한 부분으로 여겨지며, 그 안에 담긴 신학적 깊이는 수많은 사람의 경탄을 자아냈다.

그래서 신약학자 홀츠만[H. J. Holtzmann]은 그의 『신약성서신학』에서 "바울은 기독교 신학에 존재와 내용을 부여했다"[1]고 말했으며, 또 여러 학자는 바울을 "기독교의 두 번째 설립자"[2] 혹은 "기독교 신학의 창조자이자 설립자"[3]라고 불렀다.

바울의 영향은 신약성경에서 이미 지대하게 나타난다. 특히 사도행전을 기록한 누가는 사도행전의 후반부에서 거의 바울 한 사람의 활동만을 보도하고 있을 정도로 바울의 중요성을 강조한다. 신약성경 시대 이후 이른바 교부 시대에도 사도 바울의 권위는 여전했다.

2세기 초엽에 안디옥의 감독 **이그나티우스**[Ignatius, 110년경 사망]는 사형에 처하기 전 시리아에서 로마로 압송되는 도중 에베소교회에 보내는 편지를 썼는데, 거기서 바울을 "성자며 상 받을만한 자"라고 부르면서, "내가 하나님께 당도하게 되면 그의 자취 가운데 남기를 바란다"[Ign *Eph* 12:2]고 할 정도로 바울을 높이 칭송했다.

2세기 중엽 **마르키온**[Marcion]은 새로운 시각으로 바울을 받아들였다. 그는 처음으로 바울서신을 역사적인 시각에서 다루는 가운데, 지나간 전체 사도 시대가 유대 그리스도인과 바울 복음의 관계라는 한 가지 주제 안에서 전개된 것으로 파악했다. 마르키온은 율법을 복음에서 철저히 분리하고, 오직 바울서신만이 참된 복음을 전한다고 확신했다. 그래서 열 편의 바울서신과 바울의 동역자로 전해지는 누가가 기록한 누가복음만을 모범이 되는 하나님의 말씀, 즉 일종의 정경으로 여겼다. 그러나 구약성경을 유대 율법주의의 유산으로 간주하여 교회의 경전으로 보는 것을 거부했기 때문에 당시 교회로부터 이단으로 몰렸다.

바울은 **아우구스티누스**[Augustinus, 354-430]에게도 큰 영향을 끼쳤다. 그는 자

---

1) H. J. Holtzmann, *Lehrbuch der neutestamentlichen Theologie II*, Freiburg/Leipzig, 1897, 1.
2) W. Wrede, *Paulus*, 1904.
3) C. Weizsäcker, *Das apostolische Zeitalter der christlichen Kirche*, 1892, 145; O. Pfleiderer, *Der Paulinismus: Ein Beitrag zur Geschichte der urchristlichen Theologie*, 1873, 18.

신의 활동 말기에 바울의 영향을 많이 받았다. 『고백록』에서 젊은 시절 방탕한 삶을 살았던 자신이 로마서 말씀을 통해 회심했다고 밝히기도 했다(롬 13:13-14, "[13] 낮에와 같이 단정히 행하고 방탕하거나 술 취하지 말며 음란하거나 호색하지 말며 다투거나 시기하지 말고 [14] 오직 주 예수 그리스도로 옷 입고 정욕을 위하여 육신의 일을 도모하지 말라"). 자신의 거듭난 삶을 하나님의 은혜의 결과로 확신한 아우구스티누스는 인간의 선한 의지는 순전히 하나님의 선물이며 인간이 소명을 받게 되는 것도 오직 하나님의 사역이라고 이해했다. 특히 하나님의 자비와 은혜를 강조함으로써 바울의 영향을 많이 받았음을 드러냈다.

또한 16세기 종교개혁자 **마틴 루터**M. Luther, 1483-1546에게 끼친 바울의 영향은 참으로 컸다. 루터는 복음이 약속하는 구원의 확실성을 바울에게서 찾았는데, 특히 로마서 1:16-17에서 하나님의 의가 복음 가운데 나타난다는 사실을 새롭게 깨달은 것이 결국 종교개혁의 내적 원천이 되었다.[4]

2. 바울의 실제 모습

2세기 말경대략 185-195년에 기록된 <바울행전>Akten des Paulus이라는 문서가 있다.[5] 이는 11장으로 구성된 바울의 사역과 운명에 대한 증언인데, 당시 교회의 관심을 따라 다양한 전승을 모아 만든 일종의 교양소설이다. 여기 제3장바울과 테클라의 행적에 바울에 대한 다음과 같은 이야기가 나온다.

바울이 이고니야에 왔다는 소리를 들은 오네시포로스라는 사람은 자기의 두

---

4) 미국의 가장 위대한 신학자로 통하는 조나단 에드워즈Jonathan Edwards, 1703-1758는 바울에 대해 "부활하신 그리스도라는 나무의 몸통에서 솟아난 사도라는 가지 중에 가장 견실하고 알뜰한 가지로서, 미래 나무의 큰 부분이 이 가지에서 나왔다"고 말했다. 하르낙A. Harnack은 흥미롭게도 바울을 "첫 번째 개신교인"der 1. Protestant이라 불렀다(*Marcion*, 1985).

5) 이 외에 2-3세기의 사도 이야기에 대한 외경 행전으로는 다음과 같은 문서가 있다: 요한행전Johannesakten, 베드로행전Petrusakten, 안드레행전Andreasakten, 도마행전Thomasakten. 참조, 송혜경(역주), 『신약외경(하권)』 (한님성서연구소, 2011).

아이 심미아스와 제노 그리고 자기 아내 렉트라와 함께 바울에게 다가갔는데, 그를 자기 집에 초대하기 위함이다. 디도가 바울이 어떤 모습을 가졌는가에 대해 그에게 이야기했기 때문이다. … 그는 바울이 오는 것을 보았다. **자그마한 키의 남자로서 대머리였으며, 두 다리는 굽었다. 툭 불거진 두 눈을 가진 고상한 모습이며, 코는 약간 튀어 나왔고, 친절함이 넘치는 사람이었다. 때론 사람과 같이 보이나, 때론 천사와 같은 모습을 가졌다.** 바울은 오네시포로스를 보자 미소를 지었다.

이는 바울의 실제 모습과 성격을 체험하고 그렸다기보다는 아마도 바울서신에 들어있는 그에 대한 정보를 근거로 상상력을 동원하여 묘사했을 것이다. 아무튼 바울은 사람들이 흠모할 정도의 멋진 외모를 갖춘 인물은 아니었던 것 같다.

바울서신보다 30-40년 정도 후에 사도행전을 기록한 **누가**는 바울을 최고의 학식을 갖췄다는 그리스 아덴_{아테네}의 철학자들 앞에서 유창한 설교를 하는 위대한 선교사로 그린다^{행 17장}. 바울의 실제 모습을 알려주는 믿을만한 정보는 그가 남긴 서신들 안에 있다. 바울을 직접 체험한 당시 사람들은 그를 무기력하며 언변에도 능하지 못한 보잘것없는 인물로 묘사했다.

(고후 10:10) 그들의 말이 그의 편지들은 무게가 있고 힘이 있으나 그가 몸으로 대할 때는 약하고 그 말도 시원하지 않다 하니

이 구절에 따르면, 사도행전의 보도와 달리 실제 바울은 유창한 설교자가 아니라 어느 정도 어눌한 사람이었던 것 같다. 이것은 자기 적대자들의 말을 바울이 직접 인용하고 있는 정보이므로 믿을만하다. "몸으로 대할 때는 약하다"는 구절에선 건장한 모습이 아니라 오히려 왜소한 체구의 바울을 연상할 수 있다.

"바울"에 해당하는 그리스어는 "Παῦλος"이고 라틴어로는 "Paulus"또는

Paullus인데, "작은", "적은"이라는 뜻을 갖고 있다. 뿐만 아니라 바울은 **몸에 고질병**을 지닌 인물이었음에 틀림없다. 그는 그 병으로 인해 넘어지기도 했으며, 가시에 찔린 것처럼 심한 통증을 늘 견디며 살아야 했다.

(고후 12:7) 너무 자만하지 않게 하시려고 내 육체에 가시 곧 사탄의 사자를 주셨으니 이는 나를 쳐서 너무 자만하지 않게 하려 하심이라

바울, 이탈리아 라벤나의 성안드레아
오라토리움 벽화, 5세기경

이와 같이 육체적 질병으로 고통을 받았던 바울은 또한 그의 생애를 통해 수많은 박해와 고난을 겪은 사람이었다. 바울은 주림과 목마름, 헐벗음, 매 맞음, 거처 없음을 겪어야 했으며, 자기 손으로 일을 했으며, 모욕과 박해와 비방을 받았다 고전 4:11-12.

그리하여 한탄 섞인 감정으로 "우리가 지금까지 세상의 더러운 것과 만물의 찌꺼기같이 되었도다" 고전 4:13 라고 썼다. 또한 그는 종종 붙잡혀 매를 맞고 죽음의 고통을 느꼈다고 술회한다 고후 11:23. 이어서 바울은 자신이 겪은 고난을 다음과 같이 나열한다 고후 11:25-27.

(고후 11:25-27) 세 번 태장으로 맞고 한 번 돌로 맞고 세 번 파선하고 일주야를 깊은 바다에서 지냈으며 여러 번 여행하면서 강의 위험과 강도의 위험과 동족의 위험과 이방인의 위험과 도시의 위험과 광야의 위험과 바다의 위험과 거짓형제 중의 위험을 당하였다

이처럼 바울은 이루 형언할 수 없을 정도의 고통과 고난 가운데 예수 그리스도의 복음을 세상에 전파하기 위해 혼신을 바쳐 애쓴 위대한 사도였다. 그가 선교 사역 가운데 남긴 서신들을 통해서 거의 2천 년이

지난 오늘날 우리가 그의 사상에 접할 수 있음은 실로 천만다행한 일이다. 오늘 서구 교회와 신학계가 바울에게 관심을 보이는 이유는 무엇보다도 그가 위대한 신학자였다는 사실에 있다. 그러나 초기 교회는 오히려 선교사로서의 바울의 모습에 관심을 가졌다. 그런데 이 두 가지 역할을 분리해서 바울을 바라본다면 그를 제대로 이해할 수 없을 것이다. 바울은 위대한 신학자였을 뿐만 아니라 이방인을 위한 위대한 선교사였기 때문이다. 바울은 자신이 갖고 있던 신학적인 기본 원칙 안에서 당시 교회와 관련된 여러 문제점을 비판적으로 다루었다. 이러한 바울의 사고는 향후 기독교 역사에 커다란 영향을 끼치게 된다.

3. 바울을 둘러싼 논란

바울이 남긴 여러 신학적인 진술의 해석을 두고 학자들 사이에 많은 논란이 있다. **파이네**Paul Feine, 1859-1933는 자신의 『사도 바울: 바울에 대한 역사적 이해를 둘러싼 싸움』6)을 다음과 같은 말로 시작했다.

가장 커다란 신학의 문제 가운데 하나는 사도 바울에 대한 역사적인 이해다. (중략) 초기 기독교가 당시 세계를 질풍처럼 손안에 넣은 것은 상당 부분 바울의 덕택이다. 복음에 대한 그의 이해는 향후 수백 년간 교회사의 방향을 제시했다. 그런데 바울이야말로 예수 사역의 진정한 제자이며 계승자인가? 아니면 기독교가 어두워지고 그릇된 요소가 잠입된 것이 바울로부터 비롯되었는가? 기독교가 도그마화된 것이 바울 때문인가? 바울로 인해 예수님의 복음에 새로운 이방적인 요소 - 유대적, 헬레니즘적, 또는 동방적 요소 어느 것이든 - 가 밀려들어 왔는가? 이것은 유감스러운 변혁인가 아니면 바람직한 변혁인가? 이러한 질문이야말로 역사적으로 관찰하는 자에게 직접적으로 다가오는 커다란 물음이 아닐 수 없다.

이로써 바울에 대한 역사적 이해가 얼마나 중요한지, 이를 둘러싼 상

---

6) P. Feine, *Der Apostel Paulus. Das Ringen um das geschichtliches Verständnis des Paulus*, Gütersloh, 1927, 1.

이한 입장들이 얼마나 첨예하게 대립하고 있는지 알 수 있다. 바울은 분명 위대한 선교사며 위대한 신학자이지만 늘 긍정적인 평가를 받아 왔던 것은 아니었다. 100여 년 전 독일 괴팅엔 대학의 근동학 교수이자 문화비평가 **라가르데** P. A. de Lagarde, 1827-1891 는 자신의 저서『도이치 문서』에서 바울을 "전혀 소명 받은 일이 없는 자"이며 삼중으로 나쁜 영향을 끼친 자라고 하면서 그는 첫째, 기독교에 구약성경의 짐을 지워 놓았으며, 둘째, 교회 안에 바리새적인 해석법을 도입했으며, 셋째, 유대 제사 이론과 그에 속한 모든 것을 집안으로 끌어 들인 자라고 비난했다.[7]

라가르데보다 앞서 철학자 **니체** Nietzsche 는 바울을 예수님의 메시지를 왜곡시킨 자로 여겼다. 그의 저서『여명』에서 바울을 "미신적이며 식어 빠진 머리"라고 불렀으며, "기독교라는 배가 유대교의 짐을 싣고 이방인 세계를 드나들도록 한" 책임을 져야 한다고 역설했다.[8] 또한 8년 뒤에 출간된『적그리스도』 Der Antichrist 에서 니체는 바울을 "복음 선포자에 대한 대립형" Gegensatz-Typus zum frohen Botschafter, "증오의 천재" das Genie im Haß 라고 하면서, 그가 유대교 제사장의 본능으로 역사를 위조해서 "그리스도가 살아 있다는 터무니없는 증거를 만들어 냈고", "이 세상이 아니라 저 세상에 중심을 둔 엉터리 사자 Dysangelist 이며, 대중을 강압해서 도당을 만들어 권력을 탐한 사제"라고 혹평했다.

오늘날에도 사도 바울에 대한 부정적인 평가를 찾아볼 수 있다. 흑인 신학자로 유명한 **클리지** Albert B. Cleage 는 예수님과 바울을 대립시킨다. 그리하여 나사렛 예수님은 현대의 흑인처럼 고난받는 이들을 위한 위대한 사회 혁명가이나, 바울은 사회 개혁의 과제를 회피하고 개인의 영혼 구원에만 관심을 가졌던 전형적인 백인이라고 비유했다.[9] 또한 **픽슬리** George Pixley 는 바울을 혁명적인 예수 운동을 개인적이며 영적인 종교로

---

7) P. A. de Lagarde, *Deutche Schriften*, Göttingen, 1886 .
8) F. Nietzsche, *Morgenröte*, 1880.
9) Albert B. Cleage, *The Black Massiah*, New York, 1968, 1.

변질시켜 하나님 나라의 대망을 내면화함으로써 예수님의 근본정신을 왜곡한 인물로 여긴다.[10] 유대인 저술가 **라피데**Pinchas Lapide는 『다메섹과 쿰란 사이의 바울』[11]이란 저서에서 토라에 충실한 나사렛 예수를 시골 출신의 경건한 하시딤 랍비에 비유하고, 바울은 번화한 뉴욕시의 디아스포라 개혁 랍비에 견주는 등 두 인물 사이의 불연속성을 강조하였다.

필자는 예수님과 바울 사이의 불연속성을 말하는 시각에 동의하지 않는다. 오히려 두 인물 사이에 연속성이 훨씬 강하다고 생각한다. 바울은 그 누구보다도 이방 세계라는 환경과 부활절 이후라는 상황에서 교회가 예수님의 말씀을 어떻게 이해하고 해석해야 하는가의 중대한 문제에 대한 대답을 시도한 위대한 신학자였다.[12] 위에서 언급한 몇몇 견해만 보더라도 바울의 신학을 파악하는 것이 결코 간단한 문제가 아니다. 당시 기독교인들도 바울을 이해하는 데 마찬가지로 어려움이 있었음을 그가 남긴 서신들을 통해서 알 수 있다. 그래서 베드로후서는 바울서신과 관련해서 다음과 같이 말한다.

(벧후 3:16) 또 그 모든 편지에도 이런 일에 관하여 말하였으되 그 중에 알기 어려운 것이 더러 있으니 무식한 자들과 굳세지 못한 자들이 다른 성경과 같이 그것도 억지로 풀다가 스스로 멸망에 이르느니라

이처럼 바울서신을 해석하는 일은 예나 지금이나 쉽지 않다. 이해의 어려움에도 불구하고 오늘날 우리는 초기 기독교 시대의 인물들 가운데 그 누구보다도 바울에 대해 가장 많은 정보를 얻을 수 있다. 바울은 자신

---

10) George V. Pixley, *God's Kingdom*, 『하느님 나라』, 정호진 옮김 (한국신학연구소, 1986), 121-129.

11) P. Lapide, *Paulus zwischen Damaskus und Qumran: Fehldeutungen und Überstzungsfehler*, Gütersloh, ³1995, 17-26.

12) 이에 대하여 다음을 참조하라. E. Jüngel, *Paulus und Jesus*, 허혁 옮김, 『바울과 예수』 (이화여자대학교출판부, 1982); D. Wenham, *Paul: Follower of Jesus or Founder of Christianity*, 『바울: 예수의 추종자인가 기독교의 창시자인가?』, 박문재 옮김 (크리스챤다이제스트, 2002).

이 기록한 서신들을 세상에 남겨 놓았고, 그 자료를 우리가 접할 수 있기 때문이다.

제13강: 바울의 일생

1. 출생에서 안디옥 사역 전까지

바울은 서신에서 자신의 출생지에 대해 한마디도 언급하지 않는다. 그러나 사도행전에서는 바울이 길리기아 지방에 속한 '다소'Tarsus에서 태어나주후 5-10? 그곳에서 성장했다고 한다행 21:39; 22:3.

> (행 21:39) 나는 유대인이라 소읍이 아닌 길리기아 다소 시의 시민이니; (행 22:3) 나는 유대인으로 길리기아 다소에서 났고 이 성에서 자라 가말리엘의 문하에서 우리 조상들의 율법의 엄한 교훈을 받았고 오늘 너희 모든 사람처럼 하나님께 대하여 열심이 있는 자라

바울이 당시 문화와 철학스토아주의과 교육의 중심지로 유명한 헬레니즘 도시 중의 하나였던 다소13)에서 자란 디아스포라 유대인 출신이라는 정보에 대해서는 의심할 이유가 전혀 없다. 주전 66년 이래로 다소는 당시 로마가 지배하던 길리기아 지역의 수도였다. 바울의 부모는 비교적 오랫동안 그곳에 정착하고 살았음에 틀림없다. 그리하여 바울은 이 도시의 시민권과 로마 시민권을 모두 소지할 수 있었을 것이다.14) 그런데

---

13) 고대 그리스 역사가 스트라보Strabo, 주전 63-주후 23에 따르면, 다소에는 아테네와 알렉산드리아를 능가하는 학교들이 있었다고 한다(Geogr. 14,673).

14) 슈넬레U. Schnelle는 바울을 "특혜를 입은 디아스포라 유대인"으로 규정하면서, 사도행전의 보도에 근거하여16:36-38; 22:25; 23:27 바울이 로마 시민권을 가졌을 것으로 여긴다(Paulus: Leben und Denken, Berlin/New York, 2003, 55, 44-47). 그러나 슈테게만W. Stegemann은 황제에 대한 호소와 로마 이송은 로마 시민권 소유 여부와 관계가 없다는 이유에서 그런 시각에

바울이 이 도시에서 정확히 언제까지 살았는지는 알 수 없지만, 아무튼 바울이 헬레니즘 도시 "다소"에서 태어나 성장기를 보냈다는 점을 생각하면 그가 그리스 문화의 영향을 받았을 것이라는 사실은 의심의 여지가 없다.

바울은 당시 헬레니즘 세계의 공용어이면서 디아스포라 유대인의 일상어이기도 한 이른바 '코이네'Koine 그리스어를 모국어처럼 완벽하게 구사했을 뿐만 아니라, 어려서부터 배워 익힌 그리스어 구약성경인 '칠십인경' LXX 에 따라서 수많은 성경 구절을 자유자재로 (대체로 외워서) 인용했다. 또한 그리스식 편지 양식발신자(superscriptio), 수신자(adscriptio), 인사말(salutatio)에 따라 자신의 편지를 작성했으며, 이른바 '디아트리베'Diatribe15)라 부르는 헬레니즘적 논리 전개법을 자신의 서신들 안에 잘 활용할 줄 알았던 사람이었다는 사실도 그것을 뒷받침한다.16)

이처럼 바울은 그리스 문화의 영향을 받았으나, 다른 한편 상당히 유대적인 경향을 띤 부모의 영향으로 유대 전통에 깊이 빠져 있었던 한마디로 헬레니즘적 유대교를 대표하는 사람이라고 말할 수 있다.17) 바울은 아마도 청소년기에 예루살렘으로 갔던 것으로 보인다.18) 또한 위에서

반대한다("War der Apostel Paulus ein römischer Bürger?", *ZNW* 78 [1987], 200-229).

15) 쉘클레(K. H. Schelkle, *Paulus*, Darmstadt, 1981, 43)는 "디아트리베" 양식은 헬레니즘 시대에 철학 교사나 선포자들이 생동감 있는 대화를 통해 상대방을 설득하려는 독특한 교훈 방법을 가리킨다롬 2:1; 3:1; 4:1; 6:1; 7:1; 9:14; 11:1; 고전 9:24; 15:35; 고후 1:11; 11:16; 갈 3:1 고 하였다.

16) 베커J. Becker는 바울이 젊어서 헬레니즘적 도시에서 살았고 헬레니즘적 유대식 교육을 받았기 때문에 훗날 그리스도인이 되어서 독자적으로 헬레니즘의 정신과 전통을 자기 것으로 사용할 수 있는 능력을 지니게 되었다고 말한다(*Paulus: Der Apostel der Völker*, Tübingen, 1989, 59).

17) 참조, K. Berger, *Paulus*, München, 2008, 19. "바울은 무엇보다 헬레니즘적 유대인이다. 그의 신학 언어는 헬레니즘적 유대교에서 유래했음을 거의 부인할 수 없다." 한F. Hahn은 디아스포라에서 성장한 바울을 "헬레니즘적 유대 기독교 전통의 대표자"라고 한다(*Theologie des Neuen Testaments I*, 『신약성서신학 I』, 강면광 외 옮김 [대한기독교서회, 2007], 452).

18) 슈넬레는 바울이 15세 정도에 예루살렘으로 이주했을 것으로 추측한다(*Paulus: Leben und Denken*, Berlin/New York, 2003, 55). 2세기 말엽에 편찬된 유대교 최초의 율법 모음집 "미쉬나"Mishnah에 속한 "피르케 아봇"Pirke Aboth 5:21에 나오는 다음 정보를 참조하라. 성서 읽는 법 배우기(5세), 미쉬나 읽기(10세), 토라 계명 준수 책임(13세), 결혼하기 충분한 나이

인용한 사도행전 22:3에서 바울은 예루살렘에서 랍비 가말리엘의 문하생으로 조상들의 율법에 대해 엄격한 교육을 받았다고 한다. 누가가 전하는 이 정보가 사실인지를 둘러싸고 학자들 사이에 논란이 있다. 하지만 바울은 스스로 자신은 율법의 의에 흠이 없는 바리새파에 속한 사람이었고[빌 3:5], 자신의 동년배보다 더욱 조상들의 율법 전통에 열심이었던 자라고 분명히 밝힌다[갈 1:14].

> (빌 3:5-6) 내가 팔일 만에 할례를 받고 이스라엘 족속이요 베냐민 지파요 히브리인 중의 히브리인이요 율법으로는 바리새인이요, 열심으로는 교회를 박해하고 율법의 의로는 흠이 없는 자라; (갈 1:14) 내가 내 동족 중 여러 연갑자보다 유대교를 지나치게 믿어 내 조상의 전통에 대하여 더욱 열심이 있었으나

고린도후서에서도 바울은 자신의 유대적 배경에 대해 "그들이 히브리인이냐 나도 그러하며 그들이 이스라엘인이냐 나도 그러하며 그들이 아브라함의 후손이냐 나도 그러하며"[11:22]라고 하며, 또한 로마서에서는 "하나님이 자기 백성을 버리셨느냐 그럴 수 없느니라 나도 이스라엘인이요 아브라함의 씨에서 난 자요 베냐민 지파"라고 한다[11:1].

누가는 바울이 율법을 비교적 온건하게 해석한 힐렐[Hillel] 학파에 속한 유명한 랍비 중 한 사람인 가말리엘 1세의 문하생이었다고 전하나[행 22:3], 바울 자신은 이 정보에 대해 언급하지 않기 때문에 확인하기는 어렵다. 아무튼 바울은 전통 유대교에 충실했던 "유대교 근본주의자"[G. Theissen]였다고 말할 수 있다.

그런데 예루살렘에서 바울은 그리스어를 사용하며 율법에 비판적인 태도를 취한 이른바 "헬라파 유대인"[Hellenisten, 행 6:1]인 예수 추종자들을 처음으로 접한다. 이들은 십자가형을 받아 죽은 메시아를 이스라엘을 위

(18세), 직업을 가질 나이(20세), 성인으로 인정받아 공직을 수행할 수 있는 나이(30세).

한 **종말론적인 구원자로 선포**했는데, 이것은 유대인 바울의 입장에서 도저히 용인할 수 없는 신성모독을 뜻했다.[19] 그들의 말을 수용한다면 십자가에 매달려 죽은 자가 유대 율법을 대신하는 구세주로 바뀌게 될 것이라고 바울은 판단했다. 게다가 헬라파 유대 그리스도인들이 성전과 관련된 제의 규정들을 더 이상 지키지 않는 것을 보면서 그들을 도저히 용납할 수 없다고 생각한 바울은 이 이단적인 공동체와 싸우는 것을 자신의 사명으로 삼았다.

바울은 이 헬라파 유대 그리스도인들을 이스라엘의 신앙에서 이탈한 무리로 간주했고, 마땅히 제거해야 할 대상으로 여겼음이 분명하다. 그 것이 이스라엘의 정결을 위해 "열심으로" 투쟁했던 조상들의 전통에 부 합하는 일이라고 생각했을 것이다. 마치 구약 시대 제사장 비느하스가 하나님의 진노의 심판을 면하기 위해 변절한 이스라엘인들을 살해한 경우민 25:6-13와 흡사하다고 말할 수 있다. 그가 어떤 법적 수단을 통해 싸웠는지 알 수 없다참조, 행 8:1-3.

예수 추종자들, 즉 헬라파 유대 그리스도인들을 처벌하라는 당시 유 대 회당의 지시에 따라 바울은 예루살렘에서 다메섹으로 달려갔다. 다 메섹으로 가는 도중 또는 다메섹에 도착해서 바울은 환상 가운데 놀라 운 사건을 체험하게 된다. 바울 자신은 다메섹 사건을 복음 사역을 위해 부활하신 그리스도가 은혜로 자기를 부른 사건, 즉 **소명 사건**으로 묘사 했다갈 1:15-17; 고전 15:8-11.[20] 이 소명 사건은 대략 32년이나 33년경에 일어난 일로 추정된다. 즉 예수님이 십자가에 돌아가신 후 2-3년 정도 지난 뒤의 일이다.

---

19) (신 21:23) "…나무에 달린 자는 하나님께 저주를 받았음이니라"

20) 빌 3:8에서 바울은 자신의 다메섹 체험을 "내 주 그리스도를 아는 지식"을 깨달은 '깨침의 사건'으로 이해한다(참조, K. Haacker, *Der Brief des Paulus an die Römer*, Leipzig, ⁴2012, 5).

(갈 1:15-17) ¹⁵그러나 내 어머니의 태로부터 나를 택정하시고 그의 은혜로 나를 부르신 이가 ¹⁶그의 아들을 이방에 전하기 위하여 그를 내 속에 나타내시기를 기뻐하셨을 때에 내가 곧 혈육과 의논하지 아니하고 ¹⁷또 나보다 먼저 사도 된 자들을 만나려고 예루살렘으로 가지 아니하고 아라비아로 갔다가 다시 다메섹으로 돌아갔노라

그런데 다메섹 사건에 대해 훗날 80-90년대에 누가가 기록한 사도행전에 나오는 천상적 빛의 환상에 대한 극적인 보도는 소명의 차원보다는 **회개**의 측면을 강조한다[9:1-22, 21)

(행 9:1-22) ¹사울이 주의 제자들에 대하여 여전히 위협과 살기가 등등하여 대제사장에게 가서 ²다메섹 여러 회당에 가져갈 공문을 청하니 이는 만일 그 도를 따르는 사람을 만나면 남녀를 막론하고 결박하여 예루살렘으로 잡아오려 함이라 ³사울이 길을 가다가 다메섹에 가까이 이르더니 홀연히 하늘로부터 빛이 그를 둘러 비추는지라 ⁴땅에 엎드러져 들으매 소리가 있어 이르시되 사울아 사울아 네가 어찌하여 나를 박해하느냐 하시거늘 ⁵대답하되 주여 누구시니이까 이르시되 나는 네가 박해하는 예수라 ⁶너는 일어나 시내로 들어가라 네가 행할 것을 네게 이를 자가 있느니라 하시니 ⁷같이 가던 사람들은 소리만 듣고 아무도 보지 못하여 말을 못하고 서 있더라 ⁸사울이 땅에서 일어나 눈은 떴으나 아무 것도 보지 못하고 사람의 손에 끌려 다메섹으로 들어가서 ⁹사흘 동안 보지 못하고 먹지도 마시지도 아니하니라 ¹⁰그 때에 다메섹에 아나니아라 하는 제자가 있더니 주께서 환상 중에 불러 이르시되 아나니아야 하시거늘 대답하되 주여 내가 여기 있나이다 하니 ¹¹주께서 이르시되 일어나 직가라 하는 거리로 가서 유다의 집에서 다소 사람 사울이라 하는 사람을 찾으라 그가 기도하는 중이니라 ¹²그가 아나니아라 하는 사람이 들어와서 자기에게 안수하여 다시 보게 하는 것을 보았느니라 하시거늘 ¹³아나니아가 대답하되 주여 이 사람에 대하여 내가 여러 사람에게 듣사온즉 그가 예루살렘에서 주의 성도에게 적지 않은 해를 끼쳤다 하더니 ¹⁴여기서도 주의 이름을 부르는 모든 사람을 결박할 권한을 대제사장들에게서 받았나이다 하거늘 ¹⁵주께서 이르시되 가라 이 사람은 내 이름을 이방인과 임금들과 이스라엘 자손들에게 전하기 위하여 택한 나의 그릇이라 ¹⁶그가 내 이름을

---

21) 또한 행 22:6-16; 26:12-18을 참조하라.

위하여 얼마나 고난을 받아야 할 것을 내가 그에게 보이리라 하시니 [17] 아나니아가 떠나 그 집에 들어가서 그에게 안수하여 이르되 형제 사울아 주 곧 네가 오는 길에서 나타나셨던 예수께서 나를 보내어 너로 다시 보게 하시고 성령으로 충만하게 하신다 하니 [18] 즉시 사울의 눈에서 비늘 같은 것이 벗어져 다시 보게 된지라 일어나 세례를 받고 [19] 음식을 먹으매 강건하여지니라 사울이 다메섹에 있는 제자들과 함께 며칠 있을새 [20] 즉시로 각 회당에서 예수가 하나님의 아들이심을 전파하니 [21] 듣는 사람이 다 놀라 말하되 이 사람이 예루살렘에서 이 이름을 부르는 사람을 멸하려던 자가 아니냐 여기 온 것도 그들을 결박하여 대제사장들에게 끌어 가고자 함이 아니냐 하더라 [22] 사울은 힘을 더 얻어 예수를 그리스도라 증언하여 다메섹에 사는 유대인들을 당혹하게 하니라

여기서 그리스도는 아나니아에게 사울이 예수님의 이름을 지니고 고난받게 될 것을 말할 뿐이다. 그러나 아나니아는 이를 사울에게 알리지 않고, 단지 그를 치유하고 세례를 베푼다. 그 결과 바리새파 출신의 수공업자[행 18:3]며 강퍅한 그리스도 박해자[갈 1:13, 23; 고전 15:9; 빌 3:6]가 열정적인 사도요, 선교사요, 신학자로 바뀐다. 따라서 이 이야기는 **회개의 이야기**이다. 아무튼 바울은 이 다메섹 사건을 하나님의 **계시 행위**라고 확신했다.

(고전 15:8-11) [8] 맨 나중에 만삭되지 못하여 난 자 같은 내게도 보이셨느니라 [9] 나는 사도 중에 가장 작은 자라 나는 하나님의 교회를 박해하였으므로 사도라 칭함 받기를 감당하지 못할 자니라 [10] 그러나 내가 나 된 것은 하나님의 은혜로 된 것이니 내게 주신 그의 은혜가 헛되지 아니하여 내가 모든 사도보다 더 많이 수고하였으나 내가 한 것이 아니요 오직 나와 함께 하신 하나님의 은혜로라 [11] 그러므로 나나 그들이나 이같이 전파하매 너희도 이같이 믿었느니라

바울의 다메섹 체험과 관련하여 흔히 그리스도인을 박해하던 유대인 사울이 회개하고 거듭나 "바울"Παῦλος로 이름을 바꾸었다는 속설이 있는데, 실상 "사울"Σαῦλος=שָׁאוּל은 단지 바울의 유대 이름일 뿐이며, 그리스어

로는 "바울"로 회개한 뒤 개명한 것이 아니다. 오늘날 미국으로 이민을 가서 사는 사람들이 한국 이름과 미국 이름을 동시에 갖고 있는 것과 같다. 이 속설이 자리하게 된 것은 사도행전에서 바울의 선교 사역을 묘사하는 누가에게서 비롯된 것으로 보인다. 누가는 사도행전 전반부에서[행 7:58-13:7] 바울을 "사울"로 부르다가 13:9부터는 주로 "바울"로 바꿔 부른다[행 14:4, 14는 예외].22) 아마 세계를 무대로 하는 선교 사역을 강조하기 위해 로마식 이름이 더 적합하다고 여겼을 것이다. 그러한 이름 사용의 변화는 누가의 문학적 장치의 산물이라고 말할 수 있다.

아무튼 다메섹 사건은 바울의 모든 사고와 행위를 결정적으로 지배하며 또한 그의 삶과 신학의 중심을 이룬 아주 뜻깊은 사건이었다.23) 바울은 갈라디아서에서 다메섹 체험 후의 활동을 다음과 같이 진술한다.

> (갈 1:16-19) [16] 그의 아들을 이방에 전하기 위하여 그를 내 속에 나타내시기를 기뻐하셨을 때=다메섹 체험에 내가 곧 혈육과 의논하지 아니하고 [17] 또 나보다 먼저 사도 된 자들을 만나려고 예루살렘으로 가지 아니하고 아라비아로 갔다가 다시 다메섹으로 돌아갔노라 [18] 그 후 삼 년 만에 내가 게바를 방문하려고 예루살렘에 올라가서 그와 함께 십오 일을 머무는 동안 [19] 주의 형제 야고보 외에 다른 사도들을 보지 못하였노라

바울이 소명을 받은 직후[32/33년경] 정확히 어디서 무엇을 했는지에 대해서는 알려진 것이 없다. 갈라디아서 1:17에서 바울은 소명 받은 후 누구에게도 조언을 받지 않았다고 한다. 그는 다메섹에 있는 그리스도교 신앙 공동체나 자기보다 먼저 사도 된 예루살렘에 있는 사도들에게 가지 않고, 먼저 "아라비아"로 갔다. 오늘날 요르단 지역에 해당하는 당시의 아라비아는 아레타스 4세[Aretas IV, 주전 9-주후 40]가 다스리는 나바트 왕국을

---

22) 사울이 구브로의 로마 총독 서기오 바울[Sergius Paulus]과 만나는 시점에 누가는 교묘하게 "바울"이란 이름을 언급한다(행 13:9 "바울이라 하는 사울이 성령이 충만하여").

23) Ch. Dietzfelbinger, *Die Berufung des Paulus als Ursprung seiner Theologie*, Neukirchen-Vluyn, [2]1989 (=『사도 바울의 회심 사건』, 조경철 옮김, 감신대 출판부, 1996).

가리킨다^{참조, 행 9:19-25}. 고린도후서 11:32-33에서 바울은 아레타스 왕의 총리가 다메섹에서 자신을 체포하려 했으나 광주리를 타고 성을 탈출했다고 전한다. 아레타스 왕은 주후 40년에 사망했기 때문에 이 사건은 그 이전에 일어났을 것이다. 바울은 아라비아에서 한 동안 복음을 선포했지만, 이에 대하여

바울의 다메섹 탈출
(남 티롤 지방 Naturns의 St. Proklus 교회에 있는 프레스코 벽화, 8세기 말)

침묵하는 것으로 미루어 선교의 성과가 적었던 것으로 보인다.

바울은 소명을 받은 직후 아라비아에서 2-3년 정도 머문 후에 예루살렘 모교회의 지도자들을 만나러 잠시^{15일 동안} 예루살렘을 방문했을 뿐이라고 말한다. 그런 다음 바울은 시리아와 길리기아 지방에서 선교한다^{갈 1:21; 행 9:30}. 사도행전 11:25-26에서는 바울이 바나바의 인도에 따라 안디옥으로 갔고, 그곳에서 일 년 동안 바나바와 함께 복음을 전하였다^{주후 40-41년경}.

2. 안디옥 중심의 사역

예루살렘 교회에 속한 헬라파 유대 그리스도인 그룹을 대표하는 일곱 인 중 스데반이 순교할 무렵^{행 7장}, 이들에 대한 박해가 일어나자^{행 8:1}, 이들은 사마리아와 구브로^{키프로스}, 시리아 서쪽으로 가서 선교를 시작했고, 시리아 오론테스 강변에 위치한 대도시 안디옥에 새로운 선교 중심지를 세워 이방인 선교에 적극적으로 나섰다. 안디옥 교회의 지도자인 바나바는 바울이 다소에서 공공연하게 이방인 선교도 수행했다는 사실을 듣고^{행 9:30} 자신의 선교 사역을 도와달라고 청하여 바울을 안디옥으로

데려왔다^{행 11:25-26}. 그곳에서 바울은 바나바와 힘을 합쳐 이방인 선교에 매진했고, 안디옥은 바울이 활동한 최초의 사역 중심지가 되었다.

열정적인 사역에 힘입어 할례를 받지 않은 상당한 수의 이방인들이 처음으로 안디옥 교회로 몰려들었고, 교회는 급성장을 이루었다. 그런데 이로 말미암아 이 교회에 심각한 문제가 일어났다. 이방인들이 먼저 유대인이 되지 않고서도 교회에 들어오는 것을 허락해야 할 것인가를 두고 질문이 터져 나왔다. 예수님의 첫 제자들은 모두 유대인이었기 때문에 예루살렘 모교회는 당연히 유대인들로만 구성되어 있었다. 복음이 팔레스타인 본토 밖으로 전파되면서 유대인 핏줄이 아닌 이방인들도 예수님을 영접하여 교회에 들어오고자 하는 경우가 본격적으로 생기기 시작했는데, 바로 안디옥 교회가 그와 같은 상황에 놓이게 된 것이다.

이때 바울의 결정적인 역할에 힘입어 안디옥 교회는 이방인들에게 요구하던 할례와 율법 준수를 포기하였다. 이로써 안디옥 교회의 성격에 커다란 변화가 일어났다. 이때부터 이방인 출신의 신도들이 점점 많아졌다. 이들로 인해 안디옥 교회는 외부 사람들에게 새롭게 인식되기 시작했다. 주위 사람들은 이들을 더 이상 유대교에 종속된 무리로 보지 않고 독자적인 무리로 보기 시작한 것이다. 그리하여 안디옥에서 처음으로 그리스도 추종자들이 "크리스티아노이"^{Χριστιανοί}, 즉 "크리스챤"이라 불리게 되었다^{행 11:25-26}.

바울이 이방인들도 하나님으로부터 부름 받았고, 세상에 퍼져 있는 이방인들을 구원 공동체로 불러 모으는 것을 자신의 사명으로 확신하게 된 것도 바로 이 안디옥 사역을 통해서였을 것이다. 그런데 안디옥 교회는 구브로 섬과 그 인근의 아나톨리아 남쪽 지방=오늘날의 터키 남부을 선교하기 위해 바나바와 바울을 파송한다. 이를 흔히 제1차 선교여행^{대략 46-47년}이라 한다^{행 13-14장}. 이 선교여행에서 바울은 상당수의 이방인들을 전도하는 성과를 올렸고, 그가 선교한 여러 지역에는 유대인과 이방인이 한데 섞여 있는, 율법에서 자유로운 교회들이 생겨나게 되었다.

바울의 성공적인 첫 번째 선교여행으로부터 근본적인 신학 문제가 한 가지 드러났다. 그것은 여전히 유대교의 테두리 안에 있으면서 동시에 예수 운동의 핵심을 이루고 있던 예루살렘 모교회와의 관계 규명이었다. 즉 유대인과 이방인이 한데 섞여 있는, 율법에서 자유로운 교회가 예루살렘 모교회와 동일한 교회로 간주될 수 있느냐 하는 것이었다. 이 문제를 다루기 위해 예루살렘에서 이른바 **'사도회의'**갈 2:1-10 가 소집되었다. 그리하여 주후 48년경에 바울과 바나바가 이끄는 안디옥 교회의 대표단과 예루살렘 교회 지도자 사이의 만남이 이루어진다.

바울의 결정적인 개입으로 다음 3가지 사항에 합의했다갈 2:6-10. 첫째, 예루살렘 교회는 바울의 입장을 조건 없이 수용하여 할례받지 않은 이방인을 구원공동체의 구성원으로 인정한다6절. 둘째, 선교 대상 지역을 나눈다"우리는 이방인에게로, 그들은 할례자에게로", 9절. 곧 베드로는 할례자인 유대인 교회의 사도이며, 바울은 특히 이방인이 우세한 교회의 사도임을 밝힌다. 셋째, 이방인 교회들은 예루살렘 교회의 가난한 자들을 위해 헌금을 하도록 정한다10절.24)

사도회의의 결과 바울의 선교 사역과 더불어 그의 사도적 위상은 물론이고 이방인 가운데 율법에서 자유로운 선교 사역을 행하는 것 역시 인정을 받았다. 타이센G. Theissen 에 따르면 이때 '새로운 종교체계로서의 그리스도교'가 탄생했다고 한다. 이로써 바울은 이방인 중에서 율법에서 자유로운 선교의 대표자로 간주되었고, 베드로는 여전히 율법을 존중해야만 하는 유대인 중에서 이루어지는 선교의 대표자로 여겨졌다. 이것은 안디옥 교회의 압도적인 승리이자 바울의 완전한 승리를 뜻했다.25)

---

24) 이 헌금 사역은 향후 바울의 사역에서 중요한 역할을 한다. 그것은 바울이 세운 이방인 교회와 예루살렘 모교회 사이의 결속의 증표요, 감사의 선물이었다참조. 롬 15:26-27.

25) 그러나 이와 같은 이론적인 합의로 할례받지 않은 이방인을 교회의 정식 멤버로 받아들일 수 있느냐의 문제가 완전히 매듭지어진 것은 아니었다. 위의 결정을 실천에 옮기는

그런데 유대인 그리스도인과 이방인 그리스도인이 어떻게 함께 예배와 성만찬을 드릴지에 대해서는 합의가 없었는데, 이와 관련된 문제가 안디옥 교회에서 불거졌다.

어느날 베드로가 안디옥을 방문했을 때,[26] 제의적인 부정함을 이유로 예배에서 이방인과 함께 식사하기를 거부하자 유대교인들도 그를 따르는 사건이 터졌다. 주후 49년 말[50년 초]에 일어난 이 사건을 가리켜 이른바 '**안디옥 사건**'[갈 2:11 이하]이라 한다.

> (갈 2:11-16) [11] 게바가 안디옥에 이르렀을 때에 책망 받을 일이 있기로 내가 그를 대면하여 책망하였노라 [12] 야고보에게서 온 어떤 이들이 이르기 전에 게바가 이방인과 함께 먹다가 그들이 오매 그가 할례자들을 두려워하여 떠나 물러가매 [13] 남은 유대인들도 그와 같이 외식하므로 바나바도 그들의 외식에 유혹되었느니라 [14] 그러므로 나는 그들이 복음의 진리를 따라 바르게 행하지 아니함을 보고 모든 자 앞에서 게바에게 이르되 네가 유대인으로서 이방인을 따르고 유대인답게 살지 아니하면서 어찌하여 억지로 이방인을 유대인답게 살게 하려느냐 하였노라 [15] 우리는 본래 유대인이요 이방 죄인이 아니로되 [16] 사람이 의롭게 되는 것은 율법의 행위로 말미암음이 아니요 오직 예수 그리스도를 믿음으로 말미암는 줄 알므로 우리도 그리스도 예수를 믿나니 이는 우리가 율법의 행위로써가 아니고 그리스도를 믿음으로써 의롭다 함을 얻으려 함이라 율법의 행위로써는 의롭다 함을 얻을 육체가 없느니라

것은 쉬운 일이 아니었다. 예루살렘 교인들이 보기에는 안디옥 교회가 지나치게 율법으로부터 자유로웠고, 결국 이방인들도 율법이 정한 최소한의 요구 사항을 지켜야 한다는 주장이 훗날 (아마도 바울이 있지 않은 상태에서) 관철된 것으로 보인다. 그것을 흔히 "사도의 칙령" Aposteldekret이라고 하는데, "우상의 더러운 것과 음행과 목매어 죽인 것과 피를 멀리 하라"는 야고보의 지침이다[행 15:23-29]. 율법이 금하는 성적 관계를 하지 말아야 하며, 율법 규정에 일치하지 않게 도살된 동물의 고기를 먹어서는 안 된다는 것을 뜻한다. 이로써 유대 그리스도인과 이방 그리스도인의 공동생활이 가능해졌다. 이는 "안디옥 사건"에 대한 야고보와 유대 그리스도인들의 대응책으로 보인다. 바이저 A. Weiser 는 사도의 칙령은 바울이 제2차 선교 여행을 위해 안디옥 교회를 떠난 뒤 레 17-18장에 근거한 예루살렘 교회의 양보안으로 이해한다(*Die Apostelgeschichte*, Leipzig, 1986, 208).

26) R. Stark는 1세기 때 안디옥의 인구를 15만 정도로 추산한다(*The Rise of Christianity*, 1997).

이 본문은 바울이 선포한 '율법으로부터 자유로운 복음'의 정당성이 사도회의 후 안디옥 교회에서 있었던 수제자 베드로와의 격렬한 논쟁에서도 입증되었다는 사실을 강조하는 가운데 나타난다. 안디옥 교회는 바울의 초기 선교의 중심지였는데, 어느 날 베드로가 이곳을 방문하여 바울과 바나바를 포함하여 안디옥 교인들과 함께 식사하게 되었다. 그런데 갑자기 "야고보에게서 온 어떤 이들", 즉 율법의 가치를 높이 평가하는 유대 그리스도인들이 교회에 들어오자, 이방인 그리스도인들과 함께 식사하던 베드로=게바는 겁을 먹고 식사를 하다말고 자리를 떠났고, 남은 유대 그리스도인들과 바나바도 베드로의 뒤를 좇아 식사 자리를 떠나는 일이 벌어졌다. 그러자 바울은 베드로에게 "외식"外飾한다고 비난한다. "네가 유대인으로서 이방인을 따르고 유대인답게 살지 아니하면서 어찌하여 억지로 이방인을 유대인답게 살게 하려느냐"며, "모든 자 앞에서" 예수님의 수제자 되는 베드로를 강력하게 비난한 것이다.

여기서 베드로가 슬며시 공동식사 자리에서 일어난 것은 유대인은 이방인과 함께 식사해서는 안 된다는 율법의 규정을 염려했기 때문이다. 베드로는 야고보에게서 온 유대 그리스도인들이 자기를 비난하리라 지레 겁을 먹었을 것이다. 공동식사 자리를 떠난 베드로의 태도가 지닌 문제점은 단순히 신앙 공동체의 화목한 분위기를 망쳤다는 사실만이 아니라 예수 그리스도를 통한 구원을 근본에서 의심하게 만들었다는 것이다. 바울은 베드로의 그와 같은 태도를 도저히 용납할 수 없는 위선적인 행동이라고 여겨, 온 교인이 보는 앞에서 베드로를 강하게 질책했다. 오직 예수 그리스도를 믿음으로 사람이 의롭게 된다고[16절] 확신했던 바울은 율법의 행위를 통해서는 누구도 의로워질 수 없음을 분명히 밝히는 가운데, 인간을 지배하는 죄의 세력으로 말미암아 율법은 구원의 길이라는 역할을 감당할 수 없게 되었고 오직 예수 그리스도에 대한 믿음으로 구원의 길이 열렸음을 강조한 것이다.

바울과 베드로 사이에 격렬한 논쟁이 벌어지자 안디옥 교회는 마침내 베드로의 편을 들었다. 이는 안디옥 교회가 예루살렘 교회의 협상안을 받아들였음을 뜻한다. 이 사건의 결과는 바울에게 커다란 아픔을 끼쳤을 것이다.[27] 범세계적인 이방 선교라는 임무를 앞으로는 어떠한 타협도 없이 독자적으로 수행하기 위해, 바울은 안디옥 교회를 뒤로하고 홀로 떠난다. 이리하여 바울의 선교 사역은 새로운 국면을 맞이하게 된다.

3. 독자적인 선교 사역

안디옥 교회를 떠난 바울은 바나바와 갈라선 후[행 15:39] 실라와 디모데를 데리고 소아시아와 그리스로 가서 복음을 전했다. 이른바 "제2차 선교여행"이다[행 15:36-18:22]. 바울의 독자적인 선교 사역은 대략 49년부터 시작되어 62-64년 사이에 일어난 네로 황제의 그리스도인들에 대한 박해로 인해 순교하게[28] 될 때까지 계속되었다. 이 선교 사역은 서방을 향한 것이었다. 바울의 순교가 언제 어떤 상황에서 일어났는지는 전혀 알려져 있지 않다.

바울의 순교와 관련하여 베드로의 세 번째 후계자로 알려진 로마의 감독 클레멘스[Clemens of Rom, 50-97/101]가 남긴 <클레멘스 1서>[1Clem]가 있다. 이 문서는 신약성경을 제외한 초기 그리스도교 문서 중에 최초로 연대를 추정할 수 있는 문서로서 고린도교회의 분쟁을 막기 위해 명망 있는 클레멘스 감독이 주후 96년이나 97년 초에 로마교회에서 고린도로 보낸 편지이다.[29] 여기에서 클레멘스는 베드로와 바울의 순교를 언급하면서,

---

27) 던J. Dunn은 이때 "바울은 자기를 선교사로 처음 위임한 교회로부터 사실상 의절 당했고", "안디옥 선교사의 일원으로 더 이상 섬길 수 없다고 결론지었을 것"으로 여긴다(『초기 교회의 기원(상)』, 2019, 667-678).

28) 이와 같이 U. Schnelle, *Paulus: Leben und Denken*, Berlin/New York, 2003, 431. 그러나 코흐D.-A. Koch는, 바울이 59년에 포로로 로마에 갔다면 60년 초에 옥중에서 사망했을 가능성을 열어놓는다(*Geschichte des Urchristentums*, 2013, 364).

29) H. R. 드롭너, 『교부학』(한님성서연구소, 2003), 117-118.

"인내의 가장 위대한 모범"인 바울이 모진 박해를 받아 가면서 "서쪽 끝"=스페인까지 선교했다고 전한다1Clem 5:4-7; 참조, 행 20:24-25, 37-38.

이는 로마서 15:28의 "서바나로 가리라"는 표현에서 비롯된 것으로 간주된다.30) 바울은 당시 세계의 중심인 로마에 가는 것을 처음부터 염두에 두었던 것 같다. 이를 위해 먼저 에게해海를 둘러싼 여러 지역에 복음을 전파하려 노력했다. 바울은 자신이 처음으로 선교하여 세운 교회들의 성장과 안정을 위해 수차례에 걸쳐 직접 방문하거나 편지를 보냈다. 신약성경에 들어 있는 바울서신은 모두 바로 이 기간에 기록되었다.

4. 바울 선교의 특징

주후 48년경 예루살렘 "사도회의" 뒤에 전개되는 바울의 선교 활동에 대해서는 그가 남긴 서신과 사도행전 15:35 이후의 바울에 관한 보도에 따라 비교적 정확한 정보를 얻을 수 있다. 흔히 이 시기 바울의 선교 행로를 제2차, 제3차 선교여행으로 나누는데15:40-18:22; 18:23-19:40; 21:17, 이러한 구분은 사도행전 자체에서도 명확하게 드러나지 않는다.

사도행전을 기록한 누가는 바울의 선교 활동을 전형적인 틀에 따라 묘사한다. 즉 선교를 하려고 어느 도시로 들어가면, 바울은 먼저 유대인을 찾아갔으며 또한 유대 회당시나고그에서 말씀을 선포한다. 유대인들이 바울의 선포를 거부하면 비로소 이방인에게로 간다. 팔레스타인 주위에는 유대인이 많았을 뿐 아니라 유대교에 호감을 가진 이른바 "하나님을 경외하는 사람들"이 많이 있었으며, 이들이 실제로 그리스도교를 최초로 영접하게 된다. 그러나 이러한 누가의 묘사는 유대인들이 복음을 영접하지 아니하였기에 구원이 이방인에게 향하게 되었다는행 13:46-47; 28:26-28

---

30) 2세기에 생성된 <바울행전>은 바울이 네로 황제 때 로마에서 처형되었다고 전한다 ("목이 잘려 나가면서 병사들의 옷에 우유가 튀었다. 그러자 그 병사와 거기 모인 사람들이 모두 바울에게 그런 영광을 베푼 하나님을 찬양했다").

누가의 "구원사"^{Heilsgeschichte} 도식과도 관계가 있다.

간혹 바울을 시간에 쫓기는 묵시문학가로 파악하고자 하는 시각이 있는데, 이것은 그리스도의 재림이 임박했다는 중압감에 사로잡힌 바울이 종말이 오기 전에 땅끝까지 선교하기 위해 온 사방을 닥치는 대로 돌아다녔다고 보는 견해이다. 그러나 바울은 나름대로 분명한 선교 전략을 세운 뒤 어느 정도 시간적인 여유를 갖고 계획적으로 복음을 전파했다. 그리하여 바울의 선교는 다음과 같은 특징이 나타난다.[31]

첫째, 바울은 몇몇 중심 지역에 국한하여 복음을 선포했다. 특별히 교통의 요지인 지방 중심 도시를 집중 선교의 대상으로 삼았다. 이러한 경우 지역에서 비교적 짧지 않은 기간을 머물면서 복음 선포에 전력했다. 곧 마게도니아의 수도인 **데살로니가**에서는 수개월을 체류했고, 아가야의 수도인 **고린도**에서는 1년 반 정도 머물렀으며^{행 18:11}, 아시아의 수도인 **에베소**에서는 2, 3년 정도 체류하면서 복음을 선포했다^{행 19:10, "두 해 동안"; 20:31, "삼 년"}. 인근 지역의 선교는 중심 지역의 교회들이 맡아 독자적으로 선교하도록 했다^{살전 1:6-8}.

둘째, 바울은 교회들을 세웠지만 목양은 동역자들에게 맡겼다. 바울은 고린도교회에 1년 반 동안 머물면서도 고작 두 사람^{그리스보, 가이오}과 한 가정^{스데바나 가정}에게 세례를 주었을 뿐이다. 이처럼 세례 주는 일에 전념하지 않은 것은 "그리스도께서 나를 보내심은 세례를 베풀게 하려 하심이 아니요 오직 복음을 전하게 하려 하심"^{고전 1:17}이기 때문이었다. 바울은 자신의 역할을 오직 복음을 전파하는 선교사로 국한하고, 세례를 주는 일이나 교회 성장과 관련된 일에는 매달리지 않았던 것이다.

그리하여 마르틴 헹엘은 "원시 그리스도교의 역사와 신학은 선교의 역사며 선교의 신학이다. 불법으로부터 위협받는 세상에서, 구원의 사자라는

---

31) O. Hofius, "Paulus: Missionar und Theologe", *Evangelium-Schrifauslegung-Kirche (FS Peter Stuhlmacher)*, Göttingen, 1997, 224-237.

신앙인의 선교적 파송을 망각하거나 거부하는 교회와 신학은 자기의 근거를 포기하고 따라서 자기 자신을 포기하는 것이다"[32]라고 말했다.

제14강: 바울서신의 탄생과 그 중요성

1. 바울서신 - 선교 사역의 결과물

바울의 서신은 주후 50년대 살을 에고 뼈를 깎는 고생을 하며 열정적인 선교 활동을 벌인 선교 사역의 결과물이었다. 선교하면서 자신이 세웠던 로마교회는 예외 여러 교회가 안고 있던 문제에 대해 직접 몸으로 갈 수 없었던 바울은 서신으로 대신하여 해결 방안을 제시하였다. 바울서신은 바울을 대신하여 사도의 권세를 지닌 목회적 선포와 교육의 역할을 수행했고 교회에 보존되었고 예배 때마다 낭독되었다. 그리하여 교회들은 바울의 서신을 서로 교환해 가며 읽기를 원했다 참조. 골 4:16. 그 서신 가운데 일부가 보존되어 오늘 우리에게까지 전해진 것이다. 바울이 사망하자 그의 서신은 더욱 귀하게 간주되었다. 에베소나 고린도 또는 로마와 같은 중심지에서 바울서신이 수집되었을 것으로 보인다.[33]

2. 바울서신으로 전해 내려온 13개 서신

신약성경에는 바울의 작품으로 간주되는 13편의 서신이 있는데, 이를 총칭하여 "코르푸스 파울리눔"Corpus Paulinum 이라 한다. 그런데 현대의 바

---

32) M. Hengel, "Die Ursprünge der christlichen Mission", *NTS* 18 (1971/72), 15-38, 이곳 38.

33) 1 Clem 47:1-3 고전 1-4장과 관련; Ign. *Eph.* 12:2 고린도서신들을 언급; Polykarp, *Phil.* 3:2; 9:1; 11:2; 12:1 엡 4:26에서 나온 인용. 트로비쉬 D. Trobisch 는 이미 바울 자신이 자기 편지들을 수집했을 것으로 추측한다(*Die Entstehung der Paulusbriefsammlung*, 1989, 13).

울 연구가들은 일반적으로 이 13편 중 단지 일곱 편만을 의심의 여지가 없는 바울 자신의 작품으로 여긴다.

> 데살로니가전서 갈라디아서 고린도전서
> 고린도후서 로마서 빌립보서 빌레몬서

데살로니가전서 5:27의 "내가 주를 힘입어 너희를 명하노니 모든 형제에게 이 편지를 읽어 주라"참조, 롬 6:16는 진술에서 알 수 있듯이, 애초부터 바울의 서신들은 여러 신앙 공동체교회에서 돌려가며 읽혔다. 당시 수신인들은 바울서신의 원본을 받아 볼 수 있었다("내 손으로 너희에게 이렇게 큰 글자로 쓴 것을 보라"갈 6:11. 바울 스스로 자신의 서신들이 돌려가며 읽힌다는 사실을 알고 있었다. 예컨대 갈라디아서 1:2("함께 있는 모든 형제와 더불어 갈라디아 여러 교회들에게")에서 바울은 갈라디아에 있는 여러 교회에 인사를 전하며, 고린도후서 1:1에서는 고린도교회와 더불어 아가야에 있는 모든 성도에게 인사를 보낸다. 바울서신이 돌려지며 읽혔다는 사실은 골로새서 4:16에서도 명백히 드러난다("이 편지를 너희에게서 읽은 후에 라오디게아인의 교회에서도 읽게 하고 또 라오디게아로부터 오는 편지를 너희도 읽으라"). 심지어 '**위조된**' **바울서신들**이 존재했다는 것도 데살로니가후서의 진술을 통해서 알 수 있다.

> (2:2) 영으로나 또는 말로나 또는 우리에게서 받았다 하는 편지로나 주의 날이 이르렀다고 해서 쉽게 마음이 흔들리거나 두려워하거나 하지 말아야 한다는 것이라
> (3:17) 나 바울은 친필로 문안하노니 이는 편지마다 표시로서 이렇게 쓰노라

이와 같이 구체적인 문제 상황 가운데 기록된 바울서신은 개인적인 서신을 넘어서는 일종의 공적인 성격을 지녔다. 바울의 복음과 신앙 공

동체의 삶에 필요한 윤리적 지침을 담고 있는 이 서신들은 사도 바울을 대신하는 권위를 지녔는데, 심지어 바울의 적대자들도 그의 서신을 가리켜 "그 편지들은 중하고 힘이 있다"고후 10:10 고 말할 정도였다.

3. 제2바울서신

바울이 죽은 후 바울의 위대한 정신과 사상을 계승하고자 한 사람들은 새로운 교회 상황 가운데서도 바울의 유산을 보존하고자 노력했다. 이들은 위대한 사도로 존경받는 바울의 이름을 빌려 바울의 메시지를 후대에도 계속 전하기 위해 글을 남겼다. 학자들은 이러한 정황에서 교회에 바울서신으로 전해 내려오는 이 문서들을 흔히 "제2바울서신"이라고 하며, 다음 여섯 편의 서신이 여기에 속하는 것으로 본다.

목회서신(디모데전서, 디모데후서, 디도서)
에베소서　골로새서　데살로니가후서

18세기 중엽 이후에는 이 중에 디모데전서, 디모데후서, 디도서를 총칭하여 "목회서신" Pastoral Letters 이라 부르게 되었는데, 이들 문서들이 목회 수행에 필요한 교훈과 권면을 담고 있기 때문이다. 위에 언급된 여섯 편의 서신이 실제로 모두 바울의 작품인지에 대하여 학자들은 많은 논란을 벌였다. 이들 문서에는 바울 자신과 그의 서신의 중요성이 전제되어 있다. 이들 문서는 바울서신 수집에 중요한 역할을 한 것으로 짐작된다. 이미 골로새서는 고린도전/후서, 빌레몬서, 로마서, 갈라디아서, 빌립보서를 알고 있었고, 또한 목회서신은 고린도전/후서, 로마서, 빌립보서, 골로새서 아마도 빌레몬서를 수용했는데, 이로써 목회서신은 바울서신집이 있음을 전제로 생겼다고 할 수 있다. 학자들은 2세기 초에 생성된 바울

서신집에 목회서신이 훗날 더해져 서신집이 확대되었을 것으로 추정한다. 이때 목회서신의 저자는 바울서신 외에도 당시 전해 내려오던 바울에 대한 구전 전승도 활용하였을 것이다.[34]

```
            (바울 사후 자연스럽게)

특정 지역에 국한된 소小 서신집 → 보다 큰 규모의 서신집으로 발전
            [고전/후, 롬, 갈, 빌, 몬 등]

            (목회서신의 촉매 역할로)
```

4. 에베소 – 바울서신집의 탄생지?

학자들은 소아시아에 있는 바울의 옛 선교 지역이 바울서신 수집에 결정적인 역할을 했을 것이며, 그래서 최초의 바울서신집은 아마도 에베소에서 생성되었을 것이라고 추정한다.[35]

게다가 다음과 같은 사실도 그러한 추정을 뒷받침한다.

① 에베소교회는 바울 학파의 거주지였고 따라서 몇몇 바울서신을 갖고 있었을 것이다. ② 본래 수신자가 없던 '에베소서'가 에베소교회로 보내는 서신으로 된 것으로 미루어, 원시 그리스도교 선교와 신학 형성에 에베소가 중요한 역할을 했음을 알 수 있다. ③ 골로새서와 목회서신이 에베소교회의 중요성을 강조하는 것으로 보아 아마도 에베소에서 기록된 것으로 볼 수 있다.[36]

---

34) 보그 M. J. Borg/크로산 J. D. Crossan은 『첫 번째 바울의 복음』 (한국기독교연구소, 2010)에서 바울서신에 나타난 바울상을 세 가지, 즉 일곱 개 바울 친서는 "급진적인 바울" radical Paul 을, 제2바울서신은 "보수적인 바울" conservative Paul 을, 제3바울서신인 목회서신은 "반동적인 바울" reactionary Paul 을 묘사한다고 말한다.

35) E. J. Goodspeed, *The Formation of the NT*, Chicago, ²1927, 28; D. Trobisch, *Die Entstehung der Paulusbriefsammlung*, Göttingen, 113-117.

36) 이와 같이 U. Schnelle, *Einleitung in das Neue Testament*, Göttingen, ⁵2005, 398.

1세기 말경에 이르자 바울서신집의 규모가 점차로 확대된다.

- 96년경에 로마에서 기록된 클레멘스 1서에는 고린도전/후서와 로마서의 존재를 짐작케 하는 내용이 있다. 이 서신의 머리말과 끝부분은 명백히 바울서신의 양식을 따른 것이다.
- 2세기 초엽 소아시아에서 기록된 이그나티우스 Ignatius 서신은 최소한 고린도전서와 로마서를 알고 있었다.
- 2세기 중엽 마르키온은 교리적 이유에서 자신의 모음집 맨 앞에 갈라디아서를 두었다(갈 - 고전/후 - 롬 - 살전/후 - 엡/골/빌/몬).
- 주후 200년경에 생성된 "무라토리 정경" Canon Muratori 이 제시하는 순서는 다음과 같다. 고전/후 - 엡 - 빌 - 골 - 갈 - 살전/후 - 롬 - 몬 - 딛 - 딤전/후(이 순서는 전승에서 물려받은 것으로 보인다).
- 역시 주후 200년경에 기록된 파피루스 사본 𝔓⁴⁶에는 서신의 길이에 따라 다음과 같은 순서로 되어 있다. 롬 - 히 - 고전/후 - 엡 - 갈 - 빌 - 골 - 살전(/후) … (이하는 잘려 나감).

::: Excursus

'무라토리 정경'(Canon Muratori)

고대 교회는 초기 그리스도교 전통에서 유래한 여러 문서 중에 어떠한 문서를 정경의 범주에 포함시킬 것인가의 문제를 두고 고심했다. 이와 같은 사실을 이른바 "무라토리 정경"을 통해서 알 수 있는데, 이는 2세기 말경에 작성된 것으로 초기 그리스도교 전통에서 유래한 여러 문서 가운데 정경으로 간주되는 문서의 이름을 나열한 신약성경 목록표이다. 무라토리라는 이름은 1740년 이 카논 목록표를 발표한 이탈리아 밀라노 도서관 직원의 이름 L. A. Muratori 에서 왔다.

무라토리 정경은 오늘날 신약성경에 속한 문서들을 제외시키는가 하면 베드로서와 야고보서, 신약성경에 속하지 않은 그 밖의 작품들, 곧 "솔로몬의 지혜서" Sapientia Salomonis 라든가[37] "베드로 묵시록" 같은 문서들을 포함시켰다. 무라토리 정경은 두 가지 원칙으로 정경을 선택했다. 첫째,

---

37) 큄멜은 "무라토리 정경"에 오늘날 구약 외경으로 간주되는 <솔로몬의 지혜서>가 언급된 것을 필자의 실수로 여긴다(*Einleitung in das Neue Testament*, Heidelberg, ²⁰1980, 436).

내용보다는 그 작품이 사도에 의해 기록된 것인지 여부가 결정적으로 중요했다. 누가복음이나 마가복음은 사도의 제자가 기록했다고 간주되었기에 정경에 포함시켰으며, 사도행전은 "모든 사도들의 행적" acta omnium apostolorum 으로 불렸기에 받아들였다. 둘째, 전체 공교회 ecclesia catholica 를 위한 규정에 부합하는가 하는 점이었다.

무라토리 정경은 당시까지도 신약성경과 다른 작품들 사이의 경계가 고정되지 않고 유동적이었음을 알려준다. 앞서 언급한 베드로 묵시록을 정경으로 받아들인 것을 두고 그 당시 사람들이 문제로 삼았다는 사실을 다음 진술에서 알 수 있다. "묵시록 중에 우리는 단지 요한의 것과 베드로의 것만을 취했는데, 우리들 가운데 몇몇 사람은 후자가 베드로 묵시록 교회에서 읽히는 것을 원치 않았다." 또 다른 문서인 "헤르마스의 목자"를 두고서는 이 작품이 뒤늦게 생성된 문서이기 때문에 정경으로 인정하는 데 문제가 있다는 지적도 나온다.

5. 바울서신의 중요성

주로 주후 50년대에 왕성한 선교 활동을 벌였던 바울은 선교를 하면서 당시 자신이 세웠던 여러 교회가 안고 있던 문제들을 주제로 서신을 보냈고, 그 서신 중에 오늘 우리에게 전해진 것이 바로 바울서신이다. 신약성경에는 바울 자신이 직접 쓴 서신뿐 아니라 위대한 사도 바울의 정신을 계승하여 바울의 이름으로 후대에 가르침을 주고자 작성된 제2바울서신도 담겨 있다. 양적인 면만이 아니라 질적인 면에서도 바울의 중요성은 대단히 크며, 바울신학은 요한신학과 더불어 신약성서신학의 왕관과 같다고 말할 수 있다.

바울서신의 중요성을 다음과 같이 정리할 수 있다. 첫째, 바울서신은 **초기 기독교에서 유래한 가장 이른 시기의 목소리**를 담고 있다. 그의 서신은 부활한 주님의 증인인 사도 **바울 자신의 참 목소리**이다. 바울서신은 신약성경 가운데 기독교 제1세대에 속한 유일한 문서이다. 사도행전도 초기 교회에 대한 다양한 모습을 우리에게 전해주지만, 사도행전의 저자 누가는 초기 교회와 사도 바울 등에 관한 전승에 의존해서 초기 교회의 모습을 단지 간접적으로 전하고 있을 뿐이다. 이렇게 초기 교회에 대한 직접적인 정보는 바로 바울서신으로부터만 얻을 수 있다는 데서 바울서신의 중요성이 드러난다. 게다가 이상적으로 묘사된 초기 교회의 모습이 아니라 구체적인 삶 가운데 있는 적나라한 교회의 실상은 바울서신을 통해서만 접할 수 있다.

둘째, 바울의 친서를 통해 사도 바울을 이해한다는 것은 초기 기독교를 직접 이해함을 뜻한다. 바울서신은 **초기 교회를 이해하는 데 결정적으로 중요한 역할**을 한다. 곧 바울을 얼마나 이해하느냐에 따라 초기 교회에 대한 이해의 정도가 결정된다고 할 수 있다.[38] 바울이 남긴 서신 외에는 신앙의 제1세대가 남긴 문헌이 없기 때문이다.

셋째, 바울서신은 **이방 그리스도인을 위한 신앙의 해석자**였던 바울의 중요성이 드러나게 한다. 바울은 구원 소식을 전하면서 위대한 해석자의 역할을 잘 감당한 사람이었다. 즉 바울은 헬레니즘 전통에 서 있던 이방 그리스도인들이 예수 그리스도에 바탕을 둔 복음의 진리를 이해할 수 있도록 해석하고 설명하였다. 복음의 메시지를 새로운 상황 안에 옮기려는 바울의 엄청난 노력과 능력을 엿보면서 우리는 변치 않을 영원한 복음의 진수를 현대인이 더욱 잘 이해할 수 있도록 해석할 책임과 과제가 오늘 우리에게 부여되어 있음을 깨닫게 된다.

넷째, 바울서신을 통해 우리는 정열적으로 **신학적 사고를 한 위대한 사상가** 바울을 접한다. 바울은 신학자라기보다 먼저 선교사였다. 그러나 그의 선교 사역은 즉흥적이지도 않고 교회 부흥만을 목표로 하지도 않았다. 바울은 자신의 선포와 권면에서 행동에 이르기까지 철저히 신학적으로 숙고했던 사람이었다. 우리는 바울로부터 예수 그리스도를 통해 구현된 구원 소식에 대해 철저하면서도 일관성 있게 사고하는 것을 배운다. 바울은 **교회가 왜 신학을 필요로 하는가를 가르쳐 준 위대한 선각자**였다. 신학의 중요성과 필요성을 일깨워 준 사도 바울로 인해 교회는

---

38) R. Bultmann, "Zur Geschichte der Paulus-Forschung", *ThR* NF (1929), 27, 29: "Am Verständnis des Paulus entscheidet sich das Verstädnis des Urchristentums"(바울 이해에 따라 원시기독교에 대한 이해가 결정된다).

신학적 사고를 회피할 수 없게 되었다. 신학을 가볍게 여기는 교회는 이단적 교설에 흔들리거나 미혹되기 쉽고, 바른 신학의 견고한 터 위에 자리 잡지 못한 교회는 머지않아 넘어지고 말 것이다. 오늘 우리 스스로와 우리의 교회는 사도 바울의 이러한 가르침을 얼마나 깨닫는가?

제2부

✝

신약성경 각 권으로의 초대

신약성경의 시대는 정치적으로는 로마제국이 통치하던 때였고, 문화적으로는 그리스어를 기반으로 하는 이른바 헬레니즘의 영향 아래에 있던 때였다. 이러한 시대적 상황에서 신약성경은 당시 세계의 대중어^{Lingua Franca}였던 코이네 그리스어로 기록되었다.

바울서신

S[AN]C[TU]S PAULUS, sedet hic scripsit
"앉아서 기록하는 성 바울" (9세기 초)

신약성경 최초의 저자 사도 바울은 초기 그리스도교 시대의 가장 위대한 저술가이다. 문학 작품이나 신학적 논설을 남길 생각으로 글을 쓴 것은 아니었지만 그는 자신의 선교 사역과 관련된 발신자와 수신자 사이의 내밀한 관계를 전제한 실제 편지를 썼다.* 대화 당사자 사이의 관계가 친밀할수록, 그만큼 제삼자가 대화 당사자 간에 오간 편지의 내용을 이해하기 어려운 것이 사실이다. 그러하기에 오늘의 현대인이 고대 세계의 편지에 나오는 암시나 에둘러 말하는 표현을 이해하기 위해서 수많은 설명이 필요하다. 바울서신 역시 바울과 수신자 교회 사이에 관계의 친밀성이 있고 구체적인 상황이 전제되어 있어서 이 서신을 올바로 이해하기 위해서는 반드시 당시 상황과 문맥에 대한 이해가 선행되어야 한다는 말이다. 그렇지 않고 바울서신을 오늘 우리의 상황에 즉각 적용하려 한다면 뜻하지 않게 그의 메시지를 왜곡하게 될 위험이 있고, 영원한 복음의 진수를 깨닫지 못하게 될 것이다. 그러므로 서신 저술 당시의 상황 이해를 염두에 두면서 가장 먼저 바울서신 Corpus Paulinum 가운데 오늘날 학계가 의심의 여지없이 바울의 친서로 간주하는 일곱 서신 데살로니가전서, 갈라디아서, 고린도전/후서, 로마서, 빌립보서, 빌레몬서 부터 살펴보기로 한다.

---

* 다이스만A. Deissmann은 실제 편지인 '브리프' Brief 와 편지의 형식을 빌린 '에피스텔' Epistel=예술편지 (Kunstbrief)을 구분했다(*Licht vom Osten: Das Neue Testament und die neuentdeckten Texte der hellenistisch-römischen Welt*, Tübingen, 1923). 그는 야고보서, 베드로전/후서, 유다서, 히브리서, 요한계시록 등을 에피스텔로 이해했다.

I

데살로니가전서

...

· **특징:** 데살로니가전서는 바울이 자신이 세운 교회를 향해 보낸 최초의 서신으로, 부활하신 그리스도의 재림을 열망하며 고난 중에 있는 교인들을 위로하기 위한 일종의 "우정의 편지"이며 "격려의 편지"이다.

· **핵심 메시지:** 사도 바울은 동료 교인들의 죽음으로 인해 흔들리는 데살로니가 교인들을 향해 죽은 자 가운데서 부활하신 예수님께서 종말의 심판 때 믿는 자들을 구원하시러 다시 오실 것이라는 약속을 굳게 붙잡고 서로 덕을 세우는 3:12 삶을 살라고 권면한다.

현존하는 기독교 문서 가운데 가장 오래된 문서인 데살로니가전서에서 우리는 원시 그리스도교 초기에 헬레니즘 대도시권에서 한 신생 교회가 형성되어 가는 과정을 엿볼 수 있다. 여기에는 교인들의 신앙이 아직 확고하게 자리 잡지 못했고 참조. 3:10, 제도화되기 전 단계의 비공식적인 교회 구조가 암시되어 있다 참조. 5:12.

서신이 기록될 당시 5만이 넘는 인구가 살고 있었던 데살로니가 현재 지명 살로니키는 로마의 영토에 속한 마게도냐의 행정 중심지며 총독 주재지로 정치적으로 중요한 도시였으나, 로마에 종속되지 않고 일부 자주적인 통치권을 소유한 "자유 도시"였다. 또한 로마와 동방 세계를 연결하는 "비아 에그나티아"Via Egnatia 가도에 있고 천연 항구를 낀 유리한 지리 덕분에 경제적 중심지이자, 동시에 도시의 수호신 카비루스Kabirus와 디오니소스Dionysos 신을 섬기는 공적인 제의 외에도 동방의 신비종교들Isis; Osiris; Serapis 을 섬기는 사적인 제의가 널리 퍼져있던 종교 중심지이기도 했다.1) 게다가 견유학파Kyniker의 본을 따르는 유랑 철학자들이 구원에 대한 교설을 선전하며 다녔다. 이런 배경에서 데살로니가교회는 자신만의 정체성을 세워나가야만 했다.2)

1. 데살로니가교회

바울은 제2차 선교여행 중이던 주후 49년경에 실루아노실라와 디모데와 함께 데살로니가로 와서 교회를 세웠다살전 1:1, 5-8; 2:1-14; 3:1-6; 빌 4:16; 참조, 행 17:1-10; 18:5. 얼마 지나지 않아 바울은 이 교회를 떠났다. 그런데 그 교회가 바울의 방문을 간절히 원했으나, 그 요청에 응할 수 없었던 바울은 디모데를 아덴으로부터 데살로니가로 보낸다3:1-2, 5. 데살로니가를 다녀온 디모데가 "믿음과 사랑"의 "기쁜 소식"을 바울에게 전하자 3:6, 바울은 교회를 방문하고픈 마음이 간절했지만 역시 사정이 여의치 않아 직접 가는 대신 서신을 보낸다. 이 서신이 바로 데살로니가전서다.

데살로니가교회의 구성원은 대부분 이방인 그리스도인이었지만1:9; 2:14; 행 17:4, "데살로니가 사람 아리스다고"행 20:4가 언급되는 것을 보면 그 교회 안에 유대인 그리스도인도 있었다는 것을 알 수 있다. 바울은 데살로니가 교회에서 "세 안식", 즉 3주 동안 강론한 것으로 보이는데행 17:2, 실제로는

---

1) 헬레니즘 시대의 신앙과 밀의종교에 관해서 다음을 참조하라: 김창선, 『유대교와 헬레니즘』, 225-247.

2) Martin Ebner/Stefan Schreiber, *Einleitung in das Neue Testament*, 이종한 옮김, 『신약성경 개론』(분도출판사, 2013), 598-599.

이보다 더 오랜 기간 머물렀으리라고 추정된다. 바울과 교인들이 서로 부자지간처럼 긴밀한 신뢰 관계를 형성하고 있었음이2:9-12, 17, 19-20; 3:6 이를 뒷받침한다.

> (2:9-12) 9 형제들아 우리의 수고와 애쓴 것을 너희가 기억하리니 너희 아무에게도 폐를 끼치지 아니하려고 밤낮으로 일하면서 너희에게 하나님의 복음을 전하였노라 10 우리가 너희 믿는 자들을 향하여 어떻게 거룩하고 옳고 흠 없이 행하였는지에 대하여 너희가 증인이요 하나님도 그러하시도다 11 너희도 아는 바와 같이 우리가 너희 각 사람에게 아버지가 자기 자녀에게 하듯 권면하고 위로하고 경계하노니 12 이는 너희를 부르사 자기 나라와 영광에 이르게 하시는 하나님께 합당히 행하게 하려 함이라
> (2:17, 19-20) 17 형제들아 우리가 잠시 너희를 떠난 것은 얼굴이요 마음은 아니니 너희 얼굴 보기를 열정으로 더욱 힘썼노라 19 우리의 소망이나 기쁨이나 자랑의 면류관이 무엇이냐 그가 강림하실 때 우리 주 예수 앞에 너희가 아니냐 20 너희는 우리의 영광이요 기쁨이니라
> (3:6) 지금은 디모데가 너희에게로부터 와서 너희 믿음과 사랑의 기쁜 소식을 우리에게 전하고 또 너희가 항상 우리를 잘 생각하여 우리가 너희를 간절히 보고자 함과 같이 너희도 우리를 간절히 보고자 한다 하니

당시 데살로니가교회는 세워진 지 얼마 되지 않은 **아직 굳게 서지 못한 작은 디아스포라 교회**였고, 더구나 주변에 유대 신앙공동체가 있었다. 아마도 그들로부터 많은 '하나님 경외자'들이 바울이 개척한 교회로 넘어온 것 같다. 게다가 주후 49년 로마에 있었던 소요 사태에 관한 이야기를 접한 유대공동체는 그리스도인들을 정치적 불안 요소로 간주하여 바울을 고소했을 것이다.3) 그에 대한 바울의 반응이 2:14-16에 실려 있다. 여기에서 바울은 교인들에게 유대인들의 박해를 상기시키며 다음과 같이 격려한다.

> (2:14-16) 14 형제들아 너희가 그리스도 예수 안에서 유대에 있는 하나님의 교회

---

3) G. Theissen, *Das Neue Testament*, München, 2004, 40-41.

들을 본받은 자 되었으니 그들이 유대인들에게 고난을 받음과 같이 너희도 너희 동족에게서 동일한 고난을 받았느니라 ¹⁵ 유대인은 주 예수와 선지자들을 죽이고 우리를 쫓아내고 하나님을 기쁘시게 하지 아니하고 모든 사람에게 대적이 되어 ¹⁶ 우리가 이방인에게 말하여 구원받게 함을 그들이 금하여 자기 죄를 항상 채우매 노하심이 끝까지 그들에게 임하였느니라

여기에는 아직 고린도전서와 같이 십자가 신학이 전개되지 않지만, 서신은 십자가 신학으로 가는 방향을 전망할 수 있게 한다. 고난 가운데서도 데살로니가교회는 미래를 향한 뜨거운 희망으로 가득 차 "주 예수께서 강림하실 때"3:13; 5:23를 열망하였으며, 교인들은 타협을 일절 허용하지 않는 구원의 확신으로 넘쳐 있었다.

2. 생성 연대와 저작 장소

이 서신은 바울이 데살로니가에서 교회를 설립한 후에 그리 오래되지 않았던 기간에 기록되었다. 바울은 데살로니가에서 체류하다가 베뢰아를 거쳐행 17:10-15 아덴으로 피신하였고행 17:16-34, 그 후에 아덴을 떠나 고린도에 이르러서 마게도냐에 있다가 고린도로 온 실라와 디모데를 다시 만나 그곳에서 18개월 정도 체류하면서 하나님의 말씀을 가르친다행 18:1-17. 사도행전에 나타나는 이 보도는 데살로니가전서 3:1-6의 보도와 대체로 일치한다. 디모데가 데살로니가로부터 바울이 있던 고린도로 온 뒤, 바울은 이곳에서 서신을 작성한다. 이와 같이 데살로니가전서는 **바울의 고린도 사역 초기에 기록**되었고, 고린도전/후서보다 앞서 기록되었음에 틀림없다. 데살로니가교회의 설립을 주후 49년으로 잡으면, 이 서신은 50년 말혹은 51년 초에 고린도 체류 초기에 기록된 것으로 추정할 수 있다. 대다수 학자들은 이와 같은 생성 연도를 따르지만Conzelmann/Lindemann; U. Schnelle; J. Roloff, 보다 이른 시기40년 초에 기록되었다고 추정하는 학자들도 있다T. Holtz; J. Knox; G. Lüdemann; K. P. Donfried.

3. 기록 목적

바울은 디모데가 데살로니가로부터 가져온 기쁜 소식을 접한 후에3:9-13 자신을 다시 만나고 싶어 하는 성도들을 위해 이 서신을 기록했다3:6. 데살로니가전서는 교회의 질문에 답을 하고4:13, "자는 자들에 관하여"; 5:1, "때와 시기에 관하여" 더불어 교인들을 권면할 목적을 갖고 있다5:12-15. 데살로니가교회의 앞날이 절망적이나, 이제 출발한 교회의 나아갈 길을 강화하려 한다.

4. 단락 나누기

I.	1-3장	**과거를 회상함(데살로니가교회와 함께 하는 하나님의 길)**
	1:1	서두 인사
	1:2-10	신앙을 영접한 교회의 모범적인 태도에 대한 감사
	2:1-12	사역에 대한 회고(자신이 겪었던 박해)
	2:13-16	동족의 박해를 잘 견딤에 다시 감사
	2:17-3:13	교회에 감사, 재림 시가지 교회를 지켜줄 것을 간구
II.	4-5장	**바울의 권면(교회의 나아갈 길을 제시)**
	4:1-12	이방인이었던 지난날과 교인의 윤리적 의무를 상기시킴
	4:13-5:11	종말론적인 가르침과 깨어 있으라는 권면
	5:12-22	교회의 삶과 관련된 마지막 권면
	5:23-28	기도와 축복

5. 중심 내용

바울은 먼저 발신자를 밝히며 평화의 인사를 건넨다. 그런데 다른 바울 서신들과 달리 권위에 쌓인 '사도' 칭호를 군이 밝히지 않는다참조 2:7. 바울의 사도직을 둘러싼 갈등이 교회 안에 없기 때문인 것 같다.

(1:1) 바울과 실루아노와 디모데는 하나님 아버지와 주 예수 그리스도 안에 있는 데살로니가인의 교회에 편지하노니 은혜와 평강이 너희에게 있을지어다

헬레니즘 시대의 그리스어 개인 편지는 보통 발신자가 수신자에게 인사를 건네는 머리말을 갖고 있다. 당시 통용되던 인사 양식을 기독교적으로 약간 변형시킨 바울은 인사말의 "기뻐함"χαίρειν 대신 비슷하지만 훨씬 심오한 뜻을 담은 "은혜"χάρις를 사용하고 거기에 셈어적 인사 "평화/평강" shalom שלום 을 첨가한다.4) 이 경우 "은혜"는 그리스도를 통해 이루신 하나님의 사역을, "평화"는 하나님이 그리스도의 죽음과 부활을 통해 창조하신 새로운 실재를 뜻한다. 이와 유사한 인사말이 모든 바울서신에 나오는데, 이 서신의 말미에 다시 나타난다5:28. 인사말 다음에 긴 감사의 말을 한다 1:2-10.

(1:2-8) ² 우리가 너희 모두로 말미암아 항상 하나님께 감사하며 기도할 때에 너희를 기억함은 ³ 너희의 믿음의 역사와 사랑의 수고와 우리 주 예수 그리스도에 대한 소망의 인내를 우리 하나님 아버지 앞에서 끊임없이 기억함이니 ⁴ 하나님의 사랑하심을 받은 형제들아 너희를 택하심을 아노라 ⁵ 이는 우리 복음이 너희에게 말로만 이른 것이 아니라 또한 능력과 성령과 큰 확신으로 된 것임이라 우리가 너희 가운데서 너희를 위하여 어떤 사람이 된 것은 너희가 아는 바와 같으니라 ⁶ 또 너희는 많은 환난 가운데서 성령의 기쁨으로 말씀을 받아 우리와 주를 본받은 자가 되었으니 ⁷ 그러므로 너희가 마게도냐와 아가야에 있는 모든 믿는 자의 본이 되었느니라 ⁸ 주의 말씀이 너희에게로부터 마게도냐와 아가야에만 들릴 뿐 아니라 하나님을 향하는 너희 믿음의 소문이 각처에 퍼졌으므로 우리는 아무 말도 할 것이 없노라

여기서 바울은 데살로니가교회를 위한 중보기도2-3절에 이어서 교회 설립 당시 본받을 만했던 교인들의 신앙을 회상한 뒤5-8절, 교인들에게 자신이 전했던 선교 설교의 중심 주제, 즉 구원을 이루어가시는 하나님에 관

---

4) 참조, M. Dibelius, *Geschichte der urchristlichen Literatur*, München, 1975, 95; W. G. 도티, 『초기 기독교 서신』, 최재덕 역 (한들출판사, 2008), 47.

한 복음을 떠올린다[9-10절]. 4절의 "택하심"은 교인들의 정체성을 규정하는 핵심 개념이다.

(1:9-10) [9] … 우리가 어떻게 너희 가운데에 들어갔는지와 너희가 어떻게 우상을 버리고 하나님께로 돌아와서 살아 계시고 참되신 하나님을 섬기는지와 [10] 또 죽은 자들 가운데서 다시 살리신 그의 아들이 하늘로부터 강림하실 것을 너희가 어떻게 기다리는지를 말하니 이는 장래의 노하심에서 우리를 건지시는 예수시니라

9b-10절[바울이 첨가한 인용문?]은 바울서신에 나오는 첫 번째 선교선포의 요약이다.[5] 2:1-12에서 바울은 데살로니가교회에서의 사역을 회상한다. 자신이 겪었던 박해를 기억하고 있다. 2절과 8-9절에서 바울은 자신이 "하나님의 복음"을 선포했다고 한다.

(2:2, 8-9) [2] 너희가 아는 바와 같이 우리가 먼저 빌립보에서 고난과 능욕을 당하였으나 우리 하나님을 힘입어 많은 싸움 중에 하나님의 복음을 너희에게 전하였노라 [8] 우리가 이같이 너희를 사모하여 하나님의 복음뿐 아니라 우리의 목숨까지도 너희에게 주기를 기뻐함은 너희가 우리의 사랑하는 자 됨이라 [9] 형제들아 우리의 수고와 애쓴 것을 너희가 기억하리니 너희 아무에게도 폐를 끼치지 아니하려고 밤낮으로 일하면서 너희에게 하나님의 복음을 전하였노라

바울은 하나님의 복음을 "하나님의 말씀"이라고도 하는데, 그것은 곧 "주의 말씀"과도 같은 것이다.

(2:13) 이러므로 우리가 하나님께 끊임없이 감사함은 너희가 우리에게 들은 바 하나님의 말씀을 받을 때에 사람의 말로 받지 아니하고 하나님의 말씀으로 받음이니 진실로 그러하도다 이 말씀이 또한 너희 믿는 자 가운데에서 역사하느니라
(4:15) 우리가 주의 말씀으로 너희에게 이것을 말하노니 …

---

5) 히 6:1; 행 14:15-17; 17:22-23을 참조하라.

이와 같이 바울은 자신의 선포하는 복음이 하나님의 말씀 및 그리스도의 말씀과 동일한 것으로 확신했다. 2:13-3:13에서 바울은 설립 이후 걸어온 데살로니가교회의 발자취 및 자신과의 관계를 언급한 뒤, 이 서신이 담고 있는 중심 주제, 즉 종말론과 재림에 대해 이야기한다.[6]

데살로니가 교인들은 강렬한 종말론을 갖고 있었다. 이로 인해 그들은 현실의 삶이 별로 중요하지 않다고 생각한 것으로 보인다. 그래서 바울은 윤리적 권면 단락인 4:1-12에서 다음과 같이 권면한다.

> (4:10-12) 형제들아 권하노니참조. 4:1 더욱 그렇게 행하고 ¹¹ 또 너희에게 명한 것 같이 조용히 자기 일을 하고 너희 손으로 일하기를 힘쓰라 ¹² 이는 외인에 대하여 단정히 행하고 또한 아무 궁핍함이 없게 하려 함이라

바울이 데살로니가교회를 향해 "모든 믿는 자의 본"1:7이 되었다고 칭찬함에도 불구하고 교회 내에는 문제가 생겼다. 이방인 출신 교인들이 임박한 종말의 영광에 대한 바울의 선포를 들었으나, 종말의 영광을 체험하기도 전에, 즉 주의 재림이 도래하기 전에 교인들의 죽음으로 동요하게 되었고 그 죽은 사람들도 영생을 얻을 수 있는가에 대해 문제를 제기했다. 감추어진 미래에 일어날 일에 대한 비밀스러운 지식은 유대 묵시 전통에서도 중요한 주제였다단 2:28-29; 참조. 계 1:1; 22:6. 바울이 부재중이라 이들의 동요는 한층 더 컸는데, 바울은 자신의 종말론 선포를 분명히 하고 그 내용을 보충할 필요를 느껴 다음 단락에서4:13-5:11 죽은 자들의 구원에 관한 확실성을 강조한다.

---

6) 바우르F. Chr. Baur는 신학적으로 중요한 사항을 담고 있지 않다는 이유에서 이 서신을 바울의 친서로 간주하지 않았다(*Paulus: Der Apostel Jesu Christi*, Stuttgart, 1845, 480-492). "4:13-18의 표상을 제외하고, 에베소서, 골로새서, 빌립보서, 심지어 빌레몬서에도 나타나는 특별히 중요한 어떤 도그마적인 사상조차 나타나지 않는다. 전체 내용은 일반적인 교훈과 권면과 소망으로 되었을 뿐인데, 이런 것은 기타 서신에서는 중심 내용에 첨가된 것이다. 다른 곳에서는 부차적인 것이 여기서는 중심 내용으로 되어 있다"(480-481).

(4:13-18) ¹³ 형제들아 자는 자들에 관하여는 너희가 알지 못함을 우리가 원하지 아니하노니 이는 소망 없는 다른 이와 같이 슬퍼하지 않게 하려 함이라 ¹⁴ 우리가 예수께서 죽으셨다가 다시 살아나심을 믿을진대 이와 같이 예수 안에서 자는 자들도 하나님이 그와 함께 데리고 오시리라 ¹⁵ 우리가 주의 말씀으로 너희에게 이것을 말하노니 주께서 강림하실 때까지 우리 살아 남아 있는 자도 자는 자보다 결코 앞서지 못하리라 ¹⁶ 주께서 호령과 천사장의 소리와 하나님의 나팔 소리로 친히 하늘로부터 강림하시리니 그리스도 안에서 죽은 자들이 먼저 일어나고 ¹⁷ 그 후에 우리 살아 남은 자들도 그들과 함께 구름 속으로 끌어 올려 공중에서 주를 영접하게 하시리니 그리하여 우리가 항상 주와 함께 있으리라 ¹⁸ 그러므로 이러한 말로 서로 위로하라

(5:1-11) ¹ 형제들아 때와 시기에 관하여는 너희에게 쓸 것이 없음은 ² 주의 날이 밤에 도둑 같이 이를 줄을 너희 자신이 자세히 알기 때문이라 ³ 그들이 평안하다, 안전하다 할 그 때에 임신한 여자에게 해산의 고통이 이름과 같이 멸망이 갑자기 그들에게 이르리니 결코 피하지 못하리라 ⁴ 형제들아 너희는 어둠에 있지 아니하매 그 날이 도둑 같이 너희에게 임하지 못하리니 ⁵ 너희는 다 빛의 아들이요 낮의 아들이라 우리가 밤이나 어둠에 속하지 아니하나니 ⁶ 그러므로 우리는 다른 이들과 같이 자지 말고 오직 깨어 정신을 차릴지라 ⁷ 자는 자들은 밤에 자고 취하는 자들은 밤에 취하되 ⁸ 우리는 낮에 속하였으니 정신을 차리고 믿음과 사랑의 호심경을 붙이고 구원의 소망의 투구를 쓰자 ⁹ 하나님이 우리를 세우심은 노하심에 이르게 하심이 아니요 오직 우리 주 예수 그리스도로 말미암아 구원을 받게 하심이라 ¹⁰ 예수께서 우리를 위하여 죽으사 우리로 하여금 깨어 있든지 자든지 자기와 함께 살게 하려 하셨느니라 ¹¹ 그러므로 피차 권면하고 서로 덕을 세우기를 너희가 하는 것 같이 하라

여기서 바울은 교인들을 향한 위로와 권면의 말을 한다. "너희가 알지 못함을 우리가 원하지 아니하노니"^{4:13}는 바울이 뭔가 새로운 사실이나 인식을 전하려 하는 경우 흔히 사용하는 표현이다.[7] 곧 새로운 주제가 시작된다. 새로운 주제는 4:13; 5:1에 사용된 전치사 '페리'περί, … 관하여에 이어 나오는 이미 사망한 교인들의 운명과 주의 재림의 때와 시기에 대한 문제이다. 3:14는 바

---

7) 개인적인 사항과 관련해서(롬 1:13; 고후 1:8); 가르침과 관련해서(고전 10:1; 12:1); 묵시적 비밀과 관련해서(롬 11:25).

울 부활 사상의 기본 구조를 담고 있다. 본래 묵시문학에서 유래한 "우리 살아 남아 있는 자"[15절]는 구약의 '남은 자' 사상에 속하는 표현으로서 온갖 환란 후 종말론적 구원에 참여하는 자들을 가리키나[4Esr 7:27-28], 바울의 경우 재림을 체험하게 될 자들을 뜻한다.

죽은 교인들의 운명과 관련해 교인들 사이에 동요가 일어났다. 그리스도를 영접한 교인들의 죽음에 직면하여 데살로니가 교인들은 상당한 충격을 받았고, 그래서 다시 이방 종교로 되돌아가고픈 생각에 빠졌을 수 있었다. 그런데 데살로니가 교인들이 왜 죽음을 두려워했는가 하는 질문에 대해서는 주후 100년경에 기록된 유대 묵시문학 중의 하나인 제4에스라서를 통해 어느 정도의 답변을 얻을 수 있다.

> (4Esr 13:16 이하) "그때=종말에 남아 있는 자들에게 화 있을 것이다. 하지만 남지 못한 자들에겐 더 큰 화가 있을 것이다. 왜냐하면 남아 있지 못한 자들은 슬퍼하리니 마지막 날을 위해 예비한 기쁨을 비록 알고 있으나 거기에 이를 수 없기 때문이다. 남아 있는 자들에게도 화가 있을 것이니, 엄청난 곤궁과 핍박을 보게 될 것이기 때문이다. … 그런데 구름과 같이 이 세상에서 사라져 종말의 일들을 보지 못하는 것보다 비록 어려움 가운데서라도 이를 겪는 것이 차라리 좋다.

바울은 데살로니가 교인들에게 이러한 불안과 두려움을 극복하도록 소망의 약속으로 권면한다. 믿는 사람들은 구원과 부활의 확신을 가지고 있으므로 이방인들처럼 죽음을 두려워할 필요가 없다고 말한다. 하나님이 예수님을 죽은 자들로부터 부활시켰다는 것이[롬 6:4; 고전 6:14; 엡 1:19-20] 그리스도인에게 주는 보증이기 때문이다. 신앙 가운데 죽은 사람도 예수님을 통해 부활하여 그와 더불어 영광에 참여할 것이라고 강조한다[고전 15:20-22; 6:14; 고후 4:14; 롬 14:7-9].

"우리가 주의 말씀으로 너희에게 이것을 말하노니 주께서 강림하실 때까지 우리 살아남아 있는 자도 자는 자보다 결코 앞서지 못하리라"[4:15]는 진술을 통해 우리는 바울이 살아서 예수님의 재림을 체험할 수 있으리라 기대했으리라 추정할 수 있다. 바울은 예수님이 재림하실 때 살아 있는 교인들이 결코 죽은 교인들보다 앞서지 않는다고 말한다. 죽은 사람들이 어떠한 불이익도 당하지 않고 재림과 함께 도래할 영광으로부터 배제되지 않는다는 것이다. 죽었다고 하여 주님의 영광스러운 권세로부터 떨어져 나가는 것이 아니다.

5:1에 두 번째 주제가 언급된다"형제들아 때와 시기에 관하여". 이를 통해 바울이 어떻게 문제에 접근하는가를 알 수 있다. 바울은 우선 '주의 재림의 날'이 마치 밤도둑 같이 이를 것이라고 비유적으로 말한다5:2.8) 또한 주님의 재림이 언제 닥칠지 전혀 예측할 수 없다고 강조한 후 데살로니가 교인들이 더 이상 어둠 가운데 있지 않다고 말하면서 종말의 날을 가리키는 "그 날"5:4이라는 단어를 사용한다. 5:5에서 바울은 교인들을 향해 "너희는 다 빛의 아들이요 낮의 아들이라"고 한다.9) 이때 빛은 종말의 낮에 있을 빛이고, 지금 믿는 사람들은 그 빛으로 말미암아 살고 또한 그 빛을 소망하며 산다. 종말의 날이 오더라도 교인들은 놀랄 필요가 없으니, 이미 그리스도의 빛 가운데 살고 있기 때문이다.

5:5-6절("너희는 다 빛의 아들이요 낮의 아들이라 우리가 밤이나 어둠에 속하지 아니하나니 그러므로 우리는 다른 이들과 같이 자지 말고 오직 깨어 정신을 차릴지라")과 8절("우리는 낮에 속하였으니 정신을 차리고 믿음과 사랑의 호심경=가슴막이 갑옷을 붙이고 구원의 소망의 투구를 쓰자")에는 구원을 선언하는 '직설법 진술'에 이어서 구원받은 자가 삶 가운데서 구체적으로 실

---

8) (마 24:43-44) "43 너희도 아는 바니 만일 집주인이 도둑이 어느 시각에 올 줄을 알았더라면 깨어 있어 그 집을 뚫지 못하게 하였으리라 44 이러므로 너희도 준비하고 있으라 생각하지 않은 때에 인자가 오리라"; (눅 12:39-40) "39 너희도 아는 바니 집 주인이 만일 도둑이 어느 때에 이를 줄 알았더라면 그 집을 뚫지 못하게 하였으리라 40 그러므로 너희도 준비하고 있으라 생각하지 않은 때에 인자가 오리라 하시니라" 이와 관련하여 막 13:35 이하; 마 25:5-6; 계 3:3; 16:15; 벧후 3:10.

9) 1QS 3:13, 24-25; 눅 16:8; 요 12:36을 참조하라.

천할 것에 대한 명령인 '권면의 진술'이 나온다.

```
구원의 "직설법"(indicative)     →     행함의 "명령법"(imperative)
(그리스도인의 본질 규정)              (구체적인 삶 속에서 실천을 요청)
```

이는 바울 특유의 권면 방식으로, 다음의 진술에서도 잘 드러난다.

(갈 5:13; 5:25) [13] 형제들아 너희가 자유를 위하여 부르심을 입었으나 그러나
그 자유로 육체의 기회를 삼지 말고 오직 사랑으로 서로 종 노릇하라; [25] 만일
우리가 성령으로 살면 또한 성령으로 행할지니
(롬 6:4) 그러므로 우리가 그의 죽으심과 합하여 세례를 받으므로 그와 함께
장사되었나니 이는 아버지의 영광으로 말미암아 그리스도를 죽은 자 가운데서
살리심과 같이 우리로 또한 새 생명 가운데서 행하게 하려 함이라

6. 최근의 연구 경향

학자들은 데살로니가전서가 바울식 사고의 초기 단계를 나타내며, 다
른 바울서신과 여러 면에서 차이가 있다고 주장한다. 바울이 다른 서신을
쓰는 동안 신학적 사고의 발전을 보았다고 생각하는 것이다.

'종말론'도 데살로니가전서 4:13-18과 고린도전서 15:51-52, 고린도후서
5:1-10, 빌립보서 1:23; 3:20-21 사이에 변화가 있었다.[10] 곧 데살로니가전서에
서 바울은 개인적 종말론의 차원에서 죽었다가 부활할 사람들의 육체성과
아직 살아 있는 사람들의 '올리움'을 통한 육체성이 서로 차이가 난다고 생
각했는데, 고린도전서 15장에서는 신화적으로 채색되었던 재림 묘사가 한층
심사숙고된 부활 교리의 형태로 발전했고, 고린도후서 5:1-10에선 집합적 종
말론에서 개인적 종말론으로 변화를 엿볼 수 있으며, 이 개인적 종말론의

---

10) W. Wiefel, "Die Hauptrichtung des Wandels im eschatologischen Denken des Paulus",
ThZ 30 (1974), 65-84.

사고가 빌립보서에서 지속된다는 것이다.

갈라디아서와 로마서에 나오는 바울 특유의 메시지인 '칭의론'이 데살로니가전서에는 잘 드러나지 않는다는 이유에서 칭의론을 바울 후기에 생성된 사고라고 간주한다.[11] 또는 '이스라엘'에 대하여 극히 부정적으로 묘사하는 데살로니가전서 2:14-16과, 다른 한편 전체적으로 긍정적인 전망을 보이는 로마서 9-11장이 서로 조화되기 어렵다고 말한다.

그러나 데살로니가전서가 바울신학 전체와 잘 어울린다고 여기는 학자들은 바울이 이미 다메섹 체험을 통해 율법 비판적인 복음을 확신했고, 따라서 그 뒤를 잇는 다양한 신학적 주제들은 이미 데살로니가전서에 전제되어 있다는 입장을 표방한다.[12]

---

11) U. Wilckens, "Zur Entwicklung des paulinischen Gesetzesverständnis", *NTS* 28 (1982), 154-190.

12) U. Luck, "Die Bekehrung des Paulus und das paulinische Evangelium", *ZNW* 76 (1985), 187-208; Chr. Dietzfelbinger, *Die Berufung des Paulus als Ursprung seiner Theologie*, Neukirchen, 1985; 김세윤, "데살로니가전서에 나오는 칭의론", 『바울신학과 새관점』 (두란노, 2002), 143-167.

II

갈라디아서

...

· **특징**: 갈라디아서는 어느 특정 교회가 아니라 갈라디아에 있는 여러 교회들을 향해[1:2] 보낸 서신으로, 유일하게 보존된 바울의 "회람서신"이다. 여기서 바울은 유대주의적 성향의 적대자들과 격렬한 논쟁을 벌이면서 자신을 변증하기에 "변증 서신"이라고도 부른다.

· **핵심 메시지**: 바울은 유대 율법주의를 경고하고 "복음의 진리"[2:5, 14]를 강력하게 변호하는 가운데, 하나님에 의해 의롭다 칭함을 받는 것은 할례나 율법을 통해서가 아니라 예수 그리스도에 대한 믿음을 통해서만 가능하다는 사실을 선포한다.

갈라디아서는 기독교의 핵심 질문을 중심 내용으로 다룬다. 즉 인간에게 구원이 마련된 것은 그리스도의 대속의 죽음으로 인한 것이지, 할례나 모세의 율법에 의한 것이 아니라는 점을 강조한다. 오직 할례를 받은 유대인이어야만 구원을 얻을 수 있다는 적대자들의 주장을 용납한다면 그것은 결국 그리스도의 죽음을 무효로 돌리는 것이라고 본 바울은 이들의 주장을 정면으로 반박한다. 기독교의 핵심 진리를 둘러싼 이와 같은 논쟁에서 갈라디아서는 참된 기독교에 대해 증언한다. 만일 바울이 이 논쟁에서 패배했다면 기독교는 결코 세계 종교로 도약할 수 없었을 것이다.

또한 갈라디아서는 분노하는 바울의 성격을 강하게 드러내는 문서로서 바울서신 가운데 가장 바울적인 서신이라 할 수 있다. 게다가 초기 교회의 역사와 관련된 값진 정보를 제공하는 소중한 자료이기도 하다.

1. 수신자 및 생성 연대

갈라디아서는 주로 복음을 영접하고 그리스도인으로 개종한 이방인들을 향해 쓴 편지이다 4:8; 5:2-3; 6:12-13. 아쉽게도 바울이 갈라디아 교인들과 나누었던 교제에 대해 전해 내려오는 것이 없다. 단지 그 교회에서 얼마 전에 불거진 동요에 대해 바울이 잘 알고 있다는 사실만 분명하다. 갈라디아서와 관련된 고전적인 질문 중 하나는 이 서신의 수신자에 대한 문제이다. 즉 갈라디아 교인들은 도대체 어디에 살던 사람들이었는가?

갈라디아인은 주전 279년에 소아시아로 이주해온 켈트족의 후손으로서, 오늘날 터키의 앙카라 주변 중앙 고원에 정착한 헬레니즘화 된 사람들을 말한다. 주전 25년에 이 갈라디아 영토는 로마의 통치를 받는 속주 "프로빈키아 갈라티아"provincia Galatia로 바뀌었다. 갈라티아 속주는 점점 영역을 확장해서, 남쪽의 다른 지방들 비시디아, 루가오니아, 이사우리아, 파플라고니아, 폰투스 갈라티쿠스, 그리고 일시적으로 밤빌리아을 포함하게 되었다.

서신의 수신자인 "갈라디아" 교회의 갈라디아가 어떤 의미를 지니는지에 따라 갈라디아서의 수신지를 다르게 볼 수 있다. 곧 갈라디아를 갈라디아인들이 살던 영토 소아시아의 내부: 브루기아, 타비움, 앙퀴라, 펫시누스로 본다면 "북 갈라디아설" 또는 "영토 가설"territory hypothesis을 지지하게 되며, 갈라디아가 로마의 한 속주 전체를 가리킨다고 본다면 "남 갈라디아설" 또는 "속주 가설"province hypothesis을 지지하게 된다. 현재까지도 이 두 입장이 팽팽하게 맞서 있다.

• 남 갈라디아설^{속주 가설}을 선호하는 이유: ① 바울은 로마 속주의 차원에서의 선교 전략을 생각하고 통상 속주 명칭을 사용한다(살전 1:7-8 마게도냐, 아가야; 4:10; 빌 4:15 마게도냐; 고전 16:5, 15; 고후 1:1, 8, 16; 롬 15:19 일루리곤, 26 마게도냐와 아가야; 16:5 아시아). ② 바울은 보통 유대교 회당을 거점으로 선교를 시작하는데, 소아시아 내륙 갈라디아 지방에 유대인들이 거주했다는 정보가 없다. 따라서 제1차 선교여행^{행 13-14장} 중에 일어난 갈라디아교회 설립은 갈라디아 속주 지역에서 일어난 일이다. 소아시아 남쪽에 유대인들이 많이 살았기 때문에 유대 그리스도교 선교사들이 활동했을 것이고, 이는 또한 바울이 통상 헬레니즘화된 도시 선교를 선호했다는 사실과 어울린다. ③ 바울의 동역자 중에 갈라디아 속주 남부 출신은 있으나^{행 20:4,} 더베 사람 가이오, 루스드라 사람 디모데, 북부 출신은 없다.

• 북 갈라디아설^{영토 가설}을 선호하는 이유: ① 바울은 갈라디아서 안에서 오직 지방 이름들만 사용한다(아라비아^{1:17; 4:25;} 유대^{1:22;} 수리아와 길리기아^{1:21}). ② 3:1의 "어리석은 갈라디아인들아!"^{ἀνόητοι Γαλάται} 표현은 통상적으로 갈라디아 지방에 살고 있던 켈트족 출신의 거주민을 가리킨다. ③ 북부 갈라디아에 유대인들이 거주하지 않았다는 사실이 중요한 논거이나, 바울은 4:8에서 수신인들을 "(예전에는) 하나님을 알지 못하여 본질상 하나님이 아닌 자들에게 종노릇 하였던" 이방인들이라고 한다. 또한 바울이 통상 유대 회당을 거점으로 선교했다는 것은 선교 과정을 정형화하려는 누가의 의도에서 기인한 것이다^{행 3:26; 13:36 등}. ④ 갈라디아교회들이 바울의 제1차 선교여행의 산물이라면, 1:21에서 바울이 갈라디아교회에 갔었던 일을 언급하지 않는 까닭을 이해하기 어렵다.[1]

이러한 두 가지 가설에 대하여 논의는 많이 있었지만, 어느 편도 결정적인 증거를 제시하지는 못하였다. 오늘날 북 갈라디아설을 지지하는 학

---

1) 참조, Ebner/Schreiber, 『신약성경 개론』, 537-543.

자들이 우세해 보이지만,[2] 근자에 다시 남 갈라디아설을 옹호하는 학자들의 수가 점차 증가하는 추세에 있다.[3] 아무튼 현재로서는 확답을 내리기가 쉽지 않다.

이 두 가지 가설에 따라 갈라디아서의 생성 연대를 다르게 볼 수 있다. **남 갈라디아설을 따르면**, 바울은 '제2차 선교여행' 길에 고린도에서 기록한 것으로 볼 수 있다(행 16:1-18, 23; 특히 6절, "성령이 아시아에서 말씀을 전하지 못하게 하시거늘 그들이 브루기아와 갈라디아 땅으로 다녀가"). 이 경우 갈라디아서는 가장 오래된 바울서신으로 볼 수 있다[주후 50/51년경 생성?]. 그러나 **북 갈라디아설을 따르면**, 이 서신은 더 늦은 시점에, 이른바 '제3차 선교여행' 도중 에베소 체류가 끝날 무렵[54년경?]에 기록된 것으로 보인다(행 18:23, "갈라디아와 브루기아 땅을 차례로 다니며 모든 제자를 굳건하게 하니라").[4]

갈라디아서의 연대 문제는 중요하다. 만일 남 갈라디아설이 옳다면, 바울신학의 핵심이라 할 수 있는 바울의 칭의론이 바울 사역 초기부터 존재했음을 뜻하고, 따라서 바울신학이 시간을 두고 발전해나갔다는 시각이 잘못된 것으로 드러나기 때문이다.

2. 기록 목적

바울이 갈라디아서를 기록한 이유는 서신 앞부분[1:6-9]에 나타난다. 외부에서 선교사들이 교회로 들어와 갈라디아 교인들을 미혹한 것에 자극을 받아 서신을 기록했다는 사실을 알 수 있다. 갈라디아 교인들이 이들의

---

2) H. Schlier; F. Mussner; H. D. Betz; U. Wickert; J. Roloff; J. Becker; J. L. Martyn; F. Vouga; R. E. Brown; P. J. Actemeier; H. Hübner; H. Conzelmann/A. Lindemann; U. Schnelle.

3) F. F. Bruce; W. Michaelis; J. D. G. Dunn; P. Stuhlmacher; R. N. Longenecker; I. H. Marshall; S. Mitchell; M. Öhler; C. Breytenbach; R. Riesner; D. Sänger.

4) 이 무렵에 바울은 고린도전서도 작성했다. 고전 16:1에 갈라디아 그리스도인들을 향한 헌금 모금 지침이 언급된 것에서, 갈라디아교회의 갈등이 고린도전서 기록 당시 이미 끝났음을 알 수 있다.

미혹에 빠지자, 바울은 이를 질책하는 가운데 다시금 복음의 진리 위에 흔들림이 없이 서기를 권면하려고 서신을 기록했다. 따라서 이들과 벌이는 논쟁이 서신 전체에 깔려 있다.

3. 단락 나누기

서문을 제하면, 크게 3부분으로 나눌 수 있다. 첫째 부분 1:6-2:21 은 바울이 원原사도들의 영향력 가운데 있지 않다는 사실과 그의 사도직이 예수 그리스도로부터 받은 것임을 강조한다. 둘째 부분 3:1-5:12 은 바울이 선포하는 복음은 율법에서 자유로운 것임을 변호한다. 마지막 부분 5:13-6:10 은 율법으로부터의 자유를 바르게 사용할 것에 대한 권면이다.

I.	1:1-5	**서문**
II.	1:6-6:10	**본론**
①	1:6-2:21	**바울 복음의 계시성 입증, 예루살렘과 안디옥에서 인정받음**
	1:6-10	상황 묘사 및 갈라디아에서의 복음의 위협
	1:11-2:21	바울 복음의 계시성
	1:11-12	바울의 핵심 주장
	1:13-2:21	바울 복음의 신적 기원 입증
	(1:13-24)	(믿음에 이른 바울)
	(2:1-10)	(사도회의에서 인정받은 바울의 독자성)
	(2:11-21)	(안디옥 사건)
②	3:1-5:12	**믿음과 율법(바울 복음의 정당성을 증거)**
	3:1-5	갈라디아교회가 받은 성령의 유래
	3:6-14	믿는 자를 향한 아브라함의 축복
	3:15-29	그리스도와 연결된 아브라함의 유업
	3:15-18	율법과 약속의 관계

	3:19-29	감시자 율법
	4:1-7	성숙하지 못한 자와 성숙한 자
	4:8-11	과거의 노예 상태로 되돌아가서는 안 됨
	4:12-20	바울이 전에는 그리스도처럼 영접받았으나, 이제는 갈라디아 교인들의 원수가 됨
	4:21-31	율법 자체의 가르침: 아브라함의 두 여인의 예에서 공동체의 자유를 가르침
	5:1-12	믿음의 자유 안에 머물라
③	5:13-6:10	**율법으로부터의 자유를 바르게 사용할 것을 권면**
	5:13-15	핵심 진술: 육을 따르지 말고 성령에 따른 자유 안에서 살 것을 권면
	5:16-24	핵심 진술에 대한 일반적인 설명
	5:25-6:6	핵심 진술의 특별한 전개: 성령에 따른 삶의 구체적인 모습
	6:7-10	종말론적인 경고: 셋째 본론의 결론
III.	6:11-18	**마감어**

4. 중심 내용

서문 1:1-5 에서 바울은 자신의 사도직이 하나님으로부터 직접 받은 것이라는 점과 자기가 선포하는 복음의 내용을 요약한다. 그런데 특이하게 바울서신 중 오직 갈라디아서에서만 **2개의 반명제** Antithese 를 사용하여 바울의 사도직이 (또 그의 복음이) 인간적 기원에서 비롯된 것이 아니라 예수 그리스도와 하나님으로부터 유래한 것임을 강조한다. 또한 빌레몬서를 제외하면 언제나 다른 발신자의 이름을 거명하나, 여기에는 나오지 않는다. 이러한 특성은 당시 갈라디아교회 상황 바울을 대적하는 자들의 등장 이 반영된 것이다.

(1:1-5) ¹ 사람들에게서 난 것도 아니요 사람으로 말미암은 것도 아니요 오직

예수 그리스도와 그를 죽은 자 가운데서 살리신 하나님 아버지로 말미암아 사도 된 바울은 ² 함께 있는 모든 형제와 더불어 갈라디아 여러 교회들에게 ³ 우리 하나님 아버지와 주 예수 그리스도로부터 은혜와 평강이 있기를 원하노라 ⁴ 그리스도께서 하나님 곧 우리 아버지의 뜻을 따라 이 악한 세대에서 우리를 건지시려고 우리 죄를 대속하기 위하여 자기 몸을 주셨으니 ⁵ 영광이 그에게 세세토록 있을지어다 아멘

게다가 바울은 보통 서문에서 수신자 교회의 삶에 대해 하나님께 감사하는 내용을 담으나, 여기에는 빠져 있다. 곧장 본론으로 들어간다.

본론의 **첫 번째 대단원**¹:⁶⁻²:²¹ 을 시작하면서, 바울은 **집필 의도**를 즉시 밝힌다¹:⁶⁻⁹. 참된 복음이 아닌 "다른 복음"에 쉽게 미혹된 교회를 비판하며 또 교인들을 교란한 거짓 교사들에 대한 저주를 쏟아낸다. 거짓된 가르침으로 위태롭게 된 갈라디아교회를 다시 자신이 선포했던 복음의 길로 되돌리려는 것이 바울의 의도다. 예언자적 심판 언어의 문체와 유사하다.고발(6-7절)과 심판 위협(8-9절).

(1:6-9) ⁶ 그리스도의 은혜로 너희를 부르신 이를 이같이 속히 떠나 다른 복음을 따르는 것을 내가 이상하게 여기노라 ⁷ 다른 복음은 없나니 다만 어떤 사람들이 너희를 교란하여 그리스도의 복음을 변하게 하려 함이라 ⁸ 그러나 우리나 혹은 하늘로부터 온 천사라도 우리가 너희에게 전한 복음 외에 다른 복음을 전하면 저주를 받을지어다 ⁹ 우리가 전에 말하였거니와 내가 지금 다시 말하노니 만일 누구든지 너희가 받은 것 외에 다른 복음을 전하면 저주를 받을지어다 참조. 5:10, "너희를 요동하게 하는 자는 누구든지 심판을 받으리라"

외부에서 들어온 거짓 교사들은 율법에 충실한 팔레스타인 출신으로 바울이 전한 복음과 다른 복음을 전한 '유대주의 선교사들'Judaisten 이다.5) 이들 유대 그리스도인들은 이방 그리스도교의 신학적 정당성을 인정하지 않기에

---

5) 이들은 종말론적 구원공동체의 구성원이 되기 위한 조건으로서 할례와 모세 율법을 지킬 것을 요구했다. 바울의 복음을 축소된 복음으로 여긴 이들은 바울의 사도직을 인정하지 않았다.

바울이 선포하는, 율법에서 자유로운 복음을 거부했다.

1:11-12에서 바울은 먼저 자기의 **핵심 주장**^{These}을 내세운다. 적대자들이 보기에, 설령 바울이 계시를 받았다 할지라도 그런 사적 계시는 공적인 율법에 의해 검증되어야 한다고 주장했을 것이며, 또 율법의 효력을 인정하지 않는 바울의 선포는 인간적일 수밖에 없다고 비난했을 것이다. 그러나 바울은 자기가 선포하는 복음은 개인적인 의도나 인간적 표상에서 비롯된 것이 아니라, 예수 그리스도에 의해 계시 된 것이라고 단언한다.

> (1:11-12) ¹¹ 형제들아 내가 너희에게 알게 하노니 내가 전한 복음은 사람의 뜻을 따라 된 것이 아니라 ¹² 이는 내가 사람에게서 받은 것도 아니요 배운 것도 아니요 오직 예수 그리스도의 계시로 말미암은 것이라

바울이 전하는 복음의 주인은 예수 그리스도이시기에, 그의 복음을 공격하는 것은 곧 예수 그리스도에 대한 공격과 다름이 없다. 바울은 자기가 예루살렘이나 안디옥교회에 종속되었다는 사실을 인정할 수 없었다.

그런 다음 바울은 자기가 선포하는 복음의 정당성을 입증하기 위해 3단계로 논리를 전개한다. 첫째, 바울은 **지나간 자기의 생애**를 언급하면서 ^{1:13-24} 자기의 사도직과 또 율법에서 자유로운 복음선포가 하나님의 계시에 따른 것임을 강조한다. 특히 '**은혜로 나를 부르신**' 사건^{15절}은 다름 아닌 이른바 '다메섹 체험'을 염두에 둔 표현이다.⁶⁾ 그리스도인들을 박해하러 다메섹으로 달려가던 바울은 도상에서 부활하신 그리스도를 영접하게 되면서 그리스도 박해자에서 그리스도 선포자로 일대 변신을 했고, 그 후 곧장 아라비아로 갔다가 다시 다메섹으로 돌아왔다고 회고한다. "**그 후 삼 년 만에**"^{18절} 베드로를 방문할 목적으로 예루살렘에 잠시^{2주} 들렀으나

---

6) 참조, (롬 15:16) "이 은혜는 곧 나로 이방인을 위하여 그리스도 예수의 일꾼이 되어 하나님의 복음의 제사장 직분을 하게 하사"

야고보만 만났을 뿐이라 한다. 이러한 진술의 뜻은, 자기가 선포하는 (율법에서 자유로운) 복음은 예수 그리스도의 계시를 통해 받은 것이지 어느 인간을 통해 전수받은 것이 아니라는 것이다.

둘째, 바울은 자기가 선포하는 복음의 적법성을 또 자기의 독자성을 더욱 굳게 증명하고자, **예루살렘 사도회의**^{주후 49년경}를 통해 합의된 사항을 언급한다^{2:1-10}.

(2:1-10) ¹ 십사 년 후에⁷⁾ 내가 바나바와 함께 디도를 데리고 다시 예루살렘에 올라갔나니 ² 계시를 따라 올라가 내가 이방 가운데서 전파하는 복음을 그들에게 제시하되 유력한 자들에게 사사로이 한 것은 내가 달음질하는 것이나 달음질한 것이 헛되지 않게 하려 함이라 ³ 그러나 나와 함께 있는 헬라인 디도까지도 억지로 할례를 받게 하지 아니하였으니 ⁴ 이는 가만히 들어온 거짓 형제들 때문이라 그들이 가만히 들어온 것은 그리스도 예수 안에서 우리가 가진 자유를 엿보고 우리를 종으로 삼고자 함이로되 ⁵ 그들에게 우리가 한시도 복종하지 아니하였으니 이는 복음의 진리가 항상 너희 가운데 있게 하려 함이라 ⁶ 유력하다는 이들 중에 (본래 어떤 이들이든지 내게 상관이 없으며 하나님은 사람을 외모로 취하지 아니하시나니) 저 유력한 이들은 내게 의무를 더하여 준 것이 없고 ⁷ 도리어 그들은 내가 무할례자에게 복음 전함을 맡은 것이 베드로가 할례자에게 맡음과 같은 것을 보았고 ⁸ 베드로에게 역사하사 그를 할례자의 사도로 삼으신 이가 또한 내게 역사하사 나를 이방인의 사도로 삼으셨느니라 ⁹ 또 기둥 같이 여기는 야고보와 게바와 요한도 내게 주신 은혜를 알므로 나와 바나바에게 친교의 악수를 하였으니 우리는 이방인에게로, 그들은 할례자에게로 가게 하려 함이라 ¹⁰ 다만 우리에게 가난한 자들을 기억하도록 부탁하였으니 이것은 나도 본래부터 힘써 행하여 왔노라

사도회의에서 예루살렘의 유력한 자들이 바울 및 바나바와 친교의 악수를 나눔으로써 선교지 분할에 서로 합의했으며^{2:9}, 또한 예루살렘의 가난한 교우들을 기억하라는 부탁이 있었을 뿐이라는 사실을 언급한다^{2:10;}

---

7) 바울이 회심한 후 14년이 지나서인가?^{1:15}를 염두 혹은 첫째 예루살렘 방문 후 14년이 지나서인가?^{1:18}을 염두 후자가 더 적절해 보인다.

참조. 롬 15:26-27. 이로써 예루살렘 교회의 지도자들이 바울의 복음선포와 그 독자성을 전적으로 인정했다는 사실을 강조한다.

그리고 셋째, 바울은 이른바 '**안디옥 사건**'도 언급한다[2:11-21]. 여기서 바울은 자기 복음의 정당성이 사도회의 이후 안디옥 교회에서 불거졌던 수제자 베드로와의 격렬한 논쟁에서도 입증되었음을 강조한다.

(2:11-21) [11] 게바가 안디옥에 이르렀을 때에 책망 받을 일이 있기로 내가 그를 대면하여 책망하였노라 [12] 야고보에게서 온 어떤 이들이 이르기 전에 게바가 이방인과 함께 먹다가 그들이 오매 그가 할례자들을 두려워하여 떠나 물러가매[8] [13] 남은 유대인들도 그와 같이 외식하므로 바나바도 그들의 외식에 유혹되었느니라 [14] 그러므로 나는 그들이 복음의 진리를 따라 바르게 행하지 아니함을 보고 모든 자 앞에서 게바에게 이르되 네가 유대인으로서 이방인을 따르고 유대인답게 살지 아니하면서 어찌하여 억지로 이방인을 유대인답게 살게 하려느냐 하였노라 [15] 우리는 본래 유대인이요 이방 죄인이 아니로되 [16] 사람이 의롭게 되는 것은 **율법의 행위**로 말미암음이 아니요 오직 예수 그리스도를 믿음으로 말미암는 줄 알므로 우리도 그리스도 예수를 믿나니 이는 우리가 율법의 행위로써가 아니고 그리스도를 믿음으로써 의롭다 함을 얻려 함이라 율법의 행위로써는 의롭다 함을 얻을 육체가 없느니라 [17] 만일 우리가 그리스도 안에서 의롭게 되려 하다가 죄인으로 드러나면 그리스도께서 죄를 짓게 하는 자냐 결코 그럴 수 없느니라 [18] 만일 내가 헐었던 것을 다시 세우면 내가 나를 범법한 자로 만드는 것이라 [19] 내가 율법으로 말미암아 율법에 대하여 죽었나니 이는 하나님에 대하여 살려 함이라 [20] 내가 그리스도와 함께 십자가에 못 박혔나니 그런즉 이제는 내가 사는 것이 아니요 오직 내 안에 그리스도께서 사시는 것이라 이제 내가 육체 가운데 사는 것은 나를 사랑하사 나를 위하여 자기 자신을 버리신 하나님의 아들을 믿는 믿음 안에서 사는 것이라 [21] 내가 하나님의 은혜를 폐하지 아니하노니 만일 의롭게 되는 것이 율법으로 말미암으면 그리스도께서 헛되이 죽으셨느니라

---

8) 참조, (희년서 22:16) "나의 아들 야곱아, 너 역시 나의 말을 기억하고 너의 조상 아브라함의 계명을 지켜라! 너를 이방인들과 분리시키며 그들과 함께 먹지 말며, 그들의 사역을 따라 행하지 말며 그들의 동행자가 되지 말아라! 왜냐하면 그들의 사역은 부정하며, 그들이 가는 모든 길은 더럽고 무의미하며 치욕스럽기 때문이다." 정결 음식 계명은 당시 유대인들이 (또한 유대 그리스도인들이) 중요하게 여겼던 율법 사항이었다.

유대계 그리스도인과 이방계 그리스도인이 함께 모인 화목한 공동 식사의 장에 "야고보에게서 온 어떤 이들이"=주님의 형제 야고보에 의해 파송된, 율법 준수를 요구하는 자들 나타나자 게바=베드로가 '할례자들을 두려워하여 물러가매 남은 유대 그리스도인들과 바나바도 뒤따라 물러났다'2:12. 그로 인해 화목한 현장 분위기가 깨졌다. 베드로는 권력 상실을 염려해서 물러났을까H.-D. Betz? 아니면 교회의 평안을 고려해서 물러났을까A. Steinmann? 아무튼 그런 물러남을 바울은 외식하는 행위라며 베드로를 면전에서 거세게 비판했다2:11, 14.

이어서 바울은 바울신학의 핵심에 해당하는 이른바 '칭의론'의 메시지를 토해낸다2:15-21. 특히 16절은 바울의 칭의론의 핵심 주제를 최초로 분명히 밝힌다: "율법의 행위"로는 누구도 의롭게 될 수 없다.9) 인간을 지배하는 죄의 세력으로 말미암아 율법은 더 이상 구원의 길이 될 수 없고, 오직 예수 그리스도에 대한 믿음으로 구원의 길이 열렸다! 다시 말해 오직 그리스도에 대한 믿음을 통해 구원받은 그리스도인들에게 추가로 율법의 행위를 요구하는 자는 생명을 창조하는 능력의 복음을 불신하게 하며 또 그것을 선포하는 자 역시 믿을 수 없게 만든다는 것이다. 이런 사실을 강조함으로써 바울은 율법을 행함으로 구원을 얻을 수 있다는 전통적인 유대적 사고방식을 넘어섰다.10)

이어서 바울은 '믿음과 율법'에 관한 두 번째 대단원3:1-5:12을 시작한다.

---

9) "율법의 행위들"ἔργα νόμου를 둘러싸고 많은 논란이 있다: 예컨대, 제임스 던J. D. G. Dunn은 이스라엘을 이방인과 구분하는 정체성의 표지이며 경계 표지 할례, 안식일 규정, 음식법 등으로 이해하는 반면(J. D. G. Dunn, 『바울에 관한 새 관점』, 김선용 역, 감은사, 2018), 로제E. Lohse는 신앙인이 순종 가운데 성취해야만 하는, 토라가 요구하는 행위들로 이해한다(*Der Brief an die Römer*, Göttingen, 2003).

10) 쿤H. W. Kuhn은 바리새인 바울이 "의심의 여지 없이 유대교를 넘어서는 첫발을 내딛었다"고 말한다("Die drei wichtigsten Qumranparallelen zum Galterbrief", *Konsequente Traditionsgeschichte, FS K. Baltzer*, ed. R. Bartelmus et al., Freiburg/Göttingen, 1993, 227-254, 이곳 249).

앞에서 바울의 복음이 신적인 유래를 가졌으며 역사적인 사례를 통해 바울의 독자성이 인정받았다는 것이 중심 주제였다면, 이제 바울은 그가 선포하는 **복음 자체에 대해 본격적으로** (이미 2:15 이하에서 부분적으로 다루었지만) 말하기 시작한다. 바울은 갈라디아 교인들이 믿음의 길에 들어서면서 했던 성령체험을 떠올리면서 율법에서 자유로운 복음을 다시 강조한다.

> (3:1-5) ¹ 어리석도다 갈라디아 사람들아 예수 그리스도께서 십자가에 못 박히신 것이 너희 눈 앞에 밝히 보이거늘 누가 너희를 꾀더냐 ² 내가 너희에게서 다만 이것을 알려 하노니 너희가 성령을 받은 것이 율법의 행위로냐 혹은 듣고 믿음으로냐 ³ 너희가 이같이 어리석으냐 성령으로 시작하였다가 이제는 육체로 마치겠느냐 ⁴ 너희가 이같이 많은 괴로움을 헛되이 받았느냐 과연 헛되냐 ⁵ 너희에게 성령을 주시고 너희 가운데서 능력을 행하시는 이의 일이 율법의 행위에서냐 혹은 듣고 믿음에서냐

계속되는 여러 논증을 통해 바울은 자신이 선포한 율법에서 자유로운 복음이 성경적으로도 정당하며 참된 복음이라는 사실을 밝힌다. 아브라함 역시 행함이 아니라 믿음을 통해 축복을 받았다는 사실을 언급하며 3:6-14, 율법과 언약/약속 =복음 의 관계를 언급한다 3:15-18. 즉 언약보다 430년이나 뒤늦게 생겨난 율법은 아브라함에게 약속된 앞선 언약을 바꿀 수 없다고 한다.

그런즉 3:19-29에서 율법은 인간이 죄를 지음으로 인해 불가피하게 인간의 삶에 "더하여진 것"이며, 또 하나님이 직접 주신 것이 아니라 중보자 모세의 중개를 통해 (간접적으로) 주어진 것이라면서 율법에 대해 약간 부정적인 평가를 내린다. 이어서 유대교를 지배하는 율법과, 또 거짓 교사들이 갈라디아교회에 끌고 들어온 율법의 구속력이 예수 그리스도를 통한 하나님의 역사로 말미암아 이제 끝났다는 사실을 강조한다.[11]

---

11) "초등교사" 3:24, 25, παιδαγωγός 는 고대 세계에서 아이의 등하굣길을 도우며 또 성인이

이어서 바울은 4:1-20에서 교인들을 향해 믿음을 영접하기 전 단계인 **옛 이교 신앙으로 되돌아가지 말라**고 경고한다. 먼저 4:1-7에서 갈라디아 교인들은 더 이상 노예가 아니고 아들로서 하나님의 유업을 받을 자라는 사실을 언급한 다음, 4:8-11에선 교인들이 "날과 달과 절기와 해"10절를 섬겼던 과거의 노예 상태로 다시 돌아가서는 안 된다고 역설한다. 믿음을 영접한 그리스도인들은 "이제는" 더 이상 하나님이 아닌, 약하고 천박한 "세상의 요소들"9절, στοιχεῖα τοῦ κόσμου="초등학문"이란 번역은 적절하지 않다!의 지배 아래에 있지 않음과 마찬가지로, (천사에 의해 주어진) 율법에 매인 존재가 아니라는 것이다.

> (4:8-11) ⁸ 그러나 너희가 그 때에는 하나님을 알지 못하여 본질상 하나님이 아닌 자들에게 종 노릇 하였더니 ⁹ 이제는 너희가 하나님을 알 뿐 아니라 더욱이 하나님이 아신 바 되었거늘 어찌하여 다시 약하고 천박한 초등학문으로 돌아가서 다시 그들에게 종 노릇 하려 하느냐 ¹⁰ 너희가 날과 달과 절기와 해를 삼가 지키니 ¹¹ 내가 너희를 위하여 수고한 것이 헛될까 두려워하노라

4:12-20에서 바울은 교인들을 향해 **자기를 본받으라**고 요청한다. 여기서 바울은 첫 번째 방문 때 교인들이 자기를 마치 하나님의 대표자처럼 영접하고 자기의 복음을 믿었는데, 이제는 자기가 전해준 진리를 저버리고 원수가 되었느냐고 반문한다.

이어서 4:21-31에서 바울은 교인들이 자기와 함께 **율법을 좀 정확히 읽으라**고 요청한다. 그러면서 율법 자체가 언약의 보증자 아브라함의 두 아내인 '사라와 하갈의 예'를 통해 그리스도 신앙공동체의 자유에 대해 가르친다고 역설한다.

되기 전까지 아이의 교육을 책임지는 자인데, 여기서는 율법에 비유된 단어로서 그리스도가 오기까지 우리를 감시하거나 훈육하는 자로 이해할 수 있다.

(4:21-31) ²¹ 내게 말하라 율법 아래에 있고자 하는 자들아 율법을 듣지 못하였느냐 ²² 기록된 바 아브라함이 두 아들이 있으니 하나는 여종에게서, 하나는 자유 있는 여자에게서 났다 하였으며 ²³ 여종에게서는 육체를 따라 났고 자유 있는 여자에게서는 약속으로 말미암았느니라 ²⁴ 이것은 비유니 이 여자들은 두 언약이라 하나는 시내 산으로부터 종을 낳은 자니 곧 하갈이라 ²⁵ 이 하갈은 아라비아에 있는 시내 산으로서 지금 있는 예루살렘과 같은 곳이니 그가 그 자녀들과 더불어 종 노릇 하고 ²⁶ 오직 위에 있는 예루살렘은 자유자니 곧 우리 어머니라 ²⁷ 기록된 바 잉태하지 못한 자여 즐거워하라 산고를 모르는 자여 소리 질러 외치라 이는 홀로 사는 자의 자녀가 남편 있는 자의 자녀보다 많음이라 하였으니 ²⁸ 형제들아 너희는 이삭과 같이 약속의 자녀라 ²⁹ 그러나 그 때에 육체를 따라 난 자가 성령을 따라 난 자를 박해한 것 같이 이제도 그러하도다 ³⁰ 그러나 성경이 무엇을 말하느냐 여종과 그 아들을 내쫓으라 여종의 아들이 자유 있는 여자의 아들과 더불어 유업을 얻지 못하리라 하였느니라 ³¹ 그런즉 형제들아 우리는 여종의 자녀가 아니요 자유 있는 여자의 자녀니라

여기서 바울은 구원사적이며 모형론적인 역사 해석을 한다. 즉 아브라함의 두 아내인 하갈과 사라 및 이들의 두 아들 이스마엘과 이삭을 알레고리로 해석하면, 아브라함의 여종 '하갈'과 그 아들 이스마엘은 시내산 '옛 언약'으로 연결되는 반면, 아브라함의 아내 '사라'와 그 아들 이삭은 하늘의 예루살렘인 시온산 '새 언약'으로 연결된다. 여기서 바울은 하갈을 "아라비아에 있는 시내산"^{25절}에 비유하는데, '하갈'이란 이름이 사해 동쪽 아라비아 지역의 헤그라^{Hegra}라는 지명에서 유래한 것으로 이해했을 가능성이 있다.[12] 이런 관점에서 율법이 이스라엘의 첫 어머니 사라와 연관되지 않고 비유대인들의 첫 어머니인 아브라함의 첩 하갈과 동일시된다. 따라서 '여종 하갈은 옛 언약을 대표'하고, '자유 있는 여자 사라는 새 언약을 대표'한다. 결국 그리스도교 신앙 공동체는 옛 언약에 속하지 않고, 사라에 속하기 때문에 이삭과 같은 약속의 자녀요, 성령을 따라 태어난

12) 참조, H. Gese, *Vom Sinai zum Zion*, München, 49-62; M. Hengel/A. M. Schwemer, *Paulus zwischen Damaskus und Antiochien*, Tübingen, 1998, 186-187.

자유인이라는 사실을 말한다. 다음과 같이 도표로 정리할 수 있다.

옛 언약	여종 하갈 - 이스마엘 - 노예 상태 - 지상의 예루살렘 - 갈라디아교회의 유대주의자들
새 언약	아내 사라 - 이삭 - 자유 상태 - 천상의 예루살렘 - 현재 종말론적 교회

이어서 5:1-12에서 바울은 할례와 그리스도는 공존할 수 없음을 밝히면서 갈라디아 교인들이 다시는 율법의 노예 상태에 빠지지 말고, **믿음의 자유 안에 머물라**고 강하게 호소한다.

(5:1) 그리스도께서 우리를 자유롭게 하려고 자유를 주셨으니 그러므로 굳건하게 서서 다시는 종의 멍에를 메지 말라

본론의 마지막 세 번째 대단원 5:13-6:10 에서 바울은 율법으로부터의 자유, 즉 예수 그리스도를 통해 얻은 그리스도인의 자유를 자유방임주의로 몰아가서는 안 된다고 경고한다. 이 단락의 핵심을 이루는 5:13-15에서 육체를 따르지 말고 성령을 따르는 자유 가운데 살 것을 권면한다.

(5:13-15) [13] 형제들아 너희가 자유를 위하여 부르심을 입었으나 그러나 그 자유로 육체의 기회를 삼지 말고 오직 사랑으로 서로 종 노릇 하라 [14] 온 율법은 네 이웃 사랑하기를 네 자신 같이 하라 하신 한 말씀에서 이루어졌나니 [15] 만일 서로 물고 먹으면 피차 멸망할까 조심하라

특히 신앙공동체에 해가 되는 '악덕 목록' 5:19-21 을 나열하며, 또한 공동체의 일치를 북돋는 **"성령의 열매"**도 함께 제시한다(22-23절, "사랑과 희락과 화평과 오래 참음과 자비와 양선=선함과 충성과 온유와 절제니 이같은 것을 금지할 법이 없느니라"). 이어서 5:25-6:6에서 바울은 실생활과 관련된

여러 구체적인 권면을 한 다음, 종말론적인 경고 6:7-10 로 본론 전체를 매듭 짓는다.

끝으로 6:11-18에서 편지를 쓰게 된 본래 목적을 잊지 않고 바울은 적대 자들을 조심하라는 **최후의 경고**를 교인들에게 하며, 또 갈라디아교회 문 제로 고통받고 있는 자신의 사도적 실존을 거론하면서 (17절, "이후로는 누구든지 나를 괴롭게 하지 말라 내 몸에 예수의 흔적을 지니고 있노라") 사도적 축도 18절로 갈라디아서를 마감한다.

5. 그리스·로마 수사학 및 서간문학적 분석에 따른 구조

갈라디아서에 대한 좋은 주석서를 쓴 벳츠 H. D. Betz 는13) 이 서신을 일종 의 "변증 서신" apologetic letter 으로 보면서 그리스·로마 수사학 및 서간문학 Epistolography의 규범을 바탕으로 내용을 다음과 같이 구분한다.

① 1:1-5 (*praescriptum*, **서문**, Präskript)
② 1:6-11 (*exordium*, **도입부**, Einführung)
③ 1:12-2:14 (*narratio*, **진술부**, Darstellung)
④ 2:15-21 (*propositio*, **주제 제시**, Thema / These)
⑤ 3:1-4:31 (*probatio*, **입증**, Beweisführung / Richtigkeit der Argumente)
⑥ 5:1-6:10 (*exhortatio*, **권면** Ermahnung / Anforderung an Richter)
⑦ 6:11-18 (*conclusio*, **마감어**, Schluß)

갈라디아서는 배심원, 기소자, 피고가 있는 법정의 실제적인, 또는 상상 적인 상황을 전제한다. 즉 수신인들은 배심원으로, 바울은 피고로, 그의 적대자들은 기소자들이 된다. 이렇게 보면 갈라디아서는 바울의 자기 변

---

13) H. D. Betz, *Galatians: A Commentary on Paul's Letter to the Churches in Galatia*, 1979 (=『갈라디아서』, 국제성서주석 37, 한국신학연구소, 1987); V. Jegher-Bucher, *Der Galaterbrief auf dem Hintergrund antiker Epistolographie und Rhetorik*, Zürich, 1991.

증이다.14)

벳츠는 갈라디아서에서 자기변증과 관련된 수사학적 기능 말고 일종의 "마술적 편지"magical lette의 기능을 발견한다. 그래서 도입부는 세심하게 구성된 저주의 내용을 담고 있고, 서신의 끝부분에는 조건부 축복바울의 복음에 순종하는 사람들을 향한 축복이 나온다.

이러한 벳츠의 도식은 바울의 의도라기보다는 고대 수사학을 동원하여 유추한 것이라는 근본적 문제점을 안고 있다. 이러한 수사학적 분석을 갈라디아서 전체에 적용하기는 어렵다. 갈라디아서에서 바울이 적대자들과 벌이는 논쟁이 부분적으로만 변증적인 성격을 띠기 때문이다갈 1-2장. 갈라디아서 5장 이하에는 권면exhortatio이 나오는데, 이는 재판정에서의 변증적 연설과는 어울리지 않는다.

6. 갈라디아서의 영향사

대부분의 역사상 위대한 인물들이 그렇듯이, 바울에 대한 평가는 바울 당시에도 오늘날과 같이 둘로 나뉘어 있었다. 유대교적인 구습으로부터 그리스도교를 해방하여 비유대교적인 광활한 세계로 끌어낸 것을 바울의 가장 커다란 공적으로 여기는 사람이 있는가 하면, 그가 나사렛 예수의 그야말로 구체적인 복음을 영적인 복음으로 변질시켰다고 비난하는 사람도 있다. 신약학자 쿠스Otto Kuß, 1905-1991의 다음과 같은 말은 이런 엇갈린 평가를 요약한다. "바울은 교회사와 신학사에서 항상 문젯거리였다."15)

바울은 살아 있는 동안 이미 동료 그리스도인들로부터 오해와 심한 공격을 받았다(참조, 롬 3:8, "또는 그러면 선을 이루기 위하여 악을 행하자 하지 않겠느냐. 어떤 이들이 이렇게 비방하여 우리가 이런 말을 한다고 하니

---

14) H. D. Betz, *Galatians*, 24.

15) O. Kuß, *Paulus: Die Rolle des Apostels in der theologischen Entwicklung der Urkirche*, Regensburg, 1971, 457.

그들은 정죄 받는 것이 마땅하니라"; 6:1). 그래서 바울은 (예루살렘, 안디옥, 갈라디아, 고린도의 그리스도인들 가운데 있는) 반대자들의 공격으로부터 "자신의 복음"을 지켜야만 했다. 신약성경 안에도 바울과 직접적인 논쟁을 벌이는 문서가 있다_{야고보서, 베드로후서,16) 경우에 따라서는 마태복음.}

그런데 이렇게 문제 거리였던 바울이 죽은 뒤, 그의 정신은 자신의 학파가 남긴 문헌_{특히 에베소서와 목회서신} 및 사도행전 가운데 잘 보존되고 발전하여, 마침내 정경에 포함되었다. 신약성경에는 바울 이외에도 강력한 목소리가 담겨 있다_{특히 요한복음, 히브리서, 마가복음}. 따라서 하르낙_{A. von Harnack, 1851-1930}은 다음과 같이 말했다. "바울주의는 교회사에서 일종의 효소로 내려왔지 결코 토대는 아니었다".17) 그러나 교회사 가운데 바울을 자신들의 신학의 근거요, 토대로 삼은 두 사람이 있었다. 이 두 사람은 다름 아닌 마르키온과 루터였다.

바울신학을 자기 신학의 토대로 삼았던 **마르키온**_{Marcion}은 구약성경과 유대적 유산을 버리고 바울서신의 원형을 다시 구축하고자 했다. 그는 바울서신에 들어 있는 유대화된 구절들을 모두 없애고 바꿈으로써 "낯선 하나님에 대한 복음"을 회복하고자 했다. 마르키온은 본래의 본문을 찾는 기준을 특히 갈라디아서에서 찾았는데, 바울의 적대자로 나오는 유대주의_{Judaismus}와 구약 율법이 그것이었다. 따라서 마르키온은 자신이 만든 바울서신집 맨 앞에 갈라디아서를 두었다. 마르키온의 바울서신집 순서는 "갈 - 고전/고후 - 롬 - 엡 - 골 - 빌 - 몬"이었다_{마르키온은 최초로 신약의 정경화 작업을 수행했는데, 바울서신과 누가복음만을 비교적 순수한 것으로 간주했다}. 마르키온의 본문은 교부들의 논쟁에서 언급된 것들을 통해 부분적이나마 확인할 수 있다.18)

또한 갈라디아서는 종교개혁가 **루터**에게 지대한 영향을 끼쳤다. 루터

---

16) 베드로후서는 믿음에서 나온 칭의를 구원의 완성으로 오해하여 현재적 종말론을 강조하는 거짓교사에 반대하면서 예수 재림의 중요성을 강조한다.

17) A. Harnack, *Lehrbuch der Dogmengeschichte I*, Tübingen, 1909, 155.

18) A. von Harnack, *Marcion*, 67-79.

는 여러 번 갈라디아서를 주석했으며, 1516-17년 겨울학기에 갈라디아서를 강의한 것을 다듬고 보완해서 1519년과 1523년에 책으로 출판했다. 그 뒤 1531년에도 또다시 갈라디아서를 주석했는데, 루터의 원고는 소실되었지만 그의 강의를 들은 사람이 채록한 원고가 두 질 남아 있다. 이를 이른바 "Große Galatervorlesung" 갈라디아서 대강해이라 한다. 여기서 루터는 갈라디아서에 대해 다음과 같이 말했다.

> 갈라디아서는 내가 신뢰하는 사랑스러운 서신이다. 그것은 나의 귀여운 [아내] 카타리나 폰 보라다(Epistola ad Galatas ist mein epistelcha, der ich mir vertrawt hab. Ist mein Keth von Bor) WA, TR (Dez. 1531).

여기서 우리는 루터가 이 서신을 얼마나 아끼고 사랑했는가를 알 수 있다. 루터는 바로 이 서신에 평생의 신학 주제인 "율법과 복음"이 제시되었다고 본 것이다. 갈라디아서에 대한 주석에는 루터의 해석학적 통찰력이 잘 드러난다. 루터가 신약성경 가운데 유일하게 반복하여 주석을 한 책이 바로 갈라디아서다. 1531년 강의의 서론에서 루터는 이렇게 말했다.

> 갈라디아서에 대한 반복적인 주석이 청중들에게 새로운 것을 가져다주는 것은 없다. 그러나 악마가 인간이 설정한 교훈을 다시 도입하려는 것이야말로 가장 심각하고 가장 가까이에 있는 위험이기 때문에, 갈라디아서가 담고 있는 가르침은 언제나 공개 강의의 대상이 되어야 한다. 이 가르침을 깊이 이해하게 된다 할지라도 악마는 죽지 않고, 육은 살았으며, 온갖 시험으로 인한 강압에 놓일 것이다.

따라서 루터는 갈라디아서의 가르침을 늘 새롭게 다루고자 했다. 그는 갈라디아서의 문제를 이렇게 요약했다.

> 사도 바울은 칭의론과 은혜와 죄 사함에 대한 가르침을 확고한 토대 위에 세우고자 했다. 그리하여 우리로 완벽한 깨달음을 얻어 기독교적인 의와 온갖

다른 의를 구분하게 하기 위함이다.

루터가 갈라디아서를 특히 중요하게 여긴 것은 믿음에 의한 의와 율법에 의한 의가 가장 날카롭고도 생생하게 대립하는 것으로 나타나 있다고 보았기 때문이다. 뿐만 아니라 "이와 같은 가르침이 상실되는 곳에는 모든 것을 잃으며, 이것이 일어나는 곳에는 모든 것이 살아나게 된다"1531년 주석는 점을 루터는 깊이 인식하고 있었다.

- 루터의 1535년 판 <갈라디아서 강해> 서문에서:

"우리는 주님의 이름으로 다시 한 번 갈라디아에 보낸 바울의 서신을 강의하기로 작정했다. 하나님의 은혜로 바울은 이미 여러분에게 잘 알려져 있으므로, 새로운 내용이나 알려지지 않은 것을 가르치려는 것이 아니다. 내가 여러분에게 자주 경고한 대로, 마귀가 우리에게서 순수한 교리를 제거하고 그 자리에 행위의 전통과 인간의 전통에 관한 교리를 대신 놓으려는 위험이 분명히 현재하기 때문이다. 그러므로 이 믿음의 교리를 공적으로 계속 읽고 듣는 일은 매우 필요하다. 이 교리를 아무리 잘 알고 아무리 주의 깊게 배워도, 두루 삼킬 자를 찾으며 뻗전 5:8 우리를 대적하는 마귀가 죽지 않고 살아 있다. 우리의 육체는 역시 계속 살아 있으며, 그 밖의 온갖 종류의 유혹이 사방에서 우리를 공격하고 압박한다. 만일 이 교리가 상실되고 사라진다면 동시에 믿음, 생명, 구원의 전체적인 지식이 상실되고 사라질 것이다. 그러나 이 교리가 번성하면 모든 선한 것, 곧 종교, 참된 예배, 하나님의 영광, 모든 것에 관한 바른 지식과 모든 사회적 여건들에 관한 바른 지식이 번성한다."19)

루터는 본격적인 본문 강해에 앞서 갈라디아서의 논점에 대하여 이렇게 말한다. "바울은 신앙, 은총, 죄 사함 또는 기독교적 의義에 대한 교리를 세우려 한다. 그리하여 우리로 기독교적 의와 다른 모든 종류의 의에 대한 온전한 지식을 갖게 하고 그 다른 점을 알게 하려 하는 것이다." 그러면서 루터는 크게 두 종류의 의를 구분한다.20)

---

19) 『말틴 루터의 갈라디아서 강해(상)』 (루터대 출판부, 2003), 17 참조.
20) 위의 책, 19 이하.

① **"능동적인 의"** iustitia activa, "공로에 의한 의", "내 모든 의"

'정치적인 의' - 세상의 황제, 군주, 철학자, 법관들이 생각하는 의.

'의식적儀式的인 의' - 인간의 전통, 예를 들면 교황의 전통이나 그 밖의 전통이 가르치는 의.

'모세가 가르치는 율법의 의 또는 십계명의 의' - 율법의 의는 땅의 것들과 관계된 "지상의 능동적인 의"이다. 우리도 이 의를 가르치나, 믿음의 교리를 따라 가르친다. 율법의 의는 혈과 육으로 난 옛사람에게 적용된다. 나귀에게 짐을 지우듯 그를 억제할 짐을 두어야 한다. 옛사람은 영적인 자유나 은혜의 자유를 누릴 수 없는 사람이다.

② **"수동적인 의"** iustitia passiva, "믿음의 의", "은혜와 자비의 의"

"기독교적 의", "신적이며 하늘의 영원한 의", "공로 없이 하나님이 그리스도를 통하여 우리에게 인정하시는 가장 놀라운 의", "그리스도 안에 주어진 은총의 약속", "신비 속에 감추어져 있는 의", "세상은 이해하지 못하는 의"를 말한다. "그리스도인 자신도 합당하게 이해하지 못하며, 더구나 유혹에 빠진 상태에서는 그 뜻을 알지 못한다. 그러므로 이 의는 항상 가르쳐야 하며 계속해서 실천해야 한다." 이 의는 "밖으로부터 받는, 예수 그리스도를 통하여 하나님 아버지가 우리에게 허락하실 때 받아들이는 그리스도의 의, 성령의 의"이다. 율법이 적용되지 않는 새 사람이 누리는 의이다롬 6:14.

루터는 인간의 약함과 비극은 율법 외에 아무 것도 바라보지 못하는 데 있다고 보았다. 이성은 능동적 의, 즉 자기 의를 쳐다보는 일을 그만두지 못한다. 이러한 인간의 악은 마음속에 깊이 뿌리내려 있다. 사탄은 우리의 약함을 이용하여 우리를 심각한 양심의 고통과 절망에 빠뜨린다. 이러한 사망의 상태에서 벗어날 수 있는 유일한 길은 믿음의 의라고 역설하면서 루터는 그리스도인으로서 가장 고상한 예술과 지혜는 율법을 알지 않는 일이며 공로와 모든 능동적 의를 무시하는 일이라고 말한다.

인간은 세상에 사는 한두 가지 의의 영향을 받는다고 루터는 말한다. 즉 육은 율법의 능동적인 의에 의해 고발당하고 괴롭힘을 받고 슬픔을 받고 무너뜨림을 당하나, 영은 수동적인 의에 의해 다스림을 받고 기뻐하고 구원함을 받는다는 것이다.

루터는 능동적인 의와 수동적인 의를 혼돈하지 않고 정확히 구별하도록 가르치는 신학이 "우리의 신학"이라고 선언한다. 그것은 곧 율법에 의해 압박을 받고 죄에 의해 공포에 떨고 있는 사람으로부터 "율법과 능동적 의를 치워버리고, 복음을 통해 모세와 율법을 제거하고, 고통받는 자와 죄인을 위하여 오신 그리스도의 약속을 보여주는 수동적 의를 내세우는" 신학이다. 또한 설교자와 교사가 되려면 율법의 의와 그리스도의 의 사이에 있는 구별을 굳게 유지하여야 한다고 강조하며, 동시에 이 구별은 입으로 말하기는 쉬우나 경험과 실천의 차원에서는 가장 어려운 일이라고 말한다. 그러면서 만일 우리가 두 종류의 의를 구별하지 못하면 그리스도는 더 이상 우리의 구세주가 아니라 율법을 주는 분이 되며, 그때 구원은 사라지고 절망과 영원한 사망이 뒤따를 것이라고 경고한다. 따라서 정성을 다해 이 두 종류의 의를 구별하는 것을 배우라고 요청한다.

> **— 갈라디아서와 관련한 칼빈**Johannes Calvin, 1509-1564 **의 설명**
>
> "바울은 갈라디아 교인들에게 신실함을 권면하는 가운데 복음을 전했다. 하지만 바울이 그들을 떠나자마자 거짓 사도들이 들어와 잘못되고 거짓된 가르침으로 좋은 씨를 망쳐버렸다. 그들은 그리스도인들이 여전히 유대 의식들을 지켜야만 한다고 가르쳤던 것이다. 이것이 별 중요하지 않은 것처럼 보일 수도 있다. 하지만 바울은 기독교 신앙의 핵심을 다루듯 이 일을 중요하게 여겼다. 그것은 전적으로 옳다."[21]

---

21) Johannes Calvins, *Auslegung der Heiligen Schrift* (17. Band: Die kleinen Paulinischen Briefe), hrsg. von Otto Weber, Neukirchen-Vluyn, 1963, 11.

III

고린도전서

...

- **특징**: 고린도전서는 열광주의 신앙에 쌓인 헬레니즘 도시 교회가 안고 있던 문제점과 어려움을 이해하는 데 중요한 정보를 제공한다. 여기서 바울은 고린도교회의 일상적인 삶에서 야기된 여러 구체적인 문제들에 대해 철저한 신학적 논증으로 답변한다.

- **핵심 메시지**: 교회에 생긴 분파와 갈등에 직면하여 예수 그리스도의 십자가 사건, 즉 "십자가의 말씀"[1:18]에 대한 선포를 강조하며, 또한 그리스도의 몸에 속한 교회의 모든 지체들은 하나가 되어 서로 사랑할 것을 권면한다.

　바울서신 가운데 특히 고린도전서는 기독교 1세대에 속한 교회의 삶과 관련된 생생한 모습을 접할 수 있게 하며, 초기 헬레니즘 문화권에 속한 도시 교회가 안고 있던 문제와 어려움을 이해하는 데 더없이 값진 정보를 제공한다. 그래서 보른캄 G. Bornkamm 은 고린도교회에 보낸 바울서신만큼 "초기 기독교 문헌 가운데 어느 문서도 최초 헬레니즘 교회의 하나로 보이는 교회의 삶과 위험에 대한, 특히 바울이 사도로서 감당해야 했던 구체적인 과제와 투쟁에 대한 이처럼 직접적이며 놀라울 정도로 풍부한 상을 제공하는 문서는 없다"[1]고 말했다.

1. 고린도와 고린도교회

동쪽으로 에게해, 서쪽으로 아드리아해를 둔 고린도는 고대의 융성한 무역 도시였다. 이탈리아와 소아시아를 연결하는 두 항구Lechaion, Kenchreai 를 고린도가 일부 관장했다. 소아시아에서 로마로 가는 무역은 펠로폰네소스 반도 남단으로 멀리 돌아가는 길을 피하려면 고린도를 거치게 마련이었다.

이런 입지 조건으로 인해 고린도는 주전 8-2세기에 걸쳐 그리스의 중심 도시였으나, 주전 146년 로마인들에 의해 완전히 파괴되었다가 주전 44년에 와서 율리우스 카이사르Caesar 에 의해 로마의 식민지로 재건되었다. 그후 주전 27년부터는 아가야 지방을 다스리는 로마 총독의 주재지로 새롭게 재건된 상당히 중요한 로마 도시로 새로운 것에 대한 개방성이 남다르게 되었다. 그리하여 바울 당시에 노예에서 해방된 많은 자유민들이 지중해 전 지역에서 유입되어 다민족이 섞여 살게 된 고린도에는 다양한 종교가 공존하였고, 예부터 섬겨오던 그리스 로마 신들뿐만 아니라, 동방의 여러 신비종교들Kybele, Isis, Serapis, Demeter, Kore과 황제 숭배도 융성하게 되었다.

이와 관련하여 메르클라인H. Merklein 은 "이 자유분방한 다종교 환경은 한편으로는 그리스도교 전파에 유리했으나, 다른 한편으로는 다원주의적 평준화의 위험도 야기했다. 특히 이교 출신 그리스도인들은 무엇보다 먼저 그리스도교의 배타성 주장에, 관습적인 특정 행동 방식과의 충돌에 익숙해져야만 했다"고 말한다.[2] 바울이 방문할 당시 고린도에 유대 회당이 있던 것으로

---

1) G. Bornkamm, "Die Vorgeschichte des sogenannten zweiten Korintherbriefes", *Studien zum Neuen Testament*, Berlin 1985, 237-269, 특히 237. 참조, G. Bornkamm, *Paulus*, 『바울: 그의 생애와 사상』, 허혁 옮김 (이화여자대학교 출판부, 1999).

2) H. Merklein, *Der erste Brief an die Korinther I*, 28-29; Ebner/Schreiber, 『신약성경 개론』, 482에서 재인용.

미루어 상당수의 유대인들이 살았던 것으로 보인다^{행 18:4; Philo, *Legatio ad Gaium* 281}.

고린도교회는 바울이 세운 교회로서3) 바울의 그리스 선교사역의 베이스캠프에 해당한다. 바울이 고린도에서 선교하며 교회를 세우는 이야기가 사도행전 18장에 나오는데, 여기서 바울의 고린도 선교 시점을 주후 50년이나 51년으로 잡을 수 있다.

(행 18:1-18) ¹그 후에 바울이 아덴을 떠나 고린도에 이르러 ²아굴라 하는 본도에서 난 유대인 한 사람을 만나니 글라우디오가 모든 유대인을 명하여 로마에서 떠나라 한 고로 그가 그 아내 브리스길라와 함께 이달리야로부터 새로 온지라 바울이 그들에게 가매 ³생업이 같으므로 함께 살며 일을 하니 그 생업은 천막을 만드는 것이더라 ⁴안식일마다 바울이 회당에서 강론하고 유대인과 헬라인을 권면하니라 ⁵실라와 디모데가 마게도냐로부터 내려오매 바울이 하나님의 말씀에 붙잡혀 유대인들에게 예수는 그리스도라 밝히 증언하니 ⁶그들이 대적하여 비방하거늘 바울이 옷을 털면서 이르되 너희 피가 너희 머리로 돌아갈 것이요 나는 깨끗하라 이후에는 이방인에게로 가리라 하고 ⁷거기서 옮겨 하나님을 경외하는 디도 유스도라 하는 사람의 집에 들어가니 그 집은 회당 옆이라 ⁸또 회당장 그리스보가 온 집안과 더불어 주를 믿으며 수많은 고린도 사람도 듣고 믿어 세례를 받더라 ⁹밤에 주께서 환상 가운데 바울에게 말씀하시되 두려워하지 말며 침묵하지 말고 말하라 ¹⁰내가 너와 함께 있으매 어떤 사람도 너를 대적하여 해롭게 할 자가 없을 것이니 이는 이 성중에 내 백성이 많음이라 하시더라 ¹¹일 년 육 개월을 머물며 그들 가운데서 하나님의 말씀을 가르치니라 ¹²갈리오가 아가야 총독 되었을 때에 유대인이 일제히 일어나 바울을 대적하여 법정으로 데리고 가서 ¹³말하되 이 사람이 율법을 어기면서 하나님을 경외하라고 사람들을 권한다 하거늘 ¹⁴바울이 입을 열고자 할 때에 갈리오가 유대인들에게 이르되 너희 유대인들아 만일 이것이 무슨 부정한 일이나 불량한 행동이었으면 내가 너희 말을 들어 주는 것이 옳거니와 ¹⁵만일 문제가 언어와 명칭과 너희 법에 관한 것이면 너희가 스스로 처리하라 나는 이러한 일에 재판장 되기를 원하지 아니하노라 하고 ¹⁶그들을 법정에서 쫓아내니 ¹⁷

---

3) (고전 3:6) "나는 심었고 아볼로는 물을 주었으되 오직 하나님께서 자라나게 하셨나니"; (4:15) "그리스도 안에서 일만 스승이 있으되 아버지는 많지 아니하니 그리스도 예수 안에서 내가 복음으로써 너희를 낳았음이라"

모든 사람이 회당장 소스데네를 잡아 법정 앞에서 때리되 갈리오가 이 일을 상관하지 아니하니라 [18] 바울은 더 여러 날 머물다가 형제들과 작별하고 배 타고 수리아로 떠나갈새 브리스길라와 아굴라도 함께 하더라

이른바 '제2차 선교여행' 중에 바울은 아덴으로부터 고린도로 왔고, 그리스 지역의 선교 중심지인 고린도에서 1년 6개월 정도 머물면서[행 18:11] 자신의 선교 전략에 따라 선교했다. 먼저 이방인으로서 "하나님 경외자" σεβούμενος 를 선교의 대상으로 삼았다. 이들은 유대회당에는 나가나 할례를 받지 않는 등 토라의 전체 계명을 전적으로 수행하지는 않는 사람들을 가리킨다. 디도 유스도[Titius Justus]가 바로 그런 사람이었다. 바울은 유대 회당에서 쫓겨난 뒤 그의 집에서 복음을 전했다. 유대인인 회당장 그리스보[Crispus]도 복음을 받아들였다고 한다. 바울의 생업은 "천막을 만드는 것"이라고 한다. 바울은 아마도 아굴라의 집에 거하면서 일을 하여 생계를 유지했던 것 같고, 안식일마다 선교를 한다. 실라와 디모데가 마게도냐 교회들로부터 헌금을 가져온 뒤로 바울은 오직 선교에 전념하게 된다. 고린도 체류 말경에 몇몇 유대인은 아가야 지방의 총독[Prokonsul]인 갈리오에게 바울을 고소하나, 갈리오는 자신의 소관 사항이 아니라는 이유로 바울을 훈방한다. 그 후 바울은 브리스길라와 아굴라 부부와 함께 배를 타고 고린도에서 에베소로 건너간다. 이 부부는 에베소에 남고 바울은 안디옥으로 떠난다.

바울이 고린도전서를 쓸 당시 고린도교회에는 유대인 출신의 그리스도인도 있었으나[고전 7:18; 12:13] 대체로 이방인 출신의 그리스도인이 주를 이루었다(고전 12:2, "너희도 알거니와 너희가 이방인으로 있을 때에 말 못하는 우상에게로 끄는 그대로 끌려 갔느니라"). 이런 사실은 이 서신에서 다루어지는 여러 불미스러운 일[6:1 이하, '세상 법정에서 송사하는 일'; 6:12-20, '창녀와 합하는 일'; 8:1-11:1, '우상에게 바치는 제물 및 우상숭배와 관련된 일']을 통해서도 알 수 있다.

교회의 사회계층적 구성과 관련하여 예전에는[20세기 초] 고린도전서 1:26

이하의 보도에 따라 교회의 구성원을 사회의 최하층민으로 보았다[A. Deissmann.4)] 그러나 이제는 광범위한 사회 계층[최상층과 최하층은 제외]을 포함했을 것으로 여기는 경향이 강하다.5) 물론 하층 계급에 속하는 사람들[시 소유 노예나 노예에서 해방된 자 또는 날품팔이꾼]이 다수를 이루었으나, 중상류층에 속하는 유대 회당장 그리스보[1:14], 디도 유스도와 같은 주택 소유자[11:22], 여행자[16:17] 등과 같은 영향력이 큰 부자 교인들도 있었다. 교회 안에 빈부의 차가 크다는 사실은 성만찬 때 일어난 불미스러운 사건[11:17 이하]의 배경을 이룬다. 고린도전서가 기록될 당시 모든 교인이 한 장소에서, 즉 한 가정집에서 함께 예배를 드렸다는 사실로부터 교인 수는 넉넉잡아 30-40명 정도라고 추산할 수 있다(참조, 11:20, "너희가 함께 모여서 주의 만찬을 먹을 수 없으니", 14:23, "그러므로 온 교회가 함께 모여 다 방언으로 말하면").

2. 서신의 진정성과 통일성

고린도전서가 사도 바울의 작품이라는 사실에는 의심의 여지가 없다. 이것은 '클레멘스 1서'6)가 고린도 교인들에게 사도 바울의 서신을 상기시키는 것과[클레멘스 1서 47:1-3], 안디옥의 이그나티우스[Ignatius 7)]가 바울의 고린도전서를

---

4) (고전 1:26-29) "26 형제들아 너희를 부르심을 보라 육체를 따라 지혜로운 자가 많지 아니하며 능한 자가 많지 아니하며 문벌 좋은 자가 많지 아니하도다 27 그러나 하나님께서 세상의 미련한 것들을 택하사 지혜 있는 자들을 부끄럽게 하려 하시고 세상의 약한 것들을 택하사 강한 것들을 부끄럽게 하려 하시며 28 하나님께서 세상의 천한 것들과 멸시 받는 것들과 없는 것들을 택하사 있는 것들을 폐하려 하시나니 29 이는 아무 육체도 하나님 앞에서 자랑하지 못하게 하려 하심이라"

5) Ebner/Schreiber, 『신약성경 개론』, 485; E. W. Stegemann/W. Stegemann, *Urchristliche Sozialgeschichte*, 손성현/김판임 옮김, 『초기 그리스도교의 사회사』 (동연, 2008), 462-469.

6) "클레멘스 1서"는 로마교회의 클레멘스가 도미티아누스 황제 시대[81-96] 말경이나 또는 그의 뒤를 이은 네르바 황제 시대[96-98] 초에 기록한 것으로 간주되는 고린도 교인들에게 보낸 서신이다. 이 서신은 신약성경에 속하지 않은 기독교 문서 중 최초로 연대를 짐작할 수 있는 문서이다. 이는 몇몇 젊은 성도들이 다수를 등에 업고 장로들에 맞서고, 이 장로들이 부당하게 장로직을 내려놓음으로써 생긴 교회 내의 분열에 자극받아 기록된 서신이다.

7) 그는 트라야누스 황제 시대[98-117] 때 시리아에서 로마로 끌려가 광장에서 맹수에 의해 살해당함으로써 순교한[110년경] 안디옥의 감독이다. 로마로 이송되는 도중에 일곱 편의 서신을

네 번이나 인용하는 사실로 보아 분명하다. 고린도전서의 문학적 통일성은 고린도후서의 문학적 통일성 논란처럼 크게 논란되지는 않으나, 여전히 토론되는 실정이다. 즉 오늘 우리에게 전해 오는 고린도전서의 형태가 바울이 애초 기록한 그대로인지 아니면 후대의 편집자에 의해 다양한 서신을 조합하여 하나로 만든 것인지에 대해 논란이 있다. 다음과 같은 이유에서 통일성을 의심하는 경우가 있다.[8]

① 고린도전서 1:11에서 바울은 고린도교회의 분쟁 소식을 "글로에의 집 편"에게서 전해 들었다고 한다. 하지만 16:17에서는 서신 집필 당시 고린도교회 그리스도인들인 스데바나, 브드나도, 아가이고와 함께 있었다고 하는데 그에 대해 16:17에서 언급하지 않는 이유가 무엇일까?

② 4:14-21은 바울서신의 마감부에 나타나는 특징을 담고 있다 집필 목적 회고, 일반적 권면, 동역자 추천, 방문 예고.

③ 4:18-21에서 바울은 고린도교회를 "속히" 방문할 것처럼 말하나, 16:5-9에 따르면 방문이 임박해 보이지 않는다.

④ 음행을 다루는 두 본문 5:1-13; 6:12-20 사이에 다른 주제를 담은 본문 6:1-11, 교인들 상호 간의 세상 법정 송사 문제이 삽입되어 있다.

⑤ 예전에 편지를 써 보냈다는 5:9의 지적은 문맥상 부자연스럽다.

⑥ 8장에서 이방 신전에 바친 희생제물 식사 참여가 믿음이 약한 동료 그리스도인들의 양심을 고려하여 금한 것처럼 보이나, 10:14-22에서는 이방 제사 참석이 원칙적으로 그리스도교 성만찬과 양립할 수 없다고 말한다.

⑦ "여자들은 교회에서 잠잠하라"는 14:34-35의 권면은 여자들의 예언을 인정하는 11:5의 진술과 잘 어울리지 않는다.

남겼다.

8) Ebner/Schreiber, 『신약성경 개론』, 471-472.

이러한 이유에서 일부 학자들이 고린도전서의 문학적 통일성을 의심하면서 고린도전서가 여러 서신을 조합한 것이라고 주장한다. 이미 바이스 Johannes Weiss, 1864-1914 는 고린도전서를 최소한 두 편의 서신이 합쳐진 것으로 분석했다 (서신 A. 10:1-22; 6:12-20; 9:24-27; 11:2-34; 16:7b-9, 15-20; 서신 B. 1:1-6:11; 7장; 8장; 13장; 10:24-11:1; 9:1-23; 12장; 14-15장; 16:1-7a, 10-14, 21-24). 젤린G. Sellin은 세 편으로, 슈미탈스 W. Schmithals 는 네 편으로 구분한다. 페쉬R. Pesch 역시 고린도전서가 네 편의 서로 다른 서신이 조합된 것이라고 주장한다(서신 A. 서문 Vorbrief; 서신 B. 중간서신 Zwischenbrief; 서신 C. 부활서신 Auferstehungs- brief; 서신 D. 답신 Antwortbrief). 심지어 쉥크 W. Schenk 는 10개의 서로 다른 서신을 구별해 낸다.9)

그러나 서신의 통일성을 인정하는 쪽이 압도적으로 우세하다.10) 당시 주변 세계에 짜깁기식 편집 방식이 과연 당시 있었는지 아직 불확실하다. 또한 메르클라인이 밝혔듯이, 고린도전서는 문학적 통일성을 나타내는 다양한 수준의 신호를 포함하고 있고, 공동체의 갈등과 분열의 극복이라는 하나의 공통된 주제도 제시할 수 있기 때문이다.11)

3. 기록 목적

바울의 친서임이 분명한 고린도전서는 고린도교회에서 온 서신에 대한 답장이다. 서신을 쓴 구체적인 계기는 고린도교회가 제기한 질문사항에

---

9) G. Sellin, *Hauptprobleme*, ANRW II 25.4, 2965-2968; W. Schmithals, "Die Korintherbriefe als Briefsammlung", *ZNW* 64 (1973), 263-288; W. Schenk, "Der 1. Korintherbrief als Briefsammlung", *ZNW* 60 (1969), 219-243; W. Schenk, Art. Korintherbriefe, *TRE* 19 (1990), 620-640.

10) H. Lietzmann; W. G. Kümmel; C. K. Barrett; W. Marxsen; E. Lohse; H. Köster; Ph. Vielhauer; Fr. Lang; H. Merklein; R. E. Brown; D. Zeller, *Der erste Brief an die Korinther*, Göttingen, 2010, 53 이하; Ebner/Schreiber, 『신약성경 개론』, 475.

11) H. Merklein, "Die Einheitlichkeit des ersten Korintherbriefes", *ZNW* 75 (1984), 156-183; Ebner/Schreiber, 『신약성경 개론』, 474.

대답하기 위해서였다[7:1 "너희가 쓴 문제에 대하여", 7:25; 8:1; 12:1; 16:1, 12]. 이로써 공동체 내의 갈등과 분열을 막고자 했다.

4. 생성 연대와 저작 장소

이 서신은 바울이 에베소에 머무는 동안에 기록되었다[16:8]. 브리스길라와 아굴라가 동참한[행 18:18-26; 고전 16:19] 바울의 에베소 체류 기간은 2년 정도인데, 바울이 51년경 여름에 고린도를 떠나 시리아 갈라디아 브리기아 지방을 여행한 것을 고려하면, 그의 에베소 사역을 52-54년경으로 잡을 수 있다. 또한 바울은 이미 고린도교회로 편지를 보냈었고, 그에 대한 고린도교회의 답신도 받았다[5:9-11; 7:1]. 따라서 고린도전서는 바울의 에베소 체류 말경 54년경에 기록된 것으로 추정된다.[12]

5. 단락 나누기

I.	1:1-9	서문(시작하는 말; 감사의 말)
II.	1:10-4:21	고린도교회 내의 분파에 대하여
III.	5:1-14:40	공동체의 삶과 관련된 문제
	5:1-7:40	성을 둘러싼 윤리적 문제(성적, 사회적 타락 반대)
	8:1-11:1	우상 제물 문제
	11:2-14:40	교회 생활과 예배 문제(11장 예배 시 타락상; 12-14장 영적 은사)
IV.	15:1-58	죽은 자의 부활에 대하여
V.	16:1-24	마감어(다양한 프로젝트)

---

12) Chr. Wolff, *Der erste Brief des Paulus an die Korinther*, Leipzig 2000, 12-13. 참조, W. Schrage, H. Merklein, G. D. Fee, J. Kremer(54/55년); D. Zeller(53/54년); U. Schnelle(55년).

6. 중심 내용

서문1:1-9에서 바울은 공동체에 대해 비판을 담은 본론과 달리 부드럽게 시작한다. 공동체를 향해 감사의 말4절 외에 "모든 언변과 모든 지식에 풍족"5절하며, "모든 은사에 부족함이 없는"7절 것을 칭찬한다. 그러면서 본론에서 다룰 주제들을 은근히 암시한다. 본론에는 각기 주제별로 묶인 단락들이 이어진다. 고린도전서의 경우 로마서나 갈라디아서의 가르침 부분과 권면 부분으로 이루어진 이분법 구조가 드러나지 않는다.

1) 1:10-4:21 (세상적 지혜에 근거한 분파에 대하여)

교인들의 지혜 열망과 관련된 **파당 분쟁**은 무엇보다 중대한 문제였기 때문에 바울은 고린도교회 안의 몇몇 분파에 대해 언급(1:12, "내가 이것을 말하거니와 너희가 각각 이르되 나는 바울에게, 나는 아볼로에게, 나는 게바에게, 나는 그리스도에게 속한 자라 한다는 것이니")하면서 이를 우선적으로 다룬다. '아볼로파'의 특징을 수사적 지혜를 중시하는 파로 이해하거나 '그리스도파'를 열광주의자로 파악하는 사람들도 있다. 바울이 침묵으로 일관하기에 각 파의 특징에 대해서 자세히 알 수 없지만, 분파는 세례를 준 사람들을 중심으로 생겼을 가능성이 크며, 어떤 분파의 지도자는 유별난 지혜의 소유자라고 알려져 있을 법하다. 1:17에서 바울은 자기가 선포하는 방식과 관련하여 "말의 지혜"로써가 아니라 "그리스도의 십자가"로써 선포한다고 말하면서, 다음 단락에서 "십자가의 말씀"을 "이 세상의 지혜"와 대치시킨다.

1:18-2:5에서 바울은 **지혜와 미련함의 관계**를 다룬다. 여기서 바울은 자기의 십자가 신학theologia crucis을 수사적으로 풀어내고 있다. 바울은 "하나님의 지혜"를 논리적이며 합리적인 논증 형식을 강조하는 "세상의 지혜"에 비추어 보면 "미련한 것"이라 하나, 바로 그런 미련한 "십자가에 관한 말씀"을 '하나님의 능력이요 지혜'라 선포한다참조. 롬 1:16b. 하나님이 십자가

의 말씀을 구원의 규범으로 세우셨다는 것에 대한 성경적 증거로 이사야 29:14[LXX]를 제시한다[1:19-20]. 믿음에 대한 요청은 "표적"을 구하는 유대인에게나 "지혜"를 찾는 이방인에게 동일하다[1:22-25]. 유대인에게 십자가란 메시아적 영광과는 전혀 어울리지 않기 때문에 거리끼는 것이 되는 반면, 이방인인 그리스인은 사변적인 지혜를 찾는다. 유대인이건 그리스인이건 바울은 "부르심을 받은 자들"에게 그리스도 안에 나타난 하나님의 구원과 지혜를 전하고자 한다.

> (1:18-25) [18] 십자가의 도=말씀 가 멸망하는 자들에게는 미련한 것이요 구원을 받는 우리에게는 하나님의 능력이라 [19] 기록된바 내가 지혜 있는 자들의 지혜를 멸하고 총명한 자들의 총명을 폐하리라 하였으니 [20] 지혜 있는 자가 어디 있느냐 선비가 어디 있느냐 이 세대에 변론가가 어디 있느냐 하나님께서 이 세상의 지혜를 미련하게 하신 것이 아니냐 [21] 하나님의 지혜에 있어서는 이 세상이 자기 지혜로 하나님을 알지 못하므로 하나님께서 전도의 미련한 것으로 믿는 자들을 구원하시기를 기뻐하셨도다 [22] 유대인은 표적을 구하고 헬라인은 지혜를 찾으나 [23] 우리는 십자가에 못 박힌 그리스도를 전하니 유대인에게는 거리끼는 것σκάνδαλον, 참조, 갈 5:11이요 이방인에게는 미련한 것이로되 [24] 오직 부르심을 받은 자들에게는 유대인이나 헬라인이나 그리스도는 하나님의 능력이요 하나님의 지혜니라 [25] 하나님의 어리석음이 사람보다 지혜롭고 하나님의 약하심이 사람보다 강하니라

또한 1:26-31에서 바울은 하나님이 미련하게 보이는 그리스도 십자가 위에 인간의 구원을 마련했다는 테제를 고린도교회의 설립에서 보여주고자 한다. 즉 하나님은 인간적이며 세상적인 가치 판단과 전적으로 달리 사회적 신분이 낮은 교인들을 택하였음을 지적한다.

계속하여 2:6-16에서 바울은 지혜와 관련된 주제를 긍정적으로 다룬다. 복음은 "온전한 자들", 즉 영적으로 성숙한 자들을 위한 하나님의 신비로운 지혜라 한다참조, 14:20; 엡 4:13-14; 히 5:13-14. 바울이 말하는 지혜는 "이 세상의

지혜" 6절 나 "사람의 지혜"13절 가 아니라, 새로운 세대를 가져오는 십자가에 달리신 "영광의 주"와 관련된 지혜이다.

(2:6-16) 6 그러나 우리가 온전한 자들 τέλειος 중에서는 지혜를 말하노니 이는 이 세상의 지혜가 아니요 또 이 세상에서 없어질 통치자들의 지혜도 아니요 7 오직 은밀한 가운데 있는 하나님의 지혜를 말하는 것으로서 곧 감추어졌던 것인데 하나님이 우리의 영광을 위하여 만세 전에 미리 정하신 것이라 8 이 지혜는 이 세대의 통치자들이 한 사람도 알지 못하였나니 만일 알았더라면 영광의 주를 십자가에 못 박지 아니하였으리라 9 기록된 바 하나님이 자기를 사랑하는 자들을 위하여 예비하신 모든 것은 눈으로 보지 못하고 귀로 듣지 못하고 사람의 마음으로 생각하지도 못하였다 함과 같으니라 10 오직 하나님이 성령으로 이것을 우리에게 보이셨으니 성령은 모든 것 곧 하나님의 깊은 것까지도 통달하시느니라 11 사람의 일을 사람의 속에 있는 영 외에 누가 알리요 이와 같이 하나님의 일도 하나님의 영 외에는 아무도 알지 못하느니라 12 우리가 세상의 영을 받지 아니하고 오직 하나님으로부터 온 영을 받았으니 이는 우리로 하여금 하나님께서 우리에게 은혜로 주신 것들을 알게 하려 하심이라 13 우리가 이것을 말하거니와 사람의 지혜가 가르친 말로 아니하고 오직 성령께서 가르치신 것으로 하니 영적인 일은 영적인 것으로 분별하느니라 14 육에 속한 사람 ψυχικὸς ἄνθρωπος 은 하나님의 성령의 일들을 받지 아니하나니 이는 그것들이 그에게는 어리석게 보임이요, 또 그는 그것들을 알 수도 없나니 그러한 일은 영적으로 분별되기 때문이라 15 신령한 자 πνευματικός 는 모든 것을 판단하나 자기는 아무에게도 판단을 받지 아니하느니라 16 누가 주의 마음을 알아서 주를 가르치겠느냐 그러나 우리가 그리스도의 마음을 가졌느니라

"육에 속한 자"와 "신령한 자"가 여기에 대립되어 나온다2:14-15. 이러한 대립은 그리스적 인간론과는 잘 맞지 않는다. 그리스적 인간론에 따르면 '영' pneuma과 '혼' psyche은 서로 긴밀하게 연관된 것으로서 소멸하는 물질적 '육체' soma와 대립된 것이기 때문이다. 그러나 바울은 아마도 창세기 2:7 "생기를 그 코에 불어넣으시니 사람이 생령이 되니라"을 염두에 두고서 '영적 인간' Pneumatiker 과 '혼적 인간' psychischer Mensch을 대립시킨다. 아담의 후손인 지상적 인간을 '혼적 인간' ="육에 속한 사람" 2:14으로 규정하는 반면, '영적 인간' ="신령한 자" 2:15의

모든 태도는 전적으로 하나님에게서 유래한 성령에 의해 규정된다. 바울은 오직 하나님에게서 오는 성령을 통해서만 하나님의 지혜를 알 수 있다고 강조하면서, 고린도교회에 만연된 분파 문제를 성령론을 통해 극복하고자 한다.

바울이 볼 때 고린도 교인들은 아직 육에 속한 자, 즉 미성숙한 자들이다3:1-4. 시기와 분쟁을 초래하는 교회 내의 분파는 그리스도 복음을 선포하는 자의 위상을 근본적으로 왜곡하기 때문이다. 그러면서 바울은 교회는 섬김 안에서 하나라는 사실을 강조하고, 교회의 실존을 "교회의 토대 =터"인 그리스도를 통해 해석한다.

3:5-4:5에서 바울은 선포자의 역할을 설명한다참조, 고후 10-13장. 선포자는 "그리스도의 일꾼이요 하나님의 비밀을 맡은 자"4:1임을 강조한다. 또한 4:6-13에선 하나님은 종교적 세상 지혜를 거부하시는 분이므로 "누구든지 사람을 자랑하지 말라"고 강조하면서, 바울, 아볼로, 게바와 관련된 고린도교회 내의 분파적 구호를 수정한다. 이어서 4:14-21에선 영적 교만은 십자가를 따르는 길에 대립한 것이며, 또 바울은 자기를 고린도교회의 아버지로서 또 그리스도인다운 삶의 모범으로 제시한다.

2) 5-7장 (윤리적 문제와 관련하여) : 그리스도와 그의 몸

바울은 다시 교회 안에서 발생한 일련의 윤리적 문제들을 다룬다. 먼저 5:1-13에서 교인들의 **음행**πορνεία, 구체적으로 근친상간 문제를 거론한다. 음행은 본인과 상대방을 하나님의 뜻을 거스르는 자로 만들 뿐 아니라, 믿음으로 얻은 새로운 실존을 거부하게 한다. 6:1-11에선 이방인 재판관 앞에서 벌이는 교인들 간의 소송을 삼가라고 권면한다.

고린도 교인들이 성에 대해 자유분방한 태도를 보인 것은 세례와 더불어 성령을 영접함으로 말미암아 윤리적인 규범을 넘어 "모든 것이 내게 가하다" πάντα μοι ἔξεστιν, 6:12 고 생각한 교인들의 왜곡된 구호와 관계가 있다. 견유학파 및 스토아학파의 대중철학에서 유래한 것으로 보이는 구호를 교인들이 자신들의 자유분방한 태도를 정당화하려고 차용한 것으로 보인다. 스토아적 자유란, 인간으로선 어찌할 수 없는 일들에서 물러나 인간 이성의 내면으로 들어감으로써 얻게 되는 자유를 뜻한다. 그러나 열광주의에 빠진 고린도 교인들이 말하는 자유는 다르다. 즉 영 안에서 이미 종말론적인 완성을 체험하고 있는 영적 인간들에겐 모든 육적이며 세상적인 것에서 자유하다는 것이다. 이러한 입장을 반박하면서 바울은 자기 자신을 높이려는 욕심에 찬 자유가 아니라, 자유의 전제가 되는 '그리스도 안에서의 구원'을 강조한다. 또 그리스도인의 "자유로운" 삶은 이 전제에 합당한 삶이 되어야 한다고 말한다.

7장은 **그리스도교적 자유와 결혼에 관한 문제**를 다룬다. 이는 고린도 교인들이 서신을 통해 제기했던 질문이다. 특히 7:17-24에서 바울은 자유를 향한 하나님의 부르심에 대하여 또 세상에서 다양한 형태로 살아가는 그리스도인들의 위상에 대하여 말한다. 여기서 "각 사람은 부르심을 받은 그 부르심 그대로 지내라"20절는 원칙적인 권면을 제시하며, 또한 자유인으로서의 그리스도인이 세상과 맺는 관계에 대해선 "마치 … 하지 않는/없는 자 같이" 살라고 권면한다29-31절.

3) 8-10장 (우상에게 바쳤던 제물을 먹는 문제에 대하여)

이 주제 역시 고린도 교인들의 자유에 대한 의식을 나타낸다. 그들은 이방 종교가 신봉하는 우상이란 근본적으로 존재하지 않는다고 믿었다. 고린도교회의 믿음이 "강한 자"들은 이방 신전에 바쳐졌던 음식을 먹어도 괜찮다고 생각했다8:10. 이방신이란 애초부터 존재하지 않으며 따라서 아무도 이방신으로 인해 부정不淨하게 될 일이 없다고 믿었기 때문이다.

바울은 이러한 구체적인 사실을 근본적인 문제로 여겨 대답한다. 그리스도인은 실로 자유를 갖고 있으나, 이 자유란 어떤 추상적인 것이 아니라 신앙인들이 교회 안에서 살아가는 가운데 구체적으로 드러내야 하는 것이라고 말한다. 우상 제물을 먹는 것을 근본적으로 금지하지는 않지만, 신앙이 연약한 성도를 고려하여 먹지 말라고 권고한다. 그런데 10:1-22에서는 논점이 약간 바뀐다. 그리스도인이 성만찬을 통해 주님과 관계를 맺게 되는 것처럼 우상 제물을 먹는 일은 귀신과 관계를 맺는 일이다. 따라서 이방 식사에 참여하는 것을 근본적으로 금지한다. 10:23-11:1에서 바울은 자신의 근본적인 입장을 다시 한번 천명한다(10:23, "모든 것이 가하나 모든 것이 유익한 것은 아니다").

::: Excursus

강한 자와 약한 자

타이센은 고린도교회의 "강한 자"와 "약한 자"의 행동 방식에 대한 사회학적 분석을 통해 그들의 신원을 다음과 같이 추론했다.[13]

① 부유한 이들은 고기를 많이 먹었으나, 가난한 이들은 주로 곡물 음식을 먹었으며 단지 제의 차원에서 고기를 먹을 수 있었다. 따라서 그들의 실생활에서 고기는 우상 숭배와 밀접히 관련되어 있다.

② 사회적 지위가 비교적 높은 그리스도인들은 문제 해결에 더 큰 관심을 가졌고, 비그리스도교 사회에 하층민보다 더 잘 통합되어 있었기 때문에, 우상 제물로 만든 식단에 초대받는 일이 더 빈번했고, 그것을 거부하는 일이 어려웠다.

③ 소유한 우상 제물을 거리낌 없이 먹게 해주는 "강한 자"의 지식은 후대 영지주의자들의 경우와 유사하다. 이들은 교육 수준이 높은 자들로서 상당히 높은 사회 계층에 진입한 자들이다. 또한 10:25"무릇 시장에서 파는 것은 양심을 위하여 묻지 말고 먹으라"의 시장에서 고기 사는 일과 관련하여, 2003년의 한 논문에서 타이센은 고기 시장은 상류층만의 구매가 이루어지는 장소라고 한다. 따라서 그곳에서 고기를 사 먹을 수 있었던 그리스도인은 사회적 지위가 높은 소수의 사람으로서 "강한 자"이고, 사회적으로 지위가 미천한 그리스도인은 "약한 자들"이라고 이해한다.[14]

13) G. Theissen, "Die Starken und Schwachen in Korinth", *Studien zur Soziologie des Urchristentums*, Tübingen, ²1983, 272-289(=『원시 그리스도교에 대한 사회학적 연구』, 대한기독교출판사, 1986, 342-364).

14) G. Theissen, "Social Conflicts in the Corinthian Community", *JSNT* 25 (2003), 371-391.

4) 11-14장 (공동체 안에서의 삶과 예배에 관하여)

바울은 이 단락에서 예배와 관련된 문제들에 대해 다룬다. 특별히 3가지 주제와 관련되었다. 첫째는 예배 중 여자들의 태도에 관한 문제이고 11:2-16, 둘째는 성만찬을 올바로 드리는 문제이고 11:7-34, 셋째는 성령의 은사에 대한 평가의 문제이다 12-14장. 이러한 문제들로 인해 교회 안에 분열이 생겼다.

우선 공동 예배 때 **여자들이 머리에 무엇인가를 쓰는 문제**를 언급한다 11:2-16. 유대 그리스도인들은 공적인 장소에서 여자들은 머리를 가려야 한다는 유대 관습을 물려받았다. 그에 따라 교회 안에서 여자들은 머리를 가린 채 예배에 참석했다. 그런데 고린도교회에 일어난 열광주의에 편승하여 일부 여자들이 머리 가림을 포기하는 것을 그리스도교적 자유라고 판단한 것 같다. 고대 세계에서 여자의 머리 가림은 대체로 정숙, 우아함, 명예를 뜻하는 반면, 긴 머리의 노출은 부끄러운 일로 여겼다. 바울은 일단 여자들이 머리 가리는 전통을 존중하나, 동시에 근본적으로 모든 지체는 그리스도의 몸 안에서 동일한 종교적 위엄과 의무를 진다는 입장을 표방한다 갈 3:28. 그럼에도 전통적 관습을 깨면서까지 다른 교인들과 갈등을 일으키지는 말라고 권면한다. 따라서 11장은 머리 가림 없이 예배에서 기도하고 예언하는 고린도교회 여자들의 열광적 자유 개념에 대해 비판한 것으로 이해할 수 있다.

이어 **성만찬** 시행에서 발생한 분열 문제를 다룬다 11:17-34. 성만찬이 공동식사의 장이라는 성격을 잃어버리고 개인주의가 성행한 것이다. 부유한 교인들이 먼저 와서 가난한 교인들을 기다리지 않고 자기들끼리 식사를 했다. 그래서 바울은 예수님이 제자들과 나누었던 최후의 성만찬 전승을 언급하면서 11:23-26, 주님의 식사인 성만찬은 그리스도의 죽음을 선포하는 일이므로 사사로이 남용되는 일이 있어서는 안 된다고 강조한다.

이어지는 12-14장은 **성령의 은사**를 다룬다. 고린도교회에는 성령의 직접적인 역사로 간주되는 신령한 현상이 많이 일어났다^{참조, 4:7}. 바울은 먼저 그러한 현상들이 성령의 은사라는 사실을 긍정하며, 자신도 그런 것을 체험했음을 밝힌다(14:18, "내가 너희 모든 사람보다 방언을 더 말하므로 하나님께 감사하노라"). 바울도 성령은 구체적인 활동, 곧 무아경, 방언, 환상, 이적과 같은 모습으로 드러난다고 생각했으나, 이러한 현상 자체를 그리스도인의 삶을 지배하는 규범으로 삼는 것에는 이의를 제기한다. 바울은 신령한 체험만으로는 그것이 성령의 역사임을 전적으로 보증하지 못하며, 각각의 신령한 체험은 주님에 대한 신앙고백이라는 객관적 기준에 의해 검증되어야 한다고 강조한다(12:3, "내가 너희에게 알리노니 하나님의 영으로 말하는 자는 누구든지 예수를 저주할 자라 하지 아니하고 또 성령으로 아니하고는 누구든지 예수를 주시라 할 수 없느니라"). 그러한 현상들은 이방 종교의 우상숭배에서도 나타날 수 있기 때문이다(12:2, "너희도 알거니와 너희가 이방인으로 있을 때에 말 못하는 우상에게로 끄는 그대로 끌려갔느니라"). 바울은 고린도에 이방적인 신령한 체험이 있고 교인들 또한 여전히 어느 정도는 이방 신비주의 안에 갇혀있다고 생각한 듯하다. 그리하여 바울은 신앙고백을 통한 신령한 체험에서 공경받을 분은 영적으로 고양된 인간이 아니라 바로 그리스도임을 강조하면서 교회의 덕을 세우는가 아닌가에 따라 신령한 체험을 판단해야 한다고 말한다(14:5, "나는 너희가 다 방언 말하기를 원하나 특별히 예언하기를 원하노라 만일 방언을 말하는 자가 통역하여 교회의 덕을 세우지 아니하면 예언하는 자만 못하니라", 14:26, "그런즉 형제들아 어찌할까 너희가 모일 때에 각각 찬송시도 있으며 가르치는 말씀도 있으며 계시도 있으며 방언도 있으며 통역함도 있나니 모든 것을 덕을 세우기 위하여 하라").

이처럼 바울은 고린도 교인들이 방언을 가장 귀한 성령의 은사로 생각하여 남용하는 데 반대하여, 교회의 덕을 세우는 데 소용되는 모든 일을 성령의 역사라고 말함으로써 고린도식 성령주의에 수정을 가한다. 그리스도인들은 신령한 체험을 통해 천상으로 올려지는 것이 아니다. 그리스도인들은 모두 '종말론적인 유보 상태'[15])에 처해 있으며, 또한 신령한 체험은 지속적인 세 가지 은사인 '믿음, 소망, 사랑'에 비추어, 특히 이 가운데 제일인 "사랑"[13:13]에 비추어 판단해야 한다고 강조한다. "더욱 큰" 성령의 은사를 원하는 고린도 교인들의 요구를 수정하면서, 바울은 사랑이야말로 성령 충만의 온전한 상태라고 말한다.

14장에서 바울은 고린도 교인들이 가장 큰 성령의 은사로 생각한 **방언을 '예언'과 비교**한다. 고린도교회에 만연된 생각을 뒤집어, 무아지경에서 하는 알아들을 수 없는 방언이 아니라 하나님으로부터 오는 알아들을 수 있는 예언이 더욱 중요하다고 강조한다. 예언이란 환상과 청취로 하나님의 비밀을 체험해서 인간에게 직접 알리는 일을 가리킨다. 이에 대한 내용은 세 단락으로 나눌 수 있다. 첫째 단락[14:1-11]은 교회 설립의 관점에서 예언이 방언보다 우위에 있는 은사라는 사실을 강조한다. 둘째 단락[14:12-19]은 방언에는 통역이 필요하다는 점을 말한다. 셋째 단락[14:20-25]은 선교의 측면에서 예언의 우위를 강조한다.

::: **Excursus**

고린도전서 14:33b-36과 관련된 논란

"여자는 교회에서 잠잠하라"는 내용의 본문[고전 14:33b-36] 단락이 기도와 예언을 통한 여자들의 적극적인 예배 참여를 말하는 11:5의 진술과 상충되기 때문에 나중에 첨가된 것으로 보기도 한다(U. Schnelle, *Einleitung*, 79). 실상 이 구절을 제하면 문맥이 매끄러워진다. 34-35절이 서방 본문의 중요 사본[Codex Claramontanus; Augiensis; Boernerianus; 고대 라틴어 번역; 불가타 사본 등]에서 40절 뒤에

15) 구원의 완성은 현재에 다 이루어졌다는 것이 아니라 역사의 끝에 가서야 결정된다는 의미로, 현재는 종말이 유보된 상태라는 뜻이다.

나오기 때문에도 이 구절이 훗날 삽입된 것으로 여기는 경향이 있다.

그러나 볼프Chr. Wolff는 14:33b-36이 본래 본문에 속했을 것으로 여긴다. 여기서 문제가 되는 '말하다'는 동사 '랄레인'λαλεῖν은 중간에 끼어들어 말하는 것 혹은 제멋대로 함부로 말하는 것을 의미하지, 예언하고 기도하는 것과 같은 성령의 역사에 의한 말하기는 아니다. 그러므로 남자들의 예언 중간에 끼어들어 평가하지 말라는 권면으로 이해한다(Der erste Brief des Paulus, 341-345).

5) 15장 (죽은 자들의 부활에 대하여)

제일 먼저 바울은 예수의 부활에 대한 '사도적 선포'를 상기시킨다 15:1-11. 그래서 모든 그리스도인이 공유하는 신앙고백(15:3b-5, "³ 내가 받은 것을 먼저 너희에게 전하였노니 이는 성경대로 그리스도께서 우리 죄를 위하여 죽으시고 ⁴ 장사 지낸 바 되셨다가 성경대로 사흘 만에 다시 살아나사 ⁵ 게바에게 보이시고 후에 열두 제자에게와"16))으로 부활이라는 주제에 접근하기 시작한다. 이 본문은 바울 자신의 표현이 아니라 바울이 전승으로부터 전해 받은 양식화된 표현이다. 곧 바울은 부활을 묵시문학적으로 이해하기보다 그리스도 사건에 대한 주석으로 이해한다. 물론 묵시문학적인 표상들이 23-28절또한 51-53절에 나타난다.

> (15:21-28, 51-53) ²¹ 사망이 한 사람으로 말미암았으니 죽은 자의 부활도 한 사람으로 말미암는도다 ²² 아담 안에서 모든 사람이 죽은 것 같이 그리스도 안에서 모든 사람이 삶을 얻으리라 ²³ 그러나 각각 자기 차례대로 되리니 먼저는 첫 열매인 그리스도요 다음에는 그가 강림하실 때에 그리스도에게 속한 자요 ²⁴ 그 후에는 마지막이니 그가 모든 통치와 모든 권세와 능력을 멸하시고 나라를 아버지 하나님께 바칠 때라 ²⁵ 그가 모든 원수를 그 발 아래에 둘 때까지 반드시 왕 노릇 하시리니 ²⁶ 맨 나중에 멸망 받을 원수는 사망이니라 ²⁷ 만물을 그의 발 아래에 두셨다 하셨으니 만물을 아래에 둔다 말씀하실 때에 만물을 그의 아래에 두신 이가 그 중에 들지 아니한 것이 분명하도다 ²⁸ 만물을 그에게 복종하게 하실 때에는 아들 자신도 그 때에 만물을 자기에게 복종하게 하

---

16) 이는 살전 4:13-18의 경우와 유사하다.

신 이에게 복종하게 되리니 이는 하나님이 만유의 주로서 만유 안에 계시려 하심이라 (⁵¹ 보라 내가 너희에게 비밀을 말하노니 우리가 다 잠 잘 것이 아니요 마지막 나팔에 순식간에 홀연히 다 변화되리니 ⁵² 나팔 소리가 나매 죽은 자들이 썩지 아니할 것으로 다시 살아나고 우리도 변화되리라 ⁵³ 이 썩을 것이 반드시 썩지 아니할 것을 입겠고 이 죽을 것이 죽지 아니함을 입으리로다)

위의 진술에는 시간에 대한 단어가 많이 나온다. 여기서 죽은 자의 부활에 시간적인 순서를 부여하려는 바울의 관심이 나타난다. 곧 죽은 자의 부활이 아직 일어나지 않은 미래에 생길 일임을 강조하는 것이다²²절: ²³절, "그가 강림하실 때". 여기서 바울은 종말론의 완성이 현재에 이미 성취되었다고 여기는 열광주의에 수정을 가한다. 종말에 일어날 극적인 사건의 순서를 묘사하는 것은 바울의 관심사가 아니다. 있을 법한 종말의 심판이나 예수님의 재림 때 살아 있는 자의 운명 등을 언급하지 않는 대신 죽은 자의 육적인 부활을 포함한 모든 것이 그리스도에게 달려있다는 사실이 부각된다.

이어서 15:29-34에서 바울은 권면의 말을 한다.

(15:29-34) ²⁹ 만일 죽은 자들이 도무지 다시 살아나지 못하면 죽은 자들을 위하여 세례를 받는 자들이 무엇을 하겠느냐 어찌하여 그들을 위하여 세례를 받느냐 ³⁰ 또 어찌하여 우리가 언제나 위험을 무릅쓰리요 ³¹ 형제들아 내가 그리스도 예수 우리 주 안에서 가진바 너희에 대한 나의 자랑을 두고 단언하노니 나는 날마다 죽노라 ³² 내가 사람의 방법으로 에베소에서 맹수와 더불어 싸웠다면 내게 무슨 유익이 있으리요 죽은 자가 다시 살아나지 못한다면 내일 죽을 터이니 먹고 마시자 하리라 ³³ 속지 말라 악한 동무들은 선한 행실을 더럽히나니 ³⁴ 깨어 의를 행하고 죄를 짓지 말라 하나님을 알지 못하는 자가 있기로 내가 너희를 부끄럽게 하기 위하여 말하노라

여기서 바울은 믿는 자의 부활이 그리스도교의 소망이라는 사실을 강조한다. 그리고 고린도 교인들과 바울 자신의 삶의 자세를 언급하면서 권면의 말을 한다. 그리스도에 대한 소망이 기독교적 삶을 위한 핵심 사

항임을 가르친다.

이어서 바울은 죽은 자의 부활이 없다는 주장을 뒷받침하는 논지를 두고 육체야말로 하나님의 창조 세계의 특징일 뿐만 아니라[36-41절] 종말론적인 창조의 경우에도[42-49절] 마찬가지라고 하며, 죽은 뒤 온전히 새로워진 육체는 하나님의 창조 의지에 부합한다고 말한다.

(15:35-49) [35] 누가 묻기를 죽은 자들이 어떻게 다시 살아나며 어떠한 몸으로 오느냐 하리니 [36] 어리석은 자여 네가 뿌리는 씨가 죽지 않으면 살아나지 못하겠고 [37] 또 네가 뿌리는 것은 장래의 형체를 뿌리는 것이 아니요 다만 밀이나 다른 것의 알맹이 뿐이로되 [38] 하나님이 그 뜻대로 그에게 형체를 주시되 각 종자에게 그 형체를 주시느니라 [39] 육체는 다 같은 육체가 아니니 하나는 사람의 육체요 하나는 짐승의 육체요 하나는 새의 육체요 하나는 물고기의 육체라 [40] 하늘에 속한 형체도 있고 땅에 속한 형체도 있으나 하늘에 속한 것의 영광이 따로 있고 땅에 속한 것의 영광이 따로 있으니 [41] 해의 영광이 다르고 달의 영광이 다르며 별의 영광도 다른데 별과 별의 영광이 다르도다 [42] 죽은 자의 부활도 그와 같으니 썩을 것으로 심고 썩지 아니할 것으로 다시 살아나며 [43] 욕된 것으로 심고 영광스러운 것으로 다시 살아나며 약한 것으로 심고 강한 것으로 다시 살아나며 [44] 육의 몸으로 심고 신령한 몸으로 다시 살아나나니 육의 몸이 있은즉 또 영의 몸도 있느니라 [45] 기록된 바 첫 사람 아담은 생령이 되었다 함과 같이 마지막 아담은 살려 주는 영이 되었나니 [46] 그러나 먼저는 신령한 사람이 아니요 육의 사람이요 그 다음에 신령한 사람이니라 [47] 첫 사람은 땅에서 났으니 흙에 속한 자이거니와 둘째 사람은 하늘에서 나셨느니라 [48] 무릇 흙에 속한 자들은 저 흙에 속한 자와 같고 무릇 하늘에 속한 자들은 저 하늘에 속한 이와 같으니 [49] 우리가 흙에 속한 자의 형상을 입은 것 같이 또한 하늘에 속한 이의 형상을 입으리라

바울은 하나님의 창조는 근본적으로 육체성을 띤다고 강조한다. 그래서 15:36-41에서 옛 창조를 이야기하고, 42-49절에서 종말론적인 창조와 관련하여 창조의 육체성을 강조한다. 12-34절의 경우 부활이 그리스도인의 소망임이 주된 내용이었다면, 이곳에서는 부활이 죽음 뒤에 오는 전적

인 새 창조라 말한다. 45절은 이미 21-22절에서 언급한 "아담-그리스도-모형론"을 더욱 구체적으로 다룬다. 덧없는 육체를 입은 모든 사람은 아담 안에서 죽게 마련이나, 그리스도 가운데 있는 자는 신령한 육체의 부활을 입는다는 것이다. 그리고 이와 같은 부활은 미래에 있을 것이라는 사실을 재차 강조한다.

부활과 관련하여 열광적인 고린도 교인들은 자신들이 이미 지상에서 부활 상태에 있다고 믿었던 것 같다. 그래서 이들은 종말론적인 구원의 완성은 아직 미래에 있다는 이른바 '종말론적인 유보'를 거부하면서 자신들의 실존을 이미 부활한 실존으로 여겼고 따라서 더 이상의 부활을 받아들일 수 없었다. 이에 대해 바울은 부활은 여전히 미래에 있을 것이며, 그리스도인의 실존은 천상이 아니라 지상에서 성취되어야 함을 강조한다.

바울은 끝으로 15:50-58에서 (23-28절과 같이) 그리스도인이 바라는 미래의 소망인 부활을 완성된 하나님 나라와 연결한다.

(15:50-58) [50] 형제들아 내가 이것을 말하노니 혈과 육은 하나님 나라를 이어받을 수 없고 또한 썩는 것은 썩지 아니하는 것을 유업으로 받지 못하느니라 [51] 보라 내가 너희에게 비밀을 말하노니 우리가 다 잠 잘 것이 아니요 마지막 나팔에 순식간에 홀연히 다 변화되리니 [52] 나팔 소리가 나매 죽은 자들이 썩지 아니할 것으로 다시 살아나고 우리도 변화되리라 [53] 이 썩을 것이 반드시 썩지 아니할 것을 입겠고 이 죽을 것이 죽지 아니함을 입으리로다 [54] 이 썩을 것이 썩지 아니함을 입고 이 죽을 것이 죽지 아니함을 입을 때에는 사망을 삼키고 이기리라고 기록된 말씀이 이루어지리라 [55] 사망아 너의 승리가 어디 있느냐 사망아 네가 쏘는 것이 어디 있느냐 [56] 사망이 쏘는 것은 죄요 죄의 권능은 율법이라 [57] 우리 주 예수 그리스도로 말미암아 우리에게 승리를 주시는 하나님께 감사하노니 [58] 그러므로 내 사랑하는 형제들아 견실하며 흔들리지 말고 항상 주의 일에 더욱 힘쓰는 자들이 되라 이는 너희 수고가 주 안에서 헛되지 않은 줄 앎이라

완성된 하나님의 나라가 도래하면 죽음은 더 이상 세력을 발휘할 수 없게

될 것이며, 종말론적인 육체의 실존을 통해서만 인간은 썩지 않을 하나님 나라에 참여할 것이다. 이미 죽은 그리스도인뿐만 아니라 그리스도의 재림을 체험할 사람들도 마찬가지다. 끝으로 바울은 하나님을 향한 감사의 말과 _{29-34절의 경우와 같이} 권면의 말로 부활 주제를 마친다.

6) 16장 (예루살렘 교회를 위한 헌금 모금과 마감 인사)

이 장은 예루살렘 교회를 위한 헌금 모금의 문제를 다루며, 또한 바울과 디모데의 여행 계획에 대한 언급과 마감 인사를 담고 있다. 예루살렘 교회를 위한 헌금은 모#교회에 대한 경제적인 도움이라는 의미도 있고 _{롬 15:26; 고후 8:13-14; 9:12-13; 갈 2:10}, 동시에 바울이 세운 주로 이방인으로 구성된 교회와 예루살렘 교회의 하나 됨을 나타내는 행위이기도 하다_{롬 15:27; 고후 9:13}. 베르거^{Klaus Berger}는 예루살렘 교회를 위한 헌금을 "이스라엘을 위한 자선 행위"로 볼 수 있다고 하면서 이러한 헌금은 바울 교회가 인정을 받고 이 교회의 독자성을 용납하는 상징이라고 해석한다.[17]

그런데 헌금 모금이 끝난 후 바울은 다음과 같이 걱정을 드러낸다.

(롬 15:30-31) ³⁰ 형제들아 내가 우리 주 예수 그리스도와 성령의 사랑으로 말미암아 너희를 권하노니 너희 기도에 나와 힘을 같이하여 나를 위하여 하나님께 빌어 ³¹ 나로 유대에서 순종하지 아니하는 자들로부터 건짐을 받게 하고 또 예루살렘에 대하여 내가 섬기는 일을 성도들이 받을 만하게 하고

예루살렘 교회가 바울이 모금한 헌금을 받아들이기를 거부할지도 모른다는 걱정이다. 예루살렘에는 애초부터 바울의 헌금을 거부하는 유대 그리스도인들이 있었던 것으로 보인다. 이들은 바울의 전도로 믿음의 길에 들어선 이방인들을 조건 없이 하나님의 백성으로 수용하기를 거부했을 것이다. 또한 이들은 율법 비판적인 바울의 강한 입장을 갈라디아서를 통

---

17) K. Berger, "Almosen für Israel", *NTS* 23 (1976-1977), 180-204.

해 들었을 것이며, 이로 말미암아 바울의 시각에 상당한 거부감을 느꼈을 것이다. 바울의 헌금 사역이 거부된다면 이는 결국 바울이 세운 교회에 대한 거부를 뜻할 것이기에, 바울은 이 헌금 문제를 선교 전략상 예민하며 중요한 문제로 생각했을 것이다.

6. 고린도교회 현상과 종교사적 배경을 둘러싼 논의

고린도교회의 상황을 종교사적 배경에서 설명하려는 세 가지 시도가 있다.[18)]

① 예전에는 고린도교회의 여러 현상을 영지주의 배경에서 설명하려 했다 Lütgert; Schmithals; Schottroff. '지식' Gnosis 에 대한 강조8:1, 영과 자연적 생명의 이원론적 구분2:14-15, 아담 그리스도 모형론15:21- 22, 45-49 의 배경을 영지주의 적 근원 인간 신화와 관련시킨다.

② 초기 유대교의 지혜 사상과 연결하기도 한다. 곧 신비종교적 지혜 사상2:6-16, 몸 soma 에 대한 경멸6:12-20, 은사관12-14장, 지식 존중8:1-6; 13:2, 두 원 인간 표상15:45 등의 요소들은 '솔로몬의 지혜서' Sap Sal 와 아리스토불로스 및 필로를 통해 알려진 알렉산드리아 유대교의 지혜신학에서 영향을 입 었다는 사실을 암시한다G. Sellin.

③ 최근에는 공동체 분열을 일으킨 지혜에 대한 매력이 그리스·로마 철학이나H. D. Betz 수사학에서B. W. Winter 유래된 것으로 여긴다.

7. 바울의 십자가 신학 theologia crucis

고린도전서를 관통하는 신학적 주제는 한마디로 '십자가 신학'이라고 할 수 있다.[19)] 바울이 아마 최초로 '십자가'를 신학적 슬로건으로 만들었

---

18) Ebner/Schreiber, 『신약성경 개론』, 482-484.
19) 김창선, "바울의 십자가 신학", 『21세기 신약성서 신학』, 210-263.

을 가능성이 크다. 십자가 신학은 예수 그리스도가 십자가에서, 즉 영광이 아닌 낮고 비천함 가운데 자신을 계시하셨다는 사실을 그 특징으로 한다. 다시 말해 십자가 신학은 구세주인 예수 그리스도의 십자가 죽음을 선포의 핵심 내용으로 진술한다 고전 1:23; 갈 3:1. 이때 '십자가'는 예수의 고난과 죽음을 가리키는 대체어라기보다, 하나님과 인간에 관한 모든 진술을 규정하는 개념이다. 십자가는 습관적인 생각과 삶의 방식을 근본적으로 비판한다.

바울은 자신이 선포하는 복음을 "십자가의 도/말씀" 1:18이라고 하면서, "예수 그리스도와 그가 십자가에 못 박히신 것 외에는 아무 것도 알지 아니하기로 작정하였다" 2:2고 말한다. 그리스도의 십자가 선포는 곧 복음 선포를 뜻한다. 바울에게 십자가 선포는 세상적 지혜의 말과 대립된 것이다. 그것은 하나님은 지혜 있는 자들의 지혜를 멸하고 총명한 자들의 총명을 멸하는 분이시며 1:19, 세상은 창조를 통해 하나님을 알 수 있는 가능성이 주어졌음에도 하나님을 알지 못한다 1:21-22는 데서 드러난다. 또한 고린도교회는 세상의 미련하고 약한 자들을 선택하여 이루어진 공동체이며, 바울의 고린도 사역 역시 인간의 지혜와 대립된 것이기 때문이다 2:1-5. 바울은 고린도교회에서 일어난 구체적인 질문들에 대해 십자가 신학으로써 대답한다. 십자가 신학은 구원론과 관련하여 중요할 뿐만 아니라, 그리스도인의 실존 이해에 있어서도 중요하다. 고린도전서는 기독론을 그리스도인의 삶에 철저하게 적용한 대표적인 사례이다.

IV

고린도후서

...

· **특징**: 고린도후서는 바울과 고린도교회 사이에 불거진 심각한 갈등을 보여주는 문서로서 예수님을 따르는 고난의 섬김이라는 사도직에 대한 중요한 신학적 증언을 담고 있다. 바울 자신과 관련된 가장 사적인 편지로서 사도 바울 자신의 심정과 신앙의 삶을 엿보게 한다.

· **핵심 메시지**: 바울은 그리스도의 본을 따라 고난으로 점철된 자신의 사도적 실존을 변호하면서, "하나님께서 그리스도 안에 계시사 세상을 자기와 화목하게 하신"5:19 일을 복음으로 선포한다.

고린도전서가 주로 고린도교회 자체의 문제를 다루었다면, 고린도후서는 바울과 고린도교회 사이에 생겨난 심각한 위기 문제를 다루고 있다. 거짓 사도들이 교회에 침투하여 바울의 사도직과 바울의 복음을 비난하여 고린도교회와 바울 사이에 앙금이 생겼으나, 바울은 교인들을 사랑하는 마음을 담아 "눈물의 편지"2:4를 썼고 이를 통해 다시 화해에 이르렀음을 감사한다. 그렇게 바울은 하나님의 종으로서 감내해야 했던 긴 고난의 여정을 제시6:3-10하면서 교회를 사랑하는 복음선포자의 길이 무엇인지를 가르친다.

적대자들의 비난과 공격에 자극을 받은 바울은 자신의 환상적 체험과 선교 사역에서 접한 일련의 고난에 대해서 말한다[11:23 이하]. 고린도교회를 위한 뜨거운 애정과 걱정을 부드러운 어조로 말하는가 하면, 자신의 사도직을 위협하는 적대자들을 "거짓 사도"[11:13]며 "사탄의 일꾼"[11:15]이라고 강렬하게 공격하기도 한다. 이 서신 안에서 우리는 바울 개인의 문제가 선포 내용과 밀접하게 맞물려 있음을 본다.

1. 고린도후서의 생성 관계

바울의 고린도에 보내는 첫 번째 편지를 디모데를 통해 전달받은 뒤에[고전 16:10-11; 4:17], 고린도교회 안에 팔레스타인·시리아 지역 출신으로 추정되는 카리스마를 지닌 **신령한 사람들로 통하는 선교사들**이 들어온다.[1] 그들은 스스로 하나님의 영이 충만한 사람들로 자처했다. 곧 놀라운 영적 언변 능력을 갖고 있었으며[고후 11:5-6], 무아적 환상적 체험을 했고[12:1], 기적의 능력을 행하는 사도의 징표를 갖고 있다[12:12]고 자랑했다. 단기간에 상당수의 교인들이 그들에게 넘어간 것으로 보이는데, 아마 그들이 보여주었던 영적 현상들을 통하여 교인들이 크게 감동을 받았기 때문일 것이다. 바울의 영적 능력을 의심했던 방랑 선교사들은 바울의 사도적 권위가 전혀 근거 없는 허황된 주장이라며 교인들을 자기편으로 만들었고 그 때문에 바울의 권위는 커다란 손상을 입게 되었다.

디모데는 이와 같은 고린도교회의 위태로운 상황을 바울에게 알린다. 그러자 에베소에 머물던 바울은 고린도전서 16:8에서 언급했던 자신의 계획을 바꾸어 고린도교회를 급히 방문하게 된다[54년 가을]. 그러나 고린도교인들과 바울 사이의 관계가 극도로 악화되던 중에 이루어진 이른바 "중간 방문"[54년 가을]에도 불구하고 바울은 교인들을 다시 자기편으로 되돌리

---

1) J. Roloff, *Einführung in das NT*, 116-118.

는 데 실패했을 뿐만 아니라, 한 교인과 격렬한 충돌을 일으키게 된다. 이 사람은 바울을 반대하는 소요의 대변자였던 것으로 보인다고후 2:5-7, "(바울을) 근심하게 한 자"; 7:12 "그 불의를 행한 자".

에베소로 돌아온54년 말경 바울은 자신의 사도직을 변호하는 내용을 담은 날카로운 편지를 "많은 눈물로 써서"2:4 고린도교회로 보낸다. 따라서 이 편지를 **"눈물의 편지"**54년 말경라 부른다.

> (2:4) 내가 마음에 큰 눌림과 걱정이 있어 많은 눈물로 너희에게 썼노니 이는 너희로 근심하게 하려 한 것이 아니요 오직 내가 너희를 향하여 넘치는 사랑이 있음을 너희로 알게 하려 함이라

눈물의 편지의 상당 부분이 고린도후서 10-13장에 담겨 있다. 바울의 동역자 **디도**Titus가 이 편지를 전달한 것으로 보인다참조, 고후 2:13. 완고한 바울과 달리 부드러운 성격을 가졌던 디도는 대화를 통해 교인들과 바울 사이의 갈등을 해소하는 데 큰 역할을 했을 것이다. 당시 갈등이 첨예화된 시점은 바울이 예루살렘 교회를 위한 헌금 모금을 위해 마게도냐와 아가야에 있는 바울의 교회들을 방문하려는 여행 계획55년 초나 여름과 맞물려 있다. 이 여행에 차질이 생기지 않아야 했기에 바울은 에베소에서 디도의 귀환을 마냥 기다리고 있을 수 없었다. 그래서 드로아를 거쳐 마게도냐로, 또 거기에서 고린도로 여행하려고 에베소를 출발한다.

고린도를 떠나 온 디도는 드로아에서 바울을 만나기로 되어 있었으나고후 2:13, 지체됨으로 인해 그곳에서 만나지 못하고 마게도냐에서 바울을 만난다. 이때 디도는 고린도 교인들이 바울과 화해의 준비가 되어 있다는 기쁜 소식을 바울에게 전해준다7:5-7.

> (7:5-7) 5 우리가 마게도냐에 이르렀을 때에도 우리 육체가 편하지 못하였고 사방으로 환난을 당하여 밖으로는 다툼이요 안으로는 두려움이었노라 6 그러나 낙심한 자들을 위로하시는 하나님이 디도가 옴으로 우리를 위로하셨으니 7 그가

온 것뿐 아니요 오직 그가 너희에게서 받은 그 위로로 위로하고 너희의 사모함
과 애통함과 나를 위하여 열심 있는 것을 우리에게 보고함으로 나를 더욱 기쁘
게 하였느니라

그러자 바울은 갈등을 극복했음을 돌아보는 장문의 편지를 쓴다. 물론
날카로운 내용이 전혀 없지 않으나 전반적으로 화해의 논조를 담은 편지였
다. 바울은 에베소를 떠나 마게도냐에서 고린도로 가는 길에 작성한 이른바
"화해의 편지"를 사용하여, 하나님 나라의 완성을 향한 소망의 대상인 '죽은
자들의 부활'15:12-34 에 관해 진술하고, 마지막 세 번째 단계에서 죽은 자들의
'육적인 부활'15:35-58 에 대해 말한다55년 초엽. 이 편지의 상당 부분이 고린도후
서 1-8장에 담긴 것으로 보인다. 디도가 다시 이 편지를 고린도교회로 전하
고, 헌금 모금을 위한 바울의 방문을 준비한다. 이어서 바울은 헌금사절단과
함께 56년 초엽에 예루살렘을 향해 출발하기에 앞서행 20:1-4, 겨울 동안55/56년
고린도에 머문다.

2. 문학적 통일성의 문제

혹자는 고린도후서가 "바울서신에서 가장 수수께끼 같은 서신"이라고 말
했다.2) 이런 평가는 이 서신의 문학적 통일성 문제를 염두에 둔 말이다. 고린
도전서의 문학적 통일성이 오늘날 학계에서 대체로 인정받는 것과 달리, 고
린도후서의 문학적 통일성은 여전히 의심받는 경향이 있다. 바울서신 중 유
일하게 고린도후서는 후대의 편집자의 손을 거쳐 오늘의 형태를 갖게 된
것으로 진지하게 고려되는 서신이다. 독일 할레 대학교의 신학교수로서 역
사비평학의 창시자로 불리는 젬믈러Johann Salomo Semler, 1725-1791 가 1776년에 고린
도후서 본문에 균열이 있어서 일관된 주석을 하기 어렵다고 말한 이후, 오늘
날 많은 학자는 이 서신은 바울이 기록했던 최초의 형태 그대로가 아니고,
바울 사후 후대의 편집자가 고린도교회로 보낸 몇몇 바울서신을 조합하고

---

2) A. Jülicher/E. Fascher, *Einleitung in das Neue Testament*, Tübingen, 71931, 99.

편집한 것이라고 판단한다. 특히 문제가 되는 단락은 2:14-7:4; 6:14-7:1; 8장; 9장; 10-13장이다.

1:15-2:13에서 바울은 자기 자신과 고린도교회 사이의 최근 관계를 돌아본다. 일찍이 예고한 대로[1:15-2:2] 바울은 교회를 방문하는 대신 "많은 눈물로" 써 보내자[2:4], 교회가 그의 뜻에 순종하는 가운데 바울을 모욕한 한 교인을 처벌했다. 어떻게 바울이 이 편지의 성과에 대해 알게 되었는지 여기에선 밝히지 않는다. 7:5-12에서 비로소 디도가 그러한 소식을 전해주었다는 사실이 드러난다. 그런데 2:12-13에서 바울이 디도를 만나기 전, 눈물의 편지가 가져온 성과에 관해 아직 모르고 있던 때 바울의 불안한 마음을 묘사한다. 이어지는 2:14에서 자신의 사도직을 변호하는 장황한 변론을 시작한다. 7:5에 가서야 비로소 2:13의 이야기가 이어진다. 이미 요한네스 바이스는 2:13과 7:5이 "마치 깨어진 반지의 단면처럼" 서로 짝을 이룬다고 했다[J. Weiss, 1910, 265].

또한 6:14-7:1이 현재의 문맥과 잘 어울리지 않고, 단 한 번 나타나는 단어들[Hapaxlegomena]이 반복되며[3] 비바울적인 성향을 나타내는 어휘와 논증방식[성경 인용 도입 양식("하나님께서 이르시되", 16절); 여러 성경 인용문을 나열한 형태(16-18절)]이 특이하며, 기존의 바울신학에 낯선 표상들[불신자와 결별할 것을 요구(14절); 육과 영의 오염과 정화(7:1)]이 한꺼번에 나타난다. 반면 6:13과 7:2는 서로 매끄럽게 연결되기 때문에 그 중간에 놓인 단락은 삽입된 것 같다는 인상을 준다.

또한 헌금에 대한 8장과 9장은 예루살렘 교회를 위한 헌금 모금에 관한 주제를 두 번 언급하나, 서로 관련이 없어 보인다. 그런데 9:1의 "성도를 섬기는 일[=헌금 모금]에 대하여"는 새 주제가 시작됨을 알린다. 8:1-5에서 바울은 마게도냐 지역에서 헌금 모금이 완료된 것으로 말하나, 9:2에서는 여전히 진행 중인 것으로 묘사한다.

---

3) 다음의 단어들은 신약성경에 오직 한 번만 나타난다. ἑτεροζυγέω 멍에를 함께 매다 6:14; συμφώνησις 조화 6:15; Βελιάρ 벨리알 6:15; συγκατάθεσις 일치 6:16. 또한 6:18의 θυγατέρα ς 딸들은 바울서신 중 이곳에만 나온다.

문학적 통일성 문제와 관련해 가장 중요한 문제는 10-13장과 1-9장과의 관계이다. 1-9장은 바울과 고린도교회 사이의 신뢰 관계를 전제한다. 그에 걸맞게 바울의 논조는 덜 변호적이며, 덜 공격적이고, 객관적이다. 그러나 10:1부터는 시종일관 날카롭고 공격적인 바울의 어조가 지배한다. 이러한 변화는 납득하기 어렵다. 8-9장에서 호소한 헌금 모금의 열의를 식힐 수 있기 때문이다. 1-9장은 바울은 교회와 가졌던 갈등을 넘어선 후 교회와 다시 화해한 상태를 나타낸다. 그러나 10-13장은 적대자들이 교회에 끼치는 영향에 대해 전심을 다해 싸우는 갈등 상황을 나타낸다. 2:4에 언급된 "눈물의 편지"가 다름 아닌 10-13장에 담겨 있을 수가 있다. 이렇게 보면, 10-13장이 1-9장보다 더 오래된 것으로 드러난다.

오늘날은 보통 고린도후서에서 2개의 편지를 구분하는 이분 가설 혹은 3개의 편지를 구분하는 삼분 가설이 우세하다.[4] 이분 가설의 경우, 대체로 1-9장과 10-13장을 구분하는 가운데, 10-13장을 먼저 작성된 "눈물의 편지"로 보고 1-9장을 나중에 작성된 것으로 여기는 학자들이 있는 반면 A. Hausrath; J. H. Kennedy; H.-J. Klauck, 그 역으로 생각하는 학자들도 있다 H. Windisch; C. K. Barrett; V. P. Furnisch.

삼분 가설을 지지하는 학자들은 보른캄을 의지하면서[5] 다음의 세 가지 편지가 고린도후서에 담겨 있다고 여긴다 W. Schmithals.

• 고린도후서 2:14-7:4 (첫째 편지): 사도직에 대한 바울의 첫 번째 변호를 담고 있다. 이는 고린도교회에 들어온 바울의 적대자들을 겨냥한 것이다. 이 서신에도 불구하고 상황이 더욱 나빠져 한 교인과 격렬한 충돌 바울은 "중간 방

---

4) 참조, R. Bieringer, "Teilungshypothesen zum 2. Korintherbrief. Ein Forschungsüberblick", R. Bieringer, J. Lambrecht, *Studies on 2 Corinthians*, Leuven, 1994, 67-105.

5) G. Bornkamm, "Die Vorgeschichte des sog. Zweiten Korintherbriefes", *Glaube und Geschichte* 2. Teil (Ges. Aufsätze Vol. 4), 1971, 162 이하. ① 바울 사도직에 대한 변호를 담은 편지(2:14-6:13; 7:2-4), ② 눈물의 편지(10-13장), ③ 화해의 편지(1:1-2:13; 7:5-16; 8장; 13:11-13), ④ 헌금 편지(9장), ⑤ 바울의 것이 아닌 후대의 첨가(6:14-7:1).

문"을 시도했으나 성과가 없었다.

• **고린도후서 10-13장 (눈물의 편지)**: 이어서 바울은 이른바 "눈물의 편지"를 보낸다. 교회에 들어온 바울의 적대자들로 말미암아 교회가 심각한 위험에 처하자 바울이 이에 강력하게 대처하는 내용이다. 이로써 교회가 다시 바울 편으로 돌아온다.

• **고린도후서 1:1-2:13 + 7:5-16 (화해의 편지)**: 이제 바울은 화해의 편지를 보낸다. 분쟁이 끝났다는 것과 바울에게 모욕적인 말을 했던 사람에 대한 용서2:5-11를 내용으로 한다.

롤로프J. Roloff는 역시 삼분 가설을 지지하나 이와는 다르게 나눈다.6) 곧 한 편집자가 이 편지들을 고린도에서 모았고, 헌금 모금을 위한 편지를 헌금에 관한 내용을 담은 화해의 편지 마지막 부분에 끼워 넣고 그 뒤에 두 번째 첨가물로 10-13장을 연결했다:

• **9장 (헌금 모금을 위한 편지)**: 바울이 고린도전서와 중간 방문 사이에 보낸 편지

• **10-13장 (눈물의 편지)**: 고린도교회와의 갈등이 심각해졌을 때 쓴 편지

• **1:1-8:24 (본래의 고린도후서)**: 화해의 방문을 준비하기 위해 마게도냐에서 작성한 편지

최근 고린도후서의 문학적 통일성을 주장하는 입장이 다시 힘을 얻고 있다.7) 이런 주장을 하는 쪽에서는 교회의 상황이 바뀌어 1-9장과 10-13장 사이에 균열이 생겼고, 어느 정도의 시간이 흐른 후에 10-13장이 연결되었다고 설명한다Chr. Wolff; U. Schnelle. 최근에 주석서를 낸 슈멜러Thomas Schmeller는 1-9장과 10-13장 사이의 긴장을 문제로 인정하면서도 고린도후서의 문학

---

6) J. Roloff, *Einführung in das NT*, 118-119.

7) 고린도후서의 문학적 통일성 문제와 관련된 연구사를 참조하라. R. Bieringer/J. Lambrecht, *Studies on 2 Corinthians*, Leuven, 1994, 551-570.

적 통일성을 지지한다. 특히 본문 전승 과정에서 항상 일관된 형태로 전
해 내려왔다는 이유에서다.[8]

3. 단락 나누기

고린도전서와 달리 고린도후서는 주제별로 구성되어 있지 않고, 교인
들과의 갈등 및 그들과의 관계에 대한 성찰이 주를 이룬다.

I.	1:1-11	서문
II.	1:12-2:13	자신의 여행 계획 변경 때문에 비롯된 적대자들의 비난에 대한 바울의 해명
III.	2:14-7:4	바울의 첫 번째 자기 변증(사도직 변호)
	2:14-4:6	그리스도를 통한 바울의 승리(사도는 하나님의 종말론적 영광의 계시자이다)
	4:7-6:10	바울의 약함과 하나님의 능력
	6:11-7:4	바울과 교인 사이의 관계가 완전히 회복되기를 기원
IV.	7:5-16	편지의 전前역사에 대하여(디도가 가져온 소식으로 위로받음)
V.	8:1-9:15	예루살렘 모교회를 위한 헌금 모금의 완결에 대하여
VI.	10:1-13:10	바울의 두 번째 변증(적대자들의 새로운 비난을 반박하면서 사도로서의 자신의 권위를 변증)
	10:1-18	적대자들의 비난 반박
	11:1-12:13	"어리석은 자의 말"(11:16-12:13)
	12:14-13:10	세 번째 방문 전의 권고
VII.	13:11-13	마감어(논쟁 분위기 때문에 매우 간략)

---

8) Th. Schmeller, *Der Zweite Brief an die Korinther (2Kor 1,1-7,4)*, EKK VIII/1, Neukir-
chen-Vluyn, 2010, 36-37.

4. 중심 내용(바울의 사도직을 둘러싼 공격과 변호)

서문에서 바울은 먼저 자신의 사도적 권위를 강조하고 수신자들을 향해 인사를 한다 1:1-2. 고린도전서 머리말에서 언급된 동역자 '소스데네'는 언급하지 않는다. 그는 에베소에 남았다. 이어서 바울은 지금까지 심한 환난 속에서도 자기를 위로해 주셨으며 또 위로하는 자로 세워주신 "위로의 하나님"께 감사를 드린다 3-11절. 특히 아시아에서 있었던 죽음의 위험에서 참조, 11:26 구원해 주셨음에 감사한다 8-11절.

> (1:3-11) [3] 찬송하리로다 그는 우리 주 예수 그리스도의 하나님이시요 자비의 아버지시요 모든 위로의 하나님이시며 [4] 우리의 모든 환난 중에서 우리를 위로하사 우리로 하여금 하나님께 받는 위로로써 모든 환난 중에 있는 자들을 능히 위로하게 하시는 이시로다 [5] 그리스도의 고난이 우리에게 넘친 것 같이 우리가 받는 위로도 그리스도로 말미암아 넘치는도다 [6] 우리가 환난 당하는 것도 너희가 위로와 구원을 받게 하려는 것이요 우리가 위로를 받는 것도 너희가 위로를 받게 하려는 것이니 이 위로가 너희 속에 역사하여 우리가 받는 것 같은 고난을 너희도 견디게 하느니라 [7] 너희를 위한 우리의 소망이 견고함은 너희가 고난에 참여하는 자가 된 것 같이 위로에도 그러할 줄을 앎이라 [8] 형제들아 우리가 아시아에서 당한 환난을 너희가 모르기를 원하지 아니하노니 힘에 겹도록 심한 고난을 당하여 살 소망까지 끊어지고 [9] 우리는 우리 자신이 사형 선고를 받은 줄 알았으니 이는 우리로 자기를 의지하지 말고 오직 죽은 자를 다시 살리시는 하나님만 의지하게 하심이라 [10] 그가 이같이 큰 사망에서 우리를 건지셨고 또 건지실 것이며 이후에도 건지시기를 그에게 바라노라 [11] 너희도 우리를 위하여 간구함으로 도우라 이는 우리가 많은 사람의 기도로 얻은 은사로 말미암아 많은 사람이 우리를 위하여 감사하게 하려 함이라

그런 다음 1:12-14에서 자신의 "정직과 진실" ἁπλότης καὶ εἰλικρίνεια 을 변호하려는 편지 의도를 넌지시 밝힌다. 자기의 고린도교회 사역에 대해 올바로 평가해 주기를 바라는 마음이 담겨 있다.

> (1:12-14) [12] 우리가 세상에서 특별히 너희에 대하여 하나님의 거룩함과 진실함

으로 행하되 육체의 지혜로 하지 아니하고 하나님의 은혜로 행함은 우리 양심이 증언하는 바니 이것이 우리의 자랑이라 13 오직 너희가 읽고 아는 것 외에 우리가 다른 것을 쓰지 아니하노니 너희가 완전히 알기를 내가 바라는 것은 14 너희가 우리를 부분적으로 알았으나 우리 주 예수의 날에는 너희가 우리의 자랑이 되고 우리가 너희의 자랑이 되는 그것이라

정직하지 않다는 적대자들의 비난을 물리치면서 바울은 인간적 욕심을 내세우지 않고 하나님이 원하는 정직과 진실 가운데 자기가 살아왔음에 대해 양심이 증언한다고 말한다.

바울은 고난과 환난으로 이어진 자기의 사도적 삶이 정당하다고 주장하는 **첫 번째 자기 변증**2:14-7:4을 본격적으로 시작한다. 이 부분의 중심 주제는 어떤 사람이 사도적 직분에 적합한 자인지 또 그 적합함이 어떻게 나타나는지에 있다.

> (2:16) 이 사람에게는 사망으로부터 사망에 이르는 냄새요 저 사람에게는 생명으로부터 생명에 이르는 냄새라 누가 이 일을 감당하리요
> (3:5-6) 5 우리가 무슨 일이든지 우리에게서 난 것 같이 스스로 만족할 것이 아니니 우리의 만족은 오직 하나님으로부터 나느니라 6 그가 또한 우리를 새 언약의 일꾼 되기에 만족하게 하셨으니 율법 조문으로 하지 아니하고 오직 영으로 함이니 율법 조문은 죽이는 것이요 영은 살리는 것이니라

바울은 자신의 사역이 모세의 사역을 능가하고, 자신의 사도직은 하나님으로부터 말미암은 것이며 고린도교회의 성령 체험을 통해 입증되었다3:1-18고 답한다. 자신이 받는 고난과 환난이 예수님의 운명과 연결되었으며 동시에 종말에 있을 완성에 동참하는 것을 보증한다고 하면서4:1-5:10, 그 종말론적 완성을 가능하게 만든 그리스도를 통해 하나님이 세상과 화목하게 하신 일, 즉 복음에 대해 증언한다5:11-6:10.

> (5:11-6:10) 11 우리가 주의 두려우심을 알므로 사람을 권하노니 우리가 하나님

앞에 알리워졌고 또 너희의 양심에도 알리워졌기를 바라노라 [12] 우리가 다시 너희에게 자천하는 것이 아니요 오직 우리를 인하여 자랑할 기회를 너희에게 주어 마음으로 하지 않고 외모로 자랑하는 자들을 대하게 하려 하는 것이라 [13] 우리가 만일 미쳤어도 하나님을 위한 것이요 만일 정신이 온전하여도 너희를 위한 것이니 [14] 그리스도의 사랑이 우리를 강권하시는도다 우리가 생각건대 한 사람이 모든 사람을 대신하여 죽었은즉 모든 사람이 죽은 것이라 [15] 저가 모든 사람을 대신하여 죽으심은 산 자들로 하여금 다시는 저희 자신을 위하여 살지 않고 오직 저희를 대신하여 죽었다가 다시 사신 자를 위하여 살게 하려 함이니라 [16] 그러므로 우리가 이제부터는 아무 사람도 육체대로 알지 아니하노라 비록 우리가 그리스도도 육체대로 알았으나 이제부터는 이같이 알지 아니하노라 [17] 그런즉 누구든지 그리스도 안에 있으면 새로운 피조물이라 이전 것은 지나갔으니 보라 새것이 되었도다 [18] 모든 것이 하나님께로 났나니 저가 그리스도로 말미암아 우리를 자기와 화목하게 하시고 또 우리에게 화목하게 하는 직책을 주셨으니 [19] 이는 하나님께서 그리스도 안에 계시사 세상을 자기와 화목하게 하시며 저희의 죄를 저희에게 돌리지 아니하시고 화목하게 하는 말씀을 우리에게 부탁하셨느니라 [20] 이러므로 우리가 그리스도를 대신하여 사신이 되어 하나님이 우리로 너희를 권면하시는 것 같이 그리스도를 대신하여 간구하노니 너희는 하나님과 화목하라 [21] 하나님이 죄를 알지도 못하신 자로 우리를 대신하여 죄를 삼으신 것은 우리로 하여금 저의 안에서 하나님의 의가 되게 하려 하심이니라

(6장) [1] 우리가 하나님과 함께 일하는 자로서 너희를 권하노니 하나님의 은혜를 헛되이 받지 말라 [2] 이르시되 사 49:8 LXX 내가 은혜 베풀 때에 너에게 듣고 구원의 날에 너를 도왔다 하셨으니 보라 지금은 은혜 받을 만한 때요 보라 지금은 구원의 날이로다 [3] 우리가 이 직분이 비방을 받지 않게 하려고 무엇에든지 아무에게도 거리끼지 않게 하고 [4] 오직 모든 일에 하나님의 일꾼으로 자천하여 많이 견디는 것과 환난과 궁핍과 고난과 [5] 매 맞음과 갇힘과 난동과 수고로움과 자지 못함과 먹지 못함 가운데서도 [6] 깨끗함과 지식과 오래 참음과 자비함과 성령의 감화와 거짓이 없는 사랑과 [7] 진리의 말씀과 하나님의 능력으로 의의 무기를 좌우에 가지고 [8] 영광과 욕됨으로 그러했으며 악한 이름과 아름다운 이름으로 그러했느니라 우리는 속이는 자 같으나 참되고 [9] 무명한 자 같으나 유명한 자요 죽은 자 같으나 보라 우리가 살아 있고 징계를 받는 자 같으나 죽임을 당하지 아니하고 [10] 근심하는 자 같으나 항상 기뻐하고 가난한 자 같으나 많은 사람을 부요하게 하고 아무 것도 없는 자 같으나 모든 것을 가진 자로다

위의 단락은 바울의 사도직을 신학적으로 변호하는 **핵심 단락**이다. 복음 선포자의 태도는 화해의 메시지에 합당해야 한다. 바울은 자신이 이러한 원칙에 따라 살아왔다고 말한다. 바울의 권면6:1에 종속된 3-10절은 '고난 목록'의 문체로써 사도적 섬김의 특징을 묘사한다참조, 4:8-10; 11:23-29; 고전 4:11-13. 여기에서 바울은 사도직의 영광은 낮아짐에 있다는 사실을 펼친다. 자기의 사도적 실존은 '화해의 직분'이며 또 '화해에서 나온 삶'임을 역설한다. 율법은 요구만 할 뿐 하나님의 뜻을 이룰 능력을 지니지 못했기 때문에 옛 언약의 직분은 죄와 사망의 세력을 부술 수 없었다. 따라서 새로운 언약의 직분은 그리스도를 통한 하나님의 구원 행위에 근거하여 하나님과의 화해를 선포한다. 그리하여 믿는 자들에게 구원과 새 생명이 보증된다고 역설한다. 특히 5:17에서 바울은 하나님이 그리스도를 통해 화목하게 하시는 구원 사역으로 말미암아 "지금" 믿는 자들에게 새 생명이 약속되었음을 선포한다. 바로 지금이 '은혜의 때이며 구원의 날'6:2이다!

10:1-13:13에는 바울의 **두 번째 자기 변증**이 나온다. 교회에 들어온 적대자들의 비난을 반박하는 긴 변증이다. 바울은 먼저 자신의 개인적인 약점에 대한 비난과10:1-11 '말에 부족하다'는 비난 또 인정 욕구10:12-18를 쫓는다는 적대자들의 비난을 물리친다.

특히 '어리석은 자의 말'Narrenrede, 바보의 말로 불리는 단락 11:1-12:13에 따르면 '어리석음'은 자기 자랑에 있다11:16. 바울은 앞에서 자기 자랑을 비난하였으나10:18-19, 적대자들의 자기 자랑이 고린도 교인들에게 영향을 끼쳤음을 보고 불가피하게 자신도 자랑하지 않을 수 없게 되었다. 하지만 바울은 실제로 자신을 자랑하는 것이 아니라, 고대 희극에 등장하는 어리석은 자의 역할을 행하는 자처럼 말한다. 자신을 의도적으로 바보처럼 드러내어, 미혹된 교인들을 다시 온전한 순종의 길에 들어서기를 바라고 있다10:6. 이 단락의 중심 단락11:16-12:10에서 바울은 자기의 진정한 자랑은 자기의 약함에 있다고 말한다[11:30; 12:5, 9-10].

> (11:30) 내가 부득불 자랑할진대 내가 약한 것을 자랑하리라
>
> (12:5, 9-10) [5] 내가 이런 사람을 위하여 자랑하겠으나 나를 위하여는 약한 것들 외에 자랑하지 아니하리라 … [9] 나에게 이르시기를 내 은혜가 네게 족하도다 이는 내 능력이 약한 데서 온전하여짐이라 하신지라 그러므로 도리어 크게 기뻐함으로 나의 여러 약한 것들에 대하여 자랑하리니 이는 그리스도의 능력이 내게 머물게 하려 함이라 [10] 그러므로 내가 그리스도를 위하여 약한 것들과 능욕과 궁핍과 박해와 곤고를 기뻐하노니 이는 내가 약한 그 때에 강함이라

자신의 약함을 자랑함은 곧 그리스도를 자랑하는 것이다. 이와 같이 자신의 사도직을 변증하면서 바울은 적대자들이야말로 실제로 어리석은 자라는 사실을 밝힌다. 진정한 우월성은 자기 능력을 자랑함이 아니라 고난과 환난 가운데 행한 사역에서 드러나는 것이기에, 바로 이 점에서 바울은 자기야말로 예수 그리스도의 진정한 사도라고 논증한다.

5. 바울의 적대자들은 누구인가

그들은 외부에서 들어온 자들로서[10:12, 18], 자신들의 권위를 내세우며 교회에서 군림하였다[11:20]. 11:22("그들이 히브리인이냐 나도 그러하며 그들이 이스라엘인이냐 나도 그러하며 그들이 아브라함의 후손이냐 나도 그러하며")로 미루어 본다면 바울의 적대자들은 팔레스타인 유대인 출신으로 자신들을 히브리 사람, 이스라엘 사람, 아브라함의 후손이라고 자랑하고 다녔다. 게다가 이들은 자신들이 "그리스도의 일꾼"[11:23]이며, "지극히 큰 사도"[11:5; 12:11]라고 하였다. 이들은 자신들이야말로 바울과는 다른 진정한 사도라는 주장으로 바울을 공격했을 것이다. 바울의 적대자 문제에 대한 네 가지 가설이 있다.[9]

---

9) Ebner/Schreiber, 『신약성경 개론』, 516.

① 바울의 적대자들을 그리스도교를 유대주의화 하려는 역選선교사들로 보는 입장참조, 고후 11:22: 이들은 이방계 그리스도인도 율법 전체, 즉 할례와 정결례를 지켜야 한다고 주장했다J. Gnilka; E. Ellis.10)

② 영적 열광을 고려하여 이들을 영지주의자들로 간주하는 입장: 슈미탈스W. Schmithals는 이들이 고린도전서에 나오는 적대자들과 같은 영지주의자라고 본다.11)

③ 이들을 "신적인 남자"θεῖος ἀνήρ로 자처하던 유대 헬레니즘계 유랑 선교사들로 보는 입장: 이들은 고린도전서의 적대자들과는 다른 무리로서 황홀경 현상, 기적, 성경해석을 통해 자신들이 영적 인물임을 자처했다D. Georgie.12)

④ 바울의 적대자인 "거짓 사도들"11:13을 예루살렘의 원사도들로부터 위임 받은11:5 시찰단으로 보는 입장: 이들은 바울의 사도적 권위를 문제시 하였다E. Käsemann.13)

적대자들이 구체적으로 누구인지 밝혀내기 쉽지 않다. 자신들의 유대인 혈통을 자랑하는 것으로 미루어11:22, 이들이 유대계 그리스도인들인 것은 분명하다. 하지만 이들은 갈라디아서에 나오는 바울의 적대자들과는 다른 무리로 보인다. 유대주의적인 요구할례나 율법 준수와 같은를 제기하지 않기 때문이다. 또한 그들은 야고보의 입장을 대변한다고도 말할 수 없다. 따라서 케제만의 입장도 설득력이 약하다. 적대자들과 충돌한 사건으로 바울과 예루살렘 사이의 관계가 상했다는 보도도 없다.

고린도후서 10-13장에는 바울을 향한 적대자들의 비난의 말이 여러 가지 나온다. 이 비난은 두 가지로 구분할 수 있다. 첫째, 바울의 성격을

---

10) J. Gnilka, *Der Philipperbrief*, 1980, 213; E. E. Ellis, "Paul and His Opponents. Trends in the Research", *Prophecy and Hermeneutic in Early Christianity*, Tübingen, 1978, 80-115.

11) W. Schmithals, *Die Gnosis in Korinth*, ²1965, 110 이하.

12) D. Georgie, *Die Gegner des Paulus im 2. Korintherbrief*, 1964.

13) E. Käsemann, "Die Legitimität des Apostels", K. H. Rengstorf (ed.), *Das Paulusbild in der neueren deutschen Forschung*, ²1969, 475 이하.

비난한다. 바울은 "유순하다"=겁쟁이다. 10:1, "그의 편지들은 무게가 있고 힘이 있으나 그가 몸으로 대할 때는 약하고 그 말도 시원하지 않다"10:10, 바울은 "약하다"11:21, "교활한 자"12:16다. 둘째, 바울의 삶에 대한 비난이다. 바울은 "자기 자신을 천거했다"12:11, "사도의 표와 권위가 없다" 10:8; 13:10, 또한 "사도로서 부양받을 권리를 포기한 것은 고린도 교인에 대한 냉담의 표시이며 동시에 다른 사도들에 비해 자신이 부족함을 인정하는 것이다" 11:5-12:13.

이와 같은 비난에 대해 바울은 자신의 권위를 강조함으로써 자신을 변호한다. 주께서 주신 권세를 당당히 내세운다10:4-11, 말이 어눌하다 해서 지식이 부족한 것은 아니다11:6, 사도로서 부양받을 권리를 포기한 것은 11:20 고린도 교인을 배려했기 때문이며 다른 사도보다 못함을 나타내지 않는다11:7-11, 적대자들의 자랑에 견주어 전혀 부족하지 않다 11:22-23, 자신도 "셋째 하늘에 이끌려 가는" 환상적인 체험을 했다12:1-10, 사도의 표를 갖고 있다표적과 기사와 능력을 행했다. 12:12. 바울은 자신을 변호할 뿐만 아니라, 적대자들에 대하여는 선교를 하는 중에 자신들의 이익을 취하는 자들이라고 강하게 공격한다. 고린도후서 2:17의 "(말씀을) 혼잡하게 하다" 동사는 '카펠류오'καπηλεύω이다. 이 단어의 배후에는 오래된 철학적 어법이 있다. 곧 소피스트들이 자신의 지적 상품을 돈으로 파는 것을 비난하면서 사용한 단어로, 마치 포도주 장사들이 포도주에 물을 섞어 질을 떨어뜨리고 저울을 속여 팔 듯 자신들의 가르침을 파는 것을 염두에 둔 말이다.

바울의 적대자들은 자천하는 글로 고린도교회에서 스스로를 칭찬한다3:1; 10:12, 18. 사도적 권위를 자랑하는 이들에게 바울은 낯선 선교지에 들어와 자신을 떠벌려 자랑하는10:12-13, 15-16 "지극히 큰 사도"라 비꼬아 말한다11:5; 12:11. 또한 바울은 그들을 "거짓 사도"11:13 라 부르며, 다른 하나님과 다른 그리스도를 전파하는11:4 사탄의 하수인으로 이해했다. 바울과 적대자들 사이의 주요 쟁점은 바울의 사도 자격에 관한 것이었다. 그들이 바울의 사도 직분을 인정하지 않았음이 분명하다.

6. 고린도후서 3:7-18, 출애굽기 34:29-35에 대한 그리스도교적 미드라쉬[14]

출애굽기 34:29-35은 율법의 두 판을 손에 들고 시내산에서 내려오던 모세의 얼굴에 광채가 나서 이스라엘 사람들이 그에게 가까이 가기를 두려워하였고, 모세는 그들을 불러 하나님께서 말씀하신 것을 전한다는 내용의 말씀이다. 이스라엘 백성 앞에서 하나님께서 말씀하신 것을 전하면서 모세는 수건으로 자기 얼굴을 가린다. 장막 안에서 하나님과 이야기를 나눌 때는 수건을 벗고 있다가, 나와서는 이스라엘 사람들이 그의 얼굴의 광채를 보지 못하도록 다시 얼굴을 가린다. 여기서 모세 얼굴의 광채는 하나님과 40일을 함께 있음으로^{출 34:28} 말미암은 하나님의 영광의 광채이다. 바울은 옛 언약 시대에 이루어진 출애굽기의 내용을 고린도후서 3:7-18에서 새 언약의 빛에서 해석한다.

> (3:7-18) ⁷ 돌에 써서 새긴 죽게 하는 율법 조문의 직분도 영광이 있어 이스라엘 자손들은 모세의 얼굴의 없어질 영광 때문에도 그 얼굴을 주목하지 못하였거든 ⁸ 하물며 영의 직분은 더욱 영광이 있지 아니하겠느냐 ⁹ 정죄의 직분도 영광이 있은즉 의의 직분은 영광이 더욱 넘치리라 ¹⁰ 영광되었던 것이 더 큰 영광으로 말미암아 이에 영광될 것이 없으나 ¹¹ 없어질 것도 영광으로 말미암았은즉 길이 있을 것은 더욱 영광 가운데 있느니라 ¹² 우리가 이같은 소망이 있으므로 담대히 말하노니 ¹³ 우리는 모세가 이스라엘 자손들에게 장차 없어질 것의 결국을 주목하지 못하게 하려고 수건을 그 얼굴에 쓴 것 같이 아니하노라 ¹⁴ 그러나 그들의 마음이 완고하여 오늘까지도 구약을 읽을 때에 그 수건이 벗겨지지 아니하고 있으니 그 수건은 그리스도 안에서 없어질 것이라 ¹⁵ 오늘까지 모세의 글을 읽을 때에 수건이 그 마음을 덮었도다 ¹⁶ 그러나 언제든지 주께로 돌아가면 그 수건이 벗겨지리라 ¹⁷ 주는 영이시니 주의 영이 계신 곳에는 자유가 있느니라 ¹⁸ 우리가 다 수건을 벗은 얼굴로 거울을 보는 것 같이 주의 영광을 보매 그와 같은 형상으로 변화하여 영광에서 영광에 이르니 곧 주

---

14) "미드라쉬"Midrash 란 (랍비) 유대교의 성경해석 또는 그 결과물을 뜻한다.

의 영으로 말미암음이니라

　예전에는 이 본문을 고린도 서신과 상관이 없는 출애굽기 34:29-35에 대한 바울의 "독립적인 주석"으로 간주하거나[H. Lietzmann], "문학적인 삽입"으로 이해했다[H. Windisch]. 그러나 근래에는 이 단락이 바울이 자신을 사도로 이해하는 부분이라고 여긴다. 바울의 적대자들은 출애굽기 34장의 모세 이야기를 두고 바울과 논쟁을 벌였을 것으로 짐작된다. 적대자들은 모세의 권위를 끌어들여 자신들이 누구인지를 내세우면서 바울을 공격했을 것이다. 하나님으로부터 계명을 위탁받은 모세는 하늘 지혜의 선포자로서 참으로 놀라운 영광을 나타내지만, 바울의 경우는 그렇지 못하다는 것이다. 이러한 적대자들의 공격에 대해 바울은 출애굽기 34장을 모형론模型論적으로 해석함으로써 반박한다. 바울은 자신이 사도로서 모세의 영광을 가졌을 뿐만 아니라, 모세보다 더 큰 영광을 갖고 있다고 말한다. 모세는 옛 언약을 대표하나, 자신은 종말론적인 새 언약을 대표한다고 보았기 때문이다.

　고린도후서 3:7에서 바울은 옛 언약과 새 언약의 섬김을, 즉 모세의 직분과 자신의 사도 직분을 비교한다. 바울은 모세의 직분을 "죽음의 직분"으로 규정한다. 율법 조문은 "죽이는 것"으로, 하나님의 계명을 어긴 죄인들을 죽음으로 이끈다. 죄인은 하나님의 광채를 견딜 수 없기에 모세의 얼굴을 바라볼 수 없었던 것이다. 바울의 시각에서 이 광채는 "없어질 영광"이다. 구원의 길인 율법은 지나간 낡은 시대에 속한 것이기 때문이다[갈 3:21-25]. 율법의 전달이 영광과 결부되었다면 바울이 행하는 그리스도를 통한 성령의 섬김은 더욱 영광스럽지 않겠느냐는 것이 바울의 생각이다[8절].

　9절에서 모세의 직분은 "정죄의 직분"이라 불린다. 율법을 지키지 못하여 종말의 심판이 초래된다. "의의 직분"은 복음 선포를 가리킨다. 그리스도를 통한 하나님의 화해의 역사로 인해 믿는 자들이 하나님의 의 안으로 들어왔기 때문이다고후 5:21. 이때 바울은 새 언약의 영광이 더욱 크다는 것을 "넘치다"περισσεύω, 고후 10번라는 동사로 표현하고 있다. 10절에서 바울은 "영광되었던 것", 즉 모세의 율법은 새 언약의 영광과 비교하면 더 이상 영광스러운 것으로 불릴 수 없다고 말한다. 11절에서는 "없어질 것"인 옛 언약이 "길이 있을 것"인 새 언약과 비교된다. 그리스도에 대한 신앙이 나타나면 율법은 마감을 고한다롬 10:4.

옛 언약	새 언약
모세의 직분	바울의 직분
죽음과 정죄의 직분	의의 직분
죽음으로 이끄는 율법 조문	성령(섬김)
없어질 영광	길이 있을, 더 큰 영광

이어지는 12-18절에서 바울은 이제까지의 논증에서 결론을 이끌어낸다. 이때 모세의 수건 이야기를 모형론적으로 해석한다. 그리스도 가운데 선사된 자유와 옛 언약의 덮음을 대립시킨다. 영원할 새 언약은 신뢰와 미래를 향한 소망의 토대가 된다. 13절에서 바울은 출애굽기 34:33-35을 동원한다. 바울은 모세처럼 자신의 얼굴을 가릴 수건을 필요로 하지 않는다. 바울은 자신을 신앙 공동체 앞에 다 드러내 놓고 나타난다. 이때 바울은 이스라엘 사람들이 모세 얼굴을 보기를 두려워한 것이 영광의 소멸을 보아서는 안 되기 때문이었다고 해석한다. 바울은 구약의 과정을 그리스도를 통해 충만해진 하나님의 구원 사역과 관련시킨다. 유대인들은 시내산 언약이 그리스도를 통해 옛 언약으로 바뀌었음을 깨닫지 못한다. 그래서 그들은 수건을 벗지 못한 채 구약성경을 읽기에 올바로 깨닫지 못한다. 바울에 따르면, 구약을 온전히 이해할 수 있는 **해석학적 열쇠는 그리스도**

이다. 15절에서는 오늘날의 독자를 향해, 수건이란 이해하지 못하는 마음을 가리킨다고 말한다. 그러나 언제든지 예수 그리스도를 믿게 되면 그 수건이 벗겨지리라고 한다. 17절에서 바울은 구약 인용문에 나오는 "주" Kyrios를 그리스도의 영으로 해석한다. 그리스도의 영은 신앙의 자유를 위한 원천이다. 18절에서 바울은 고린도교회 전체를 염두에 두고 "우리가 다"라는 표현을 쓴다. 믿는 사람들은 이제 수건을 벗은 얼굴로 주의 영광을 거울 보듯 보고 있다고 말한다.

V

로마서

...

- **특징**: 로마서는 가장 중요한 바울서신으로 통하며 바울서신 중 가장 긴 서신으로서 바울 자신이 세우지 않은 교회로 보낸 유일한 서신이다. 바울신학을 종합하는 성격을 가졌으며, 기독교 신학의 핵심을 담은 서신으로 통한다.

- **핵심 메시지**: 예수 그리스도의 대속의 죽음을 통해 하나님의 구원하시는 의가 드러난다는 복음은 유대인과 이방인을 포함하여 죄인 된 모든 인간에게 해당한다는 사실을 선포한다.

로마서는 바울이 선포한 복음의 포괄적인 내용을 담고 있다. 초기 그리스도인들의 신앙고백, 그리스도론, 구원론, 교회론을 망라하는 소중한 내용을 담고 있다. 극단적인 논쟁 서신인 갈라디아서에서 바울은 율법에서 자유로운 복음을 "복음의 진리"로 제시하면서 조금의 타협도 하지 않고 자신의 입장을 첨예하게 표현했다. 그 후에 바울은 전체 교회를 생각하는 가운데 자신의 종래 입장을 한층 정교하게 다듬고 보완할 필요를 느꼈으며, 이러한 상황을 반영하듯 갈라디아서보다 나중에 기록된 로마서는 **바울신학을 종합하는 성격**을 띠고 있다. 갈라디아서에는 바울의 칭의론과 율법 이해가 격렬한 투쟁 상황에서 날카로운 논쟁어로 나타나지만 로마서에는 좀 더 균형 잡히고 원숙한 신학적 성찰을 거친 형태로 나타난다. **루터**는 로마서 강해 머리말[1522년]에서 이렇게 말했다.

> 이 서신은 신약성경의 진정 핵심이며 가장 깨끗한 복음으로, 그리스도인이라면 누구나 단어 하나하나만 아니라 영혼을 위한 매일의 양식으로 이 서신을 다루어야 한다. 이 서신은 아무리 많이 읽어도 거듭하여 조명한다 해도 지나치지 않을 것이며, 오히려 이를 다루면 다룰수록 더욱 더 귀하고 깊은 맛을 느끼게 될 것이다.

이런 의미에서 로마서를 "복음 서신"[1]이라고 한다. 로마서의 수신자인 로마교회에 대해서는 유감스럽게도 전해 내려오는 것이 별로 없다. 바울이 선교하기 전에 이미 로마에 교인들이 있었다는 사실을 알고 있는 사도행전[28:15]도 별다른 정보를 주지 않는다. 이런 이유에서 로마서를 구체적인 서신으로 파악하기보다는 일종의 "교리"[Dogma]로 보려는 경향이 강해졌을 것이다. 그래서 종교개혁자 멜랑히톤[Philipp Melanchton, 1497-1560]은 로마서를 "기독교 교리 요약"[doctrinae Christianae compendium]이라 하였다.[2] 이러한 경향에 따라 로마서는 전통적으로 1-5장[칭의], 6-8장[성화], 9-11장[이스라엘 문제], 12-15장[윤리]으로 구분되곤 했다. 또한 오늘날 여러 학자들은 로마서의 특징을 다음과 같이 이야기한다.

• 쿠스[Otto Kuss] : 로마서는 "신앙의 토대와 사도=바울의 신학적 확신을 거의 조직적으로[systematisch] 들여다볼 수 있도록 한다"[Paulus: Die Rolle des Apostels der theologischen Entwicklung der Urkirche, 1976, 163].

• 필하우어[Philipp Vielhauer] : 로마서는 "복음에 대한 바울의 이해를 주제별로,

---

1) H. Schlier, *Der Römerbrief*, Freiburg/Basel/Wien, ²1979, 8. 슈툴마허[P. Stuhlmacher]는 "칭의 복음에 대한 교과서"라 한다(『로마서 주석』, 장흥길 옮김, 2002, 316).
2) 멜랑히톤의 주저 *Loci Communes*[1521], 초판는 로마서 주석 준비에서 비롯된 작품이다. 1555년판의 우리말 번역: 이승구 옮김, 『신학총론』(크리스챤 다이제스트, 2000).

또한 조직적으로 thematisch und systhematisch 전개한" 서신이다 *Geschichte der urchristli- chen Literatur*, 1975, 174.

- 콘첼만 Hans Conzelmann : (갈라디아서와) 로마서는 "신학적 논설" theologische Abhandlung 이다 *Arbeitsbuch zum Neuen Testament*, 2004, 277.

- 타이센 Gerd Theissen : 로마서는 "서신 형태의 종교적 논문"이고, "성숙한 바울신학의 요약"이다 『그리스도인 교양을 위한 신약성서』, 107, 112.

로마서에 대한 학자들의 이와 같은 평가는 물론 정당하다. 그럼에도 불구하고 로마서가 당시 역사적 상황 가운데 기록된 실제 편지라는 점에는 의심의 여지가 없다. 따라서 이 서신을 올바로 이해하기 위해서는 이 서신을 둘러싼 역사적 질문을 회피할 수 없다. 이미 1836년에 역사신학자 바우르 Ferdinand Christian Baur 는 이 서신의 수신자가 누구이며 무슨 목적으로 기록했는가에 대한 역사적인 질문을 처음으로 제기하였다.[3] 그는 원시 그리스도교 시대를 "베드로적 유대 그리스도교" 진영과 "바울적 이방 그리스도교" 진영 사이에 대립이 지배하던 시기로 파악하면서, 바울을 반대하는 로마에 있는 유대 당파를 겨냥한 서신으로 로마서를 이해했다. 바우르가 제기한 질문은 아직도 완전한 합일점을 찾지 못하였다. 분명한 것은 로마서는 바울이 자신의 선교 사역의 새로운 국면을 준비하는 일과 관련하여 기록된 문서라는 사실이다. 당시 바울은 지중해 동쪽에서 복음 전하는 일을 완수했고, 이제 지중해 서쪽으로 가서 서바나 스페인 까지 복음을 전하려고 계획하고 있었다. 이를 위해 로마를 발판으로 삼고자 했다 15:15-25.

---

3) F. C. Baur, "Über Zweck und Veranlassung des Römerbriefs und die damit zusammen-hängenden Verhältnisse der römischen Gemeinde", *Tüb. Ztschr. f. Theol.* 1836, Heft 3[=동저자, "Historischkritische Untersuchungen zum NT" (*Ausgewählten Werke in Einzelausgaben*, ed. by K. Scholder), Stuttgart, 1963, 147-266].

1. 로마교회

로마에 그리스도교 신앙 공동체가 있었음은 자명하다. 바울이 로마서를 썼다는 것이 그에 대한 명백한 증거이다. 게다가 사도행전 28:15에는 로마의 교인들이 바울을 맞으러 온다는 기사가 있을 뿐만 아니라 15:22-23 참조, 롬 1:13에서 바울이 여러 해 전부터 로마 교인들을 방문하려는 의도를 갖고 있었다고 하는 점 등을 고려한다면, 최소한 주후 40년대 말경에 로마에 이미 그리스도인이 있었을 것으로 추측할 수 있다. 바울이 로마서 16:7에서 칭찬한 부부 "안드로니고와 유니아"도 로마 선교에 참여했을 것으로 추정된다.

로마의 역사가 수에토니우스 Suetonius 가 주후 120년경에 쓴 기록에서 클라우디우스 황제41-54의 삶을 보도하면서Vita Claudii 25 로마에 있는 유대인들의 소요를 언급하는데, 이 소요의 주동자가 "크레스투스" Chrestus 였다고 했다("유대인들이 자기들의 선동자인 크레스투스로 말미암아 계속하여 소요를 일으켰기 때문에, 그클라우디우스는 그들을 로마에서 추방했다").4) 여기서 언급된 "크레스투스"는 의심의 여지 없이 예수 그리스도를 가리킨다.5) 수에토니우스는 그리스도라는 인물이 로마에 있었다고 생각한 것처럼 보인다. 또한 클라우디우스 황제가 그리스도인들의 움직임과 유대인의 움직임을 구별하지 못하고 모두 유대인들의 소요로 이해했음을 알 수 있다.6) 클라우디우스 황제가 유대인 추방령Claudius-edikt을 내린 것은 주후 49

---

4) 참조, 로마의 정치가이며 철학자인 키케로Cicero는 유대인을 가리켜 "야만적인 미신주의자"라 불렀다 Pro Flacco, 228.

5) 그리스인이라면 '크리스토스' Χριστός 가 사람을 가리킨다고 생각하지 않는다. 중성형 '크리스톤' χριστόν 은 피부에 바르는 크림을 뜻하며, 또한 '네오크리스토스' νεοχριστός 라는 단어는 "방금 새로 칠한"이란 뜻의 형용사이다. 따라서 비유대인의 귀에 '크리스토스'라는 단어는 이상 야릇하게 들렸을 것이고, 그에 따라 당시 노예의 이름 가운데 하나로서 "건장한"의 뜻을 가진 '크레스토스' χρηστός 와 착각할 수 있었다.

6) 네로 황제주 54-68 당시 대략 2만 명 정도의 유대인이 로마에 살았을 것이며, 또한 적어도 다섯 개의 회당이 있었던 것으로 추정된다(참조, D. Zeller, *Der Brief an die Römer*, Regensburg, 1985, 11).

년이었고, 따라서 이때 이미 로마에는 그리스도인들이 있었다고 추정할 수 있다. 베드로나 바울이 로마교회 설립에 관여했다는 흔적은 어디에도 없다. 아마도 로마에 복음이 들어가게 된 것은 어느 사도를 통해서가 아니라, 당시 로마에 있던 여러 유대인 디아스포라를 통해서였을 것으로 짐작된다.7)

당시 로마교회에는 이방인 그리스도인이 압도적으로 많았던 것으로 보인다롬 1:5-6; 1:13; 15:15-16 등. 1:5-6에는 "그로 말미암아 우리가 은혜와 사도의 직분을 받아 그 이름을 위하여 모든 이방인 중에서 믿어 순종케 하나니, 너희도 그들 중에 있어 예수 그리스도의 것으로 부르심을 입은 자니라"는 말이 나온다. 그렇다고 해서 로마교회가 이방인으로만 이루어진 것은 아니고, 유대인 그리스도인들과 이방인 그리스도인들이 공존했던 교회였을 것이다. 본문 가운데 바울이 유대적인 주장에 맞서 논쟁을 벌이고 있다는 사실이 이를 뒷받침한다2:17; 3:1; 4:1; 7:1, 4. 뿐만 아니라, 특히 9-11장이 구약성경과 밀접히 연관되어 있고, 15:7-12이 유대인과 이방인을 함께 염두에 두고 있다는 사실도 이를 증명한다.

2. 로마서의 성격과 기록 목적

로마서가 특정 상황에서 나온 우연의 산물인가 아니면 바울신학의 종합 프로그램을 담은 문서인가를 둘러싸고 의견이 분분하나, 굳이 양자택일의 문제로 볼 필요는 없다. 기록 목적과 관련하여 입장이 다양하다.

① 기독교 신학을 종합한 교리서: 고전적인 견해로 로마서를 기독교 교리 요약서로 간주한다Melanchton, "doctrinae Christianae compendium". 그러나 로마서에는 성만찬이나 공동체의 질서에 관한 언급이 전혀 없을 뿐만 아니라, 기독론과 종말

---

7) A. v. Harnack, *Die Mission und Ausbreitung des Christentums in den ersten drei Jahrhunderten*, [1]1902; [4]1924.

론과 교회론도 단지 미미하게 다루고 있기 때문에 이러한 입장은 설득력이 없다.

② **목회적 목적**: 로마교회의 구체적인 목회 상황과 관련된 지침을 줄 목적에서 기록된 편지로 보는 입장이다. 즉 공동체 내의 갈등롬 14장, 강한 자와 약한 자 해소와 독자적인 가정 교회들을 하나의 통일된 동방 교회로 만들려는 의도에서 보낸 편지로 이해한다.[8] 이는 수신자를 위한 긴 권면의 내용을 담은 14-15장으로부터 로마서를 이해하려는 시각이다. 그러나 바울이 외부인으로서 자기가 세우지도 아니한 로마교회의 문제에 간섭하려 한다고 보는 시각은 납득하기 어렵다.

③ **선교 전략적 목적**: 당시 땅 끝이라고 알려진 스페인까지 복음을 전하려는 원대한 꿈을 가졌던 바울은 일종의 선교 기지Operationsbasis로서 로마교회가 경제적 후원이나 통역자 조달과 같은 도움을 바울에게 줄 수 있으리라 기대했다. 이것은 바울 자신이 밝힌 목적으로서15:23-24, 28 널리 수용된 입장이다 W. G. Kümmel; W. Schenk; E. Käsemann; J. Dunn; R. Jewett.

④ **예루살렘을 위한 변증적 목적**: 바울의 임박한 예루살렘 여행의 배경에서 로마서의 저술 목적을 이해하려는 시각으로 로마서를 예루살렘과의 갈등을 염두에 둔 일종의 변증서로 여긴다G. Bornkamm. 케제만E. Käsemann은 로마의 유대 그리스도인은 예루살렘에 큰 영향을 미칠 수 있었고, 바울은 그러한 로마교회의 도움을 원했다고 한다. 로마서를 "바울의 유언"으로 이해한 보른캄 G. Bornkamm에 의지하여, 저벨J. Jervell은 예루살렘을 로마서의 두 번째 수신자, 곧 숨겨진 내적 수신자로 여기면서 로마서를 사실상 "예루살렘을 향한 편지"로 이해한다.[9] 멘슨T. W. Manson은 바울이 고린도 등지에서 유대인/유대 그리스도인과 벌였던 심각한 논쟁을 돌아보면서 내어놓은 결론으로 로마서를 이해한다.

---

8) F. Chr. Baur, *Über Zweck und Veranlassung des Römerbriefes* …, 1836, 59-178; P. S. Minear, *Obedience of Faith*, 1971; W. Wiefel, "Jüdische Gemeinschaft im antiken Rom und die Anfänge des römischen Christentums", *Jud.* 26 (1970), 65-88.

9) G. Bornkamm, "Der Römerbrief als Testament des Paulus", *Ges. Aufs.* IV (1971), 139; J. Jervell, "Der Brief nach Jerusalem", *StTh* 25 (1971), 61-73.

⑤ 복음의 종합: 바울이 이제까지의 자신의 사역을 돌아보면서 자신이 증언하는 복음에 대한 숙고의 정당성을 로마 교인들에게 제시한 것으로 본다. 로제E. Lohse는 로마서를 이전 서신들에서 사용한 생각과 모티브들을 담은 "복음의 종합"으로 이해한다.10)

⑥ 사도적 친분관계를 쌓으려는 목적: 테오발트에 따르면M. Theobald, *Der Römerbrief*, Darmstadt, 2000, 40-41, 1:5-6, 13-15; 15:15-16에 근거하여 바울은 이방인의 사도로서의 자신의 권위를 인정해 주기를 바라는 마음을 갖고 낯선 로마 교인들과 개인적 친분관계를 맺기 위해 보낸 편지로 이해한다. 그것은 동시에 로마교회를 스페인 선교를 위한 교두보로 얻기 위한 선교 전략적 의도를 염두에 둔 것이다.

던James Dunn이 선교적, 변증적, 목회적 목적을 종합적으로 취할 것을 제안하듯이『로마서 1-8』, 73, 위에서 언급된 다양한 목적의 가능성을 완전히 무시할 수는 없다. 그럼에도 바울이 로마서를 기록하게 된 주된 목적은 다음의 두 가지로 요약할 수 있다. 첫째, 바울이 이방인을 위한 선교사로서의 자의식이 누구보다 강하다는 측면에서 서바나 선교를 위해 낯선 로마 교인들과 친분을 맺고 그들의 단합된 도움을 얻으려는 선교 전략적 목적이 직접적인 동기이다. 둘째, 갈등 관계에 있던 예루살렘 모교회와의 화해를 염두에 두었던 바울은11) 로마교회의 유대 그리스도인들을 향한 자기변호를 위해12) 복음의 핵심을 담은 로마서를 기록한 것으로 보인다. 이것은

---

10) E. Lohse, *Summa Evangelii–zu Veranlassung und Thematik des Römerbriefes*, Göttingen, 1993, 113-119; E. Lohse, *Der Brief an die Römer*, 2003, 46.

11) 이런 뜻에서 하커K. Haaker는 로마서를 "평화의 기록"이라 한다("Der Römerbrief als Friedensmemorandum", *NTS* 36 [1990], 25-41).

12) 휘브너(H. Hübner, "Paulus", *TRE* 26 [1996], 145)가 로마서를 율법에 대한 변호서이며 동시에 선교사며 신학자로서의 바울 자신을 위한 변증서로 본 것은 나름 정당하다. 그는 로마서를 "놀라운 구조를 갖춘 변증론"eine glänzend konstruierte Apologie이라고 하며(*Biblische Theologie des NT II*, 241), 바울서신 전체를 "변증 모음"Corpus Apologeticum으로 이해한다(위의 책, 42). 슈툴마허P. Stuhlmacher 역시 유대주의적 적대자에 대한 변증으로 이해한다(『로마서 주석』, 32-34). 발츠H. Balz는 로마서의 기능을 언급하면서 "선교적, 목회적, 변호적인 관심에서 바울

숨겨진 동기이다.

3. 생성 연대와 저작 장소

서신에는 로마서의 저작 장소가 나오지 않는다. 그러나 로마서 15장을 보면 로마서가 로마제국의 동방에서 선교 사역을 마감하고 서방, 특히 스페인에 복음을 전하고자 한 바울 선교 사역의 전환기에 기록되었으며 15:23-24, 바울이 이와 같은 계획을 수행하기에 앞서 마게도냐와 아가야 지방의 교회에서 모은 예루살렘 모교회를 위한 헌금을 전하기 위해 예루살렘으로 가고자 했다는 사실15:28-29을 알 수 있다.

이를 고려하여 로마서가 바울의 고린도 체류 중인 주후 56년 초엽에 가이오의 집에서16:23 기록되었을 것으로 추정하는 견해가 널리 받아들여진다I. Broer; U. Schnelle; P. Stuhlmacher; D. Zeller. 로마서는 고린도 지방의 항구 거주지 겐그레아의 교회 지도층에 속한 유복한 자매 뵈뵈를 통해 로마로 전달된다는 사실도16:1-2 그것을 뒷받침한다.

4. 로마서의 영향력

로마서가 당시 예루살렘 교회 지도부와 로마교회의 수신인들에게 어떠한 반향을 불러일으켰는지에 대해서는 알려진 바 없지만, 이 서신이 예루살렘 지도부와 바울 사이의 단절이라는 결말을 가져오지 않은 것만은 분명하다. 바울과 베드로가 모두 로마에서 순교했으며, 두 사도를 경외하는 전승클레멘스 1서 5:3-7이 전해진다는 점에서 당시 전체 교회는 논쟁거리였던 사도 바울과 그의 선교 사역을 백퍼센트 수용했다고 추측할 수 있다. 정경 수집 과정에서 로마서가 서신집의 맨 처음Canon Muratori이나 맨 나중𝔓46에 온다는 사실에서도 그 증거를 찾을 수 있다. 로마서가 이런 위치를

특유의 복음 선포를 신학적으로 전개한다"("Römerbrief", *TRE* 29 [1998], 297)고 요약한다.

점한 것은 로마서가 바울의 선포를 종합할 뿐만 아니라 사도 전승의 종합으로 인정받았음을 보여준다.

교회사에서 바울의 로마서만큼 커다란 영향을 끼친 서신은 없다. 이 서신에서 신학의 중요 주제들이 나왔고, 율법과 자유, 은혜와 행함에 관련된 논쟁의 중요한 근거가 되었다. 로마서의 역할은 서구 교회사의 중요한 시점에 두드러졌다. 로마서의 중심 주제에 속하는 칭의론은 전체적으로 보아 고대 교회에서는 영향력이 미미한 편이었다.[13] 로마서의 중요성은 대체로 3세기 이후 고대 교회의 교부신학에서 처음으로 거론되었고, 4-5세기에 이르러서는 특히 서방 교회에서 크게 받아들여졌다. 그리하여 어거스틴Augustinus, 354-430은 펠라기우스와의 논쟁[14]에서 바울의 칭의론을 바탕으로 한 은혜론의 중요성을 강조하면서 새로운 신학적 구상을 완성한다. 또한 바울은 루터와 칼빈 같은 종교개혁자들에게 커다란 영향력을 발휘했고, 이들을 넘어 경건주의 시대에는 "칭의와 성화"라는 바울의 주제가 경건주의 운동의 핵심 개념이 되었다.

또한 로마서는 20세기의 위대한 조직신학자로 통하는 칼 바르트Karl Barth의 사상에 지대한 영향을 미쳤다. 그는 20세기 초 신약성경을 철저히 역사비평적이며 종교사적으로 다루어야 한다는 입장이 절정에 이르렀을 때, 신학적 해석의 우위를 주장하면서 역사비평적 해석에 강하게 저항했다. 이 저항은 역사비평적 성경해석에 대한 근본적인 이의 제기였다. 스위스의 한 작은 마을의 목회자였던 바르트는 1919년에 로마서 주석을 출간했다.[15] 이 책의 서문에서 성경 말씀을 설명해야 하지만 할 수 없는 설교자

---

13) 이와 관련하여: E. Aleit, *Das Paulusverständnis in der Alten Kirche*, 1937.

14) 펠라기우스Pelagius, 350?-420는 구원으로 인도하는 경건한 사람의 선행 역시 하나님의 은혜의 선물이라는 어거스틴의 입장에 반대했다. 만일 그렇다면 인간의 모든 윤리적인 노력은 무의미하다고 보았기 때문이다. 펠라기우스는 세례를 통해 새로워진 그리스도인은 자신의 힘으로 죄짓지 않을 수 있다고 주장했다.

15) 바르트의 로마서 주석1922년 2판은 우리말로 번역되었다. 손성현 옮김, 『로마서』(복있는 사람, 2017).

의 고충을 피력했다. 그렇게 된 것은 "대학에서는 유명한 '역사에 대한 경외'라는 것 외에 다른 것은 가르치지 않았는데, 이것은 근사한 표현이지만 모든 진지하고 경외에 찬 이해와 설명을 그저 포기함을 뜻하기 때문"이라고 밝혔다. 역사적인 성경 연구는 단지 "예비 작업"Vorbereitung에 불과하므로 "역사적인 것을 관통해서 성경의 영 안으로 들여다볼 것"durch das Historische hindurch zu sehen in den Geist der Bibel을, 즉 신학적 해석을 할 것을 바르트는 강력하게 요청했다. 그는 로마서를 수신자를 향해 쓴 '바울의 선포'로서가 아니라 오늘의 인간을 위한 '살아계신 하나님의 말씀'으로 해석하려 했다.16)

5. 로마서에 접근하는 방법

1) **칭의론을 통한 길**: 로마서의 주제를 칭의론으로 이해하고, 서신 전체를 이 시각에서 분석한다. 이렇게 하면 로마서가 종교개혁 시대에 가장 중요한 문서로 받아들여진 이유를 잘 설명할 수 있다. 칭의론을 로마서의 핵심 주제로 보는 것은 현재 독일 학자들을 중심으로 하는 학계의 정설로 통한다. 이에 따르면, 로마서의 핵심 본문을 1:16-17로 보아 "하나님의 의"를 로마서의 전체 내용을 요약하는 중심 주제로 여긴다. 이스라엘 문제가 나오는 9-11장은 1-8장에서 비롯된 내용으로 간주한다. (참고로, 케제만은 칭의론을 "정경 안에 있는 정경"Kanon im Kanon으로 여겼고, 로제E. Lohse는 칭의론을 가난한 자들과 함께하는 하나님의 자비에 대한 예수 선포를 내용적으로 합당하게 해석한 것으로 이해한다.)

2) **종말론적 신비주의를 통한 길**: 종교사학파에 속하는 브레데W. Wrede, 1859-1906는 바울의 칭의론을 그의 핵심 가르침으로 보지 않고, 유대교와 유대 그리스도교와 벌인 논쟁에서 비롯된 바울의 "전투 교훈"Kampfeslehre으로 이해했다.17) 브레데는 6-8장을 로마서의 중심 본문으로 보고, 바울의

---

16) 성경에 대한 이러한 바르트의 태도는 역사적 해석과 신학적 해석을 지나치게 갈라친다는 비판을 받는다.

종말론적인 신비주의를 로마서의 핵심 주제로 여겼다참조, P. Wernle. 즉 그리스도와 연합된 실존롬 6:5, 또는 그리스도 예수 안에 있는 실존8:1이라는 개념을 종말론적인 신비주의로 파악한 것이다.18)

3) 이스라엘 문제를 통한 길: 바울의 문제는 구원의 역사에 놓인 연속성을 훼손하지 않고서 어떻게 이방인을 유대인과 통합하여 하나님의 백성으로 만들 수 있는가에 있었다는 것이다. 따라서 로마서의 중심 본문을 9-11장으로 파악하여, 이스라엘 문제를 로마서 전체의 중심 주제로 보고자 한다. 이와 같은 입장은 이미 '옛 튀빙엔 학파'의 바우르F. Chr. Baur, 1792-1860가 표방했는데,19) 근래에 다시 인기를 얻고 있다. 예컨대 스텐달Krister Stendahl, 1921-2008은 롬 9-11장을 "1-8장의 부록이 아니라 로마서의 정점"으로 보았다"사도 바울과 서방의 자기 성찰적 양심", 1976.

4) 갈라디아서와 비교하는 길: 로마서와 갈라디아서는 그 구조가 비슷하다(I. 교리 부분: 롬 1-11장 / 갈 1-4장; II. 윤리 부분: 롬 12-15장 / 갈 5-6장). 빌켄스Ulrich Wilckens는 갈라디아서 구조와 로마서 구조의 평행성을 다음과 같이 제시한다.20)

갈 2:15-21=롬 3:19-28; 갈 3:6-29=롬 4:1-25; 갈 3:26-28=롬 6:3-5; 갈 4:1-7=롬 7:1-8, 16; 갈 4:21-31=롬 9:6-13; 갈 5:13-15=롬 13:8-10; 갈 5:16-26=롬 8:12-13.

갈라디아교회 상황에 국한되었던 논쟁은 로마서에서 전체 교회를 향한 포괄적인 변증으로 바뀌었다.

---

17) W. Wrede, *Paulus*, Halle, 1904, 72. 브레데의 글은 다음 책에서도 찾을 수 있다. K. H. Rengstorf (ed.), *Das Paulusbild in der neueren deutschen Forschung*, Darmstadt, ³1982, 1-97.

18) 조직신학자 틸리히Paul Tillich의 다음 진술을 참조하라: "칭의론이 바울에게 중요한 것이나, 그것이 그의 신학의 중심은 아니었다. 중심에 있었던 것은 성령에 대한 그의 체험과 가르침이었다"(『19-20세기 프로테스탄트 사상사』, 대한기독교서회, 2004, 38). 또한 콘스탄틴 캠벨, 『바울이 본 그리스도와의 연합』(새물결플러스, 2018).

19) "Über Zweck und Veranlassung des Römerbriefs", 70. 또한 St. Neill, *The Interpretation of the New Testament 1861-1961*, 1964, 184; F.-W. Marquardt, *Die Juden im Römerbrief*, 1971, 3.

20) U. Wilckens, *Der Brief an die Römer I*, ²1987, 48.

6. 로마서의 통일성

로마서가 바울의 작품이라는 사실에 대해서는 이론이 없다. 그러나 15-16 장과 관련해서 문헌비평적인 논란이 있다. 2세기에는 15장과 16장이 없는 로마서 본문이 있었는데, 오리게네스 *Römerbrief*; Tertullian, *Gegen Marcion*, 5,14 는 이 본문은 마르키온의 본문이었다고 하였다. 이 축약된 로마서 본문을 마르키온이 전승에서 물려받았는지 아니면 자신이 만들었는지는 확실하지 않다. 어쨌든 이와 같은 마르키온의 본문은 서방 교회에 영향을 끼쳐, 14:23과 16:25-27송영로 이루어진 로마서의 서방본문이 전해진다.[21]

바우르는 15장의 진정성을 의심했으나 *Paulus*, 1866, 394-403, 15-16장 없이 14:23로 끝나는 로마서의 결론은 적절하지 못하다. 바울이 통상적으로 하던 인사말이 빠졌기 때문이다 제의적인 목적에서 16:25-27이 첨가된 것으로도 볼 수 있다. 아마 이런 이유로 16:25-27의 장엄한 송영이 만들어져 첨가된 것으로 간주할 수 있다. 학자들은 이 송영 부분이 본래의 본문에 속하지 않았을 것으로 추측한다.[22] 15:33의 마지막 축복의 말과 중복되기 때문이다.

혹자는 로마교회를 알지 못하면서도 26명의 교인 이름을 거론하며 인사하는 내용을 담은 16장을 본래 로마서에 속한 본문으로 여기지 않고, 에베소교회로 보낸 독립된 서신이 나중에 로마서에 첨가된 것으로 여긴다W. Schmithals; E. Käsemann. 그러나 낯선 로마교회에 자신을 소개하면서 원만한 관계 형성을 위해 개인적 관계망을 총동원한 것으로 생각하면, 16장도 본래 서신에 속했을 것으로 보는 것이 무난하다. 결국 로마서 본문 전승을 고려해 보면 본래 본문은 1:1-16:23을 포함했으리라는 가정이 가장 설득력이 있다 E. Lohse; W. H. Ollrog. 축복 기원을 담은 16:24 "우리 주 예수 그리스도의 은혜가 너희 모든 이에게

---

21) "다수 본문"(Mehrheitstext: <1:1-14:23>+<16:25-27>+<15:1-16:23>+<16:24>). Marcion, Origenes (1:1-14:23). $\mathfrak{P}^{46}$(<1:1-15:33>+<16:25-27>+<16:1-23>). $\mathfrak{P}^{61}$, ℵ, B, C(<1:1-16:23>+<16:25-27>).

22) 그러나 슈툴마허는 16:25-27도 원래 로마서 본문에 속한 것으로 간주한다(『로마서 주석』, 장흥길 옮김, 장로회신학대학교 출판부, 2002, 405-407, 423).

있을지어다"은 네스틀레-알란트Nestle-Aland, 27판; 28판의 그리스어 신약성경 텍스트에 빠져있는데, 최근에 와서 이를 본래 본문에 속한 것으로 여기는 학자들이 점차 늘고 있다.[23]

7. 단락 나누기

I.	1:1-17	**도입부**
	1:1-7	머리말 (Präskript: 발신자, 수신자, 인사말)
	1:8-17	시작하는 말 (Proömium)
	1:16-17	주제: (믿음을 통해 인간을 구원하시는) 하나님의 의에 관한 복음
II.	1:18-11:36	**(첫째 본론): 유대인과 이방인 모든 이를 위한 구원**
	1:18-8:39	하나님의 의
	1:18-3:20	보편적인 죄성과 하나님 의의 필요성
	3:21-4:25	믿음의 의인 하나님의 의
	5:1-8:39	하나님의 보편적인 구원 사역에 근거한 구원의 완성과 기독교적인 소망 [5장(죽음에서 자유); 6장(죄에서 자유); 7장(율법에서 자유); 8장(그리스도인의 자유와 성령 안에서의 삶)]
	9:1-11:36	하나님의 의와 이스라엘의 구원 문제
III.	12:1-15:13	**(둘째 본론): 그리스도인의 행동 윤리**
	12:1-13:14	그리스도인의 기본적인 생활 지침
	14:1-15:13	강한 자와 약한 자의 공동생활 관련 구체적인 지침
IV.	15:14-15:33/16:23(24)	**마감 진술**
	16:25-27	**(첨가?) 송영**

---

23) 예컨대 U. Borse, "Das Schlußwort des Römerbriefes", *SNTU* A 19 (1994), 173-192; K. Haacker, *Der Brief des Paulus an die Römer*, Leipzig, [4]2012, 389-390.

8. 중심 내용

그리스어 본문으로 한 문장인 머리말1:1-7은 헬레니즘적 서신 양식을 따라 발신인, 수신인, 인사말로 이루어져 있다.

(1:1-7) [1] 예수 그리스도의 종 바울은 사도로 부르심을 받아 하나님의 복음을 위하여 택정함을 입었으니 [2] 이 복음은 하나님이 선지자들을 통하여 그의 아들에 관하여 성경에 미리 약속하신 것이라 [3] 그의 아들에 관하여 말하면 육신으로는 다윗의 혈통에서 나셨고 [4] 성결의 영으로는 죽은 자들 가운데서 부활하사 능력으로 하나님의 아들로 선포되셨으니 곧 우리 주 예수 그리스도시니라 [5] 그로 말미암아 우리가 은혜와 사도의 직분을 받아 그의 이름을 위하여 모든 이방인 중에서 믿어 순종하게 하나니 [6] 너희도 그들 중에서 예수 그리스도의 것으로 부르심을 받은 자니라 [7] 로마에서 하나님의 사랑하심을 받고 성도로 부르심을 받은 모든 자에게 하나님 우리 아버지와 주 예수 그리스도로부터 은혜와 평강이 있기를 원하노라

이는 바울서신 가운데 가장 긴 형태의 머리말이다. 여기서 바울은 자신을 예수 그리스도의 사도로 소개한 다음1절, 자신이 선포하는 복음의 내용을 3-4절 말한다. 3-4절은 바울 이전 시대의 전승으로 초기 유대 그리스도인들의 믿음 양식문Glaubensformel에서 유래한 것이다.[24]

(예수 그리스도,) 그는 육신으로는 다윗의 혈통에서 나셨고,
성결의 영으로는 죽은 자들 가운데서 부활하사 능력으로
하나님의 아들로 선포되셨다 =삼으셨다

바울은 인용문 앞에 "그의 아들에 관하여"를, 뒤에 "우리 주 예수 그리스도"를 첨가한다. 이 진술이 바울 이전 시대에서 유래한[25] 것임은 다음

---

24) 그러나 하커K. Haacker는 이 구절을 바울 이전 전승에서 유래한 인용문이 아니라, 단지 몇몇 전통적인 표현을 의존한 것으로 이해한다(*Der Brief des Paulus an die Römer*, 2012, 27).

25) 원시그리스도교의 신앙고백전승으로 간주되는 구절: 롬 3:25-26 (하나님 의의 계시); 4:25 (그리스도의 죽음과 부활에 대한 구원의 의미); 6:37-38 (세례신학); 8:3, 32, 34 (하나님 아들의 파송과 헌신).

의 사실에서 드러난다: 문장의 평행 구조Parallelismus membrorum; 분사 구문 양식; 동사의 선행; 관사의 생략; 바울에게 생소한 표현들("다윗의 혈통"; ὁρίζειν 확정하다; "성결의 영"; "육과 영"을 바울은 보통 인간론적인 의미로 사용하며 천상과 지상 영역을 가리키는 뜻으로 사용하지 않는다).

이 믿음 양식문은 예수님은 실제 고대하던 다윗의 자손 메시아이나, 하나님이 그를 부활시킴으로 주님 되시는 하나님의 아들로 삼았다고 말한다. 따라서 다윗의 아들이 하나님의 아들로 고양되었다는 "두 단계 기독론"Zweistufenchristologie이 여기에 담긴 것으로 보인다그러나 "양자" 사상은 아니다!.

바울은 수신인인 로마의 그리스도인들을 "예수 그리스도의 것으로 부르심을 받은 자"6절, "하나님의 사랑하심을 받은 자"며 "성도로 부르심을 받은 자"7절라고 부른다. 다른 서신들의 경우와 달리 공동 발신자의 이름을 언급하지 않고 자신을 로마교회에 소개한다. 아마도 자기가 전하는 복음을 변호하려는 의도 때문이었을 것이다. 이어서 로마 교인들의 믿음과 관련된 감사의 말8-12절과 로마에도 복음 전하기를 원하는 바울의 의도를 담은 자전적 회고를 간단하게 한다13-15절.

도입부의 마지막에 속하는26) 1:16-17에서 바울은 **로마서 전체의 주제**를 밝힌다.27)

---

26) O. Michel; E. Käsemann; D. Zeller; C. Perrot; J. Dunn; P. Stuhlmacher; E. Lohse; Conzelmann/Lindemann; J. Roloff; I. Broer; R. Jewett; K. Haacker. 그러나 1:16-17을 본론의 시작으로 여기는 학자도 있다(U. Schnelle, *Einleitung*, 136; Ebner/Schreiber, 『신약성경 개론』, 431).

27) 이 구절을 로마서의 주제 또는 바울신학의 요약으로 여기는 전통적인 입장(Th. Zahn; A. Nygren; O. Kuss; E. Käsemann; K. Barth; J. Dunn; E. Lohse 등)에 반대하는 시각도 있다. 하커는 16-17절을 1-4절과 9절의 뒤를 이어 복음에 관한 진술로 넘어가는 바울의 세 번째 자기 진술로 이해하면서, 3-4절이 "예수에 관한 선포로서의 복음"에 대해 다룬 반면, 16-17절은 그 선포가 듣는 이에게 끼치는 영향을 다룬 것으로 이해하고자 한다. 따라서 좁은 공간1장에 복음에 대한 상이한 두 가지 이해3-4절=복음에 대한 전승; 16-17절=복음에 대한 바울 자신의 구상 가 나타나는 것으로 보는 보른캄의 입장(*Paulus*, 128)에 반대한다. 또한 로마서는 논문이 아니기 때문에 하나의 주제를 갖고 있다고 볼 수 없다는 관점에서 이 구절을 바울이 제시한 단지 하나의 프로그램으로 간주한다(*Der Brief des Paulus an die Römer*, Leipzig, 2012, 40).

(1:16-17) ¹⁶ 내가 복음을 부끄러워하지 아니하노니 이 복음은 모든 믿는 자에게 구원을 주시는 하나님의 능력이 됨이라 먼저는 유대인에게요 그리고 헬라인에게로다 ¹⁷ 복음에는 하나님의 의가 나타나서 믿음으로 믿음에 이르게 하나니 기록된 바 오직 의인은 믿음으로 말미암아 살리라 함과 같으니라

이 구절은 로마서 교훈 부분^{1:18-11:36}과 관련된 핵심 주제이며, 동시에 바울의 프로그램을 담은 중요한 구절이다. 바울이 선포하고자 하는 복음이란 단순한 메시지가 아니라, 모든 믿는 자에게 구원을 가져다주는 "하나님의 능력" δύναμις θεοῦ의 말씀이다 참조. 롬 4:17, 21 죽음에서 생명을 이끌어내는 능력; 11:23 긍휼의 뿌리에 접붙여주는 능력. 이 말씀은 다름 아닌 "십자가의 말씀"고전 1:18과 동일하다. 구약성경에 익히 알려져 있던 "하나님의 말씀" 모티브사 40:8가 이제 그리스도교화 되었고, 능력 있는 십자가의 말씀은 또 다른 능력의 말씀으로 통하는 토라율법를 대체한다.²⁸⁾ 16절에서 바울은, 구원의 참된 능력은 율법이 아니라 십자가이고, 오직 하나님만이 주시는 구원의 말씀이 구원사의 도식에 따라 우선은 유대인에게, 이어서 이방인의 대표인 헬라인에게 주어진다고 말한다.

이어서 17절은 하나님의 의에 대한 복음을 강조한다. 여기서 "하나님의 의" δικαιοσύνη θεοῦ 개념은 '하나님은 의로운 심판관이며 그의 심판은 의롭다'는 구약성경적 의미시 9:9; 96:13; 98:9 나 유대 전통적인 의미PsSal 2:32; 4:24; 1QS 10:11-12; 11:2-3; 1QH 4:30-32로 사용된 것이 아니라, 하나님이 베푸시는 구원의 의를 가리킨다. 그것은 18절에 나오는 "하나님의 진노"와 대립된 개념이다.

"하나님의 의"에 대한 바울의 이해를 둘러싼 논란이 있다. 먼저 바울의 **"하나님의 의"를 종말론적이고 구원론적인 권세**Macht로 이해하는 학자들은 A. Schlatter; E. Käsemann; Chr. Müller; P. Stuhlmacher 1:16-17에 평행어들, 곧 *"δύναμις"*능력

---

28) C. Perrot, 『로마인들에게 보낸 편지』, 백운철 옮김 (가톨릭출판사, 2001), 56-57. 여기에서 삐로는 미드라쉬 메킬타 15:2, 13를 언급한다. "당신은 당신의 능력, 즉 율법을 통하여 백성을 인도하십니다."

와 "ἀποκαλύπτεται"나타나다가 나오는 것이 그런 해석을 뒷받침한다고 여긴다. 또한 루터의 해석 전통을 따라 "하나님의 의"를 **칭의의 선물**Gabe로 이해하려는 시도도 있다R. Bultmann; H. Conzelmann; G. Klein; E. Lohse. 특히 빌립보서 3:9에 의거해("내가 가진 의는 율법에서 난 것이 아니요 오직 그리스도를 믿음으로 말미암은 것이니 곧 믿음으로 하나님께로부터 난 의라") 그러한 주장을 한다. 이곳에 '율법에서 나온 자신의 의'와 대립된 개념으로서 '그리스도를 믿는 신앙을 통해 중개된 하나님께로부터 나온 의' 표상이 나타난다는 것이다.

근자에는 두 가지 입장을 대립된 것으로 보기보다 조화시키려는 경향이 있다. 일반 그리스어 영역윤리나 철학에서 사용되는 '디카이오쉬네'δικαιοσύνη=의는 "구원"/"구조"의 뜻을 담고 있지 않다. 반면 유대/그리스도교적 영역에서 '디카이오쉬네'는 히브리어 '츠다카'צדקה 또는 '체덱'צדק에 대한 번역이다. 이런 관점에서 바울의 "의" 개념에 구원론적 의미가 담긴 것은 헬레니즘적 디아스포라 유대교의 언어 사용과 구분되는 팔레스타인 유대교의 언어 사용을 따른 것으로 보인다K. Haacker, *Römer*, 43-47.

바울은 부활한 주님을 영접한 뒤 하나님의 의란 개념을 새롭게 수용하여, '믿음 가운데 선사되는 하나님의 자비'로 이해한다. 이때 하박국 2:4을 인용함으로써 자신의 진술이 성경에 따른 것이며 동시에 하나님의 섭리에 따른 것임을 말한다.[29] 곧 하박국에서 유래한 "믿음으로 말미암아 살리라"는 진술을 강조하면서 이를 새롭게 주석한다. 이로써 예수 그리스도의 죽음과 부활 가운데 활동하시는 하나님의 구원 사역에 대한 믿음과 신뢰를 강조한다.[30] "믿음으로 말미암아 살리라"17절, ἐκ πίστεως ζήσεται는 진

---

29) 칠십인경은 "의인은 나의 믿음으로 살리라"ὁ δὲ δίκαιος ἐκ πίστεώς μου ζήσεται고 번역한다.

30) 에센파가 남긴 쿰란문서도 하박국 2:4을 "유다 지파에 속한 율법의 모든 행위자들"과 관련시켜 해석한다. 여기서 나타나는 "에무나"는 에센파의 설립자인 "의의 교사"에 대한 신실함을 뜻한다1QpHab 8:1-3. "'그러나 의인은 자신의 믿음으로 살리라'. 이 구절은 유다의 집에서 율법을 지키는 모든 사람과 관련된다. 하나님은 의의 교사에 대해 그들이 보여준 신실함=믿음과

술은 **로마서 전체의 핵심이며 동시에 바울 신학의 요약**이라고 할 수 있다. 여기서 믿음πίστις은 인간의 공적이 아니라 하나님의 능력에 마음 문을 열고 복음의 약속을 전적으로 신뢰하는 인간의 응답이다. "믿음으로 믿음에" 17절는 "오직 믿음으로" sola fide의 차원을 강조하는 수사적 어법으로 이해할 수 있다 E. Lohse. 16-17절의 구원/의는 이어서 나오는 18절의 진노/불의와 대비된다.

서신의 본론은 1:18에서 시작해서 15:13까지 계속된다. 본론은 크게 두 부분으로 나눌 수 있다. 첫 번째 대단원 1:18-11:36은 "하나님의 의" 주제에 대한 논리적인 설명이며, 이어지는 12:1-15:13은 주로 그리스도인의 행동 윤리를 담은 권면이다. 구원의 근거로서의 하나님의 의가 복음 가운데 나타났다는 주제를 바울은 두 방향으로 전개한다.

우선 1:18-3:20에서 인간의 보편적인 죄와 하나님의 진노=심판라는 부정적인 주제negative These를 말한다. 첫머리 1:18-32에서 바울은 죄인 세계에 계시된 하나님의 구원하시는 능력인 복음이 불가피한 것이라고 말한다.

(1:18-32) ¹⁸ 하나님의 진노가 불의로 진리를 막는 사람들의 모든 경건하지 않음과 불의에 대하여 하늘로부터 나타나나니 ¹⁹ 이는 하나님을 알 만한 것이 그들 속에 보임이라 하나님께서 이를 그들에게 보이셨느니라 ²⁰ 창세로부터 그의 보이지 아니하는 것들 곧 그의 영원하신 능력과 신성이 그가 만드신 만물에 분명히 보여 알려졌나니 그러므로 그들이 핑계하지 못할지니라 ²¹ 하나님을 알되 하나님을 영화롭게도 아니하며 감사하지도 아니하고 오히려 그 생각이 허망하여지며 미련한 마음이 어두워졌나니 ²² 스스로 지혜 있다 하나 어리석게 되어 ²³ 썩어지지 아니하는 하나님의 영광을 썩어질 사람과 새와 짐승과 기어다니는 동물 모양의 우상으로 바꾸었느니라 ²⁴ 그러므로 하나님께서 그들을 마음의 정욕대로 더러움에 내버려 두사 그들의 몸을 서로 욕되게 하게 하셨으니 ²⁵ 이는 그들이 하나님의 진리를 거짓 것으로 바꾸어 피조물을 조물주보다 더

슬픔 때문에 심판의 집에서 유다의 집을 구하실 것이다."

경배하고 섬김이라 주는 곧 영원히 찬송할 이시로다 아멘 ²⁶ 이 때문에 하나님께서 그들을 부끄러운 욕심에 내버려 두셨으니 곧 그들의 여자들도 순리대로 쓸 것을 바꾸어 역리로 쓰며 ²⁷ 그와 같이 남자들도 순리대로 여자 쓰기를 버리고 서로 향하여 음욕이 불 일듯 하매 남자가 남자와 더불어 부끄러운 일을 행하여 그들의 그릇됨에 상당한 보응을 그들 자신이 받았느니라 ²⁸ 또한 그들이 마음에 하나님 두기를 싫어하매 하나님께서 그들을 그 상실한 마음대로 내버려 두사 합당하지 못한 일을 하게 하셨으니 ²⁹ [악덕 목록] 곧 모든 불의, 추악, 탐욕, 악의가 가득한 자요 시기, 살인, 분쟁, 사기, 악독이 가득한 자요 수군수군하는 자요 ³⁰ 비방하는 자요 하나님께서 미워하시는 자요 능욕하는 자요 교만한 자요 자랑하는 자요 악을 도모하는 자요 부모를 거역하는 자요 ³¹ 우매한 자요 배약하는 자요 무정한 자요 무자비한 자라 ³² 그들이 이같은 일을 행하는 자는 사형에 해당한다고 하나님께서 정하심을 알고도 자기들만 행할 뿐 아니라 또한 그런 일을 행하는 자들을 옳다 하느니라

바울은 이른바 '자연신학'theologia naturalis 에 관심을 보이지 않고, 하나님 앞에서의 인간의 책임과 거기에서 비롯된 인간의 타락상을 지적하는 데 집중한다. 1:19-21에서는 이방인의 죄는 하나님의 영원하신 능력과 신성을 알면서도SapSal 13:5 하나님을 영화롭게 하지 않는 점이며, 따라서 인간은 변명의 여지가 없다는 사실을 말한다. 수사적으로 잘 짜인 21-31절에서는 하나님을 섬기지 않음과 인간의 불의함을 강조한 뒤, 32절에서 그와 같은 죄인은 죽을 수밖에 없는 존재라고 결론짓는다.

이어서 2장에서 바울은 하나님의 심판을 이야기한다. 인간은 본래 그 행함에 따라 심판받게 된다는 사실을 지적한다(2:6, "하나님께서 각 사람에게 그 행한 대로 보응하시되").

그런 다음 3:1-8에서 바울은 적대자들이 이의를 제기하며 묻는 질문을 다룬다.

(3:1-8) ¹ 그런즉 유대인의 나음이 무엇이며 할례의 유익이 무엇이냐 ² 범사에 많으니 우선은 그들이 하나님의 말씀을 맡았음이니라 ³ 어떤 자들이 믿지 아니하였으면 어찌하리요 그 믿지 아니함이 하나님의 미쁘심을 폐하겠느냐 ⁴ 그럴

수 없느니라 사람은 다 거짓되되 오직 하나님은 참되시다 할지어다 기록된 바 주께서 주의 말씀에 의롭다 함을 얻으시고 판단 받으실 때에 이기려 하심이라 함과 같으니라 ⁵ 그러나 우리 불의가 하나님의 의를 드러나게 하면 무슨 말 하리요 [내가 사람의 말하는 대로 말하노니] 진노를 내리시는 하나님이 불의하시냐 ⁶ 결코 그렇지 아니하니라 만일 그러하면 하나님께서 어찌 세상을 심판하시리요 ⁷ 그러나 나의 거짓말로 하나님의 참되심이 더 풍성하여 그의 영광이 되었다면 어찌 내가 죄인처럼 심판을 받으리요 ⁸ 또는 그러면 선을 이루기 위하여 악을 행하자 하지 않겠느냐 어떤 이들이 이렇게 비방하여 우리가 이런 말을 한다고 하니 그들은 정죄 받는 것이 마땅하니라

첫째 질문은 유대인의 특권이 더 이상 아무런 의미가 없는가 하는 것이다¹⁻²절. 바울은 이러한 이의 제기에 대해 하나님은 참되시기에 "그럴 수 없느니라"⁴절고 항변한다. 두 번째 질문은 우리의 불의가 하나님의 의를 드러나게 한다는 것이 말이 되는 소리인가이다⁵절. 이에 대해 바울은 하나님은 결코 불의하지 않으시다고 다시 항변한다. 바울의 적대자들은 7-8절에서 더욱 날카로운 질문을 제기하나"선을 이루기 위하여 악을 행하자", 바울은 이들에 대해 하나님의 심판이 있으리라고 말한다⁸ᵇ절.

3:9-20에서 바울은 이방인과 유대인이 다 같이 죄 아래에 있기에 하나님의 심판을 기다릴 수밖에 없다고 말한다.

(3:9-20) ⁹ 그러면 어떠하냐 우리는 나으냐 결코 아니라 유대인이나 헬라인이나 다 죄 아래에 있다고 우리가 이미 선언하였느니라 ¹⁰ 기록된 바 의인은 없나니 하나도 없으며 ¹¹ 깨닫는 자도 없고 하나님을 찾는 자도 없고 ¹² 다 치우쳐 함께 무익하게 되고 선을 행하는 자는 없나니 하나도 없도다 ¹³ 그들의 목구멍은 열린 무덤이요 그 혀로는 속임을 일삼으며 그 입술에는 독사의 독이 있고 ¹⁴ 그 입에는 저주와 악독이 가득하고 ¹⁵ 그 발은 피 흘리는데 빠른지라 ¹⁶ 파멸과 고생이 그 길에 있어 ¹⁷ 평강의 길을 알지 못하였고 ¹⁸ 그들의 눈 앞에 하나님을 두려워함이 없느니라 함과 같으니라 ¹⁹ 우리가 알거니와 무릇 율법이 말하는 바는 율법 아래에 있는 자들에게 말하는 것이니 이는 모든 입을 막고 온 세상으로 하나님의 심판 아래에 있게 하려 함이라 ²⁰ 그러므로 율법의 행위로

그의 앞에 의롭다 하심을 얻을 육체가 없나니 율법으로는 죄를 깨달음이니라

인간의 절망적인 상태를 언급함으로써 하나님의 의에 대해 부정적으로 진술했다면1:18-3:20, 이제 바울은 하나님의 의는 다름 아닌 믿음으로 말미암은 의라고 긍정적으로 진술한다positive These, 3:21-4:25. 먼저 21-26절에서 바울은 자신의 핵심 주장을 제시한다.

(3:21-26) [21] 이제는 율법 외에 하나님의 한 의가 나타났으니 율법과 선지자들에게 증거를 받은 것이라 [22] 곧 예수 그리스도를 믿음으로 말미암아 모든 믿는 자에게 미치는 하나님의 의니 차별이 없느니라 [23] 모든 사람이 죄를 범하였으매 하나님의 영광에 이르지 못하더니 [24] 그리스도 예수 안에 있는 속량으로 말미암아 하나님의 은혜로 값 없이 의롭다 하심을 얻은 자 되었느니라 [25] 이 예수를 하나님이 그의 피로써 믿음으로 말미암는 화목제물ἱλαστήριον로 세우셨으니 이는 하나님께서 길이 참으시는 중에 전에 지은 죄를 간과하심으로 자기의 의로우심을 나타내려 하심이니 [26] 곧 이 때에 자기의 의로우심을 나타내사 자기도 의로우시며 또한 예수 믿는 자를 의롭다 하려 하심이라

21-23절은 율법의 요구를 지키지 못하므로 모든 사람이 예외 없이 죄를 지어 빠져나갈 수 없는 멸망의 상태에 놓였으나, 하나님의 구원 사역으로 말미암아 모든 믿는 자에게 구원이 도래했음을 말한다. 21절은 1:18"하나님의 진노가 … 나타나나니"과 대립한다.

이어지는 24-26절에서 바울은 **예수님의 죽음이 속죄**Sühne**를 가져온다**는 사실을 말한다. 이를 설명하기 위해 바울은 핵심적인 제의 상징을 이용한다. 유대교의 대속죄일Yom Kippur에 하나님이 제정하신 제의에 따라 지성소에 피를 뿌림으로써 성전이 정화되고 새로워지듯이레 16장, 이제 예수 그리스도의 죽음을 통해 멸망을 낳는 죄가 제거되었다는 사실을 말한다. 즉 구원을 가져오는 하나님의 의는 하나님 스스로 "화목제물"로 마련한 예수 그리스도에 대한 믿음을 통하여 값없이 선사된 것임을 강조한다. 여기에서 바울은 원시 그리스도교의 신앙고백문25-26절을 인용하면서 거기에

자신의 해석을 덧붙여[31] 이른바 자신의 '칭의론' Rechtfertigungslehre 을 분명히 한다. 칭의론은 인간이 죄를 지음으로 하나님의 진노 아래에 있었으나 하나님이 공개적으로 세우신 화목 제물 예수 그리스도를 믿음으로써 값 없이 의로운 자로 칭함을 받게 되었음을 뜻한다.[32] 그것은 곧 인간이 하 나님의 진노의 심판 1:18; 2:5; 4:15; 5:9 에서 해방되었음을 말한다.

"화목제물"로 번역된 '힐라스테리온' ἱλαστήριον [33] 은 히브리어 '카포렛' כפרת 에 해당하는 말이다. 이것은 본래 지성소에 은밀하게 놓여 있던 언약궤의 덮개를 가리키는데 출 25:17-22, 그리스도인의 '카포렛'은 지성소에 감춰져 있 지 않고 십자가에 달리신 예수 그리스도의 모습에서 모든 사람에게 드러 난다. 그리하여 십자가에 달리신 분이 최종적 속죄의 장소가 되면서 성금 요일이 종말론적 대속죄일이 되고, 예루살렘 성전 제의와 제사장의 중재 는 이제 더 이상 필요 없게 되었다.

계속하여 바울은 값없이 선사된 하나님의 의를 바탕으로 하는 논쟁 구조 가운데 "율법의 행위" ἔργα νόμου 를 통한 자기 자랑은 있을 수 없다고 말하면서 시작된 논의 3:1-8 를 계속한다 3:27-31.

(3:27-31) [27] 그런즉 자랑할 데가 어디냐 있을 수가 없느니라 무슨 법으로냐 행 위로냐 아니라 오직 믿음의 법으로니라 [28] 그러므로 사람이 의롭다 하심을 얻

---

31) 바울 이전 시기에 유래한 신앙고백의 범위를 둘러싸고 학계에 논란이 있다. 불트만이 최초로 제기했고(*Theologie des NT*, 49) 케제만이 확대시킨(*Exegetische Versuche und Besinnun-gen I*, 96-100) 주장에 따르면, 바울은 여기에서 유대 그리스도교 교회의 예전에서 유래한 본 문을 인용한다. 단지 "믿음으로 말미암아" 25절 와 "자기의 의로움을 나타내사" 26절 표현을 다시 사용함으로써 바울 자신의 시각이 강조된 것으로 여긴다.

32) 로제 E. Lohse 가 칭의론을 가난한 자들과 함께하는 하나님의 자비에 대한 예수 선포를 내 용적으로 합당하게 해석한 것으로 본 시각은 정당하다("Jeremias als Ausleger des Römerbriefes", *ZNW* 93, 279-287).

33) 학자마다 다르게 번역한다: E. Käsemann과 K. Haacker "속죄" Sühne; U. Wilckens "속죄 장소" Sühneort; P. Stuhlmacher "속죄물" Sühnmahl; D. Zeller "속죄 희생제물" Sühnopfer; M. Wolter "은혜의 장소" Gnadenort, 대속죄일에 '카포렛' 위에서 거행되는 피의 제의에 상응. 로제 E. Lohse 는 옛 언약의 예 배 대상인 '카포렛'에 그리스도를 비교하는 해석을 반대한다(*Der Brief an die Römer*, 2003, 134-135).

는 것은 율법의 행위에 있지 않고 믿음으로 되는 줄 우리가 인정하노라 ²⁹ 하나님은 다만 유대인의 하나님이시냐 또한 이방인의 하나님은 아니시냐 진실로 이방인의 하나님도 되시느니라 ³⁰ 할례자도 믿음으로 말미암아 또한 무할례자도 믿음으로 말미암아 의롭다 하실 하나님은 한 분이시니라 ³¹ 그런즉 우리가 믿음으로 말미암아 율법을 파기하느냐 그럴 수 없느니라 도리어 율법을 굳게 세우느니라

위의 본문이 언급하는 "하나님의 의"를 하나님의 심판과 동일시해서는 안 된다. 여기서 말하는 하나님의 의는 오히려 하나님의 심판과는 완전히 반대되는 개념이다. 하나님은 아무 조건 없이 예수 그리스도의 대속의 죽음을 통해 당신의 자비를 죄인인 인간에게 나타내심으로써 하나님의 의를 보여주신다. 이런 의미에서 하나님의 의란 "구원"=예수 그리스도과 같은 뜻이다. 위의 진술 가운데 특히 3:25-26이 중요하다. 바울 이전의 전승 양식에서 유래한 이 본문을 통해 바울은 하나님의 의를 한층 구체적으로 설명한다. 하나님의 의는 곧 "예수 믿는 자를 의롭다고 선언하는 의"라는 점을 밝히는 것이다.

이제 바울은 4장에서 창세기 12장에 나오는 믿음의 조상인 아브라함의 예를 든다. 즉 아브라함도 그의 믿음으로 말미암아 의롭게 되었음을 강조하면서, 자신의 "칭의론"이 성경적으로도 옳다고 말한다.

(4:6-13) ⁶ 일한 것이 없이 하나님께 의로 여기심을 받는 사람의 복에 대하여 다윗이 말한 바 ⁷ 불법이 사함을 받고 죄가 가리어짐을 받는 사람들은 복이 있고 ⁸ 주께서 그 죄를 인정하지 아니하실 사람은 복이 있도다 함과 같으니라 ⁹ 그런즉 이 복이 할례자에게냐 혹은 무할례자에게도냐 무릇 우리가 말하기를 아브라함에게는 그 믿음이 의로 여겨졌다 하노라 ¹⁰ 그런즉 그것이 어떻게 여겨졌느냐 할례시냐 무할례시냐 할례시가 아니요 무할례시니라 ¹¹ 그가 할례의 표를 받은 것은 무할례시에 믿음으로 된 의를 인친 것이니 이는 무할례자로서 믿는 모든 자의 조상이 되어 그들도 의로 여기심을 얻게 하려 하심이라 ¹² 또한 할례자의 조상이 되었나니 곧 할례받을 자에게뿐 아니라 우리 조상 아브라

함이 무할례시에 가졌던 믿음의 자취를 따르는 자들에게도 그러하니라 ¹³ 아브라함이나 그 후손에게 세상의 상속자가 되리라고 하신 언약은 율법으로 말미암은 것이 아니요 오직 믿음의 의로 말미암은 것이니라

아브라함이 믿음으로 의롭다 인정받은 때는 할례받기 전[34]이었고 따라서 하나님으로부터 오는 복은 이방인에게도 해당하며11절, 아브라함은 "할례자의 조상"이므로 유대인에게도 이 복이 해당한다고 말한다12절. 4:25에서 바울은 "예수는 우리가 범죄한 것 때문에 내줌이 되고 또한 우리를 의롭다 하시기 위하여 살아나셨느니라"는 (바울 이전 시대에서 유래한) 초기 교회의 신앙고백으로 단락을 마친다.

이어지는 5-8장에서는 4:25의 진술을 상세히 설명한다. 5:1-11에서 우리를 위한 예수 그리스도의 대속의 죽음으로 말미암아 인간이 하나님과 화해 / 화목Sühne을 이루게 되었다는 사실을 말한다. 이제 인간의 불순종으로 인해 깨어진 하나님과 인간 사이의 파트너 관계가 다시 회복되었고, 십자가상에서 평화의 협정을 맺는다(5:1, "우리가 믿음으로 의롭다 하심을 받았으니 우리 주 예수 그리스도로 말미암아 하나님과 화평을 누리자"). 아들의 죽음을 통해 하나님 스스로 화해를 이루셨다5:10-11. 5:12-21에는 이른바 "**아담-그리스도-모형론**"Adam-Christus-Typology이 나온다. 이는 아담을 통해 죄와 죽음이 세상에 들어왔듯이 예수 그리스도의 의로 말미암아 생명이 들어왔다는 것이다.

(5:12-21) ¹² 그러므로 한 사람으로 말미암아 죄가 세상에 들어오고 죄로 말미암아 사망이 들어왔나니 이와 같이 모든 사람이 죄를 지었으므로 사망이 모든 사람에게 이르렀느니라 ¹³ 죄가 율법 있기 전에도 세상에 있었으나 율법이 없었을 때에는 죄를 죄로 여기지 아니하였느니라 ¹⁴ 그러나 아담으로부터 모세까

---

34) 아브라함이 믿음으로 의롭다고 인정받은 것은 창세기 15장에 나오고, 이어 할례받는 이야기는 창세기 17장에 나온다.

지 아담의 범죄와 같은 죄를 짓지 아니한 자들까지도 사망이 왕노릇 하였나니 아담은 오실 자의 모형 Typos 이라 ¹⁵ 그러나 이 은사는 그 범죄와 같지 아니하니 곧 한 사람의 범죄를 인하여 많은 사람이 죽었은즉 더욱 하나님의 은혜와 또한 한 사람 예수 그리스도의 은혜로 말미암은 선물은 많은 사람에게 넘쳤느니라 ¹⁶ 또 이 선물은 범죄한 한 사람으로 말미암은 것과 같지 아니하니 심판은 한 사람으로 말미암아 정죄에 이르렀으나 은사는 많은 범죄로 말미암아 의롭다 하심에 이름이니라 ¹⁷ 한 사람의 범죄로 말미암아 사망이 그 한 사람을 통하여 왕 노릇 하였은즉 더욱 은혜와 의의 선물을 넘치게 받는 자들은 한 분 예수 그리스도를 통하여 생명 안에서 왕노릇 하리로다 ¹⁸ 그런즉 한 범죄로 많은 사람이 정죄에 이른 것 같이 한 의로운 행위로 말미암아 많은 사람이 의롭다 하심을 받아 생명에 이르렀느니라 ¹⁹ 한 사람이 순종하지 아니함으로 많은 사람이 죄인 된 것 같이 한 사람이 순종하심으로 많은 사람이 의인이 되리라 ²⁰ 율법이 들어온 것은 범죄를 더하게 하려 함이라 그러나 죄가 더한 곳에 은혜가 더욱 넘쳤나니 ²¹ 이는 죄가 사망 안에서 왕 노릇 한 것 같이 은혜도 또한 의로 말미암아 왕 노릇 하여 우리 주 예수 그리스도로 말미암아 영생에 이르게 하려 함이라

첫째 사람인 아담이 하나님의 뜻을 어김으로 인해 온 인류가 멸망의 운명에 빠지게 되었듯이, 이제 하나님의 뜻에 온전히 순종한 종말의 새 인간인 그리스도가 그러한 멸망의 고리를 파멸하고 새 인류의 조상이 됨으로 인해 인류에게 구원의 길이 열리게 되었음을 말한다.

이어서 6장에서 바울은 **세례**를 언급함으로써 자신의 칭의론을 비방하는 시각을 강하게 반박한다. 세례를 통해 인간이 죄로부터 자유를 얻었음을 강조한다.

(6:1-6, 11) ¹ 그런즉 우리가 무슨 말을 하리요 은혜를 더하게 하려고 죄에 거하겠느냐 ² 그럴 수 없느니라 죄에 대하여 죽은 우리가 어찌 그 가운데 더 살리요 ³ 무릇 그리스도 예수와 합하여 세례를 받은 우리는 그의 죽으심과 합하여 세례를 받은 줄을 알지 못하느냐 ⁴ 그러므로 우리가 그의 죽으심과 합하여 세례를 받음으로 그와 함께 장사되었나니 이는 아버지의 영광으로 말미암아 그리스도를 죽은 자 가운데서 살리심과 같이 우리로 또한 새 생명 가운데서

행하게 하려 함이라 [5] 만일 우리가 그의 죽으심과 같은 모양으로 연합한 자가 되었으면 또한 그의 부활과 같은 모양으로 연합한 자도 되리라 [6] 우리가 알거니와 우리의 옛 사람이 예수와 함께 십자가에 못 박힌 것은 죄의 몸이 죽어 다시는 우리가 죄에게 종 노릇 하지 아니하려 함이니 [11] 이와 같이 너희도 너희 자신을 죄에 대하여는 죽은 자요 그리스도 예수 안에서 하나님께 대하여는 살아 있는 자로 여길지어다

세례를 통해 그리스도와 함께 죽은 자는 죄의 세력에 머물러 있을 수 없다. 부활하신 주님과 연결된 자는 생명 가운데 살기 때문이다[2-4절]. 세례를 받은 신앙인은 그리스도 예수 안에서 살아 있는 자라고 11절에서 결론을 맺는다. 바울은 교회의 모든 지체는 세례를 받은 사람으로 전제한다[롬 6:3; 고전 12:13]. 또한 주님의 이름으로 거행되는 세례를 통해[고전 1:13; 6:11] 죄의 용서가 이루어지고 동시에 성령이 선사된다고 믿었다[고전 6:11; 고후 1:21-22].[35] 세례는 하나님의 의에 참여함이며, 성령 안에서의 새로운 생명에 참여함이며, 믿는 자의 새로운 공동체에 참여함을 뜻한다. 여기서 칭의는 세례를 통해 해석되고, 또 세례는 칭의를 통해 해석되고 있다[E. Lohse].

19세기 말에 생겨난 "종교사학파"[Religionsgeschichtliche Schule]는 헬레니즘적 교회의 세례 이해가 당시 헬레니즘 세계에 퍼져 있던 이른바 **신비종교**에서 영향을 받아 발전한 것이며, 또한 사도 바울의 사상도 그러한 신비종교에서 유래한 사상에 종속되었을 것이라고 주장했다[Gunkel; Heitmüller; Bousset; Reitzenstein]. 그러나 신비종교 제의의 자료 부족으로 이를 정확히 알 수 없을 뿐만 아니라, 그 표상 자체도 너무 다양하기 때문에 이러한 주장을 입증할 수는 없다. 세례가 그리스도의 죽음과 부활에 동참한다는 헬레니즘적 교회에서 생긴 사상을 바울이 수용한 것은 분명해 보인다. 여기에 바울은 새로운 강조점을 부여한다. 그리스도의 이름으로 세례받은 신앙인의 부

---

35) 누가는 성령 수여가 세례 없이도 가능하다고 여기나[행 10:44], 기본적으로 성령이 세례와 연결됨을 정상적인 경우로 여긴다[행 19:1-7].

활이 (열광주의자들이 생각하듯이) 수세자에게 즉각 불멸의 힘을 수여하는 것으로는 여기지 않고, 미래에 있을 죽은 자들의 부활에서 비로소 현실화된다고 믿었다.[36]

7-8장에서 바울은 성령의 세력 가운데 **율법의 통치가 끝났다**고 선언한다. 특히 율법에 대한 진술에서 바울은 갈라디아서에 말한 것을 넘어선다. 갈라디아서에서 율법은 그 유래도 불확실할 뿐만 아니라 저주를 가져오는 것으로 간주되었고, 아브라함과의 약속의 유효성이 흔들리자 그리스도가 올 때까지만 일시적으로 유효한 것으로 이해되었다[갈 3:19-22]. 그러나 여기서 바울은 율법이 선한 것이고 본래 구원에 이르게 하는 것으로 이해[10, 12절]하면서 율법이 구원을 가져오지 못하는 것은 율법 자체 때문이 아니라 인간에게 달려있다는 사실을 분명히 한다. 먼저 7:1-6에서는 그리스도로 말미암아 죄의 속박에서 자유로워진 그리스도인은 율법 조문의 묵은 삶에 속하지 않고 성령의 새로운 삶에 속한다고 강조한다.

> (7:5-6) [5] 우리가 육신에 있을 때에는 율법으로 말미암는 죄의 정욕이 우리 지체 중에 역사하여 우리로 사망을 위하여 열매를 맺게 하였더니 [6] 이제는 우리가 얽매였던 것에 대하여 죽었으므로 율법에서 벗어났으니 이러므로 우리가 영의 새로운 것으로 섬길 것이요 율법 조문의 묵은 것으로 아니할지니라

그런 다음 바울은 7:7-25[7:5에 대한 주석에 해당]에서 율법의 본래 의도와 실제 기능을 구분하면서 율법에 대해 진술한다. 먼저 율법과 죄의 관계를 다룬다[7:7-13].

> (7:7-13) [7] 그런즉 우리가 무슨 말을 하리요 율법이 죄냐 그럴 수 없느니라 율법으로 말미암지 않고는 내가 죄를 알지 못하였으니 곧 율법이 탐내지 말라 하지 아니하였더라면 내가 탐심을 알지 못하였으리라 [8] 그러나 죄가 기회를 타

---

36) 신비종교에 대해서는 『유대교와 헬레니즘』, 225-247을 참고하라.

서 계명으로 말미암아 내 속에서 온갖 탐심을 이루었나니 이는 율법이 없으면 죄가 죽은 것임이라 ⁹ 전에 율법을 깨닫지 못했을 때에는 내가 살았더니 계명이 이르매 죄는 살아나고 나는 죽었도다 ¹⁰ 생명에 이르게 할 그 계명이 내게 대하여 도리어 사망에 이르게 하는 것이 되었도다 ¹¹ 죄가 기회를 타서 계명으로 말미암아 나를 속이고 그것으로 나를 죽였는지라 ¹² 이로 보건대 율법은 거룩하고 계명도 거룩하고 의로우며 선하도다 ¹³ 그런즉 선한 것이 내게 사망이 되었느냐 그럴 수 없느니라 오직 죄가 죄로 드러나기 위하여 선한 그것으로 말미암아 나를 죽게 만들었으니 이는 계명으로 말미암아 죄로 심히 죄 되게 하려 함이라

죄를 깨닫게 하는 율법은 본래 "거룩하고 의로우며 선한" 것이나, 하나님의 뜻에 거역하는 인간의 죄로 인해 사망에 이르게 하는 속임의 수단이 되었다고 말한다. 바울에게 죄란 개인이 일시적으로 계명을 어기는 일이라기보다, 인간을 노예로 부리고 인간을 하나님과 대적하도록 만드는 초인간적인 세력이다. 그와 같은 죄 이해는 구원사적 관점에서 그리스도와 아담을 대립시키는 점에 잘 드러난다 참조. 롬 5:12-21. 7:14-15에서 바울은 구원받지 못한 인간이 죄를 지어 결국 죄의 종이 되었다고 결론짓는다.

(7:14-25) ¹⁴ 우리가 율법은 신령한 줄 알거니와 나는 육신에 속하여 죄 아래에 팔렸도다 ¹⁵ 내가 행하는 것을 내가 알지 못하노니 곧 내가 원하는 것은 행하지 아니하고 도리어 미워하는 것을 행함이라 ¹⁶ 만일 내가 원하지 아니하는 그것을 행하면 내가 이로써 율법이 선한 것을 시인하노니 ¹⁷ 이제는 그것을 행하는 자가 내가 아니요 내 속에 거하는 죄니라 ¹⁸ 내 속 곧 내 육신에 선한 것이 거하지 아니하는 줄을 아노니 원함은 내게 있으나 선을 행하는 것은 없노라 ¹⁹ 내가 원하는 바 선은 행하지 아니하고 도리어 원하지 아니하는 바 악을 행하는도다 ²⁰ 만일 내가 원하지 아니하는 그것을 하면 이를 행하는 자가 내가 아니요 내 속에 거하는 죄니라 ²¹ 그러므로 내가 한 법을 깨달았노니 곧 선을 행하기 원하는 나에게 악이 함께 있는 것이로다 ²² 내 속사람으로는 하나님의 법을 즐거워하되 ²³ 내 지체 속에서 한 다른 법이 내 마음의 법과 싸워 내 지체 속에 있는 죄의 법으로 나를 사로잡는 것을 보는도다 ²⁴ 오호라 나는 곤고한 사람이로다 이 사망의 몸에서 누가 나를 건져내랴 ²⁵ 우리 주 예수 그리스도로

말미암아 하나님께 감사하리로다 그런즉 내 자신이 마음으로는 하나님의 법을
육신으로는 죄의 법을 섬기노라

여기서 바울은 인간이 원함과 행함 사이의 모순, 마음으론 "하나님의
법"을 즐거워하나 육으로는 "죄의 법"을 섬기는 모순에 빠져 있음을 이야
기한다. 이때 "나"는 누구를 가리키는가? 이에 대해 논란이 많다. 예전에
는 이로써 바울이 율법에 충실했던 자신의 과거 삶을 회고한다고 생각했
다.[37] 그러나 큄멜W. G. Kümmel의 연구 이후 대체로 이 단락의 "나"는 일반
적인 의미로 사용된 것으로 해석하는 추세이다. 즉 지금의 신앙적 관점에
서 그리스도인이 되기 전 불신앙 가운데 있는 인간, 즉 구원 받지 못한
아담의 후손으로서 죄의 지배를 받고 있는 인간의 상황을 돌아보는 것으
로 해석한다.[38]

그러나 제임스 던J. D. G. Dunn은 로마서 7:7-25를 신자들이 처한 '이미-아
직 아님'의 종말론적 긴장의 실존 상태를 나타내는 진술로 이해하려 한다.
즉 속사람으로는 하나님의 뜻을 행하기를 원하나 여전히 육신을 입고 살
아가는 그리스도인이 처한 "또 하나의 종말론적 긴장의 표현"으로 해석
한다.[39] 이는 루터의 해석 전통을 따른 것이다. 루터는 1515/16년에 비텐
베르크 대학교에서 행한 <로마서 강의> 중 로마서 4:7을 해석하면서 처음
으로 그리스도인의 실존을 가리켜 "simul iustus et peccator", 즉 "의인이자

---

37) 타이센은 바울이 자기 예고에 대해 성찰하는 것으로 보았다(G. Theissen, 『바울신학의
심리학적 측면』, 1983).

38) W. G. Kümmel, *Römer 7 und das Bild des Menschen im NT*, München, 1974. 또한
G. Theissen, *Psychologische Aspekte paulinischer Theologie*, 181 이하; E. Käsemann, *An die Römer*,
Tübingen, 1980, 191; U. Schnelle, *Neutestamentliche Anthropologie*, Neukirchen-Vluyn, 1991, 79
이하; P. Pokorny/U. Heckel, *Einleitung in das NT*, Tübingen, 2007, 315.

39) J. D. G. Dunn, 『바울신학』, 박문재 옮김 (크리스챤다이제스트, 2003), 639-640 "신자
는 육신의 영역에서 벗어나지 않았고 여전히 육신 가운데 있다. 그러나 그 동일한 신자는 동
시에 마음과 속사람으로는 하나님의 뜻을 행하기를 원한다"; Dunn, *Romans I*, 1988, 387-388;
참조, C. E. B. Cranfield, *The Epistle to the Romans I*, Edinburgh, ⁶1975, 342-347; P. Stuhl-
macher, 『로마서 주석』, 장흥길 옮김 (장로회신학대학교출판부 2002), 202-204.

동시에 죄인"으로 불렀다.

그런데 로마서 7장의 탄식하는 "나"를 루터식으로 해석하는 것은 하나님이 베푸시는 구원의 능력과 그로 인한 인간 변화의 능력을 과소평가할 수 있다. 평생 고통스러운 갈등에 사로잡혀 살아가는 그리스도인의 실존은 바울이 제시하는 본래적인 그리스도인의 실존, 즉 율법의 속박과 죄의 법에서 해방된 자유인의의 실존에 부합하지 않는다.[40) 저명한 신약학자 페르디난트 한F. Hahn은 큄멜의 입장을 수용하면서 7:7-25a를 다음과 같이 정리한다.

> 의심의 여지 없이 그리스도 이전의, 그리스도 밖의 인간이 초점이며, 기독교인들이 겪는 유혹의 상황이 초점이 아니다. 루터가 이 본문을 그러한 의미에서 이해했다면, 그것은 물론 바울이 언급하는 문자적 의미가 아니라 언제나 인간이 죄로 인해, 불신앙으로 타락하는 것으로 인해 끊임없이 위협받는다(참조, 고전 10:5-13)는 바울적 사고에 일치되게 이해한 것이다(『신약성서신학 I』, 298).

8장에서 바울은 이제까지의 내용을 요약하여, 그리스도인의 자유는 곧 성령 안에서의 삶과 같다고 말한다. 다음과 같이 네 단계로 사고를 전개한다:

① 성령 안에서 자유로워진 그리스도인의 실존을 다룬다(1-11절).

(롬 8:1-2) ¹ 그러므로 이제 그리스도 예수 안에 있는 자에게는 결코 정죄함이 없나니 ² 이는 그리스도 예수 안에 있는 생명의 성령의 법이 죄와 사망의 법에서 너를 해방하였음이라

옛 율법의 영향력이 상실된 이제 죄와 죽음의 속박에서 해방된 그리스도인은 "생명의 성령의 법"에 따라 산다.

② 성령 안에서 자유로워진 그리스도인의 실존을 하나님의 자녀로서의 실존으로 설명한다(12-17절).

---

40) 참조, R. Hays, 『신약의 윤리적 비전』, 유승원 옮김 (IVP 2002), 84-85.

(8:14-17) ¹⁴ 무릇 하나님의 영으로 인도함을 받는 사람은 곧 하나님의 아들이라 ¹⁵ 너희는 다시 무서워하는 종의 영을 받지 아니하고 양자의 영을 받았으므로 우리가 아빠 아버지라고 부르짖느니라 ¹⁶ 성령이 친히 우리의 영과 더불어 우리가 하나님의 자녀인 것을 증언하시나니 ¹⁷ 자녀이면 또한 상속자 곧 하나님의 상속자요 그리스도와 함께 한 상속자니 우리가 그와 함께 영광을 받기 위하여 고난도 함께 받아야 할 것이니라

③ 현재 고난 가운데 있는 그리스도인의 실존을 종말론적 자유를 소망하는 실존으로 설명한다^{18-30절}.

④ 성령 안에 있는 그리스도인의 실존에 대해서는 어느 누구도, 그 무엇도 대적하거나 정죄할 수 없다고 말한다^{31-39절}.

(8:31-39) ³¹ 그런즉 이 일에 대하여 우리가 무슨 말 하리요 만일 하나님이 우리를 위하시면 누가 우리를 대적하리요 ³² 자기 아들을 아끼지 아니하시고 우리 모든 사람을 위하여 내주신 이가 어찌 그 아들과 함께 모든 것을 우리에게 주시지 아니하겠느냐 ³³ 누가 능히 하나님께서 택하신 자들을 고발하리요 의롭다 하신 이는 하나님이시니 ³⁴ 누가 정죄하리요 죽으실 뿐 아니라 다시 살아나신 이는 그리스도 예수시니 그는 하나님 우편에 계신 자요 우리를 위하여 간구하시는 자시니라 ³⁵ 누가 우리를 그리스도의 사랑에서 끊으리요 환난이나 곤고나 박해나 기근이나 적신이나 위험이나 칼이랴 ³⁶ 기록된 바 우리가 종일 주를 위하여 죽임을 당하게 되며 도살 당할 양 같이 여김을 받았나이다 함과 같으니라 ³⁷ 그러나 이 모든 일에 우리를 사랑하시는 이로 말미암아 우리가 넉넉히 이기느니라 ³⁸ 내가 확신하노니 사망이나 생명이나 천사들이나 권세자들이나 현재 일이나 장래 일이나 능력이나 ³⁹ 높음이나 깊음이나 다른 어떤 피조물이라도 우리를 우리 주 그리스도 예수 안에 있는 하나님의 사랑에서 끊을 수 없으리라

마지막 단락 8:31-39에서 바울은 찬송의 울림으로 로마서 5-8장의 논리_{그리스도의 대속의 죽음으로 인간과 하나님 사이에 화해가 이루어졌음}를 마치면서, 하나님께 모든 영광을 돌린다. 지금 우리가 고난에 처해 있지만 믿음으로 틀림 없이 구원받게 될 것을 다시 한번 강조한다.

이어서 감정에 북받친 바울의 탄식9:1-5으로 시작되는 이른바 **"이스라엘 문제"**가 9-11장에서 상세히 전개된다.41) 여기서 바울은 칭의론을 이스라엘 백성의 실존과 관련하여 설명한다.42) "하나님의 의" 1:16-17 는 개개인의 칭의 문제만이 아니라 세상을 창조하시고 이스라엘을 자신의 백성으로 선택하셨던 하나님의 종말론적인 구원 사역의 문제다. 하나님이 선택하신 백성 대다수가 복음 영접을 거절하고 있는 한, 하나님의 의는 아직 미완성으로 남아 있다.

① 이스라엘 문제의 첫 번째 부분 9:6-29 하나님의 자유로운 은혜의 선택 에서 바울은 하나님의 시각에서 자신의 논지를 전개한다. 하나님의 구원 사역은 인간에게 종속되지 않고 전적으로 하나님 자신의 권한에 따른다는 것이다. 여기에서 바울은 이스라엘이 복음을 영접하지 않아서 그리스도로부터 분리되어 있다는 사실을 부각한다.

이 부분은 유대인의 입장에서 제기한 세 가지 이의를 배경으로 하고 있다. 9:6a("그러나 하나님의 말씀이 폐하여진 것 같지 않도다")에 **첫 번째 유대적 이의 제기**가 드러난다. 즉 유대인들이 복음을 받아들이지 않는 것을 두고, 이스라엘을 향해 하셨던 **하나님의 언약의 말씀이 폐기된 것이 아니냐**고 묻는 이의 제기이다. 이에 대해 바울은 이삭과 야곱의 예를 들어, 이스라엘 문제는 육의 사항이 아니라 언약의 사항이며, 동시에 전적으로 하나님의 자유로운 선택에 달려있다고 설명한다. 이로써 이스라엘을 향한 하나님의 약속이 무효화되지 않았음을 밝힌다6b-13절.

이어서 9:14("그런즉 우리가 무슨 말을 하리요 하나님께 불의가 있느냐")

---

41) 롬 9:5c에 나오는 우리말 성경("그[=그리스도]는 만물 위에 계셔서 세세에 찬양을 받으실 하나님이시니라 아멘")과 달리 "만물 위에 계신 하나님, 그는 영원히 찬양을 받을지어다 아멘"으로 번역할 것을 제안하는 학자가 있다 E. Lohse; M. Wolter 등.

42) 행위와 믿음에 관한 양식화된 대립 명제가 9-11장에서 세 번에 걸쳐 나타나는 것으로 미루어 바울이 이 단락을 칭의론 시각에서 접근하고 있음이 분명히 드러난다(롬 9:12, "하나님의 뜻이 행위로 말미암지 않고 오직 부르시는 이로 말미암아"; 9:32, "그들이 믿음을 의지하지 않고 행위를 의지함이라"; 11:6, "만일 은혜로 된 것이면 행위로 말미암지 않으니 그렇지 않으면 은혜가 은혜 되지 못하느니라"). 또한 칭의론 주제가 10장에 상세하게 나온다.

에 **두 번째 유대적 비난**이 계속된다. 하나님께서 인간의 행함을 전혀 고려하지 않고 선택하고 버리신다면, 결국 **하나님은 불의하게 활동하시는 것이 아니냐**는 것이다. 이것은 이미 3:5("그러나 우리 불의가 하나님의 의를 드러나게 하면 무슨 말 하리요 [내가 사람의 말하는 대로 말하노니] 진노를 내리시는 하나님이 불의하시냐")에서 제기되었던 질문인데, 위에서 바울이 밝힌 답변을 되받는 유대적 이의 제기였다. 이에 대해 바울은 모세에게 하신 하나님의 말씀출 33:19을 인용하면서, 하나님께서 베푸시는 자비의 역사는 전적으로 하나님의 자유 의지에 달렸다고 항변한다9:15-18.

(9:15-18) [15] 모세에게 이르시되 내가 긍휼히 여길 자를 긍휼히 여기고 불쌍히 여길 자를 불쌍히 여기리라 하셨으니 [16] 그런즉 원하는 자로 말미암음도 아니요 달음박질하는 자로 말미암음도 아니요 오직 긍휼히 여기시는 하나님으로 말미암음이니라 [17] 성경이 바로에게 이르시되 내가 이 일을 위하여 너를 세웠으니 곧 너로 말미암아 내 능력을 보이고 내 이름이 온 땅에 전파되게 하려 함이라 하셨으니 [18] 그런즉 하나님께서 하고자 하시는 자를 긍휼히 여기시고 하고자 하시는 자를 완악하게 하시느니라

그러자 가상의 유대인 적대자는 9:19a("혹 네가 내게 말하기를 그러면 하나님이 어찌하여 허물하시느냐")에서 **모든 것이 거역할 수 없는 하나님의 뜻이라면 인간은 책임이 없지 않느냐**라는 인간적인 측면에서 날카로운 세 번째 이의를 제기한다. 이에 대해 바울은 그러한 질문을 하는 인간의 오만불손함을 책망하면서, 두 가지 비유지음 받은 물건, 토기장이[사 29:16; 렘 18:6; Sap 15:7]를 들어 피조물인 인간은 창조주인 하나님께 거역할 수 없다고 항변한다.

(9:19b-21) 누가 그 뜻을 대적하느냐 하리니 [20] 이 사람아 네가 누구이기에 감히 하나님께 반문하느냐 지음을 받은 물건이 지은 자에게 어찌 나를 이같이 만들었느냐 말하겠느냐 [21] 토기장이가 진흙 한 덩이로 하나는 귀히 쓸 그릇을, 하나는 천히 쓸 그릇을 만들 권한이 없느냐

또한 25-29절에서 바울은 구약 예언서를 인용해서 유대적 이의 제기에 반박한다. 우선 호세아서를 인용하면서 하나님께서 이방 그리스도인을 불렀다는 사실을 밝히며 25-26절, 또한 수많은 이스라엘 자손 중에서 단지 남은 자, 즉 유대 그리스도인만 구원을 얻으리라는 말씀을 하셨다면서 이사야서를 인용한다 27-29절.

(9:25-29) ²⁵ 호세아의 글에도 이르기를 내가 내 백성 아닌 자를 내 백성이라, 사랑하지 아니한 자를 사랑한 자라 부르리라[호 2:23] ²⁶ 너희는 내 백성이 아니라 한 그 곳에서 그들이 살아 계신 하나님의 아들이라 일컬음을 받으리라 함과 같으니라 ²⁷ 또 이사야가 이스라엘에 관하여 외치되 이스라엘 자손들의 수가 비록 바다의 모래 같을지라도 남은 자만 구원을 받으리니[사 10:22] ²⁸ 주께서 땅 위에서 그 말씀을 이루고 속히 시행하시리라 하셨느니라 ²⁹ 또한 이사야가 미리 말한 바 만일 만군의 주께서 우리에게 씨를 남겨 두지 아니하셨더라면 우리가 소돔과 같이 되고 고모라와 같았으리로다 함과 같으니라

② 이스라엘 문제의 두 번째 부분 9:30-10:21 이스라엘의 불순종에서 바울은 이스라엘의 죄가 무엇인지를 밝힘으로써 이스라엘에 대해 상당히 비판적인 입장을 보인다. 그와 더불어 이스라엘이 믿음을 통해 구원받을 가능성을 부각한다. 먼저 9:30-33에서 바울은 앞부분의 내용을 받아 말하고 동시에 10장에서 전개될 내용의 주제를 제시한다.[43]

(9:30-33) ³⁰ 그런즉 우리가 무슨 말을 하리요 의를 따르지 아니한 이방인들이 의를 얻었으니 곧 믿음에서 난 의요 ³¹ 의의 법을 따라간 이스라엘은 율법에 이르지 못하였으니 ³² 어찌 그러하냐 이는 그들이 믿음을 의지하지 않고 행위를 의지함이라 부딪칠 돌에 부딪쳤느니라 ³³ 기록된 바 보라 내가 걸림돌과 거치는 바위를 시온에 두노니 그를 믿는 자는 부끄러움을 당하지 아니하리라 함

---

43) O. Kuß, 위의 책, 743. 참조, E. Käsemann, 위의 책, 267; W. G. Kümmel, "Die Probleme von Römer 9-11 in der gegenwärtigen Forschungslage", L. De Lorenzi, *Die Israelfrage nach Röm 9-11*, Rom, 1977, 21; Ch. Müller, *Gottes Gerechtigkeit und Gottes Volk*, Göttingen, 1984, 37; J. Weiß, "Beiträge zur Paulinischen Rethorik", *FS B. Weiß*, Göttingen, 1897, 239.

과 같으니라

9:30에서 바울은 9:14 또한 롬 6:1; 7:7에 나오는 같은 표현을 사용하여 "그런즉 우리가 무슨 말 하리요"라는 질문으로 시작한다. 그런데 여기서는 이 질문에 이어 유대적 이의가 제시되지 않고 바울 자신의 대답을 담은 진술이 직설법 문장으로 나온다. 역시 이곳에서도 9:14에 나타나는 "하나님께 불의가 있느뇨"와 같은 유대적인 이의 제기가 생략되어 있다고 볼 수 있다. 9:30b-33에서 바울은 유대인으로서는 납득하기 어려운 참으로 놀라운 진술을 한다. 이방인이 의를 획득한 반면 이스라엘은 열심히 의를 향했지만 의를 얻지 못했다는 것이다. 이스라엘은 예수 그리스도에 대한 믿음에 의지하지 않고 행함을 향한 그릇된 열심에 의지했기 때문이라고 바울은 밝힌다.

이어서 바울은 10:1-4에서 이스라엘은 율법의 통치가 끝났다는 사실을 깨닫지 못하고 있음을 지적한다.

(10:1-4) ¹ 형제들아 내 마음에 원하는 바와 하나님께 구하는 바는 이스라엘을 위함이니 곧 그들로 구원을 받게 함이라 ² 내가 증언하노니 그들이 하나님께 열심이 있으나 올바른 지식을 따른 것이 아니니라 ³ 하나님의 의를 모르고 자기 의를 세우려고 힘써 하나님의 의에 복종하지 아니하였느니라 ⁴ 그리스도는 모든 믿는 자에게 의를 이루기 위하여 율법의 마침 τέλος 44)이 되시니라

이에 대한 성경적 증거를 다음 단락 10:5-13에서 제시한 뒤에 바울은 이스라엘의 불순종은 전적으로 이스라엘 자체의 죄라는 점을 밝힌다(10:14-21, 14절, "그런즉 그들이 믿지 아니하는 이를 어찌 부르리요 듣지도 못한 이를 어찌 믿으리요 전파하는 자가 없이 어찌 들으리요"). 결국 바울은 여기서 이스라엘이 믿음에서 난 의를 저버리고 말았다는 사실을 강조한다. 바울

---

44) 1. "마침"(O. Michel; E. Käsemann; E. Lohse; F. Hahn; O. Hofius), 2. "목적/완성/정점"(K. Barth), 3. "마침이며 목적"(U. Wilckens; J. Dunn).

이 유대적 이의 제기에 반박하는 논쟁적인 특성은 다음 단락에서도 찾을 수 있다.

③ 이스라엘 문제를 다루는 마지막 세 번째 부분11장: 이스라엘을 위한 하나님의 약속에서, 바울은 현재 이스라엘이 완악한 것은 시기적으로 제한된 것일 뿐이고, 종국에는 하나님께서 온 이스라엘을 구원하시리라는 비밀에 대하여 언급한다. 바울은 11:1a에서 "하나님이 자기 백성을 버리셨느냐"는 유대적인 이의 제기를 인용한다. 앞서 제기된 모든 유대적 이의 제기가 이 질문에 집중되고 있다고 말할 수 있다. 먼저 바울은 11:1b-10에서 하나님은 이스라엘을 버리시지 않았다는 점을 강조한다. 바울 자신이 그에 대한 명백한 증거이며, 또한 성경도 그것을 증언하고 있다고 진술한다.

(11:1-10) ¹ 그러므로 내가 말하노니 하나님이 자기 백성을 버리셨느냐 그럴 수 없느니라 나도 이스라엘인이요 아브라함의 씨에서 난 자요 베냐민 지파라 ² 하나님이 그 미리 아신 자기 백성을 버리지 아니하셨나니 너희가 성경이 엘리야를 가리켜 말한 것을 알지 못하느냐 그가 이스라엘을 하나님께 고발하되 ³ 주여 그들이 주의 선지자들을 죽였으며 주의 제단들을 헐어 버렸고 나만 남았는데 내 목숨도 찾나이다 하니[왕상 19:10] ⁴ 그에게 하신 대답이 무엇이냐 내가 나를 위하여 바알에게 무릎을 꿇지 아니한 사람 칠천 명을 남겨 두었다 하셨으니[왕상 19:18] ⁵ 그런즉 이와 같이 지금도 은혜로 택하심을 따라 남은 자λεῖμμα κατ' ἐκλογήν, remnant가 있느니라 ⁶ 만일 은혜로 된 것이면 행위로 말미암지 않음이니 그렇지 않으면 은혜가 은혜 되지 못하느니라 ⁷ 그런즉 어떠하냐 이스라엘이 구하는 그것을 얻지 못하고 오직 택하심을 입은 자가 얻었고 그 남은 자들은 οἱ δὲ λοιποί, the rest 우둔하여졌느니라 ⁸ 기록된 바[사 29:10; 신 29:4] 하나님이 오늘까지 그들에게 혼미한 심령과 보지 못할 눈과 듣지 못할 귀를 주셨다 함과 같으니라 ⁹ 또 다윗이 이르되[시 69:22 이하] 그들의 밥상이 올무와 덫과 거치는 것과 보응이 되게 하시옵고 ¹⁰ 그들의 눈은 흐려 보지 못하고 그들의 등은 항상 굽게 하옵소서 하였느니라

바울 당시 단지 소수의 남은 자만 예수님을 영접하였을 뿐, 다른 모든 유대인들은 불순종 가운데 있다는 사실이 무엇을 뜻하는지를 엘리야 예

언자에 관한 구약의 이야기를 통해 밝힌다. 즉 자비로운 하나님이 당시 칠천 명의 의인을 택하여 구원하셨듯이, 지금도 그의 은혜로운 선택을 통해 소수의 신실한 자들=예수님을 영접한 유대 그리스도인들을 보존하신다는 사실을 확실히 한다.

그런 다음 바울은 다음 단락[11:11-32]에서 사고를 한 단계 더 발전시킨다. 11:11a에는 또다시 유대적 이의 제기가 담겨 있다. 유대인의 다수를 차지하는 **"남은 자들"**[11:7b]**이 하나님으로부터 완전히 버림을 받은 것인가**하는 마지막 유대적 이의 제기이다. 이에 대해 바울은 11:11b-32에서 항변한다. 이스라엘 다수의 완악함에는 하나님의 의지가 숨겨져 있다는 사실을 강조하며, 또한 이 완악함은 시기적으로 제한되어 있다는 점을 분명히 한다. 이와 같은 논쟁적인 서술 방법을 통해 바울은 현재 이스라엘 다수가 복음을 영접하지 않는 사실과 관련해서 제기된 질문, 즉 이스라엘과 맺은 하나님의 언약이 신실하지 못한 것이 아니냐는 입장을 강하게 반박한다. 앞에서 바울은 인간의 운명을 주관하시는 하나님의 절대적인 주권[9:1-29]과 이스라엘의 죄를 밝혔는데[9:30-10:21], 여기서는 하나님의 은혜로 이스라엘의 한 부분, 즉 "남은 자들"이 구원을 받았다는 사실과[11:1-10] 이방인에게 구원의 가능성이 열렸다는 놀라운 사실을 강조한다[11:11-24].

(11:11-24) [11] 그러므로 내가 말하노니 그들이 넘어지기까지 실족하였느냐 그럴 수 없느니라 그들이 넘어짐으로 구원이 이방인에게 이르러 이스라엘로 시기나게 함이니라 [12] 그들의 넘어짐이 세상의 풍성함이 되며 그들의 실패가 이방인의 풍성함이 되거든 하물며 그들의 충만함이리요 [13] 내가 이방인인 너희에게 말하노라 내가 이방인의 사도인 만큼 내 직분을 영광스럽게 여기노니 [14] 이는 혹 내 골육을 아무쪼록 시기하게 하여 그들 중에서 얼마를 구원하려 함이라 [15] 그들을 버리는 것이 세상의 화목이 되거든 그 받아들이는 것이 죽은 자 가운데서 살아나는 것이 아니면 무엇이리요 [16] 제사하는 처음 익은 곡식 가루가 거룩한즉 떡덩이도 그러하고 뿌리가 거룩한즉 가지도 그러하니라 [17] 또 한 가지 얼마가 꺾이었는데 돌감람나무인 네가 그들 중에 접붙임이 되어 참감람나무

뿌리의 진액을 함께 받는 자가 되었은즉 [18] 그 가지들을 향하여 자랑하지 말라 자랑할지라도 네가 뿌리를 보전하는 것이 아니요 뿌리가 너를 보전하는 것이니라 [19] 그러면 네 말이 가지들이 꺾인 것은 나로 접붙임을 받게 하려 함이라 하리니 [20] 옳도다 그들은 믿지 아니하므로 꺾이고 너는 믿으므로 섰느니라 높은 마음을 품지 말고 도리어 두려워하라 [21] 하나님이 원 가지들도 아끼지 아니하셨은즉 너도 아끼지 아니하시리라 [22] 그러므로 하나님의 인자하심과 준엄하심을 보라 넘어지는 자들에게는 준엄하심이 있으니 너희가 만일 하나님의 인자하심에 머물러 있으면 그 인자가 너희에게 있으리라 그렇지 않으면 너도 찍히는 바 되라 [23] 그들도 믿지 아니하는 데 머무르지 아니하면 접붙임을 받으리니 이는 그들을 접붙이실 능력이 하나님께 있음이라 [24] 네가 원 돌감람나무에서 찍힘을 받고 본성을 거슬러 좋은 감람나무에 접붙임을 받았으니 원 가지인 이 사람들이야 얼마나 더 자기 감람나무에 접붙이심을 받으랴

바울은 먼저 하나님이 이스라엘의 넘어짐을 수단으로 삼아 복음이 이방인에게 전해지고 그들을 구원하신다는 사실을 말한다.[11-16절] 이방인이 믿음에 이르게 되므로 이스라엘이 시기하게 되면서, 이스라엘도 복음을 받아들이고 구원받으리라고 한다. 이때 바울은 이방 그리스도인들이 교만해서는 안 된다고 감람나무 접붙임의 비유를 통해 경고한다.[17-24절]

이제 바울은 하나님께서 온 이스라엘을 구원하시리라는 "비밀"=신비을 언급한다. 9-11장의 신학적 논지의 핵심은 이 비밀의 내용을 담고 있는 11:25-27에 놓여 있다고 말할 수 있다.[45]

(11:25-27) [25] 형제들아 너희가 스스로 지혜 있다 하면서 이 신비μυστήριον를 너희가 모르기를 내가 원하지 아니하노니 이 신비는 이방인의 충만한 수가 들어오기까지 이스라엘의 더러는 우둔하게 된 것이라 [26]그리하여 온 이스라엘이 구원을 받으리라 기록된 바[사 59:20-21] 구원자가 시온에서 오사 야곱에게서 경건하지 않은 것을 돌이키시겠고 [27] 내가 그들의 죄를 없이 할 때에 그들에게 이루어질 내 언약이 이것이라 함과 같으니라

---

45) 휘프너H. Hübner는 11:25-27을 "로마서 9-11장에 나타나는 신학적인 논증의 정점"으로 이해한다(Biblische Theologie des NT II, Göttingen, 1993, 316).

여기서 언급되는 "신비"는 9-11장 전체를 요약하는 핵심어라고 할 수 있다. 이 부분의 중요성을 부각하려는 듯, 11:25a에서 바울은 심중에 담고 있는 중요한 사항을 진술할 때 도입어로 사용하는 "너희가 모르기를 내가 원치 아니하노니"라는 수사적인 표현을[46] 동원하며, "형제들아"라고 하며 호소하듯 부른다. 이어서 나타나는 "신비"는 두 마디의 진술로 이루어져 있다. 25b절이 그 첫째 마디다. "이방인의 충만한 수가 들어오기까지 이스라엘의 더러는 우둔하게 된 것이라." 여기서 "이스라엘의 더러"는 문맥상 "은혜로 택하심을 받아 남은 자"[11:5]와 상반되는 표현으로, 예수 그리스도를 영접하지 아니한 유대인들을 가리킨다. 이들이 현재 완악해져 있다 ^{우둔해져 있다}는 사실을 언급한 것이다.

이때 유의할 점은 바울은 하나님이 이스라엘/유대인을 (영구히) "버리셨다"고 하지 않고 유대인의 (일시적인) "완악함"에 대해 말한다는 사실이다. 25b절을 직역하면 "완악함이 이스라엘에게 부분적으로 일어났다"^{πώρωσις ἀπὸ μέρους τῷ Ἰσραὴλ γέγονεν}가 된다. 여기서 이스라엘을 완악하게 하는 주체는 하나님으로 보아야 한다. 이 점은 9:18을 보면 더욱 확실하다. "그런즉 하나님께서 하고자 하시는 자를 긍휼히 여기시고, 하고자 하시는 자를 강퍅케 하시느니라." 이렇게 본다면 바울이 이스라엘의 완악함을 이스라엘의 불신앙에 대한 하나님의 반응, 즉 그들이 복음을 거절함에 대한 하나님의 대답[47]으로 이해하지 않고, 하나님이 이스라엘을 완악하게 만드심으로 말미암아 이스라엘이 (그리스도를/복음을) 믿을 수 없게 되었다고 이해하고 있음을 알 수 있다.[48] 즉 바울은 이스라엘이 완악하게 된 것은 하나님의 섭리라고 파악한 것이다.

바울은 한 걸음 더 나아가, 이스라엘의 완악함은 결국 이방인에게 하나

---

46) 또한 롬 1:13; 살전 4:13; 고전 10:1; 12:1; 고후 1:8.

47) U. Wilckens, *Der Brief an die Römer II* (EKK VI/2), 1980, 240.

48) O. Hofius, "Das Evangelium und Israel, Erwägungen zu Römer 9-11", *Paulusstudien*, Tübingen, 1989, 181.

님의 자녀가 되도록 하는 기회를 주는 것이라고 말한다. 여기서 우리는 하나님의 섭리 가운데 있는 유대교에 대한 바울의 입장을 읽을 수 있다. "이방인의 충만한 수"가 하나님의 백성 안으로 들어오게 되면, 복음을 거부하던 유대인도 예수 그리스도께로 되돌아오리라는 바울의 강한 신념을 엿볼 수 있다. 이 점은 바로 앞 단락에 나오는 이른바 "감람나무의 비유" 11:17-24를 통해 더욱 분명해진다.

비밀의 두 번째 마디는 26-27절에 나온다. 26절의 "온 이스라엘" 개념을 어떻게 이해해야 하는지에 대해서 해석이 분분하다. 고대 교회에 널리 퍼져 있던 해석을 따라49) "온 이스라엘"이 '유대인과 이방인으로 구성된 종말의 새 하나님 백성', 즉 "교회"Ecclesia를 가리킨다고 보는 견해가 지금도 일반적이다.50) 그러나 이와 같은 해석은 문맥상 받아들이기 어려운데, "온 이스라엘"πᾶς Ἰσραήλ은 바로 앞 문장 25b절의 진술과 밀접히 연관된 것으로, "이방인의 충만한 수"에 상응하는 셈어적인 표현 כָּל יִשְׂרָאֵל, '콜 이스라엘' 이기 때문이다. 즉 "온 이스라엘"은 이미 복음을 영접한 "이스라엘의 남은 자"11:5와 이제까지 그리스도를 영접하지 아니한 유대인을 합한 전체 유대인을 가리키는 것으로 이해해야 한다. 이때 바울이 "온 이스라엘"이란 개념을 통시적diachron으로 사용했는가 아니면 공시적synchron으로 사용했는가 하는 질문이 가능하다. 다시 말하면 이 개념이 시대를 초월한 모든 유대인을 가리키는가 아니면 종말의 시간에 살아 있을 유대인만을 가리키는가 하는 질문이 나온다.

우리의 본문만 가지고는 대답하기 어려우나, 유대 문헌 미쉬나 <산헤드린>에 나오는 유명한 진술, "온 이스라엘은 미래의 세계에 참여할 것이

---

49) 교부들의 해석에 대하여는 K. H. Schelkle, *Paulus Lehrer der Väter. Die altkirchliche Auslegung von Römer 1-11*, Düsseldorf, 1956, 400 이하를 참조하라.

50) J. Calvin, *In Epistolam Pauli ad Romanos Commentarii* (ed. A. Tholuck, 1864), 195; K. Barth, *Der Römerbrief*, Zürich, 1940, 401; J. Jeremias, "Einige vorwiegend sprachliche Beobachtungen zu Röm 11,25-36", L. D. Lorenzi (ed.), 위의 책, 200.

다" Sanh 10:1 와 <베냐민의 유언> TestBenj 10:11 에 나오는 "그리하여 온 이스라엘은 주님께 모일 것이다"라는 진술을 고려하면 대답이 가능하다. 이 두 유대적 진술은 모두 죽은 자의 부활 이후의 시간과 관련된 말로서 명백히 통시적인 의미를 지니며, 바울 역시 종말론적인 의미에서 사용된 "온 이스라엘"을 통시적인 의미로 이해했을 것으로 보인다.51) 따라서 11:26a의 "온 이스라엘"은 유대인과 이방인으로 구성된 종말론적인 하나님의 새 백성을 뜻하는 교회가 아니라, 유대인 전체를 일컫는 개념으로 사용된 것으로 보아야 마땅하다.52)

본문에서 드러나는 분명한 사실은 바울은 온 이스라엘의 구원에 대해서 전혀 의심하지 않고, 단지 그 실현이 언제 가능한가에 초점을 맞추고 있다는 점이다. 그것이 실현되는 때는 이방인의 충만한 수가 하나님의 백성 안으로 들어오게 되는 때이며11:25b, 동시에 바로 주되시는 예수 그리스도가 재림하실 때이다. 그때 이스라엘이 "시온에서 오는 구원자"되는 그리스도와 만나 믿음에 이르게 될 것임을 바울은 말하고 있다. 이스라엘을 향한 하나님의 "비밀"에 대한 자신의 해석이 옳다는 사실을 바울은 11:26b-27에서 성경을 인용함으로써 밝힌다. 바울은 온 유대인의 구원이 반드시 도래하리라고 확신했던 것이다. 그러면서 다음 단락11:31-36에서 바울은 송영의 형식으로 "이스라엘 문제"를 매듭짓는다. 즉 이스라엘의 구원은 인간이 간파하기 어려운 하나님의 구원 계획에 속한다고 말한다.

(11:33-36) ³³ 깊도다 하나님의 지혜와 지식의 풍성함이여, 그의 판단은 헤아리지 못할 것이며 그의 길은 찾지 못할 것이로다 ³⁴ 누가 주의 마음을 알았느냐

---

51) J. A. Fitzmyer, *Romans* (The Anchor Bible), New York: Doubleday, 1993, 623; 참조, O. Hofius, "Das Evangelium und Israel", 195.

52) D. Flusser, "Paulus II", *TRE* 26 (1996), 156; F. Mußner, "Israels 'Verstockung' und Rettung nach Röm 9-11", 51, n.49; H. Schlier, *Der Römerbrief*, Freiburg/Basel/Wien, 1979, 340; 차정식, 『로마서』 II, 250; 참조, O. Hofius, 위의 책, 194-195. 또한 U. Wilckens, *Der Brief an die Römer II*, 256, n.1152 참조,

누가 그의 모사가 되었느냐 ³⁵ 누가 주께 먼저 드려서 갚으심을 받겠느냐 ³⁶ 이는 만물이 주에게서 나오고 주로 말미암고 주에게로 돌아감이라 그에게 영광이 세세에 있을지어다 아멘

이어지는 본론의 두 번째 대단원 12:1-15:13에서 바울은 **그리스도인이 일상생활에서 취해야 할 행동 윤리**에 대한 여러 권면의 말을 한다. 맨 앞에서 그리스도인에게 적용되는 윤리적인 원칙을 제시한다.

(12:1-2) ¹ 그러므로 형제들아 내가 하나님의 모든 자비하심으로 너희를 권하노니 너희 몸을 하나님이 기뻐하시는 거룩한 산 제물로 드리라 이는 너희가 드릴 영적 예배니라 ² 너희는 이 세대를 본받지 말고 오직 마음을 새롭게 함으로 변화를 받아 하나님의 선하시고 기뻐하시고 온전하신 뜻이 무엇인지 분별하도록 하라

이 원칙을 가리켜 케제만은 "세상의 일상에서 드리는 예배"라고 불렀다. 여기서 "영적 예배" ἡ λογικὴ λατρεία [53]라는 말은 앞 문장 "너희 몸을 하나님이 기뻐하시는 거룩한 산 제물로 드리는 것"과 동격을 이룬다. "영적"으로 번역된 '로기코스' λογικός라는 형용사는 칠십인경에는 전혀 나타나지 않는 스토아 철학과 연계된 단어이다. 인간이 우주를 다스리는 신적인 로고스와 일치되는 삶을 따르는 것을 뜻하는 이 단어는 헬레니즘적 신비주의에서 사용될 뿐만 아니라 제의 언어와 관련된다. 따라서 신적 로고스와 일치되는 방식으로 드리는 예배가 신의 뜻에 합당한 예배이다. 바울은 이러한 배경을 가진 제의적 개념을 그리스도교적으로 사용한다.[54] "영적 예배"는 외딴 거룩한 장소에서 거행되는 신비한 제의적 섬김을 통해서가 아니라, 일상의 순종하는 삶 가운데 하나님께 영광을 돌리는 삶을 뜻한다. 신앙인의 삶 전체

---

53) 학자들은 이 표현을 다양하게 번역한다: 케제만(geistlicher Gottesdienst 영적 예배), 빌켄스와 로제(geistiger Gottesdienst 정신적 예배), 슈툴막허(vernünftiger Gottesdienst 이성적 예배), 미첼(dem Wort gemässer Gottesdienst 말씀에 합당한 예배).

54) E. Lohse, *Der Brief an die Römer*, 336.

가 하나님의 자비의 약속 아래에 있기 때문에 성스러움과 속됨을 구분하는 전통적인 이분법이 극복된다. 결국 바울은, 진정한 신앙인은 자기 삶 전체를 "산 제물"로 바치는 가운데 하나님께 드리는 진정한 예배로 살아야 하며, 세례 가운데 새로워진 마음으로 하나님의 뜻이 무엇인가를 검증해야 한다고 권면한다.

12:3-12에서는 은사를 받은 사람들을 위한 삶의 지침을 언급한다.

(12:3-12) ³ 내게 주신 은혜로 말미암아 너희 각 사람에게 말하노니 마땅히 생각할 그 이상의 생각을 품지 말고 오직 하나님께서 각 사람에게 나누어 주신 믿음의 분량대로 지혜롭게 생각하라 ⁴ 우리가 한 몸에 많은 지체를 가졌으나 모든 지체가 같은 기능을 가진 것이 아니니 ⁵ 이와 같이 우리 많은 사람이 그리스도 안에서 한 몸이 되어 서로 지체가 되었느니라 ⁶ 우리에게 주신 은혜대로 받은 은사가 각각 다르니 혹 예언이면 믿음의 분수대로, ⁷ 혹 섬기는 일이면 섬기는 일로, 혹 가르치는 자면 가르치는 일로, ⁸ 혹 위로하는 자면 위로하는 일로, 구제하는 자는 성실함으로, 다스리는 자는 부지런함으로, 긍휼을 베푸는 자는 즐거움으로 할 것이니라 ⁹ 사랑에는 거짓이 없나니 악을 미워하고 선에 속하라 ¹⁰ 형제를 사랑하여 서로 우애하고 존경하기를 서로 먼저 하며 ¹¹ 부지런하여 게으르지 말고 열심을 품고 주를 섬기라 ¹² 소망 중에 즐거워하며 환난 중에 참으며 기도에 항상 힘쓰며 ¹³ 성도들의 쓸 것을 공급하며 손 대접하기를 힘쓰라

여러 은사의 선물은 특히 복음 선포 및 섬기는 일과 관련되어 있다 예언, 가르치는 일, 위로하는 일, 구제하는 일, [교회를] 다스리는 일. 이와 관련하여 고린도교회의 여러 놀라운 은사 고전 12장: 병 고치는 은사, 능력 행함, 영 분별, 방언 및 방언 통역를 언급하지 않는 사실이 눈에 띈다.

이어서 12:9-21에서는 은혜를 받은 신앙 공동체가 사랑을 실천하며 살 것을 권면한다. 13:1-7에서 세상 권세에 대한 그리스도인의 의무에 대하여 말한 뒤, 13:8-10에서 일종의 요약적인 진술을 하고 있다.

(13:8-10) ⁸ 피차 사랑의 빚 외에는 아무에게든지 아무 빚도 지지 말라 남을 사랑하는 자는 율법을 다 이루었느니라 ⁹ 간음하지 말라, 살인하지 말라, 도둑질하지 말라, 탐내지 말라 한 것과 그 외에 다른 계명이 있을지라도 네 이웃을 네 자신과 같이 사랑하라 하신 그 말씀 가운데 다 들었느니라 ¹⁰ 사랑은 이웃에게 악을 행하지 아니하나니 그러므로 사랑은 율법의 완성이니라

여기서 바울은 신앙 공동체는 사랑을 행함으로써 율법을 성취하게 된다고 말하면서 지금까지의 권면을 요약한다. 이어서 바울은 종말론적인 시각에서 권면한다¹³:¹¹⁻¹⁴.

(13:11-14) ¹¹ 또한 너희가 이 시기를 알거니와 자다가 깰 때가 벌써 되었으니 이는 이제 우리의 구원이 처음 믿을 때보다 가까웠음이라 ¹² 밤이 깊고 낮이 가까웠으니 그러므로 우리가 어둠의 일을 벗고 빛의 갑옷을 입자 ¹³ 낮에와 같이 단정히 행하고 방탕하거나 술 취하지 말며 음란하거나 호색하지 말며 다투거나 시기하지 말고 ¹⁴ 오직 주 예수 그리스도로 옷 입고 정욕을 위하여 육신의 일을 도모하지 말라

이어지는 14:1-15:13특별 권면에서 바울은 로마교회를 염두에 두고, 신앙 공동체 안에 존재하는 다양한 집단의 문화적 · 인종적 차이에서 야기된 문제들을 다루고 있다. 특히 믿음이 강한 자와 연약한 자가 공존하는 교회의 삶 가운데 믿음이 연약한 자를 배려할 것을 권면하고 있다. 바울은 음식 계명14:2, 21과 특정한 날을 종교적인 이유에서 지켜야 하는가 하는 문제14:5-6를 논쟁점으로 제시한다.

(14:2-4) ² 어떤 사람은 모든 것을 먹을 만한 믿음이 있고 믿음이 연약한 자는 채소만 먹느니라 ³ 먹는 자는 먹지 않는 자를 업신여기지 말고 먹지 않는 자는 먹는 자를 비판하지 말라 이는 하나님이 그를 받으셨음이라 ⁴ 남의 하인을 비판하는 너는 누구냐 그가 서 있는 것이나 넘어지는 것이 자기 주인에게 있으매 그가 세움을 받으리니 이는 그를 세우시는 권능이 주께 있음이라
(14:21) 고기도 먹지 아니하고 포도주도 마시지 아니하고 무엇이든지 네 형제

로 거리끼게 하는 일을 아니함이 아름다우니라

(14:5-6) ⁵ 어떤 사람은 이 날을 저 날보다 낫게 여기고 어떤 사람은 모든 날을 같게 여기나니 각각 자기 마음으로 확정할지니라 ⁶ 날을 중히 여기는 자도 주를 위하여 중히 여기고 먹는 자도 주를 위하여 먹으니 이는 하나님께 감사함이요 먹지 않는 자도 주를 위하여 먹지 아니하며 하나님께 감사하느니라

신앙인 사이의 이러한 갈등을 해결하기 위해 바울은 다음과 같이 권면한다.

(14:1) 믿음이 연약한 자를 너희가 받되 그의 의견을 비판하지 말라
(14:19) 우리가 화평의 일과 서로 덕을 세우는 일을 힘쓰나니
(15:1-7) ¹ 믿음이 강한 우리는 마땅히 믿음이 약한 자의 약점을 담당하고 자기를 기쁘게 하지 아니할 것이라 ² 우리 각 사람이 이웃을 기쁘게 하되 선을 이루고 덕을 세우도록 할지니라 ³ 그리스도께서도 자기를 기쁘게 하지 아니하셨나니 기록된 바 주를 비방하는 자들의 비방이 내게 미쳤나이다 함과 같으니라 ⁴ 무엇이든지 전에 기록된 바는 우리의 교훈을 위하여 기록된 것이니 우리로 하여금 인내로 또는 성경의 위로로 소망을 가지게 함이니라 ⁵ 이제 인내와 위로의 하나님이 너희로 그리스도 예수를 본받아 서로 뜻이 같게 하여 주사 ⁶ 한 마음과 한 입으로 하나님 곧 우리 주 예수 그리스도의 아버지께 영광을 돌리게 하려 하노라 ⁷ 그러므로 그리스도께서 우리를 받아 하나님께 영광을 돌리심과 같이 너희도 서로 받으라

바울은 그리스도인의 사랑이 모든 행동의 기초가 되도록 할 것과 서로에게 기쁨을 주고 선을 이루고 덕을 세우는 삶을 살 것을 권면한다. 또한 그리스도의 본을 따라 믿음이 약한 자를 용납하라고 권면한다.

(14:19) 그러므로 우리가 화평의 일과 서로 덕을 세우는 일을 힘쓰나
(15::2) 우리 각 사람이 이웃을 기쁘게 하되 선을 이루고 덕을 세우도록 할지니

이어지는 15:14-15:33/16:23에 서신 마감 부분이 나온다. 여기에서 바울은

편지 내용을 돌아보고 또 자신의 사역에 대해 말한다. 15:20에서 바울은 "남의 터 위에 건축하지 않겠다"는 자기의 선교 원칙을 언급한다. 15:22-29에는 예루살렘을 거쳐 스페인으로 가려는 자기의 선교여행 계획을 밝힌다.

그런데 15:33에는 일반적인 편지 마감어와 유사한 진술이 나온다. "평강의 하나님께서 너희 모든 사람과 함께 계실지어다 아멘." 바울 필사본 중에 가장 오래된 것으로 알려진 $\mathfrak{P}^{46}$에는 15:33에 이어 송영doxology의 내용을 담은 16:25-27이 연결되어 있다는 사실에 비추어, 또한 바울이 전혀 방문한 적이 없는 로마교회의 성도들을 그토록 많이[26명] 알 수 있는지에 관한 질문에 비추어, 추천과 안부의 내용을 담고 있는 마지막 16장이 후대에 첨가되었을 것으로 여기는 학자들이 있다W. Marxsen. 반면 바울은 최소한 이름만이라도 알고 있는 로마 교인들을 언급함으로써 방문에 앞서 인간 관계를 쌓으려는 의도로 16장의 내용을 진술했을 것으로 짐작하는 학자도 있다H. Conzelmann/A. Lindemann. 본문비평적인 시각에서 본다면 16장이 본래 독립된 추천서였다는 가정은 설득력이 적다. 16장은 언제나 15장과 함께 생략되거나 혹은 함께 전승되었기 때문이다. 따라서 바울의 로마서는 본래부터 1-16장까지의 내용을 담고 있었다고 보는 것이 적절하다.

VI

빌립보서

...

· **특징**: 빌립보서는 바울이 자기와 특별히 친숙한 관계에 있었던 빌립보교회에 보낸 것으로, 옥중 생활 중에 기록된 서신이다. 감사와 기쁨의 말을 반복하는 (3장을 제외하고) 전반적으로 우호적인 분위기를 담고 있는 이 서신은 "우정의 편지"에 속한다.

· **핵심 메시지**: 바울은 빌립보 교인들에게 다툼과 허영과 이기적인 욕심을 버리고 예수님의 겸손을 배우며, 그리스도와 연합된 삶 속에서 고난과 박해를 넘어 기뻐하라고 권면한다.

이른바 제2차 선교여행 중이던 49년경에 바울은 마게도냐 지방 빌립보에 교회를 세웠다^{행 16:11-40}. 빌립보는 주전 356년 알렉산더 대왕의 아버지 빌립 2세가 이곳을 정령하고서 자신의 이름을 따서 명명한 도시이다. 훗날 로마가 이곳을 점령한다. 주전 42년부터 로마군의 전진 기지로서 새롭게 번창하기 시작했던 빌립보는 로마와 소아시아를 연결하는 국제 포장도로 "비아 에그나티아"^{Via Egnatia} 가 통과하는 교통의 요충지로 정치, 경제, 문화, 종교 등의 분야에서 많은 교류가 있던 도시였다. 이곳에 세워진 빌립보교회는 유럽 최초의 교회이다.

1. 빌립보교회와 바울의 관계

바울은 박해로 인해 빌립보에서 오래 머물지 못하고 서둘러 빌립보를 떠났던 것으로 보인다(살전 2:2, "너희가 아는 바와 같이 우리가 먼저 빌립보에서 고난과 능욕을 당하였으나 우리 하나님을 힘입어 많은 싸움 중에 하나님의 복음을 너희에게 전하였노라"). 바울은 일반적으로 자신이 세운 교회로부터 경제적인 도움을 받지 않고 스스로 일을 하며 생계를 유지했다.

> (살전 2:9) 형제들아 우리의 수고와 애쓴 것을 너희가 기억하리니 너희 아무에게도 폐를 끼치지 아니하려고 밤낮으로 일하면서 너희에게 하나님의 복음을 전하였노라
>
> (고후 11:8-9) [8] 내가 너희를 섬기기 위하여 다른 여러 교회에서 비용을 받은 것은 탈취한 것이라 [9] 또 내가 너희와 함께 있을 때 비용이 부족하였으되 아무에게도 누를 끼치지 아니하였음은 마게도냐에서 온 형제들이 나의 부족한 것을 보충하였음이라 내가 모든 일에 너희에게 폐를 끼치지 않기 위하여 스스로 조심하였고 또 조심하리라

그러나 바울은 빌립보교회에서만은 예외적으로 물질적 도움을 받는 것을 수락했다. 빌립보교회는 감옥에 갇혀 있던 바울을 돕기 위해 물질과 사람 에바브로디도 을 보냈다 4:15-16; 참조. 2:25. 그래서 바울은 빌립보교회에 대하여 자신의 괴로움에 동참한 교회였다고 칭찬한다 4:14. 이처럼 빌립보교회는 설립될 당시부터 바울과 각별한 관계에 있었다. 이에 걸맞게 교인들을 향한 깊은 애정과 기뻐하는 바울의 마음이 서신 전체에 깔려 있다 1:4, 18, 25; 2:17, 28-29; 3:1; 4:1, 4.

2. 기록 목적

현재 자신이 처해 있는 상황과 장차 전망에 대한 소식을 전하면서 잘못

된 교훈에 대해 경계하기 위해 바울은 건강해진 에바브로디도를 빌립보 교회로 다시 돌려보낼 것이라는 사실을 통보하고2:25-30, 디모데가 빌립보 교회를 방문하리라는 사실을 알리며2:19-29, 빌립보교회가 하나가 될 것을 권면하고1:27; 2:2-4; 4:2, 성도들이 어떤 상황에 처하든지 기뻐하도록 하며2:18; 3:1; 4:4, 빌립보 교인들로부터 받은 선물에 감사할 목적으로 이 서신을 기록했다4:10-20.

(4:10-20) [10] 내가 주 안에서 크게 기뻐함은 너희가 나를 생각하던 것이 이제 다시 싹이 남이니 너희가 또한 이를 위하여 생각은 하였으나 기회가 없었느니라 [11] 내가 궁핍하므로 말하는 것이 아니니라 어떠한 형편에든지 나는 자족하기를 배웠노니 [12] 나는 비천에 처할 줄도 알고 풍부에 처할 줄도 알아 모든 일 곧 배부름과 배고픔과 풍부와 궁핍에도 처할 줄 아는 일체의 비결을 배웠노라 [13] 내게 능력 주시는 자 안에서 내가 모든 것을 할 수 있느니라 [14] 그러나 너희가 내 괴로움에 함께 참여하였으니 잘하였도다 [15] 빌립보 사람들아 너희도 알거니와 복음의 시초에 내가 마게도냐를 떠날 때에 주고 받는 내 일에 참여한 교회가 너희 외에 아무도 없었느니라 [16] 데살로니가에 있을 때에도 너희가 한 번뿐 아니라 두 번이나 나의 쓸 것을 보내었도다 [17] 내가 선물을 구함이 아니요 오직 너희에게 유익하도록 풍성한 열매를 구함이라 [18] 내게는 모든 것이 있고 또 풍부한지라 에바브로디도 편에 너희가 준 것을 받으므로 내가 풍족하니 이는 받으실 만한 향기로운 제물이요 하나님을 기쁘시게 한 것이라 [19] 나의 하나님이 그리스도 예수 안에서 영광 가운데 그 풍성한 대로 너희 모든 쓸 것을 채우시리라 [20] 하나님 곧 우리 아버지께 세세 무궁하도록 영광을 돌릴지어다 아멘

3. 서신의 문학적 통일성과 관련된 문제

바울서신 중에서 빌립보서는 고린도후서와 더불어 문학적 통일성을 둘러싼 논란을 가장 많이 일으킨 서신이다. 주님의 도래가 가까우니 기뻐하라는 편지의 분위기가 갑자기 바울의 적대자와의 격렬한 논쟁 단락3:2-4:3으로 인해 중단된다는 점이 문제이다. 편지의 마감처럼 들리는 기쁜 분위

기3:1에서 "개들을 삼가고 행악하는 자들을 삼가고 몸을 상해하는 일을 삼가라"3:2라는 험악한 표현으로 어조가 바뀐다. 이것이 빌립보서의 문학적 통일성을 의심하게 만드는 직접적인 계기가 되었다. 오늘날 많은 학자들은 빌립보서를 몇몇 서신이 하나로 조합된 것으로 간주한다.[1]

• 두 편의 서신이 합쳐진 것으로 여기는 입장 J. Gnilka; M. Theobald
  A. 옥중 서신(1:1-3:1a; 4:2-7, 10-23)
  B. 투쟁 서신(3:1b-4:1, 8-9): 감옥에서 나온 뒤의 상황.

• 세 편의 서신으로 구분하는 입장 W. Schmithals; H. Köster; G. Bornkamm; Ph. Vielhauer; N. Perrin; W. Marxsen; W. Schenk; N. Walter
  A. 감사 서신(4:10-20): 빌립보교회가 에바브로디도를 통해 보내준 선물에 대해 옥중에서4:14 감사하는 내용의 편지이다.
  B. 옥중 서신(1:1-3:1; 4:4-7; 4:21-23): 에바브로디도가 치유되고 나서 빌립보로 가져가야 하는 것으로 바울의 수감 상태를 보고하고, 교인들을 향한 바울의 격려도 담은 편지이다.
  C. 투쟁 서신(3:2-4:9): 옥중에서 나온 뒤 바울이 빌립보교회에서 활동한 적대자들에게 대항하는 내용을 담은 편지이다.

이와 같은 구분에 따르면 편지 B가 뼈대를 이루고 중간 중간에 편지 C와 A가 삽입되었다. 그러나 빌립보서를 문학적인 통일성뿐만 아니라 신학적인 통일성까지 갖춘 문서로 간주하는 학자들도 적지 않다. 곧 롤로프는 빌립보서가 머지않은 죽음을 예상하던 바울이 빌립보 교인들에게 미래에 일어날 위험에 대비하도록 주는 사전 경고라고 이해한다.[2]

---

1) 예컨대, Pokorny/Heckel은 빌립보서를 여러 통의 편지들이 하나로 조합된 것으로 이해한다(Einleitung in das NT, 272).

2) J. Roloff, Einführung in das NT, Stuttgart 72012, 141. 문학적 통일성을 인정하는 학자로는 W. G. Kümmel, M. Bockmuehl, R. Brucker, H.-J. Klauck, U. Schnelle, D. F. Watson 등이 있다.

4. 저작 장소와 생성 연대

서신이 기록된 장소와 연대는 이 서신의 통일성의 전제 여부에 따라 다르게 추정된다. 로제[E. Lohse]를 비롯한 여러 학자들은 1:1-3:1; 4:4-7, 4:21-23 의 부분은 머지않아 있을 석방을 예견하는[2:24] 에베소 옥중 생활 말기인 55년경에, 3:2-4:3, 4:8-9은 이보다 좀 늦은 56년경 고린도에서 기록되었을 것으로 추정한다. 그러나 서신의 통일성을 전제하는 학자들은 바울의 로마 옥중 생활 마지막 시기에 해당하는 59년경[J. Roloff] 또는 60년경[U. Schnelle] 에 기록된 것으로 여긴다.

5. 단락 나누기

I.	1:1-2	서문
II.	1:3-11	감사의 말
III.	1:12-26	위험스러운 감금 상태에 처한 바울의 상황
IV.	1:27-2:18	권면의 말: 한 마음을 품고 신앙에 굳건히 설 것 권면
V.	2:19-3:1a	교회의 상황을 알기 위한 동역자(디모데) 파송 (편지의 분위기가 거칠게 돌변)
VI.	3:1b-21	육체(할례)를 신뢰하는 자들에 대한 경고
VII.	4:1-9	권면의 말
VIII.	4:10-20	도움에 대한 감사의 말
IX.	4:21-23	마감어

6. 중심 내용

사도 바울은 먼저 간단한 인사말[1:1-2]을 한다. 바울서신 중 가장 짧다.

(1:1-2) [1] 그리스도 예수의 종 바울과 디모데는 그리스도 예수 안에서 빌립보에

사는 모든 성도와 또한 감독들과 집사들에게3) 편지하노니 2 하나님 우리 아버지와 주 예수 그리스도로부터 은혜와 평강이 너희에게 있을지어다

그런 다음 빌립보교회와 갖는 각별한 관계를 언급하는 가운데 감사의 말을 한다3-11절. 이어 자신이 처한 위급한 상황에 대해12-26절 말하면서 서신의 본론을 전개한다. 바울은 자신의 수감 상태를 걱정할 뿐만 아니라13-14절, 심지어 생명이 위험한 상태에 처해 있음을 말한다20절 이하. 동시에 바울은 복음을 선포하는 자들 가운데 나타나는 문제와 의혹들로 인해 자신의 마음이 더욱 무거워졌으나, 결과적으로 복음 전파의 성과를 보고 위안을 얻는다고 하며15-18절, 또한 어떠한 희생을 치르더라도 복음을 전하는 자신의 과업을 감당할 것임을 천명한다20-26절.

(1:12-26) 12 형제들아 내가 당한 일이 도리어 복음 전파에 진전이 된 줄을 너희가 알기를 원하노라 13 이러므로 나의 매임이 그리스도 안에서 모든 시위대 안과 그 밖의 모든 사람에게 나타났으니 14 형제 중 다수가 나의 매임으로 말미암아 주 안에서 신뢰함으로 겁 없이 하나님의 말씀을 더욱 담대히 전하게 되었느니라 15 어떤 이들은 투기와 분쟁으로, 어떤 이들은 착한 뜻으로 그리스도를 전파하나니 16 이들은 내가 복음을 변증하기 위하여 세우심을 받은 줄 알고 사랑으로 하나 17 그들은 나의 매임에 괴로움을 더하게 할 줄로 생각하여 순수하지 못하게 다툼으로 그리스도를 전파하느니라 18 그러면 무엇이냐 겉치레로 하나 참으로 하나 무슨 방도로 하든지 전파되는 것은 그리스도니 이로써 나는 기뻐하고 또한 기뻐하리라 19 이것이 너희의 간구와 예수 그리스도의 성령의 도우심으로 나를 구원에 이르게 할 줄 아는 고로 20 나의 간절한 기대와 소망을 따라 아무 일에든지 부끄러워하지 아니하고 지금도 전과 같이 온전히 담대하여 살든지 죽든지 내 몸에서 그리스도가 존귀하게 되게 하려 하나니 21

---

3) 바울은 다른 곳에서는 "장로"의 직분에 대해 말하지 않는데, 유독 이곳에서만 "감독" Episkopos 과 "집사" Diakonos 를 언급한다. 이 직분들은 당시 헬레니즘 세계에서 통용되던 일반 어법이라고 이해하는 것이 옳다. "에피스코포스"는 어떤 일을 관리 감독하는 사람을 뜻하고, "디아코노스" 역시 일반적인 의미로 식사를 준비하는 자처럼 누군가를 섬기는 사람을 뜻한다. 그러나 훗날 "에피스코포스"가 직분의 의미로 사용되면서 장로 모임의 일원이며, 교회를 책임지는 최고 지도자를 가리키게 되었다 딛 1:7.

이는 내게 사는 것이 그리스도니 죽는 것도 유익함이라 ²² 그러나 만일 육신으로 사는 이것이 내 일의 열매일진대 무엇을 택해야 할는지 나는 알지 못하노라 ²³ 내가 그 둘 사이에 끼었으니 차라리 세상을 떠나서 그리스도와 함께 있는 것이 훨씬 더 좋은 일이라 그렇게 하고 싶으나 ²⁴ 내가 육신으로 있는 것이 너희를 위하여 더 유익하리라 ²⁵ 내가 살 것과 너희 믿음의 진보와 기쁨을 위하여 너희 무리와 함께 거할 이것을 확실히 아노니 ²⁶ 내가 다시 너희와 같이 있음으로 그리스도 예수 안에서 너희 자랑이 나로 말미암아 풍성하게 하려 함이라

이어서 권면의 말1:27-2:8이 나온다. 바울은 빌립보 교인들이 한 마음으로 설 것을 부탁하고, 적대자들에 대한 경고를 한다.

(1:27-2:4) ¹:²⁷ 오직 너희는 그리스도의 복음에 합당하게 생활하라 이는 내가 너희에게 가 보나 떠나 있으나 너희가 한마음으로 서서 한 뜻으로 복음의 신앙을 위하여 협력하는 것과 ²⁸ 무슨 일에든지 대적하는 자들 때문에 두려워하지 아니하는 이 일을 듣고자 함이라 이것이 그들에게는 멸망의 증거요 너희에게는 구원의 증거니 이는 하나님께로부터 난 것이라 ²⁹ 그리스도를 위하여 너희에게 은혜를 주신 것은 다만 그를 믿을 뿐 아니라 또한 그를 위하여 고난도 받게 하려 하심이라 ³⁰ 너희에게도 그와 같은 싸움이 있으니 너희가 내 안에서 본 바요 이제도 내 안에서 듣는 바니라 ²:¹ 그러므로 그리스도 안에 무슨 권면이나 사랑의 무슨 위로나 성령의 무슨 교제나 긍휼이나 자비가 있거든 ² 마음을 같이하여 같은 사랑을 가지고 뜻을 합하며 한마음을 품어 ³ 아무 일에든지 다툼이나 허영으로 하지 말고 오직 겸손한 마음으로 각각 자기보다 남을 낫게 여기고 ⁴ 각각 자기 일을 돌볼뿐더러 또한 각각 다른 사람들의 일을 돌보아 나의 기쁨을 충만하게 하라

교인들이 한 마음을 품고 신앙에 굳건히 서야 한다는 권면은 예수 그리스도의 사역을 언급함으로써 한층 더 강조된다. 이때 바울은 옛 전승에서 전해 받은 이른바 "그리스도 찬송시"Christushymnus, 2:6-11를 인용하며4) 심오한

---

4) 큄멜은 "그리스도 찬송시"를 옛 전승으로 보는 견해에 대하여 "널리 유포되었으나 결코 확실하지 않은 가정"이라고 보았다(*Einleitung in das Neue Testament*, Heidelberg, 1965, 241).

기독론을 보여준다.

A. ⁶ 그는 근본 하나님의 본체시나
　　하나님과 동등됨을 취할 것으로 여기지 아니하시고
　　⁷ 오히려 자기를 비워 χενός
　　종의 형체를 가지사

B. 　사람들과 같이 되셨고
　　⁸ 사람의 모양으로 나타나사
　　자기를 낮추시고
　　(십자가에 죽기까지) 복종하셨으니

C. ⁹ 이러므로 하나님이 그를 지극히 높여
　　모든 이름 위에 뛰어난 이름을 주사
　　¹⁰ (하늘에 있는 자들과 땅에 있는 자들과 땅 아래에 있는 자들로)
　　모든 무릎을 예수의 이름에 꿇게 하시고
　　¹¹ 모든 입으로 예수 그리스도를 주라 시인하여
　　(하나님 아버지께 영광을 돌리게 하셨느니라)

이 본문은 잘 짜인 이야기체 그리스도 찬송시로서 구세주 예수 그리스
도의 사역을 세 단계로 구분한다 삼단계 기독론.

A. **선재** Präexistenz **의 단계** 위에서
B. **십자가에 죽기까지 낮아지는 단계** Erniedriegung, 아래에서
C. **부활을 통해 하늘로 올라가 세상의 통치자로 등극하는 단계** Erhöhung, 지극
　　히 높은 곳에서

많은 학자는 이 시를 우리에게 알려진 **가장 오래된 그리스도 찬송시로**
여기며, 바울 이전의 원시 그리스도교에서 유래한 것으로 간주한다. 오직
이곳에만 나오는 용어 사용(신약 전체에서 단 한 번 사용된 ύπερυψόω"높이
다" 9절와 καταχθόνιος"땅 아래의" 10절, 바울서신에 단 한 번 사용된 μορφή "본체/형

체" 6절와 ἁρπαγμός "취할 것" 6절), 분사 구문과 관계 문장이 반복되는 것, 본문이 연으로 나눠지는 사실 등이 이를 뒷받침한다.

바울은 "그리스도의 마음을 품으라"는 도입어2:5를 통해 이 찬송시를 빌립보 교인들을 위한 권면에 이용한다. 먼저 예수 그리스도의 '선재'先在에 대한 진술6절과 그리스도의 낮아짐에 대해 자세히 언급한다7-8절. 여기서 8절의 "곧 십자가에 죽으심이라"=십자가에 죽기까지라는 표현이 이 시의 구조에 어울리지 않는데, 이 표현으로 행이 지나치게 길어졌다. 따라서 이 표현은 바울이 그리스도의 낮아짐을 더욱 강조하기 위해 첨가한 것으로 간주된다. 6-8절에 이르는 진술에서는 예수 그리스도가 주체였으나, 9절부터는 하나님이 주어로 나타나면서 그리스도의 낮아짐을 진술하는 앞부분과 대조적으로 높임의 진술이 나온다. 11절의 "하나님 아버지께 영광을 돌리게"라는 표현도 바울의 첨가로 간주된다. 이로써 이 행의 길이가 지나치게 길어졌을 뿐만 아니라, 하나님이 주어로 나오는 내용과도 잘 어울리지 않기 때문이다. 따라서 "모든 입으로 예수 그리스도를 주라 시인한다"가 원래 시의 끝이었을 것이다. 그렇게 하여 바울은 죽기까지 순종한 예수 그리스도의 낮아짐과 하나님께 영광을 돌리기 위한 예수 그리스도의 높아짐을 서로 대비하여 강조한다. 이로써 바울은 그리스도인의 실존은 이와 같은 그리스도의 낮아짐과 순종의 길을 본받아야 한다는 점을 강조하고자 했다.

"하나님의 흠 없는 자녀로 살라"는 부드러운 어조의 권면2:12-18에 이어 바울은 빌립보교회의 현재 상황을 언급2:19-3:1a한다. 그런데 **갑자기 어조가 바뀌면서 격렬한 논쟁이 시작**된다3:2 이하. 구원을 얻기 위해서는 할례가 반드시 필요하다고 주장하는 유대 그리스도인 선교사로 추정되는 **거짓 교사들과의 논쟁의 문맥**에서 바울은 자서전적으로 회고하면서 거짓 교사들에 대한 상당히 거친 공격을 시작한다.

(3:2-6) ² 개들을 삼가고 행악하는 자들을 삼가고 잘리운 자 몸을 상해하는 자들을 삼가라 ³ 하나님의 성령으로 봉사하며 그리스도 예수로 자랑하고 육체를 신뢰하지 아니하는 우리가 곧 할례파라 ⁴ 그러나 나도 육체를 신뢰할 만하며 만일 누구든지 다른 이가 육체를 신뢰할 것이 있는 줄로 생각하면 나는 더욱 그러하리니 ⁵ 나는 팔일 만에 할례를 받고 이스라엘 족속이요 베냐민 지파요 히브리인 중의 히브리인이요 율법으로는 바리새인이요 ⁶ 열심으로는 교회를 박해하고 율법의 의로는 흠이 없는 자라

바울은 "삼가라"고 세 번 연속으로 말함²절으로써 빌립보 교인들을 향해 강력한 경고의 메시지를 보낸다. 이때 바울은 자신의 대적자들참조. 3:18-19. "그리스도의 십자가의 원수"을 향하여 매우 거친 표현을 사용한다 "개"[=부정한 동물], "행악자", "잘리운 자". 여기서 사용된 "개"는 유대인에게는 무지한 자, 하나님을 믿지 않는 자, 비이스라엘인을 가리키는 욕설이다. "잘리운 자들"은 "할례받은 자"를 비꼬아 부르는 표현이다(참조, 갈 5:12, "너희를 어지럽게 하는 자들은 스스로 베어 버리기를 원하노라").⁵⁾ 이와 대조적으로 바울은 진정한 그리스도인을 "하나님의 성령으로 봉사하는 자", "그리스도 예수 안에서 자랑하는 자", "육체를 신뢰하지 않는 자"라고 세 가지로 말한다³절. 바울은 자기 자신의 의를 신앙을 통해 얻은 의와 대비시킨다3:7-11.

(3:7-11) ⁷ 그러나 무엇이든지 내게 유익하던 것을 내가 그리스도를 위하여 다 해로 여길뿐더러 ⁸ 또한 모든 것을 해로 여김은 내 주 그리스도 예수를 아는 지식이 가장 고상하기 때문이라 내가 그를 위하여 모든 것을 잃어버리고 배설물로 여김은 그리스도를 얻고 ⁹ 그 안에서 발견되려 함이니 내가 가진 의는 율법에서 난 것이 아니요 오직 그리스도를 믿음으로 말미암은 것이니 곧 믿음으로 하나님께로부터 난 의라 ¹⁰ 내가 그리스도와 그 부활의 권능과 그 고난에 참여함을 알고자 하여 그의 죽으심을 본받아 ¹¹ 어떻게 해서든지 죽은 자 가운데서 부활에 이르려 하노니

여기서 바울은 그리스도를 얻고자 하는 자는 자신의 의를 버려야 한다

---

5) P. Billerbeck, *Kommentar zum Neuen Testament aus Talmud und Midrasch III*, 621.

는 것과, 예수 그리스도로 말미암아 자신의 과거가 청산되었으며 자신의
현재의 삶은 그리스도로 인해 새로워진 삶이라는 것을 강조한다. 특히
바울은 오직 그리스도로 말미암은 "의"라는 명제를 신앙의 결정적인 규
범으로 내세우면서 적대자들의 입장을 비판한다[3:9.6)]

빌립보서에는 "그리스도 안에서" [8회 사용]와 이와 유사한 표현 [주 안에서"] 이
여러 번 나온다(참조, "그리스도 예수 안에 있는 자", 롬 8:1; "하나님의
영, 그리스도의 영 안에 있는 자", 롬 8:9). 이것은 종말론적인 표현으로,
하나님이 이 세상에 오심으로 말미암아 새로워진 인간 실존을 가리킨다
(참조, 고후 5:17, "그런즉 누구든지 그리스도 안에 있으면 새로운 피조물이
라 이전 것은 지나갔으니 보라 새 것이 되었도다"). "그리스도 안에서 발견
됨" [3:9]은 믿는 사람들이 십자가와 부활의 그리스도와 이루는 일치를 뜻한
다.

이어 바울은 그리스도인으로서의 자신의 현재 삶을 경기장에서 하는
경주에 비유한다[3:12-16].

(3:12-16) [12] 내가 이미 얻었다 함도 아니요 온전히 이루었다 함도 아니라 오직
내가 그리스도 예수께 잡힌 바 된 그것을 잡으려고 달려가노라 [13] 형제들아 나
는 아직 내가 잡은 줄로 여기지 아니하고 오직 한 일 즉 뒤에 있는 것은 잊어
버리고 앞에 있는 것을 잡으려고 [14] 푯대를 향하여 그리스도 예수 안에서 하나
님이 위에서 부르신 부름의 상을 위하여 달려가노라 [15] 그러므로 누구든지 우
리 온전히 이룬 자들은 이렇게 생각할지니 만일 어떤 일에 너희가 달리 생각
하면 하나님이 이것도 너희에게 나타내시리라 [16] 오직 우리가 어디까지 이르렀
든지 그대로 행할 것이라

그리스도인 실존 이해가 여기에 나타난다. 그리스도인은 더 이상 옛
사람이 아니라 새로워진 사람이고, 그러면서도 아직 완성된 사람은 아니

---

6) M. Theobald, "Paulus Polykarp an die Philipper", M. Bachmann (ed.), *Lutherische und
neue Paulusperspektive*, Tübingen, 2005, 349-388, 여기서는 353-369.

다. 구원의 완성이 아직 도래하지 않은 것이다. 이어 빌립보 교인들이 자기의 본을 따라 한마음이 되어 신앙 위에 굳게 설 것을 권면한다3:17-4:9. 마지막으로 바울은 빌립보 교인들이 자신에게 베푼 선물에 대해 감사하며4:10-20 인사로 끝맺는다4:21-23.

VII

빌레몬서

...

· **특징**: 바울이 (빌립보서와 마찬가지로) 감옥에 갇혀있는 동안에 기록한 서신으로 바울서신 중 가장 짧다. 고대 서간 문학의 분류에 따라 일종의 "추천 서신"에 해당한다.[1] 빌레몬이란 사람의 개인적인 문제를 다룬 편지라는 점에서 교회를 향해 보낸 다른 바울서신과 차이가 난다.

· **핵심 메시지**: 바울은 동역자 빌레몬에게 그의 노예 오네시모를 믿음의 형제로 받아들이고 그와 화해하라고 권면한다.

그리스도인이 된 한 노예가 그리스도인 주인집에서 차지하게 될 사회적 지위 문제를 다룬다. 이와 같이 개인적인 문제를 다루는 빌레몬서를 전적으로 사적인 편지라고 말하기 어려운 것은 빌레몬 한 사람이 아니라 가정 교회의 구성원 모두를 수신자로 언급하고("[1] 그리스도 예수를 위하여 갇힌 자 된 바울과 및 형제 디모데는 우리의 사랑을 받는 자요 동역자인 빌레몬과 [2] 자매 압비아와 우리와 함께 병사 된 아킵보와 네 집에 있는 교회에 편지하노니"), 또한 결언에서 동역자들의 이름을 거론하면서 안부를 전하기 때문이다("[23] 그리스도 예수 안에서 나와 함께 갇힌 자 에바브라와

---

1) 참조, A. Deissmann, *Licht vom Osten*, 163 이하.

²⁴ 또한 나의 동역자 마가, 아리스다고, 데마, 누가가 문안하느니라 ²⁵ 우리 주 예수 그리스도의 은혜가 너희 심령과 함께 있을지어다").

1. 기록 목적

바울은 빌레몬의 집에 일어난 한 구체적인 갈등 사건을 해결하고자 한다. 곧 주인집에서 뛰쳐나온 그리스도인이 된 노예 오네시모를 주인인 빌레몬이 "사랑받는 형제"16절로 다시 받아들이도록 하려 한다.

2. 생성 연대와 저작 장소

아마 에베소나 가이사랴 또는 로마에서 기록되었을 것이다. 에베소의 옥중 생활 말기에 기록된 것으로 본다면, 그 시기는 주후 55년경이다.[2] 그러나 로마에서 기록되었다고 본다면, 바울의 사역 마지막 무렵인 60년 대 초에 생성되었다고 할 수 있다. 이 경우 빌레몬서는 현존하는 바울서 신서 중 가장 늦게 기록된 서신이 된다.

3. 단락 나누기

I.	1-7	서문
II.	8-22	오네시모를 위한 바울의 호소
III.	23-25	마감어

4. 중심 내용

골로새교회의 교인으로 보이는골 4:7-9 빌레몬에게 오네시모라는 노예가

---

2) Pokorny/Heckel: 53-55년경.

있었다 골 4:9. 아마 이 노예가 뭔가 불의한 일을 저지른 뒤18절 주인으로부터 도망쳐 나와15-16절 감옥에 수감되어 있던 바울을 알게 되었는데, 이를 계기로 회개하고 기독교인이 되어10절 바울과 밀접한 관계를 맺게 된다12-13, 16-17절. 바울은 오네시모와 함께 사역하기를 원하면서도, 오네시모를 주인에게로 돌려보내면서 주인인 빌레몬에게 오네시모를 용서해줄 뿐만 아니라, 신앙의 형제로 받아줄 것을 권면한다.

5. 신학적 중요성

빌레몬서를 신학적으로 별로 중요한 것이 없다고 여겨 과소평가하기 쉬우나, 이 서신은 원시 그리스도교가 당시 사회 문제나 정치 문제에 대해 어떤 입장을 취했는지를 추측하게 하는 중대한 의미를 갖고 있다.

> (10-14) 10 갇힌 중에서 낳은 아들 오네시모를 위하여 네게 간구하노라 11 그가 전에는 네게 무익하였으나 이제는 나와 네게 유익하므로 12 네게 그를 돌려보내노니 그는 내 심복이라 13 그를 내게 머물러 있게 하여 내 복음을 위하여 갇힌 중에서 네 대신 나를 섬기게 하고자 하나 14 다만 네 승낙이 없이는 내가 아무 것도 하기를 원하지 아니하노니 이는 너의 선한 일이 억지 같이 되지 아니하고 자의로 되게 하려 함이라

빌레몬의 노예인 오네시모가 회개하여 그리스도인이 되었다는 사실을 전하면서 바울은 빌레몬이 오네시모를 더 이상 노예가 아니라 형제로 대해 줄 것을 권면한다(16절, "이후로는 종과 같이 대하지 아니하고 종 이상으로 곧 사랑받는 형제로 둘 자라 내게 특별히 그러하거든 하물며 육신과 주 안에서 상관된 네게랴"). 이러한 바울의 요청은 당시 고대 사회의 신분 질서를 뒤집는 파격적인 내용이 아닐 수 없다. 곧 오네시모의 법적 신분은 비록 노예 상태 그대로이나, 사랑하는 형제라는 새로운 신분을 빌레몬이 인정해 주기를 바란다. 바울은 오네시모가 자신과 절친한 관계에 있다

는 사실을 언급하면서[12, 16, 17-20절], 빌레몬이 오네시모와의 관계를 새롭게 정립해 나가기를 권한다. 이러한 권면에 앞서 바울은 오네시모가 자기 곁에 남아 복음 사역을 계속하기 바란다는 자신의 속뜻을 밝히면서 빌레몬의 허락을 기대했다[13-14절].

오네시모는 골로새서 4:9("신실하고 사랑을 받는 형제 오네시모를 함께 보내노니 그는 너희에게서 온 사람이라 그들이 여기 일을 다 너희에게 알려 주리라")에도 등장하는데, 여기서 바울은 오네시모를 골로새교회로 보낸다. 이 사람이 빌레몬서에 나오는 인물과 동일인이라면, 빌레몬은 오네시모의 죄를 용서했을 뿐만 그를 보내어 자유인의 신분으로 선교 사역에 동참하게 했을 것이라고 추측할 수 있다.[3]

---

3) 안디옥의 감독 이그나티우스 Ignatius 는 자신의 편지 110-114년 사이에 기록 에서 "오네시모 감독"에 대해 언급한다 Ign *Eph* 1:3; 2:1; 6:2.

공관복음과 사도행전

...

마태복음과 마가복음과 누가복음을 통틀어 "공관복음" 共觀福音이라고 하는 것은 이 복음서들이 예수님에 대한 이야기를 동일한 관점에서 묘사하기 때문이다. 근대에 들어와서 마태복음과 누가복음이 마가복음을 참조하여 기록되었다는 사실이 밝혀졌다. 따라서 마가복음부터 다루려 한다. 또한 누가의 작품으로 알려진 사도행전도 이 단원에서 함께 다루고자 한다. 사도행전의 저자 누가는 사도행전을 본래 독

사복음서(김창선 作, 2023)*

립된 책으로 저술한 것이 아니라 누가복음에 연속된 작품으로 집필했음이 근대에 들어와 역시 밝혀졌기 때문이다. 반면에 요한복음은 공관복음과 여러 면에서 너무도 차이가 크기 때문에 학계의 추세를 따라 "요한문서" 요한복음+요한서신 라는 본서의 마지막 단원에서 따로 다룰 것이다.

---

* 네 복음서를 상징하며(마태복음은 인간, 마가복음은 사자, 누가복음은 송아지, 요한복음은 독수리), 자세한 내용은 34쪽 참조.

VIII

마가복음

...

· **특징**: 구전으로 전해 내려온 예수님에 대한 이야기를 수집하여 '복음서'라는 양식으로 기록된 최초의 복음서이다. 갈릴리에서 예루살렘으로 올라가는 예수님의 길을 근본 구조로 삼은 마가복음 전체 이야기는 예수님의 수난을 향하여 나아간다.

· **핵심 메시지**: 하나님의 아들이라는 예수님의 본질이 바로 십자가 죽음 가운데 드러난다는 사실을 증언하며, 십자가에 돌아가신 예수님의 본을 따라 제자들도 자신에게 주어진 고난의 십자가를 감당할 것을 요청한다.

마가복음은 장구한 교회의 역사에서 다른 세 복음서의 그늘에 가려 상대적으로 소홀히 취급되었다. 마가복음의 거의 모든 내용은 마태복음에 나오고, 마가복음의 반 정도는 누가복음에 실려 있다. 또한 유명한 산상설교^{마 5-7장}가 마가복음에는 빠져있고, 아기 예수님의 탄생 이야기도 보이지 않는다. 예수님의 말씀도 마태복음에 비해 월등히 적게 나타난다. 이러한 이유 등으로 인해 초기 교회는 마가복음보다는 마태복음을 선호하고 더욱 귀하게 여겼으며, 교부 어거스틴^{Augustinus, 354-430}은 마가복음을 마태복음의 요약문으로 간주하기도 했다.

마태와 누가가 마가복음을 대본 또는 자료로 사용했다는 사실이 근대에 와서 밝혀지면서 마가복음의 중요성이 새롭게 부각되었다.[1] 또한 마가복음은 예수님의 사역과 고난과 죽음에 대한 다양한 전승을 수집하여 이를 중심 메시지로 삼아 '이야기 형태'로[2] 선포한 최초의 복음서라는 점에서 중요하다. 그리하여 상실되었을지도 모를 여러 예수 전승을 모아 최초로 일관된 이야기

마가복음(김창선 作, 2023)*

형태를 띤 '복음서'라는 독특한 장르로 후대에 물려줌으로써 예수 전승을 보존할 수 있는 토대를 마련했으며, 다른 복음서 형성에도 지대한 영향을 끼쳤다.[3]

1. 저자 및 마가공동체

바울서신의 경우와 달리 복음서들은 저자 및 생성 상황에 대한 직접적인 정보를 담고 있지 않기 때문에 본문에서 그것을 간접적으로 추론해 낼 수밖에 없다. "카타 마르콘" KATA MARKON, "마가에 따른", "마가복음" 이란 그리스

---

* 마가복음의 중심 주제인 "네 십자가를 지고 나를 따르라"(8:34)를 상징한다.
1) 공관복음 및 "공관복음의 문제"에 대해서는 제1부/11강을 참조하라. 그리스바하가 1774년에 마태, 마가, 누가복음을 자신의 Synopsis에 수용한 이후 19세기 초부터 "공관복음" 용어가 폭넓게 사용되고 있다.
2) 예수의 역사가 다섯 장소를 무대로 하여 진행된다: 광야; 호수 연안; 길 위; 올리브산과 성전 사이; 무덤.
3) 마가복음 저자의 공헌을 단지 전승의 수집이나 전달로 (자르고, 붙이고, 편집하는 역할로) 축소하려는 시각이 있는 반면, 아이디어가 넘치는 새로운 창조물로 과대포장 하려는 시각도 있다 W. Marxsen. 두 가지 관점의 중간 지점이 타당하리라 생각된다.

어 제목도 나중에 첨가된 것이다.

교회 전승에 따르면, 마가복음의 저자는 예루살렘 출신으로서 바나바의 친척인 '요한 마가'이다[행 13:13]. 마가가 바보[Paphos]에서 바울과 헤어져 예루살렘으로 돌아갔기 때문에 바울은 그를 동역자로 데려가기를 거절했으나[행 15:37-39], 후에 마가는 바울과 다시 동역자로 함께 있었다[몬 24]. 또한 그는 베드로의 비서이자 통역자로 일했다(벧전 5:13, "택하심을 함께 받은 바벨론에 있는 교회가 너희에게 문안하고 내 아들 마가도 그리하느니라").

게다가 소아시아 히에라폴리스의 감독이었던 파피아스[Papias]는 마가가 베드로의 이야기를 바탕으로 복음서를 기록했다고 전한다[주후 130년경].

> 베드로의 통역관으로서 마가는 자신이 기억한 예수님의 말씀과 사역을 정확하게 기록했으나 순서대로 기록하지 못한 것은 그가 주님에게 속하지 않았고, 그와 동행하지도 않았기 때문이다. 훗날 베드로와 동행하면서 마가는 순서에 따른 것이 아니라 필요에 따라 주님의 담화에 대한 가르침을 베풀었던 베드로를 따라 복음서를 기록하였다. 따라서 그것을 기억나는 대로 기록한 것은 결코 마가의 잘못이 아니다. 그는 대단히 주의 깊은 사람이어서 들은 것을 하나도 없애지 않았으며, 또한 거짓된 진술을 하지 않았다. Eusebius, *His. Eccl.* III, 39

그러나 마가복음의 신뢰성을 변증하려는 의도를 담은 이 진술에 대한 정보를 마가복음 본문 자체에서는 확인할 수 없다. 한마디로 요한 마가가 이 복음서의 저자라는 교회 전승은 신빙성이 별로 없다.[4] 저자가 팔레스타인 지역과 유대 관습에 그리 밝지 못하다는 사실도 이를 뒷받침한다. 마가복음 5:1["바다 건너편 거라사인의 지방"]에 따르면 거라사가 게네사렛 호숫가에 있는 것처럼 생각되지만, 실제로 거라사는 거기서 남쪽으로 55km 떨어진 곳에 있다. 7:31에 언급된 예수님의 갈지자형 사역 여정도 이해하기 어렵

---

4) 빌켄스[U. Wilckens]는 요한 마가를 저자로 추정하면서, 마가가 바나바의 동역자로 로마에 갔고[행 12:25; 15:37, 39], 그곳에서 베드로의 각별한 동역자가 되었다[벧전 5:13, "내 아들 마가"]고 주장한다(*Theologie des Neuen Testaments* I/4, 2005, 18); 참조, P. Stuhlmacher, *Biblische Theologie II*, 131-133.

다("예수께서 다시 두로 지방에서 나와 시돈을 지나고 데가볼리 지방을 통과하여 갈릴리 호수에 이르매"). 또한 "바리새인들과 모든 유대인들은 장로들의 전통을 지키어 손을 잘 씻지 않고서는 음식을 먹지 않았다"는 7:3의 보도는 사실과 다르고 "아내가 남편을 버리고 다른 데로 시집간다"는 10:12의 진술도 당시 팔레스타인 유대교에서는 있을 수 없는 일을 언급한 것이다.

이러한 시각에서 학자들은 대체로 마가복음의 저자를 이른바 **'하나님 경외자' 출신의 익명의 이방 그리스도인**으로 간주한다^{W. G. Kümmel; U. Schnelle; I.} Broer; J. Roloff 등.5) 저자가 히브리어나 아람어 표현이 나올 경우 번역을 달고 3:17; 5:41; 7:11, 34; 9:43; 14:36; 15:22, 34, 유대교 제의와 관련된 규정이 나오면 설명하는 7:3-4; 14:12; 15:42 것으로 미루어, 그가 속한 교회는 팔레스타인 본토 밖에 있던 주로 이방 그리스도인으로 구성된 교회였을 가능성이 크다. 게다가 마가복음에는 '율법'*νόμος*이라는 단어가 나타나지 않을 뿐만 아니라, 율법이 제의법이 아니라 단지 윤리법으로10:1-12, 17-27; 12:28-34 거론된다는 사실도 이를 뒷받침한다. 따라서 마가복음은 신학사적으로 이방 그리스도교에 속하는 문서로 간주되어야 한다G. Theissen.

2. 생성 연대와 저작 장소

대체로 학자들은 유대인들이 지배 세력인 로마에 항거하여 일으켰던 유대 전쟁주후 66-70을 마가복음의 시대 배경으로 여긴다. 특히 13:2("예수께서 이르시되 네가 이 큰 건물들을 보느냐 돌 하나도 돌 위에 남지 않고 다 무너뜨려지리라 하시니라")가 중요하다. 이 본문이 묘사하는 예루살렘 성전 멸망 예언을 이미 일어난 "사건 후 예언"vaticinium ex eventu으로 볼 것인지,

---

5) 그러나 그닐카J. Gnilka는 마가를 서방의 이방 그리스도교를 염두에 두고 기록한 유대 그리스도인으로 본다(*Das Evangelium nach Markus* I. 1978, 32 이하); 또한 Pokorny/Heckel, *Einleitung*, 375.

아니면 성전 멸망 직전의 예언으로 볼 것인지가 생성 연대를 판단하는 기준이 된다.

대체로 학자들은 마가복음이 유대 전쟁이 끝난 시점인 주후 70년경에 기록된 것으로 간주한다. 그런데 성전 멸망이 이미 일어난 사건이라는 점이 분명하지 않고 단지 그럴 가능성이 암시되었을 뿐이라는 이유에서 유대 전쟁이 일어나기 직전 69년에 기록된 것으로 여기는가 하면J. Roloff;[6] 다른 한편 마가가 예수님의 설교 도입장면에서 성전 구역 파괴 사건을 세밀하게 회고한다는 관점에서 70년 직후에 생성된 것으로 추정하기도 한다.[7]

고대 교회 전통은 마가복음의 생성 장소를 '로마'로 여겼다Irenaeus.[8] 특히 군사 용어와 관련된 라틴어식 표현이 그것을 뒷받침한다고 말한다(군대 legio 5:9, 15; 경비병speculator 6:27; 부대praetorium 15:16; 백부장centurio 15:39, 44-45과 경제분야 용어[세금census 12:14; 데나리온denarius 6:37], 관용어[길을 열다iter facere 2:23; 다 죽게 되다in extremis esse 5:23; 의논하다consilium dare/capere 3:6; 15:1]). 그러나 이를 장소 확정의 실제 증거로 삼기 어렵다. 이스라엘 땅과 어느 정도 거리를 두고 있으면서도, 오래된 예수 전승이 잘 알려진 장소에서 마가복음이 기록되었을 것이라는 관점에서 '시리아'가 좀 더 유력해 보인다L. Schenke; G. Theissen; I. Broer. 갈릴리W. Marxsen 혹은 데가볼리S. Schulz를 선호하는 학자도 있다.

3. 단락 나누기

마가는 지리적인 틀을 자신의 복음서를 구분하는 기준으로 삼은 것

---

6) 쿰란에서 발견된 파피루스 단편7Q5에서 판독하기 어려운 10개 정도의 철자가 막 6:52-53의 인용문이라고 주장하면서 마가복음의 생성 시기를 50년경으로 앞당기려는 시도가 있다 J. O'Callaghan; C. P. Thiede. 그러나 이는 근거가 빈약하다. 칠십인경과 호메로스나 투키디데스의 문헌에서도 그러한 형태의 유사성이 나타나기 때문이다.

7) I. Broer; Ebner/Schreiber; R. Pesch; U. Schnelle; G. Theissen; Ph. Vielhauer.

8) 현대에는 예컨대, P. Pokorny/U. Heckel, *Einleitung in das NT*, 375.

같다. 그에 따라 본론을 크게 3단락으로 나눌 수 있다.9)

I.	1:1-15	**도입부 (무대: 광야)**
II.	1:16-8:26	**갈릴리 지역을 둘러싼 예수님의 권세 있는 사역**
	1:16-45	예수님의 처음 사역
	2:1-3:6	논쟁 이야기
	3:7-35	예수님의 치유 사역, 제자들을 부름, 예수님의 친척
	4:1-34	예수님의 비유 말씀 (배에 올라앉아 말씀의 씨를 뭍에 있는 무리에게 뿌림)
	4:35-5:43	이적 이야기
	6:1-56	갈릴리 선포 마감
	7:1-8:26	바리새주의와의 구분, 이방인을 위한 예수님의 사역
III.	8:27-10:52	**갈릴리에서 예루살렘으로 가는 예수님의 고난의 길**
	8:27-9:1	베드로의 고백과 첫째 고난 예고
	9:2-50	예수의 영광스러운 변모, 이적 행위, 둘째 고난 예고
	10:1-52	예루살렘으로 가는 예수님의 길, 셋째 고난 예고
IV.	11:1-16:8	**예루살렘에서의 예수님의 수난과 죽음**
	11:1-25	예루살렘 입성과 성전 정화
	11:27-12:44	논쟁 이야기, 예수님의 가르침
	13:1-37	예수님의 종말론적인 말씀
	14:1-15:47	예수님의 수난 이야기
	16:1-8	빈 무덤 이야기
V.	16:9-20	**(첨가) 부활하신 분의 현현과 제자 파송**

---

9) 2단락 구분을 선호하는 학자도 있다: D. A. Koch, "Inhaltliche Gliederung und geographischer Aufriß im Markusevangelium", *NTS* 29 (1983), 145-166; K.-W. Niebuhr (ed.), *Grundinformation Neues Testaments*, Göttingen, 2000, 99(예수의 권세 있는 사역[1:16-8:26]; 하나님 아들의 수난[8:27-16:8]).

4. 중심 내용

1) 도입부(1:1-15)

하나님의 아들인 **예수님의 등장**이 회개를 선포하는 세례 요한과 관련되어 묘사된다. 구약성경에서 약속된 자이며 예수님을 예비하는 자로 온 세례 요한을 소개함으로써, 복음서의 첫머리부터 예수님은 회개를 선포하는 예언자적 전통에서 나온 자이며 백성에게 하나님의 뜻을 지키라고 요청하는 자라는 사실을 드러낸다.

(1:1-15) [1] 하나님의 아들 예수 그리스도의 복음의 시작이라 [2] 선지자 이사야의 글에 보라 내가 내 사자를 네 앞에 보내노니 그가 네 길을 준비하리라 [3] 광야에 외치는 자의 소리가 있어 이르되 너희는 주의 길을 준비하라 그의 오실 길을 곧게 하라 기록된 것과 같이 [4] 세례 요한이 광야에 이르러 죄 사함을 받게 하는 회개의 세례를 전파하니 [5] 온 유대 지방과 예루살렘 사람이 다 나아가 자기 죄를 자복하고 요단 강에서 그에게 세례를 받더라 [6] 요한은 낙타털 옷을 입고 허리에 가죽 띠를 띠고 메뚜기와 석청을 먹더라 [7] 그가 전파하여 이르되 나보다 능력 많으신 이가 내 뒤에 오시나니 나는 굽혀 그의 신발끈을 풀기도 감당하지 못하겠노라 [8] 나는 너희에게 물로 세례를 베풀었거니와 그는 너희에게 성령으로 세례를 베푸시리라 [9] 그 때에 예수께서 갈릴리 나사렛으로부터 와서 요단 강에서 요한에게 세례를 받으시고 [10] 곧 물에서 올라오실새 하늘이 갈라짐과 성령이 비둘기 같이 자기에게 내려오심을 보시더니 [11] 하늘로부터 소리가 나기를 너는 내 사랑하는 아들이라 내가 너를 기뻐하노라 하시니라 [12] 성령이 곧 예수를 광야로 몰아내신지라 [13] 광야에서 사십 일을 계시면서 사탄에게 시험을 받으시며 들짐승과 함께 계시니 천사들이 수종들더라 [14] 요한이 잡힌 후 예수께서 갈릴리에 오셔서 하나님의 복음을 전파하여 [15] 이르시되 때가 찼고 하나님의 나라가 가까이 왔으니 회개하고 복음을 믿으라 하시더라

예수님의 사역이 시작된 것은 "요한이 잡힌 후"14절의 일이다. 이로써 예수님은 회개를 외치다 살해된 요한의 발자취를 따른 사람이라는 사실이

분명해진다.[10) 그러나 마가는 예수님을 예언자 이상이라고 소개한다. 세례를 받는 중에 예수님은 하나님에 의해 "내 사랑하는 아들"[11절]이라고 계시된다. 그러나 동시에 광야에서 사탄의 시험을 극복한 이야기[12·13절]를 통해 예수님은 '새로운 인간'임을 말한다. 드디어 예수님은 "때가 찼고 하나님의 나라가 가까이 왔다"고 선포하며 자신의 공사역을 시작한다[14·15절].

1절은 마가복음 전체 제목이며 프로그램에 해당한다[H. Merklein; U. Wilckens]. 우리말 성경은 " … 시작이라"고 한 문장으로 번역되어 있으나, 그리스어 원문에는 동사 없이 단지 속격 형태의 명사들이 연결되어 있다"하나님의 아들 예수 그리스도의 복음의 시작". "시작"에 해당하는 '아르케'ἀρχή는 시간적인 의미의 시작을 뜻할 뿐만 아니라 내용적인 의미의 "토대"로 옮길 수 있다. 여기서 예수님의 삶을 복음의 시작과 토대로 보고자 하는 복음서 저자 마가의 문학적이며 신학적인 의도가 나타난다. 창세기 1:1의 첫 단어태초=시작를 마가가 의도적으로 사용한 것으로 보인다. 속격 "예수 그리스도의"를 주어적 속격Gen. subj.으로 간주할지, 아니면 목적어적 속격Gen. obj.으로 간주할지를 둘러싸고 논란이 있다. 주어적 속격으로 본다면참조. 1:14·15 복음 선포의 주체가 예수 그리스도라는 뜻이고, 목적어적 속격으로 본다면참조. 13:10; 14:9 예수 그리스도가 복음의 내용이라는 뜻이 된다.

이처럼 1절은, 기독론적인 영예의 칭호그리스도, 하나님의 아들를 언급할 뿐만 아니라 예수님에 대해 기록하는 전체 내용을 "복음"이라고 부른다. 우리가 알고 있는 한, 마가는 예수님의 삶과 죽음과 부활을 합쳐서 "복음"이라고 부른 최초의 사람이다.

구약 인용문이 나오는 2·3절로 넘어가는 부분은 우리말 성경과는 달리 그리스어 원문은 "기록된 것과 같이"καθὼς γέγραπται 라고 시작한다. 따라서 이 구절이 1절을 수식하는지, 4절을 수식하는지 분명하지 않다. 앞의 1절

---

10) 여러 학자는 역사적 예수가 세례 요한의 제자로서 한동안 세례 운동에 동참했을 것으로 추정한다참조. 요 3:22: R. Bultmann; J. Jeremias; J. P. Meier; J. Becker; G. Lohfink 등.

을 받는 것으로 보면, "하나님의 아들 예수 그리스도의 복음의 시작"에 대해 이미 구약성경이 말했다는 것으로 이해할 수 있다. 또한 이 인용문을 통해 세례자 요한이 엘리야 예언자와 연결된다.

2-3절은 본래 구약성경의 두 구절말 3:1과 사 40:3에서 유래한 인용문인데, 마가의 본문에는 둘 다 이사야서에 기록된 말씀으로 나온다. 예수님 스스로 자신의 사역을 이사야의 말씀에 비추어 이해했을 수도 있다. 부활절 이후의 교회가 예수님을 이사야서에 비추어 이해했다는 사실은 분명하다.

2절 후반은 약간 변형된 형태의 말라기 3:1을 인용한 것이다. 마가는 "네 앞에", "네 길을"이라고 인용하나, 본래의 말라기 구절에는 "나의 앞에", "나의 길을"이라고 되어 있다. 이러한 차이는 문맥과 관련이 있다. 고대 유대교의 표상에는 주님이 오시기에 앞서 주님을 위한 길을 예비하는 사자 엘리야가 먼저 오리라고 한다. 이러한 시각에 비추어 보면, 초기 교회는 세례 요한의 등장을 엘리야가 다시 온 것으로 믿었다는 사실을 알 수 있다. 또한 초기 교회는 인용문에 나오는 "주"=주님를 더 이상 하나님이 아니라 예수 그리스도를 가리키는 것으로 이해했음도 알 수 있다. 이사야 40:3은 쿰란문서1QS 8:14에도 인용되는데, 쿰란문서를 남긴 에센파는 이 구절을 자기들의 상황과 관련지어 흥미롭게 해석했다. 즉 "광야에서 길을 예비하라"는 이사야 구절을 '쿰란/에센파 공동체에서 열심히 성경을 연구하는 것'으로 해석했다.

엘리야처럼 묘사되는6절11) 세례 요한은 앞으로 오실 메시아의 선행자로 나타나며7-8절, 예수님은 요한으로부터 세례를 받는다9-11절. "너는 내 사랑하는 아들이라"10절에서 하나님의 아들로서의 예수의 정체가 드러난다. 예수님이 광야에서 사탄에게 시험을 받고 나서12-13절 복음 선포를 위해

---

11) (왕하 1:8) "그들이 그에게 대답하되 그는 털이 많은 사람인데 허리에 가죽 띠를 띠었더이다 하니 왕이 이르되 그는 디셉 사람 엘리야로다"

갈릴리로 간다.

1:14-15에서 마가는 예수님의 복음 선포를 요약한다. 이 구절은 예수님의 갈릴리 선포를 요약하는 종합어 Summarium 로서 메시아적 구원 시대에 대한 예언자적 소망이 성취되었음을 말한다. 요한이 체포된 이유는 6장에 나온다. 마가복음에서 예수님의 갈릴리 사역은 예루살렘/유대 사역과 관련하여 지역적인 대립 구조를 이룬다. 즉 갈릴리 지역이 복음이 선포되며 호응을 받는 지역인 반면, 예루살렘/유대아 지역은 갈등의 중심지며 복음이 거부되는 장소이다.12)

예수님은 "하나님의 복음"을 선포하는데, 이는 당시 헬레니즘 시대의 황제 제의와 관련하여 잘 알려진 개념이다. 단수 '유앙겔리온' εὐαγγέλιον 이나 복수형 '유앙겔리아' εὐαγγελία 는 황제가 선포하는 구원을 가리켰다 참조, Priene 비문.13) 그러나 예수님은 "하나님의 복음"을 선포한다. 즉 하나님이 세상과 인간을 위해 마련하신 종말론적인 구원을 선포한다. 그리스도교적 "복음"은 성경과 유대교의 예언자적이며 묵시문학적인 전통에서 유래한 것으로예, 사 52:7; 61:1-3, 황제의 복음에 대립하는 개념 Anti-Gospel 으로 이해할 수 있다.14) 15절의 "때가 찼다" πεπλήρωται ὁ καιρός 는 표현은 세상 시간이 종말에 이르렀고 전적으로 새로운 것이 도래할 시기가 왔다는 뜻이다. 지금까지 세상사에 감추어져 있던 하나님의 통치가 드러났다는 사실을 가리킨다.

---

12) E. Lohmeyer, *Galiläa und Jerusalem*, 1936.

13) 이 비문의 내용에 대하여는 제1부, 3강, 4. "복음의 유래" 부분을 참조하라.

14) (사 52:7) "좋은 소식을 전하며 평화를 공포하며 복된 좋은 소식을 가져오며 구원을 공포하며 시온을 향하여 이르기를 네 하나님이 통치하신다 하는 자의 산을 넘는 발이 어찌 그리 아름다운가" 바울은 이 구절을 롬 10:15에서 인용한다. 참조, (사 61:1-3) "1 주 여호와의 영이 내게 내리셨으니 이는 여호와께서 내게 기름을 부으사 가난한 자에게 아름다운 소식을 전하게 하려 하심이라 나를 보내사 마음이 상한 자를 고치며 포로된 자에게 자유를, 갇힌 자에게 놓임을 선포하며 2 여호와의 은혜의 해와 우리 하나님의 보복의 날을 선포하여 모든 슬픈 자를 위로하되 3 무릇 시온에서 슬퍼하는 자에게 화관을 주어 그 재를 대신하며 기쁨의 기름으로 그 슬픔을 대신하며 찬송의 옷으로 그 근심을 대신하시고 그들이 의의 나무 곧 여호와께서 심으신 그 영광을 나타낼 자라 일컬음을 받게 하려 하심이라"

'하나님의 나라' 혹은 '하나님의 통치' 개념은 구약성경에서는 늦은 시기에 나온다^{다니엘서, 주전 2세기 중엽}. 다니엘서 이전에 이 개념은 주로 동사적 용법으로 사용되었다^{"하나님은 왕이시다, 하나님은 왕이 된다"}. 바벨론 포로기 이후 시대에 이 말은 미래 종말론적인 전망과 결부된다. 예수님은 바로 이러한 전통 가운데 있었다. 예수께서 선포한 하나님 나라의 특징은 하나님 통치 또는 하나님 나라가 이미 현재에 드러나기 시작했다는 데 있다. 곧 예수님은 자신의 사역 가운데 하나님 나라가 현재한다고 선포한 것이다(참조, 눅 11:20, "내가 만일 하나님의 손을 힘입어 귀신을 좇아낸다면 하나님의 나라가 이미 너희에게 임하였느니라"; 눅 4:21, "이 글이 오늘 너희 귀에 응하였느니라").

2) 첫 번째 대단원^{1:16-8:26}: 갈릴리 지역을 둘러싼 예수님의 권세 있는 사역

첫째 대단원에서 마가는 병 고침과 귀신 축출 및 그 밖의 경이로운 이적 행위 등을 통해 **예수님의 권세 있는 사역**을 묘사한다. 이로써 예수님의 사역 초기에 하나님 나라의 도래에 대한 예수님의 선포^{1:14-15}가 성취되고 있음을 보여준다.

▫ 1:16-3:6: 첫째 사역 행위로 예수님은 네 명의 첫 제자들을 부른다^{1:16-20}. 여기서 예수님의 사역은 처음부터 공동체 사역이라는 점이 드러난다. 예수님과 제자들 간의 관계는 랍비와 그 제자들 간의 관계와 다르다(랍비는 제자를 불러모으지 않고, 오히려 제자가 스승을 구했다). 마가의 제자도는 3가지 본질적 요소를 취한다: ①예수와의 관계^{"나를 따르라"}; ②"사람을 낚는 어부"로서의 사명; ③전적인 헌신^{그물과 아버지를 버림}

이어 귀신들린 사람과 병든 사람을 고치는 권세 있는 예수님의 모습이 묘사된 후^{1:21-28}, 가버나움 온 지역 사람들이 예수님에게 몰린다^{1:29-34}. 이처럼 예수님의 최초 갈릴리 사역은 사람들로부터 엄청난 호응을 얻는다.

(1:32-34) ³² 저물어 해 질 때에 모든 병자와 귀신 들린 자를 예수께 데려오니
³³ 온 동네가 그 문 앞에 모였더라 ³⁴ 예수께서 각종 병이 든 많은 사람을 고치
시며 많은 귀신을 내쫓으시되 귀신이 자기를 알므로 그 말하는 것을 허락하지
아니하시니라

이 구절을 통해 마가는 예수님의 사역을 요약한다. 앞서 언급된 두 가
지 기적 이야기귀신 축출과 치병가 반복하여 일어났다는 사실이 강조된다. 나
사렛 예수는 당시 세계에서 두드러진 '축귀 사역자'였다고 말할 수 있다.
귀신을 내쫓는 것은 악의 권세를 제압하는 것을 뜻한다.

이어지는 논쟁 이야기2:1-3:6에서, 예수님의 사역은 점점 더 유대 종교
지도자들과의 갈등을 유발하며, 가버나움과 인근 지역에서 그들과 일련
의 논쟁을 벌인다. 기적과 긴장이 혼합된 두 이야기가 본문 앞뒤에서 감
싸고 있다. 즉 중풍병자 치유가 인자의 죄 사함의 권세에 대한 선례로서
앞에 나오고2:1-12, 뒤에는 안식일에 손 마른 자를 치유하는 이야기가 나온
다3:1-6.

중풍병자 치유 이야기는 문학적으로 보면 두 가지 내용이 합쳐진 것이
다: a) 순수한 기적 이야기2:1-5, 11-12와 b) 그 중간에 나중에 삽입된 논쟁
담화2:6-10. 중풍병자 치유의 기적은 인자 예수님이 지상에서 행하시는 죄
용서의 권세를 뒷받침한다. 2:5에서 예수님은 죄를 용서하시는 하나님의
특권을 문제 삼지 않았음에도 서기관들은 악의적으로 신성모독레 24:16; 민
15:30이라고 예수님을 비난한다. 이 이야기를 통해 마가는, 속죄일에 성전
에서 죄를 용서하는 대제사장의 권리를 예수님은 일상에서도 갖고 있음
을 보여준다. 이로써 예언자들에 의해 메시아 시대를 위해 선포된 내용을
이제 하나님은 예수님을 통해 행하신다는 사실을 드러낸다.

(2:1-12) [1] 수 일 후에 예수께서 다시 가버나움에 들어가시니 집에 계시다는 소문이 들린지라 [2] 많은 사람이 모여서 문 앞까지도 들어설 자리가 없게 되었는데 예수께서 그들에게 도를 말씀하시더니 [3] 사람들이 한 중풍병자를 네 사람에게 메워 가지고 예수께로 올새 [4] 무리들 때문에 예수께 데려갈 수 없으므로 그 계신 곳의 지붕을 뜯어 구멍을 내고 중풍병자가 누운 상을 달아 내리니 [5] 예수께서 그들의 믿음을 보시고 중풍병자에게 이르시되 작은 자야 네 죄 사함을 받았느니라 하시니 [6] 어떤 서기관들이 거기 앉아서 마음에 생각하기를 [7] 이 사람이 어찌 이렇게 말하는가 신성 모독이로다 오직 하나님 한 분 외에는 누가 능히 죄를 사하겠느냐 [8] 그들이 속으로 이렇게 생각하는 줄을 예수께서 곧 중심에 아시고 이르시되 어찌하여 이것을 마음에 생각하느냐 [9] 중풍병자에게 네 죄 사함을 받았느니라 하는 말과 일어나 네 상을 가지고 걸어가라 하는 말 중에서 어느 것이 쉽겠느냐 [10] 그러나 인자가 땅에서 죄를 사하는 권세가 있는 줄을 너희로 알게 하려 하노라 하시고 중풍병자에게 말씀하시되 [11] 내가 네게 이르노니 일어나 네 상을 가지고 집으로 가라 하시니 [12] 그가 일어나 곧 상을 가지고 모든 사람 앞에서 나가거늘 그들이 다 놀라 하나님께 영광을 돌리며 이르되 우리가 이런 일을 도무지 보지 못하였다 하더라

그리고 3:1-6에는 논쟁 이야기 모음[2:1-3:6]을 마감하는, 안식일에 손 마른 사람을 고치는 이야기가 나온다. 바리새인들이 예수님을 살해하기로 결정하는 마지막 문장[3:6]을 통해 마가는 자신이 강조하려는 십자가신학의 모티브를 복음서 앞부분에서 슬며시 연상시킨다.

(3:1-6) [1] 예수께서 다시 회당에 들어가시니 한쪽 손 마른 사람이 거기 있는지라 [2] 사람들이 예수를 고발하려 하여 안식일에 그 사람을 고치시는가 주시하고 있거늘 [3] 예수께서 손 마른 사람에게 이르시되 한 가운데에 일어서라 하시고 [4] 그들에게 이르시되 안식일에 선을 행하는 것과 악을 행하는 것, 생명을 구하는 것과 죽이는 것, 어느 것이 옳으냐 하시니 그들이 잠잠하거늘 [5] 그들의 마음이 완악함을 탄식하사 노하심으로 그들을 둘러 보시고 그 사람에게 이르시되 네 손을 내밀라 하시니 내밀매 그 손이 회복되었더라 [6] 바리새인들이 나가서 곧 헤롯당과 함께 어떻게 하여 예수를 죽일까 의논하니라

위의 두 이야기 중간에 예수님이 '세리와 죄인들'과 나누는 식탁 교제

이야기2:13-17, 금식 논쟁2:18-22, 또한 제자들이 밀 이삭을 자름으로써 안식일을 어기는 이야기2:23-28가 끼어 있다. 안식일 논쟁은 결국 예수님을 살해하려는 결정의논?으로 번진다3:6.15)

▫ 3:7-6:56: 이 단락은 앞에3:7-12 또 끝에6:35-56 2개의 종합어Summarium를 갖고 있다. 그 중간에는 마가가 편집한 2개의 모음 단락이 나온다. 하나는 하나님 나라에 관한 비유를 통한 예수님의 '가르침'이며4:1-34, 다른 하나는 예수님의 '기적 행위'이다4:35-5:43.

갈릴리 호숫가에서 행하는 예수님의 치병 행위와 귀신 축출을 요약하는 말로 시작한다3:7-12. 이로써 예수님의 사역이 갈릴리를 넘어서 주변 지역으로, 또 남으로는 예루살렘으로, 북으로는 두로와 시돈까지 확장되었음을 말한다.

(3:7-12) [7] 예수께서 제자들과 함께 바다로 물러가시니 갈릴리에서 큰 무리가 따르며 [8] 유대와 예루살렘과 이두매와 요단 강 건너편과 또 두로와 시돈 근처에서 많은 무리가 그가 하신 큰 일을 듣고 나아오는지라 [9] 예수께서 무리가 에워싸 미는 것을 피하기 위하여 작은 배를 대기하도록 제자들에게 명하셨으니 [10] 이는 많은 사람을 고치셨으므로 병으로 고생하는 자들이 예수를 만지고자 하여 몰려 왔음이더라 [11] 더러운 귀신들도 어느 때든지 예수를 보면 그 앞에 엎드려 부르짖어 이르되 당신은 하나님의 아들이니이다 하니 [12] 예수께서 자기를 나타내지 말라고 많이 경고하시니라

그런 다음 '새로워진 하나님 백성'=종말론적 구원공동체을 상징하는 12제자를 세우는 일3:13-19과 귀신 축출과 관련된 또 다른 논쟁3:20-30으로 이어진다. 이때 마가는 예수님의 등장으로 인해 사탄이 결박되었다는 사실을 말한다3:27.

---

15) 예수 살해에 대한 최초 복선은 이미 2:20에 나온다("신랑을 빼앗길 날이 이르리니 그 날에는 금식할 것이니라").

▫ 4:1-34: 마가는 앞에서 간략하게 예수님의 메시지[1:14, 38-39; 2:2]와 가르침 [1:21-22, 27; 2:2, 13]에 대해 언급했는데, 이제 하나님 나라에 관한 **예수님의 비유들**을 모아 펼친다. 하나님 나라가 도래했다는 예수님의 선포는 당시 유대교의 책임자로 자처하던 자들에게 의혹과 불신을 불러일으켰으며[3:6] 또한 심지어 가족 안에게도 환영받지 못했다[3:31-35]. 그러한 의혹에 대해 예수님은 비유로 대처하고자 했다. 비유는 예수님 특유의 언어 사용법이다.[16] 비유를 통해 예수님은 자신의 말과 행위 가운데 일어나는 것, 즉 '하나님 나라가 가까이 왔다'는 사실이 무엇을 뜻하는지를 구체적으로 묘사한다. 예수님은 선포의 중심 주제인 하나님 나라의 도래를 당시 갈릴리 사람들이 잘 알고 있는 상황에 비교했다. 하나님 나라는 비록 현재 감춰져 있고 도전을 받으나 종국에는 승리하리라는 것을 선포한다. "하나님 나라의 비밀"[4:11]은 자신을 버림으로써 하나님 나라를 세우는 하나님의 아들 예수님을 가리킨다. 이 비밀은 이방인들과 또 믿지 않는 유대인들에게는 감춰진 것이다. 예수님은 무리에게 비유로 말하고 제자들에게만 그 뜻을 해석해 준다[4:10-12, 33-34].

특히 '성장에 관한 비유'가 반복되어 나오는데[4:1-9 씨 뿌리는 자 비유; 4:26-29 스스로 자라는 씨 비유; 4:30-32 겨자씨 비유], 이는 지금 실현되고 있는 '하나님의 통치'[Basileia=하나님 나라]가 지닌 결정적인 측면을 보여준다. 묵시주의적 논리에 따르면, 하나님의 약속은 '이 세상'에서는 실현 불가능하기에, 하나님은 옛 세상은 파멸시키고 새로운 세상을 만드셔야 한다. 그러나 예수님은 묵시주의자가 아니다!

---

16) 비유는 "은유로 작용하는 짧은 이야기체 허구"라고 간단히 정의할 수 있다(B. B. Scott, 『예수의 비유 새로 듣기』, 한국기독교연구소, 김기석 역, 2006, 35). 린네만[E. Linnemann]은 예수의 비유를 다음과 같이 세분한다(Gleichnisse Jesu: Einführung und Auslegung, Göttingen, 1975, 14 이하): ① 일상적으로 누구나 접할 수 있는 전형적이며 규칙적인 상태나 과정을 묘사하는 좁은 의미의 비유(Gleichnis, 막 4:26-29; 마 13:33; 눅 11:11-13; 15:4-10), ② 일회적으로 꾸며낸 이야기로서 비교점을 강조하는 파라벨(Parabel, 눅 16:1 이하), ③ 파라벨과 유사하나 전형적인 이야기[exemplum]를 들어 설명하는 예화(Beispielerzählung, 눅 10:29-37; 12: 16-21; 16:19-31; 18:9-14), ④ 의도한 것과 다르게 말하는 알레고리(Allegorie, 막 12:1-12; 마 22:1-14; 25:1-13). 알레고리를 이해하기 위해서는 말하는 자와 듣는 자가 이해의 공유점을 갖고 있어야 한다.

묵시주의의 이원론을 거부하며, 하나님의 통치가 지금의 일상에서 일어나고 있음을 확신했다.[17]

마가는 '**씨 뿌리는 자의 비유**'[4:1-9]를 첫 번째 비유로 전한다.

::: Excursus

씨 뿌리는 자의 비유

비 유 (4:1-9)	비유에 대한 해석 (4:13-20)
[1]예수께서 다시 바닷가에서 가르치시니 큰 무리가 모여들거늘 예수께서 바다에 떠 있는 배에 올라 앉으시고 온 무리는 바닷가 육지에 있더라 [2]이에 예수께서 여러 가지를 비유로 가르치시니 그 가르치시는 중에 그들에게 이르시되 [3]들으라 씨를 뿌리는 자가 뿌리러 나가서 [4]뿌릴새 더러는 길 가에 떨어지매 새들이 와서 먹어 버렸고 [5]더러는 흙이 얕은 돌밭에 떨어지매 흙이 깊지 아니하므로 곧 싹이 나오나 [6]해가 돋은 후에 타서 뿌리가 없으므로 말랐고 [7]더러는 가시떨기에 떨어지매 가시가 자라 기운을 막으므로 결실하지 못하였고 [8]더러는 좋은 땅에 떨어지매 자라 무성하여 결실하였으니 삼십 배나 육십 배나 백 배가 되었느니라 하시고 [9]또 이르시되 들을 귀 있는 자는 들으라 하시니라	[13]또 이르시되 너희가 이 비유를 알지 못할진대 어떻게 모든 비유를 알겠느냐 [14]뿌리는 자는 말씀을 뿌리는 것이라 [15]말씀이 길 가에 뿌려졌다는 것은 이들을 가리킴이니 곧 말씀을 들었을 때에 사탄이 즉시 와서 그들에게 뿌려진 말씀을 빼앗는 것이요 [16]또 이와 같이 돌밭에 뿌려졌다는 것은 이들을 가리킴이니 곧 말씀을 들을 때에 즉시 기쁨으로 받으나 [17]그 속에 뿌리가 없어 잠깐 견디다가 말씀으로 인하여 환난이나 박해가 일어나는 때에는 곧 넘어지는 자요 [18]또 어떤 이는 가시떨기에 뿌려진 자니 이들은 말씀을 듣기는 하되 [19]세상의 염려와 재물의 유혹과 기타 욕심이 들어와 말씀을 막아 결실하지 못하게 되는 자요 [20]좋은 땅에 뿌려졌다는 것은 곧 말씀을 듣고 받아 삼십 배나 육십 배나 백 배의 결실을 하는 자니라

서문과 맺음말을 제외하면, 네 장면길가, 돌밭, 가시덤불, 좋은 땅이 비유의 핵심을 이룬다.[18] 처음 세 장면은 씨 뿌리는 자의 수고에도 불구하고 열매를 맺지 못하는 상태를 묘사하나, 마지막 장면은 열매를 맺어 놀라운 성공을 맛보는 추수기를 묘사한다. 따라서 이 비유는 실패와 성공의 상황이 대비됨을 강조한다. 풍성한 수확을 묘사하는 삼중 표현30배, 60배, 100배은 근동적인 표현 양식으로, 모든 인간적인 헤아림을 초과하는 하나님의 종말론적인 풍요를 의미한다.

17) G. Lohfink, 『예수 마음 코칭』, 김혁태 역 (생활성서사, 2015), 194-195.

18) 팔레스타인에서는 먼저 씨를 뿌리고 나중에 밭을 갈기 때문에 서투르게 파종하는 것처럼 보이나, 전혀 이상한 일이 아니라고 한다(J. Jeremias, *Die Gleichnisse Jesu*, 『비유의 재발견』, 황종렬 옮김 [분도출판사, 1991], 9-10).

그런데 이 비유는 3가지로 구분되는 '삶의 자리'Sitz im Leben를 갖고 있다.

① 예수님의 삶의 자리: 역사적 예수님이 이 비유를 어떤 의미로 이해했는가를 파악하기 위해서는 4:13-20의 비유에 대한 해석 부분을 제외할 필요가 있다. 이것은 예수님 자신의 해석이라기보다는 마가의 해석을 반영한 것으로 보이기 때문이다.[19] 씨 뿌리는 자의 세 번에 걸친 실패는 곧 예수님의 실패를 뜻하며, 예수님은 이 비유를 통해 아무런 소망 없어 보이는 자신의 현재 사역이 종국에는 승리할 것이라고 선포하고자 했다. 이런 의미에서 이 비유는 예수님의 사역에 대해 의심의 눈으로 바라보거나 실패로 간주하는 사람들을 향해서는 변증의 성격을, 예수님의 제자들을 향해서는 격려의 성격을 갖고 있다. 이런 시각에서 이 비유를 "씨 뿌리는 자의 비유"라고 하기보다 "수확의 비유"라고 하는 것이 더 적절하다.

② 초기 교회의 삶의 자리: 구전으로 전해 내려오던 이 비유를 당시 초기 교회는 복음을 선포하는 전도자들 말씀의 씨를 뿌리는 자들 을 격려하는 비유로 이해했다. 말씀을 전하는 일은 모든 사람이 아니라 단지 소수에게만 환영받을 뿐이나, 그럼에도 불구하고 복음의 메시지는 종국에 놀라운 성과를 얻으리라는 것이다.

③ 복음서 저자의 삶의 자리: 마가는 자신의 상황에 맞추어 이 비유를 교회 안에 속한 다양한 종류의 신자를 향한 비유로 이해하였다. 말씀을 건성으로 듣는 자가 있는가 하면, 인생살이에 대한 근심과 걱정으로 말씀의 핵심을 놓치는 사람이 있고, 반면 열린 마음으로 말씀을 듣고 깨닫는 사람이 있음을 나타내고자 한다. 이런 시각에서 이 비유는 신자들을 향한 교훈의 성격을 갖는다. 마가의 해석은 "환란이나 박해가 일어나는 때"4:17를 반영하며, 이러한 상황에서도 마가는 신앙의 지속적인 성장과 결실을 강조한다 30배, 60배, 100배라는 표현은 누가에는 없고, 마태는 마가의 본문을 그대로 사용한 것이다.

▫ 4:35-5:43에서 마가는 자연과 귀신뿐 아니라 병과 죽음까지도 지배하는 예수님의 권세 있는 '**기적 행위**'에 대해 상세히 보도한다(광풍을 잔잔

---

19) 예레미아스J. Jeremias 는 다음과 같은 근거를 댄다. ① "말씀"을 복음에 대한 전문용어로 사용하는 것은 예수님의 어법이 아니라 초기 교회의 어법이다. ② 예수님은 설교를 추수 때의 수확에 즐겨 비유하였기에 마 9:37-38; 눅 10:2 "씨 뿌리는 것"을 설교로 해석하는 용법도 예수님 특유의 어법으로 보기 어렵다. ③ 해석 부분의 초점은 종말론적이지 않고 교훈적으로 바뀌었다. ④ 평행 본문인 도마복음(Logion 9, "예수가 말했다. 보라 씨 뿌리는 자가 나갔다. 그는 [씨들을] 그의 손에 가득 채웠고 뿌렸다. 어떤 것들은 길 위에 떨어졌다. 새들이 와서 그것들을 쪼아 먹었다. 어떤 것들은 바위 위에 떨어졌다. 그것들은 땅 속에 뿌리를 내릴 수가 없었고 하늘을 향하여 이삭들을 내지 못하였다. 어떤 것들은 가시덤불 가운데 떨어졌다. 가시덤불이 씨들을 질식시켰고 벌레가 그것들을 먹어 치웠다. 그러나 어떤 것들은 좋은 땅에 떨어졌다. 그것은=좋은 땅은 좋은 열매를 내었다. 그것은 60배, 100배, 200배의 열매를 맺었다")에도 해석 부분이 없다. 김용옥, 『도마복음서 연구』, 대한기독교출판사, 1983, 205. 콥트어 원문과 그리스어 번역이 U.-K. Plisch, *Das Thomasevangelium*, Stuttgart, 2007, 57-58에 나온다.

하게 함4:35-41, 거라사의 귀신 들린 자를 고침5:1-20, 열두 해를 혈루증으로 앓아온 여자의 치유와 회당장 야이로의 죽은 딸 소생5:21-43). 이런 기적 이야기들과 관련하여 특히 믿음의 역할이 강조된다4:40; 5:34, 36. 이로써 마 가는 예수님의 기적의 능력에 대해 제자들의 믿음이 부족함을 경고하고 있다기보다, 예수님 말씀으로 인해 야기되는 위험을 두려워 말고 서로 나누어지라는 권면을 신앙공동체에게 보내는 것으로 이해할 수 있다.

이 일들이 있고 나서 예수님은 고향 나사렛에 머물렀는데, 거기서 어떤 권능도 행할 수 없었고 또 고향 사람들이 믿지 않음을 이상히 여겼다고 한다 6:1-6a. 이어서 마가는 예수님이 고향 주변 여러 마을로 다니며 가르쳤다는 사실을 언급하면서6:6b 자연스럽게 '12제자 파송 이야기'6:7-13로 넘어간다. 이 로써 마가는 제자들을 통해 예수님의 사역이 주변으로 확산되고 있음을 알 린다. 제자를 "둘씩 보내는" 것은 초기 그리스도교의 선교 실천에 부합할 뿐만 아니라예, 행 13:2 바나바와 바울, 유대교의 증인법을 고려한 것이다. "여행을 위하여 지팡이 외에는 양식이나 배낭이나 전대의 돈이나 아무 것도 가지지 말며 신만 신고 두 벌 옷도 입지 말라"는 지침을 선교사들에게 명한다6:8-9. 이 지침에는 초기 교회의 엄격한 실천이 반영된 것으로 보인다. 파송된 제자 들은 하나님에 대한 전적인 신뢰 안에서 자발적 기부에 의지하여 살아가는 자들이다.

이어서 마가는 '세례 요한의 죽음'에 대한 극적인 이야기를 첨가한다6:14-29. 예수님의 선구자로 불리는 요한의 참혹한 죽음은 '예수가 누구인가?'에 대한 질문으로 독자들을 더욱 강하게 이끈다참조, 1:27; 4:41; 6:14-16.

파송된 제자들이 돌아왔으나 너무 많은 사람이 몰려오는 바람에 제자들 을 한적한 곳으로 보내고 예수님은 쉬기 위해 한적한 곳으로 갔으나, 몰려 든 무리를 피할 수 없어 그들에게 여러 가르침을 베푼다6:30-34. 이제 유일하게 네 복음서 모두에 나오는 이른바 '**오병이어의 기적**'^{6:35-44}을 마가는 전한다^{참조. 마 14:15-20; 눅 9:12-17; 요 6:1-13}. 여기에는 일상의 궁핍에 빠진 사람들을 도우시는 예수님의 모습을 강조하려는 기독론적인 의도가 담겨 있다. 이 기적 이야기의 배후에는 구약의 엘리야/엘리사 전승이 있다^{왕상 17:16; 왕하 4:42-44}.

예수님이 '**바다 위를 걷는 자연 기적**'^{6:45-52}은 기적이야기의 절정이면서 마지막 기적이다. 바다 위에서 걸어오는 예수님을 본 제자들은 크게 놀라워하면서 유령인가 하고 오해한다. 예수님의 영광의 모습을 기다리던 제자들은 정작 계시의 순간에 이르자 유령으로 오해하며 거부하려 한다. 낮아진 모습에서건 영광의 모습에서건 제자들에게 예수님은 아직 이해할 수 없는 존재이다. 예수님의 수난 이후에야 비로소 그들의 눈이 열린다. 끝으로 마가는 게네사렛에서 활동하시는 예수님의 사역을 요약한다^{6:53-56}.

▫ 7:1-8:26: 여기서 마가는 **예수님의 구원 사역이 점차 이방인을 향하고 있음**을 보여준다. 예수님의 제자들이 "부정한 손으로 떡을 먹음"으로 인해 전통적인 제의적 정결법을 둘러싼 논쟁이 일어난다^{7:1-23}. 먼저 "장로들의 전통"을 둘러싸고 예수님은 바리새인들 및 서기관들과 논쟁에 빠진다^{1-13절}. 이어서 정결과 부정에 대한 올바른 규범을 백성에게 가르치고^{14-15절}, 그런 다음 동일한 주제를 제자들에게도 가르친다^{17-23절}. 여기서 예수님은 제의적 정결법 차원의 깨끗함과 더러움을 유대인과 이방인을 구분 짓는 잣대로 보는 전통적인 시각을 타파하고, 그 대신 깨끗함과 더러움을 새로운 윤리적 시각에서 규정한다(7:15, "무엇이든지 밖에서 사람에게로 들어가는 것은 능히 사람을 더럽게 하지 못하되"; 19절, "모든 음식물을 깨끗하다 하시니라"). 예수님이 정결법을 거부했다기보다는 하나님의 통치를 모든 율법 위에 놓은 것으로 이해해야 한다. 이로써 이방인을 향한 구원의 길이 준비된다.

이어서 마가는 귀신들린 딸의 치료를 간청하는 수로보니게^{=두로 지방} 여인과 벌이는 예수님의 논쟁 및 원격 치유 이야기7:24-30를 보도함으로써 이방인의 구원이 구체적으로 성취되고 있음을 보여준다. 이처럼 마가는 유대적 철저 준법주의Legalismus를 내세우는 논쟁이야기7:1-23와, 다른 한편 이방인으로 나아가는 예수님 이야기7:24-30를 서로 연결함으로써 하나의 '대조'Kontrast를 만들어낸다.

다시 유대 지역으로 돌아온8:10 달마누다 예수님은 표적을 요구하는 바리새인들과 논쟁하고8:11-13, 또 불신앙에 빠져 "아직도 깨닫지 못하는"8:21제자들과 대화를 나눈다8:14-21. 그런 다음 벳새다의 맹인 치유 이야기8:22-26로 첫째 단락1:16-8:26이 마감된다.

3) 두 번째 대단원8:27-10:52: 갈릴리에서 예루살렘으로 가는 고난의 길

예수께서 가이사랴 빌립보에서 시작하여 갈릴리와 유대 지방을 거쳐 예루살렘으로 향하는 여정을 고난의 길로 묘사한다. 지리적으로 이 길은 (가이사랴 빌립보 지역의) 요단강 상류에서 시작해서 갈릴리 지역을 거쳐 요단강 저지대와 여리고를 통해 예루살렘 성문 앞까지 이어진다. 여기서는 세 번이나8:31; 9:31; 10:32-34 반복되는 **예수님의 고난 예고**가 중심 구조를 이루는데, 그 초점이 예루살렘에서 겪게 될 수난 이야기에 맞춰져 있다. 3번의 고난 예고는 마가의 신학을 이해하는 데 중요하다. 여기서 마가는 제자도의 진정한 모습이 무엇인지를 잘 보여준다. 예수님의 제자가 된다는 것, 즉 '예수 따름'Nachfolge은 예수님의 길을 단지 동행하거나3:13 그의 파송에 동참하는 것에1:18 그치지 않고, 예수님처럼 십자가의 길을 가는 것이라 강조한다. 그것은 곧 자기를 부인하고8:34, 자기를 낮추고9:33-35, 또 영광의 자리를 포기하는 것이다.

마가는 두 번째 대단원을 제자들의 이야기로 시작한다. 예수님이 제자들에게 자신을 누구라 여기는지 묻자, 베드로가 "주는 그리스도시니이다"8:29라고 고백한다. 그러자 예수님은 즉시 침묵할 것을 명한다8:30. 그런 뒤, 세 번에 걸쳐 고난과 부활을 예고한다 8:31; 9:31; 10:32-34. 이때 제자들은 예수님의 고난 예고의 참뜻을 이해하지 못하고 자신들의 욕심만 챙기려 든다. 이러한 제자들의 몰이해를 보고 예수님은 진정한 제자도의 길을 가르친다. 이 부분은 다음과 같이 도식화할 수 있다. 여기에 정교한 구성과 규칙적인 배열을 통해 마가의 의도가 잘 드러난다.

A. 첫 번째 고난 예고 8:31-34

① 예수님의 고난 예고: [31] 인자가 많은 고난을 받고 장로들과 대제사장들과 서기관들에게 버린 바 되어 죽임을 당하고 사흘 만에 살아나야 할 것을 비로소 그들에게 가르치시되

② 제자의 몰이해: [32] 드러내 놓고 이 말씀을 하시니 베드로가 예수를 붙들고 항변하매 [33] 예수께서 돌이키사 제자들을 보시며 베드로를 꾸짖어 이르시되 사탄아 내 뒤로 물러가라 네가 하나님의 일을 생각하지 아니하고 도리어 사람의 일을 생각하는도다 하시고

③ 예수님의 가르침: [34] 무리와 제자들을 불러 이르시되 누구든지 나를 따라오려거든 자기를 부인하고 자기 십자가를 지고 나를 따를 것이니라

B. 두 번째 고난 예고 9:31-35

① 예수님의 고난 예고: [31] 이는 제자들을 가르치시며 또 인자가 사람들의 손에 넘겨져 죽임을 당하고 죽은 지 삼 일만에 살아나리라는 것을 말씀하셨기 때문이더라[20]

② 제자의 몰이해: [32] 그러나 제자들은 이 말씀을 깨닫지 못하고 묻기도 두려워하더라 [33] 가버나움에 이르러 집에 계실새 제자들에게 물으시되 너희가 길에서 서로 토론한 것이 무엇이냐 하시되 [34] 그들이 잠잠하니 이는 길에서 서로 누가 크냐 하고 쟁론하였음이라

---

20) J. Jeremias는 8:31을 가장 오래된 형태로서아람어, 모호한 마살 성격, 신적 수동태 고난 예고의 핵심으로 여긴다. 반면에 R. Bultmann은 고난 예고의 역사성을 부인한다.

③ 예수님의 가르침: ³⁵ 예수께서 앉으사 열두 제자를 불러서 이르시되 누구든지 첫째가 되고자 하면 뭇사람의 끝이 되며 뭇사람을 섬기는 자가 되어야 하리라 하시고

C. 세 번째 고난 예고 10:32-45

① 예수님의 고난 예고: ³² 예루살렘으로 올라가는 길에 예수께서 그들 앞에 서서 가시는데 그들이 놀라고 따르는 자들은 두려워하더라 이에 다시 열두 제자를 데리시고 자기가 당할 일을 말씀하여 이르시되 ³³ 보라 우리가 예루살렘에 올라가노니 인자가 대제사장들과 서기관들에게 넘겨지매 그들이 죽이기로 결의하고 이방인들에게 넘겨주겠고 ³⁴ 그들은 능욕하며 침 뱉으며 채찍질하고 죽일 것이나 그는 삼 일 만에 살아나리라 하시니라

② 제자의 몰이해: ³⁵ 세베대의 아들 야고보와 요한이 주께 나아와 여짜오되 선생님이여 무엇이든지 우리가 구하는 바를 우리에게 하여 주시기를 원하옵나이다 ³⁶ 이르시되 너희에게 무엇을 하여 주기를 원하느냐 ³⁷ 여짜오되 주의 영광중에서 우리를 하나는 주의 우편에, 하나는 좌편에 앉게 하여 주옵소서 ³⁸ 예수께서 이르시되 너희는 너희가 구하는 것을 알지 못하는도다 내가 마시는 잔을 너희가 마실 수 있으며 내가 받는 세례를 너희가 받을 수 있느냐 ³⁹ 그들이 말하되 할 수 있나이다 예수께서 이르시되 너희는 내가 마시는 잔을 마시며 내가 받는 세례를 받으려니와 ⁴⁰ 내 좌우편에 앉는 것은 내가 줄 것이 아니라 누구를 위하여 준비되었든지 그들이 얻을 것이니라 ⁴¹ 열 제자가 듣고 야고보와 요한에 대하여 화를 내거늘

③ 예수의 가르침: ⁴² 예수께서 불러다가 이르시되 이방인의 집권자들이 그들을 임의로 주관하고 그 고관들이 그들에게 권세를 부리는 줄을 너희가 알거니와 ⁴³ 너희 중에는 그렇지 않을지니 너희 중에 누구든지 크고자 하는 자는 너희를 섬기는 자가 되고 ⁴⁴ 너희 중에 누구든지 으뜸이 되고자 하는 자는 모든 사람의 종이 되어야 하리라 ⁴⁵ 인자가 온 것은 섬김을 받으려 함이 아니라 도리어 섬기려 하고 자기 목숨을 많은 사람의 대속물로 주려 함이니라

이처럼 고난 예고가 3번에 걸쳐 반복되는 것은 예수님의 길이 승리와 영광의 길이 아니라 '십자가의 길'이라는 사실을 강조하는theologia crucis, 십자가 신학 마가의 의도에 따른 것이다. 동시에 마가는 참으로 어리석은 제자들의 모습을 반복하여 묘사함으로써 참된 제자도가 무엇인지를 독자들이 깨닫게 한다. 예수님의 제자란 자기 자신을 부정하고 고난의 길을 나서는 사람이라는 사실을 강조한다.21) 이러한 마가의 메시지는 10:45에서 절정에 이른다.

첫 번째 고난 예고 뒤, 예수님의 죽음과 부활을 예고하는 예수님의 '변화산 장면'이 나온다9:2-13 엘리야 및 모세와 대화 중에 종말론적 영광의 모습으로 변화됨. 베드로는 영광의 모습으로 변화된 예수님의 모습의 순간을 고정하고 싶은 모양이다. 그래서 천상의 인물엘리야와 모세들과 함께 초막절 축제를 열고자 한다. 영광의 모습으로 변형된 예수님의 모습에 반응하는 베드로의 진술로 미루어9:5, 베드로는 마치 8:32의 경우처럼 여기서도 깨닫지 못하는 자, 즉 초월적인 현상에 눈먼 자라는 점이 드러난다.

이어서 귀신들린간질병? 아이를 치유하는 기적이야기9:14-29가 나온다. 귀신들린 아들을 고쳐 달라고 제자들에게 부탁했으나, 그들은 축귀를 행할 수 없었다는 사실을 예수님께 말하자, 예수님은 제자들을 향해 "믿음이 없는 세대여"라며 탄식한다19절. 제자들의 무지와 불신앙이 다시 강조된다18b절. 28절. 믿는 자와 기도하는 자의 권세가 강조된다23-24, 29절. 이로써 예수님의 갈릴리 공사역은 끝난다30절.

예수님이 유대 지방에 이르렀을 때10:1를 두고는 다양한 장면이 묘사된다. 예수님은 이혼에 대해10:2-12, 어린이들에 대해10:13-16, 소유에 대해10:17-31 언급한다. 예루살렘으로 향하는 여정 보도는 세 번째 고난 예고와 시각

21) 마태복음의 제자 상은 강조점이 다르다. 올바른 신앙고백은 궁극적으로 행함의 문제임을 강조한다참조. 약 2:19 "귀신들도 믿고 떠느니라". 자기의 십자가 길에서 하나님의 아들과 동행하는 자만이 참된 신앙고백을 할 수 있다는 시각이다.

장애인 바디매오의 치병 이야기[10:46-52]로 마감한다. 이 이야기는 예수님에 의해 고침을 받은 바디매오가 **"예수를 길에서 따르니라"**고 강조하면서 끝난다. 위에서 다루었듯이 마가는 3번에 걸친 고난 예고 장면 등에 나오는 예수님의 가르침을 통해 신앙공동체의 눈을, 곧 독자의 눈을 열어주려 한다.

4) 세 번째 대단원[11:1-16:8]: 예루살렘에서의 예수님의 수난과 죽음

여기에서 마가는 예수님과 대적자들 사이에 전개되는 마지막 논쟁이야 기, 또 예수님의 죽음과 부활 이야기를 펼진다. 예수님의 수난은 불과 며칠 사이에 일어난 일인데도, 마가는 복음서 전체 분량의 3분의 1 이상을 할애하여 상세히 묘사한다. 이로써 수난이야기의 중요성을 특별히 강조하려는 마가의 의도를 알 수 있다.

▫ 11-13장: 이 단락은 예수님이 예루살렘에서 겪게 될 **수난의 서곡**에 해당한다. 예수님이 예루살렘에 등장함으로써 예수님과 유대 지도자 사이에는 긴장과 알력이 극도로 커진다. 이러한 긴장은 예수님이 **어린 나귀** =메시아가 타고 올 짐승**를 타고**, 즉 다윗의 자손이라고 공개적으로 선포하면서 예루살렘에 입성한다[11:1-11]. 이 장면은 스가랴서가 전하는[슥 9:9] 메시아의 시온성 입성을 연상시키는 것으로 예수의 또 다른 메시아 표적이다. '**무화과나무 저주**'에 관한 이야기[11:12-14, 20-21]에서 예수님은 자신의 구원 선포가 초래할 결과를 보여준다.

이어서 역시 예수님의 메시아 됨을 나타내는 **성전 정화 사건**[11:15-17]이 일어나면서 긴장은 절정에 이른다. 마가는 2개의 예언서 구절을 이용해 예수님이 성전 내의 매매상들의 상과 비둘기 상인들의 의자를 "둘러 엎으시며"[11:15] "만백성을 위한 기도의 집"[사 56:7] 이 "강도의 소굴"[렘 7:11] 로 변했음을 한탄했다고 전한다[11:17]. 이스라엘의 구원을 중개하는 기능을 가진 예루살렘 성전이 이제 의미를 잃었음을 뜻한다. 마가는, 예수님을 단지 성전의 오점을 회복하려는 유대교 종교개혁자로 보지 않았다. 마가에게 예수님의 행위는 전적으로 새로운 형태의 하나님 예배를 추구한 제의 비판적 예언자적 상징 행위였던 것이다.

성전 항쟁 사건으로 인해 대제사장들과 서기관들은 **예수님을 죽이려는 음모**를 꾀한다(11:18, "대제사장들과 서기관들이 듣고 예수를 어떻게 죽일까 하고 꾀하니 이는 무리가 다 그의 교훈을 놀랍게 여기므로 그를 두려워함일 러라"). 이러한 살해 모의는 실천에 옮겨진다. 11:27-12:12에 유대 공회원22)들이 예수님의 권위에 대해 묻자, 예수님은 세례 요한에 관한 질문으로 이를 되받아 공회원들을 난감하게 만든다[11:27-33].

이어서 예수님은 (예언자들의 운명에 관한 신명기 사가적 관점이 반영된) **사악한 포도원 농부의 비유**[12:1-11]로 역공을 가한다. 여기에 이스라엘의 구원사가 전망되고 있다. 곧 이스라엘의 멸망의 역사가 조망된다.

(12:1-11) [1] 예수께서 비유로 그들에게 말씀하시되 한 사람이 포도원을 만들어 산울타리로 두르고 즙 짜는 틀을 만들고 망대를 지어서 농부들에게 세로 주고 타국에 갔더니 [2] 때가 이르매 농부들에게 포도원 소출 얼마를 받으려고 한 종을 보내니 [3] 그들이 종을 잡아 심히 때리고 거저 보내었거늘 [4] 다시 다른 종을 보내니 그의 머리에 상처를 내고 능욕하였거늘 [5] 또 다른 종을 보내니 그들이 그를 죽이고 또 그 외 많은 종들도 더러는 때리고 더러는 죽인지라 [6] 이제 한 사람이 남았으니 곧 그가 사랑하는 아들이라 최후로 이를 보내며 이르되 내 아들은 존대하리라 하였더니 [7] 그 농부들이 서로 말하되 이는 상속자니 자 죽이자 그러면 그 유산이 우리 것이 되리라 하고 [8] 이에 잡아 죽여 포도원 밖에 내던졌느니라 [9] 포도원 주인이 어떻게 하겠느냐 와서 그 농부들을 진멸하고 포도원을 다른 사람들에게 주리라 [10] 너희가 성경에 건축자들이 버린 돌이 모퉁이의 머릿돌이 되었나니 [11] 이것은 주로 말미암아 된 것이요 우리 눈에 놀랍도다 함을 읽어 보지도 못하였느냐 하시니라 [12] 그들이 예수의 이 비유가 자기들을 가리켜 말씀하심인 줄 알고 잡고자 하되 무리를 두려워하여 예수를 두고 가니라

---

22) 헬레니즘 로마시대 팔레스타인 유대교의 최고 재판정인 "산헤드린"의 회원을 가리킨다.

이 비유는 알레고리의 성격이 강하다. 알레고리로 해석하면, <포도원=이스라엘>, <포도원 주인=하나님>, <농부들=유대 지도자들>, <종들=구약의 예언자들>, <아들=예수 그리스도>, <농부들에 대한 진멸=이스라엘 심판>, <다른 사람들=이방인>, <버린 돌이 모퉁이 머릿돌이 됨=십자가에 죽은 그리스도의 부활>이라는 등식이 나온다. 오늘날에도 널리 퍼져 있는 이러한 알레고리적 해석은 역사적 예수의 본래 비유에서 비롯되었다기보다 복음서 저자의 입장이 반영된 것으로 보인다.

<보충> 이 비유와 관련하여, 학자들은 보통 2가지 차원을 구분한다.
① **역사적 예수의 차원**: 당시 팔레스타인에서 실제로 일어나곤 했던 상황을 빗대어 예수님을 거부하는 유대인들에 대한 경고와 심판의 비유로 본다.
② **복음서 저자의 차원**: 초기 교회가 예수님의 죽음과 부활에 대한 성경적 증거로 즐겨 사용하던 시편 118:22-23을 마가가 첨가함으로써[12:10-11], 이 비유를 "사랑하는 아들", 곧 예수 그리스도의 죽음과 부활을 강조하는 기독론적인 변증으로 이해할 수 있다.[23]

이로써 예수님은 자신을 하나님의 사자인 예언자들의 반열에 올리고 적대자들을 하나님의 부름을 거역하는 완악한 백성의 역할을 하는 자로 규정한다. 그러자 공회원들은 다시 예수님을 잡을 궁리를 한다[12:12]. 그런 다음, 당시 유대교 내부의 중요한 신학적 논쟁점들이 언급되고(가이사에게 세금 바치는 문제[13-17절], 부활을 부인하는 사두개인들과 벌이는 부활 논쟁[18-27절], 가장 큰 계명이 무엇인가에 대하여 서기관과 벌이는 논쟁[28-34절]), 여기에 대해 예수님은 자신의 입장을 밝힌다. 이어서 다윗 자손에서 나올 메시아에 대한 예수님의 가르침이 나오고[35-37절], 외식하는 서기관들에 대한 경고[38-34절]

---

23) 마태는 이 비유를 교회론적으로 발전시킨다: (마 21:43) "그러므로 내가 너희에게 이르노니 하나님의 나라를 너희는 빼앗기고 그 나라의 열매 맺는 백성이 받으리라"

와 가난한 과부의 성전 헌금 장면^{41-44절}으로 예수님의 예루살렘에서의 공적 활동이 끝난다.[24]

▫ 이어지는 13장은 예수님이 네 제자 베드로, 야고보, 요한, 안드레 앞에서 성전 붕괴를 포함한 **종말에 대한 묵시적 진술**을 하는 장면이다.

1-4절:	성전 멸망 선포; 제자들의 질문
5-8절:	미혹을 경고; 종말론적 곤궁의 시작
9-13절:	박해받는 공동체; 성령의 도움
14-20절:	종말의 환란들
21-23절:	종말의 미혹자들
24-27절:	인자의 도래

이로써 예수님은 도래하는 대환난이 단지 종말의 시작일 뿐이라고 밝히며, 제자들에게 위로와 더불어 경고의 메시지를 보낸다. 먼저 다니엘서의 예언을 인용하여 온갖 전쟁이 터지고 우주 질서가 붕괴되는 대환난의 도래를 선포하면서, 이 환난과 함께 특히 그리스도인에게 박해와 미혹이 닥치게 되리라고 말한다^{13:1-27}. 특히 14절의 "멸망의 가증한 것[25]이 서지 못할 곳에 선 것"에 대한 환상은 임박한 종말에 대한 표시에 대해 묻는 제자들의 질문에 답하고 있다. 이 종말 사건은 인자가 옴으로써 절정에 이른다.

(13:24-27) ²⁴ 그 때에 그 환난 후 해가 어두워지며 달이 빛을 내지 아니하며 ²⁵ 별들이 하늘에서 떨어지며 하늘에 있는 권능들이 흔들리리라 ²⁶ 그 때에 인자가 구름을 타고 큰 권능과 영광으로 오는 것을 사람들이 보리라 ²⁷ 또 그 때

---

24) 두 렙돈을 기꺼이 헌금하는 과부의 행동은 제자 공동체에 본이 된다.

25) 혐오감을 자아내는 우상을 가리킨다. 단 9:27; 11:31; 12:11; 마카베오상 1:54; 6:7을 참조하라. 주전 2세기 중엽 안티오쿠스 4세가 예루살렘 성전에 세운 우상과 관련된 것이다. 성전에 대한 유사한 공격이 로마 점령기에도 있었다(Caligula 황제는 성전에 황제의 상을 주후 40년에 세우려 계획했고, 빌라도는 로마 군기를 가지고 예루살렘 안으로 진입하려 했다).

에 그가 천사들을 보내어 자기가 택하신 자들을 땅 끝으로부터 하늘 끝까지 사방에서 모으리라

24-25절 사 13:10; 34:3에 의존은 전통적으로 하나님의 분노의 심판이나 야훼의 날에 수반되는 현상을 나타내나, 여기서는 하나님 나라가 세상에 밀려오는 차원을 묘사한다. 이어서 26-27절은 인자의 도래를 말한다. 믿는 자에 대한 경고와 더불어 위로의 메시지도 선포된다 13:11, 20.

마지막으로, 예수님은 **무화과나무의 비유**를 통해 종말은 예고 없이 오지 않을 것임을 가르친다 13:28-31. 즉 무화과나무의 잎이 자라는 것을 보고 여름이 가까이 옴을 알 수 있듯이, 인자의 재림이 임박했음을 알아야 한다는 것이다. 그러나 종말의 날과 때는 아무도 모르니 깨어 있으라고 권면한다 13:32-37.

(13:32-37) [32] 그러나 그 날과 그 때는 아무도 모르나니 하늘에 있는 천사들도, 아들도 모르고 아버지만 아시느니라 [33] 주의하라 깨어 있으라 그 때가 언제인지 알지 못함이라 [34] 가령 사람이 집을 떠나 타국으로 갈 때에 그 종들에게 권한을 주어 각각 사무를 맡기며 문지기에게 깨어 있으라 명함과 같으니 [35] 그러므로 깨어 있으라 집 주인이 언제 올는지 혹 저물 때일는지, 밤중일는지, 닭 울 때일는지, 새벽일는지 너희가 알지 못함이라 [36] 그가 홀연히 와서 너희가 자는 것을 보지 않도록 하라 [37] 깨어 있으라 내가 너희에게 하는 이 말은 모든 사람에게 하는 말이니라 하시니라

여기에서 우리는 신앙공동체는 묵시적인 환상에 호도되지 말아야 하며, 주님의 재림을 기다려야 한다는 사실을 읽어낼 수 있다.

▫ 14-15장: **예수님의 예루살렘 수난사.** 예수님을 살해할 방도를 꾀하는 유대 공회원들의 말 14:1-2과 함께 예수님의 예루살렘 수난사가 본격적으로 시작된다. 먼저 베다니에서 한 여인이 예수님의 머리에 값진 **향유를 붓는 이야기**가 나온다 14:3-9. 14:17-25에서 예수님은 자신을 배반할 자가 있다는

사실을 예고한 뒤, 제자들과 함께 마지막으로 **유월절 만찬**을 한다. '성만찬'은 14장의 핵심 장면이라 할 수 있다.[26]

> (14:22-25) [22] 그들이 먹을 때에 예수께서 떡을 가지사 축복하시고 떼어 제자들에게 주시며 이르시되 받으라 이것은 내 몸이니라 하시고 [23] 또 잔을 가지사 감사 기도 하시고 그들에게 주시니 다 이를 마시매 [24] 이르시되 이것은 많은 사람을 위하여 흘리는 나의 피 곧 언약의 피니라 [25] 진실로 너희에게 이르노니 내가 포도나무에서 난 것을 하나님 나라에서 새 것으로 마시는 날까지 다시 마시지 아니하리라 하시니라

이 마지막 식사 자리에서 예수님은 자신의 죽음이 "많은 사람을 위한" 속죄물이며 하나님과 인간 사이에 맺는 새 언약이라고 선언한다. 25절은 예수님의 죽음과 종말론적인 성취를 전망한다. '종말론적 기쁨의 만찬'은 유대교 전통에 따르면 하나님 나라에 속한다. 비유적 행위를 통해 예수님이 유월절 만찬에 새로운 의미를 부여한 것으로 이해할 수 있다J. Jeremias. 이어서 예수님은 감람산으로 간다14:26.

이어서 베드로가 예수님을 부인하리라는 사실을 예언하는 장면14:27-31과 **겟세마네의 기도 장면**이 나온다14:32-42.

> (14:32-42) [32] 그들이 겟세마네라 하는 곳에 이르매 예수께서 제자들에게 이르시되 내가 기도할 동안에 너희는 여기 앉아 있으라 하시고 [33] 베드로와 야고보와 요한을 데리고 가실새 심히 놀라시며 슬퍼하사 [34] 말씀하시되 내 마음이 심히 고민하여 죽게 되었으니 너희는 여기 머물러 깨어 있으라 하시고 [35] 조금 나아가사 땅에 엎드리어 될 수 있는 대로 이 때가 자기에게서 지나가기를 구하여 [36] 이르시되 아빠 아버지여 아버지께는 모든 것이 가능하오니 이 잔을 내게서 옮기시옵소서 그러나 나의 원대로 마시옵고 아버지의 원대로 하옵소서

---

26) 막 14:22-26 외에도 성만찬 본문으로 마 26:26-29; 눅 22:19-20; 고전 11:23-25이 있다. 마가와 마태의 본문이 유사한 반면, 누가의 본문은 바울의 본문과 마가의 본문이 혼합된 것으로 보인다.

하시고 ³⁷ 돌아오사 제자들이 자는 것을 보시고 베드로에게 말씀하시되 시몬아 자느냐 네가 한 시간도 깨어 있을 수 없더냐 ³⁸ 시험에 들지 않게 깨어 있어 기도하라 마음에는 원이로되 육신이 약하도다 하시고 ³⁹ 다시 나아가 동일한 말씀으로 기도하시고 ⁴⁰ 다시 오사 보신즉 그들이 자니 이는 그들의 눈이 심히 피곤함이라 그들이 예수께 무엇으로 대답할 줄을 알지 못하더라 ⁴¹ 세 번째 오사 그들에게 이르시되 이제는 자고 쉬라 그만 되었다 때가 왔도다 보라 인자가 죄인의 손에 팔리느니라 ⁴² 일어나라 함께 가자 보라 나를 파는 자가 가까이 왔느니라

이로써 예수님이 겪는 수난의 내면이 드러난다. 예수님이 하나님과 인간 모두로부터 철저히 버림받았다는 사실을 강조한다. 인간으로부터 버림받았음은 제자들이 잠들고 배반하며 도망하고 부인하는 장면을 통해 드러난다. 또한 하나님으로부터 버림받았음은 "인자가 죄인의 손에 팔림"[14:41]과 겟세마네의 간절한 기도에도 불구하고 침묵하시는 하나님이라는 서술에서 드러난다. 겟세마네 기도 장면에 이어 예수님은 체포되고 유대 공회의 심문을 받는다. 14장은 베드로가 예수님을 세 번에 걸쳐 부인함으로써 예수님의 예언[14:30]이 성취되는 장면으로 끝난다[14:66-72].

예수님의 수난 이야기가 본격적으로 전개되는 14-15장에 앞서, 예수님의 공사역이 초기부터 수난을 향하고 있음이 이미 여러 기회에 암시되었다는 사실을 기억할 필요가 있다. 이러한 사실은 세 번에 걸친 고난과 부활에 관한 예고뿐만 아니라[8:31; 9:31; 10:32-34] 이미 3:6("바리새인들이 나가서 곧 헤롯당과 함께 어떻게 하여 예수를 죽일까 의논하니라")을 통해서도 드러난다. 예수님은 유대 공회에서 "네가 찬송 받을 이의 아들 그리스도냐"[14:61] 라는 질문을 받고 "내가 그니라"[14:62] 라고 대답함으로써 마침내 죽음에 이르게 된다. 십자가 죽음을 통해 예수님이 하나님의 아들이라는 사실이 결정적으로 계시된다.

15장은 총독 빌라도의 심문과 십자가형 판결[11-15절], 유대인의 왕을 조롱[16-20a절], **십자가상의 죽음과 매장**[20b-47절]을 묘사한다. 하나님의 아들은 골고

다의 침울한 어둠 속에서 울부짖듯 크게 소리 지르며 숨을 거둔다. 죽음의 순간에 예수님이 하나님으로부터 버림받았다는 점이 부각된다.

(15:33-34) ³³ 제육시가 되매 온 땅에 어둠이 임하여 제구시까지 계속하더니 ³⁴ 제구시에 예수께서 크게 소리 지르시되 엘리 엘리 라마 사박다니 하시니 이를 번역하면 나의 하나님, 나의 하나님 어찌하여 나를 버리셨나이까 하는 뜻이라

예수님이 돌아가시자 비로소 하나님은 반응을 보이신다. 하나님의 응답으로 성전 휘장이 찢어지고³⁸절,27) 사형집행관은 예수님이 진정 하나님의 아들이었음을 고백하는 첫 번째 사람으로 바뀐다³⁹절.

(15:37-39) ³⁷ 예수께서 큰 소리를 지르시고 숨지시니라 ³⁸ 이에 성소 휘장이 위로부터 아래까지 찢어져 둘이 되니라 ³⁹ 예수를 향하여 섰던 백부장이 그렇게 숨지심을 보고 이르되 이 사람은 진실로 하나님의 아들이었도다 하더라

온갖 비방을 감수한¹⁵:¹⁶⁻²⁰ 하나님의 종 예수님이 진정 유대인의 왕이며 그리스도임이 명백해진다. 예수님의 왕 되심은 절망 가운데 실현된 것이다. 인자의 참된 권세는 고난의 길을 감으로써 완성된다는 역설을 말한다. 존경받는 유대 공회신헤드린 회원인 아리마대 요셉이 예수님의 시신을 무덤에 안치하는 것으로 수난 이야기가 끝난다¹⁵:⁴²⁻⁴⁷.

이어서 "흰 옷을 입은 한 청년"=천사이 예수님의 무덤에 온 여자들에게 **예수님의 부활**을 선포하는 장면으로 마가복음의 전체 이야기가 끝난다¹⁶:¹⁻⁸. 16:6("너희가 십자가에 못 박히신 나사렛 예수를 찾는구나 그가 살아나셨고 여기 계시지 아니하니라 보라 그를 두었던 곳이니라")에서 핵심은 수동태 동사 '에게르테'ἠγέρθη에 있다. 이것은 하나님의 행위를 가리킨다. 직역하면 (그가 하나님에 의해) '일으켜졌다'는 뜻이다신적 수동태, passivum divinum. 그것은 사망의 권세가 끝났음을 의미한다. 인간의 관점에서 나사렛 예수

---

27) 마태는 이 장면을 세상의 역사를 마감하는 종말론적인 사건으로 해석한다마 27:51-53.

의 역사가 끝난 시점에, 하나님의 개입으로 기적이 일어나면서 하나님 아들의 역사가 다시 시작된다! 천사는 여자들에게 예수님이 전에 말씀하신 대로 갈릴리로 가면 보게 되리라고 말하나[7절], 여자들은 놀라 기겁하여 무덤에서 나와 달아나고 "무서워하여 아무에게 아무 말도 하지 못하더라"[8절]는 진술로 본래의 마가복음이 끝난다.

부활한 예수님의 현현장면을 보도하는 **종결 단락**[16:9-20]은 이른 시기의 필사본에는 담겨 있지 않은 것으로 보아, 후대에 확대된 본문이 분명하다.

::: Excursus
마가복음 16:1-8과 마가복음의 결론 문제

마가복음을 담고 있는 신뢰할 만한 초기 사본은[4세기의 시내사본ℵ과 바티칸사본B] 16:8로 끝난다("여자들이 몹시 놀라 떨며 나와 무덤에서 도망하고 무서워하여 아무에게 아무 말도 하지 못하더라"). 후대의 필사가들은 여인들이 공포에 떨고 있는 장면으로 복음서가 끝나는 것이 적절치 않다고 느낀 모양이다. 그래서 예수 현현 이야기[16:9-20]가 첨가된다. 이와 관련해서, 본래의 마가복음이 16:8의 장면으로 끝나는 것이 과연 가능한가를 두고 학자들 사이에 논란이 있었다. 문제의 해결은 16:8의 장면으로 끝나는 것이 마가의 문맥에 적합한지를 밝히는 일에 달려있다. 16:7("가서 그의 제자들과 베드로에게 이르기를 예수께서 너희보다 먼저 갈릴리로 가시나니 전에 너희에게 말씀하신 대로 너희가 거기서 뵈오리라 하라 하는지라")은 이미 14:28("그러나 내가 살아난 후에 너희보다 먼저 갈릴리로 가리라")에 준비된 것으로 보인다. 따라서 마가는 자기의 복음서를 과연 신앙 공동체가 예수님을 따를 것인가 하는 열린 질문으로써 의도적으로 끝맺는다고 할 수 있다.

16:8을 넘어서는 확대된 본문을 제시하는 사본들은 모두 이차적으로 형성된 것이다. 마태와 누가가 참조한 마가의 본문에도 이 부분이 빠져있었다. 이 부분이 16:8에 이어지게 된 것은 아마도 2세기경의 일로 추정된다. 이 부분은 다른 정경 복음서로부터 직접 유래한 것으로 보이지는 않으나, 정경 복음 안에 전승된 내용에 대해 알고 있음을 보여준다. 16:9-20은 처음부터 의도적으로 마가복음의 마지막 부분으로 집필된 것이 아니라, 부활절 이야기를 담은 독립된 단편 전승의 형태로 존재했을 것으로 간주된다.

5. 마가 신학의 중심 주제

1) 수난 이야기

마가는 예수님에 대한 전승을 의도적으로 예수님의 수난에 초점을 맞추어 신학적으로 구상했다. 곧 복음서 이야기 전체가 수난을 향해 전개된다. 예수님이 적대자들과 벌이는 첫 번째 논쟁2:1-3:6에서 예수님을 살해하려는 그들의 음모를 언급함으로써3:6, 예수님의 운명이 고난의 운명이라는 복선을 이미 복음서 서두에 깔아 두었다. 또한 세례 요한의 죽음 이야기6:17-29는 도입부6:14-16를 통해 예수 죽음에 대한 또 다른 복선이다. 게다가 복음서의 중심부에서 세 번에 걸친 고난 예고를 통해8:31; 9:31; 10:32-34; 참조, 10:45 예수 죽음의 운명을 강조한다. 예루살렘에서 체포된 예수님은 대제사장들과 서기관들에 의해 붙잡혀 처형되어야 한다는 사실에서도 역시 분명히 드러난다11:18; 12:12. 예수님의 말씀을 책잡으려는 바리새인들과 헤롯당 사람들과 벌이는 마지막 논쟁12:13-17에 이어서, 종말에 관한 예수님의 설교13장 이후 수난 이야기를 본격적으로 시작한다. 이렇게 수난사의 중요성을 강조하는 마가의 시각은 그리스도에 관한 교회의 표상에 많은 영향을 끼쳤다. 기독교 신앙에서 고난과 십자가의 중요성이 부각된 것은 바울과 더불어 마가의 공헌이라고 할 수 있다.

::: **Excursus**
마가의 수난 이야기

마가복음에서 예수님의 공사역은 수난을 향해 있다3:6. '메시아 비밀' 하나님의 아들 비밀모티브와 '제자들의 몰이해' 모티브를 통해 마가는 그러한 사실을 보여준다. 유대 공회에서 대제사장의 질문 "네가 찬송 받을 자의 아들 그리스도냐"에 대해 예수님은 "내가 그니라"14:62고 밝힘으로써 결국 십자가형을 받게 된다. 이로써 십자가의 죽음을 포함한 하나님 아들의 계시가 절정에 이른다. 수난은 마가가 선포하는 복음의 본질에 속한다. 수난사의 처음에 나오는 베다니에서 향유를 부은 여인14:3-9과 예수님의 무덤을 찾아가 예수께 향품을 바르려는 여인들의 이야기16:1는 수난 이야기를 구성한 마가의 의도에 따른 것이다. (누가는 베다니에서 향유를 부은 여인 이야기를 제외한다.) 여인이 예수님에게 향유를 붓는 이야기는 무덤에 있는 예수께 향유를 바르게 될 일을 미리 이야기한 것이다.

마가는 하나님의 아들로서 예수님의 현현을 감춤과 계시 사이에 놓인 긴장으로 묘사하면서, 예수님은 자기의 길을 가는 순종하는 하나님의 아들이라는 사실을 강조한다(14:21, "인자는 자기에 대하여 기록된 대로 가거니와 인자를 파는 그 사람에게는 화가 있으리로다"). 또한 마가는 십자가에서 하나님의 계시가 결정적으로 드러남을 강조한다. 십자가에 돌아가신 분이 곧 부활하신 분이다(16:6, "청년이 이르되 놀라지 말라 너희가 십자가에 못 박히신 나사렛 예수를 찾는구나 그가 살아나셨고 여기 계시지 아니하니라 보라 그를 두었던 곳이니라").

마가는 예수님의 죽음을 대속의 죽음으로 이해한다 10:45; 14:24. 수난사의 '개별적 사건'을 성경 말씀의 성취로 해석하는 마태 26:54, 56와 달리,28) 마가는 예수님의 '수난 자체'를 성경에 기록된 하나님의 의지에 따른 것으로 여긴다(14:21; 14:27, "예수께서 제자들에게 이르시되 너희가 다 나를 버리리라 이는 기록된 바 내가 목자를 치리니 양들이 흩어지리라 하였음이니라").

예수님에게 수난이 닥치자 "제자들이 다 예수를 버리고 도망하니라"14:50는 보도는 누가에는 나오지 않는다. 그러나 마가의 경우 이 장면은 예수님을 이해하지 못하는 실패한 제자들의 절정의 모습을 나타낸다. 베드로가 예수님을 부인하는 장면14:66-72도 같은 선상에 있다. 여기에서 우리는 마가공동체를 향해 낙담하거나 신앙을 버리지 말라고 하는 마가의 권면을 읽을 수 있다. 십자가에 돌아가셨다가 영광의 모습으로 부활하신 예수님의 길은 또한 제자들이 가야할 길이라는 사실을 보여준다. 십자가의 길은 하나님의 아들이 부활에 앞서 반드시 거쳐야할 길이며, 제자들 역시 따라야 할 길임을 마가는 강조한다.

2) 제자상

마가는 예수님의 제자들을 전반적으로 부정적으로 묘사한다. 그럼에도 제자들은 부활 이후 교회의 모델을 이룬다는 점에서 중요하다. 예수님의 부름에 순종하여 따라간 제자들의 체험을 통해 독자들은 자신들을 제자들과 동일시할 수 있다. 마가는 독자들로 하여금 제자들의 실패를 교훈으로 삼으라고 말한다. 예수를 따르는 길은 기적과 환상과 황홀경을 통한 영광의 길이 아니고 9:2-10, 자기를 부인하고 자기 십자가를 지고 가야만

---

28) 유다가 예수님을 배반한 대가로 받게 된 "은 삼십" 26:15; 27:9-10은 슥 11:12, 십자가에 매달리기에 앞서 예수께 준 "쓸개 탄 포도주" 27:34는 시 69:22, 또한 예수님을 향해 십자가에서 내려와 보라고 비아냥거리는 유대인의 말마 27:42-43은 시 22:9("오직 주께서 나를 모태에서 나오게 하시고 내 어머니의 젖을 먹을 때에 의지하게 하셨나이다")를 따른 것이다.

하는 고난의 길이라는 사실을 강조한다8:34; 10:42-45. 그것은 곧 모든 사람의 으뜸이 되는 것이 아니라 모든 사람의 종이 되어 자신을 내려놓고 타인을 섬기는 삶이다. 따라서 마가가 강조하는 제자도는 예수님의 고난의 운명과 직결된다8:34-38. 제자도는 예수님의 인격과 그의 길을 무조건 따르는 것이다. 모든 시련을 끝까지 견뎌낸 제자는 종국에 구원을 받게 되리라 말한다13:9-13.

위든 Theodore Weeden 은 제자들의 불신앙을 3단계로 설명한다① 깨닫지 못함, ② 오해, ③ 거절. 고난받는 종의 기독론을 대표하는 예수와, 다른 한편 기적을 통해 신으로 간주되는 인간의 전형적인 모델인 '신적 인간' 기독론을 대표하는 제자들 사이에 갈등이 있었다고 여긴다. 제자들의 기독론은 마가의 적대자들의 입장과 일치하는데, 이들과 싸우기 위해 마가는 이른바 "수정 기독론"corrective christology 을 표방한 것으로 본다.29)

3) 메시아 비밀론

마가복음 저자가 전승을 편집하여 한층 확고하게 구축한 이론으로서 복음서 전체를 관통하는 중요한 신학적 모티브이다. 마가복음을 자세히 살펴보면, 하나님의 아들 내지는 메시아라는 예수님의 모습이 한편으론 겉으로 드러나면서 다른 한편으론 감추어진 것으로 묘사된다. 즉 제자들은 오랫동안 예수님을 이해하지 못하는 반면4:41; 6:52; 8:21 이하, 귀신들만이 예수가 누구인지 안다1:24, 34; 3:11. 복음서 중간에 와서야 예수에 대한 비밀이 풀린다. 시각 장애인이 치유되고 난 후, 베드로는 제자들을 대표하여 예수님이 메시아인 것을 고백한다8:29.

이처럼 드러남과 감춤이 마가복음 전체에 걸쳐 일종의 긴장 관계를 이루는데, 이 긴장 관계를 브레데William Wrede, 1859-1906 는 '메시아 비밀'이라는 용어로 묘사했다.30) 이때 메시아 비밀 모티브는 역사적인 사실을 나타내

---

29) Theodore Weeden, *Mark: Traditions in Conflict*, 1971.

는 것이 아니라 복음서 저자의 (또는 그보다 앞선 전승자의) 신학적 도그마에서 유래하는 이론이라고 주장했다. 이를 통해 마가는 독자들에게 예수님에 대한 포괄적인 이해를 주려고 했다는 것이다.

브레데는 이 이론의 목적이 한편으론 비메시아적이었던 역사적 예수님의 삶과, 다른 한편으론 부활을 체험한 공동체가 예수님을 메시아이며 하나님의 아들로 고백한 것 사이에 놓인 부조화 내지는 긴장 관계를 해소하려는 것이었다고 한다. 이러한 이론을 담고 있는 브레데의 연구서 *Das Messiasgeheimnis in den Evangelien*가 1901년에 출간된 이래, 메시아 비밀은 마가복음 연구의 한 중심축을 이루고 있다. 이 이론은 마가 이전의 기적 이야기와 수난 전승을 연결하여 하나로 통합하려는 시도이며, 마가의 십자가 신학의 한 형태로 볼 수 있다.

4) 하나님의 아들 칭호

'예수가 누구인가?'하는 질문은 마가의 기독론을 관통하는 질문이다 막 1:27; 4:41; 6:2-3, 14-16; 8:27 이하; 9:7; 10:47-48; 14:61-62; 15:39. 하나님의 아들 개념은 마가가 사용하는 중요한 기독론적인 칭호에 속하는데, 이를 통해 예수님의 본질을 신적인 인간으로 나타내면서 종말론적인 구원 시대의 왕으로 강조한다. 마가는 이 칭호를 복음서의 시작(1:1, "하나님의 아들 예수 그리스도의 복음의 시작이라")과 끝부분에서(15:39, "예수를 향하여 섰던 백부장이 그렇게 숨지심을 보고 이르되 이 사람은 진실로 하나님의 아들이었도다 하더라") 사용한다. 이 칭호는 다음 구절에도 나타난다.

---

30) W. Wrede, *Das Messiasgeheimnis in den Evangelien: Zugleich ein Beitrag zum Verständnis des Markusevangeliums*, Göttingen, 1901. 이 책은 우리말로도 번역되었다: 『윌리엄 브레데의 메시아의 비밀』, 최태관 역 (한들출판사, 2018). H. J. Ebeling, *Das Messiasgeheimnis und die Botschaft des Marcus- Evangeliums*, 1939에서 에벨링은 메시아 비밀을 마가적 선포의 중심 사고로 해석했으며, 편집비평이 대두한 이래 메시아 비밀의 본래 요소들과 신학적 의도는 복음서 저자에게서 나온 것으로 간주했다. 김창선, "마가복음과 메시아 비밀", 『21세기 신약성서 신학』, 275-295을 참조하라.

(1:11, 세례 때) 하늘로부터 소리가 나기를 너는 내 사랑하는 아들이라 내가 너를 기뻐하노라 하시니라

(3:11) 더러운 귀신들도 어느 때든지 예수를 보면 그 앞에 엎드려 부르짖어 이르되 당신은 하나님의 아들이니이다 하니

(5:7) 큰 소리로 부르짖어 이르되 지극히 높으신 하나님의 아들 예수여 나와 당신이 무슨 상관이 있나이까 원하건대 하나님 앞에 맹세하고 나를 괴롭히지 마옵소서 하니

(9:7, 변화산에서) 마침 구름이 와서 그들을 덮으며 구름 속에서 소리가 나되 이는 내 사랑하는 아들이니 너희는 그의 말을 들으라 하는지라

1:11과 9:7은 선언적인 양식으로, 마가 이전에 이미 존재하던 하나님 아버지로부터 파송된 예수 그리스도의 모습을 강조하는 '파송 기독론' Sendungschristologie의 영향을 받았을 것이다. "아들" 칭호에 대해서는 마가복음 14:61("찬송 받을 자의 아들"-셈어에서 유래한 표현), 12:6("사랑하는 아들"-포도원 비유), 13:32(아무런 수식어 없이 "아들"-요한복음의 특징을 담은 절대적 용법)의 표현과 비교할 수 있다.

마가는 예수님을 공사역의 시작과 더불어 하나님의 아들로 묘사한다. 예수님의 세례나 변화산에서의 영광스러운 변모 기사에서 나오는 하나님의 칭호로 미루어, 예수님이 이들 사건에서 비로소 하나님의 아들로 등극했다고 생각할 수도 있다. 하지만 이러한 해석은 마가의 의도에 맞지 않는다. 이들 사건을 통해 마가가 강조하고 싶었던 것은 예수님이 지극한 위엄 가운데 하나님에 의해 아들로 입증되었다는 사실이었다. 이렇게 마가복음 1:11; 9:7; 15:39에 나타난 하나님의 아들 표상을 고대 이집트 왕의 즉위 모델에서 유래한 것으로 보려는 해석은 복음서 저자의 의도와 다르다. 마가는 이 하나님의 아들이란 칭호를 사용하여 예수님은 하나님과 특별한 관계에 있음을 강조하고자 했다.

그런데 메시아적 의미를 담고 있는 '하나님의 아들' 칭호의 유래는 아직 풀리지 않는 문제로 남아 있다. 쿰란문서에서 '하나님의 아들' 칭호가

나오는데4Q246 I,9-II,1, 이 칭호를 메시아적으로 해석하려는 시도도 있으나, 그것은 메시아를 부르는 칭호가 아니라 셀로이키드 왕인 안티오쿠스 4세 에피파네스가 자신을 "하나님의 아들"이요 "지고하신 분의 아들"로 부르는 것을 비판한 것이다.31) 따라서 마가복음에 나타나는 칭호와 다르다. 구약에서는 다윗 왕조의 왕이나 천사창 6:2, 4 등, 이스라엘 백성 전체호 1:1, 또는 의인시 73:15 을 하나님의 아들로 이해했다.

5) 인자 칭호와 고난 예고

예수님이 하나님과 깊이 연관되었음을 보여주는 '하나님의 아들'υἱός θεοῦ 이란 칭호 외에 예수 그리스도를 가리키는 '인자'=사람의 아들, ὁ υἱὸς τοῦ ἀνθρώπου 란 칭호가 마가복음에서 중요한 역할을 한다. 이 칭호는 마가복음에 모두 14번 나온다2:10, 28; 8:31, 38; 9:9, 12, 31; 10:33, 45; 13:26; 14:21a, b, 41, 62.32) 오직 예수 어록(Q)에서만 나오는 이 칭호는 보통 문맥에 따라 다음 세 부류로 나뉜다.

① 예수님이 미래에 맡을 (종말론적인) 역할(구원을 가져오는 자, 완성자: 14:62)
② 예수님의 현재 활동(하나님의 대리자로서 지상적 전권을 가진 자: 2:10 [죄 용서]; 2:28[안식일 위반])
③ 예수님의 고난과 죽음(8:31; 9:31)

이 칭호의 특징은 오직 '예수님의 말씀 가운데에서만 나타난다'는 사실이다예외, 행 7:56.33) 분명한 것은 마가가 예수님을 인자와 동일시한다는 사실이다. 여기서 '하나님의 아들' 칭호를 사용하여 예수님의 인격과 관련된 비

---

31) 김창선, "4Q246과 4Q521을 둘러싼 메시아 논쟁", 『장신논단』 43 (2011), 60-77을 참조하라.

32) 공관복음에는 모두 69번 나타나고, 요한복음에는 12번 나온다.

33) 타이센은 ①과 ②의 진술은 역사적 예수의 말이나, ③의 진술은 후대의 첨가라고 하면서, 예수가 일상어 표현인 "인자"=인간와 환상 언어 전승에서 나온 "인자 같은"단 7:13 하늘의 존재를 결합한 것으로 여긴다(『역사적 예수』, 781).

밀을 표현한 마가가 어떤 의도로 '인자'라는 기독론적인 칭호를 또다시 사용했는지 궁금증을 불러일으키는데, '인자-말씀'은 특히 예수님의 고난과 죽음에 대한 진술에서 가장 많이 나타난다총 8번: 8:31; 9:12, 31; 10:33, 45; 14:21ab, 41.

또한 이 구절들은 예수님의 고난과 죽음이 하나님의 명령에 의해 '일어나야만 하는 일'이고8:31; 9:12; 14:21a, 이러한 하나님의 결정이 이미 구약성경에 예언되어 있다는9:12; 14:21a 사실을 드러낸다. 또한 인자의 죽음은 **예수님의 부활을 위해 반드시 필요한 전제**로 나타난다8:31; 9:31; 10:33. 특히 끝의 세 구절을 따라 예수님의 예루살렘행이 수난 사건을 향해 점점 다가가는 것을 느끼게 된다.

- 첫 번째 고난 예고8:31: 예수님의 수난을 담은 선포케리그마, Kerygma를 보여준다.
- 두 번째 고난 예고9:31: 인자의 "넘겨줌"에 대해 진술함으로써 선포의 내용을 극적으로 묘사한다.
- 세 번째 고난 예고10:33-34: 예수님의 수난과 죽음의 길을 수난사에서 볼 수 있는 사건들에 따라 단계적으로 상세히 그린다.

여기에 초기 교회의 케리그마인 '십자가와 부활'이 전제되어 있다. 특히 마가는 "인자" 칭호를 예수님의 영광과 위대함을 나타내기 위해 사용한다. 이러한 사실은 13:26에서 잘 살펴볼 수 있다("그 때에 인자가 큰 권능과 영광으로 구름을 타고 오는 것을 사람들이 보리라"). 다니엘 7:13의 예언을 받아들여 예수님에게 적용하는 것이다. 하나님의 영광과 빛 가운데 있는 인자 예수님의 모습이 그려진다. 결국 마가는 "인자" 칭호를 사용해서 예수님에 관한 새로운 면모를 부각한다. 곧 예수님의 죽음이 부활을 통한 영광으로 변하고 동시에 종말에 예수님이 재림하리라는 것이다. 이로써 구원사적인 시각이 생긴다. 마가는 이 칭호를 이용해서 예수님의 낮은 모습10:45과 영광의 모습2:10, 28을 동시에 담을 수 있었다. 마가는 앞서 언급한 인자 표상과 관련된 세 가지 차원을 전승에서 받아들여 예수님의 길을 기록했다.

마가복음의 기독론을 통해 우리는 '기적의 예수'=권능자와 '고난의 예수'를 분리해서는 안 된다는 사실을 배운다. 마가의 관점에 따르면, 기적과 십자가는 예수님의 인격과 활동을 이해하는 데 반드시 필요한 요소이다.

IX

마태복음

...

· **특징**: 마태복음은 5개의 예수님 설교 말씀이 중심을 이룬다. 구약의 예언이 성취되었음을 성취 인용문을 통해 부각하면서 예수님은 하나님의 뜻에 따라 모든 의를 이루신 메시아라는 사실을 강조한다. 유대 그리스도교적 특징을 지녔으며 또 철저하게 윤리적인 그리스도교를 표방하는 복음서이다.

· **핵심 메시지**: 하나님의 뜻에 합당한 도덕적인 행위 규범을 제자들에게 요청하는 예수님의 모습을 부각한다. 따라서 가르치는 교사로서의 예수님의 면모를 특히 강조하면서 예수님을 따르는 자는 하나님의 의를 행하는 사람이 되어야 한다고 말한다.

초기 그리스도교 전승에 따르면, 마태복음은 가장 오래된 복음서이며 사도 마태가 유대인들 가운데 히브리어로 기록한 증언으로 나타난다 Irenaeus, *Adv. haer.* III, 1, 1. 또한 마태복음에는 예수 그리스도에 대한 구약의 예언이 성취되었음을 강조하는 구약성경 인용문이 복음서 전역에 걸쳐 나타나고, 또한 예수의 위대한 메시지를 담은 유명한 '산상수훈'이 나온다. 게다가 복음서 가운데 유일하게 '교회'라는 개념도 나타난다 16:18; 18:17.

마태복음(김창선 作, 2023)*

이런 관찰 등에 따라 마태복음은 교회의 역사에서 다른 복음서들보다 더 많은 사랑을 받았고, 가장 중요한 "교회의 복음서"로 간주되면서 정경의 순서상 마태, 마가, 누가, 요한 맨 앞에 오는 되는 영예를 얻었다. 그러나 근대에 들어와 역사비평적 연구를 통해 마태복음을 가장 오래된 복음서로 여긴 초기 교회 전승은 더 이상 유지되기 어렵다.

1. 유래 및 저자

복음서의 제목인 "카타 마타이온" KATA MAQQAION, "마태에 따른 [복음]"은 이 복음서의 저자를 12제자에 속했던 '세리 마태'로 보았음을 말해준다. 소아시아 히에라폴리스의 감독 파피아스 Papias, 2세기 초의 증언도 이를 뒷받침하는 듯이 보인다.[1] 마가복음에는 예수께서 세관에 앉아 있던 레위를 제자로 부르시는 장면 2:13 이하이 나오는데, 마태복음에서는 레위 대신에 '마태'를 부르는 것으로 나온다 참조. 9:9 이하, 10:3. 이러한 변경의 배후에 아마도 마태를 예수님의 직제자로 보려는 경향이 있음을 쉽게 짐작할 수 있는데, 이 변경은 오히려 마태가 복음서의 진정한 저자가 아님을 말해주는 증거로 보인다. 게다가 이 복음서의 저자가 직제자가 기록하지 않은 마가복음을 대본으로 사용했다는 사실은 예수님의 직제자 마태를 마태복음의 저자로

---

* 마태가 강조하는 "최후 심판에 관한 예수님의 비유"(25장)
1) Eusebius, *His. Eccl.* III,39,16: "마태는 히브리어로 말씀들을 모았다. 그러나 저마다 그것들을 능력에 따라 번역했다."

보기 어렵게 하는 결정적인 증거이다. 복음서 자체 내에도 저자에 대한 아무런 암시도 나오지 않는다. 다만 13:52("천국의 제자 된 서기관마다 마치 새것과 옛것을 그 곳간에서 내오는 집주인과 같으니라") 또는 23:34("내가 너희에게 선지자들과 지혜 있는 서기관들을 보내매")에 의지하여 마태를 "기독교적 서기관"이나 "교사"로 보는 시각이 있다.[K. Stendahl; G. Strecker; W. Schmithals; U. Luz; J. Gnilka; M. Hengel.2)]

마태를 보통 유대 그리스도인으로 여기고[E. Schweizer; U. Luz; J. Gnilka; J. Roloff; I. Broer; M. Ebner] 마태복음을 유대 그리스도교적인 복음서로 이해한다. 다음과 같은 점이 유대 그리스도교적 입장을 드러낸다.3)

① 율법을 근본적으로 긍정한다[참조, 5:17-20 "나는 율법과 선지자들을 폐하러 온 것이 아니라 완성하러 왔다"; 23:3a, 23b].

② 구약성경을 지속적으로 인용하고, 구약의 약속이 성취되었음을 강조한다[참조, 1:22-23; 2:5-6, 15, 17-18; 3:3; 4:14-16; 8:17 등].

③ 예수의 선교를 근본적으로 이스라엘에 국한한다[참조, 10:5-6; 15:24].

④ 마태공동체는 안식일을 지킨다[참조, 24:20].

⑤ 마태공동체는 계속해서 유대교와 연합하여 살아간다[참조, 17:24-27; 23:1-3].

⑥ 모세 모형론(2:13 이하[아기 예수의 애굽 도피]; 4:1-2[40일 금식, 출 34:28]; 5:1["산에 올라가"])과 5개의 긴 설교는 모세를 떠올리게 한다.

⑦ 마태복음의 언어[에, ἡ βασιλεία τῶν οὐρανῶν], 구조, 구약 수용, 논증, 영향사가 유대 그리스도교 전통을 지지한다.

다른 한편, 마태를 이방 그리스도인으로 보려는 입장도 무시할 수 없다[W. Trilling, G. Strecker].

---

2) 돕쉿츠[Ernst von Dobschütz]는 마태복음의 저자를 "랍비이자 교리문답 교사"로 보았다("Matthäus als Rabbi und Katechet", *Zeitschrift für die neutestamentliche Wissenschaft und die Kunde der älteren Kirche*, 1928).

3) 참조, U. Schnelle, *Einleitung in das NT*, 264.

① 이미 이방 선교를 당연하게 여기는 구원의 보편성이 나타난다^{참조,} 28:18-20; 8:11-12; 10:18; 12:18, 21; 21:43-45; 22:1-14; 24:14; 25:32; 26:13.

② 제의 규정을 무효화시킨다^{참조,} 15:11, 20b; 23:25-26.

③ 율법에 대한 비판이 나타나며, 예수님은 모세의 권위를 능가한다 5:21-48.

④ 바리새적 율법 엄수에 대한 논쟁이 자주 등장한다^{참조, 5:20; 6:1 이하; 9:9} 이하; 12:1 이하; 15:1 이하; 19:1 이하; 23:1 이하).

⑤ 아람어 흔적^{Aramaism}을 피한다^{참조,} 막 5:41/마 9:25; 막 7:34/마 15:30; 막 7:11/마 15:5.

⑥ 마태공동체는 유대 회당과 거리를 둔다^{참조,} 23:34b; 7:29b.

⑦ 제의적인 안식일 규정이 의미를 상실했다^{참조,} 12:1-8.

⑧ 구원사적 관점에서 이스라엘이 버림받았다는 사실을 당연하게 여긴다 참조, 21:43; 22:9; 8:11-12; 21:39 이하; 27:25; 28:15.

위의 두 가지 상반된 입장을 고려하는 가운데, 마태를 "헬레니즘의 영향을 받은 개방된 디아스포라 유대 그리스도교를 대표하는 사람"^{U. Schnell}으로 간주하는 입장이 현재 탄력을 받고 있다. 곧 마태를 유대교에 대한 세밀한 지식을 갖춘, 그리스어를 구사하는 **익명의 디아스포라 유대 그리스도인**으로 여긴다.

타이센^{G. Theissen}은 마가복음과 마태복음 모두 시리아에서 생성된 것으로 여기면서, "마태가 자기의 고향에서 발견한 가장 오래된 마가복음을 수정하고 확장"한 것으로 본다. 그는 이방 그리스도교 자료인 마가복음에 2개의 유대 그리스도교 자료인 Q-문서와 마태 특수자료^M가 빠져있는 것을 발견한 마태가 이 3가지 자료를 통합하여 새로운 예수 이미지를 창출했다고 설명한다.[4] 루츠^{U. Luz}도 마태복음을 "원래보다 상세한 서론과 변경된 도입 장면을 가진 마가복음의 새로운 개정판"으로 이해한다.[5]

---

4) G. 타이쎈, 『복음서의 교회정치학』, 73-74.
5) U. 루츠, 『마태공동체의 예수이야기』, 22.

2. 생성 연대와 저작 장소

"임금이 노하여 군대를 보내어 그 살인한 자들을 진멸하고 그 동네를 불사른다"22:7에서 성전 파괴가 하나님의 초대를 거부하고 예수님을 죽인 이스라엘에 대한 형벌이었다고 해석된다. 여기에 예루살렘 성전 파괴70년가 암시되었다고 볼 수 있다. 또한 마태복음은 마가복음을 이용하였기 때문에 생성 연대를 유대 전쟁66-70년 이후로 잡아야 한다. 시리아에서 110-115년경 생성된 '폴리캅 서신'이 마태복음을 인용하고2:3[마 7:2; 5:3, 10], 7:2 [마 6:13; 26:41], 또한 2세기 초 시리아에서 생성된 '디다케'6)와 '이그나티우스 서신'이 마태복음을 알고 있는 것으로 보인다Sm 1:1, ἵνα πληρωθῇ πᾶσα δικαιοσύνη "그에 의해 모든 의가 이루어지도록" 참조, 마 3:15. 이에 근거하여 마태복음을 대체로 **대략 주후 80년대**에 생성되었을 것으로 추정한다.7)

마태복음의 생성 장소는 유대인 출신으로 그리스어를 말하는 그리스도 인이 다수를 이루었던 **시리아** 지역일 가능성이 크다. 예수에 대한 소문이 시리아까지 퍼지면서 치유를 바라는 최초의 병자들이 몰려왔고4:24, 그런 다음에 유대 중심 지역에서도 무리가 몰려왔다는 진술4:25이 간접 증거가 될 수 있다. 안디옥의 감독 이그나티우스뿐 아니라 시리아에서 생겨난 디다케8:2[주기도문]; 11:3; 15:3-4가 마태복음을 알고 있다는 사실도 이를 뒷받침

---

6) 1873년에 발견된 '디다케'Didache는 유대교와 완전히 분리된 2세기 초의 문서로서 교회를 위한 다양한 지침을 담고 있다. "열두 사도의 가르침" 또는 "이방인을 위한 열두 사도를 통한 주님의 가르침"이라 불린다. 디다케의 구조: I. 윤리적인 지침 1:1-6:3: 두 갈래 길=생명의 길과 죽음의 길; II. 제의적 지침7:1-10:8: 세례, 금식, 기도, 성만찬, 기름 부음과 관련됨; III. 교사 또는 떠돌아 다니거나 거주하고자 하는 평범한 그리스도인과의 접촉에 관한 지침11:1-13:7: 방랑교사를 접대함에 대해11:1-2, 방랑하는 사도와 예언자를 접촉에 대해11:3-12, 낯선 그리스도인과의 접촉에 대해12:1-5 등; IV. 공동체 삶에 관한 지침14:1-15:4: 일요 모임, 주교와 집사 선출, 공동체 훈련에 관한 지시 사항; V. 종말론적 지침16:1-8: 주님이 오실 때 깨어 있을 것 권면이다. 디다케의 순서에 잘 나타나듯이(1-6장두 가지 길; 7장세례; 8장금식, 주기도문; 9-10장성만찬) 주기도문은 학습과 세례에 이어서 하는 공부의 내용이다. 그리스어 본문과 우리말 번역이 있다: 정양모 역주, 『열두 사도들의 가르침: 디다케』, 분도출판사, 1993.

7) M. Ebner, U. Luz("80년보다 많이 늦지 않은 시기"); U. Schnelle, Pokorny/ Heckel(90년경); G. Theissen(80-100년, 2-3세대 그리스도인); I. Broer(80-100년).

한다. 게다가 마태는 시리아에서 사람들이 그리스도인을 부를 때 사용하는 "나조라이오스"Ναζωραῖος 라는 말로 예수를 부른다 2:23.

3. 마태의 교회

마태공동체는 유대교에서 분리된 지 얼마 지나지 않아 팔레스타인에서 멀리 떨어지지 않은 시리아 지역에 형성된 교회이다. 이 말은 마태의 교회가 아직 유대 회당시나고그과 긍정적 또는 부정적인 관계를 맺고 있는 상황에서 마태복음이 기록되었음을 뜻한다. 아마 마태복음은 유대교의 영향권에서 예수 어록이 생겨난 것과 같은 환경에서 생성되었을 것이다. 또한 방랑 선교사들의 극단적인 삶의 방식, 즉 종말론적으로 동기 부여된 가난과 포기의 삶을 선택하면서 예수 따름을 실천한 삶의 방식이 마태에게 큰 영향을 끼쳤을 것이며, 그리하여 마태의 교회는 아직은 느슨한 조직으로 고정된 직분이 존재하지 않았고, 특정인과 관련된 그리스도교 서기관의 기능이 있었던 것으로 보인다 13:52.

4. 마태복음 특유의 구성 - 예수님의 다섯 설교

마태는 3가지 자료 마가복음, 예수 어록 Q, 마태 특수자료를 사용하여 자신이 참조한 마가복음보다 훨씬 풍성한 내용을 갖춘 복음서를 기록했다. 마태는 자료를 단순히 확대하는 데 그치지 않고 자신의 편집 의도신학적 구상에 따라 여러 전승을 체계적으로 재구성했다. 이런 의미에서 롤로프J. Roloff 는 마태를 복음서 저자 중에 가장 체계적인 "조직가"Systematiker 라고 부른다.8)

마태는 마가복음에 산발적으로 흩어져 나오는 기적 이야기를 8-9장에 모았으며, 또한 원래 독자적으로 존재했던 예수의 말씀들Q이나 개별적인 전승 단위들을 합쳐서 **비교적 긴 예수님의 설교 말씀**을 만들었다. 마태

---

8) J. Roloff, *Einführung in das NT*, 165.

는 이와 같은 작업을 다른 복음서 저자보다 훨씬 일관되게 수행해서, 5개의 예수 설교 말씀을 복음서의 중심에 두었다. 이것은 각 설교가 거의 동일한 마감 양식을 가지고 있다는 사실을 통해서 알 수 있다: (7:28) "예수께서 이 말씀을 마치시매"; (11:1) "예수께서 열 두 제자에게 명하시기를 마치시고"; (13:53) "예수께서 이 모든 비유를 마치신 후에"; (19:1) "예수께서 이 말씀을 마치시고"; (26:1) "예수께서 이 말씀을 다 마치시고".

5개의 예수 설교 본문은 마태가 직접 편집해서 복음서의 여러 곳에 삽입했다9):

① 산상설교(5:1-7:29); ② 파송설교(9:35-11:1); ③ 비유설교(13:1-52); ④ 공동체(교회)를 향한 설교(18:1-35); ⑤ 재림 혹은 종말에 관한 설교(24:1-26:2).

마태복음에는 이 5개의 설교 말씀 외에도 길고 짧은 다른 말씀들을 담은 본문도 있다:

• 세례 요한에 대한 말씀(11:7-19= Q[예수 어록])
• 화 선언과 기쁨 선언(11:20-30)
• 바알세불에 대하여(12:22-37= 막 & Q)
• 정결과 부정에 대하여(15:1-20= 막)
• 바리새인들을 반대하는 말씀(23:1-36= Q & 마태 특수자료)

이 본문들은 모두 마태가 자신의 문학적 의도에 따라 구성한 것이다. 이처럼 질서 정연한 구성은 마태가 자신의 복음서를 제자들을 위한 일종의 교육 지침서로 생각했던 마태의 교육적인 관심과 관련이 있다. 그것은 동사 '마테튜오'μαθητεύω, "학생이다", "제자이다", "제자가 되다"가 유독 마태복음에만

---

9) 롤로프(Einführung in das NT, 165)는 마태가 모두 7개의 예수 설교 단락을 구상한 것으로 여긴다("세례 요한에 대한 말씀"11:2-19과 "바리새인들을 반대하는 말씀"23:1-39을 포함한다).

나타난다는 사실에서 알 수 있다. 이러한 의미에서 마태를 "그리스도교 교사"로 부를 수 있다.[10]

마태복음의 다른 특징으로는 '**구약 성취 인용문**'Erfüllungszitat을 들 수 있다.[11] 곧 마태는 구약성경에서 예언되었던 말씀이 예수 그리스도 사건을 통해 성취되었다는 사실을 강조하기 위해 구약성경의 구절을 자주 인용한다 1:22-23; 2:5-6, 15, 17-18, 23; 3:3; 4:14 이하; 8:17; 12:17 이하; 13:35; 21:4-5; 26:56; 27:9-10. 구약의 성취를 강조함으로써 마태복음은 구약과 신약의 연결고리 역할을 한다.

5. 철저하게 윤리적인 그리스도교를 표방하는 복음서

가르치는 교사로서의 예수님의 모습을 강조하는 마태복음은 예수 가르침에 합당한 실천적인 삶의 중요성을 복음서 전체에 걸쳐 강조한다. 특히 다음의 4가지 사랑을 통해 그것을 요약한다.

① '황금율'로서 예수님의 산상설교를 요약한다: (7:12) "무엇이든지 남에게 대접을 받고자 하는 대로 너희도 남을 대접하라."

② '사랑의 이중 계명'으로서 구약성경 전체를 요약한다: (22:37-40) "[37] 예수께서 이르시되 네 마음을 다하고 목숨을 다하고 뜻을 다하여 주 너의 하나님을 사랑하라 하셨으니 [38] 이것이 크고 첫째 되는 계명이요 [39] 둘째도 그와 같으니 네 이웃을 네 자신 같이 사랑하라 하셨으니 [40] 이 두 계명이 온 율법과 선지자의 강령이니라."

③ 율법의 가장 중요한 계명으로서 "정의와 긍휼과 믿음"을 강조한다 (23:23).

---

10) 마태의 공동체와 기독교 교육의 연관성은 23:8; 23:10 두 구절에서 찾아볼 수 있다. 스텐달K. Stendahl은 여기서 랍비 또는 인도자교사가 마태공동체에서 공동체와 관련된 특별한 직능에 대한 명칭이라고 보아, 마태복음과 관련해 일종의 '그리스도교 교육을 위한 학교' 같은 것이 존재했었다고 주장했다(*The School of Matthew*, Philadelphia, ²1968). 슈바이처E. Schweizer는 마태공동체를 일종의 "형제단"Brudergemeinde으로 본다.

11) '성찰 인용문'Reflexionszitat이라고도 부르는데, 구약성경의 예언서 인용이 특정한 형태를 띠고 나타나는 것을 가리킨다: "주께서 선지자로 하신 말씀이 이루어졌다."

④ '6가지 긍휼'을 종말론적 복음의 태도에 합당한 행위로 강조한다: (25: 35-36): "³⁵ 내가 주릴 때에 너희가 먹을 것을 주었고 목마를 때에 마시게 하였고 나그네 되었을 때 영접하였고 ³⁶ 헐벗었을 때에 돌보았고 병들었을 때에 돌보았고 옥에 갇혔을 때에 와서 보았느니라."

6. 마태복음을 이해하는 세 가지 모델[12]

1) 5권의 책으로 이루어진 요약본 Kompendium

마태복음이 다섯 설교를 중심으로 이루어졌다는 시각에서 출발하는 모델이다. 여기에 이야기체 본문이 귀속된다. 베이컨 B. W. Bacon 이후 여러 학자들이 이런 관점에서 마태복음을 모세 5경에 견주어 설명한다.[13]

2) 이야기(Story) 모델

4:17과 16:21을 결정적으로 중요한 신호를 주는 구절로 이해한다.

(4:17) 이 때부터 예수께서 비로소 전파하여 이르시되 회개하라 천국이 가까이 왔느니라 하시더라, (16:21) 이 때로부터 예수 그리스도께서 자기가 예루살렘에 올라가 장로들과 대제사장들과 서기관들에게 많은 고난을 받고 죽임을 당하고 제삼일에 살아나야 할 것을 제자들에게 비로소 나타내시니

이로써 마태는 복음서의 진행을 시기적으로 구분하고, 갈릴리 사역 선포에 대한, 또 예루살렘으로 올라감과 수난 과정에 대한 요약적인 예견을 제시한다. 이 모델은 주로 이야기 비평 서사 비평을 강조하는 학자들이 선호한다 J. D. Kingsbury; D. B. Howell; M. A. Powell. 마가의 이야기를 토대로 했다는 의미에서 "마가식 구분 모델"이라고도 부른다 U. Luz.

---

12) Ebner/Schreiber, 『신약성경 개론』, 188-191.

13) B. W. Bacon, "The Five Books of Matthew against the Jews"(1918): "마태는 개종한 랍비이며 그리스도교적 율법주의자로서 예수의 설교를 다섯 권으로 묶고, … 그 설교를 서론적인 설화와 결론적인 후렴 문구로 엮었다."

3) 중앙 집중적 구조를 선호하는 텍스트

마태복음은 수미상관 구조Inclusio 24:42/25:13; 7:16, 20; 15:2, 20와 동심원 구조 Ring-Composition 27:62-66/28:1-10/28:11-15; 9:18f/9:20-22/ 9:23-26를 선호한다는 관찰에서 출발한다. 전체 구조에서 보자면, 비유 설교인 13장을 중심으로 예수님의 유래를 다루는 도입부1-4장와 예수님의 죽음과 미래 전망을 다루는 종결부 26-28장가 서로 상응하고, 다른 한편 산상설교5-7장와 종말론 설교23-25장가 서로 상응하는 것으로 여긴다. 그러나 마태복음의 동심원적 구조는 큰 단위에서보다는 작은 단위에서 분명하게 드러난다. 특히 산상설교에서 그러하다.

(4:25) 수많은 무리가 예수를 따랐다.
   (5:1) 예수께서 산에 올라가 앉으셨다.
      (5:2) 그가 입을 열어 가르치셨다.
         (5:3-7:27) **산상설교**
      (7:28) 예수께서 이 말씀을 마치시매 무리들이
            그의 가르침에 놀랐다.
   (8:1a) 예수께서 산에서 내려오시니
(8:1b) 수많은 무리가 따랐다.

---

6. 단락 나누기

마태복음은 이야기와 말씀 부분이 서로 얽혀 있어 단락 구분이 명확하지 않고 다양하게 나누어질 수 있지만, 여기서 다음과 같이 구분하였다.[14]

I.	1:1-4:22	**서론(예수님 공사역 이전 이야기)**

---

14) 루츠U. Luz의 마태복음 주석EKK과 브뢰어I. Broer의 개론서(*Einleitung in das Neue Testament*, Würzburg, ³2010, 109)에 제시된 시각을 참조했다.

	1:1-2:23	하나님 아들의 유래와 탄생
	3:1-4:22	예수님의 공사역 준비
II.	4:23-11:30	**말씀과 행동을 통해 이스라엘에서 사역하시는 예수님**
	5-7장	**산상설교**
	8-9장	기적과 논쟁 사화
	10장	**파송 말씀**
	11장	구원과 심판
III.	12:1-16:12	**말씀과 기적과 갈등**
	12:1-50	기적과 논쟁 사화
	13:1-52	**비유의 말씀**
	13:53-16:12	기적과 논쟁 사화
IV.	16:13-20:34	**수난의 길**
	16:13-17:27	베드로의 고백, 첫 번째와 두 번째 고난 예고, 변화산 이야기
	18:1-35	**공동체(교회)를 향한 말씀**
	19:1-20:34	세 번째 고난 예고와 가르침
V.	21-25장	**예수님의 예루살렘 사역**
	21:1-22	예루살렘 입성과 성전 정화 및 무화과 나무 저주
	21:23-22:14	예수님의 권위에 대한 질문, 비유 단락
	23장	서기관과 바리새인들에 대한 질타
	24-25장	**재림 말씀 또는 종말에 대한 말씀**
VI.	26-28장	**예수님의 수난과 부활 이야기**
	26-27장	수난 이야기
	28장	부활과 선교 명령

7. 중심 내용

1) 예수님의 공생애 이전 시기를 다루는 첫째 단락(1:1-4:22)은 구원사적이며 기독론적인 서곡에 해당한다. 여기서 저자는 예수 그리스도는 하나님의 아들이며 또 특별히 선택된 다윗의 아들임을 드러낸다.

1:1은 마태복음의 제목에 해당한다.[15] 우리말 성경이 "족보" 혹은 "계보"로 번역한 표현의 그리스어 원문은 '비블로스 게네세오스' βίβλος γενέσεως 이다. 같은 표현이 창세기 2:4; 5:1에도 나온다. 그것은 히브리어 '톨레돗' Toledot 에 해당하는 말로서 우리말로 '낳기', '계통', '족보'로 번역할 수 있다. 근원과의 연속성을 강조하는 표현이다. 결국, '비블로스 게네세오스'란 예수 그리스도의 '기원의 책' 혹은 '역사의 책', '출생의 책'이란 뜻을 나타낸다. 이어서 예수님의 계보가 나온다.

(1:1-17) ¹아브라함과 다윗의 자손 예수 그리스도의 계보라 ²아브라함이 이삭을 낳고 이삭은 야곱을 낳고 야곱은 유다와 그의 형제들을 낳고 ³유다는 다말에게서 베레스와 세라를 낳고 베레스는 헤스론을 낳고 헤스론은 람을 낳고 ⁴람은 아미나답을 낳고 아미나답은 나손을 낳고 나손은 살몬을 낳고 ⁵살몬은 라합에게서 보아스를 낳고 보아스는 룻에게서 오벳을 낳고 오벳은 이새를 낳고 ⁶이새는 다윗 왕을 낳으니라 다윗은 우리야의 아내 =밧세바 에게서 솔로몬을 낳고 ⁷솔로몬은 르호보암을 낳고 … 아몬은 요시야를 낳고 ¹¹바벨론으로 사로잡혀 갈 때에 요시야는 여고냐와 그의 형제들을 낳으니라 ¹²바벨론으로 사로잡혀 간 후에 … 맛단은 야곱을 낳고 ¹⁶야곱은 마리아의 남편 요셉을 낳았으니 마리아에게서 그리스도라 칭하는 예수가 나시니라 ¹⁷그런즉 모든 대수가 아브라함부터 다윗까지 열네 대요 다윗부터 바벨론으로 사로잡혀 갈 때까지 열네 대요 바벨론으로 사로잡혀 간 후부터 그리스도까지 열네 대더라

복음서 저자는 아브라함부터 메시아 시대에 이르기까지 이스라엘 역사를 개관하는 가운데, 예수님을 다윗과 아브라함의 자손으로 소개한다. 이

---

15) 이와 같이 F. Hahn, 『신약성서신학 I』, 강면광 외 옮김, 대한기독교서회, 2007, 590; P. Pokorny/U. Heckel, *Einleitung in das Neue Testament*, Tübingen, 2007, 440. 그러나 마 1장의 표제로만 여기는 학자도 있다 U. Luz; H. Merklein.

로써 예수님은 다윗 가문 출신의 약속된 메시아라는 사실을 선언한다. 또한 '개종자의 아버지'로 통하는 아브라함의 자손임을 강조함으로써 예수님이 하나님의 백성 이스라엘을 넘어 만백성을 위한 약속된 구세주라는 사실을 처음부터 밝힌다. 이것은 네 명의 이방 여인다말, 라합, 룻, 밧세바이 예수님의 족보에 등장함으로써 더욱 분명해진다.16) (다말은 아람 여인이고, 라합은 가나안 여인이고, 룻은 모압 여인이고, 밧세바는 헷 사람 우리아와 결혼함으로써 비이스라엘인이 된다.)

천사를 통해 요셉에게 전해진 **예수의 탄생고지**1:18-25에서17) 예수님이 이스라엘을 위한 약속된 종말론적 구세주라는 의미가 "예수"=야훼는 도움이시다라는 이름 속에 암시된다(1:21, "이름을 예수라 하라 이는 그가 자기 백성을 그들의 죄에서 구원할 자이심이라 하니라"). 또한 이사야 7:14에서 유래한 "임마누엘"이란 단어는 예수님 파송의 의미를 요약한다1:23 "하나님이 우리와 함께 계시다". 예수님 안에서 하나님은 자기 백성 가운데 구세주로서 현존하신다참조, 18:20; 28:20.

2:1부터 시작되는 본격적인 **성탄절 이야기**는 대립 구도 가운데 나타난다. 곧 동양의 지혜를 대변하는 이방인 동방박사들은 찾아와서 경배하는 반면, 유대 왕은 예수님에게 대적한다2:1-12. 헤롯왕의 유아 살해와 아기 예수님의 애굽 피난 이야기에는 하나님의 아들이 겪게 될 고난의 그림자가 드리워져 있다. 또한 아기 예수님 이야기는 모세 이야기와 유사점이 있는데, 이를 통해 예수님은 모세를 넘어서 하나님의 뜻을 선포하며 완성하는 자로산상설교의 예를 보라! 부각된다.

이어 세례 요한을 통해3:1-12 예수님의 공사역 준비가 이루어진다. 여기

16) H. Stegemann, "'Die des Uria': Zur Bedeutung der Frauennamen in der Genealogie des Matthäus", *BZ NF* 23 (1979), 187-188.

17) 동정녀 탄생과 신의 출현이라는 표상은 유대교에 낯선 것이다. 신들이 인간과 성적 관계를 맺는 것은 가증한 행동이다창 6:1-4. 그럼에도 불구하고 혼합주의의 영향을 받아 유대교로 유입되었다. 원시 그리스도교는 그것을 사 7:14의 기독론적 해석으로 수용했고, 마태는 그것을 칠십인경에 따라 인용한다(U. Luz, 『마태공동체의 예수이야기』, 대한기독교서회, 2002, 48).

서 예수님은 특이하게도 세례 요한과 똑같은 선포를 한다.

(3:1-2) ¹ 그 때에 세례 요한이 이르러 유대 광야에서 전파하여 말하되 ² 회개하라 천국이 가까이 왔느니라 하였으니
(참조, 4:17) 이 때부터 예수께서 비로소 전파하여 이르시되 회개하라 천국이 가까이 왔느니라 하시더라

이로써 예수님의 등장은 극단적인 내용을 선포하다 살해되고 마는 세례 요한의 운명과 맞닿아 있음이 은근히 드러난다. 마태복음 3:1-2에는 "회개하라"는 외침이 마가복음 1:15("하나님의 나라가 가까이 왔으니 회개하고 복음을 믿으라")와 달리 "천국이 가까이 왔다"는 표현보다 먼저 나온다. 또한 마태복음에는 마가의 평행구절에 나오는 "때가 찼다"는 표현이 삭제되었다. 이로써 마태의 메시지는 초월적이며 미래 종말론적인 천국ἡ βασιλεία τῶν οὐρανῶν=하늘의 나라18) 선포에 강세를 두며, 윤리적인 성격을 드러낸다. 이어서 예수님은 세례 요한에게 세례를 받는다.

(3:13-17) ¹³ 이 때에 예수께서 갈릴리로부터 요단 강에 이르러 요한에게 세례를 받으려 하시니 ¹⁴ 요한이 말려 이르되 내가 당신에게서 세례를 받아야 할 터인데 당신이 내게로 오시나이까 ¹⁵ 예수께서 대답하여 이르시되 이제 허락하라 우리가 이와 같이 하여 모든 의를 이루는 것이 합당하니라 하시니 이에 요한이 허락하는지라 ¹⁶ 예수께서 세례를 받으시고 곧 물에서 올라오실새 하늘이 열리고 하나님의 성령이 비둘기 같이 내려 자기 위에 임하심을 보시더니 ¹⁷ 하늘로부터 소리가 있어 말씀하시되 이는 내 사랑하는 아들이요 내 기뻐하는 자라 하시니라

여기서 예수님은 자신의 세례를 요한과 공유하는 공동 과제인 "모든 의를 이루기 위함"이라고 설명한다. 그러자 하나님께서 직접 예수님을

---

18) 마태는 "하나님 나라" 대신에 "천국"이란 표현을 선호한다. 이는 단순히 하나님의 이름을 돌려서 말하는 유대 그리스도교적인 언어습관이라기보다, '바실레이아' basileia=하나님 나라의 초월적이며 미래적인 특징을 나타내는 마태 특유의 관심에서 비롯된 것이다.

하나님의 아들로 선언한다[3:17]. 이어서 예수님은 마귀로부터 시험을 받는다[4:1-11]. 이것은 예수님도 당신 존재의 가장 깊은 내면에 이르기까지 거듭 유혹을 받았으나, 하나님의 말씀에 의지하여 굴복하지 않았다는 사실을 우리에게 알려준다. 예수님은 "이방의 갈릴리"[4:15]에서 "흑암에 앉은 백성을 위한 빛"[4:16]으로서 자신의 선포 사역을 시작한다[4:12-17]. 이어 네 명의 제자[베드로, 안드레, 야고보, 요한]를 부르신다[4:18-22].

2) **둘째 단락**(4:23-11:30)은 말씀과 행동 가운데 권세 있는 자로 드러나는 예수님의 사역과 그의 공동체를 묘사한다. 마태는 예수 이야기를 요약한 후[4:23 회당에서 가르침, 천국복음 전파, 병자 치유; 참조, 9:35], 이제 본격적으로 예수 이야기를 시작하면서 그가 어떻게 가르쳤고[5-7장], 어떻게 고쳤는가[8-9장]를 묘사한다.

먼저 **'산상설교'**[5-7장]에서,[19] 마태는 예수님의 말씀 선포를 강조하는 가운데 '권세 있는 교사'[7:28-29; 참조, 23:8]로서의 예수님의 모습을 부각한다. 마태에게 예수님은 '유일한 선생'이다[23:8]. 산상설교는 가까이 다가온 천국에 직면하여 바르게 행할 것을 가르친다. '의'를 실천함에 초점을 맞춘다. 다음과 같이 나눌 수 있다.

1. **머리말**(5:3-16)	5:3-12: 복 선언 5:13-16: 소금과 빛에 대한 말씀
2. **첫째 본론** - '더 큰 의'(5:17-48)	5:17-20: 근본 강령 5:21-48: 구체적인 사례(6개의 반대 명제)

3. **둘째 본론**
  - 하나님 앞의 '의'
  (6:1-7:12)
	6:1-18: '의'의 수신자이신 하나님(6:9-13 주기도문)
	6:19-34: '의'의 규범인 하늘나라
	7:1-12: 심판하지 않는 형제애와 간구에 대한 가르침

4. **마감어**(7:13-27)	"의"의 규범으로서의 행함

19) K. Wengst, *Das Regierungsprogramm des Himmelreichs*, 2011: "산상설교의 전체 문맥에서 예수는 교사이자 종말론적 심판자이며 왕이다. 그리하여 산상설교는 메시아 예수의 통치 프로그램으로 드러난다."

예수님은 산상설교를 통해 자신의 천국 선포를 포괄적으로 드러낸다. 산상설교의 일차적 수신자는 부르심과 헌신을 공유하는 제자들이다[5:1]. "세상의 소금"이요 "세상의 빛"[5:13-14]인 제자들을 통해 예수님의 계명이 세상에 알려져야 한다. 따라서 제자들은 산상설교의 일차적 수행자도 된다. 그러나 예수님을 따라온 많은 무리도 그의 설교를 듣고 놀란다[4:24-25; 7:24-27]. 궁극적으로 산상설교는 이스라엘과 모든 이방 백성을 향한 것이다[28:16-20].

산상설교의 예수님은 제자들의 의가 서기관과 바리새인들의 의보다 '더 나은 의'를 요청하신다[5:20]. 이런 의미에서 산상설교는 '제자 윤리'다. 그러나 소종파적 내부 윤리로 보아서는 안 된다. 곧 주기도문은 모든 인간을 위한 기도이고, 주기도문뿐만 아니라 구제·기도·금식에 관한 권면은 회당에서 일어나는 상황을 넘어선다. 또한 '반명제'[5:21-48]는 이스라엘 온 백성의 삶의 토대를 이루는 십계명을 수용한 것이며, 또 산상설교 본론을 한 문장으로 요약하면서 마감하는 **황금률**(7:12 "무엇이든지 남에게 대접을 받고자 하는 대로 너희도 남을 대접하라")은 산상설교의 계명을 보편적인 지평으로 확대한다.

물질적 가난을 염두에 둔 누가의 경우와 달리[눅 6:20-26], 마태의 산상설교 배후에는 하나님 앞에서의 경건한 자세를 강조하는 '가난한 자의 경건' Armenfrömmigkeit, 사 66:2이 자리 잡고 있다.[20] 따라서 "심령이 가난한 자", 즉 의인에게 선사되는 복 선포를 통해 내면적 성향과 더불어 윤리적 성향도 나타낸다(누가의 "주린 자"[눅 6:21] 대신 마태는 "의에 주리고 목마른 자"[5:6]로 바꾼다).

복 선언Macarism, 5:3-12은 일차적으로 제자로서 합당하게 살아가는 인생길을 제시하는 말씀이며, 동시에 은혜를 동반하는 명령의 말씀이다. 따라서 요구

---

20) (사 66:2) "무릇 마음이 가난하고 심령에 통회하며 내 말을 듣고 떠는 자 그 사람은 내가 돌보려니와"

사항만 제시하지 않고, "복이 있으라!"는 약속의 말씀을 담고 있다. 의를 사모하고 그것을 자신의 삶에서 실천하는 사람은 천국에 이르는 의로운 인생길에 있는 사람이다. 이런 의미에서 산상설교는 멸망으로 치닫는 인생길에서 제자들을 지켜주는 은혜의 말씀이다!

산상설교의 첫 번째 본론 5:17-48 은 제자들이 행해야만 하는 '더 큰 의'에 관한 주제를 다룬다. 먼저 산상설교의 근본 강령 5:17-20 이 제시된다.

(5:17-20) [17] 내가 율법이나 선지자를 폐하러 온 줄로 생각하지 말라 폐하러 온 것이 아니요 완전하게 하려 함이라 [18] 진실로 너희에게 이르노니 천지가 없어지기 전에는 율법의 일점 일획도 결코 없어지지 아니하고 다 이루리라 [19] 그러므로 누구든지 이 계명 중의 지극히 작은 것 하나라도 버리고 또 그같이 사람을 가르치는 자는 천국에서 지극히 작다 일컬음을 받을 것이요 누구든지 이를 행하며 가르치는 자는 천국에서 크다 일컬음을 받으리라 [20] 내가 너희에게 이르노니 너희 의가 서기관과 바리새인보다 더 낫지 못하면 결단코 천국에 들어가지 못하리라

마태의 편집 구절인 17절에서 예수님은 '율법이나 선지자'=구약성경를 폐하러 오신 분이 아니라 완전하게 하려 오신 분으로 소개된다. 마태의 관심은 예수의 가르침이 이스라엘의 율법인 토라와 어떤 관계에 있는지의 질문에 놓여 있다. 마태에게 예수님의 말씀은 토라의 본래 의도를 밝혀내는 해석학적 열쇠이다. 그러므로 마태가 묘사하는 예수님은 토라와 갈등을 빚지 않는다. 오히려 토라의 본래 의미를 다시 드러내는 분이다. 예수님은 그동안 이스라엘에서 시행되어 온 왜곡된 할라카적 율법 해석을 다시 온전히 세움으로써 하나님의 온전하신 뜻을 이루시는 분이시다. 율법과 선지자 예언의 성취는 예수님의 인격과 사역, 그의 천국 복음과 연결된다. 따라서 율법은 이제 문자의 의미를 넘어선다. 율법의 성취는 하나님의 뜻이 종말론적으로 성취됨을 말한다. "토라가 죄악의 시대를 위한 삶

의 질서라면, 예수님이 행한 하나님의 뜻의 해석은 시작되는 구원의 시대를 위한 삶의 질서이다."F. Hahn

여섯 개의 반명제 Antithese 5:21-48는 그와 같은 사실을 분명히 밝힌다. 여기서 제자들에게 요구되는 '더 나은 의'가 가리키는 뜻이 분명해진다. 반명제에 나오는 '더 나은 의'는 모두 대인관계와 관련되어 있다(노하지 말라, 간음하지 말라, 맹세하지 말라, 악한 자를 대적하지 말라, 원수를 사랑하라).

(5:21-48) ²¹ 옛 사람에게 말한 바 살인치 말라 누구든지 살인하면 심판을 받게 되리라 하였다는 것을 너희가 들었으나 ²² 나는 너희에게 이르노니 형제에게 노하는 자마다 심판을 받게 되고 형제를 대하여 라가라 하는 자는 공회에 잡혀 가게 되고 미련한 놈이라 하는 자는 지옥 불에 들어가게 되리라 … ²⁷ 또 간음하지 말라 하였다는 것을 너희가 들었으나 ²⁸ 나는 너희에게 이르노니 음욕을 품고 여자를 보는 자마다 마음에 이미 간음하였느니라 … ³¹ 또 일렀으되 누구든지 아내를 버리려거든 이혼 증서를 줄 것이라 하였으나 ³² 나는 너희에게 이르노니 누구든지 음행한 이유 없이 아내를 버리면 이는 그로 간음하게 함이요 또 누구든지 버림받은 여자에게 장가드는 자도 간음함이니라 ³³ 또 옛 사람에게 말한 바 헛 맹세를 하지 말고 네 맹세한 것을 주께 지키라 하였다는 것을 너희가 들었으나 ³⁴ 나는 너희에게 이르노니 도무지 맹세하지 말지니 하늘로도 하지 말라 이는 하나님의 보좌임이요 ³⁵ 땅으로도 하지 말라 이는 하나님의 발등상임이요 예루살렘으로도 하지 말라 이는 큰 임금의 성임이요 … ³⁸ 또 눈은 눈으로, 이는 이로 갚으라 하였다는 것을 너희가 들었으나 ³⁹ 나는 너희에게 이르노니 악한 자를 대적하지 말라 누구든지 네 오른편 뺨을 치거든 왼편도 돌려 대며 … ⁴³ 또 네 이웃을 사랑하고 네 원수를 미워하라 하였다는 것을 너희가 들었으나 ⁴⁴ 나는 너희에게 이르노니 너희 원수를 사랑하며 너희를 핍박하는 자를 위하여 기도하라 ⁴⁵ 이같이 한즉 하늘에 계신 너희 아버지의 아들이 되리니 이는 하나님이 그 해를 악인과 선인에게 비추시며 비를 의로운 자와 불의한 자에게 내려주심이라 ⁴⁶ 너희가 너희를 사랑하는 자를 사랑하면 무슨 상이 있으리요 세리도 이같이 아니하느냐 ⁴⁷ 또 너희가 너희 형제에게만 문안하면 남보다 더하는 것이 무엇이냐 이방인들도 이같이 아니하느냐 ⁴⁸ 그러므로 하늘에 계신 너희 아버지의 온전하심과 같이 너희도 온전하라

반명제가 '노하지 말라'는 계명에서 시작하여[5:21 이하] '원수사랑'의 계명으로 마치는 것은[5:43 이하] 우연이 아니다. 사랑의 계명은 어떠한 상황에서도 지켜져야만 하는 제자 공동체의 특징으로서 구체적인 실천 사항이다. 선한 의도만으로는 부족하고, '의'는 실천을 동반해야만 한다[참조. 3:15.21)] 마태에게, '의'δικαιοσύνη는 제자들에게 요구되는 의이며 또한 구원을 베푸시는 '하나님의 의'를 뜻한다[5:6; 6:33; 3:15.] 혹은 '하나님 아버지의 뜻'을 의미하는 경우도 있다[7:21; 12:50; 18:14; 21:31.]

반명제는 토라의 철폐가 아니라 첨예화를 의미한다. 예수님은 토라의 계명에서 생명을 살리고 공동체를 긍정하는 하나님의 뜻을 깨달아야 한다고 주문하신다. 그리하여 십계명에 나오는 '살인하지 말라'는 계명을 단지 의도적인 살인에 국한하지 않고, 말이나 행위를 통해서는 물론이고 심지어 생각을 통해서도 이웃의 삶에 부정적인 영향을 끼치는 모든 태도를 하나님의 뜻에 반하는 것이라 말한다[5:21-26.] '간음하지 말라'는 계명도 마찬가지이다. 음욕을 품고 여자를 성적 대상으로 바라보는 자는 이미 하나님의 뜻을 어긴 것이다[5:27-30.] 22:40은 "주 너의 하나님을 사랑하고, 네 이웃을 네 자신 같이 사랑하라"는 이중 계명을 "온 율법과 선지자의 강령"으로 제시한다. 그것은 이미 황금률[7:12]에서 언급된 것이다. 율법에 대한 근본 강령[5:17-20]과 황금률이 산상설교에 나오는 예수님의 율법해석을 앞과 뒤에서 감싸고 있는 사실에서, 산상설교가 마태복음이 강조하려는 프로그램임을 알 수 있다.

산상설교의 두 번째 본론[6:1-7:12]은 하나님 앞에서의 의에 관한 주제를 다룬다. 먼저 '구제와 기도와 금식'을 다룬다. 이 세 가지는 유대교가 특별히 중요하게 여기는 경건의 실천 덕목이다. 이 세 가지 행위가 외식하는 자

---

21) 그러나 바울은 '의' 개념을 구원론적인 의미로 사용한다. 즉 의란 인간이 창조주 하나님과 올바른 관계에 서도록 하는 하나님의 은혜이며 구원의 선물이다[롬 3:21-26; 고전 6:11.]

의 행위와 대조되고 있는 것으로 미루어, 당시 유대 종교인들에게 저항하는 논쟁의 분위기를 짐작할 수 있다. 그러나 그 이면에는 더 깊은 차원의 의도가 있다. 즉 '더 큰 의'는 사람 앞에서 과시하기 위해서가 아니라 하나님 앞에서 이루어져야 한다는 것이다. 그러한 진정한 행함이라야 하나님께 상달될 수 있다는 것을 마태는 강조한다. 따라서 산상설교의 중심 부분에서 종교적 행위의 실천 문제가 거론되고, 그 종교적 행위의 중심에 **주기도문**6:9-14이 나타나는 것은 우연이 아니다. 앞에서 언급한 반명제 5:21-48가, '내가 무엇을 해야 하는가'에 관한 외적인 의의 문제를 다루었다면, 여기서는 내적 종교적 차원의 의에 대해 다룬다. 이로써 '의를 행함'이 기도로 연결된다. 그리하여 행함의 명령법은 결국 하나님 아버지와의 만남으로 나아간다. 마태에게는 명령법이 곧 은혜라는 사실이 재차 드러난다.

산상설교의 결론부7:13-27는 의의 규범으로서의 행함을 강조한다(7:21, "나더러 주여 주여 하는 자마다 다 천국에 들어갈 것이 아니요 다만 하늘에 계신 내 아버지의 뜻대로 행하는 자라야 들어가리라").

산상설교는 심판에 관해 전망하면서 마친다. 멸망심판으로 인도하는 넓은 문과 생명구원으로 인도하는 좁은 문에 관한 인상적인 비유가 나온다 7:13-14. 마태에게 구원과 심판은 동전의 양면처럼 맞물려 있다. 구원을 선포하는 것은 곧 심판의 가능성이 있음을 말한다. 그런데 구원은 결단을 요구한다. 산상설교의 가르침에 따른 실천을 향한 결단을 요구한다. 나의 인생길에서 산상설교의 가르침을 실천할 것인가 회피할 것인가에 대한 결단이다.

이어지는 8-9장에서는, **'행동하는 메시아'**로서의 예수님의 모습이 강조된다. 이제 마태는 앞서 언급한4:23 하나님 백성을 향한 예수님의 치유

사역을 묘사하기 시작한다. 마가의 경우와 달리 마태에게서는 예수님의 사역을 통해 드러나는 하나님의 현존은 눈으로 볼 수 있고 공개적으로 드러난다. 예수님은 병자와 연약한 자를 돕기 위해 오신 구약에서 약속된 분이다8:17; 참조, 사 53:4. 그의 병 고치는 행위는 하나님의 뜻에 대한 순종이며 공사역의 일부분이다(9:35, "예수께서 모든 도시와 마을에 두루 다니사 그들의 회당에서 가르치시며 천국 복음을 전파하시며 모든 병과 모든 약한 것을 고치시니라").

예수님이 행하시는 여러 기적이 묘사된다. 나병환자 치유8:1-4; 가버나움의 로마 장교의 하인 치유8:5-13; 베드로의 장모 치유8:14-15; 병자 치유와 귀신 축출8:16-17; 풍랑을 잠재움8:18-22; 가다라의 귀신 들린 두 사람 치유8:28-34.

이러한 예수님의 기적 사역은 하나님이 당신의 백성을 향해 베푸시는 자비의 표현이다. 하지만 유대인들에게 적대적인 반응을 불러일으킨다. 이러한 적대감은 예수님을 통해 자기 하인의 병 고침을 확신한 이방인 백부장의 믿음8:5-13과 대비된다(8:10-12, "10 예수께서 들으시고 놀랍게 여겨 따르는 자들에게 이르시되 내가 진실로 너희에게 이르노니 이스라엘 중 아무에게서도 이만한 믿음을 보지 못하였노라 11 또 너희에게 이르노니 동 서로부터 많은 사람이 이르러 아브라함과 이삭과 야곱과 함께 천국에 앉으려니와 12 그 나라의 본 자손들은 바깥 어두운 데 쫓겨나 거기서 울며 이를 갈게 되리라").

8-9장의 기적 이야기는 주제별로 엮은 기적 이야기들의 단순한 예화 모음이 아니다.22) 마태는 여기에 나오는 예수 이야기를 예수님과 이스라엘 사이에 일어나는 논쟁 이야기로서 묘사한다. 예수님이 이스라엘 백성의 질병을 치유하고, 그 백성에서 첫 제자들을 부르는 것과 더불어 예수님과 백성의

---

22) H. J. Held, "Mattäus als Interpret der Wundergeschichten", G. Bornkamm/G. Barth/ H. J. Held, *Überlieferung und Auslegung im Matthäusevangelium*, Neukirchen-Vluyn, 1975, 155-199. 헬트는 8:1-17은 "하나님의 종에 대한 기독론", 8:18-9:17은 "교회의 주인으로서의 예수", 9:18-31은 "믿음"에 관한 주제를 다룬다고 한다.

지도자인 바리새인들 사이에 첫 단계의 긴장이 시작된다.

그와 같은 긴장 속에서 예수님이 12제자를 파송하면서 하시는 '**파송의 말씀**'10장이 나온다. 이것은 산상설교에 이어서 두 번째로 나오는 예수님의 긴 설교 말씀 단락이다. 제자들은 예수님으로부터 "더러운 귀신을 쫓아내며 모든 병과 모든 악한 것을 고치는 권능"10:1을 받는다. 이때 마태는 당시 모든 방랑 사도의 모형인 12제자를 염두에 두고 있다. "이방인의 길로도 가지 말고 사마리아인의 고을에도 들어가지 말고 이스라엘 집의 잃어버린 양에게로 가라"10:5-6는 지상적 예수님의 파송 지침23)은 마태복음의 마지막 부분에서 "모든 백성을 제자로 삼으라"는 부활하신 주님의 새로운 파송 명령으로 바뀐다28:18-20. 마태는 이스라엘이 메시아 예수님을 거부했기 때문에 하나님이 이방인을 받아들이신 것으로 이해한다21:43.

3) **셋째 단락**12:1-16:12은 안식일 논쟁12:1-8, 손이 마비된 사람12:9-14, 예수님과 바알세불12:22-32 등의 이야기를 통해 적대자들의 비난에 대항하여 벌이는 예수님의 논쟁으로 시작된다. 그런 다음 여러 비유의 말씀이 13장에 나온다. 여기서는 천국 비유하나님 나라에 대한 비유가 자주 언급되는 것이 특징이다(씨 뿌리는 비유13:18-23, 가라지의 비유13:24-30, 겨자씨의 비유13:31-32, 누룩의 비유13:33, 감추인 보화 비유13:44, 진주의 비유13:45-46, 그물의 비유13:47-50). 이로써 마태는 의인이 들어가게 될 천국은 미래 종말론적인 것이며, 또한 의인이 얻게 될 생명과 구원은 하나님의 선물이라는 점을 강조한다. 동시에 생명과 구원의 이면에 있는 죽음과 심판도 강조한다. 따라서 마태의 천국 비유에는 심판 비유의 성격도 나타난다. 이런 의미에서 마태는 예수님의 비유 말씀을 읽는 독자들에게 결단할 것을 촉구한다.

적대자들이 예수님을 거부하는 모티브가 이 셋째 단락 곳곳에서 강조

---

23) 그러나 마가는 예수님이 이방인과 두루 접촉했다고 전한다막 5:1-20; 7:24-30, 31-37. 또한 제자들에게 이방인을 보살펴 주라고 권유한다막 8:1-3.

된다. 안식일 논쟁12:1-14 마지막에 바리새인들이 "어떻게 하여 예수를 죽일까" 13:14하며 꾸미는 음모로부터, 표적을 요구하는 바리새인들과 사두개인들의 예수님 거부13:38-42; 16:1-12, 조상들의 전통을 따르는 것과 관련한 바리새인들과 서기관들의 예수님 비난15:1-20이 이에 속한다. 이어서 어떤 가나안 여자에 관한 이야기15:21-28가 나온다. 이것은 마가에게서 가져온 것이나, 마태는 "나는 이스라엘 집의 잃어버린 양 외에는 다른 데로 보내심을 받지 아니하였노라" 15:24는 예수님의 말씀을 첨가한다. 이것은 10:5-6의 시각을 다시 확인한 것이다. 그러나 예수님은 여자의 "큰 믿음"에 감동되어 귀신들린 그 딸을 치유한다. 마가7:24-30에게 이 일은 예외적인 사건이었으나, 마태는 이를 통해 예수님의 사역을 이방 민족에게까지 확대한다. 이로써 마태가 이방인 선교 사역을 정당화한다는 사실을 알 수 있다.

4) **넷째 단락**16:13-20:34은 예수님이 예루살렘으로 가는 수난의 길을 묘사한다. "십자가를 지고 따르라"는 요청을 담은 세 번에 걸친 예수님의 고난 예고가 눈에 띈다16:21-28; 17:22-23; 20:17-28. 공동체 안에서의 인간관계를 언급하는 예수님의 '공동체 말씀' 18장이 이 단락의 중심을 이룬다. 겸손과 다른 사람에 대한 배려와 용서의 덕이 예수님의 뒤를 따르는 제자들이 취해야 할 생활 태도라고 강조된다.

마태가 묘사하는 제자상은 마가의 제자상과 상당히 다르다. 훨씬 긍정적이다. 마가의 경우처럼 예수님을 따르면서도 예수님에 대해 깨닫지 못하는 제자들의 어리석음이 중심 주제가 아니다. 마태가 강조하는 제자상은 예수님의 말씀을 듣고 행할 준비가 된 자들이다5:20; 7:24-27. 예수님의 말씀을 듣는 사람으로서 제자들은 오해의 여지가 없이 예수님이 진정 하나님의 아들이심을 깨닫는 자들이다14:33.24) 예언자나 의인도 볼 수 없고 들

---

24) 따라서 마태는 막 9:32("제자들이 이 말씀을 깨닫지 못하고 묻기도 무서워하더라")를 삭제한다.

을 수 없는 것을 보고 듣는 자이기 때문에 제자들은 복된 자들이다 13:16-17. 따라서 베드로는 제자들을 대표하여 예수님에 대해 "주는 그리스도시요 살아 계신 하나님의 아들이시니이다"라는 완벽한 신앙고백을 한다 16:16. 따라서 제자들은 믿음이 없는 자가 아니라, 단지 "믿음이 적은 자들"로 불린다 8:26; 14:31; 16:8.25)

5) **다섯째 단락** 21-25장은 예수님의 예루살렘 사역을 묘사한다. 전반부 21-22 장는 대화로 이루어진 부분이 많이 나오는데, 예수님과 유대 지도자 사이 의 논쟁이 점점 첨예하게 벌어진다. 논쟁은 예수님의 메시아로서의 성전 입성 21:1-11과 성전 정화 사건 21:12-17, 무화과나무에 대한 예수님의 저주 21:18-22로 예수님의 권세가 드러나면서 벌어진다.

유대 지도자들은 이러한 예수님의 권세에 도전한다 21:23-27. 이 도전을 물리치며 예수님은 세 개의 비유(두 아들의 비유 21:28-32, 포도원 농부 비유 21:33-46, 혼인 잔치 비유 22:1-14)를 통해 역공을 가한다. 즉 예수님은 하나님의 부름에 순종하지 않고 전통적 시각에 안주하고자 하는 유대 지도자들을 향해 심판을 선언한다.

> (21:32) 요한이 의의 도로 너희에게 왔거늘 너희는 그를 믿지 아니하였으되 세 리와 창녀는 믿었으며 너희는 이것을 보고도 끝내 뉘우쳐 믿지 아니하였도다
> (21:43) 그러므로 내가 너희에게 이르노니 하나님의 나라를 너희는 빼앗기고 그 나라의 열매 맺는 백성이 받으리라
> (22:7) 임금이 노하여 군대를 보내어 그 살인한 자들을 진멸하고 그 동네를 불 사르고

대제사장들과 바리새인들은 이러한 심판이 자기들을 향한 것임을 알아 챈다 21:45. 이어서 예수님이 유대 지도자들과 벌이는 논쟁 이야기들이 나 온다(세금 바치는 일에 대한 논쟁 22:15-22, 부활 논쟁 22:23-40, 메시아 논쟁

---

25) J. Roloff, *Einführung in das NT*, 172-173.

22:41-46). 특히 22:37-40에는 율법 중에서 가장 큰 계명이 무엇이냐는 바리새인의 시험하는 질문에 대한 답변으로서 예수님은 '사랑의 이중계명'을 가르침의 핵심으로 제시한다.

> (22:37-40) [37] 예수께서 이르시되 네 마음을 다하고 목숨을 다하고 뜻을 다하여 주 너의 하나님을 사랑하라 하셨으니 [38] 이것이 크고 첫째 되는 계명이요 [39] 둘째도 그와 같으니 네 이웃을 네 자신 같이 사랑하라 하셨으니 [40] 이 두 계명이 온 율법과 선지자의 강령이니라

그런 다음 23장은 바리새파 유대교의 위선을 강하게 질책하는 예수님의 긴 비난과 심판의 말을 전하고23:1-36, 예루살렘에 대한 애통의 말로 끝난다23:37-39. 특히 23:23에서 마태는 예수님의 말씀을 재차 요약하길, 율법의 가장 중요한 것은 "정의와 긍휼과 믿음"이라 한다.

예수님의 마지막 설교 말씀은 '종말과 재림에 대한 말씀'24-25장이다. 여기서 마태는 마가복음에 없는 이야기를 전한다(신실한 종과 신실치 못한 종의 비유24:45-51, 열 처녀 비유25:1-13, 세 종이 받은 달란트 비유25:14-30, 인자의 재림에 있을 최후의 심판25:31-46). 마태는 종말론적 심판사상을 시종일관 강조한다3:7-12; 7:13-27; 8:11-12; 10:14-15; 11:20-24; 12:31-37; 23:33; 25:31-46.26) 마태에게 최후심판은 모든 민족에 대한 심판으로서25:32 종말론적 복음에 대한 태도가 심판의 기준이다(25:40, "내 형제 중 지극히 작은 자 하나에게 한 것이 곧 내게 한 것이니라").

25:35-36에서 마태는 종말론적 복음의 태도에 합당한 '6가지 긍휼'을 나열하는데, 이것은 마태가 자신의 복음서에서 마지막으로 예수님의 말씀을 요약하는 부분이다("[35] 내가 주릴 때에 너희가 먹을 것을 주었고 목마를 때에 마시게 하였고 나그네 되었을 때 영접하였고 [36] 헐벗었을 때에 돌보았

---

26) 또한 마태는 "들어가다"는 동사를 사용하는 미래 구원론적인 진술도 복음 전체에 걸쳐 강조한다5:20; 7:13 이하; 18:3, 8, 9; 19:17; 25:10, 21, 23. 참조, 천국 상속에 관한 말씀19:21; 25:34.

고 병들었을 때에 돌보았고 옥에 갇혔을 때에 와서 보았느니라"). 이러한 긍휼 가운데 세상의 심판자이신 예수님은 모든 인간과 만나고, 모든 인간은 지극히 작은 형제 안에 계신 인자를 도와주었는지 여부에 따라 심판받게 된다.

여기서 마태는 강한 권면과 더불어 경고의 메시지를 독자들에게 보낸다. 인자의 재림이 늦어질지라도 준비를 게으르게 하지 말고 하나님의 뜻을 정성으로 행할 것을 권면한다. 바로 여기에 각자의 미래가 달려있기 때문이다.

(24:48) 만일 그 악한 종이 마음에 생각하기를 주인이 더디 오리라 하여
(25:5) 신랑이 더디 오므로 다 졸며 잘새
(25:19) 오랜 후에 그 종들의 주인이 돌아와 그들과 결산할새

6) **마지막 여섯째 단락** [26-28장]은 예수님의 **수난과 부활 이야기**를 다룬다. 여기에서 마태는 유대 지도자들이 다가올 세상 심판주인 예수님을 어떻게 대적하는가를 보여준다. 또 예수님의 죽음과 부활 이야기에서, 이스라엘이 죄와 거짓 안에서 수난 이야기와 숙명적으로 연결되었다는 사실을 드러낸다.

재차 고난 예고와 유대 공회원들의 예수님 살해 결정을 언급하면서[26:1-5] 수난사가 시작된다. 마가의 경우와 마찬가지로 마태 역시 일련의 수난 이야기를 전한다(예수께서 베다니에서 기름 부음을 받음, 유다의 배반, 유월절 식사 준비, 성만찬 거행, 감람산으로 나아감, 겟세마네에서 기도, 예수님의 체포, 유대 공회 앞에서 심문받음, 베드로의 예수님 부인, 예수님을 빌라도에게 넘김, 빌라도의 예수님 심문, 바라바는 풀려나고 예수님은 사형 선고를 받음, 군인들의 희롱, 십자가에 못 박힘, 죽음과 장사 지냄).

마태의 수난 이야기에는 다음 3가지 특징이 두드러진다. 첫째, 예수님

의 수난의 운명은 예정된 하나님의 구원 계획에 따른 것임을 강조한다 16:21-23; 17:22-23; 26:2, 18, 34, 45-46, 54, 56. 둘째, 예수님은 이스라엘의 메시아로서 성경의 예언을 성취한 분이며 하나님의 뜻에 전적으로 순종한 하나님의 아들임을 강조함으로써26:39, 42, 53-56 기독론적 진술을 강화한다. 셋째, 마태의 수난 이야기는 교회론을 강조한다. 베드로의 부인, 유다의 배반, 12제자의 실패는참조, 25:56 "제자들이 다 예수를 버리고 도망하니라" 교회를 향한 강한 권면의 성격을 갖고 있다.27)

또한 마태의 수난사는 유대 지도자들의 죄를 한층 더 부각하는 경향이 있다.

> (27:3-10) ³ 그 때에 예수를 판 유다가 그의 정죄됨을 보고 스스로 뉘우쳐 그 은 삼십을 대제사장들과 장로들에게 도로 갖다 주며 ⁴ 이르되 내가 무죄한 피를 팔고 죄를 범하였도다 하니 그들이 이르되 그것이 우리에게 무슨 상관이냐 네가 당하라 하거늘 ⁵ 유다가 은을 성소에 던져 넣고 물러가서 스스로 목매어 죽은지라 ⁶ 대제사장들이 그 은을 거두며 이르되 이것은 핏값이라 성전고에 넣어 둠이 옳지 않다 하고 ⁷ 의논한 후 이것으로 토기장이의 밭을 사서 나그네의 묘지를 삼았으니 ⁸ 그러므로 오늘날까지 그 밭을 피밭이라 일컫느니라 ⁹ 이에 선지자 예레미야를 통하여 하신 말씀이 이루어졌나니 일렀으되 그들이 그 가격 매겨진 자 곧 이스라엘 자손 중에서 가격 매긴 자의 가격 곧 은 삼십을 가지고 ¹⁰ 토기장이의 밭 값으로 주었으니 이는 주께서 내게 명하신 바와 같으니라 하였더라

유다의 죽음 이야기를 통해, 마태는 유대 공회의 불법을 고발하고 예수님 사형의 책임을 그들에게 돌린다. 이처럼 유대 지도자들에게 죄를 돌리려는 의도는 빌라도 총독의 아내가 간섭하는 장면에서도 드러난다.

> (27:19) 총독이 재판석에 앉았을 때에 그의 아내가 사람을 보내어 이르되 저 옳은 사람에게 아무 상관도 하지 마옵소서 오늘 꿈에 내가 그 사람으로 인하

---

27) 김창선, 『공관복음서의 예수』, 373-375.

여 애를 많이 태웠나이다 하더라

빌라도는 백성들의 성화에 밀려 예수님에게 사형을 언도하고, 자신의 무죄를 강조하는 빌라도를 향해 백성들은 그 죄를 대신 받겠다고 한다.

(27:24-25) ²⁴ 빌라도가 아무 성과도 없이 도리어 민란이 나려는 것을 보고 물을 가져다가 무리 앞에서 손을 씻으며 이르되 이 사람의 피에 대하여 나는 무죄하니 너희가 당하라 ²⁵ 백성이 다 대답하여 이르되 그 피를 우리와 우리 자손에게 돌릴지어다 하거늘

이로써 예수님을 죽음에 이르게 한 죄가 로마 당국보다는 유대 백성에게 돌아감을 마태는 분명히 한다. 마태가 묘사하는 예수 수난사의 특이한 점은 예수님의 죽음과 더불어 새 시대가 열렸다는 사실을 묵시문학적인 장면²⁷:⁵¹⁻⁵³을 통해 강조하는 데 있다.

(27:51-53) [⁵⁰ 예수께서 다시 크게 소리 지르시고 영혼이 떠나시니라] ⁵¹ 이에 성소 휘장이 위로부터 아래까지 찢어져 둘이 되고 땅이 진동하며 바위가 터지고 ⁵² 무덤들이 열리며 자던 성도의 몸이 많이 일어나되 ⁵³ 예수의 부활 후에 그들이 무덤에서 나와서 거룩한 성에 들어가 많은 사람에게 보이니라

여기서 마태는 마가의 간략한 장면막 ¹⁵:³⁸ "성소 휘장이 위로부터 아래까지 찢어져 둘이 되니라"을 극적인 장면으로 확대한다. 곧 예수님의 죽음을 온 세상을 뒤흔들고 세상의 역사를 마감하는 최후 종말론적인 사건으로 해석한다.

예수님의 죽음과 더불어 새 시대가 열렸다는 사실은 마태복음의 **마지막 예수님의 현현 장면**²⁸:¹⁶⁻²⁰에서도 드러난다. 십자가에서 참혹하게 처형된 자가 이제 하늘의 권세를 가진 자로서 갈릴리 어느 산에 나타나서, 자신의 권세를 선포하고 제자들에게 '세상을 향한 선교 명령'을 하는 장면이다. 이로써 마태는 예수님의 역사를 아브라함에서 시작하여 온 세상을 향한 선교

명령에 이르는 장구한 역사로 귀속시킨다.

> (28:16-20) [16] 열한 제자가 갈릴리에 가서 예수께서 지시하신 산에 이르러 [17] 예
> 수를 뵈옵고 경배하나 아직도 의심하는 사람들이 있더라 [18] 예수께서 나아와
> 말씀하여 이르시되 하늘과 땅의 모든 권세를 내게 주셨으니 [19] 그러므로 너희
> 는 가서 모든 민족을 제자로 삼아 아버지와 아들과 성령의 이름으로 세례를
> 베풀고 [20] 내가 너희에게 분부한 모든 것을 가르쳐 지키게 하라 볼지어다 내가
> 세상 끝날까지 너희와 항상 함께 있으리라 하시니라

'대大위임령'28:18-20으로 불리는 이 본문은 "마태의 신학적 프로그램"J. Blank
을 담고 있는 중요한 본문으로 통한다. 여기서 부활하신 주님은 제자들을
온 세상으로 파송한다. 특히 3가지 동사제자를 삼으라, 세례를 베풀라, 가르치라가 강조
되고 있는데, 여기에 마태가 생각한 선교의 목적이 드러난다.[28] "제자로 삼
으라"μαθητεύσατε, '마테튜사테'는 그리스어 원문에서의 본동사로 대위임령에서
핵심적인 동사이다. "세례를 베풀고"와 "가르쳐"는 분사 형태로 본동사를
꾸민다. 선교의 최종 목적은 모든 민족을 진정한 그리스도인의 수준으로 올
려놓는 것이다. 여기서 이스라엘을 향한 복음 선포가 온 세상으로 확장되고
있음이 명확히 드러난다참조, 10:1-16.

이때 "가르치라"는 단어는 예수님의 가르침에 대한 지적인 인식 차원
에 머무르게 하는 것을 뜻하지 않고, 예수님의 사역과 가르침 가운데 계
시된 하나님의 뜻에 순종하게 하는 것을 의미한다.[29] 따라서 단지 "가르
치라"는 말에 그치지 않고 "가르쳐 지키게 하라"28:20고 말한다. 행함에
대한 강조는 마태복음을 관통하는 모티브이다! 그런데 이것을 '업적에서
나오는 의'로 이해하면 곤란하다. 예수님이 요청하시는 의는 하나님 관계

---

28) 마가는 "전파하다"와 "가르치다"를 같은 의미로 사용하나 마태는 이를 구분하여 의미
를 드러낸다. "전파하다"는 외부인에게 전달하는 메시지와 관련된 것으로, 종종 "천국의 복음
을 전파하다"라는 의미로 사용된다.

29) (마 7:21) "나더러 주여 주여 하는 자마다 다 천국에 들어갈 것이 아니요 다만 하늘에
계신 내 아버지의 뜻대로 행하는 자라야 들어가리라"; (7:24) "그러므로 누구든지 나의 이 말
을 듣고 행하는 자는 그 집을 반석 위에 지은 지혜로운 사람 같으리니"

를 입증하는 조건과는 거리가 멀다. 메시아 예수님의 오심으로 인해 열린 새로운 상황, 즉 하나님 나라의 도래에서 비롯된 행위이기 때문이다.

::: Excursus

마태복음의 복 선언 5:3-12

마태의 복 선언Beatitudes 은 산상설교 5:1-7:27 에 속한다. 이 부분은 누가복음에 나오는 이른바 '평지설교' 6:17-49 와 유사하다. 양자 사이에 놓인 평행 부분은 다음과 같다.

마태복음 (산상설교)	누가복음 (평지설교)
5:3-12	6:20-23
5:38-42	6:29, 30
5:43-48	6:27-28, 32-36
7:1-5	6:37-38. 41-42
7:12(황금률)	6:31(황금률)
7:15-20	6:43-46
7:24-27	6:47-49

오직 황금률만 제외하고는 마태와 누가는 동일한 자료를 같은 순서로 기록한다. 이 자료는 두 복음서 저자가 공통으로 이용한 이른바 "예수 어록" Q 에서 유래한 것이다. 일반적으로 학자들은 마태보다는 누가가 Q본문에 더 충실한 것으로 여긴다. "복 선언"은 예수님의 순수한 창작물이 아니라 구약성경과 유대교 전통에서 근거한 것이다. 이사야 61:1-3, 7은 복 선언에 대한 전제가 된다 참조. 1QH 18:14-15; Test XII Jud 25:4; 시 1:1; 32:1-2; 41:2; 112:1; 119:1 이하; 잠언 3:13; 8:32, 34; 시락서 14:1-2, 20; 25:8, 9; 34:17.

• 본문: 마 5:3-12

³ 심령이 가난한 자는 복이 있나니 **천국이 그들의 것임이요**

⁴ 애통하는 자는 복이 있나니 그들이 위로를 받을 것임이요

⁵ 온유한 자는 복이 있나니 그들이 땅을 기업으로 받을 것임이요

⁶ 의에 주리고 목마른 자는 복이 있나니 그들이 배부를 것임이요

⁷ 긍휼히 여기는 자는 복이 있나니 그들이 긍휼히 여김을 받을 것임이요

⁸ 마음이 청결한 자는 복이 있나니 그들이 하나님을 볼 것임이요

⁹ 화평하게 하는 자는 복이 있나니 그들이 하나님의 아들이라 일컬음을 받을 것임이요

¹⁰ 의를 위하여 박해를 받은 자는 복이 있나니 **천국이 그들의 것임이라**

[11] 나로 말미암아 너희를 욕하고 박해하고 거짓으로 너희를 거슬러 모든 악한 말을 할 때에는 너희에게 복이 있나니

[12] 기뻐하고 즐거워하라 하늘에서 너희의 상이 큼이라 너희 전에 있던 선지자들도 이같이 박해 하였느니라

첫째 복 선언과 여덟째 복 선언은 "천국이 그들의 것임이요"라는 부문장으로 복 선언의 틀을 이룬다. 이로써 "천국" 하나님의 나라를 뜻하는 마태의 표현이 복 선언의 중심 주제임을 알 수 있다. 마태 복음 4:23("예수께서 온 갈릴리에 두루 다니사 그들의 회당에서 가르치시며 천국 복음을 전파하시며 백성 중의 모든 병과 모든 약한 것을 고치시니")의 예수 선포 핵심어인 "천국 복음"의 내용이 여기서 구체적으로 전개된다.

복 선언은 넷째 복 선언과 여덟째 복 선언의 "의" δικαιοσύνη를 중심으로 두 단락으로 구분할 수 있고, 마지막 복 선언11-12절은 확연히 길 뿐만 아니라 2인칭이라는 점에서 다른 복 선언과 구분된다. 제자들을 선지자들과 비교하는 가운데 제자들의 박해 상황을 전제한다. 이런 시각에서 후대에 확대된 본문으로 간주된다. 셈어의 어법에서 첫째 복 선언의 "가난한 자"는 돈이 없는 자를 나타낼 뿐만 아니라 궁핍한 자나 억눌린 자 또는 굴욕을 당하는 자를 가리키는 포괄적인 의미로서 사용된다. 따라서 "애통하는 자"와 "온유한 자"는 "가난한 자"를 더 구체적으로 설명한 것으로 볼 수 있다. "심령이 가난한 자"의 배경에는 이사야 66:2("무릇 마음이 가난하고 심령에 통회하며 내 말을 듣고 떠는 자 그 사람은 내가 돌보려니와")에 나타나는 "가난한 자의 영성"이 놓여 있다. 그것은 자신의 궁핍함을 하나님의 심판으로 수용하고서 모든 구원을 하나님으로부터 소망하는 겸손한 자세를 뜻한다.

복 선언은 다음의 두 가지 차원에서 이해할 수 있다:

• 역사적 예수님의 차원: 예수님은 구원받지 못한 상태에 처한 모든 사람에게 아무 조건 없이, 즉 유대 지혜 전통이 말하는 "행위에 따른 결과"와 전혀 상관없이 무조건적인 구원을 선언한다. 예수님의 복 선언은 한 마디로 역설적이다. 고통과 고난의 현 상태를 완전히 역전시키는 유대 묵시문학적인 소망이 복 선언의 배경을 이룬다. 약속된 영광의 미래는 이미 예수님의 사역 가운데 시작되었다. 지금 가난한 자와 주린 자와 우는 자참조, 눅 6:20-21 에게 약속된 미래의 구원이 예수님의 등장으로 인해 이미 현실로 드러나기 시작한 것이다.

• 마태의 차원: 복음서 저자의 시대가 오자 위와 같은 복 선언의 본래 의미를 권면의 성격으로 새롭게 이해했다. 마태는 첫째 복 선언의 "가난한 자"를 "심령이 가난한 자"로 이해했다. 예수님 시대에는 "가난한 자"란 개념이 경건한 자를 가리키는 영예의 대명사로 통했는데참조, 1QM 14:6-7, 마태는 여기에 "심령 가운데"라는 단어를 첨가함으로써 3절 내용을 한층 강화하면서 모든 것을 하나님의 이름으로 소망하는 하나님 앞에 겸손하고 경건한 자로 해석했다. 이러한 내면적이며 영적인 해석은 이어지는 복 선언에도 나타난다.

그래서 "지금 우는 자"눅 6:21는 죄로 인해 "애통하는 자"4절로 이해된다. 다시 말해 "지금 우는 자"는 고통과 죄의 무거운 짐으로 인하여 탄식하면서 오직 하나님으로부터 오는 위로를 구하는 자들이다사 49:13. '애통을 기쁨으로 바꾸는 하나님의 위로'는 구약과 유대교의 미래 언약에 특히

잘 나타나 있다사 40:1-2; 66:13; 시리아어 바룩 묵시록 44:7. 넷째 복 선언6절에서 마태는 자신의 핵심 어휘인 "의"를 "주리고 목마른 자"가 바라는 대상으로 첨가한다. 그리스어 원문에서 관사를 동반한 "의"는 하나님의 구원 질서를 가리키는 폭넓은 의미로 이해할 수 있다. "긍휼히 여기는 자"7절와 "마음이 청결한 자"8절, 하나님에게 철저히 순종하는 자, "화평하게 하는 자"9절는 유대 지혜적인 권면의 전통이 강조하는 내용이다.

10절에서 의와 천국의 개념이 다시 한번 강조된다. 여기서 마태는 이전에 일어났던 박해를 회상한다. "의를 위하여"10절 받는 박해와 "나로 말미암아"11절 받는 박해는 서로를 보완하는 설명이다. 여기서 마태는 기독교적인 삶과 예수님에 대한 신앙고백으로 야기된 박해 상황을 염두에 두고 있다. 마지막 복 선언11-12절은 제자들을 향한 것이다. 예수님의 제자들이 구약의 예언자들과 마찬가지로 핍박을 받고 있음을 말한다. 따라서 이들이 구원사의 연장선상에 있으며, 그들의 주와 똑같은 운명을 겪을 것이라고 말한다. 여기서 마태는 자신이 처한 공동체의 현실, 곧 이방인들로부터 박해를 받는 현실을 투영한다. 결론적으로, 예수님의 복 선언에 대한 마태의 해석은 "윤리화"와 "내면화"라는 말로 특징지을 수 있다.

::: Excursus

마태의 주기도문

주기도문은 다음과 같은 세 가지 형태로 전승되었다.
A. 짧은 형태: 누가복음 11:2-4 다섯 개의 청원문으로 이루어짐
B. 긴 형태: 긴 형태는 짧은 형태보다 더 완벽한 대칭 구조를 이루고 있으며, 한층 완벽한 제의 언어를 취하고 있으며, 더욱 분명한 리듬을 갖추고 있다. 긴 형태의 본문으로는 두 종류가 전해온다. 하나는 마태복음에 나오고, 다른 하나는 2세기 초 시리아에서 생성된 디다케Didache이다.

① 마태복음 6:9-13: 3개의 2인칭 청원9c-10절 / 3개의 복수 1인칭 청원11-13절
② 디다케Didache 8:2-3

"위선자처럼 기도하지 말고, 주님이 (당신의) 복음서 가운데 제시한 대로 다음과 같이 기도하라.
　　하늘에 계신 우리 아버지, (당신의) 이름이 거룩히 여김을 받으시오며,
　　(당신의) 나라가 임하시오며,
　　(당신의) 뜻이 하늘에서와 같이 땅에서도 이루어지이다.
　　오늘 우리에게 일용할 양식을 주시옵고
　　우리가 우리에게 죄 지은 자를 사하여 준 것 같이 우리 죄를 사하여 주시옵고,
　　우리를 시험에 들게 하지 마시옵고,
　　다만 악에서 구하시옵소서.
　　권세와 영광이 아버지께 영원히 있사옵나이다."

마태복음 6:9-15	(참고) 누가복음 11:1-4
[9]그러므로 너희는 이렇게 기도하라 하늘에 계신 우리 아버지여 이름이 거룩히 여김을 받으시오며 [10]나라가 임하시오며 뜻이 하늘에서 이루어진 것 같이 땅에서도 이루어지이다 [11]오늘 우리에게 일용할 양식을 주시옵고 [12]우리가 우리에게 죄 지은 자를 사하여 준 것 같이 우리 죄를 사하여 주시옵고 [13]우리를 시험에 들게 하지 마시옵고 다만 악에서 구하시옵소서 (나라와 권세와 영광이 아버지께 영원히 있사옵나이다 아멘) [14]너희가 사람의 잘못을 용서하면 너희 하늘 아버지께서도 너희 잘못을 용서하시려니와 [15]너희가 사람의 잘못을 용서하지 아니하면 너희 아버지께서도 너희 잘못을 용서하지 아니하시리라	[1]예수께서 한 곳에서 기도하시고 마치시매 제자 중 하나가 여짜오되 주여 요한이 자기 제자들에게 기도를 가르친 것과 같이 우리에게도 가르쳐 주옵소서 [2]예수께서 이르시되 너희는 기도할 때에 이렇게 하라 아버지여 이름이 거룩히 여김을 받으시오며 나라가 임하시오며 [3]우리에게 날마다 일용할 양식을 주시옵고 [4]우리가 우리에게 죄 지은 모든 사람을 용서하오니 우리 죄도 사하여 주시옵고 우리를 시험에 들게 하지 마시옵소서 하라

긴 형태의 마태의 주기도문은 예배에 규칙적으로 사용된 반면, 누가복음의 짧은 형태의 주기도문은 교회의 설교와 가르침으로부터 사라져 버렸다. 후대에 누가복음 11장을 필사한 몇몇 필사자는 누가의 주기도문에 마태의 주기도문의 내용을 첨가하여 만들기도 했다. 그렇다면 마태의 주기도문과 누가의 주기도문 사이에 어느 것이 본래의 모습에 더 가까운가 하는 질문이 생긴다. 마태의 주기도문은 산상설교5-7장의 일부를 이룬다. 마태복음 6장은 예수님을 따르는 사람들을 향해 세 가지 전통적인 유대인의 신앙 행위, 즉 구제6:2-4, 기도6:5-15, 금식6:16-18을 행하는 방법에 대해 말하는데, 각 내용이 모두 같은 구조를 취한다("너희가 ⋯ 할 때에 외식하는 자와 같이 ⋯ 하지 말라. 너희는 ⋯ 할 때에[다음과 같이 하라]"). 곧 유대 전통적인 신앙 행위에 대한 바리새인들과의 논쟁의 문맥에 속하여 있는 기도 부분은 이방인의 예를 따르지 말고 "이렇게 기도하여라"는 훈계로 말미암아 상당히 길어졌다(세 개의 로기온이 추가됨. 말 많은 기도를 경고6:7-8, 주기도문6:9-13, 용서하라는 권고6:14-15). 이어지는 죄 용서에 대한 가르침은 마태가 주기도문의 넷째 기원을 염두에 두고 여기에 삽입한 것이다참조. 막 11:25. 이와 같이 마태의 주기도문은 구제, 기도, 금식에 관한 짧은 단락 사이에 첨가되었을 가능성이 크다. 즉 마태의 주기도문의 위치는 마태의 편집 작업을 통해 이차적으로 설정된 것이다.

누가의 평지설교6:17-49에는 보다 짧은 형태의 평행구절이 있으나11:2b-4, 마태복음의 문맥과 달리 세례 요한이 가르친 기도와 비교하면서 기도를 가르쳐 달라는 제자들의 요청에 따른 것이다. 당시 종교 집단들은 저마다 특징적인 기도문을 갖고 있었다. 따라서 예수님이 그러한 요청을 받은 것은 당연한 일로 보인다.

이렇게 본다면, 마태의 산상설교에 나오는 상황보다 누가의 상황이 사실적인 기도의 정황에 부합할 가능성이 크다. 누가복음 11:1에서 예수님은 "한 곳에서" 기도 중이었다. 이와 같이 누가는 예수님의 기도하시는 모습을 강조하여 묘사한다(3:21 세례 직전; 5:16 물러가 한적한 곳에서 기도함; 9:18 베드로의 메시아 고백 직전; 9:28 변화산에서의 변화 직전; 11:1 한 곳에서 기도함). 누가의 주기도문은 기도에 대한 교리문답적인 구조로서 네 부분으로 이루어져 있다. ① 기도를 가르쳐 달라는 제자들의 요구11:1-4, ② 여행 중에 친구에게 떡 세 덩이를 빌려 달라고 요구함11:5-8, ③ 기도하라는 예수님의 권유11:9-10, ④ 인자한 아버지의 비유11:11-13. 이러한 구조에서 누가는 "친구의 요구"를 기도 중에 오래 참으라는 교훈으로 파악했고, "인자한 아버지의 비유"를 기도의 응답을 확신하라는 권유로 이해했다.

이와 같이 마태와 누가의 본문은 서로 다른 상황에서 생긴 것이다. 마태의 기도는 기도하는 법은 알고 있지만 그들의 기도가 위험에 빠진 사람들을 향한 것으로, 유대 그리스도인들을 염두에 둔 기도이다. 반면 누가의 기도는 아직 기도하는 법을 정확하게 모르는 사람들, 즉 이방 그리스도인을 겨냥한 것이다.

예배 의식에서 사용되어 고정된 형식을 띠게 된 마태의 주기도문의 송영doxology, "나라와 권세와 영광이 아버지께 영원히 있사옵나이다 아멘"은 대다수의 사본에는 나타나지 않는다. 그러나 2세기 초에 기록된 디다케 안에 이 송영이 나오는 것으로 미루어 주기도문의 마감어로 교회에서 받아들여져 사용되었음을 알 수 있다. 누가복음의 몇몇 필사본소문자 사본 162, 700은 누가복음 11:2 끝에 송영을 첨가한다"당신의 성령이 우리에게 오셔서 우리를 깨끗하게 하옵소서". 여기서 우리는 2세기 중엽 특정한 그리스도 집단에서 이루어진 재해석의 과정을 관찰할 수 있다.

마태의 주기도문에는 누가의 주기도문에는 나타나지 않는 두 개의 기원문이 있다6:10b, 13b. 이는 바로 앞의 구절을 해석하는 것으로, 이러한 확대는 마태가 보충 설명을 위해 편집적으로 첨가한 것이다. 곧 주기도문의 시작을 알리는 **하나님을 부르는 표현**에서 마태의 편집이 명백하게 드러난다. 누가에는 이 말이 단순히 "아버지"로 되어 있으나, 마태에는 "하늘에 계신 우리 아버지"로 표현되어 있다. 이것은 마태의 공동체가 당시 회당에서 사용되던 유대적인 언어를 따랐기 때문이다.

X

누가복음

...

· **특징:** 복음서 가운데 가장 긴 내용을 담았으며, 가장 섬세하며 수준 높은 그리스어로 기록된 누가복음은 (사도행전과 더불어) 누가의 역사적 관심을 잘 나타낸다. 당시 헬레니즘 시대의 관행에 따른 문학적 서문1:1-4으로 시작하는 누가복음은 예수 전승의 신뢰성을 뒷받침하고자 하는 일종의 역사적 단행본이다.

· **핵심 메시지:** 탄생에서부터 승천까지 지속된 예수님의 지상 사역을 통해 하나님이 모든 인간에게 구원의 길을 마련하신다는 사실을 증언한다. 특히, 예루살렘을 향해 자신의 길을 중단 없이 나아가시는 예수님의 모습을 강조하면서 잃은 자를 찾아 세상에 오신 구세주 예수님을 선포한다.

먼저 '누가복음과 사도행전'은 모두 누가의 작품이고, 또 두 책은 서로 긴밀하게 연결된 작품임을 이해할 필요가 있다. 누가복음은 예수님의 생애를 다룬 책이고, 사도행전은 그리스도교 확장에 대한 역사적 단행본이기 때문에 두 책은 서로 상이한 장르에 속하나, 누가는 본래 두 책을 하나로 연결된 작품으로 기획했다. 다시 말해 누가는 예수님 사역에 관한 묘사를 사도들의 행적을 통해 보충하고자 했다. 그리하여 예수님의 선포를 (예수님에 대한) 사도들의 선포와 하나로 연결했다. 이는 원시 그리스도교 문헌사에 전례가 없던 일이다. 이로써 누가는 교회의 역사가 예수님에게서 시작되었음을 분명히 했다. 교회의 역사를 예수님의 역사와 통합시킨 것은 "누가의 가장 위대한 성취" G. Theissen 이다.

누가복음(김창선 作, 2023)*

누가는 사도들을 통한 교회 확장의 역사에 신학적 중요성을 부여하는 데 기여했으나 동시에 문제를 일으킨다. 선교사 인간을 예수님 사역의 연속으로 묘사하기 때문이다. 이런 위험을 감지한 누가는 사도들에 대한 신격화를 단호하게 비판한다 행 10:25-26; 16:25-34. 후대 그리스도인들은 예수님의 생애와 사도들의 생애를 다룬 두 책을 한 작품으로 엮은 것을 과도한 시도로 여겼고, 그 결과 정경 안에서 누가의 두 작품은 분리되었다.1) 여기서는 먼저 누가복음을 다루고, 이어서 사도행전을 다루고자 한다.

1. 저자에 대하여

누가복음의 저자가 누구인지 복음서 자체에 언급되어 있지 않다. "누가에 따른 [복음]" KATA LOUKAN 이라는 표제는 다른 복음서 표제들과 마찬가지로 후대의 삽입이다. 그럼에도 이 표제는 실제 저자의 이름에 대한 기억을 간직한 것으로 보인다. '누가'는 루키아누스 Lukianus 라는 라틴어 이름을 그리스어

---

* 누가가 강조하는 하나님 아버지의 사랑(선한 사마리아인의 비유[10장], 돌아온 탕자를 향한 아버지의 비유[15장])

1) G. Theissen, *Die Entstehung des NT als literarturgeschichtliches Problem*, Heidelberg, ²2011, 199-215.

식으로 축약한 것이다. 누가는 사도가 아니었기 때문에 그 이름은 실제 저자
의 이름일 것이다. 그런데 주후 180년경 교부 이레네우스가 누가복음의 저자
를 최초로 바울의 동역자라 말했다 *Adv. haer.* III,14.1. 이레네우스의 진술은 교회
사가 에우세비우스 Eusebius of Caesarea, 339년경 사망가 4세기 초에 저술한 『교회사』
에 인용되어 있다.

> 마태는 히브리인들과 함께 머물면서 히브리 방언으로 복음서를 기록했고, 바울
> 과 베드로는 로마에서 복음을 전파하며 교회를 세웠다. 이들이 떠난 뒤, 베드로
> 의 제자요 통역관이었던 마가는 베드로가 전파했던 것을 기록하여 우리에게 전
> 해 주었다. 바울의 동역자였던 누가도 바울이 전파한 복음을 기록했다. 주님의 가
> 슴에 기댔던 제자 요한도 아시아의 에베소에 머무는 동안 복음서를 기록했다.
> *His. Eccl.* V,8.3

누가에 대한 에우세비우스 자신의 진술은 같은 책 앞부분에 나온다.

> 안디옥 출신으로 직업이 의사인 누가는 바울과 교제했고 다른 사도들과도 열심히
> 교제했다. 사도들로부터 영혼을 치료하는 증거에 대하여 알게 되었고, 영감 속
> 에서 두 권의 책을 지었다. 그 하나는 복음서로, 전승에 따라 작업한 것이다.
> 그 전승들은 말씀의 첫 번째 증인이며 봉사자들에게 전수된 것이었다. 그가
> 말하듯이, 누가는 그 전승들을 처음부터 추적했다. 다른 문서는 사도행전으로
> 서, 그가 귀로 들은 것이 아니라 직접 체험한 것을 기록한 것이다. *His. Eccl.* III,4

2세기 말경에 로마에서 작성된 신약성경 목록표인 '무라토리 정경' Canon
Muratori 에는 다음과 같이 언급되어 있다.

> 누가에 따른 세 번째 복음서. 이 의사인 누가는 그리스도께서 승천하신 뒤, 그
> 것=누가복음을 바울의 견해에 따라 자신의 이름으로 기록했다. 그러나 그도 마
> 찬가지로 주님을 육으로는 보지 못했다. 그는=누가는 자신이 알고 있는 대로 요
> 한=세례 요한의 탄생부터 이야기를 시작한다.

아마 무라토리 정경은 골로새서 4:14("사랑하는 의사 누가와 데마도 여

러분에게 문안합니다"), 빌레몬서 24("나의 동역자인 마가와 아리스다고와 데마와 누가도 문안합니다"), 디모데후서 4:11("누가만 나와 함께 있습니다. 그대가 올 때에, 마가를 데리고 오십시오. 그 사람은 나의 일에 요긴한 사람입니다")에 근거하여 그처럼 본 것 같다.

누가를 바울의 동역자로 여기는 입장은 언뜻 사도행전 자체에 그 근거가 있는 것처럼 보인다. 바울 선교에 대한 보도 중 복수 1인칭을 사용한 '우리-단락' we-section, 16:10-17; 20:5-8, 13-15; 21:1-18; 27:1-28:16에서 누가가 바울 선교를 직접 목격한 사람처럼 등장하기 때문이다. 이와 관련해서 다음 3가지 사항을 지적할 수 있다.

① 1인칭 복수로 나오는 부분과 사도행전의 다른 부분이 문체상 일치한다. ② '우리-단락' 가운데 종종 바울이 빠져 있는 것처럼 보인다. ③ '우리-단락'은 오직 배 여행을 묘사할 때만 나타난다. 헬레니즘 시대의 역사가들은 종종 직접 체험한 것만을 진술해야만 한다는 독자들의 기대에 부응해야 했다. 따라서 현대의 많은 학자는 이 부분을 누가가 활용한 '자료'라기보다 누가 자신의 문학적인 묘사로 간주하는 경향이 있다F. Bovon.

물론 모든 것을 누가의 상상으로 볼 수 없다. 누가가 바울의 선교여행 기록을 담은 일종의 '여행일지'Itinerar를 갖고 있었다고 추정할 수도 있다M. Dibelius. 여행일지가 실제로 '우리-단락'의 토대를 이룬다면, 이 여행일지를 기록한 저자는 바울 여행의 증언자를 뜻한다. 그렇다면 '우리-단락'은 당시 바울의 선교여행을 증언하는 역사적 신빙성이 높은 중요한 자료로 간주할 수 있다. 그런데 '우리-단락'이 있음에도 누가를 바울 선교의 동역자로 보기 어렵게 만드는 다음과 같은 사항들을 간과할 수 없다.

▫ 누가는 자신을 바울처럼 1세대 그리스도교 시절에 살았던 사람으로

여기지 않는다. 누가복음의 서문[1:1-4]에서 그는 자기보다 먼저 활동했던 "목격자들과 말씀의 일꾼들"이 전해준 전승을 회고하면서 자신을 전승 계승의 3번째 단계에 위치시킨다.

□ 누가는 바울의 역사를 서술하면서 중요한 점에서 바울과 다른 보도를 한다. 누가는 바울이 소명을 받은 뒤 3번 예루살렘을 방문했다고 보도하는데[행 9:23-26; 11:30; 15:1-29], 바울 자신은 갈라디아서에서 게바와 다른 사도들을 만나러 가서 15일을 머물렀던 첫 번째 예루살렘행과 사도회의를 위해 간 것 외에 예루살렘에 간 적이 없다고 단언한다[갈 1:18-2:1].

□ 또한 누가는 이른바 '사도의 칙령'에 대해 언급한다[행 15:20: 우상의 더러운 것, 음행, 목매어 죽인 것, 피 등을 멀리할 것]. 이것은 예루살렘 교회가 이방인 그리스도인에게 부담을 지운 정결법과 관련된 조항인데, 누가는 이 조항이 바울의 면전에서 결정되었다고 주장하지만 바울의 보도는 이와 전적으로 다르다[갈 2:10, 다만 가난한 자들을 생각하도록 부탁].

□ 누가는 '사도 개념'을 오직 열두 제자에게만 제한하여 적용하지 바울에게는 적용하지 않는다.[2] 이는 바울이 그토록 자신의 사도 직분을 강조한 것과는 사뭇 다르다. 누가가 진정 바울의 제자였다면 그러한 누가의 사도 개념은 상상하기 어려운 일이다.

□ 또한 누가는 바울을 '위대한 이적 행위자'로 묘사하나,[3] 바울 자신은 그러한 이적을 비상한 것으로 여기지 않고 또한 그것이 자신의 사도직을 입증하는 것으로도 여기지 않았다. 바울에게 사도는 깊은 고난 중에서 그리스도의 도우심을 체험하는 사람이다(고후 12:10, "내가 그리스도를 위

---

2) 누가의 사도 이해는 행 1:21-22에 잘 나타난다("항상 우리와 함께 다니던 사람 중에 하나를 세워 우리와 더불어 예수께서 부활하심을 증언할 사람"). 그러나 예외적으로 행 14:4, 14에서 바나바와 바울은 안디옥 교회로부터 파견된 사람들로 "사도"라 불린다. 참고로 『개역(개정)성경』 13:43의 "두 사도"란 번역은 원문에 충실하지 않은 의역이다.

3) 행 13:6-12, 마법사 엘루마의 눈을 멀게 함; 14:8-10, 루스드라의 앉은뱅이를 걷게 함; 19:12, 바울의 손수건과 앞치마로 병을 고치고 귀신을 좇아냄; 20:7-12, 삼 층에서 떨어져 죽은 유두고를 자신의 몸에 안음으로써 살림; 28:3-6, 독사의 독이 바울을 해하지 못함.

하여 약한 것들과 능욕과 궁핍과 핍박과 곤란을 기뻐하노니 이는 내가 약할 그 때에 곧 강함이니라").

▫ 바울은 그리스도 죽음이 지닌 구원론적인 의미를 강조하는데롬 3:24 이하; 5:6 이하; 고전 1:18 이하; 15:3; 고후 5:18 이하; 갈 3:13, 사도행전에는 이러한 점이 거의 나타나지 않는다예외: 행 13:27-29, 바울의 설교 가운데; "하나님이 자기 피로 사신 교회", 행 20:28.

▫ 바울은 그 누구보다도 율법에서 자유로운 복음을 강조했는데, 이것이 누가에서는 거의 문제가 되지 않는다. 누가는 율법을 과거의 일로 여겨 지극히 당연한 것으로 회고할 뿐이다. 이런 의미에서 누가는 전형적인 제2세대나 제3세대 그리스도인이라고 할 수 있다.

▫ 누가는 바울을 뛰어난 연설가로 묘사한다행 21:40; 22:1-2; 유대인 앞, 13:16-41; 22:1-21; 23:1 이하; 26:2-23, 27; 28:17-20, 26-28; 이방인 앞, 14:15-17; 총독 앞, 13:9-11; 24:10-21; 25:10-11; 26:2-26; 철학자 앞, 17:22-31. 그러나 실제 바울은 뛰어난 연설가가 아니었다. 그의 연설은 무력했으며 감동도 불러일으키지 못했다고후 10:10.

이러한 견해가 오늘날 지배적이다.[4] 누가의 작품에서 알 수 있는 사실은, 누가는 당시 고대의 문학적인 기예와 양식 등을 잘 알고 있었던 박식한 사람으로서 신약의 다른 저자들과 달리 수준 높은 언어와 문체를 구사한 사람이었다는 점이다.[5] 예전에는 누가를 특히 역사가로 바라보았지만, 20세기 후반부터는 신학자로서의 중요성을 더욱 강조한다Ph. Vielhauer; E. Haenchen; H. Conzelmann. 한마디로, 누가는 문학적 소양과 신학적 소양을 잘 겸비한 역사가라고 말할 수 있다.

오늘날 학계는 대체로 마가복음의 저자처럼 누가를 이방인 그리스도인

---

4) 그러나 여전히 바울의 동역자 누가를 저자로 보려는 시도가 있다(C.-J. Thornton, *Zeuge des Zeugen*, Tübingen, 1991, 69-81; M. Hengel/A. M. Schwemer, *Paulus zwischen Damaskus und Antiochien*, Tübingen, 1998, 9-26; J. A. Fitzmyer, *Acts*, AncB 31, 1998, 50-51; J. Jervell, *Die Apostelgeschichte*, KEK III, Göttingen, 1998, 79-84.

5) 리드벡은 누가의 문체를 "헬레니즘적 전문가 산문"hellenistische Fachprosa 또는 "중산층 산문" Zwischenschichtenprosa으로 이해한다(L. Rydbeck, *Fachprosa, vermeintliche Volkssprache und das Neue Testament*, 1967, 188).

으로 여긴다.6) 또한 대략 그리스도교 제3세대에 속하는 인물로 간주한다 눅 1:1-4; 행 1:1-2. 이방인 그리스도인을 위해서 집필했다는 사실과, 이방 그리스도교를 자신의 시대에 당연한 현실로 여기고 이를 하나님의 뜻에 합당하다고 보았다는 사실도 그것을 뒷받침한다. 누가는 '하나님 경외자' 출신일 가능성이 크다. 성경 전승 및 회당 예배 눅 4:16-40와 같은 유대 관습에 대해 잘 알고 있기 때문이다.

2. 수신자와 저술 목적

헬레니즘 세계의 문학적 관행을 따른 서문으로 미루어, 누가는 당시 일반 대중을 염두에 둔 "역사적 단행본" historische Monographie 의 형태로 자신의 작품을 집필했다고 말할 수 있다.7) 일차적으로 그리스도인 독자층을 염두에 두지만, 동시에 비그리스도인에게 전도할 목적도 갖고 있었던 것으로 보인다. 특히 고급 언어 사용을 통해 교양인층을 겨냥했다고 말할 수 있다. 그럼에도 저자는 가난한 자의 편을 누구보다도 강하게 들고 있다. 저술 목적은 서문에 나타난다. 저자는 전승을 정확하게 묘사하며 신앙의 토대가 되는 예수 전승의 '신뢰성' ἀσφάλεια, 눅 1:4을 보여주고자 한다. 이를 통해 그리스도교의 정체성을 확실하게 세우고자 한다.

3. 생성 연대와 저작 장소

누가복음은 마가복음을 대본으로 삼았을 뿐만 아니라 예루살렘 성전

---

6) 이와 같이 J. Roloff; *Die Apostelgeschichte* "의심의 여지 없이 이방 그리스도인"; E. Schweizer; A. Weiser. 보봉 F. Bovon은 누가를 일찍이 유대교에 관심을 가졌던 태생적 그리스인으로서 그리스 수사학과 유대 성서주석 방법에 익숙한 마게도니아 출신의 '하나님 경외자' Gottesfürchtige로 여긴다(*Das Evangelium nach Lukas I*, 1989, 22-24); 또한 G. Theissen, 『그리스도인 교양을 위한 신약성서』, 140 "회당의 동조자인 경건한 이방인". 누가를 디아스포라 유대인 출신으로 추정하기도 한다 (Conzelmann/Lindemann, *Arbeitsbuch zum NT*, 343).

7) E. Plümacher, "Neues Testament und hellenistische Form. Zur literarischen Gattung der lukanischen Schriften", *TheolViat* 14 (1979), 109-123, 117-118.

파괴를 돌아보기 때문에(21:24, "그들이 칼날에 죽임을 당하며 모든 이방에 사로잡혀 가겠고 예루살렘은 이방인의 때가 차기까지 이방인들에게 밟히리라"), 성전 파괴가 일어났던 주후 70년 이후에 기록되었을 것이다.

또한 같은 저자의 작품인 사도행전에 나타나는 바울의 모습이 바울서신에 나타나는 바울 상과 차이가 나는 것으로 미루어, 누가복음은 바울서신집이 만들어지기 전2세기 초에 기록된 것으로 보인다. 또한 2세기 초에 생성된 '디다케' Didache 1:4-5 에 누가복음의 '평지설교'에 대한 기억이 담겨 있는 것으로 추정된다. 다른 한편 누가복음은 90년 초반에 있었던 로마 황제 도미티아누스에 의한 박해를 전혀 암시하지 않는다. 이런 관점에 따라 누가복음의 생성 연대를 대략 80-90년대 사이로 잡을 수 있다.[8] 공관복음 중에 가장 늦게 기록된 것으로 보인다.

저술 장소에 대해서는 누가가 팔레스타인의 지리에 대하여 잘 알지 못하고 또 유대 관습에 대해서도 관심이 별로 없는 것으로 보아 팔레스타인 본토 밖에서 기록된 것으로 추정된다. 그런데 누가가 속한 이방인 교회는 유대 그리스도교와 무관하지 않고, 이들의 유산을 넘겨받았음을 잘 인식하고 있었다. 따라서 누가의 교회는 유대 그리스도교와 밀접한 관계가 있던 교회였으리라고 짐작할 수 있다. 흔히 이 교회의 근거지를 안디옥이라고 보기도 하고, 바울이 로마에 도착한 것이 하나님의 섭리요 초기 선교의 계획된 목표라고 하는 사도행전의 보도를 바탕으로 로마를 누가 교회의 근거지로 여기는 학자도 있다 E. Schweizer.[9] 타이센 G. Theissen 도 로마로 추정한다. 사도행전의 '우리 단락' we-section 을 통해 저자가 드로아로부터[16:1]

8) Ph. Vielhauer, *Geschichte*(80년경); Ebner/Schreiber, 『신약성경 개론』(80-90년); H. Klein, *Das Lukasevangelium*(90년경); I. Broer, *Einleitung*(80-100년). 포코르니/헤켈 Pokorny/Heckel 은 예루살렘의 멸망에 대한 기억이 생생하게 살아있다는 이유에서 누가복음의 생성 시기를 조금 앞당겨 75-80년경으로 잡고, 사도행전은 80-85년경으로 잡는다(*Einleitung*, 533). 롤로프는 누가복음과 사도행전의 생성 연대를 85-90년 사이로 추정한다(*Einführung*, 178). 타이센은 도미티아누스 황제(81-96년)의 사망 직후에 기록된 것으로 추정한다(『그리스도인 교양을 위한 신약성서』, 143).

9) E. Schweizer, *Theologische Einleitung in das NT*, 128.

로마까지[28:16] 바울의 선교여행에 동참한 사람임을 암시하고, 이를 통해 누가는 자신의 작품이 로마에서 기록된 것임을 드러낸다고 한다.[10]

4. 누가 신학의 특징

1) 예수님의 생애를 역사와 관련지음

마태가 교리문답적 관심으로 전승을 비교적 긴 말씀 단락으로 구성하는 가운데 예수님을 권세 있는 교사며 하나님의 뜻을 선포하는 자로 묘사한다면, 누가는 예수님의 생애를 하나의 이야기로 전개하면서 역사와 관련시킨다.[11] 곧 누가는 예수님의 삶을 역사화하는 특징을 지닌다. 역사의 결정적인 순간을 일반 세속사와 연결한다.

• 세례 요한의 탄생과 관련하여: (1:5) "유대 왕 헤롯 때에 아비야 반열에 제사장 한 사람이 있었으니 이름은 사가랴요 그의 아내는 아론의 자손이니 이름은 엘리사벳이라."
• 예수님의 탄생과 관련하여: (2:1-2) "¹그 때에 가이사 아구스도가 영을 내려 천하로 다 호적하라 하였으니 ²이 호적은 구레뇨가 수리아 총독이 되었을 때에 처음 한 것이라."
• 세례 요한의 선포 시작과 관련하여: (3:1-2) "¹디베료 황제가 통치한 지 열다섯 해 곧 본디오 빌라도가 유대의 총독으로, 헤롯이 갈릴리의 분봉 왕으로, 그 동생 빌립이 이두래와 드라고닛 지방의 분봉 왕으로, 루사니아가 아빌레네의 분봉 왕으로, ²안나스와 가야바가 대제사장으로 있을 때에 하나님의 말씀이 빈 들에서 사가랴의 아들 요한에게 임한지라."

---

10) G. 타이센, 『복음서의 교회정치학』, 120-121.
11) R. Bultmann, *Geschichte und Eschatologie*, Tübingen, 1958, 44: "마가와 마태는 역사가로서가 아니라 선포자요 교사로서 기술한 반면, 누가는 자기 복음서에 예수의 생애를 역사가로서 묘사하고자 한다."

또한 복음서 저자 가운데 유일하게 누가는 예수님의 12살 소년 시절 이야기눅 2:41-52를 전하는데, 여기에도 역사에 대한 관심이 엿보인다.

2) 구원사 Heilsgeschichte 를 강조

'구원사의 신학자'로 통하는 누가는 예수님과 교회의 역사를 구약성경의 옛 언약에서 시작된 하나님의 구원사와 연결한다. 그래서 누가는 누가복음 1:1에서 "우리 중에 이루어진=성취된 사실에 대하여"라는 표현으로 복음서를 시작한다. 이처럼 구원사를 강조하는 시각은 16:16에 잘 나타난다.

(눅 16:16) 율법과 선지자는 요한의 때까지요 그 후부터는 하나님 나라의 복음이 전파되어 사람마다 그리로 침입하느니라

누가 신학의 대가로 통하는 콘첼만은 누가의 두 작품을 구원사 신학의 표현으로 해석하면서 누가의 구원사를 연속되는 세 가지 시간으로 구분했다.12)

① 이스라엘의 시간 (율법과 예언자의 시간) : 약속의 시간이다.
② 예수의 시간 ("시간의 중심") : 구원사의 중심에 위치하는 시간으로서 사탄에게서 자유로운 시간눅 4:13; 22:3이며 하나님의 구원 활동의 시간이다.
③ 교회의 시간 (예수의 등장과 재림 사이의 시간) : 교회는 현재 과도기를 인내하기 위한 시설이다. 순교의 윤리, 보편적인 선교의 과제가 강조된다. 초기 교회의 직분자들사도와 증인은 현재 교회의 역사적 토대를 형성한다.

이로써 누가는 예수님의 '재림 지연 문제'에 대해 답하며, 교회의 시간에 속해 있는 그리스도인들은 주님의 도래를 수동적으로 기다릴 것이 아니라

---

12) H. Conzelmann, *Die Mitte der Zeit*, Heidelberg, Habil., 1952; Tübingen 51964. 누가의 구원사를 두 시기로 구분할 수도 있다. 이에 대해 필자의 "누가의 구원사", 『21세기 신약성서 신학』, 327-344를 참조하라. 롤로프(J. Roloff, *Einführung in das NT*, 188)도 세례 요한으로 끝나는 '구약의 약속의 시대'와 예수님의 등장으로 시작되는 '성취의 시대'로 양분한다.

만백성을 향해 나아가 적극적으로 세상을 선교해야 할 과제를 지닌다고 보았다. 그러나 누가가 구상한 구원사의 의도는 재림 지연 문제의 해결에 있기보다는, 이스라엘로부터 시작된 하나님의 구원사 전체가 연결되어 있음을 강조하는 데 있다. 예수님의 선교 사역도 구원사의 시각에 따르고 있다. 그리하여 예수님의 사역은 전적으로 이스라엘에 국한되고, 예수님의 죽음과 승천 이후에야 비로소 이방 선교의 문이 열린다. 사도행전 1장에서 누가는 성령의 약속과 세계 선교의 명령을 강조한다.

3) 예루살렘의 중요성을 강조

누가는 마가나 마태보다 예루살렘의 중요성을 강조한다. 누가복음의 처음 장면과 마지막 장면은 한결같이 예루살렘 성전을 무대로 한다.

> (1:5-25) 세례 요한의 아버지 사가랴의 성전에서의 제사장 직무
> (2:22 이하) 아기 예수의 성전에서의 정결 예식
> (2:41 이하) 소년 시절의 예수
> (24:52-53) [52] 그들이 [그에게 경배하고] 큰 기쁨으로 예루살렘에 돌아가 [53] 늘 성전에서 하나님을 찬송하니라

또한 사도행전 1:4의 부활한 예수님의 명령은 다른 복음서에는 나타나지 않는다("사도와 함께 모이사 그들에게 분부하여 이르시되 예루살렘을 떠나지 말고 내게서 들은 바 아버지께서 약속하신 것을 기다리라"). 제자들은 이 명령에 순종하여 예루살렘으로 돌아간다.

> (눅 24:50-53) [50] 예수께서 그들을 데리고 베다니 앞까지 나가사 손을 들어 그들에게 축복하시더니 [51] 축복하실 때에 그들을 떠나 [하늘로 올려지시니] [52] 그들이 [그에게 경배하고] 큰 기쁨으로 예루살렘에 돌아가 [53] 늘 성전에서 하나님을 찬송하니라. 참조, 행 1:12
> <참고> (막 14:28) 그러나 내가 살아난 후에 너희보다 먼저 갈릴리로 가리라;
> (16:7) 가서 그의 제자들과 베드로에게 [흰 옷을 입은 한 청년이] 이르기를 예

수께서 너희보다 먼저 갈릴리로 가시나니 전에 너희에게 말씀하신 대로 너희가 거기서 뵈오리라 하라 하는지라

예루살렘은 구원사적인 운명을 안고 있는 도시로, 예수께서 돌아가시는 장소일 뿐만 아니라, 부활한 예수님의 현현 장소이다 갈릴리가 아님!. 예수님의 현현이 예루살렘을 둘러싼 40일 동안의 사건에 집중하길 원했기 때문에, 누가는 마가와 달리 갈릴리로 되돌아가라는 명령을 의도적으로 언급하지 않는다. 이로써 누가는 교회의 시작이 예루살렘과 밀접히 연결되었다는 사실을 강조한다. 구원사의 중심에 있는 예루살렘은 예수님 사역의 최종 목표이고 종말론적 성령 체험의 장소이며 최초 신앙 공동체가 거하는 장소이며 또한 선교의 출발점이다.

4) 성령을 강조

누가에게 성령은 "역사에 관한 열쇠"이다G. Theissen.[13] 성령은 예언자의 활동, 예수님의 생애, 또한 사도들의 선교를 하나의 차원으로 서로 연결하는가 하면, 동시에 그 각각을 역사적 시대화를 통해 분리하기도 한다. 이런 의미에서 누가는 성령의 역사를 기술한 것으로 볼 수 있다(예컨대, 성령 강림의 역사가 준비되고 복음 선포를 위한 능력과 전권을 부여행 1:8; 사도회의 결정을 인도15:28 ; 장로 세움20:28).

5. 단락 나누기

I.	1:1-4	서문
II.	1:5-2:52	전前역사 - 세례 요한과 예수님의 탄생
III.	3:1-4:13	예수님의 사역을 위한 준비- 세례 요한, 예수님의 세례, 예수님의 족보와 시험

---

13) *Die Entstehung des Neuen Testaments als literaturgeschichtliches Problem*, Heidelberg, 2011, 203.

IV.	4:14-9:50	예수님의 갈릴리 사역
V.	9:51-19:27	예루살렘을 향한 예수님의 여정
VI.	19:28-21:38	예수님의 예루살렘 사역
VII.	22:1-23:56	예수님의 수난과 죽음
VIII.	24:1-53	부활과 승천 이야기

6. 중심 내용

1) 서문 1:1-4: 마태와 마찬가지로 전체적으로 누가 역시 마가복음의 문맥을 따른다. 그러나 마태보다는 마가의 내용에서 벗어나는 경우가 더 많다. 누가복음의 서문은 신약성경의 다른 문서에서는 찾아볼 수 없는 독특한 본문이다.

> (1:1-4) ¹ 우리 중에 이루어진 사실 πράγματα에 대하여 ² 처음부터 목격자와 말씀의 일꾼 된 자들이 전하여 준 그대로 내력 διήγησις을 저술하려고 붓을 든 사람이 많은지라 ³ 그 모든 일을 근원부터 자세히 미루어 살핀 나도 데오빌로 각하에게 차례대로 써 보내는 것이 좋은 줄 알았노니 ⁴ 이는 각하가 알고 있는 바를 더 확실하게 하려 함이로라

여기에는 저술 동기와 의도 및 작업 과정을 밝히는 누가의 프로그램이 담겨 있다. 이미 고문헌학자인 노르덴 Eduard Norden, 1868-1941은 이 서문이 "내용과 형태에 있어서 헬레니즘적으로 사고한 문장"이라는 사실을 밝혔다.[14] 헬레니즘 세계의 문학 양식을 따른 서문을 통해 작품의 대상, 방법, 의도에 대한 개인적 설명 담음 누가는 복음서 저자 가운데 유일하게 자신의 작업이 공적인 문학적 산물이라는 사실을 강조한다. 이로써 당시 지방 토속적인 그리스도교 전승을 한층 높은 단계로 끌어올렸다.

---

14) E. Norden, *Die antike Kunstprosa II*, 483. 타이센G. Theissen은 서문의 언어와 문체를 "헬레니즘적 역사서술의 양식언어"를 따른 것으로 여긴다(*Entstehung*, 251).

고대 세계에서 역사서술을 위한 전문용어로 사용된 개념들 διήγησις 이야기, 내력; πράγματα 사건들, 사실 이 나타나는 것에서도 누가가 갖고 있던 역사적 관심을 읽을 수 있다. 그래서 누가를 가리켜 "최초의 기독교 역사가"라 부른다 M. Dibelius. 그러나 누가는 순수한 역사적 보도가 아니라 "우리 중에 이루어진" 구원의 역사, 즉 구원사 Heilsgeschichte 서술을 목표로 했다. 누가는 먼저 자신보다 앞선 선임자들의 기록, 곧 마가복음이나 예수 어록을 비판한다. 누가는 "처음부터" 2절 기록하고—따라서 공생애 이전 유아 시절 이야기를 보충해 넣었다—"그 모든 일을" 3절 추적하고자 한다. 또한 누가는 예수님의 행적에만 국한하지 않고 사도들의 행적도 다루고자 하여 복음서에 이어 사도행전도 기술했다. 누가는 "근원부터 자세히", "차례대로" 기록하고자 한다 3절. 서문의 마지막 부분 4절 ἀσφάλεια "확실성"에서 누가는 그리스도교의 가르침이 확실히 신뢰할 만하다는 점을 강조한다.

서문에서 저자는 복음서의 주요 내용이 예수님의 탄생부터 승천에 이르는 역사 가운데 하나님이 인간을 위한 구원을 어떻게 나타내 보이셨는가에 대한 증언이라는 점을 밝힌다. 독특하게 누가는 예수님 지상 사역의 마감을 승천까지로 눅 24:50-52; 행 1:2, 9-11 본다.

마가의 경우 예수 그리스도의 복음의 토대를 기록하면서 선포 케리그마를 전면에 내세움으로 역사가 선포에 봉사한다면, 누가는 역으로 선포라는 목표를 잃지 않으면서도 예수 그리스도의 복음을 역사적으로 동시에 구원사적으로 서술하고자 한다. 그래서 헹엘 M. Hengel 은 누가를 그리스도교 "최초의 신학적 역사가"라 하며, 메르클라인 H. Merklein 은 "구원사적 교회사의 창시자"라고 한다.

2) 전前역사 Vorgeschichte, 1:5-2:52 : 누가는 본론을 이른바 "전前역사"에 대한 보도로 시작한다. 여기서는 요한과 예수님의 탄생이 예고되고, 이들의 탄생 이야기가 나온다. 이 단락을 통해 누가는 예수님이 하나님의 아들이라는

자신의 견해를 나타낸다. 누가는 세례 요한의 이야기와 예수님의 이야기
가 서로 상응하도록 이 단락을 평행 구조병행 전기 기법로 섬세하게 구성했다.

	세례 요한	예수
탄생 예고	1:5-25 스가랴가 요한 탄생 소식 접함	1:26-38 마리아가 예수 탄생 소식 접함
마리아와 엘리사벳의 만남	1:39-56 마리아 찬가 Magnificat, 46b-55절	
탄생	1:57-67a	2:1-21
탄생 찬송	1:67b-80 사가랴의 예언/찬송 Benedictus	2:22-40 시몬의 찬송 Nunc dimittis
성전 안의 예수		2:41-52

천사의 말과 찬송을 통해 세례 요한과 예수님의 이야기가 조상들에게 하
신 하나님의 약속의 성취로 나타난다. 이 단락의 절정은 아기 예수 탄생
이야기에 있다. 여기서 아기 예수의 탄생은 온 세상을 위한 구원으로 해석되
는데, 이러한 해석은 시므온과 안나가 드리는 성전 제사에서 재확인된다.
2:34-35에서 장차 닥칠 예수님의 고난이 언급되기는 하지만, 전체적으로 성
탄 이야기는 환호와 영광의 빛 가운데 계신 예수님을 묘사한다. 이러한 누가
의 보도는 아기 예수님에 대한 살해 음모와 애굽 도주마 2:13-18를 언급하는
마태의 탄생 이야기와는 차이가 난다.

이어지는 단락 누가복음 3:1-4:13은 마가복음 1:1-13을 따르면서도 예수
어록의 내용으로 보충된다. 이 본문은 예수님 사역의 준비 단계에 해당하
는 내용을 보도한다. 먼저 세례 요한은 메시아의 길을 예비하는 자로 묘
사된다. 곧 요한은 회개를 선포함으로 예수님의 선포를 준비하는 것이다.
이어서 예수님이 세례 받는 장면과 예수님의 족보, 예수님이 마귀에게

시험받는 보도가 나온다.

예수님의 본격적인 사역은 4:14("예수께서 성령의 능력으로 갈릴리에 돌아가시니 그 소문이 사방에 퍼졌고")부터 21:38("³⁷ 예수께서 낮에는 성전에서 가르치시고 밤에는 나가 감람원이라 하는 산에서 쉬시니 ³⁸ 모든 백성이 그 말씀을 들으려고 이른 아침에 성전에 나아가더라") 사이에 전개된다. 누가복음의 중심 내용을 구성하는 예수님 사역은 크게 세 부분으로 나뉜다.

3) **예수님 사역의 첫째 부분** ᵏ 4:14-9:50 : 이 부분은 갈릴리 및 인근 지역을 둘러싼 사역에 대한 보도이다. 전체적으로 마가복음 1-9장과 평행하는 내용으로 예수님의 놀라운 기적 이야기들이 강조되어 나타난다. 더러운 귀신들린 사람을 포함하여 온갖 병자를 고치는 예수님의 사역을 나열한다 (나병환자 치유 5:12-16, 중풍병자 치유 5:17-26, 안식일에 손 마른 사람 치유 6:6-11, 백부장의 종 치유 7:1-10). 그 밖에도 놀라운 기적들이 이 부분에 집중되어 나타난다. 곧 죽은 자를 살리는 기적을 두 번씩 보도하며(과부의 아들을 소생시킴 7:11-17, 회당장의 죽은 딸을 소생시킴 8:49-56), 또한 바람과 물결을 잔잔하게 하는 기적 8:22-25, 오병이어의 기적 9:10-17 등이 나타난다. 누가는 예수님의 이런 기적 사역을 통해 하나님의 새 현실이 동터오는 것을 강조한다.

▫ 눅 4:16-30: 나사렛에서 배척받는 예수님 이야기를 통해 본 누가의 신학과 기법

누가복음 4:16-30을[15] 마가복음 6:1-6과 비교하면 누가의 특성이 잘 드러난다. 갈릴리 사역 말경에 예수님이 고향인 나사렛의 한 회당에 들린 일을 보도하는 마가복음 6:1-6에서 누가는 마가의 전승을 삭제하고 그 자리를 독자적인 내용으로 채운다. 누가는 대체로 마가의 순서를 따르지만,

---

15) G. N. Stanten, *The Gospels and Jesus*, 김동건 옮김, 『복음서와 예수』 (대한기독교서회, 1997), 113 이하 참조, M. Powell, *What are they saying about Luke?*, 배용덕 옮김, 『누가복음 신학』 (기독교문서선교회, 2002), 35.

X_ 누가복음 391

의도적으로 나사렛 배척 사건을 예수님 설교 시작 부분에 배치한다. 누가가 16, 22, 24절을 마가로부터 가져왔다는 것은 명백하나, 다른 부분은 누가 특수 자료나 예수 어록에서 가져온 것인지 학자들 사이에 논란이 있다. 어쨌든 이 부분에서 누가의 독특한 문체 및 누가가 중요하게 여기는 4가지 시각이 드러난다.

마가복음 6:1-6	누가복음 4:16-30
¹ 예수께서 거기를 떠나사 고향으로 가시니 제자들도 따르니라 ² 안식일이 되어 회당에서 가르치시니 많은 사람이 듣고 놀라 이르되 이 사람이 어디서 이런 것을 얻었느냐 이 사람이 받은 지혜와 그 손으로 이루어지는 이런 권능이 어찌 됨이냐 ³ 이 사람이 마리아의 아들 목수가 아니냐 야고보와 요셉과 유다와 시몬의 형제가 아니냐 그 누이들이 우리와 함께 여기 있지 아니하냐 하고 예수를 배척한지라 ⁴ 예수께서 그들에게 이르시되 선지자가 자기 고향과 자기 친척과 자기 집 외에서는 존경을 받지 못함이 없느니라 하시며 ⁵ 거기서는 아무 권능도 행하실 수 없어 다만 소수의 병자에게 안수하여 고치실 뿐이었고 ⁶ 그들이 믿지 않음을 이상히 여기셨더라	¹⁶ 예수께서 그 자라나신 곳 나사렛에 이르사 안식일에 늘 하시던 대로 회당에 들어가사 성경을 읽으려고 서시매 ¹⁷ 선지자 이사야의 글을 드리거늘 책을 펴서 이렇게 기록된 데를 찾으시니 곧 ¹⁸ 주의 성령이 내게 임하셨으니 이는 가난한 자에게 복음을 전하게 하시려고 내게 기름을 부으시고 나를 보내사 포로 된 자에게 자유를, 눈 먼 자에게 다시 보게 함을 전파하며 눌린 자를 자유롭게 하고 ¹⁹ 주의 은혜의 해를 전파하게 하려 하심이라 하였더라 ²⁰ 책을 덮어 그 맡은 자에게 주시고 앉으시니 회당에 있는 자들이 다 주목하여 보더라 ²¹ 이에 예수께서 그들에게 말씀하시되 이 글이 오늘 너희 귀에 응하였느니라 하시니 ²² 그들이 다 그를 증언하고 그 입으로 나오는 바 은혜로운 말을 놀랍게 여겨 이르되 이 사람이 요셉의 아들이 아니냐 ²³ 예수께서 그들에게 이르시되 너희가 반드시 의사야 너 자신을 고치라 하는 속담을 인용하여 내게 말하기를 우리가 들은 바 가버나움에서 행한 일을 네 고향 여기서도 행하라 하리라 ²⁴ 또 이르시되 내가 진실로 너희에게 이르노니 선지자가 고향에서는 환영을 받는 자가 없느니라 ²⁵ 내가 참으로 너희에게 이르노니 엘리야 시대에 하늘이 삼 년 육 개월간 닫히어 온 땅에 큰 흉년이 들었을 때에 이스라엘에 많은 과부가 있었으되 ²⁶ 엘리야가 그 중 한 사람에게도 보내심을 받지 않고 오직 시돈 땅에 있는 사렙다의 한 과부에게 뿐이었으며 ²⁷ 또 선지자 엘리사 때에 이스라엘에 많은 나병환자가 있었으되 그 중의 한 사람도 깨끗함을 얻지 못하고 오직 수리아 사람 나아만 뿐이었느니라 ²⁸ 회당에 있는 자들이 이것을 듣고 다 크게 화가 나서 ²⁹ 일어나 동네 밖으로 쫓아내어 그 동네가 건설된 산 낭떠러지까지 끌고 가서 밀쳐 떨어뜨리고자 하되 ³⁰ 예수께서 그들 가운데로 지나서 가시니라

① 누가는 예수님과 함께하는 성령의 활동을 강조한다[4:18]. 누가는 예수님을 성령에 의해 탄생한[1:35] 성령 충만한 자로 묘사한다. 4:1에는 이를 두 번이나 강조한다("예수께서 성령의 충만함을 입어 요단 강에서 돌아오사 광야에서 사십 일 동안 성령에게 이끌리시며"). 또한 누가는 평행구절인 마가복음 1:14의 요약 내용에 성령에 대한 언급을 첨가한다[4:14]. 마지막 부분에서도 부활한 예수님은 제자들에게 성령을 보낸다는 약속을 한다(24:49, "볼지어다 내가 내 아버지께서 약속하신 것을 너희에게 보내리니 너희는 위로부터 능력으로 입혀질 때까지 이 성에 머물라 하시니라"). 속편인 사도행전에서도 같은 말이 나온다(2:33, "하나님이 오른손으로 예수님을 높이시매 그가 약속하신 성령을 아버지께 받아서 너희가 보고 듣는 이것을 부어 주셨느니라"). 성령이 예수님 탄생에 활동했듯이, 그리스도교 탄생에도 성령이 예수님으로부터 와서 활동한다.

② 누가복음의 예수님은 회당에서 이사야 61:1-2을 읽는다. 이후의 장면을 강조하기 위해 누가의 짧은 평[4:20]이 있은 뒤, 짧고 인상 깊은 예수님의 선포가 나온다(21절, "이 글이 오늘 너희 귀에 응하였느니라"). 이 진술은 마가복음 1:15의 예수님의 첫 선포에 해당한다("이르시되 때가 찼고 하나님의 나라가 가까이 왔으니 회개하고 복음을 믿으라 하시더라"). 마가가 하나님의 왕적 권세가 임박했음을 강조한다면, 누가는 예수께서 온 것을 하나님의 약속이 성취되는 새 시대의 시작이라고 본다. 누가는 하나님의 약속 성취가 예수님의 삶뿐만 아니라[눅 4:21] 교회의 삶과도 연관되었다고 말한다[행 1:16; 3:18]. 누가복음 4:21의 선포는 누가복음에 최초로 나타나는 예수님 자신의 진술인데, 같은 주제가 복음서 마지막 부분에[24:44-48] 더욱 발전된 형태로 나온다. 즉 부활하신 예수님은 자신에 관해 기록된 성경의 모든 말씀이 이루어질 것이라는 가르침을 일깨운다.

③ 예수님은 "선지자가 고향에서는 환영을 받는 자가 없느니라"[4:24]는 속담을 인용하면서, 자신이 백성들로부터 배척당할 것을 암시한다. 예수님은

엘리야와 엘리사 같은 이스라엘의 위대한 선지자와 자신을 비교한다. 이 두 선지자는 곤경에 처한 이스라엘 백성을 돌보는 대신 이방인들을 선호했던 사람들이다. 바로 여기서 누가는 이스라엘이 예수님을 배척함으로써 하나님의 말씀이 이방인에게 전해졌다는 메시지를 드러낸다.16)

④ 4:30의 진술("예수께서 그들 가운데로 지나서 가시니라")에서 누가는 누가복음과 사도행전에서 전개될 주제를 위한 복선을 드러낸다. 여기에 신학자로서의 누가의 섬세한 손길이 엿보인다. 누가는 이야기가 전개되는 동안 사람들의 음모나 핍박이 하나님의 계획을 단지 잠시 멈추게 할 뿐, 그 뜻을 전혀 거스를 수 없다는 점을 독자들에게 거듭 강조한다. 베드로의 오순절 설교에서도 이 점이 드러난다행 2:22-24.

또한 스데반의 순교와 예루살렘에서 계속되는 교회에 대한 박해도 하나님의 말씀이 선포되는 것을 막지 못하고 역으로 선교 사역의 확장을 재촉할 뿐이었다행 8:1 이하. 사도행전 마지막 부분에서 죄수로 로마에 끌려온 바울은 가이사에게 항고한 것이 받아들여지기를 기다리나, 저자 누가는 자신의 두 작품의 마지막 말을 "하나님의 나라를 전파하며 주 예수 그리스도에 관한 모든 것을 담대하게 거침없이 가르치더라" 28:31 는 보도로 끝낸다. 예수님은 자기를 살해하려는 자들 한가운데를 지나서 자기의 길을 가신다. 이 길은 다름 아닌 예루살렘으로 향하는 길이다.

⑤ 4:18-19에서 예수님은 이사야서를 인용하면서 희년17)의 주제를 반영하였는데, 누가가 가난하고 억눌린 자를 위한 예수 선포에 남다른 관심이 있음을 엿볼 수 있다. 여기서 가난한 자를 위한 예수님의 복음을 사회정치적인 술어로 해석할 가능성을 찾을 수 있다.18)

---

16) 이 주제는 바울과 바나바가 비시디아 안디옥의 유대인들에게 행했던 설교에서도 강조된다행 13:46.

17) 참조, 레 25장; 출 21:2-6; 23:10-12; 신 15:1-18; 31:9-13. 50년마다 경축하는 희년 선포는 토지를 원소유자에게 돌려주고 땅은 1년 동안 휴경하며 빚을 탕감해 주고 노예를 해방하는 등의 규정을 담고 있다.

18) A. Trocme, *Jesus and the Nonviolent Revolution*, 1973 (박혜련 옮김, 『예수와 비폭력

▫ '**평지설교**'눅 6:20-49. 참조, 마 5-7장 : 제자들과 온 백성을 위한 근본적인 가르침

산상설교보다 훨씬 간략한 이른바 '평지설교'는 예수님의 여러 말씀 전승을 모아 조합한 것이다. 누가의 구성은 대체적으로 예수 어록에서 비롯되었으나, 배열 순서에는 변화를 시도한 것으로 보인다. 마태는 이 내용을 산상설교로 확대했다마 5-7장. 누가의 평지설교를 어떻게 나누어야 할지 논란이 있으나, 다음의 네 부분으로 구분하고자 한다.

A. **서문**6:20-26 : 마태의 산상설교의 경우와 달리 여기서는 '복 선포'Macarism 20b-23절 외에도 '화 선포'24-26절 가 나온다.

(6:20-26) [20] 예수께서 눈을 들어 제자들을 보시고 이르시되 너희 가난한 자는 복이 있나니 하나님의 나라가 너희 것임이요 [21] 지금 주린 자는 복이 있나니 너희가 배부름을 얻을 것임이요 지금 우는 자는 복이 있나니 너희가 웃을 것임이요 [22] 인자로 말미암아 사람들이 너희를 미워하며 멀리하고 욕하고 너희 이름을 악하다 하여 버릴 때에는 너희에게 복이 있도다 [23] 그 날에 기뻐하고 뛰놀라 하늘에서 너희 상이 큼이라 그들의 조상들이 선지자들에게 이와 같이 하였느니라 [24] 그러나 화 있을진저 너희 부요한 자여 너희는 너희의 위로를 이미 받았도다 [25] 화 있을진저 너희 지금 배부른 자여 너희는 주리리로다 화 있을진저 너희 지금 웃는 자여 너희가 애통하며 울리로다 [26] 모든 사람이 너희를 칭찬하면 화가 있도다 그들의 조상들이 거짓 선지자들에게 이와 같이 하였느니라

▫ **예수님의 차원**: 맨 처음 나오는 세 개의 복 선언은 예수님으로부터 유래한 것으로 보인다. 본래 3인칭으로 되어 있었을 것이며, 실제로 궁핍하고 가난한 사람들을 향한 선언이었다.

▫ **예수 어록 Q 차원**: 형태와 내용에서 차이가 나는 넷째 복 선언이 이때 첨가되었을 것이다. 당시 신앙 공동체의 상황이 반영되었다.

▫ **누가의 차원**: 누가는 예수 어록의 네 개의 복 선언을 2인칭으로 바꾸

혁명』, 한국신학연구소, 1986)을 참조하라.

어 선포가 아니라 대화 상대방에게 하는 말이 되게 하였다. 게다가 누가는 복 선언 뒤에 화 선언을 첨가한다.

6:20의 복 선언과 화 선언은 마치 제자들을 향한 것처럼 보인다. 그러나 6:17에서 제자들과 더불어 온 백성이 청중으로 언급된다("¹⁷ 예수께서 그들과 함께 내려오사 평지에 서시니 그 제자의 많은 무리와 예수의 말씀도 듣고 병 고침을 받으려고 유대 사방과 예루살렘과 두로와 시돈의 해안으로부터 온 많은 백성도 있더라"). 복 선언과 화 선언을 대립시킴으로써 예수님의 복음 선포가 실제로 궁핍하고 가난한 자를 향한 것으로 드러난다. 예수님의 제자인 신앙 공동체는 가난한 자의 편에 서야 한다는 점이 강조된다.

B. 긍정적인 요청 외부인을 향한 태도 6:27-36 : 앞의 화 선포와 명확히 구분되는 원수 사랑의 메시지가 강조된다. 화 선포의 수신자가 박해를 하는 사람이라면, 이제 예수님은 박해를 받는 제자들을 향해 말씀하신다.

(6:27-36) ²⁷ 그러나 너희 듣는 자에게 내가 이르노니 너희 원수를 사랑하며 너희를 미워하는 자를 선대하며 ²⁸ 너희를 저주하는 자를 위하여 축복하며 너희를 모욕하는 자를 위하여 기도하라 ²⁹ 너의 이 뺨을 치는 자에게 저 뺨도 돌려대며 네 겉옷을 빼앗는 자에게 속옷도 거절하지 말라 ³⁰ 네게 구하는 자에게 주며 네 것을 가져가는 자에게 다시 달라 하지 말며 ³¹ 남에게 대접을 받고자 하는 대로 너희도 남을 대접하라 황금률 ³² 너희가 만일 너희를 사랑하는 자만을 사랑하면 칭찬 받을 것이 무엇이냐 죄인들도 사랑하는 자는 사랑하느니라 ³³ 너희가 만일 선대하는 자만을 선대하면 칭찬 받을 것이 무엇이냐 죄인들도 이렇게 하느니라 ³⁴ 너희가 받기를 바라고 사람들에게 꾸어 주면 칭찬 받을 것이 무엇이냐 죄인들도 그만큼 받고자 하여 죄인에게 꾸어 주느니라 ³⁵ 오직 너희는 원수를 사랑하고 선대하며 아무 것도 바라지 말고 꾸어 주라 그리하면 너희 상이 클 것이요 또 지극히 높으신 이의 아들이 되리니 그는 은혜를 모르는 자와 악한 자에게도 인자하시니라 ³⁶ 너희 아버지의 자비로우심 같이 너희도 자비로운 자가 되라

누가는 원수 사랑을^{27-28절} 그리스도인이 가져야 할 전형적인 태도라고 여긴다. 이러한 태도는 당시 사회적 통념과 다르다. 원수에 대한 사랑은 하나님의 종말론적 활동에 바탕을 둔 것임을 강조한다^{35-36절}.

C. **부정적인 요청**_{공동체원들에 대한 태도 6:37-42} : 앞의 내용을 다시 부정적으로 서술한다.

(6:37-42) ³⁷ 비판하지 말라 그리하면 너희가 비판을 받지 않을 것이요 정죄하지 말라 그리하면 너희가 정죄를 받지 않을 것이요 용서하라 그리하면 너희가 용서를 받을 것이요 ³⁸ 주라 그리하면 너희에게 줄 것이니 곧 후히 되어 누르고 흔들어 넘치도록 하여 너희에게 안겨 주리라 너희가 헤아리는 그 헤아림으로 너희도 헤아림을 도로 받을 것이니라 ³⁹ 또 비유로 말씀하시되 맹인이 맹인을 인도할 수 있느냐 둘이 다 구덩이에 빠지지 아니하겠느냐 ⁴⁰ 제자가 그 선생보다 높지 못하나 무릇 온전하게 된 자는 그 선생과 같으리라 ⁴¹ 어찌하여 형제의 눈 속에 있는 티는 보고 네 눈 속에 있는 들보는 깨닫지 못하느냐 ⁴² 너는 네 눈 속에 있는 들보를 보지 못하면서 어찌하여 형제에게 말하기를 형제여 나로 네 눈 속에 있는 티를 빼게 하라 할 수 있느냐 외식하는 자여 먼저 네 눈 속에서 들보를 빼라 그 후에야 네가 밝히 보고 형제의 눈 속에 있는 티를 빼리라

형제 (자매) 상호 간의 권면에서 예수님의 제자는 자신이 결코 온전한 사람이 아니라는 사실을 상기시킨다. 여기에서 누가는 자신의 윤리적 태도를 돌아보지 않으면서 형제를 비난하는 그리스도인을 염두에 두고 있다.

D. **종말론적 결론**^{6:43-49} : 입술로만 외우는 신앙고백은 아무 소용이 없고, "듣고 행함"^{47, 49절}이 결정적임을 강조한다.

(6:43-49) ⁴³ 못된 열매 맺는 좋은 나무가 없고 또 좋은 열매 맺는 못된 나무가 없느니라 ⁴⁴ 나무는 각각 그 열매로 아나니 가시나무에서 무화과를, 또는 찔레

에서 포도를 따지 못하느니라 ⁴⁵ 선한 사람은 마음에 쌓은 선에서 선을 내고 악한 자는 그 쌓은 악에서 악을 내나니 이는 마음에 가득한 것을 입으로 말함이니라 ⁴⁶ 너희는 나를 불러 주여 주여 하면서도 어찌하여 내가 말하는 것을 행하지 아니하느냐 ⁴⁷ 내게 나아와 내 말을 듣고 행하는 자마다 누구와 같은 것을 너희에게 보이리라 ⁴⁸ 집을 짓되 깊이 파고 주추를 반석 위에 놓은 사람과 같으니 큰 물이 나서 탁류가 그 집에 부딪치되 잘 지었기 때문에 능히 요동하지 못하게 하였거니와 ⁴⁹ 듣고 행하지 아니하는 자는 주추 없이 흙 위에 집 지은 사람과 같으니 탁류가 부딪치매 집이 곧 무너져 파괴됨이 심하니라 하시니라

7:29-30은 예수님의 말씀에 대한 두 가지 상반된 반응을 전한다. 즉 세례 받은 백성과 세리들은 하나님의 구원의 뜻을 수용하나, 세례받지 아니한 바리새인과 율법교사들은 그 뜻을 저버린다.

   4) 예수 사역의 둘째 부분 9:51-19:27 : 이 부분은 예루살렘을 향한 예수님의 여정을 묘사하기에 흔히 '여행 보도' Reisebericht 라고 부른다. 여기 아홉 장에 걸친 긴 내용의 대부분은 누가 특수자료와 예수 어록 Q에서 유래한 자료 들이다. 마가 본문에서 이탈한 이 부분에서 누가복음의 구조가 가진 특성 이 잘 드러난다. 누가는 예수님 사역의 절반 이상을 '예루살렘 여행'과 관련시키는데, **예수님의 사역이 죽음과 부활의 장소인 예루살렘을 향한다** 는 사실을 재차 강조한다.

   (9:51) 예수께서 승천하실 기약이 차가매 예루살렘을 향하여 올라가기로 굳게 결심하시고(참조, 18:31-33 "우리가 예루살렘으로 올라가노니 선지자들을 통하여 기록된 모든 것이 인자에게 응하리라"); (13:33) 그러나 오늘과 내일과 모레는 내가 갈 길을 가야 하리니 선지자가 예루살렘 밖에서는 죽는 법이 없느니라; (17:11) 예수께서 예루살렘으로 가실 때에 사마리아와 갈릴리 사이로 지나가시 다가

   9:51의 전환점에 이르기 직전, 9:31에서 누가는 예수님이 예루살렘에서 당면하게 될 일이 무엇인지를 암시한다.

(9:28-31) ²⁸ 이 말씀을 하신 후 팔 일쯤 되어 예수께서 베드로와 요한과 야고보를 데리고 기도하시러 산에 올라가사 ²⁹ 기도하실 때에 용모가 변화되고 그 옷이 희어져 광채가 나더라 ³⁰ 문득 두 사람이 예수와 함께 말하니 이는 모세와 엘리야라 ³¹ 영광중에 나타나서 장차 예수께서 예루살렘에서 별세하실 것을 말할새

예수께서 모세와 엘리야와 더불어 영광의 모습으로 변모하는 변화산 이야기에서 누가는 마가나 마태의 평행 단락에는 없는 31절의 내용을 첨가하였다. 원문은 τὴν ἔξοδον αὐτοῦ인데, 여기서 '엑소도스'ἔξοδος는 "출발", "떠나감", "죽음"의 뜻을 가진 단어로 문맥상 "죽음"=별세으로 이해하는 것이 타당하다. 이로써 누가는 예루살렘에서 예수님이 죽게 되리라는 점을 독자들에게 강하게 암시한다.

'여행보도'에서 고난과 죽음의 길로 향하는 예수님의 여정은 하나님의 뜻이라는 점이 강조된다. 먼저 9:51에서 누가는 예수님의 여행 종착지가 예루살렘이라는 사실을 독자들에게 분명히 한 뒤, 사마리아 마을에서 예수님을 받아들이지 않는 이야기로 첫 단락을 시작한다.

(9:51-56) ⁵¹ 예수께서 승천하실 기약이 차가매 예루살렘을 향하여 올라가기로 굳게 결심하시고 ⁵² 사자들을 앞서 보내시매 그들이 가서 예수를 위하여 준비하려고 사마리아인의 한 마을에 들어갔더니 ⁵³ 예수께서 예루살렘을 향하여 가시기 때문에 그들이 받아들이지 아니 하는지라 ⁵⁴ 제자 야고보와 요한이 이를 보고 이르되 주여 우리가 불을 명하여 하늘로부터 내려 저들을 멸하라 하기를 원하시나이까 ⁵⁵ 예수께서 돌아보시며 꾸짖으시고 ⁵⁶ 함께 다른 마을로 가시니라

나사렛의 예수님 배척 이야기(눅 4:30, "예수께서 그들 가운데로 지나서 가시니라ἐπορεύετο")를 기억하는 독자는 이곳 사마리아에서도 역시 예수님이 배척받으리라는 것을 안다. 예수님은 계속해서 "다른 마을로 나아간다ἐπορεύθησαν, 9:56." 이 두 구절에서 누가가 동일한 동사 "(떠나) 가다"πορεύομαι를 사용한 것은 매우 의도적인데, 이는 예수님의 움직임 배후에 놓여 있는 궁극의

목적을 암시한다. 곧 예수님은 적대자들의 핍박에도 불구하고 하나님이 자기에게 맡긴 길을 나아간다는 것이다.

또한 누가복음 9:58에서 안식할 고향이 없는 예수님의 절박한 상황을 언급하면서 예수님의 길은 고난의 길임을 강조한다. 동시에 예수님을 따르는 제자들의 길도 그러함을 부각한다.

> (9:57-62) [57] 길 가실 때에 어떤 사람이 여짜오되 어디로 가시든지 나는 따르리이다 [58] 예수께서 이르시되 여우도 굴이 있고 공중의 새도 집이 있으되 인자는 머리 둘 곳이 없도다 하시고 [59] 또 다른 사람에게 나를 따르라 하시니 그가 이르되 나로 먼저 가서 내 아버지를 장사하게 허락하옵소서 [60] 이르시되 죽은 자들로 자기의 죽은 자들을 장사하게 하고 너는 가서 하나님의 나라를 전파하라 하시고 [61] 또 다른 사람이 이르되 주여 내가 주를 따르겠나이다마는 나로 먼저 내 가족을 작별하게 허락하소서 [62] 예수께서 이르시되 손에 쟁기를 잡고 뒤를 돌아보는 자는 하나님의 나라에 합당하지 아니하니라 하시니라

예루살렘으로 가는 여정에서 누가는 예수님의 '가르침'을 부각한다. 이때 예수님의 불안한 실존을 묘사하는 동안 극단적인 가르침이 강조된다(기도에 대한 가르침[11:1-13], 바리새인들의 외식을 주의하라[12:1-12], 목숨과 몸을 위하여 염려하지 말라[12:22-34], 깨어 준비하고 있으라[12:35-48], 시대를 분간하라[12:54-56]). 이로써 누가는 예수님이 돌아가신 뒤 일어날 혼란에 대비해서 제자들을 준비시키는 예수님의 모습을 보여준다. 이것은 예수님 사후 제자들이 예수님을 이어서 설교하고 가르치는 역할을 수행하리라는 것과 밀접히 연관되어 있다.[19]

또한 누가복음에만 나오는 '비유와 예화'는 예루살렘을 향한 예수님의 여정 부분에 집중적으로 나타나는 특징이 있다: 선한 사마리아인의 비유[10:29-37], 간청하는 친구의 비유[11:5-8], 어리석은 부자 비유[12:16-21], 열매 맺지 못하는 무화과나무 비유[13:6-9], 망대와 전쟁 비유[14:28-32], 잃은 양을 찾는 목

---

19) 참조, 9:60; 10:3, 16; 17:22-25.

자 비유[15:1-7], 잃은 드라크마를 찾은 여인 비유[15:8-10], 잃은 아들을 되찾은 아버지 비유[15:11-32], 옳지 않은 청지기 비유[16:1-12], 부자와 거지 나사로 비유[16:19-31], 종의 비유[17:7-10], 과부와 재판장 비유[18:1-8], 바리새인과 세리 비유[18:9-14] 등.

이러한 비유들을 보면, 누가는 다른 복음서 저자들보다 예수님의 비유 교훈에 많은 관심을 가졌다는 사실을 알 수 있다. 이 비유들은 대략 3가지로 구분할 수 있다.[20)]

① **복음적 비유**: 잃은 양을 찾는 목자 비유[15:1-7], 잃은 드라크마를 찾은 여인 비유[15:8-10], 잃은 아들을 되찾은 아버지 비유[15:11-32]가 여기에 속한다. 이 비유들은 '잃어버린 것'τὸ ἀπολωλός을 다시 발견하는 기쁨의 문맥에 속한다. 그 목적은, 죄인들이 회개하고 또 바리새인들과 서기관들이 예수님을 향한 적대적 행위를 멈추게 하는 것이다. 이 비유들을 통해 '버림받은 죄인'을 구원하러 오신 예수님에 대한 누가의 남다른 관심을 엿볼 수 있다. 복음이 특별히 이들을 향하고 있음을 누가는 강조한다(19:10, "인자가 온 것은 잃어버린 자를 찾아 구원하려 함이니라"). 인자 예수님의 오심은 "세리와 죄인들"[15:1]의 구원에 있다. 십자가 죽음뿐만 아니라, 나사렛 예수의 활동 전체는 구원론적인 의미를 지닌다(2:30, "내 눈이 주의 구원을 보았사오니").

② **사회 경제적 비유**: 선한 사마리아인의 비유[10:29-37], 어리석은 부자 비유[12:16-21], 옳지 않은 청지기 비유[16:1-12], 부자와 거지 나사로 비유[16:19-31] 등의 비유가 여기에 속한다. 여기서 누가의 관심은 특히 '가난한 사람들'πτωχοί을 향하여 있다. 또한 누가는 소유의 적절한 분배에 대하여도 두드러진 관심을 드러낸다. 마태복음이나 마가복음에는 이런 종류의 비유가 거의 나타나지 않는다.

---

20) 참조, 김득중, 『복음서의 비유들』 (컨콜디아사, 1993), 226-227.

③ **기도에 대한 비유**: 간청하는 친구의 비유[11:5-8], 과부와 재판장 비유[18:1-8], 바리새인과 세리 비유[18:9-14] 등의 기도에 대한 비유는 누가에만 나타난다. 이로써 누가는 기도에 각별한 관심을 가졌음을 알 수 있다.

5) 예수 사역의 셋째 부분 [19:28-21:38] : 여기서 누가는 대체로 마가복음의 내용을 따라간다. 예루살렘 입성[19:28-44]과 '성전[기도와 가르침의 집] 정화 사건' [19:45-48,21)] 예수님의 권위 문제[20:1-8], 가이사에게 세금 바치는 것[20:19-26]과 부활에 대한 논쟁[20:27-40] 등에서 나타나는 긴장은 모두 예수님의 수난 보도 [22:1-23:56]로 집중된다. 마지막으로 부활 및 승천 이야기[24:1-53]가 나온다.

6) 예수님의 수난 이야기[22:1-23:56] : 누가의 수난 보도의 특징

누가는 그리스도의 수난과 고난을 영광의 길로 가기 위한 불가피한 단계로 묘사한다(17:25, "그가 먼저 많은 고난을 받으며 이 세대에게 버린 바 되어야 할지니라", 24:26, "그리스도가 이런 고난을 받고 자기의 영광에 들어가야 할 것이 아니냐 하시고"). 고난받는 그리스도는 역시 고난의 길을 가야만 하는 제자들의 모범으로 묘사된다(행 14:22, "우리가 하나님의 나라에 들어가려면 많은 환난을 겪어야 할 것이라 하고"). 하지만 예수님은 단순한 모범 이상의 모습으로 나온다. 고난의 길을 앞서갈 뿐만 아니라, 제자들을 위해 그 길을 마련한다.

마가처럼, 누가도 고난 예고를 여러 번 되풀이한다. 예루살렘으로 가는 십자가의 길은 하나님의 섭리라서 아무도 막을 수 없는 길이다.

(9:22) 이르시되 인자가 많은 고난을 받고 장로들과 대제사장들과 서기관들에

---

21) 마가의 경우, 예수의 성전정화 사건[막 11:15-17]과 그로 인한 예루살렘 지도층의 살해 의도[막 11:18a]가 밀접하게 연결된 것과 달리, 누가는 그러한 연결고리를 제거하고[막 11:15b를 삭제], 그 대신 예수가 성전에서 날마다 가르친다는 내용을 끼워 넣는다[눅 19:47]. 따라서 누가의 경우, 성전정화 사건[눅 19:45-46]은 예수께서 날마다 **성전에서 가르치시는 장면**[눅 19:47a]**의 도입부에 불과하다**. 따라서 누가는 예루살렘 지도층의 살해 의도가 예수의 가르침에서 비롯된 것으로 묘사한다[눅 19:47-48].

게 버린 바 되어 죽임을 당하고 제 삼일에 살아나야 하리라 하시고; (13:33) 그러나 오늘과 내일과 모레는 내가 갈 길을 가야 하리니 선지자가 예루살렘 밖에서는 죽는 법이 없느니라; (17:25) 그러나 그가 먼저 많은 고난을 받으며 이 세대에게 버린 바 되어야 할지니라 또한 22:37; 24:7; 24:26

인자는 하나님에 의해 정해진 계획에 따라 고난의 길을 간다(22:22, "인자는 이미 작정된 대로 가거니와 그를 파는 그 사람에게는 화가 있으리로다 하시니").

누가는 예수님의 수난을 아무 죄 없이 죽음으로 가는23:41 '의인의 수난'으로 묘사한다(23:47, "백부장이 그 된 일을 보고 하나님께 영광을 돌려 이르되 이 사람은 정녕 의인이었도다 하고"). 다시 말해 예수님의 죽음을 (바울이나 마가처럼) '속죄의 죽음'으로 해석하지 않고, 무죄한 의인의 운명으로 해석한다. 하지만 예수님의 수난은 하나님에 의해 예정된 길을 따르는 수난이므로, 의인의 수난과는 차이가 있다. 예수님의 죄 없음과 관련하여 강조되는 것은, 예수님이 자발적으로 고난의 길을 갔으며, 그 과정 중에도 치유하는 자며(22:51, "그 귀를 만져 낫게 하시더라") 용서하는 자(23:43, "오늘 네가 나와 함께 낙원에 있으리라 하시니라")라는 사실이다.

누가는 수난이 닥치리라는 예수님의 예고를 보도한다. 하지만 마가와 달리, 누가는 수난사 속에서도 다음에 일어날 일을 예고한다. 수난을 넘어 하나님 나라에서 성취될 유월절 식사도 예고한다(22:16, "내가 너희에게 이르노니 이 유월절이 하나님의 나라에서 이루기까지 다시 먹지 아니하리라 하시고"). 22:18("내가 너희에게 이르노니 내가 이제부터 하나님의 나라가 임할 때까지 포도나무에서 난 것을 다시 마시지 아니하리라 하시고")에서 "이제부터"라는 말을 함으로써 전환점을 분명히 밝힌다. 제자의 배반을 예고할 때는 그것이 하나님의 계획에 따른 것임을 강조한다22:21-23.

구원사를 강조하는 누가의 시각이 수난 이야기에서(특히 죽음과 관련하여) 단계적으로 벌어지는 사건을 통해 드러난다. 예수님의 죽음을 속죄의 죽음으로 강조하지 않음은 아마도 이방인 독자들을 고려했기 때문이라고 생각된다. 대신 이방인 독자들이 이해하기 쉽게 예수님의 고난을 고난받는 의인의 전형으로 강조했을 것이다.

누가는 예수님의 수난과 관련된 개별 사건들을 성경의 성취로 강조하기보다는 예수님의 길 전체를 성경의 성취로 본다(24:44, "또 이르시되 내가 너희와 함께 있을 때에 너희에게 말한 바 곧 모세의 율법과 선지자의 글과 시편에 나를 가리켜 기록된 모든 것이 이루어져야 하리라 한 말이 이것이라 하시고"). 하나님의 계획은 예수님의 수난과 부활을 넘어서 모든 민족을 위한 회개와 죄의 용서를 선포하는 것을 포함한다(24:46-47, "⁴⁶또 이르시되 이같이 그리스도가 고난을 받고 제삼일에 죽은 자 가운데서 살아날 것과 ⁴⁷또 그의 이름으로 죄 사함을 받게 하는 회개가 예루살렘에서 시작하여 모든 족속에게 전파될 것이 기록되었으니").

누가의 수난 이야기 다음에는 제자들의 도망에 관한 보도는 없고, 제자들은 예루살렘에 머문다. 베드로가 예수님을 아느냐는 질문에 아니라고 했지만, 그의 신앙은 변함이 없었다. 사도들은 수난과 승천을 포함한 예수님 생애의 증인들이다. 부활의 증인인 사도들은 교회 탄생에 결정적인 역할을 한다. 이런 이유에서 제자들은 수난사에서 보호를 받는다.

누가는 수난사를 통해 독자들에게 예수님이 죄 없이 살해된 의인이라는 점을 나타내고자 한다눅 23:47; 참조, 행 3:14; 7:52; 22:14. 이러한 문맥에서 누가는 정치적 변증의 의도를 드러낸다. 빌라도는 백성 앞에서 예수님의 무죄를 세 번씩이나 밝힌다.

(23:4) 빌라도가 대제사장들과 무리에게 이르되 내가 보니 이 사람에게 죄가 없도다 하니; (23:14) 이르되 너희가 이 사람이 백성을 미혹하는 자라 하여 내게 끌고 왔도다 보라 내가 너희 앞에서 심문하였으되 너희가 고발하는 일에 대하여 이 사람에게서 죄를 찾지 못하였고; (23:22) 빌라도가 세 번째 말하되 이 사람이 무슨 악한 일을 하였느냐 나는 그에게서 죽일 죄를 찾지 못하였나니 때려서

놓으리라 하니

이로써 누가는 예수님이 로마의 적대자로서 살해된 것이 아니라는 사실을 밝힌다.

7) **부활과 승천 이야기**[24:1-53] : 누가복음의 빈 무덤 이야기는 마가의 경우와 다르다.

누가복음 24:6-7	마가복음 16:7
[6] 여기 계시지 않고 살아나셨느니라 갈릴리에 계실 때에 너희에게 어떻게 말씀하셨는지를 기억하라 [7] 이르시기를 인자가 죄인의 손에 넘겨져 십자가에 못 박히고 제삼일에 다시 살아나야 하리라 하셨느니라 한 대	가서 그의 제자들과 베드로에게 이르기를 예수께서 너희보다 먼저 갈릴리로 가시나니 전에 너희에게 말씀하신 대로 너희가 거기서 뵈오리라 하라 하는지라

마가복음에서는 예수님이 생존 때 말씀하신 대로[참조, 막 14:27-28] 제자들은 갈릴리로 가나, 누가복음에서 제자들은 예루살렘에 그대로 머물러 있고, 여인들은 예수님의 말씀을 기억하고 무덤에서 돌아가 이 모든 것을 열한 사도와 다른 모든 이에게 알린다[눅 24:8-9]. 이와 달리 마가복음에 나타나는 여인들은 두려움에 빠져 아무 말도 못 한다[막 16:8].

두 제자가 엠마오로 가는 길에 부활하신 분을 만나는 이야기[24:13-35]는 누가복음에만 나온다. 인간의 모습을 하고 다니시는 신이라는 주제를 다룬다. 24:25-27에서 누가는 예수님은 단순히 모세와 같이 "하나님과 모든 백성 앞에서 말과 일에 능하신 선지자"[24:19]가 아니라, 성경이 예언한 고난받는 예언자라는 사실을 강조한다("[25] 이르시되 미련하고 선지자들이 말한 모든 것을 마음에 더디 믿는 자들이여 [26] 그리스도가 이런 고난을 받고 자기의 영광에 들어가야 할 것이 아니냐 하시고 [27] 이에 모세와 모든 선지자의 글로 시작하여 모든 성경에 쓴 바 자기에 관한 것을 자세히 설명하시니라"). 두 제자는 축사하고 떡을 떼어

주는 모습에서 예수님인 것을 알아보았고, 즉시 예루살렘으로 돌아가자 시
몬에게 예수님이 나타나셨다는 말을 듣는다[33-34절]. 그 순간 예수께서 그들
가운데 나타나 자신은 유령이 아니라 "살과 뼈"를 가지고 있다고 보이며,
이를 더 분명하게 증명하기 위해 생선 한 토막을 잡수신다[36-43절].

이어서 제자들이 예수 사건의 증인이라는 점이 강조되는 가운데 위로부
터 오는 능력을 약속받는다[45-49절].[22] 끝으로 24:50-53에는 예수님의 승천이
언급되는데, 이는 누가만 언급하는 보도이다.[23] 여기서는 제자들을 향한
예수님의 축복이 강조되며, 제자들은 예루살렘으로 돌아가 성전에서 하
나님을 찬송한다. 이로써 누가는 눈으로 볼 수 없고 오직 믿음 안에서만
실재하는 부활의 영광을 역사적 사건으로 묘사한다[G. Lohfink].[24]

---

22) 눅 24:47("그의 이름으로 죄 사함을 받게 하는 회개가 예루살렘에서 시작하여 모든 족
속에게 전파될 것이 기록되었으니")은 사도행전을 예비한다. 사도행전에서 부활하신 그리스도
를 통해 제자들은 선교의 사명을 부여받는다.
23) 막 16:19-20도 예수의 승천을 언급하나, 이 본문은 후대에 첨가된 것이다.
24) G. Lohfink, *Die Himmelfahrt Jesu*, München, 1971, 242-283.

XI

사도행전

...

· **특징:** 사도행전은 예수님의 지상 사역의 역사를 담은 누가복음의 속편으로 초기 교회의 역사를 다룬다. 성령의 인도에 따라 제자들이 예루살렘에서 시작하여 온 유대와 사마리아를 거쳐 땅끝까지(1:8) 전하게 된 복음 선포의 역사와 교회 성장의 역사를 구원사적 관심으로 묘사한다.

· **핵심 메시지:** 그리스도에 관한 증언이 예루살렘에서 온 유대와 사마리아를 거쳐 로마까지 당도함으로 이루어진 공간적 연속성과, 예수님의 시간으로부터 사도들의 시간을 거쳐 바울의 시간에 이르는 시간적 연속성을 강조한다. 이러한 연속성을 통해 그리스도에 관한 증언이 확실히 신뢰할 만한 것이며 또한 교회 확장의 역사가 성령의 인도에 따른 것임을 증언한다.

누가는 자신의 복음서와 연속된 책으로서 사도행전을 집필했다. 여기서 예수 이야기의 연속으로서 초창기 교회의 역사를 묘사한다. 이로써 예수의 역사와 교회의 역사가 처음으로 서로 연관되어 나타난다.[1] 누가가 사도행전을 쓰기로 구상한 것은, 마가가 최초로 복음서를 쓰기로 구상

---

1) 바렛 C. K. Barrett 은 예수 이야기와 사도적 설교를 연결함으로써 일종의 최초의 신약정경에 해당하는 전체적 묘사가 추구된 것으로 보았다: "The First New Testament", *NT* 38 (1996), 94-104.

한 것만큼이나 혁신적인 사건이었다.

누가는 예수님의 등장과 그로 인해 야기된 부활절 이후의 교회 현상을 시간과 공간에서 연속적으로 일어난 역사적 현상으로 묘사하고자 했다. 동시에 과거 역사를 케리그마적 관점에서 믿음을 향한 역사로 이해했다. 그리스도교 신앙은 과거의 사건들에 근거하고 있다고 확신했기 때문이다. 사도행전의 중심 주제는 그리스도에 대한 증언과 그로 인해 형성되는 교회라고 요약할 수 있다.

1. 사도행전에 대한 부정적인 평가

신약성경 가운데 독특한 현상인 사도행전의 저자 누가는 한동안 학자들로부터 부정적인 평가를 받았다. 그리스도교에 대해 비판적인 성향이 강했던 역사신학자 오버벡Franz Overbeck, 1837-1905은 『그리스도교와 문화』 Christentum und Kultur, 1919에서 누가가 복음서에 이어서 사도행전을 기록한 것은 "세계사 차원의 현명치 못한 처사"Taktlosigkeit von welthistorischen Dimensionen, 78라고 비판했다. 예수에게는 역사의 종말이 도래했는데, 누가는 역사를 계속 흐르게 만들었다는 것이다. 오버벡은 복음과 역사가 서로 양립할 수 없는 모순된 것이라고 생각했으며, 종말론적이며 철저히 세상을 부정하는 그리스도교의 특성은 세상을 긍정하는 문화와는 화해할 수 없다는 입장에서 "역사적 그리스도교"를 일종의 탈선으로 간주해 거부하였다.

이러한 오버벡의 입장은 제2차 세계대전 이후, 특히 불트만 학파에게 크게 영향을 끼쳤다. 이들은 누가가 케리그마를 몰아냈다고 비난했다. 곧 누가는 케리그마 또는 복음을 시대 구분을 통한 "구원사"Heilsgeschichte로 변질시켜, 역사적 관찰의 객관적인 대상으로 전락시켰다는 것이다. 이러한 비난이 나오게 된 배경은 "실존론적인 해석"은 역사와 대립된다는 사고와 관련이 있다. 그리스도교의 복음은 실존의 차원과 관련될 때만 의미가 있고, 과거에 대한 역사적인 질문과는 상관이 없다는 것이다. 따라서 누가는 예수 그리스도에게서 나타난 구원 사건, 즉 케리그마를 특히 강조한 바울과 대립하는 것으로 간주했다.[2]

불트만의 영향을 받은 케제만E. Käsemann, 헹헨E. Haenchen, 콘첼만, 필하우어Ph. Vielhauer 등은 누가를 신약성경에 나타난 "초기 가톨릭주의" 또는 "초기 공교회주의"Frühkatholizismus/early catholicism: 그리스도교 신앙의 정통성을 보증하는 사도적인 전승을 절대적인 것으로 여기는 경향를 대표하는 인물로 간주했다. 케제만은 누가가 "처음으로 초기 가톨릭적 전통론과 적법성론을 주창했다"[1949년]고 하면서, 묵시 문학 대신에 역사신학이 나타나면서 "영광의 신학이 이제 십자가의 신학을 몰아냈다"고 말했다.[3] 그럼에도 불구하고 이후 케제만은 후대 그리스도교에 끼친 영향력이라는 면에서 누가를 "신약성경의 가장 위대한 신학자"라고 부를 수밖에 없었다[1972년].[4] 어느 누구도 누가만큼 원시 그리스도교의 모습을 구현하는 것에 영향을 끼치지 못했다는 이유에서였다.

누가가 역사를 강조한 나머지 케리그마를 희생시켰다고 본 불트만 학파의 시각은 편파적이다. 하나님의 활동은 역사와 분리될 수 없기 때문이다. 누가는 하나님의 활동이 역사 안에서 성취되었음을 강조했고, 역사를 통해 전해 받은 교회의 가르침이 확실하다는 사실을 특별히 강조하고자 한 성경 저자였다.

2. 사도행전의 저자 누가의 중요성

사도행전의 저자 누가에 대하여는 앞에서 다룬 누가복음의 저자 부분을 참조하기 바란다. 독일어권의 대다수 학자는 누가를 "하나님 경외자"

---

2) Ph. Vielhauer, "Zum Paulinismus der Apostelgeschichte", *Aufsätze zum NT* (1965), 9-27; *Geschichte der urchristlichen Literatur*, 404.

3) E. Käsemann, "Amt und Gemeinde im Neuen Testament", *Exegetische Versuche und Besinnungen I*, Göttingen, 1960, 132-133; 콘첼만H. Conzellmann 은 "종말론적 임박한 대망이 역사상으로 변환되었다"고 말했다: *Die Apostelgeschichte* (HNT 7), 1963, 10.

4) E. Käsemann, *Der Ruf der Freiheit*, Tübingen, [5]1972, 213-214.

출신의 제3세대 그리스도교에 속한 이방인 그리스도인으로 간주한다.[5) 누가가 사도행전에서 무엇보다 바울의 중요성을 강조하는 것으로 미루어, 누가의 교회는 바울의 선교 지역에 속한 교회일 것으로 생각할 수 있다.

근자에 마르틴 헹엘Martin Hengel, 1926-2009이 누가의 중요성을 다시 강조했다. 헹엘이 "신약성경 학자들이 역사와 케리그마를 상호 배타적인 관계에 있는 것으로 보고 이들을 선택의 문제로 처리한 것은 잘못"이라고 말한 것은 올바른 지적이다.[6) 복음 선포 또는 구원 사건과 예수의 삶과 죽음과 부활을 포함한 역사는 본질적으로 서로 분리된 것이 아니라 밀접히 연관된 것이기 때문이다. 헹엘은 누가를 "역사서술가로서의 신학자" 또는 "그리스도교 최초의 신학적 역사가"[7)라고 불렀다.

빼어난 고대사 연구가로 알려진 마이어Eduard Meyer, 1885-1930는 저서 『기독교의 기원과 시작』 제1권[8)에서 누가가 자신의 기사를 쓰면서 정확한 날짜를 언급하며 세계사와 관련지어 이야기한다는 사실을 누가의 역사 서술적 특성으로 보았다.

교회사에서 차지하는 누가의 가치는 그가 역사서술을 신학적인 과제로 인식했던 최초의 사람이었다는 사실에 있다. 누가 이전에는 "어느 누구도 부활절 이후에 전개된 사건을 기록해야 한다는 사실을 깨닫고 실행에 옮긴 사람이 없다."[9)

---

5) 참고로 저벨은 저자를 헬레니즘적 유대교에 근거한 '하나님 경외자'=이방인 출신의 유대 그리스도인으로 여긴다(J. Jervell, *Die Apostelgeschichte*, Göttingen, 1998, 84).

6) M. 헹엘, 『고대의 역사 기술과 사도행전』(*Zur urchristlichen Geschichtsschreibung*, 1979, 전경연 옮김, 대한기독교서회, 1990), 56.

7) M. Hengel, *Zur urchristlichen Geschichtsschreibung*, Stuttgart, ²1984, 61.

8) Eduard Meyer, *Ursprung und Anfänge des Christentums I/1*, 46.

9) 유상현, 『사도행전 연구』 (대한기독교서회, 1996), 46.

3. 생성 연대와 장소

대체로 학자들은 사도행전의 생성 연대를 주후 80-90년 사이, 누가복음이 생성된 직후로 추정한다.[10] 이러한 추정을 가능하게 하는 것은 첫째, 누가는 70년경에 기록된 마가복음을 이용했다는 사실과 둘째, 예루살렘 성전 멸망을 돌아보고 있다는 사실참조, 행 7:48-51과 셋째, 교회와 로마제국 사이의 관계를 긍정적으로 다루는 점 등이다. 그리하여 사도행전은 95년경에 있었던 도미티아누스 황제의 교회 박해 이전에 기록되었으리라고 추정한다. 2세기 초에 완성된 바울서신집에 대해 알지 못한다는 사실도 이러한 연대 추정을 뒷받침한다. 사도행전의 생성 장소는 누가복음의 경우와 마찬가지로 팔레스타인 본토 밖에서(안디옥 혹은 로마?) 기록된 것으로 추정한다.

4. "사도행전"이란 책명과 관련하여

주로 2세기에 활동했던 교부 이레네우스III,13,3, 클레멘스strom. V,82,4 등, 터 툴리안bapt. 10,4 등 이래로 사도행전은 "사도들의 행적"πράξεις Ἀποστόλων으로 불려 왔다.[11] 그런데 "사도행전" 책명이 원래 있었던 것이 아니고, 신약성경의 다른 책과 마찬가지로 주후 2세기 무렵에 첨가된 것으로 보인다. 그것은 "사도행전"의 책명이 책의 내용을 잘 나타내지 못하는 부적절한 이름으로 보이기 때문이다. 사도행전에는 열두 사도의 행적이 중심으로 나타나지 않고, 절반 이상이 이방인 선교사인 바울에게 할애되어 있다. 즉 사도행전은 초기 그리스도교의 여러 사도들의 행적이나 전기가 아니라, 주로 바울을 통한 하나님의 활동의 역사를 묘사한다.

---

10) 이와 같이 W. G. Kümmel; A. Weiser; Ebner/Schreiber; J. Jervell 등. 참조, R. E. Brown 85년경 ; Pokorny/Heckel80-85년경 ; Ph. Vielhauer 90년경 ; Conzelmann/Lindemann100년 이후 ; J. Roloff 85-90년 ; U. Schnelle 90-100년

11) 무라토리 정경은 "모든 사도들의 행적" acta omnium apostolorum이라고 한다.

5. 누가복음과 사도행전의 관계

누가복음과 사도행전은 서로 밀접하게 연관되어 있다. 먼저 두 문서는 저자가 같다. 누가는 누가복음 1:3-4에서 자신의 작품을 '데오빌로' 각하에게 바친다고 하며, 마찬가지로 사도행전 1:1에도 '데오빌로'에게 헌정한다고 밝힌다. 이 헌정문에서 알 수 있듯이, 사도행전은 누가복음에 연속된 작품이다. 곧 누가복음이 누가가 기술한 역사적인 작품의 제1부라면, 사도행전은 이 작품의 제2부를 이룬다.

그런데 누가복음과 사도행전이 본래 문학적 통일성을 이루는 한 작품이었는데, 정경이 되는 과정에서 분리되어 마치 서로 상관없는 두 작품인 것처럼 보이게 되었다고 하면서 누가복음 24:50-53과 사도행전 1:1-5이 나중에 첨가된 본문이라는 주장이 있다. 이러한 주장은 근거가 없다. 누가복음과 사도행전이 함께 정경 안으로 들어왔다는 점에 대하여 알려진 바가 전혀 없고, 오히려 누가복음이 사도행전보다 먼저 정경으로 간주되었다고 보아야 한다.

또한 사도행전 1:1-11의 역사적 사건 묘사는 누가복음 24장 예수의 승천 묘사 을 이은 것이며, 문체며 신학적인 사고가 서로 일치한다는 점도 두 책이 서로 밀접하게 연관되어 있음을 나타낸다.

6. 사도행전의 장르

사도행전은 초기 그리스도교가 우리에게 전해 준 어떤 장르와도 일치하지 않는다. 이 문서의 장르를 '역사 작품'으로 볼 것인지 아니면 '선포 문서'로 볼 것인지 하는 질문은 적절하지 않다. 양자택일의 문제로 말하기 어렵다. 누가는 '고대 역사서술'이란 수단을 이용하여 신학적 과제를 해결하고자 한 사람이었다.

사도행전의 문학적 장르는 당시 유행하던 '전기 문학' Acta-Literature 과 유사해 보인다. 그래서 이미 2세기에 사람들은 이 작품을 위인의 행전과 유사한 것으로 여겨 "사도행전"이란 이름을 붙였다.[12] 사도행전을 고대 '소설'Roman로 보려는 시각도 있다.S. M. Praeder; R. I. Pervo. 드라마틱한 에피소드 양식을 담은 여러 이야기들을 고려하면 그런 입장도 가능해 보인다. 그러나 수차례에 걸친 선교여행을 언급하지만 고대 소설에 나타나는 모험담을 전하지 않는다는 점에서 고대 소설로 간주하기 어렵다.

콘첼만이나 플뤼마허는 사도행전을 고대 역사서들과 유사한 '역사적 단행본'historische Monographie으로 이해하려 한다.[13] 이 입장에도 문제가 없지 않다. 사도행전의 역사성이 오늘날의 기준이 요구하는 역사적 신뢰성에는 미치지 못함은 분명하기 때문이다. 그러나 당시 상황에서 보면, 역사서술가 자신의 조사에 근거하여 기술한 것은 정당한 것으로 간주되었다. 따라서 사도행전이 비록 소설과 같은 요소들을 담고 있다 할지라도, 충분히 역사적 단행본으로 불릴 수 있다.

초기 그리스도교는 누가의 작품누가복음+사도행전을 통해 "처음으로 세계문학의 영역에 발을 들여놓았다."[14] 누가는 자신의 작품을 일차적으로는 이방인이 다수인 그리스도교 신앙공동체를 위해 기록했지만, 동시에 헬레니즘 세계의 비그리스도인들에게도 그리스도교의 본질과 그 근거를 알리고 싶은 생각도 갖고 있었다. 이렇게 누가는 자신의 작품이 교회의 울타리를 넘어 일반 대중에게도 널리 읽히기를 원했다.

---

12) 예컨대, 칼리스테네스Kallisthenes, 327년 사망 는 "알렉산더 행전"을 썼다.

13) H. Conzelmann, *Die Apostelgeschichte*, Tübingen, ²1972, 7; E. Plümacher, "Apostel-geschichte", *TRE* 3, 515.

14) J. Roloff, *Einleitung in das NT*, 178.

7. 단락 나누기

I.	1:1-26	**서론 및 열두 번째 제자를 뽑는 선거**
		(8절: 핵심 구절 - 부활한 주님이 제자들에게 내리는 명령)
II.	2:1-8:3	**(첫째 본론) 예루살렘에 있는 유대인에게 확산되는 그리스도의 증언**
	2:1-6:7	사도들의 증언
	6:8-8:3	스데반의 증언
III.	8:4-15:35	**(둘째 본론) 사마리아와 유대, 안디옥과 소아시아에서 확산되는 그리스도 증언**
	8:4-9:43	유대와 사마리아에서 이루어지는 그리스도 증언, 바울의 회심 9:1-31
	10:1-11:18	가이사랴에서 일어난 베드로와 이방인 고넬료의 회심
	11:19-14:28	안디옥과 예루살렘에 있는 교회의 운명, 바울과 바나바에 의한 **"제1차 선교여행"**(13:1-14:28: 안디옥 출발 → 구브로 → 버가를 거쳐 소아시아 비시디아 안디옥→이고니온, 루스드라→더베→루스드라, 이고니온→비시디아 안디옥→버가→앗달리아 거쳐 안디옥으로 귀환)
	15:1-35	예루살렘 사도회의
IV.	15:36-28:31	**(셋째 본론) 이방 세계의 중심지 로마에까지 이르는 그리스도 증언**
	15:36-18:22	소아시아와 그리스에서 행하는 바울의 선교 (**"제2차 선교여행"**: 안디옥 출발→소아시아, 드로아→빌립보→데살로니가→베뢰아→아덴→고린도→에베소→안디옥으로 귀환)
	18:23-21:17	**"제3차 선교여행"**, 바울의 예루살렘 귀환 (시작 불분명, 2년 동안의 에베소 사역이 중심 19:1-41 →마게도냐, 그리스, 소아시아 사역 20:1-16 →밀레도 고별설교 20:18-35 →가이사랴를 거쳐 예루살렘으로 귀환 21:1-17)
	21:18-26:32	예루살렘과 가이사랴에서 일어나는 바울의 체포와 투옥
	27:1-28:31	로마로 이송되는 바울, 그레데로 가는 항해, 멜리데 체류, 로마에 감금된 바울

8. 중심 내용

누가는 예수님의 "승천 이야기"를 통해 누가복음과 사도행전을 연결한다 _{예수 승천 이야기는 네 복음서 중 누가의 작품에만 나온다}. 누가복음의 마지막 부분^{24:50-53}에 승천 이야기가 간단히 결론적으로 언급되고, 사도행전의 앞부분에는 이에 대한 자세한 보도가 이어진다.

> (1:1-11) ¹ 데오빌로여 내가 먼저 쓴 글에는 무릇 예수께서 행하시며 가르치시기를 시작하심부터 ² 그가 택하신 사도들에게 성령으로 명하시고 승천하신 날까지의 일을 기록하였노라 ³ 그가 고난받으신 후에 또한 그들에게 확실한 많은 증거로 친히 살아 계심을 나타내사 사십 일 동안 그들에게 보이시며 하나님 나라의 일을 말씀하시니라 ⁴ 사도와 함께 모이사 그들에게 분부하여 이르시되 예루살렘을 떠나지 말고 내게서 들은 바 아버지께서 약속하신 것을 기다리라 ⁵ 요한은 물로 세례를 베풀었으나 너희는 몇 날이 못되어 성령으로 세례를 받으리라 하셨느니라 ⁶ 그들이 모였을 때에 예수께 여쭈어 이르되 주께서 이스라엘 나라를 회복하심이 이 때니이까 하니 ⁷ 이르시되 때와 시기는 아버지께서 자기의 권한에 두셨으니 너희가 알 바 아니요 ⁸ 오직 성령이 너희에게 임하시면 너희가 권능을 받고 예루살렘과 온 유대와 사마리아와 땅 끝까지 이르러 내 증인이 되리라 하시니라 ⁹ 이 말씀을 마치시고 그들이 보는데 올려져 가시니 구름이 그를 가리어 보이지 않게 하더라 ¹⁰ 올라가실 때에 제자들이 자세히 하늘을 쳐다보고 있는데 흰 옷 입은 두 사람이 그들 곁에 서서 ¹¹ 이르되 갈릴리 사람들아 어찌하여 서서 하늘을 쳐다보느냐 너희 가운데서 하늘로 올려지신 이 예수는 하늘로 가심을 본 그대로 오시리라 하였느니라

누가는 헌사와 자기의 첫 번째 책의 내용을 돌아보면서 사도행전을 시작한다^{1-2절}. 이어서 부활하신 주님의 제자들에게 성령을 약속한다^{4-5절}. 이어서 중심 주제들_{하나님 나라, 성령의 도래, 증인 됨}이 언급된다^{6-8절}. 누가에게 있어서, '증인' 개념은 예수님과 교회 사이 또 예수님의 선포와 그리스도교 선포의 연속성을 입증하는 데 기여한다.[15]

---

15) 다음의 세 구절은 누가의 증인 이해와 관련된 대표적인 본문이다: 눅 24:48"너희는 이 모든 일의 증인이라"; 행 1:8; 행 1:21-22.

그런 다음 승천[1:9-11] 이야기가 이어진다. 예수 승천 이야기는 누가가 처음으로 기록한 것이 아니다. 원시 그리스도교는 예수님의 부활을 예수께서 종말론적인 권능자로서 하나님의 아들 자리에 올라앉는 것으로 믿었다[참조 롬 1:4; 8:34; 14:9]. 또한 예수님이 모든 세력 위에 군림하는 주님으로 올리움을 받는 것은[빌 2:11] 바로 부활 사건이 담고 있는 우주적 차원을 나타낸다. 여기의 부활 이야기는 마가복음의 빈 무덤 사건 전승[막 16:1-8]을 누가가 한층 발전시킨 것이다.

특히 1:8은 사도행전의 전체 주제를 한마디로 요약하는 **핵심 구절**이다. 이것은 부활한 주님이 제자들에게 주시는 명령이다. 성령의 도우심으로 제자들이 이 명령을 성취하는 것이 바로 사도행전의 주제라고 할 수 있다.[16] 1:8에 따라 본론은 크게 세 단락(I. 2:1-8:3; II. 8:4-15:35; III. 15:36-28:31)으로 구분된다. 1:12-14에서 예루살렘 초대 교회의 중심 멤버들이 언급되고, 예수님을 배반한 가룟 유다를 대신할 12번째 제자 맛디아를 뽑는 선거가 보도된다[1:15-26]. 이로써 12제자단이 다시 완성된다. 12제자는 12지파를 대표하는데, 예수님은 종말에 전체 이스라엘을 다시 세울 것을 약속했다[마 19:28].

::: Excursus

"열둘" – "사도들" – "열두 사도"

누가복음 6:12-19에서 처음으로 누가는 "열둘"을 언급하면서 사도들과 동일시한다. 그렇지만 12사도에 대해 일관성 있게 말하지는 않는다. 누가복음 9:1에서 "열둘"[우리말 번역 "열두 제자"]의 파송에 대해 말하나, 9:10에서는 "사도들"의 귀환에 대해 말한다. 또한 8:1에서는 "열둘"이 예수님과 함께 있고, 17:5에서는 "사도들"이 예수께 묻는다. 누가복음 22:30과 사도행전 6:2은 다시 오직 "열둘"에 대해 말하고, 누가복음 22:14; 24:10; 사도행전 1:2의 경우에는 "사도들"에 대해 말한다. 사도행전 14:4, 14에서는 바나바와 바울이 "열둘"의 그룹에 속하지 않음에도 불구하고 "사도들"로 불린다. 그런데 고린도전서 15:5-7에서는 열둘과 사도들이 서로 다른 무리로 나온다.

---

16) 하르낙은 "사도들 중에 나타난 예수 영의 권세가 역사적으로 묘사되었다"는 말로 사도행전의 내용을 요약하였다(A. Harnack, *Die Apostelgeschichte*, Leipzig, 1908, 4).

열둘의 그룹이 역사적 예수의 지상 사역에서 유래하였고, 배신자 유다가 "열둘 중의 하나"에 속한 다는 옛 전승^{막 14:10}은 지어낸 것이 아님이 분명하다. 열둘은 예수와 함께하는 운명 공동체로서 열둘을 세움^{막 3:14}은 선포적인 상징 행위이다. 그것은 하나님의 백성 이스라엘을 대표하는 숫자로 서 온전한 이스라엘을 다시 세우리라는 종말론적인 대망을 나타낸다. 이때 이들은 지도자 그룹을 가리킨다기보다, 종말론적 이스라엘의 핵을 뜻하는 상징이다^{참조, 행 1:15-26}.

훗날 온 이스라엘이 곧 모이리라는 대망과 더불어 "열둘"의 그룹의 중요성이 급속히 상실된 것으로 보인다. 바울은 그리스도를 영접한 뒤 2년 정도 지나 예루살렘에 갔고, 그곳에서 더 이상 "열둘"이 아니라 "사도들"^{갈 1:19}을 만난다. 물론 베드로와 야고보와 요한이 열둘의 핵심 인물이면서, 이제 사도의 무리에 속한다.

그런데 사도의 무리가 가졌던 자기 이해는 이와 좀 다르다. 예루살렘에서 사도로 간주되는 자는 부활하신 분의 현현을 통해 복음을 섬기는 일에 위탁된 사람이다. 이 사도의 무리가 어느 정도의 규모였는지는 알 수 없다. 그 무리에 속하는 것은 부활하신 분의 현현 체험을 한 사람에 국한되었다^{고전 15:3-11}. 주님의 형제 야고보^{고전 15:7}는 그 무리에 속했던 것이 확실하며, 바나바도 그 무리에 속했을 수 있다. 바울의 경우는 다메섹 체험에 근거하여 예루살렘의 권위자들로부터 사도로 인정받았다^{갈 2:7 이하}. 예루살렘 밖에서 자유로이 선교했던 선교사들도 스스로 그리스도 의 사도라 불렸는데, 고린도교회에 들어와 바울을 공격했던 선교사들이 바로 그러한 방랑 사도 들이다^{고후 12:11 이하}.

아무튼 "열두 사도"라는 표상은 후대에 확정된 교리의 산물임이 분명하다. 그 개념을 처음 만든 것은 아닐지라도 누가는 그러한 개념을 확정 짓는 데에는 결정적으로 기여했다. 그는 부활하신 주님이 지상의 예수님과 동일한 분이라는 사실을 확실히 증언할 수 있는 사람이 온전한 의미에 서 사도가 될 수 있다^{행 1:22}는 견해를 가졌다. 그러한 사도만 부활의 메시지를 아무나 제멋대로 왜곡하는 것을 방지할 수 있기 때문이다. 누가는 교회 탄생의 첫날부터 부활의 증인을 지상적 예수님의 말씀과 행위에 대한 신뢰할 만한 증언을 위한 규범으로 여겼다. 누가에게 사도들은 예수님의 전체 지상 사역에 대한 전승을 보장하는 참된 부활의 증인들로서 합법적인 교회 전통 의 규범이다.[17]

□ **첫째 본론**^{2:1-8:3}은 그리스도에 대한 증언이 예루살렘에 있는 유대인들 사이에 전파되는 과정을 묘사한다. 먼저 성령 강림으로 예루살렘 교회가 탄생했음을 보도한다.

(2:1-13) ¹ 오순절 날이 이미 이르매 그들이 다 같이 한 곳에 모였더니 ² 홀연 히 하늘로부터 급하고 강한 바람 같은 소리가 있어 그들이 앉은 온 집에 가득 하며 ³ 마치 불의 혀처럼 갈라지는 것들이 그들에게 보여 각 사람 위에 하나씩 임하여 있더니 ⁴ 그들이 다 성령의 충만함을 받고 성령이 말하게 하심을 따라

---

17) J. Roloff, *Die Apostelgeschichte*, Berlin, 1988, 34-36.

다른 언어들로 말하기를 시작하니라 [5] 그 때에 경건한 유대인들이 천하 각국으로부터 와서 예루살렘에 머물러 있더니 [6] 이 소리가 나매 큰 무리가 모여 각각 자기의 방언으로 제자들이 말하는 것을 듣고 소동하여 [7] 다 놀라 신기하게 여겨 이르되 보라 이 말하는 사람들이 다 갈릴리 사람이 아니냐 [8] 우리가 우리 각 사람이 난 곳 방언으로 듣게 되는 것이 어찌 됨이냐 [9] 우리는 바대인과 메대인과 엘람인과 또 메소보다미아, 유대와 갑바도기아, 본도와 아시아, [10] 브루기아와 밤빌리아, 애굽과 및 구레네에 가까운 리비야 여러 지방에 사는 사람들과 로마로부터 온 나그네 곧 유대인과 유대교에 들어온 사람들과 [11] 그레데인과 아라비아인들이라 우리가 다 우리의 각 언어로 하나님의 큰 일을 말함을 듣는도다 하고 [12] 다 놀라며 당황하여 서로 이르되 이 어찌 된 일이냐 하며 [13] 또 어떤 이들은 조롱하여 이르되 그들이 새 술에 취하였다 하더라

성령 강림 보도는 사도행전 전체의 한 중심을 이룬다. 성령을 영접함으로써 부활하신 예수 그리스도의 언약1:8; 참조. 눅 3:16 "그는 성령과 불로 너희에게 세례를 베푸실 것이요"이 성취된다. 제자들은 부활하신 분의 명령에 따라 먼저 예루살렘에서 그리스도에 관한 복음을 증언한다. 성령에 감동된 제자들의 모임은 교회의 시작을 뜻한다. 새 시대와 관련된 성령 강림 보도는 예수의 세례 때에 있었던 성령 영접과 유사한 의미를 지닌다. 이 두 보도 사이에는 다음과 같은 유사점이 있다.

① 성령의 오심을 바라볼 수 있었다눅 3:22; 행 2:3.
② 약속이 성취된다눅 4:18; 사 61:1 이하; 행 2:17 이하; 욜 2:28 이하.
③ 예언자적인 선포가 뒤따른다눅 4:18, 선지자 이사야의 말을 예수가 자신의 선포로 삼는다; 행 2:14, 이하 베드로의 선포.
④ 성령의 도래로 준비의 시간이 끝나고 대중을 향한 복음 선포의 길이 열린다.

이어서 베드로의 오순절 설교가 나온다.

(2:14-41) ¹⁴ 베드로가 열한 사도와 함께 서서 소리를 높여 이르되 유대인들과 예루살렘에 사는 모든 사람들아 이 일을 너희로 알게 할 것이니 내 말에 귀를 기울이라 ¹⁵ 때가 제 삼 시니 너희 생각과 같이 이 사람들이 취한 것이 아니라 ¹⁶ 이는 곧 선지자 요엘을 통하여 말씀하신 것이니을 2:28-32 일렀으되 ¹⁷ 하나님이 말씀하시기를 말세에 내가 내 영을 모든 육체에 부어 주리니 너희의 자녀들은 예언할 것이요 너희의 젊은이들은 환상을 보고 너희의 늙은이들은 꿈을 꾸리라 ¹⁸ 그 때에 내가 내 영을 내 남종과 여종들에게 부어 주리니 그들이 예언할 것이요 ¹⁹ 또 내가 위로 하늘에서는 기사를 아래로 땅에서는 징조를 베풀리니 곧 피와 불과 연기로다 ²⁰ 주의 크고 영화로운 날이 이르기 전에 해가 변하여 어두워지고 달이 변하여 피가 되리라 ²¹ 누구든지 주의 이름을 부르는 자는 구원을 받으리라 하였느니라 ²² 이스라엘 사람들아 이 말을 들으라 너희도 아는 바와 같이 하나님께서 나사렛 예수로 큰 권능과 기사와 표적을 너희 가운데서 베푸사 너희 앞에서 그를 증언하셨느니라 ²³ 그가 하나님께서 정하신 뜻과 미리 아신 대로 내준 바 되었거늘 너희가 법 없는 자들의 손을 빌려 못 박아 죽였으나 ²⁴ 하나님께서 그를 사망의 고통에서 풀어 살리셨으니 이는 그가 사망에 매여 있을 수 없었음이라 ²⁵ 다윗이 그를 가리켜 이르되시 16:8-11 내가 항상 내 앞에 계신 주를 뵈었음이여 나로 요동하지 않게 하기 위하여 그가 내 우편에 계시도다 ²⁶ 그러므로 내 마음이 기뻐하였고 내 혀도 즐거워하였으며 육체도 희망에 거하리니 ²⁷ 이는 내 영혼을 음부에 버리지 아니하시며 주의 거룩한 자로 썩음을 당하지 않게 하실 것임이로다 ²⁸ 주께서 생명의 길을 내게 보이셨으니 주 앞에서 내게 기쁨이 충만하게 하시리로다 하였으므로 ²⁹ 형제들아 내가 조상 다윗에 대하여 담대히 말할 수 있노니 다윗이 죽어 장사되어 그 묘가 오늘까지 우리 중에 있도다 ³⁰ 그는 선지자라 하나님이 이미 맹세하사 그 자손 중에서 한 사람을 그 위에 앉게 하리라 하심을 알고 ³¹ 미리 본 고로 그리스도의 부활을 말하되 그가 음부에 버림이 되지 않고 그의 육신이 썩음을 당하지 아니하시리라 하더니 ³² 이 예수를 하나님이 살리신지라 우리가 다 이 일에 증인이로다 ³³ 하나님이 오른손으로 예수를 높이시매 그가 약속하신 성령을 아버지께 받아서 너희가 보고 듣는 이것을 부어 주셨느니라 ³⁴ 다윗은 하늘에 올라가지 못하였으나 친히 말하여 이르되 주께서 내 주에게 말씀하시기를 ³⁵ 내가 네 원수로 네 발등상이 되게 하기까지 너는 내 우편에 앉아 있으라 하셨도다 하였으니시 110:1 ³⁶ 그런즉 이스라엘 온 집은 확실히 알지니 너희가 십자가에 못 박은 이 예수를 하나님이 주와 그리스도가 되게 하셨느니라 하니라 ³⁷ 그들이 이 말을 듣고 마음에 찔려 베드로와 다른 사도들에게 물어 이르되

형제들아 우리가 어찌할꼬 하거늘 [38] 베드로가 이르되 너희가 회개하여 각각 예수 그리스도의 이름으로 세례를 받고 죄 사함을 받으라 그리하면 성령의 선물을 받으리니 [39] 이 약속은 너희와 너희 자녀와 모든 먼 데 사람 곧 주 우리 하나님이 얼마든지 부르시는 자들에게 하신 것이라 하고 [40] 또 여러 말로 확증하며 권하여 이르되 너희가 이 패역한 세대에서 구원을 받으라 하니 [41] 그 말을 받은 사람들은 세례를 받으매 이 날에 신도의 수가 삼천이나 더하더라

베드로의 성령 강림 설교는 사도행전에서 누가의 프로그램을 엿볼 수 있는 중요한 본문이다. 이로써 제자들은 예수 승천 이후 처음으로 복음을 들고 대중 선교에 나선다. 성령 강림의 은사를 체험한 뒤 제자들은 부활하신 주님의 명령을 수행한다. 이 설교는 다음과 같은 분명한 구조로 이루어져 있다.[18]

① **도입부**[14b-21절]: 성령 강림 사건의 해석. 요엘 3장의 인용문에 근거하여 앞서 언급한 성령 강림 사건을 구약성경의 약속이 이루어진 것으로 해석한다[21절은 베드로 설교의 절정].
② **본론**[22-40절]: 그에 대한 기독론적인 근거 제시
   - 이스라엘이 하나님께서 보내신 예수님을 거부했으나[22-23절],
   - 하나님께서는 예수님을 부활시켰고[24-32절, 24절은 케리그마의 핵심],
   - 하나님에 의해 올리운 예수는 영을 보낸다[33-35절].
   - 이로써 이스라엘은 회개하여 예수를 주님으로 영접해야 할 시점에 이른다[36-40절].
③ **반향**[41절]: 3000명이 세례를 받을 정도로 베드로의 설교는 놀라운 영향력을 끼친다.

2장의 성령 강림 보도는 교회 탄생의 시간을 다룬다. 성령으로 무장한

---

18) 디벨리우스는 "유대인 앞에서 행한 선교 설교의 틀"로 분석했다. ① 도입부[14b-21절], ② 예수님의 삶과 고난과 부활이라는 케리그마[22-24절], ③ 제자들의 증인 역할 강조[32절], ④ 성경 입증[25-31, 34-35절], ⑤ 회개 촉구로 종결[38b-40절]

예수님의 공동체가 드디어 역사에 발을 들여놓은 것이다. 교회는 예수님의 사역으로 이 세상에 나타나기 시작한 새로운 것을 증언하기 위해 태어났다. 누가의 보도에서는 두 가지 특징을 엿볼 수 있다. 첫째, 교회는 이스라엘에게 귀속되었다. 교회는 이스라엘로부터 시작된 하나님의 구원사의 연장선상에 있다. 교회는 이스라엘과 무관한 어떤 특별 그룹이 아니라 종말에 있을 이스라엘의 핵이다.^{29절에서 베드로는 이스라엘 백성을 "형제들"이라고 부른다.} 둘째, 교회는 단순히 특정한 사고를 공유하는 자들만의 모임이 아니라, 이 세상 가운데 하나님의 일을 (설교 또는 선포를 통해) 공개적으로 증언하기 위해 존재하는 모임이다.

(3:1-10) 베드로가 성전에서 나면서 못 걷게 된 이를 치유
(3:11-26) 베드로의 성전 설교
(4:1-22) 공회에서 증언하는 베드로와 요한
(4:23-31) 공동체의 기도

4:32-5:11은 재산을 공유한 이상적인 원시 교회의 생활에 대해 보도한다. 6:1-8:3은 예수님을 영접한 "헬라파 유대인"이 예루살렘에서 겪게 되는 일을 전한다. 여기서는 먼저 헬라파 유대인을 대표하는 일곱 일꾼을 뽑는 이야기가 나온다.

(6:1-7) ¹ 그 때에 제자가 더 많아졌는데 헬라파 유대인들이 자기의 과부들이 매일의 구제에 빠지므로 히브리파 사람을 원망하니 ² 열두 사도가 모든 제자를 불러 이르되 우리가 하나님의 말씀을 제쳐 놓고 접대를 일삼는 것이 마땅하지 아니하니 ³ 형제들아 너희 가운데서 성령과 지혜가 충만하여 칭찬 받는 사람 일곱을 택하라 우리가 이 일을 그들에게 맡기고 ⁴ 우리는 오로지 기도하는 일과 말씀 사역에 힘쓰리라 하니 ⁵ 온 무리가 이 말을 기뻐하여 믿음과 성령이 충만한 사람 스데반과 또 빌립과 브로고로와 니가노르와 디몬과 바메나와 유대교에 입교했던 안디옥 사람 니골라를 택하여 ⁶ 사도들 앞에 세우니 사도들이 기도하고 그들에게 안수하니라 ⁷ 하나님의 말씀이 점점 왕성하여 예루살렘에

있는 제자의 수가 더 심히 많아지고 허다한 제사장의 무리도 이 도에 복종하니라

이 이야기는 초기 교회의 발전 단계에서 새로운 전환기를 맞이했음을 나타낸다. 여기에 등장하는 "헬라파 유대인들"은 원시 공동체 안에서 새로운 무리를 이루었던 사람들이다.[19] 스데반이 순교하고 교회의 모태인 예루살렘 공동체가 박해를 받게 되자 그리스도교가 종말을 고하는 듯했다. 그러나 이 사건은 오히려 복음이 유대 인근과 사마리아로 퍼져나가는 계기가 되었다. 이로써 1:8에 언급된 부활하신 그리스도의 명령이 이루어진다. 이어서 성령과 지혜가 충만하여 칭찬받는 사람으로 택함을 받은 일곱 사람 중의 한 사람인 스데반이 유대 공회에 의해 체포되고 고소된 후에[6:8-15] 긴 연설을 하며 자신을 변호한다[7:1-53].

▫ 이어서 **둘째 본론**[8:4-15:35]이 뒤따른다. 여기서는 그리스도를 증언하는 일들이 사마리아와 유대 지방, 안디옥과 소아시아 지방으로 퍼져 나감을 묘사한다. 먼저 빌립이 사마리아 지역에서 선교하며[8:4-25] 가자로 가는 길에 만난 '에디오피아 내시'에게 세례를 주는 이야기[8:26-40]가 나온다. 이 에티오피아인은 하나님을 경배하러 예루살렘에 찾았던 해외 거주 유대인이거나 유대교로 개종한 자로 볼 수 있다(이방인을 대상으로 하는 말씀 선포는 10장[고넬료 이야기]에서 비로소 시작된다!).

그런 다음 박해자 사울에 대한 보도와 그가 다메섹에서 부활하신 예수를 체험하는 이른바 **다메섹 사건**에 대한 보도가 나온다[9:1-31].

(9:1-19) [1] 사울이 주의 제자들에 대하여 여전히 위협과 살기가 등등하여 대제사장에게 가서 [2] 다메섹 여러 회당에 가져갈 공문을 청하니 이는 만일 그 도를

---

19) "헬라파"는 그리스어가 모국어인 디아스포라 출신의 유대 그리스도인들을 지칭한다. 행 2:5 이하에 언급되는 디아스포라 유대인이 여기에 속한다. 이에 상응하여 "히브리파"는 팔레스타인 출신으로 아람어를 모국어로 사용하는 유대 그리스도인들을 가리킨다.

따르는 사람을 만나면 남녀를 막론하고 결박하여 예루살렘으로 잡아오려 함이라 ³ 사울이 길을 가다가 다메섹에 가까이 이르더니 홀연히 하늘로부터 빛이 그를 둘러 비추는지라 ⁴ 땅에 엎드려져 들으매 소리가 있어 이르시되 사울아 사울아 네가 어찌하여 나를 박해하느냐 하시거늘 ⁵ 대답하되 주여 누구시니이까 이르시되 나는 네가 박해하는 예수라 ⁶ 너는 일어나 시내로 들어가라 네가 행할 것을 네게 이를 자가 있느니라 하시니 ⁷ 같이 가던 사람들은 소리만 듣고 아무도 보지 못하여 말을 못하고 서 있더라 ⁸ 사울이 땅에서 일어나 눈은 떴으나 아무 것도 보지 못하고 사람의 손에 끌려 다메섹으로 들어가서 ⁹ 사흘 동안 보지 못하고 먹지도 마시지도 아니하니라 ¹⁰ 그 때에 다메섹에 아나니아라 하는 제자가 있더니 주께서 환상 중에 불러 이르시되 아나니아야 하시거늘 대답하되 주여 내가 여기 있나이다 하니 ¹¹ 주께서 이르시되 일어나 직가라 하는 거리로 가서 유다의 집에서 다소 사람 사울이라 하는 사람을 찾으라 그가 기도하는 중이니라 ¹² 그가 아나니아라 하는 사람이 들어와서 자기에게 안수하여 다시 보게 하는 것을 보았느니라 하시거늘 ¹³ 아나니아가 대답하되 주여 이 사람에 대하여 내가 여러 사람에게 듣사온즉 그가 예루살렘에서 주의 성도에게 적지 않은 해를 끼쳤다 하더니 ¹⁴ 여기서도 주의 이름을 부르는 모든 사람을 결박할 권한을 대제사장들에게서 받았나이다 하거늘 ¹⁵ 주께서 이르시되 가라 이 사람은 내 이름을 이방인과 임금들과 이스라엘 자손들에게 전하기 위하여 택한 나의 그릇이라 ¹⁶ 그가 내 이름을 위하여 얼마나 고난을 받아야 할 것을 내가 그에게 보이리라 하시니 ¹⁷ 아나니아가 떠나 그 집에 들어가서 그에게 안수하여 이르되 형제 사울아 주 곧 네가 오는 길에서 나타나셨던 예수께서 나를 보내어 너로 다시 보게 하시고 성령으로 충만하게 하신다 하니 ¹⁸ 즉시 사울의 눈에서 비늘 같은 것이 벗겨져 다시 보게 된지라 일어나 세례를 받고 ¹⁹ 음식을 먹으매 강건하여지니라

바울의 회개에 대한 보도는 사도행전의 핵심 장면 중의 하나이다. 누가는 이 이야기를 사도행전 세 곳에서 전할 정도로 이 사건의 중요성을 강조한다. 즉 22:4-16과 26:9-18에서는 바울 스스로가 보도하는 형식으로, 9:1-19a에서는 이야기하는 형식으로 서술한다.

바울의 회개에 대한 일련의 언급은 바울서신에도 나타난다갈 1:11-16; 고전 15:8 이하; 빌 3:6 이하. 그런데 원시 그리스도교의 역사 가운데 가장 증거 자료가

많은 바울의 다메섹 체험과 관련하여 누가의 보도와 바울 자신의 보도 사이에는 다음과 같은 시각의 차이가 보인다.

① 바울 자신은 이 사건을 부활한 자의 현현 사건과 본질적으로 같은 사건으로 이해한다(고전 15:8, "맨 나중에 만삭되지 못하여 난 자 같은 내게도 보이셨느니라"). 그러나 누가는 오순절 현현이 예수님의 승천으로 인하여 끝났고[행 1:9 이하], 따라서 그리스도의 나타나심은 오직 "하늘로부터"(행 9:3, "사울이 행하여 다메섹에 가까이 가더니 홀연히 하늘로서 빛이 저를 둘러 비추는지라") 가능하다고 한다.

② 바울은 이 사건의 중심에서 사도로 부름받았다는 자신의 소명을 강조한다. 즉 부활하신 분을 통해 특별한 임무를 부여받았다는 것이다(갈 1:15-16, "그러나 내 어머니의 태로부터 나를 택정하시고 은혜로 나를 부르신 이가 그 아들을 이방에 전하기 위하여 그를 내 속에 나타내시기를 기뻐하실 때에 내가 곧 혈육과 의논하지 아니하고").

바울은 이 사건을 이방인을 위한 사도로 부름 받는 "소명" 사건으로 진술하지만, 누가는[행 9:1-19a] 바울 개인에게 인생의 전환이 일어나는 "회개" 사건으로 묘사한다. 그리스도 박해자가 그리스도 선포자로 바뀌는 변화가 일어났다. 여기에서 바울의 사도직과 관련된 언급은 전혀 나타나지 않으며, 바울이 부름 받은 것도 그리스도로부터 직접 받은 것이 아니라 아나니아의 중개를 거친 것으로 묘사된다. 누가는 아마도 갈라디아서와 고린도전서를 몰랐을 것이다. 오히려 전해 내려온 민속 전승 이야기를 이용했다고 보아야 한다.

어떤 학자는 사도행전 9장의 보도를 구약성경과 유대 헬레니즘적 "선전 문학"Propagandaliteratur 의 모티브와 형태를 취한 "회개 이야기"Bekehrungs-erzählung로 이해한다. 부르크하르트 Chr. Burchard 는 사도행전 9장이 유대 헬레니즘적 소설 <요셉과 아세넷> 1-21장의 "회개 이야기"와 일맥상통하는 것으로 본다.20) 또한 구약학자 침멀리 W. Zimmerli 는 사도행전 9장을 구약의 "소명 보도" Berufungsberichte를 모방한 것으로 간주한다 열왕기상, 사 6장. 이와 달리 바이저는 사도행전 9장이 오히려 사도행전 10:1-48의 고넬료의 회개 이야기에 가까운 형태를 취한 것으로 보면서 형태 및 구조상으로 다음과 같은 유사점이 있다고 한다.21)

① 부활하신 주님 또는 천사가 회개 장면을 준비한다 9:1-9=10:1-8.
② 한 사람이 그 나타남에서 명령을 취한다 9:10-16=10:9-23. 그때 처음의 저항이 극복된다 9:13-16=10:20.
③ 두 사람이 하나님의 인도를 통하여 만나고, 성령과 세례를 받는다 9:17-19=10:23-48.

교회를 박해하던 사울이 회개하여 이제는 복음을 담대히 전하는 일에 몰두하다가 유대인들의 살해 위협을 피해 고향 다소로 돌아간다. 누가는 9:31에서 이 시점까지의 복음 전파를 다음과 같이 종합한다.

그리하여 온 유대와 갈릴리와 사마리아 교회가 평안하여 든든히 서 가고 주를 경외함과 성령의 위로로 진행하여 수가 더 많아지니라

이어서 베드로에 의해 마련되는 **본격적인 이방인 선교 이야기**가 나온다 9:32-11:18. 여기서 로마군의 백부장 고넬료와 만나는 이야기 10:1-48 가 중요하다. 그 가운데 욥바에서 베드로가 접하는 환상이 보도된다.

(10:9-16) 9 이튿날 그들이 길을 가다가 그 성에 가까이 갔을 그 때에 베드로가

---

20) Chr. Burchard, *Der dreizehnte Zeuge*, Göttingen, 1970, 59-88. 주전 1세기-주후 2세기 사이에 이집트에서 그리스어로 기록되었을 것으로 추정되는 <요셉과 아세넷> Joseph and Aseneth 은 헬레니즘의 영향을 받은 "종교적 개종자 소설"로 이해할 수 있다. 이는 당시의 그리스어를 말하는 유대교에 대한 정보를 제공하는데, 특히 유대교로의 개종과 관련된 주제를 담고 있다. 부르크하르트의 영어 번역을 J. H. Charlesworth(ed.), *The Old Testament Pseudepigrapha II*, 177-247에서 찾을 수 있다.

21) A. Weiser, *Apostelgeschichte* I, 218-219.

기도하려고 지붕에 올라가니 그 시각은 제 육 시더라 [10] 그가 시장하여 먹고자 하매 사람들이 준비할 때에 황홀한 중에 [11] 하늘이 열리며 한 그릇이 내려오는 것을 보니 큰 보자기 같고 네 귀를 매어 땅에 드리웠더라 [12] 그 안에는 땅에 있는 각종 네 발 가진 짐승과 기는 것과 공중에 나는 것들이 있더라 [13] 또 소리가 있으되 베드로야 일어나 잡아 먹어라 하거늘 [14] 베드로가 이르되 주여 그럴 수 없나이다 속되고 깨끗하지 아니한 것을 내가 결코 먹지 아니하였나이다 한대 [15] 또 두 번째 소리가 있으되 하나님께서 깨끗하게 하신 것을 네가 속되다 하지 말라 하더라 [16] 이런 일이 세 번 있은 후 그 그릇이 곧 하늘로 올려져 가니라

베드로가 이방인 고넬료'하나님 경외자' 출신 10:2 에게 세례를 주는 이야기는 원시 그리스도교에 있어서 하나님의 말씀이 전파되는 **하나의 전환점**을 이룬다. 그렇다고 하여 아직 이방인 선교가 공식적으로 허용된 것은 아니다! 이 이야기는 그 중요성에 걸맞게 사도행전의 단편 가운데 가장 길다.

디벨리우스 M. Dibelius 는 이 평이한 회심 이야기의 중심인물이 고넬료이고, 가이사랴에 있던 이방인 그리스도교 신앙 공동체의 설립을 묘사하는 것으로 보았다.[22] 그러나 이와 같은 시각에 이의를 제기할 수 있다. 베드로를 이 이야기의 중심인물로 보면 부정한 것에 대한 베드로의 저항을 중심 주제로 생각할 수 있기 때문이다. 이방인 고넬료에 대한 거리를 좁힘으로써 결국 유대인과 경건한 이방인 사이에 놓인 장벽이 제거된다. 이러한 시각에서 본다면, 고넬료는 주연이 아니라 조연에 해당한다. 회심에 이르게 되는 사람은 고넬료가 아니라 베드로였다. 이런 의미에서 이 단락을 "베드로의 회심"으로 파악하기도 한다.[23]

이 이야기는 유대 그리스도교적인 선교 상황에서 유래한 베드로의 실제 경험 이야기로 간주할 수 있다. 이와 같은 베드로의 경험이 팔레스타

---

22) M. Dibelius, *Die Bekehrung des Cornelius*, 1947.

23) 박응천, 『세계를 향한 복음: 설교를 위한 사도행전 연구』(한국성서학연구소, 1997), 80-87; 제임스 던, 『초기 교회의 기원(상)』(새물결플러스, 2019), 532-533("베드로의 회심을 완성하기 위해 예상치 못하고 전례가 없는 방법으로 고넬료에게 성령 부으심이라는 추가 사건이 필요했다").

인 교회가 이방인 선교를 근본적으로 허락했다거나 율법에서 자유로운 이방인 선교를 인정했다는 사실을 뜻하지는 않는다. 단지 율법으로부터 자유로운 이방인 그리스도교로 발전해 가는 과정에서 일어난 하나의 에피소드로 볼 수 있다.

율법에서 자유로운 **이방 그리스도교에 대한 공식적인 용인**은 '사도회의'[15:1-29]에 가서야 이루어진다. 이를 용납할 수 있었던 것은 아마도 그 이전에 부분적이나마 유대인과 비유대인 사이의 경계가 무너졌었다는 사실을 전제한다고 볼 수 있다.[24] 이 이야기를 통해 누가는 이방인 선교의 결정적인 근거와 합법성이 하나님으로부터 주어졌다는 사실을 강조한다. 고넬료와 관련된 작은 에피소드는 유대인과 이방인으로 구성된 초기 그리스도교 신앙 공동체 설립을 위한 모델을 보여준 것이다.

11:19-30에서 누가는 복음이 이방인에게 전파되는 또 다른 사건을 보도한다. 바나바가 다소에 가서 사울을 안디옥 교회로 데려와 복음 전파의 주역으로 등장시킨다. 여기에는 안디옥에서 시작된 이방 그리스도 교회에 대한 흥미로운 정보가 나온다.

(11:19-26) [19] 그 때에 스데반의 일로 일어난 환난으로 말미암아 흩어진 자들이 베니게와 구브로와 안디옥까지 이르러 유대인에게만 말씀을 전하는데 [20] 그 중에 구브로와 구레네 몇 사람이 안디옥에 이르러 헬라인에게도 말하여 주 예수를 전파하니 [21] 주의 손이 그들과 함께 하시매 수많은 사람들이 믿고 주께 돌아오더라 [22] 예루살렘 교회가 이 사람들의 소문을 듣고 바나바를 안디옥까지 보내니 [23] 그가 이르러 하나님의 은혜를 보고 기뻐하여 모든 사람에게 굳건한 마음으로 주와 함께 머물러 있으라 권하니 [24] 바나바는 착한 사람이요 성령과 믿음이 충만한 사람이라 이에 큰 무리가 주께 더하여지더라 [25] 바나바가 사울을 찾으러 다소에 가서 [26] 만나매 안디옥에 데리고 와서 둘이 교회에 일 년간 모여 있어 큰 무리를 가르쳤고 제자들이 안디옥에서 비로소 그리스도인이라

---

24) 이방인 그리스도교의 탄생과 발전을 가능하게 한 배경에는 예수 전승이 있다[J. Becker]; 1. 예수의 토라에 대한 거리 두기 내지 새 평가, 2. 예수의 율법 이해[마 11:13; 눅 16:16a], 3. 예수의 위상이 토라의 구원론적 기능을 대신함.

일컬음을 받게 되었더라

이 단락은 초기 그리스도교 역사와 관련한 한 의미심장한 사건을 묘사하고 있다. 그것은 다름 아닌 이방 그리스도교의 중심으로 발전한 안디옥교회의 설립이다. 앞에서 베드로를 통한 이방 선교의 시작에 관한 이야기 10:1-11:18를 길게 묘사하는 것과는 달리, 여기에 나오는 안디옥 교회 설립에대한 보도는 비교적 짧다. 이것은 저자 누가가 이에 대해 단지 몇 가지단편적인 보도만을 이용해서 기술했기 때문이라고 생각된다. 안디옥에서"제자들이" 처음으로 "크리스티아노이"Χριστιανοί=그리스도를 따르는 사람들라고 불리게 되었다. 바로 이 단어에서 오늘날 사용하는 "그리스도인"이란 단어가 유래한다. 이 표현을 보면 당시 사람들이 "그리스도"를 고유명사로 이해했음을 알 수 있다.

이어지는 12장은 헤롯왕의 손자인 헤롯 아그립바 1세가 그리스도인들을 박해하는 이야기를 전하는데, 사도 야고보는 처형당하고, 베드로는 체포되나 천사의 도움으로 풀려난다12:1-19. 또한 헤롯왕이 주의 사자에 의해죽음을 당하는 보도12:20-23가 나온다.

이어서 안디옥 교회가 바울과 바나바를 파송하는 이른바 **"제1차 선교여행"**13:1-14:28에 대한 보도가 나온다. 성령에 의해 선택된 두 사람은 배를타고 구브로로 간 다음13:4-12 소아시아 남쪽 해안 지방을 방문한다. 바울은비시디아 안디옥 지방의 한 회당에서 복음을 선포하는데, 처음에는 그의선포가 유대인과 유대교에 입교한 경건한 사람들 가운데 성공적으로 받아들여진다13:13-44.25) 그러나 다음 안식일에는 유대인들의 반박과 비방에직면하고, 바울과 바나바는 복음 전도의 발걸음을 이방인을 향해 돌린다13:45-49.

---

25) 바울의 설교는 3가지로 나눌 수 있다: 1. 유대인 앞 설교13:13-49, 2. 이방인 앞 설교17:16-34 아레오바고 설교 3. 그리스도인 앞 설교 20:17-38 밀레도 설교

(13:45-49) ⁴⁵ 유대인들이 그 무리를 보고 시기가 가득하여 바울이 말한 것을 반박하고 비방하거늘 ⁴⁶ 바울과 바나바가 담대히 말하여 이르되 하나님의 말씀을 마땅히 먼저 너희에게 전할 것이로되 너희가 그것을 버리고 영생을 얻기에 합당하지 않은 자로 자처하기로 우리가 이방인에게로 향하노라 ⁴⁷ 주께서 이같이 우리에게 명하시되 내가 너를 이방의 빛으로 삼아 너로 땅 끝까지 구원하게 하리라 하셨느니라 하니 ⁴⁸ 이방인들이 듣고 기뻐하여 하나님의 말씀을 찬송하며 영생을 주시기로 작정된 자는 다 믿더라 ⁴⁹ 주의 말씀이 그 지방에 두루 퍼지니라

제1차 선교여행에서 이방 선교의 근본적인 문제가 야기된다. 그것은 이방인이 할례로 대표되는 유대 율법을 수용하지 않고서도 기독교인이 될 수 있는가 하는 문제였다. 바로 이 문제가 이어서 전해지는 '**사도회의**' 15:1-35의 주제를 이룬다. 사도회의는 안디옥 교회의 문제로부터 비롯된 것이다. 다음과 같이 문단을 나눌 수 있다.

A. **15:1-3** 이야기의 앞 틀

¹ 어떤 사람들이 유대로부터 내려와서 형제들을 가르치되 너희가 모세의 법대로 할례를 받지 아니하면 능히 구원을 받지 못하리라 하니 ² 바울 및 바나바와 그들 사이에 적지 아니한 다툼과 변론이 일어난지라 형제들이 이 문제에 대하여 바울과 바나바와 및 그 중의 몇 사람을 예루살렘에 있는 사도와 장로들에게 보내기로 작정하니라 ³ 그들이 교회의 전송을 받고 베니게와 사마리아로 다니며 이방인들이 주께 돌아온 일을 말하여 형제들을 다 크게 기쁘게 하더라.

사도회의에 대해서는 먼저 1-3절에서 사도회의가 열리게 된 이유와 다루어야 할 문제점을 밝힌다. 안디옥 교회의 유대인들은 이방 그리스도인들이 할례를 받아야 한다고 주장했다. 이러한 주장에 반대한 바울과 바나바는 이 문제를 다루기 위해 예루살렘으로 파송된다.

B. **15:4-29** 본론

① 4-5절: 바울과 바나바가 예루살렘에 도착한다. 그리스도인인 바리새 사

람이 이방 그리스도인들이 할례를 받아야 한다고 주장한다.

② 6-11절: 사도와 장로들이 문제를 다루게 되고, 베드로가 일어나 이방인 선교 사역의 정당성을 옹호하는 진술을 한다.

③ 12절: 바나바와 바울이 지금까지 한 자신들의 이방 선교 사역을 전한다.

④ 13-21절: 이어서 야고보가 중재안으로 이방 그리스도인들이 지켜야 할 사항을 제시한다.

¹³ 말을 마치매 야고보가 대답하여 이르되 형제들아 내 말을 들으라 ¹⁴ 하나님이 처음으로 이방인 중에서 자기 이름을 위할 백성을 취하시려고 그들을 돌보신 것을 시므온이 말하였으니 ¹⁵ 선지자들의 말씀이 이와 일치하도다 기록된 바 암 9:11-12 ¹⁶ 이후에 내가 돌아와서 다윗의 무너진 장막을 다시 지으며 또 그 허물어진 것을 다시 지어 일으키리니 ¹⁷ 이는 그 남은 사람들과 내 이름으로 일컬음을 받는 모든 이방인들로 주를 찾게 하려 함이라 하셨으니 ¹⁸ 즉 예로부터 이것을 알게 하시는 주의 말씀이라 함과 같으니라 ¹⁹ 그러므로 내 의견에는 이방인 중에서 하나님께로 돌아오는 자들을 괴롭게 하지 말고 ²⁰ 다만 우상의 더러운 것과 음행과 목매어 죽인 것과 피를 멀리하라고 편지하는 것이 옳으니 ²¹ 이는 예로부터 각 성에서 모세를 전하는 자가 있어 안식일마다 회당에서 그 글을 읽음이라 하더라

⑤ 22-29절: 예루살렘 교회가 야고보의 제안에 따른 결정을 내린 내용을 서신에 담아 유다와 실라²⁶⁾를 통해 안디옥으로 보낸다.

C. 15:30-35 이야기의 끝 틀

이 이야기의 마감 부분인 30-35절에는 바울과 바나바, 예루살렘 교회의 대표로 나오는²⁷절 유다와 실라 등 네 사람이 안디옥으로 내려가, 율법에서 자유로운 이방 선교를 보증하는 사도들의 서신을 전한다. 얼마 뒤 유

---

26) 실라는 이른바 '안디옥 사건'갈 2:11 이하 당시 바울 편에 섰을 것이고, 그리하여 바울의 선교사역 동안 주요 동역자가 된다.

다와 실라는 예루살렘으로 되돌아가고, 바울과 바나바는 계속해서 안디옥에서 사역을 한다.

누가가 사도회의에 대하여 보도하면서 전승 자료를 사용했음은 분명하다. 하르낙은 누가의 보도가 "안디옥 자료"에서 유래한 것으로 여겼다.[27] 이는 사도회의의 보도^{행 15장}와 바울의 보도^{갈라디아서} 사이에 차이도 있지만 여러 점에서 일치하기 때문이다. 갈라디아서의 본문을 보면 이해할 수 있을 것이다.

> (갈 2:1-10) [1] 십사 년 후에 내가 바나바와 함께 디도를 데리고 다시 예루살렘에 올라갔나니 [2] 계시를 따라 올라가 내가 이방 가운데서 전파하는 복음을 그들에게 제시하되 유력한 자들에게 사사로이 한 것은 내가 달음질하는 것이나 달음질한 것이 헛되지 않게 하려 함이라 [3] 그러나 나와 함께 있는 헬라인 디도까지도 억지로 할례를 받게 하지 아니하였으니 [4] 이는 가만히 들어온 거짓 형제들 때문이라 그들이 가만히 들어온 것은 그리스도 예수 안에서 우리가 가진 자유를 엿보고 우리를 종으로 삼고자 함이로되 [5] 그들에게 우리가 한시도 복종하지 아니하였으니 이는 복음의 진리가 항상 너희 가운데 있게 하려 함이라 [6] 유력하다는 이들 중에 (본래 어떤 이들이든지 내게 상관이 없으며 하나님은 사람을 외모로 취하지 아니하시나니) 저 유력한 이들은 내게 의무를 더하여 준 것이 없고 [7] 도리어 그들은 내가 무할례자에게 복음 전함을 맡은 것이 베드로가 할례자에게 맡음과 같은 것을 보았고 [8] 베드로에게 역사하사 그를 할례자의 사도로 삼으신 이가 또한 내게 역사하사 나를 이방인의 사도로 삼으셨느니라 [9] 또 기둥 같이 여기는 야고보와 게바와 요한도 내게 주신 은혜를 알므로 나와 바나바에게 친교의 악수를 하였으니 우리는 이방인에게로, 그들은 할례자에게로 가게 하려 함이라 [10] 다만 우리에게 가난한 자들을 기억하도록 부탁하였으니 이것은 나도 본래부터 힘써 행하여 왔노라

사도회의의 역사성에 대해 질문을 하는 경우에 사도행전 15장을 갈라디아서 2:1-10의 내용과 비교하지 않을 수 없다. 이미 언급했듯이, 양자

---

27) A. Harnack, *Apostelgeschichte*, 131-133. 그러나 슈미탈스^{W. Schmithals}는 전적으로 사도행전의 저자가 15:1-33(34)을 구성한 것으로 간주한다(*Paulus und Jakobus*, Göttingen, 1963).

사이에는 일치점뿐만 아니라 차이점도 있다.

- **일치점**
(1) 바울과 바나바가 예루살렘으로 갔다^{행 15:2-4; 갈 2:1}.
(2) 할례 요구는 원시 그리스도교에 속한 한 극단적인 유대주의적인 그룹에서 야기되었다^{행 15:1, "어떤 사람들이 유대로부터", 5 "바리새파 중에 어떤 믿는 사람들"; 갈 2:4, "거짓 형제들"}.
(3) 바울의 저항^{행 15:2; 갈 2:5}
(4) 핵심 논의 사항은 이방 그리스도인의 할례 문제다^{행 15:1, 5; 갈 2:3}.
(5) 선교 사역의 성과에 대한 바울의 보도^{행 15:4, 12; 갈 2:2}
(6) 예루살렘의 유력자들은 이방인에 대해 할례를 요구하지 않았다^{행 15:19-20; 갈 2:6}.
(7) 회의 결과 교회 일치를 유지할 수 있게 되었다^{행 15:30 이하; 갈 2:9}.

- **차이점**
(1) 사도행전 15:2에는 바울과 바나바가 안디옥 교회의 대표로 예루살렘으로 간다. 그러나 갈라디아서 2:2에는 두 사람이 다만 "계시를 따라", 즉 성령의 인도로 가는 것으로 되어 있다.
(2) 갈라디아서 2:1에는 "디도"를 동반하는 것으로 나온다^{갈 2:3, 바울의 대적자가 할례 요구를 하였기 때문}. 그러나 사도행전 15장에는 디도에 대한 언급이 없다. 아마도 디도에 대한 기억이 사라진 지 오래인 듯하다.
(3) 갈라디아서 2:3에는 세 명의 "기둥"^{야고보, 베드로, 요한}이 대화 상대역으로 나온다. 그러나 사도행전 15:7, 13은 베드로와 야고보는 언급하지만 요한은 언급하지 않는다. 특히 13절에서는 야고보의 서열이 앞서 있음을 알 수 있다.
(4) 사도행전 15:4, 6에서 바울과 바나바는 두 번의 토론에 참여했다^{4, 22절의 교회 전체 모임, 6절의 사도와 장로 논의}. 그러나 갈라디아서 2:6, 9은 오직 세 명의

"기둥" 사도만 언급할 뿐이다. 여기서 자신의 대화 상대자로 오직 사도
만을 인정하려는 바울의 경향을 엿볼 수 있다.

(5) 바울은 자신의 복음을 "유력한 자들에게 제시하였다"^{갈 2:2}고 말하나,
사도행전 15장에는 그에 대한 언급이 없다. 이방 그리스도인인 누가의
시각에서는 그러한 것을 언급할 필요를 못 느꼈기 때문일 것이다.

(6) 갈라디아서 2:10에서 바울이 유일하게 부탁받은 사항은 예루살렘 교회
를 위한 헌금이다. 그러나 사도행전 15장은 이에 대해 침묵한다. 이미
안디옥 교회가 예루살렘 교회를 위한 헌금을 했다^{11:29-30}는 사실을 보
도한 바 있지만, 여기서 침묵하는 것은 이상한 일이다.

(7) "사도지침"에 대해 서로 말이 다르다. 야고보의 지시로 이방인을 향한
최소 요구 사항으로 "우상 제물, 피, 목매어 죽인 것, 음행^{불법적인 친인척간}
^{의 결혼}"을 멀리하라는 지침 ^{15:20, 29}이 내려졌으나^{참조, 레 17:8-18:18}, 바울은
"내게 의무를 더하여 준 것이 없다"^{갈 2:6}라고 단호하게 말한다. 이러한
차이를 서로 조화시키는 것은 쉽지 않은 일이다. "사도 지침"이 실제
사도회의의 결과였다면, 바울은 이에 대해서 침묵할 수 없었을 것이다.
또한 이 지침이 받아들여졌다면, 이는 부분적이나마 이방 그리스도인
을 율법의 요구에 종속시키는 것을 의미하고, 그것은 결국 사도회의에
서 바울이 패배했음을 뜻할 것이다.

갈라디아서 2장의 바울의 보도와 사도행전 15장의 누가의 보도 사이에
서 발견되는 차이점을 어떻게 이해해야 할까? 대체로 학자들은 누가가
시기적으로 다른 두 사건, 즉 예루살렘 회의와 안디옥 사건에서 비롯된
야고보의 중재를 하나로 연결해 연속된 내용으로 이해하고 기술한 것으
로 간주한다^{R. Pesch; J. Roloff; G. Schneider}. 이러한 견해는 상당히 설득력이 있다.
갈라디아서의 "안디옥 사건"^{2:11-21}으로 미루어 보건대, 예루살렘 사도회의
의 결과 유대 그리스도인과 이방 그리스도인이 함께 식사하는 것이 가능
하게 되었다. 이로써 예루살렘 사람들이 미처 예상하지 못한 문제가 생겼

다고 보인다. 할례받지 않은 이방 그리스도인의 교회도 같은 교회임을
근본적으로 인정했지만, 유대 그리스도인이 율법과 정결법을 완전히 무
시한 채 이방 그리스도인과 같이 식사하기는 어렵다고 생각했을 것이다.
결국 야고보가 내린 "사도 지침"은 안디옥 사건에 대한 야고보와 유대
그리스도인의 대응책이었을 것이다. 베드로와 바나바, 안디옥 교회의 유
대 그리스도인들은 이 사도 지침을 수용했겠지만, 바울은 이를 받아들이
지 않았을 것이다. 이렇게 본다면 바울의 극단적인 입장은 관철되지 못했
고, 이로 말미암아 바울은 베드로 및 바나바와도 헤어지고 안디옥 교회도
떠나게 된다. 사도 회의에 대한 바울과 누가의 입장 차에 대해 다음과
같은 설명이 가능하다.

• **누가의 의도**: 누가의 관심은 이방 선교를 초기 교회의 역사와 연속된
것으로 이해하면서, 이방 선교가 예루살렘과 밀접히 연결되었다는 점을 강
조하는 데 있었다. 누가는 이미 11:18에서 베드로로부터 시작된 할례에서 자
유로운 이방선교를 예루살렘 교회가 인정했음을 보도했기 때문에, 예루살렘
회의와 안디옥 사건의 해결책을 함께 연결할 수 있었다.

• **바울의 경우**: 안디옥 사건으로 도출된 야고보의 중재안에 대해 바울은
침묵한다 갈 2:11-16. 그와 같은 사도 지침이 통과되지 않았기 때문으로 보인다.
사도 지침은 안디옥 사건 이후에 유대인과 이방인의 공동식사 문제를 중재
하기 위해서 예루살렘에서 바울이 없는 상태에서 결정된 것으로 생각할 수
있다.

사도회의의 결과 관습법으로서의 모세 율법은 구원론 및 교회론의 관
점에서 근본적인 의미를 잃었다. 누가는 모세 율법을 세례를 받기 위해
불가피한 구원론적 전제 내지는 기독교의 종교적 특성의 구성 요소로 여
기지 않고, 일종의 "문화적 현상"으로 이해했다고 말할 수 있다.[28]

---

28) A. Weiser, "Das Apostelkonzil(Apg 15,1-35)", *BZ* 28 (1984), 166.

▫ 이후에 시작되는 **셋째 본론** 15:36-28:31 은 그리스도에 대한 증언이 당시 이방 세계의 중심지인 로마에까지 이르게 된 것을 보도한다. 바나바와의 갈등 15:36-39 이 있은 후 바울은 실라와 함께 **"제2차 선교여행"** 15:40-18:22 을 시작한다. 이 선교여행에서 바울은 처음으로 아시아 지역을 넘어 유럽으로 들어간다 16:11 이하. 바울의 복음 선포는 빌립보 16:11-40, 데살로니가 17:1-9 와 베뢰아 17:10-15, 아덴 17:16-34, 고린도 18:1-17 에서 지속된다. 특히 '아레오바고'에서의 바울의 선포29) 17:22-33 는 바울이 이방인 앞에서 행한 유일한 설교로, 그리스 철학과 벌이는 논쟁을 담고 있다.

이른바 **"제3차 선교여행"** 18:23-21:17 의 시작은 불분명하다. 바울의 에베소 체류 19:1-41 가 이 선교여행의 중심을 이룬다. 마게도냐와 그리스와 소아시아 지방에서 한동안 사역을 하고 난 후에 20:1-16 바울은 밀레도에서 에베소 교회의 장로들에게 고별 설교를 하고 20:18-35, 밀레도를 떠나 가이사랴를 거쳐 예루살렘으로 감으로써 제3차 선교여행을 마감한다.

이어 바울은 예루살렘에서 체류하는데 21:18-23:35, 여기서 바울은 예루살렘 형제들의 영접을 받고 야고보를 포함한 교회 지도자들에게 이방인 사이에서 행한 자신의 선교 사역이 성공적이었음을 보고한다. 바울은 자신이 모세의 율법에 신실하다는 것을 증명하기 위해 성전에서 희생제를 드리는 데 동의한다 21:18-26. 그러나 아시아로부터 온 유대인들이 바울을 알아보고는 거짓 증언을 함으로 바울은 체포되었고 21:27-40, 그는 히브리말로 자신을 변호한다 22:1-21.

그런 뒤 바울은 로마군 장교들에게, 유대 공회에서 심문을 받고, 가이사랴에 거주하는 로마 총독 벨릭스에게로 보내진다 22:22-23:35. 이어서 고발된 바울은 벨릭스 앞에서 자신을 변호한다 24:10-21. 바울은 구류에 처해졌으나, 새로운 총독 베스도가 도착하자 자신이 로마 시민임을 내세우며 로마 황제 앞에서 재판받게 해달라고 요청한다 25:1-12. 베스도 총독이 이를 아그

---

29) M. Dibelius는 "참된 하나님 인식에 관한 헬레니즘적인 진술"로 여겼다(1939).

립바왕에게 보고하였고 25:13-22, 바울은 아그립바왕 앞에서 자신을 변호한다 25:23-26:32.

그런 다음 바울은 죄수의 몸으로 로마 황제 앞에서 재판받기 위해 배로 옮겨지는데, 항해 도중 배가 난파하는 바람에 멜리데 섬에서 체류한 다음 드디어 로마에 도착한다 27:1-28:16. 로마에 도착한 뒤 2년 정도 가택 연금 상태에 있었던 동안 바울은 유대인 지역 유지를 포함해서 자기를 찾아오는 모든 사람에게 하나님 나라를 전파하고 예수께서 메시아임을 증언한다 28:17-31.

(28:17-31) [17] 사흘 후에 바울이 유대인 중 높은 사람들을 청하여 그들이 모인 후에 이르되 여러분 형제들아 내가 이스라엘 백성이나 우리 조상의 관습을 배척한 일이 없는데 예루살렘에서 로마인의 손에 죄수로 내준 바 되었으니 [18] 로마인은 나를 심문하여 죽일 죄목이 없으므로 석방하려 하였으나 [19] 유대인들이 반대하기로 내가 마지 못하여 가이사에게 상소함이요 내 민족을 고발하려는 것이 아니니라 [20] 이러므로 너희를 보고 함께 이야기하려고 청하였으니 이스라엘의 소망으로 말미암아 내가 이 쇠사슬에 매인 바 되었노라 [21] 그들이 이르되 우리가 유대에서 네게 대한 편지도 받은 일이 없고 또 형제 중 누가 와서 네게 대하여 좋지 못한 것을 전하든지 이야기한 일도 없느니라 [22] 이에 우리가 너의 사상이 어떠한가 듣고자 하니 이 파에 대하여는 어디서든지 반대를 받는 줄 알기 때문이라 하더라 [23] 그들이 날짜를 정하고 그가 유숙하는 집에 많이 오니 바울이 아침부터 저녁까지 강론하여 하나님의 나라를 증언하고 모세의 율법과 선지자의 말을 가지고 예수에 대하여 권하더라 [24] 그 말을 믿는 사람도 있고 믿지 아니하는 사람도 있어 [25] 서로 맞지 아니하여 흩어질 때에 바울이 한 말로 이르되 성령이 선지자 이사야를 통하여 너희 조상들에게 말씀하신 것이 옳도다 [26] 일렀으되 이 백성에게 가서 말하기를 너희가 듣기는 들어도 도무지 깨닫지 못하며 보기는 보아도 도무지 알지 못하는도다 [27] 이 백성들의 마음이 우둔하여져서 그 귀로는 둔하게 듣고 그 눈은 감았으니 이는 눈으로 보고 귀로 듣고 마음으로 깨달아 돌아오면 내가 고쳐 줄까 함이라 하였으니 [28] 그런즉 하나님의 이 구원이 이방인에게로 보내어진 줄 알라 그들은 그것을 들으리라 하더라 [29] (없음) [30] 바울이 온 이태를 자기 셋집에 머물면서 자기에게 오는 사람을 다 영

접하고 ³¹ 하나님의 나라를 전파하며 주 예수 그리스도에 관한 모든 것을 담대하게 거침없이 가르치더라

누가는 사도행전의 마지막을 로마에서 사역하는 바울을 묘사함으로 장식한다. 이와 같은 장면이 사도행전의 마감으로 보기에 적합한가에 대해서는 물음을 제기할 수 있다. 로마 황제 앞에서 이루어진 재판의 결과가 어떻게 나왔는지, 그 뒤로 바울의 운명이 어떻게 전개되었는지 궁금하기 때문이다. 그래서 혹자는 누가가 사도행전을 끝맺지 못했다고 보거나, 누가복음과 사도행전에 이어 세 번째 저작을 구상했지만 실천에 옮기지 못했을 것으로 짐작하기도 한다. 그러나 그렇게 볼 필요가 전혀 없다. 사도행전의 마지막 장면을 통해 누가는 누가복음과 사도행전의 전체 이야기가 향하는 궁극적인 목적에 도달했음을 보여주기 때문이다. 드디어 바울이 로마제국의 수도인 로마에 도착하였다. 로마는 팔레스타인의 시각에서 보면 서방세계의 가장 끝에 해당한다. 이로써 부활하신 그리스도가 자기의 증인들에게 명하신 말씀, 즉 복음을 땅 끝까지 전하라^{1:8}는 말씀이 성취되었다.[30]

게다가 이렇게 끝맺음으로 이스라엘을 향한 구원사의 한 시대, 즉 유대인 선교의 시기가 끝났음을 보여준다. 세례 요한에서 시작하여 예수의 사역과 선포 가운데서 그 절정에 이르렀고, 열두 제자와 바울의 증언에서 계속된 '유대인을 향한 구원사의 시기'가 끝났음을 나타낸 것이다. 28:26-27에서 바울은 이사야를 인용하는 가운데 유대인의 완악함을 선언하고, 이어지는 28절에서 복음이 완전히 이방인에게 향했음을 선언한다 "하나님의 이 구원이 이방인에게로 보내어진 줄 알라". 이스라엘 전체를 더 이상 종말론적인 하나님의 백성으로서 모으려 하지 않고, 이방인으로 이루어진 하나님의 백성을 모으는 것이 남은 과제라고 누가는 이해한 것이다.

---

30) 제임스 던, 『초기 교회의 기원(하)』, 1432: "(누가는) 자신이 언급했던 계획^{행 1:8}이 절정과 종국에 도달한 것으로 제시한다."

이렇게 해서 유대교와의 오랜 논쟁이 드디어 끝났다. 바울 재판은 유대교가 그리스도교적인 복음 선포와 벌인 재판으로 이해할 수 있다. 이로써 교회는 유대교와 완전히 나뉘게 되었다. 이제부터는 이방 그리스도 교회가 교회의 미래를 담당하게 된다. 이처럼 누가는 로마에서 펼쳐질 교회의 전망을 밝게 보고 있다. 예루살렘에서와는 대조적으로 자유롭게 복음 선포를 할 수 있는 가능성을 바로 로마에서 보았기 때문일 것이다.

동시에 간과할 수 없는 사실 하나는 누가가 이방인 교회의 발전이 바로 구원사의 연속선상에 있음을 보여주었다는 점이다. 특히 바울 선교에 결정적으로 힘입어 이루어진 이방인 교회가 예루살렘 교회와는 다른 모습을 취하고 있지만, 처음 교회와 밀접하게 연결되어 있다는 점을 보여주었다. 이런 의미에서 바울이 예루살렘에서 로마로 간 것은 하나님의 백성과 단절했음을 의미하지 않고, 오히려 하나님의 백성과 그리스도교의 연결을 잘 보존한 것이라고 보아야 한다. 누가의 시각에서 참 이스라엘을 떠난 것은 바울과 이방 그리스도인이 아니라[27:17, 20] 바로 바울에게 대적했던 유대인 지도층[27:17]이었다.

9. 사도행전 서술의 특징

1) **연설문**: 누가는 사도행전을 기록할 때 설교[연설]라는 문학 양식을 즐겨 사용했다. 이를 통해서 누가의 작가적 재질을 확인할 수 있다. 설교가[연사]로 다음의 인물들이 등장한다.

- 베드로 [8번] : 1:16-22; 2:14-39; 3:12-26; 4:9-12(+19-20); 5:29-32; 10:34-43; 11:5-17; 15:7-11
- 바울 [9번] : 13:16-41[비시디아 안디옥 설교]; 14:15-17[루스드라 이방인 앞]; 17:22-31[아레오바고 설교]; 20:18-35; 22:1-21[예루살렘 군중 앞]; 24:10-21[총독 앞]; 26:2-27[아그립바와 베스도 왕 앞]; 27:21-27; 28:17-20[31)]

- 스데반 Stephanus : 7:2-53
- 야고보 Jakobus : 15:13-21
- 가말리엘 Gamaliel : 5:35-39
- 데메드리오 Demetrius : 19:25-27
- 에베소 시의 서기장: 19:35-40
- 더둘로 Tertullus : 24:2-8
- 베스도 Festus : 25:24-27

사도행전에는 모두 24편의 연설문^{또는 설교문}이 실려 있다. 이는 책 전체의 3분의 1에 해당하는 양이다. 많은 학자들은 고대 역사가의 연설문과 같이 사도행전의 연설문도 실제로 행했던 연설로 보지 않고, 누가의 신학적인 의도를 나타내기 위한 문학적인 표현이라고 간주한다. 그렇다고 누가가 이를 문학적 기교를 통한 전적인 창작물로 보아서는 안 된다. 오히려 여기서 누가의 역사가로서의 재능이 드러나며, 누가가 연설문을 기록하면서 연설자들 주변으로부터 유래한 전승들을 적절히 사용했다고 보는 것이 옳다. 2장과 4장의 베드로 연설문은 초기 유대 선교사들의 선포를 담고 있다. 또한 이방인들 앞에서 행한 바울의 설교는^{14:15-17; 17:22-31} 이방 선교적 선포 구조를 취하고 있다.

2) **바울 사역의 강조**: 사도행전의 가장 핵심적인 등장인물은 다름 아닌 바울이다. 누가는 바울을 지중해 연안 전 지역에서 복음 전파를 이룬 주역으로 여겨 바울 묘사에 주안점을 두었다. 그래서 바울이 스데반의 박해와 관련해서 무대에 나타나자마자^{7:58} 원시 그리스도교의 다른 중요 인물들은 그 빛을 잃게 된다. 베드로와 바나바가 잠시 주역을 떠맡지만, 베드로는 "사도회의"^{15:1-29} 이후 더 이상 나타나지 않는다. 바나바 역시 바울과

---

31) 사도행전에서 베드로와 바울의 설교 구조는 거의 같은 모양을 갖추고 있다. ① 상황 설명과 성경 인용, ② 예수님의 죽음과 관련된 유대인의 죄과, ③ 하나님의 활동으로 이루어진 예수님의 부활, ④ 재차 상황 설명, ⑤ 회개로 부름

결별한 후15:36-40 더 이상 모습을 드러내지 않는다. 이때부터 사도행전은 오직 바울 한 사람만의 독무대였다. 사도행전의 이런 의미에서 누가는 자신을 바울의 신학적 유산을 잘 물려받은 자로 이해했다는 사실을 알 수 있다. 그럼에도 불구하고 누가가 바울서신을 자신의 작품에 이용하지 않은 것은 뜻밖의 일이다. 이에 대해서는 아마도 누가가 바울서신을 접하지 못했을 것이라고 추측할 뿐이다.

10. 사도행전의 신학적 의도

사도행전에서 누가는 독자들이 기대할 만한 초기 교회의 다양한 삶에 관한 보도에 별다른 관심을 보이지 않는다. 예루살렘 교회나 안디옥 교회의 구체적인 삶이나 예배 형태, 유대 그리스도인과 이방 그리스도인들이 함께 살아가는 모습이나 교회 안에 존재하는 각 계파 사이의 갈등, 열두 제자의 삶과 죽음 등에 별로 관심을 보이지 않는 것이다. 누가가 유별난 관심을 보이는 주제는 예루살렘에서 확대되는 유대인 선교와 사도들이 받는 핍박2-5장, 하나님에 의해 인도되는 이방인 선교10-11; 15장, 바울의 소명9; 22; 26장, 바울의 선교 사역13-19장, 바울이 겪는 고난의 길20-28장, 바울의 심문23-26장과 로마 이송27-28장 등이다.

누가복음과 사도행전의 집필 의도를 정치적인 차원에서 찾는 사람도 있다. 즉 기독교가 로마에 무해한 종교라는 점을 로마 관원들에게 확인시켜, 기독교가 유대교와 마찬가지로 "공인된 종교"religio licita로 받아들여지도록 기록했다는 것이다. 그러나 이와 같은 입장은 별로 타당성이 없다. 누가가 사도행전을 집필할 당시 이미 그리스도인은 유대인과 부분적이나마 대립된 관계에 있었으며, 뿐만 아니라 그와 같은 목적을 본문 가운데서 찾기 어렵기 때문이다. 로마 관원이 예수와 바울의 무죄를 부각시킨다는 사실만으로32) 기독교가 로마에 무해하다는 것을 강조하고 있다고 말하기는 어렵다.

그리스도 증언의 연속성과 이를 통한 교회의 확장이 **사도행전의 중심 주제**이다! 누가는 하나님의 역사로 이루어진, 예루살렘에서 시작하여 로마에 이르는 복음 선포를 강조한다. 그러면서 복음 선포가 유대인으로부터 이방인으로 넘어가는 과정을 보도한다. 이때 누가는 "그리스도 증언" 또는 복음 선포의 신뢰성을 강조한다. 즉 복음은 공간적으로나 시간적으로 연속성을 갖는다는 사실에 초점을 맞춘다. 예루살렘에서 시작된 복음 증언은 유대와 사마리아, 안디옥, 아시아, 아가야, 로마에 이르기까지 공간적 연속성을 지니고 있으며, 동시에 예수 시대부터 시작하여 사도 시대, 바울의 시대, 바울 이후의 교회 시대에 이르기까지 시간적 연속성을 지닌다는 것이다. 이처럼 연속성을 가지므로 복음 선포가 신뢰할 만하다고 말하는 것이다. 무쓰너는 사도행전을 구원사적인 관심에서 기록한 선교의 역사로 보아, 초기 교회가 이스라엘로부터 떨어져 나오는 과정을 묘사하기 위해 기록한 책으로 간주한다.[33]

11. 연구사 개관

1) 경향비평 Tendenzkritik

18세기말에 역사비평이라는 방법론이 성서학에 적용된 이래, 학자들은 먼저 사복음서 상호 간의 모순과 긴장에 관심을 가져 이를 해명하는 데 몰두했다. 이어서 사도행전과 바울서신 사이에 놓인 모순에도 관심을 갖

---

32) 예수와 관련하여 (눅 23:4 "빌라도가 대제사장들과 무리에게 이르되 내가 보니 이 사람에게 죄가 없도다 하니"; 23:14, "너희가 고발하는 일에 대하여 이 사람에게서 죄를 찾지 못하였고"); 바울과 관련하여 (행 23:29, "고발하는 것이 그들의 율법 문제에 관한 것뿐이요 한 가지도 죽이거나 결박할 사유가 없음을 발견하였나이다"; 25:25, "내가 살피건대 죽일 죄를 범한 일이 없더이다")

33) F. Mußner, *Apostelgeschichte*, Würzburg, ²1988, 9.

게 되었다. 바울서신들은 바울 자신의 글이기 때문에 보도의 신뢰성이란 차원에서 사도행전보다 더욱 믿을만하다고 보았고, 누가가 원시 그리스도교를 바울과는 다르게 묘사하는 것은 그의 신학적 경향 때문이라고 해석했다. 튀빙엔 학파에 속하는 바우르 F. Chr. Baur, 1792-1860 는 누가의 경향을 다음과 같이 설명했다.[34] 누가는 자신의 작품을 통해서 초기 교회사를 지배했던 그리스도교 내 두 진영 사이의 논쟁을 조정하려고 했다. 즉 베드로를 중심으로 율법을 중시하는 유대 그리스도교와 바울을 중심으로 하는 율법에서 자유로운 이방 그리스도교 사이의 대립과 갈등을 조화와 일치의 관계로 그리고자 하는 신학적 의도가 있었다. 그래서 누가는 평화를 위해 바울의 모습을 포기하고 이른바 "초기 가톨릭주의" Frühkatholizismus 로 가는 길을 열어 놓았다는 것이다. 그러나 이와 같은 바우르의 도식화된 입장은 설득력이 적다.

바우르의 영향을 받은 첼러 E. Zeller [35]는 바울과 베드로 사이에 놓인 평행성이 저자의 도식에서 비롯된 것으로 보았다. 그는 누가가 순수역사적인 서술을 할 생각에서가 아니라 바울 분파와 유대 그리스도 분파 사이에 생긴 갈등을 조정하려는 의도에서 사도행전을 기록한 것으로 여겼다. 오버벡 F. Overbeck [36]은 바우르가 주장하는 역사 구도에 반대하고, 사도행전을 당시 로마 당국의 호의를 사기 위한 목적에서, 즉 기독교에 대한 정치적 의혹을 제거할 목적에서 기록한 것으로 판단했다.[37] 오버벡은 바울과 유다주의자 사이의 싸움을 더 이상 이해하지 못하게 된 시기, 곧 바울의

---

34) F. Chr. Baur, *Tübinger Zeitschrift der Theologie*, 1831, Heft 4: *Die Christuspartei in der korinthischen Gemeinde: der Gegensatz des petrinischen und paulinischen Christentums in der ältesten Kirche*. Ebd. 1836, Heft 3, 100 이하: *Über Zweck und Veranlassung des Römerbriefs und die damit zusammenhängenden Verhältnisse der römischen Gemeinde*. 바울에 대한 그의 단행본도 중요하다(*Paulus, der Apostel Jesu Christi*, 1845).

35) E. Zeller, *Die Apostelgeschichte nach ihrem Inhalt und Ursprung kritisch untersucht*, 1854.

36) F. Overbeck, *Kurzgefaßtes exegetisches Handbuch zum Neuen Testament I*, 4 von de Wette, 1870.

37) 이러한 해석은 훗날 Johannes Weiß나 H. J. Cadbury도 주장한다.

복음이 완전히 잊히고 제거된 2세기 초엽의 트라야누스 황제Trajan, 98-117 재위 시기를 사도행전이 기록된 때로 추정했다.

2) 자료비평 Quellenkritik

19세기말에 이르자 이른바 '자료비평'이 중요한 방법론으로 등장했다. 학자들은 자료비평을 통해서 복음서들의 모순과 긴장을 성경 저자의 작가적인 경향을 통해 설명하려 하지 않고 이용한 자료에서 비롯된 것으로 보고자 했다. 특히 하르낙A. von Harnack은 이에 대해 세 권의 책을 썼다.38) 하르낙은 누가가 자료들을 활용했다는 사실을 밝히고자 애썼다빌립에게서 유래한 자료, 실라에게서 유래한 안디옥 자료. 그러나 설득력 있는 결과를 얻지 못했다.

3) 양식비평 Formkritik

1923년 이래 사도행전 연구에 양식비평이 적용된다. 디벨리우스는 공관복음과 유사하게 사도행전에서도 개개의 전승을 구분할 수 있으며 편집의 틀을 찾을 수 있다고 보았다.39) 그는 사도행전의 틀은 바울의 동역자들이 메모해서 남긴 일종의 "여행일지"Itinerar에서 유래했고, 여기서 언급된 장소에서 생긴 바울의 체험에 대한 전승을 추후에 누가가 편집하여 넣었다고 판단했다. 루스드라 체류 보도14:8 이하에 앉은뱅이 치유 이야기를 삽입했고, 아덴 체류 보도17:16 이하에는 아레오바고 연설을 삽입했다는 것이다. 사도행전 13-21장을 누가가 바울의 여행을 보도하면서 사용한 일종의 "여행일지"로 간주한 디벨리우스는 사도행전 속의 이야기들을 누가의 창작으로 여겼고 따라서 자료 문제보다는 개별 전승의 형태에 특별한

---

38) A. von Harnack, *Lukas der Arzt*, Leipzig, 1906; *Die Apostelgeschichte*, Leipzig 1908; *Neue Untersuchungen zu Apostelgeschichte und zur Abfassungszeit der synoptischen Evangelien*, Leipzig 1911.

39) M. Dibelius, "Stilkritisches zur Apostelgeschichte", *Aufsätze zur Apostelgeschichte*, Göttingen, 1951, ²1953, 9-28.

관심을 보였다.[40]

4) 편집비평 Redaktionskritik

제2차 세계대전 이후 편집비평이 중시되면서 모든 것을 작가 누가의 창작물로 보는 경향이 생겼다. 헨헨E. Haenchen은 디벨리우스의 방법론을 수용하여 자신의 사도행전 주석서에서 저자 누가의 문학적, 목회적, 신학적 의도를 밝혀내는 데 집중했다.[41] 1961년 이후에 그는 "여행일지" 자료를 누가가 사용했다는 디벨리우스의 가정을 버리고, 자료설에 관한 질문을 열린 질문으로 놓아두었다. 반면 전승된 신앙고백문이나 찬송시예, 롬 1:3-4; 3:24-25; 빌 2:6-11; 참조. 골 1:15-20가 바울서신에 수용되었다는 가설이 폭넓게 수용되었다. 또한 콘첼만은 그의 유명한 저서 『시간의 중간: 누가 신학 연구』에서,[42] 전승의 영향을 많이 받은 복음서와 달리 사도행전에서 저자 누가는 자신의 작가적인 창의성을 마음껏 발휘할 수 있었다고 보면서, 작가의 문학적인 구성 의도를 밝히고 이로써 신학적인 의도를 찾는 데 관심을 쏟았다.

5) 최근의 경향

편집비평적으로 접근하는 학자들이 사도행전의 역사적 신뢰성을 낮게 평가하고 있는 것과 달리, 일부 학자들은 사도행전의 역사성을 높게 평가한다. 롤로프는 사도행전이 역사적 신빙성이 있는 오래된 자료를 많이 담고 있다고 보며, 헹엘도 사도행전을 "자료로서 진지하게 받아들여야 한다"고 강조한다.[43] 누가는 헬레니즘 전통에서 역사 편찬의 기술과 방법

---

40) M. Dibelius, "Die Apostelgeschichte als Geschichtsquelle", 91-95; U. Wilckens, *Die Missionsreden der Apostelgeschichte. Form- und traditions- geschichtliche Untersuchungen*, Neukirchen-Vluyn, ³1974.

41) H. Haenchen, *Die Apostelgeschichte*, Göttingen 1956, 『사도행전』, 국제성서주석 33/1-2, 한국신학연구소.

42) H. Conzelmann, *Die Mitte der Zeit, Studien zur Theologie des Lukas*, Tübingen, 1954, ⁵1964.

43) J. Roloff, *Die Apostelgeschichte*, Göttingen, 1981; M. Hengel, 『고대의 역사 기술과 사

제2부 _ 　 신약성경 각 권으로의 초대

을 배웠고, 동시에 그의 의식 속에는 히브리 성서적인 역사서술의 동기가 내면화되어 있다고 볼 수 있다.[44]

또한 누가는 자신의 이야기를 당시 로마 세계의 일반 역사와 연결하는 노력을 했다. 예컨대, 세례 요한의 등장과 주전 28/29년에 해당하는 티베리우스 황제 통치 15년을 언급하고, 이어서 당시 있었던 일련의 사건을 기록한다(눅 3:1-2, "곧 본디오 빌라도가 총독으로 유대를 통치하고, 헤롯이 분봉왕으로 갈릴리를 다스리고, 그의 동생 빌립이 분봉왕으로 이두래와 드라고닛 지방을 다스리고 … "). 뿐만 아니라 사도행전에서 누가는 팔레스타인과 에게해 주변 지역의 여러 풍습이나 관습과 종교적 의식을 비교적 잘 알고 있다는 인상을 주고자 했다.[45] "우리" 구절이 자주 나타나는 것도 고대의 역사 편찬 관행에 따라 작품의 역사성을 나타내 보이려는 의도라고 할 수 있다.

이와 같은 사실들을 고려해 보면, 누가는 자신의 작품에 역사성을 담고자 노력했다고 할 수 있다. 그러나 누가가 의도적으로 고대 역사 편찬의 관례를 따랐다 하더라도, 오늘의 기준에 따라 성실한 역사가로 부르기는 어렵다. 고대에도 사실에 대한 충실성과 신뢰성이 기준이긴 했으나, 오늘날과 같은 방법론적이고 분석적인 도구가 없었다. 역사가가 자신의 탐구에 근거하여 타당하다고 생각하는 것이 객관적으로 옳은 것으로 간주되었다.[46] 따라서 최근에는 사도행전의 역사적 가치를 그리 높이 평가하지 않는 추세이다. 사도행전에 나오는 역사적 묘사를 저자 누가의 작가적 소양과 신학적 관점의 산물로 보려는 경향이 강하다.

도행전』.

44) 유상현, 『사도행전 연구』, 제2장 참조.

45) J. A. Fitzmyer, *Luke* I, 1981, 172, 175 이하.

46) Ebner/Schreiber, 『신약성경 개론』, 355.

제2바울서신

...

바울이 디모데에게 두 통의 편지를 건네는 모습(13세기 모자이크 성화)

교회의 전통에서는 바울의 이름으로 전해 내려오는 13편의 서신을 모두 바울의 친서로 여긴다. 그러나 학자들은 이 13편의 서신 중 의심의 여지 없이 바울의 저작물로 통하는 일곱 편의 서신을 제외한 나머지 여섯 편의 서신인 데살로니가후서, 골로새서, 에베소서, 디모데전서, 디모데후서, 디도서를 "제2바울서신"이라 부른다.* 대다수 학자는 바울의 저작물로 보기 어려운 이 여섯 서신이 바울의 전통과 권위를 중요하게 여겨 바울이 남긴 위대한 유산을 후대에도 계속하여 보존하고자 했던 그의 제자들이나 추종자들의 작품일 가능성이 높으며, 그리하여 그의 저작물로 전해 내려오게 된 것이라고 이해한다.

오늘날 "저자"라고 하면 한 작품을 작성하고 그 작품의 내용에 대해 책임을 지는 사람을 말한다. 그러나 저자에 대한 이러한 이해는 현대인의 것일 뿐, 고대인들에게는 다른 경우가 많았다. 그들에게 "저자"라는 개념은 한 작품의 배후에 있는 전통이나 교훈 또는 권위를 가리키곤 했다. 그러한 예는 주전 100년경에 그리스어로 기록된 <지혜서>에서도 찾을 수 있는데, 솔로몬이 지혜로운 자의 전형으로 여겨지던 전통으로 인해 이 작품의 기록 연대보다 800년이나 앞서 살았던 솔로몬을 이 지혜서의 저자로 여기게 되었다. 또한 신구약 중간 시대의 묵시문학가들은 자신들의 묵시문학적인 작품들을 과거의 위대한 신앙인을 저

---

* 이에 대해서는 이 책 제1부-14강을 참조하라.

자로 해서 기록했다 에녹, 아브라함, 모세, 바룩, 에녹서, 다니엘, 에스라. 이들은 하나님의 사람들의 입을 빌려 말하고 그 이름으로 역사의 발전 과정을 예언했다. 이처럼 실제 저자의 이름을 감추고 다른 사람의 이름으로 문서를 작성하는 현상은 고대 세계에서는 일반적인 관행이었다.

고대 교회에서 기록된 문서에는 바울의 이름을 빌린 서신들이 전해 내려온다. 이른바 <라오디게아 서신>이란 편지가 있다. 이 편지의 작성자는 자신을 바울이라고 소개하지만, 이 서신은 실제로 사도 바울의 것이 아니라 누군가가 바울의 이름을 빌려서 기록한 문서이다. 교부 터툴리안 Tertullianus, 215년경 사망은 이단인 마르키온주의자들이 에베소서를 라오디게아 서신으로 여겼으며, 마르키온 자신이 작성자 이름을 바꿨다고 보도한다 adv. Marc. V,11 u. 17. 이제껏 라틴어 본문으로만 전해 내려온 이 서신은 여러 성경 사본에도 담겨 있어서 서방에는 널리 알려진 서신이었다. 혹자는 이 서신이 주로 빌립보서에서 유래한 바울의 구절들과 진술 형태를 모아서 작성되었다고 여겨 전혀 가치 없는 서신이라고 설명하기도 한다. 골로새서 4:16 "이 편지를 너희에게서 읽은 후에 라오디게아인의 교회에서도 읽게 하고 또 라오디게아로부터 오는 편지를 너희도 읽으라"의 진술이 위屬바울서신인 라오디게아 서신의 작성을 부추겼다고 생각된다. 라오디게아 서신은 다음과 같이 시작한다.

> [1] 사람에 의해서도 아니요 사람으로 말미암아서도 아니고 예수 그리스도를 통해서 사도된 바울은 라오디게아에 있는 형제들에게 (편지하노니) [2] 하나님 아버지와 주 예수 그리스도의 은혜와 평강이 너희에게 있을지어다. [3] 내가 나의 모든 기도를 통해 그리스도에게 감사하노니, 너희들이 그 분 가운데 굳건히 서 있으며 그의 사역 가운데 매달리며 심판 날을 위한 언약을 기다리고 있음이니라 … " **

이 서신의 1절은 갈라디아서 1:1을 연상시킨다 "사람들에게서 난 것도 아니요 사람으로 말미암은 것도 아니요 오직 예수 그리스도와 그를 죽은 자 가운데서 살리신 하나님 아버지로 말미암아 사도 된 바울은". 여기에 드러나는 것처럼 이 서신의 기록자는 위대한 사도 바울의

** 이 서신의 본문을 다음에서 찾을 수 있다: Hennecke/Schneemelcher, *Neutestamentliche Apokryphen II*, Tübingen, 1971, 80-81.

권위를 내세우면서 자신이 기록한 글을 바울서신으로 소개한다. 그의 의도는 바울의 여러 서신으로부터 일반적인 구절들을 수집해서 바울서신집에 누락되어 있는 서신을 보충하는 것이었다. 저자에 대한 고대인들의 이와 같은 시각을 바탕으로 이른바 "제2바울서신"에 대해 살펴보도록 하자.

XII

골로새서

...

· **특징**: 소아시아의 한 교회가 거짓 가르침으로 인해 위험에 처하자, 기독교의 참된 진리에 의지하여 거짓 가르침을 전하는 이단을 반박한다.

· **핵심 메시지**: 세례를 통해 그리스도와 함께 죽고 부활한 신앙인은 그리스도 안에 나타난 구원의 현재성을 확신하는 가운데, 거짓 가르침에 미혹되지 말고 "복음 진리의 말씀"1:5을 붙들어야 한다고 권면한다.

소아시아 브리기아 지방에 위치한 골로새교회는 바울이 세운 교회가 아니고, 그의 제자 '에바브라'가 세운 교회로 묘사된다1:7; 4:12. 이 교회가 이 서신의 수신자이다. 이 서신은 근처에 있는 라오디게아 교회에서도 회람되어야 하며4:15-16, 바울과 개인적 친분이 없는 이들에 대한 염려도 담고 있다4:5 이하. 교회 안에 거짓 교사들이 나타난 것이 서신을 기록하게 된 결정적인 동기이고, 거짓 가르침"철학" 2:8과 논쟁을 벌이는 것이 골로새서의 중심을 이룬다.1)

---

1) 필하우어 Ph. Vielhauer 는 기독교 영지주의를 상대로 벌이는 교회 내적인 신학적 싸움에 대한 중요한 증언으로 골로새서를 이해한다(*Geschichte der urchristlichen Literatur*, 202).

서신의 저자는 거짓 교사들에 의해 위험에 처한 교회가 "복음인 진리의 말씀"으로 되돌아가야 할 것을 권면한다[1:5]. 골로새서는 우주적인 구원 영역으로서의 교회를 강조하며[1:15-20; 2:15], 또한 바울을 사도의 전형으로 여긴다.

1. 저자 및 진정성 문제

이 문서는 사도 바울과 그의 동역자 디모데가 골로새의 성도들과 신실한 형제들에게 보낸 편지[1:1-2]로, 옥중에 있는 바울이 디모데를 통해 쓴 것으로 전제되어 있다[참조. 1:24; 4:18]. 그러나 본문에 나타나는 사상이 바울의 사상과는 너무 차이가 많이 나기 때문에 실제 바울서신으로 보기 어렵다. 4:18에서 바울이 친필로 직접 썼다는 확인은 오히려 친서로 보이기 위한 시도로, 바울의 현존을 강조하려는 사도 이후 시대의 교회 상황을 반영하는 것이다.

이미 1838년에 마이어호프[E. Th. Mayerhoff]가 이 문서의 진정성을 최초로 본격적으로 의심했고, 바우르[F. Chr. Baur]는 2세기 영지주의 시대의 한 바울 추종자의 문서로 여겼다.[2] 저명한 비평학자 중에 이 문서를 바울의 친서로 여긴 학자도 있었으나[M. Dibelius; E. Lohmeyer; E. Percy; W. G. Kümmel], 오늘날 대다수 주석가들은 다음과 같은 이유에서 이 서신을 바울 이후 시대에 우리에게 알려지지 않은 익명의 저자[바울의 제자?]가 기록한 것으로 간주한다.[3]

---

2) E. Th. Mayerhoff, *Der Brief an die Colosser mit vornehmlicher Berücksichtigung der drei Pastoralbriefe kritisch geprüft*, Berlin 1838; F. Chr. Baur, *Paulus*, Leipzig, ²1867.

3) W. Marxsen; Ph. Vielhauer; E. Lohse; W. Schenk; Conzelmann/Lindemann; R. E. Brown; J. Roloff; I. Broer; F. Hahn; U. Schnelle 등. 슈바이처[E. Schweizer]는 바울의 제자 디모데가 교회의 위기 상황에 대처하기 위해 보다 엄격한 옥중 생활을 하던 바울의 권위를 이용하여 썼을 가능성을 제기한다[*Theologische Einleitung*, 87]. 다른 한편 P. Pokorny/U. Heckel은 골로새서의 저자가 요한 마가를 알고 있고[4:10], 마감 인사에 나오는 이름들이 바울의 친서인 빌레몬서에 나오는 이름들과 거의 같고, 단지 예수 유스도만 낯선 이름이라는 이유를 들어 예수 유스도가 실제 저자일 수 있다고 여긴다[*Einleitung in das NT*, 642].

① 언어와 문체가 바울의 친서와 상당히 차이가 난다. 바울은 간결하게 표현하며, "그러나", "그러므로"와 같은 접속사를 사용하여 논리적으로 명확하게 전개하는 것과 달리, 골로새서 저자는 장황한 문체를 선호하며 접속사 없이 문장을 느슨하게 연결하고 분사구문과 관계절을 자주 삽입시킨다 Ebner/Schreiber, 659. 또한 신약성경의 다른 어디에도 나타나지 않는 단어 Hapax-legomenon가 34번이나 등장한다(προακούω 앞서 듣다, 1:5, ἀρεσκεία 기쁘시게 함, 1:10, πιθανολογία 교묘한 말, 2:4, ἀπέκδυσις 벗는 것, 2:11, χειρόγραφον 증서, 2:14). 또한 예전禮典적인 어투와 찬송 어투를 즐겨 사용한다. 게다가 바울 특유의 개념들인 죄 ἁμαρτία, 의 δικαιοσύνη, 율법 νόμος, 자유 ἐλευθερία, 구원 σωτηρία, 약속 ἐπαγγελία, 연합 κοινωνία, 믿다 πιστεύειν와 연관된 단어들이 나타나지 않는다.

② 골로새서의 신학은 바울신학과 상당히 다르다. 기독론에 대한 이해에서도 골로새서에서는 바울에게는 나타나지 않는 '우주적인 기독론'이 강조된다 1:15-20; 2:9.[4] 선재하신 그리스도는 창조의 중개자이기 때문에 물질세계에만 그의 권세가 국한되지 않고, 모든 피조물에 해당된다. 동시에 그리스도는 모든 통치의 권세와 머리로 이해된다 2:10. 또한 골로새서는 바울처럼 교회를 구체적인 지역 공동체로 보지 않고 믿는 사람 전체를 포괄하는 우주적인 교회로 여기면서, 그리스도를 교회의 머리로 보고 교회를 온 세계를 감싸는 그리스도의 몸과 동일시한다 1:18. 또한 세례를 통한 부활을 말하는 2:12 현재적 종말론은 비바울적이며, 바울신학의 핵심 개념인 "하나님의 의"에 대한 진술이 없고, 구약성경과 관련짓지도 않으며, 성령에 대한 진술도 예외 1:8 거의 없다. 게다가 믿음에 대한 이해도 다르다. 바울은 믿음을 하나님과의 새로운 관계 및 새로운 실존 이해와 관련하여 주어진 선물로 이해하나, 골로새서는 전승 사상의 중요성을 강조하듯 "믿음에 굳게 서 있음"을 강조한다 1:23; 2:5, 7. 또한 바울이 "그리스도의 복음"을 선포한 반면, 골로새서는 "그리스도의 비밀"

---

4) 타이센 G. Theissen 은 골로새서와 에베소서의 "우주적 지혜신학" kosmische Weisheitstheologie 이라는 표현을 쓴다.

혹은 "하나님의 비밀"을 선포의 핵심으로 말한다 1:26-27; 2:2; 4:3. 또한 바울의 경우와 달리 이스라엘과 유대교에 대한 관심도 나타나지 않는다.

2. 수신자

수신자로 소아시아 "골로새에 있는 성도들 곧 그리스도 안에서 신실한 형제들" 1:2 이 언급된다. 라오디게아와 히에라볼리 근처에 있는 4:13 골로새 교회의 설립자는 바울이 아니라 에바브라이다 1:7; 4:12. 바울은 단지 간접적으로 골로새 교인들과 소통했을 뿐이다 1:9; 2:5. 로마 역사가 타키투스는 골로새와 라오디게아가 주후 60년이나 61년에 지진으로 인해 파괴되었다고 한다 Ann. IV,27,1. 그런데 라오디게아는 조속히 다시 복구된 것으로 보인다. 그곳에 다시 교회가 존재했다는 사실을 요한계시록 3:14 이하에서 알 수 있기 때문이다.

그러나 1세기 골로새교회에 대해 전해오는 정보가 전혀 없다. 이런 까닭에 후대의 누군가가 더 이상 존재하지 않는 교회를 수신자로 선택해서 자신의 문서를 바울의 서신으로 포장했을 가능성을 제기하는 사람도 있다.5) 아무튼 골로새교회가 수신자로 언급되는데, 4:16("너희가 읽은 후에 라오디게아인의 교회에서도 읽게 하고")을 고려하면 처음부터 광범위한 수신자 그룹을 염두에 둔 것으로 보인다 U. Schnelle. 테오발트 M. Theobald 는 골로새서에 나오는 발신자와 수신자 모두 허구로 보면서 에베소 주변 지역에서 수신자 교회를 찾고자 한다. 그곳에 거짓 가르침을 전하는 유대 그리스도인들의 움직임이 있다는 이유에서다. 그는 구체적인 지역 교회보다는 여러 도시에 흩어져 있는 그리스도인 그룹을 염두에 둔다.6)

---

5) Pokorny/Heckel, *Einleitung in das NT*, 641-642. 이들은 4:16에 근거하여 골로새서의 본래 수신자를 라오디게아 교회로 여긴다.

6) Ebner/Schreiber, *Einleitung in das NT*, 436.

3. 저작 장소와 생성 연대

에베소서 가운데 골로새, 라오디게아, 히에라폴리스 도시가 언급됨을 고려하면 골로새서는 이들 도시 주변에서 기록되었을 것으로 짐작된다. 혹은 바울의 전통이 강하게 남아 있는 에베소로 보기도 한다골로새는 에베소에서 동쪽으로 170km 정도 떨어져 있다. 따라서 대략 소아시아 남서쪽에서 생성되었다고 볼 수 있다. 연대 설정에 중요 근거가 되는 교회 직분과 구조에 대한 내용이 나타나지 않기 때문에 골로새서의 연대를 결정하기가 어렵다. 대체로 제2바울서신 가운데 가장 이른 시기에 기록된 것으로 간주되고A. Lindemann, 바울이 사망한 지 어느 정도 시간이 지났을 것으로 미루어, 생성 시기를 대략 주후 70-80년 사이로 추정한다.[7]

4. 단락 나누기

이 서신은 크게 전반부 1-2장 가르침과 논쟁, 후반부 3-4장 권면의 내용으로 나눌 수 있다.

I.	1:1-14	**서문: 서두 인사**[1-2절] **및 감사와 부탁의 말**
II.	1:15-2:23	**(첫째 본론: 교훈) 세상에 대한 그리스도의 통치**
	1:15-20	그리스도 찬송시
	1:21-23	찬송시를 수신자 교회에 적용
	1:24-2:5	사도로서의 자기 역할
	2:6-23	거짓 가르침과 벌이는 논쟁
III.	3:1-4:6	**(둘째 본론: 권면) 그리스도 안에서의 충만한 실존**
	3:1-17	미덕과 악덕 표
	3:18-4:1	가훈표 (남자와 여자; 아이와 부모; 노예와 주인)
	4:2-6	일반적인 권면
IV.	4:7-18	**마감어 (두기고와 오네시모를 위한 추천)**

---

7) J. Gnilka; E. Käsemann(³RGG [1959], 1727-1728); Conzelmann/Lindemann; Pokorny/Heckel; M. Theobald.

5. 중심 내용

서문과 감사의 말에 이어서 1:13-14에 일종의 신앙고백문이 나온다("그
가 우리를 흑암의 권세에서 건져내사 그의 사랑의 아들의 나라로 옮기셨으
니 그 아들 안에서 우리가 속량 곧 죄 사함을 얻었도다"). 그리스도인들이
아들의 나라로 옮겨짐으로 구원이 일어나고 또한 죄 용서로 말미암아 구
원이 일어난다는 진술은 비바울적이다. 이어지는 찬송시^{Das Christus-Enkomion}
1:15-20가 본론의 도입부를 이룬다. 이 시에서 저자는 그리스도론을 우주적
인 차원에서 전개한다.

A. ¹⁵ 그는 보이지 아니하는 하나님의 형상이시오
　　모든 피조물보다 '먼저 나신 분'^{πρωτότοκος} 이십니다.
　　¹⁶ 왜냐하면 ^{ὅτι} 만물이 그에게서^{ἐν αὐτῷ} 창조되되,
　　하늘과 땅에서,
　　　　[보이는 것들과 보이지 않는 것들과
　　　　혹은 왕권들이나 주권들이나 통치자들이나 권세들이나]
　　만물이 다 그로 말미암고^{δι' αὐτοῦ} 그를 위하여^{εἰς αὐτόν}
　　　　창조되었기 때문입니다.

B. ¹⁷ 또한 그가 만물보다 먼저 계시고,
　　만물이 그 안에 함께 섰고,
　　¹⁸ 그는 [교회인] 몸의 머리시라

C. 그가 근본이시요
　　죽은 자들 가운데서 먼저 나신 이십니다.
　　　　[그리하여 친히 만물의 으뜸이 되십니다]
　　¹⁹ 왜냐하면 ^{ὅτι} 아버지께서는 모든 충만으로 그분 안에 거하게 하시고,
　　²⁰ 그분을 통해 그분을 향해 만물을 자기와 화해시키셨으니,
　　　　[그의 십자가의 피로 그를 통해 화평을 이루었습니다.]
　　땅에 있는 것들이나 하늘에 있는 것들이.[8]

---

8) 이 번역은 그리스어 원문 구조를 따라 필자가 만든 것이다.

이 그리스도 찬송시는 장엄한 언어 및 대구법을 갖춘 운문체로 인해 전후단락과 확연히 구분된다. 동일한 구조_{두 개의 그리스도 서술어+세 마디를 가진 ὅτι 문장}로 된 두 개의 중심 연^A와 C 사이에 중간 연^B이 끼어 있다. 이 시는 골로새서 저자의 작품이 아니라 전승에서 유래한 것이다. 저자는 전승되어 내려온 본래의 시에 자신의 해석을 첨가함으로써_{꺾쇠묶음} 교회가 그리스도로 인해 마련되고 인도되는 우주적인 구원의 영역이라는 점을 드러내며, 또한 그리스도 사건의 우주적인 차원을 강조한다. 이 시의 첫머리에서는 그리스도를 하나님의 "형상"으로 부르는데, 이는 외형적인 모방이 아니라 존재 방식을 나타낸다. 이로써 계시자와 계시의 통일성을 강조한다. 이 시에서 구원자 되시는 예수 그리스도는 창조의 중개자^A이고, 부활을 통한 화해자^C이며, 우주는 그의 몸이다^B. 교회를 '몸'으로 부르는 상징은 오직 바울_{롬 12:5; 고전 10:17; 11:29; 12:12 이하, 27}과 바울학파_{엡; 골 1:24; 2:19; 3:15}에만 나타난다.[9] 이 시를 통해 저자는 수신자 공동체에게 그들의 종교적 정체성의 그리스도론적 근거를 상기시킨다.

1:24-2:5_{사도로서의 자기 역할}에서는 고난 가운데 있는 사도가 신앙에 굳건히 설 것을 권면하는 장면이 나온다.

(1:24-2:5) ^{1:24} 나는 이제 너희를 위하여 받는 괴로움을 기뻐하고 그리스도의 남은 고난을 그의 몸 된 교회를 위하여 내 육체에 채우노라 ²⁵ 내가 교회의 일꾼된 것은 하나님이 너희를 위하여 내게 주신 직분을 따라 하나님의 말씀을 이루려 함이니라 ²⁶ 이 비밀은 만세와 만대로부터 감추어졌던 것인데 이제는 그의 성도들에게 나타났고 ²⁷ 하나님이 그들로 하여금 이 비밀의 영광이 이방인 가운데 얼마나 풍성한지를 알게 하려 하심이라 이 비밀은 너희 안에 계신 그리스도시니 곧 영광의 소망이니라 ²⁸ 우리가 그를 전파하여 각 사람을 권하고 모든 지혜로 각 사람을 가르침은 각 사람을 그리스도 안에서 완전한 자로 세우려 함이니 ²⁹ 이를 위하여 나도 내 속에서 능력으로 역사하시는 이의 역사를 따라 힘을 다하여 수고하노라 ^{2:1} 내가 너희와 라오디게아에 있는 자들과 무릇

---

9) 참고로 바울은 결코 그리스도를 '교회의 머리'라고 부르지 않는다_{참조, 골 1:18}.

내 육신의 얼굴을 보지 못한 자들을 위하여 얼마나 힘쓰는지를 너희가 알기를 원하노니 ² 이는 그들로 마음에 위안을 받고 사랑 안에서 연합하여 확실한 이해의 모든 풍성함과 하나님의 비밀인 그리스도를 깨닫게 하려 함이니 ³ 그 안에는 지혜와 지식의 모든 보화가 감추어져 있느니라 ⁴ 내가 이것을 말함은 아무도 교묘한 말로 너희를 속이지 못하게 하려 함이니 ⁵ 이는 내가 육신으로는 떠나 있으나 심령으로는 너희와 함께 있어 너희가 질서 있게 행함과 그리스도를 믿는 너희 믿음이 굳건한 것을 기쁘게 봄이라

여기에는 바울의 교회론을 넘어서는 **저자의 교회론**이 나타난다. 교회를 향한 관심이 더 이상 개별적인 지역 교회에 머물지 않고, 온 세상을 대상으로 행한 바울의 선교 사역에서 이루어진 믿는 자 전체를 포괄하는 보편적인 교회를 향한다. 이런 시각에서 교회는 온 우주를 채우는 그리스도의 몸이고, 그리스도는 몸인 교회의 머리이다 1:18. 바울에게 교회는 많은 지체들이 모여 한 몸을 이룬 살아 움직이는 유기체Organism로서 그리스도의 몸이다 고전 12장. 그러나 골로새서에서 교회는 더 이상 유기체로서의 교회 표상이 아니라, 몸으로서의 교회가 머리이신 그리스도에게 속한 것으로 나타난다. 지상의 교회는 천상적인 그리스도에게 종속된 존재임이 강조되는 것이다.

이어 2:6-23에서 **참된 구원의 교리와 거짓된 가르침**에 관한 중심 주제를 다룬다. 먼저 2:6-8에서 저자는 교회에 전해 내려온 예수 그리스도에 대한 신앙 전통에 합당한 삶에 대해 언급한다.

(2:6-8) ⁶ 그러므로 너희가 그리스도 예수를 주로 받았으니 그 안에서 행하되 ⁷ 그 안에 뿌리를 박으며 세움을 받아 교훈을 받은 대로 믿음에 굳게 서서 감사함을 넘치게 하라 ⁸ 누가 철학과 헛된 속임수로 너희를 사로잡을까 주의하라 이것은 사람의 전통과 세상의 초등학문 =세상의 요소들 을 따름이요 그리스도를 따름이 아니니라

교회의 그리스도 신앙 전통과 대립 관계에 있는 거짓 교리"철학과 헛된 속임

수" 및 '세상의 요소들'에 의한 위험을 경고한다[8절]. 여기서 '철학'은 이성에 근거한 그리스 고전 철학 전통의 의미에서 나온 인식론적 세상 이해를 뜻하지 않고 온 우주의 배경을 직관함으로써 얻는 깨달음과 관련된 것으로 이해할 수 있다[H. Conzelmann,][10] 또한 '세상의 요소들'τὰ στοιχεῖα τοῦ κόσμου은 사람들에게 영향을 미치는 초자연적인 정령들을 가리키는 것으로서 사람들로부터 경배를 받았다.[11] 저자가 경고하는 위험은 음식과 음료, 축제일과 천사숭배, 규례를 통해 구체적으로 드러난다[16, 18절]. 그러한 위험을 극복하기 위한 길로서 저자는 그리스도의 죽음과 부활에 참여하는 세례 받은 자로서의 그리스도인의 실존을 언급하면서 구원의 현재성을 강조한다[12-15절].

(2:9-15) [9] 그=그리스도 안에는 신성의 모든 충만이 육체로 거하시고 [10] 너희도 그 안에서 충만하여졌으니 그는 모든 통치자와 권세의 머리시라 [11] 또 그 안에서 너희가 손으로 하지 아니한 할례를 받았으니 곧 육의 몸을 벗는 것이요 그리스도의 할례니라 [12] 너희가 세례로 그리스도와 함께 장사되고 또 죽은 자들 가운데서 그를 일으키신 하나님의 역사를 믿음으로 말미암아 그 안에서 함께 일으키심을 받았느니라 [13] 또 범죄와 육체의 무할례로 죽었던 너희를 하나님이 그와 함께 살리시고 우리의 모든 죄를 사하시고 [14] 우리를 거스르고 불리하게 하는 법조문으로 쓴 증서를 지우시고 제하여 버리사 십자가에 못 박으시고 [15] 통치자들과 권세들을 무력화하여 드러내어 구경거리로 삼으시고 십자가로 그들을 이기셨느니라

이어지는 2:16-23에서 저자는 거짓 가르침을 더욱 구체적으로 반박한다.

(2:16-23) [16] 그러므로 먹고 마시는 것과 절기나 초하루나 안식일을 이유로 누

---

10) *Die Briefe an die Galater, Epheser, Philipper, Kolosser, Thessalonicher und Philemon*, 1985, 189.

11) 골 2:8, 20에 나오는 "세상의 초등학문"은 헬라어 τὰ στοιχεῖα τοῦ κόσμου에 해당한다. 이 표현은 무슨 학문적인 것과 관련이 없다. 독일어로는 "Weltelemente"(세상의 요소들[참조, 물, 불, 공기, 에테르])로 번역할 수 있고, 가톨릭 『성경』은 "이 세상의 정령들"로 번역한다.

구든지 너희를 비판하지 못하게 하라 [17] 이것들은 장래 일의 그림자이나 몸은 그리스도의 것이니라 [18] 아무도 꾸며낸 겸손과 천사 숭배를 이유로 너희를 정죄하지 못하게 하라 그가 그 본 것에 의지하여 그 육신의 생각을 따라 헛되이 과장하고 [19] 머리를 붙들지 아니하는지라 온 몸이 머리로 말미암아 마디와 힘줄로 공급함을 받고 연합하여 하나님이 자라게 하시므로 자라느니라 [20] 너희가 세상의 초등학문=세상의 요소들에서 그리스도와 함께 죽었거든 어찌하여 세상에 사는 것과 같이 규례에 순종하느냐 [21] (곧 붙잡지도 말고 맛보지도 말고 만지지도 말라 하는 것이니 [22] 이 모든 것은 한때 쓰이고는 없어지리라) 사람의 명령과 가르침을 따르느냐 [23] 이런 것들은 자의적 숭배와 겸손과 몸을 괴롭게 하는 데는 지혜 있는 모양이나 오직 육체 따르는 것을 금하는 데는 조금도 유익이 없느니라

거짓된 가르침과 '세상의 요소들'에 의해 미혹된 사람들이 당시 교회 안에 있었다. 저자는 이들을 이단으로 간주한다.[12] 이들은 교회 안의 다른 그리스도인들을 열등한 신앙인으로 여기면서, 비밀스러운 종교적 환상과 천사숭배를 의지했고[18절], 세상의 요소들을 중시했다. 적대자들은 그리스도와 다른 중개자의 역할을 수행하는 초인간적인 영적 권세를 믿었다.[13] 저자는 바울과 달리 온 세상을 향한 파송에서 성취되는 '교회의 성장'에 대해서도 말한다[19절; 참조, 엡 2:21]. 그리스도의 성장하는 몸으로서의 교회는 온 우주 위에 머리 되는 그리스도의 권세가 드러나는 영역이다.

3:1부터 권면이 시작된다. "그러므로 너희가 그리스도와 함께 다시 살리심을 받았으면 위의 것을 찾으라 거기는 그리스도께서 하나님 우편에 앉아 계시느니라." 이것은 역설적인 표현으로 부활에도 불구하고 그리스도인의 삶과 신앙의 현주소는 하늘이 아니라 땅이라는 사실을 강조하는

---

12) 루츠[U. Luz]에 따르면, 여기서 저자가 싸우는 적대자는 천사를 경배하며 교회에 추가적인 부담을 지우며 종교적 제안을 하는 "금욕적인 유대 그리스도인들"이다. *Die Briefe an die Galater, Epheser, Philipper und Kolosser*, NTD 8/1 (1998), 219.

13) 여기서 거론되는 영적 권세를 종종 영지주의[Gnosis]와 관련지어 해석했다[G. Bornkamm; W. Schmithals]. 디벨리우스[M. Dibelius]는 골로새서에 나오는 이단을 이시스 신비주의[Isis-Mysterien]와 비교했다. 아무튼 영지주의 전신에 해당하는 "종교혼합적 경건"을 염두에 둔 것으로 보인다(Pokorny/Heckel, *Einleitung in das NT*, 638).

진술이다. 이어서 미덕과 악덕의 내용이 열거된다.

(3:5-17) ⁵ 그러므로 땅에 있는 지체를 죽이라 곧 음란과 부정과 사욕과 악한 정욕과 탐심이니 탐심은 우상 숭배니라 ⁶ 이것들로 말미암아 하나님의 진노가 임하느니라 ⁷ 너희도 전에 그 가운데 살 때에는 그 가운데서 행하였으나 ⁸ 이 제는 너희가 이 모든 것을 벗어 버리라 곧 분함과 노여움과 악의와 비방과 너 희 입의 부끄러운 말이라 ⁹ 너희가 서로 거짓말을 하지 말라 옛 사람과 그 행 위를 벗어 버리고 ¹⁰ 새 사람을 입었으니 이는 자기를 창조하신 이의 형상을 따라 지식에까지 새롭게 하심을 입은 자니라 ¹¹ 거기에는 헬라인이나 유대인이 나 할례파나 무할례파나 야만인이나 스구디아인이나 종이나 자유인이 차별이 있을 수 없나니 오직 그리스도는 만유시요 만유 안에 계시니라 ¹² 그러므로 너 희는 하나님이 택하사 거룩하고 사랑 받는 자처럼 긍휼과 자비와 겸손과 온유 와 오래 참음을 옷 입고 13누가 누구에게 불만이 있거든 서로 용납하여 피차 용서하되 주께서 너희를 용서하신 것 같이 너희도 그리하고 ¹⁴ 이 모든 것 위 에 사랑을 더하라 이는 온전하게 매는 띠니라 ¹⁵ 그리스도의 평강이 너희 마음 을 주장하게 하라 너희는 평강을 위하여 한 몸으로 부르심을 받았나니 너희는 또한 감사하는 자가 되라 ¹⁶ 그리스도의 말씀이 너희 속에 풍성히 거하여 모든 지혜로 피차 가르치며 권면하고 시와 찬송과 신령한 노래를 부르며 감사하는 마음으로 하나님을 찬양하고 ¹⁷ 또 무엇을 하든지 말에나 일에나 다 주 예수의 이름으로 하고 그를 힘입어 하나님 아버지께 감사하라

계속해서 유명한 '가훈표'" Haustafeln 가 나온다.14) 이와 같은 윤리적 권면 은 구원의 현재성에 대한 믿음으로 인해 자유를 얻은 그리스도인이 금욕 적 세상 도피와 윤리적 방탕에 빠지지 않도록 인도하며, 세상과 세상의 질서를 멸시하지 않도록 하기 위해 필요하다. 이 가훈표는 전형적인 기독 교적 내용이라기보다 당시 주변 세계의 윤리와 철학에서 비롯된 것으로 여겨진다.15)

---

14) '하우스 타펠른' Haustafeln 이라ᄎ독일어는 루터의 "소교리문답" Kleiner Kathechismus 에서 유래 한 표현이다.

15) 엡 5:22-6:9의 가훈표는 기독론적인 설명을 더욱 강조하는데, 벧전 2:18-3:7에도 유사한 내용이 나온다. 참조, 딤전 2:8-3:13; 6:1-2; 딛 2:1-10; Did 4:9-11; Barn 19:5-7; 1 Clem 1:3; 21:6-9; IgnPol 4:1-6:1; Polyk 4:2-6:3. 또한 잠 1:8-19; 시락서 7:23-28; 30:1-13; 4Makk 10:4-14;

(3:18-4:1) [3:18] 아내들아 남편에게 복종하라 이는 주 안에서 마땅하니라 [19] 남편들아 아내를 사랑하며 괴롭게 하지 말라 [20] 자녀들아 모든 일에 부모에게 순종하라 이는 주 안에서 기쁘게 하는 것이니라 [21] 아비들아 너희 자녀를 노엽게 하지 말지니 낙심할까 함이라 [22] 종들아 모든 일에 육신의 상전들에게 순종하되 사람을 기쁘게 하는 자와 같이 눈가림만 하지 말고 오직 주를 두려워하여 성실한 마음으로 하라 [23] 무슨 일을 하든지 마음을 다하여 주께 하듯 하고 사람에게 하듯 하지 말라 [24] 이는 기업의 상을 주께 받을 줄 아나니 너희는 주 그리스도를 섬기느니라 [25] 불의를 행하는 자는 불의의 보응을 받으리니 주는 사람을 외모로 취하심이 없느니라. [4:1] 상전들아 의와 공평을 종들에게 베풀지니 너희에게도 하늘에 상전이 계심을 알지어다

그런 다음 저자는 마지막 권면의 말씀[4:2-6]을 한 후 인사[4:7-18]로써 서신을 끝낸다.

Philo decal. 165-167. 가훈표는 스토아Stoa 학파에서 비롯된 것으로 보인다(*Epict. diss.* II,10,1 이하; 14:8; *Diol. Laert.* VII,108).

XIII

에베소서

...

· **특징**: 편지라기보다는 신학적 논설문에 가까운 에베소서는 유대인과 이방인으로 구성된, 하나로 통일된 보편적 교회의 중요성을 강조한다.

· **핵심 메시지**: 그리스도의 구원 사역을 통해 유대인과 이방인이 화목한 가운데 새사람이 되어, 하나의 교회를 이루어 하나님과 연합되리라는 하나님의 계획을 선포한다.

신약성경 중 에베소서만큼 교회론을 심도 있게 다루고 중심 주제로 삼은 문서는 없다. 유대인과 이방인이 결합되어 있는 사도적 전통에 선, 하나로 통일된 보편적인 교회론을 중심 주제로 다룬다. 따라서 에베소서의 교회론은 구체적인 지역 교회의 모습이 아니라 교회의 본질에 대한 묘사를 강조한다. 에베소서는 골로새서를 전제하나, 내용면에서 골로새서와는 차이가 있다. "바울주의의 왕관"C. H. Dodd이며, "바울학파의 가장 중요한 대변인"F. Hahn으로 불리는 에베소서는 기독교 사상과 영성에 많은 영향을 끼쳤다.

1. 장르

에베소서는 부분적으로 편지 형식을 갖췄음에도 불구하고 실제 편지로 보기 어렵다. 바울은 자신이 세운 에베소교회와 각별한 관계를 가졌음에도 불구하고, 이 문서 안에서는 양자 사이에 절친한 관계를 나타내는 표현은 없고 오히려 거리감을 나타내는 표현이 있을 뿐이다 1:15. 게다가 마감 부분에 발신인의 인사도 빠져 있다. 따라서 여러 학자들은 에베소서를 편지 형식을 빌린 일종의 "신학적 논설문"으로 이해한다.1) 그러나 루츠U. Luz는 논설문으로 보지 않고, 상황에 따라 수신자 교회 이름을 바꿔가며 삽입할 수 있도록 기획된 일종의 "순환 편지"로 이해하려 한다. 또한 "지혜의 말씀"으로H. Schlier, 혹은 "예전용 설교"Pokorny; Gnilka 로 혹은 "설교" G. Sellin 로 보려는 입장도 있다.

2. 저자

에베소서 자체의 보도에 따르면 이 서신은 사도 바울이 감옥에서 기록한 옥중서신이다(3:1, "그리스도 예수의 일로 너희 이방인을 위하여 갇힌 자 된 나 바울이 말하거니와"; 4:1). 이 서신을 바울 노년기의 작품으로 보려는 학자도 있으나H. Schlier, 18세기 말부터 여러 학자는E. Evans; L. Usteri; De Wette; F. C. Baur 바울이 이 서신을 기록했다는 사실을 의심해 왔다. 바이스Johannes Weiß, 1863-1914는 에베소서는 에베소 지역과 아무런 관련이 없는 기독교 세계 전체를 향한 서신이며, 언어와 문체와 신학이 바울 친서와 상당히 거리가 있다는 이유에서 이를 바울 이후의 문서로 간주하면서 존경하는 사도 바울의 이름을 사용함으로써 서신의 권위를 독자들에게 일깨우고자 했다고 추측했다.2) 오늘날 대다수 학

---

1) M. Dibelius, *Geschichte der urchristlichen Literatur*, 1975, 121; F. Mußner, "Epheserbrief", *TRE* 9 (1982), 743; H. Conzelmann/A. Lindemann, *Arbeitsbuch zum NT*, 14 2004, 299; F. Hahn, 『신약성서신학 I』, 410.

2) J. Weiß, *Das Urchristentum*, Göttingen, 1917, 108.

자들은 에베소서를 제2바울서신에 속하는 것으로 간주하면서 다음과 같은 이유를 제시한다.

① 골로새서와 마찬가지로 에베소서의 언어와 문체가 바울의 것과 다르다. 바울 친서와 비교할 때 문장이 대체로 만연체다. 저자는 전치사 용법, 속격형 명사, 관계문을 이중 삼중으로 사용하며, 동의어를 통해서도 유사한 내용을 반복하는 경향이 있다. 그 결과 문장의 구조가 종종 명확하지 않다. 한마디로 문체가 논리적이기보다는 연상적이다.

② 바울은 "죄" ἁμαρτία 라는 단어를 언제나 단수로 사용하여, 죄란 인간이 범하는 것이기도 하나 동시에 인간을 노예로 삼는 우주적인 권세자를 뜻한다. 반면 에베소서에는 이 단어가 복수로 나타나며 "허물"과 같은 뜻으로 사용된다(예, 엡 2:1 "그는 허물과 죄들 ἁμαρτίαι 로 죽었던 너희를 살리셨도다"). 악한 우주적 권세자란 의미를 나타낼 경우 저자는 신화적 표현을 사용한다 "이 세상의 에온", "공중의 권세자" 2:2.

③ 에베소서는 골로새서를 상당 부분 이용하여 기록된 것으로 보인다. 두 문서의 서문에만 수신자를 가리켜 "성도들", 곧 "(그리스도 안에서) 신실한 형제들"로 부르며, 또한 마감 인사도 상당 부분 일치한다.

에베소서 6:21-22	골로새서 4:7-8
[21] 나의 사정 곧 내가 무엇을 하는지 너희에게도 알리려 하노니 사랑을 받은 형제요 주 안에서 진실한 일꾼인 두기고가 모든 일을 너희에게 알리리라 [22] 우리 사정을 알리고 또 너희 마음을 위로하기 위하여 내가 특별히 그를 너희에게 보내었노라	[7] 두기고가 내 사정을 다 너희에게 알려 주리니 그는 사랑받는 형제요 신실한 일꾼이요 주 안에서 함께 종이 된 자니라 [8] 내가 그를 특별히 너희에게 보내는 것은 너희로 우리 사정을 알게 하고 너희 마음을 위로하게 하려 함이라

또한 골로새서의 내용 절반 이상이 에베소서의 내용과 평행한다.[3]

---

3) 이 도표는 Pokorny/Heckel, *Einleitung in das NT*, 630에서 가져왔다.

에베소서	골로새서	에베소서	골로새서	에베소서	골로새서	에베소서	골로새서
1:1-2	1:1-2	2:16	1:20	4:18	1:21	5:17	1:9
1:4b	1:22b	3:2-3, 5	1:25-27	4:19	3:5	5:19-20	3:16-17
1:6b-7	1:13b-14	3:7, 13	1:23-24	4:20-21	2:6-7	5:22	5:22
1:10	1:20	3:17	2:6-7	4:22-25	3:8-10	5:25	3:19
1:15-17	1:3-4, 9	3:19	2:9-10	4:29	3:8; 4:6	5:27	1:22b
1:19-23	2:12-13	3:20	1:29	4:31	3:8	6:1	3:20
	(3:1; 1:16,	4:1	1:10	4:32	3:12-13	6:4-9	3:21-4:1
	18-19)	4:2-3	3:12, 14	5:4	3:8	6:18	4:2
2:2	3:7	4:13	1:28	5:5-6	3:5-6	6:19-20	4:3-4
2:5	2:13	4:15-16	2:19	5:16	4:5	6:21-22	4:7-8
2:15	2:14						

3. 수신자

수신인을 언급하는 1:1("하나님의 뜻으로 말미암아 그리스도 예수의 사도된 바울은 에베소에 있는 성도들과 그리스도 예수 안에 있는 신실한 자들에게 편지하노니")의 "에베소에 있는" 표현은 가장 오래된 사본들$^{p46, B, a}$에서 나타나지 않기 때문에, 본래의 본문에는 없던 것으로 간주된다. 주후 200년경에 생성된 "무라토리 정경"에 처음으로 수신지 에베소가 언급된다. 에베소는 바울이 가장 오랫동안 사역한 장소지만 그곳으로 보낸 편지가 남아 있지 않아서 훗날 "에베소에 있는"이 첨가된 것으로 보인다. 본래 수신자가 누구인가에 대해 논란이 많으나 예배 때 사용될 목적으로 작성된 회람 서신으로 간주하는 추세이다$^{3:3-4; 참조, 골 4:16}$. 특정 수신자를 언급하지 않은 것은 이 문서가 강조하는 교회의 보편성과 관련하여 이해할 수 있다. 즉 하나로 통일된 보편적인 교회를 염두에 둔 문서라는 관점에서 특정 수신자 교회를 의도적으로 언급하지 않았을 수 있다. 마감 인사$^{6:23-24}$에서도 수신자 교인들을 구체적으로 거명하지 않는다.

4. 저작 장소와 생성 연대

에베소서의 생성 장소에 대해서는 정확히 알 수 없다. 수감 중인 바울이 소아시아로 보내는 서신을 통해 자신의 유언을 확증하려는 본문의 내용을 고려하면[3:1, 13; 6:19-20], 바울의 옥중살이에 대한 기억이 가장 생생했던 로마에서 이 문서가 기록된 것으로 볼 수도 있다. 하지만 2:11-22에 전제된 유대 그리스도인과 이방 그리스도인 사이의 갈등을 고려하면, 소아시아 지역에서 생겼을 것으로 추정하는 것이 더욱 자연스럽다. 게다가 골로새서가 소아시아에서 생겨났다면, 에베소서 역시 그럴 가능성이 크다. 에베소서가 골로새서를 참조했고 소아시아 지역에 널리 퍼져 있었다는 사실로 미루어 에베소서는 골로새서가 생성된 뒤 대략 주후 80-90년 사이에 기록된 것으로 볼 수 있다.[4]

5. 단락 나누기

I.	1:1-2	**서문**
II.	1:3-3:21	**(첫째 본론) 신앙에 대한 가르침**
	1:3-14	그리스도 안에서 택하심에 대한 하나님 찬양
	1:15-23	수신자에 대한 감사와 중보기도
	2:1-10	그리스도의 구속 사건을 통해 죽음이 생명으로 바뀜
	2:11-22	그리스도 안에 하나 된 유대인과 이방인으로 이루어진 교회
	3:1-13	하나님의 비밀이 사도적 선포와 교회를 통해 계시됨
	3:14-21	중보 기도와 찬양
III.	4:1-6:20	**(둘째 본론) 새로워진 삶을 위한 윤리적 권면**
	4:1-16	연합된 그리스도의 몸을 이룰 것을 권면
	4:17-24	옛 사람과 새 사람

---

4) Pokorny/Heckel 70년대; R. Schnackenburg 90년경; Conzelmann/Lindemann 90년 이전; R. E. Brown 90년대; U. Schnelle, M. Theobald 80-90년; I. Broer 1세기 마지막 4분기; G. Sellin 80-100년

	4:25-5:20	개별 권면(하나님을 본받는 자가 되라4:25-5:2; 빛의 자녀들처럼 행하라5:3-14; 지혜 있는 자처럼 행하라5:15-20)
	5:21-6:9	가훈표
	6:10-20	마감 권면
IV.	6:21-24	**마감어**

6. 중심 내용

에베소서는 크게 가르침 부분1-3장과 권면 부분4-6장으로 양분된다. 서문 1:1-2에 이은 첫째 본론1:3-3:21은 믿는 자에게 구원을 베푸시는 하나님에 대한 장엄한 찬양1:3-14과, 수신자의 믿음에 대한 감사와 그들을 위한 사도의 중보기도1:15-23로 시작된다. 여기에서 벌써 이 문서의 중심 주제인 교회론이 나온다1:10, 22-23.

> (1:10) 하늘에 있는 것이나 땅에 있는 것이 다 그리스도 안에서 통일되게 하려 하심이라
> (1:22-23) 22 또 만물을 그의 발 아래에 복종하게 하시고 그를 만물 위에 교회의 머리로 삼으셨느니라 23 교회는 그의 몸이니 만물 안에서 만물을 충만케 하시는 이의 충만함이니라

골로새서의 경우처럼골 1:18; 2:19 에베소서에서 에클레시아, 즉 교회는 온 우주를 채우는 하나의 몸이고, 그 몸의 머리이신 그리스도는 교회와 세상 만물을 다스리는 천상적 존재이다1:10, 22-23.5) 머리로서의 그리스도와 몸인 교회를 구분하는 표상4:15; 5:23은 바울에게 나타나는 "그리스도의 몸" 사상을 신학적으로 한층 발전시킨 것이다. 그리스도는 교회와 세상 만물의 통치자라는 사상에는 교회와 세상이 긴밀하게 연결되어 있음이 드러난다. 세상은 교회와

---

5) 에베소서에는 "에클레시아"가 보편적인 교회를 가리키는 의미로 9번 사용된다1:22; 3:10, 21; 5:23, 24, 25, 27, 29, 32.

무관한 영역이 아니다. 교회는 그리스도의 능력에 힘입어 어둠의 세상 주관 자들뿐만 아니라 마귀 및 그에 속한 악한 영들과도 담대히 싸울 수 있다 6:12-13. 그리하여 그리스도의 통치를 온 세상에 전할 과업을 갖게 된다3:9-10. 교회는 그리스도의 구원이 드러나는 영역이기 때문에 천상적 구원의 충만함을 이 땅에서 현재 맛볼 수 있는 장소이다. 이로써 교회와 구원이 직결된다. 따라서 교회 없는 믿음이란 있을 수 없다. 그리스도에게 속한 교회는 세례를 통해 신앙인을 구원의 영역에 참여하게 하고2:5-6, 그리스도 안에서 선한 일을 가능하게 한다2:10. 이렇게 보면 에베소서에서 교회론은 구원론의 전제가 된다.

이어서 에베소서의 가르침을 담은 부분이 펼쳐진다2:1-3:21. 저자는 믿는 자의 과거와 현재를 언급2:1-10하면서 예수 그리스도를 통한 구속 사건의 구원론적인 결과를 설명한다.

(2:1-10) [1] 그는 허물과 죄로 죽었던 너희를 살리셨도다 [2] 그 때에 너희는 그 가운데서 행하여 이 세상 풍조를 따르고 공중의 권세 잡은 자를 따랐으니 곧 지금 불순종의 아들들 가운데서 역사하는 영이라 [3] 전에는 우리도 다 그 가운데서 우리 육체의 욕심을 따라 지내며 육체와 마음의 원하는 것을 하여 다른 이들과 같이 본질상 진노의 자녀이었더니 [4] 긍휼이 풍성하신 하나님이 우리를 사랑하신 그 큰 사랑을 인하여 [5] 허물로 죽은 우리를 그리스도와 함께 살리셨고 (너희는 은혜로 구원을 받은 것이라) [6] 또 함께 일으키사 그리스도 예수 안에서 함께 하늘에 앉히시니 [7] 이는 그리스도 예수 안에서 우리에게 자비하심으로써 그 은혜의 지극히 풍성함을 오는 여러 세대에 나타내려 하심이라 [8] 너희는 그 은혜에 의하여 믿음으로 말미암아 구원을 받았으니 이것은 너희에게서 난 것이 아니요 하나님의 선물이라 [9] 행위에서 난 것이 아니니 이는 누구든지 자랑하지 못하게 함이라 [10] 우리는 그가 만드신 바라 그리스도 예수 안에서 선한 일을 위하여 지으심을 받은 자니 이 일은 하나님이 전에 예비하사 우리로 그 가운데서 행하게 하려 하심이니라

여기서 죄 가운데 있던 과거의 죽은 시대1-5a절와 그리스도를 통해 일어

난 현재 5b-10절가 대비되고, **에베소서의 핵심 주제인 교회론**이 본격적으로 전개된다. 앞에서 신앙인의 본질을 규정했다면, 여기서는 교회의 본질에 대해 다룬다. 먼저 예수 그리스도를 통해 새롭게 열린 하나님께 가는 길이 유대인과 이방인으로 하나가 된 교회 안에 마련되었음을 말한다 11-22절.

(2:11-22) ¹¹ 그러므로 생각하라 너희는 그 때에 육체로는 이방인이요 손으로 육체에 행한 할례를 받은 무리라 칭하는 자들로부터 할례를 받지 않은 무리라 칭함을 받는 자들이라 ¹² 그 때에 너희는 그리스도 밖에 있었고 이스라엘 나라 밖의 사람이라 약속의 언약들에 대하여는 외인이요 세상에서 소망이 없고 하나님도 없는 자이더니 ¹³ 이제는 전에 멀리 있던 너희가 그리스도 예수 안에서 그리스도의 피로 가까워졌느니라 ¹⁴ 그는 우리의 화평이신지라 둘로 하나를 만드사 원수 된 것 곧 중간에 막힌 담을 자기 육체로 허시고 ¹⁵ 법조문으로 된 계명의 율법을 폐하셨으니 이는 이 둘로 자기 안에서 한 새 사람을 지어 화평하게 하시고 ¹⁶ 또 십자가로 이 둘을 한 몸으로 하나님과 화목하게 하려 하심이라 원수된 것을 십자가로 소멸하시고 ¹⁷ 또 오셔서 먼 데 있는 너희에게 평안을 전하시고 가까운 데 있는 자들에게 평안을 전하셨으니 ¹⁸ 이는 그로 말미암아 우리 둘이 한 성령 안에서 아버지께 나아감을 얻게 하려 하심이라 ¹⁹ 그러므로 이제부터 너희는 외인도 아니요 나그네도 아니요 오직 성도들과 동일한 시민이요 하나님의 권속이라 ²⁰ 너희는 사도들과 선지자들의 터 위에 세우심을 입은 자라 그리스도 예수께서 친히 모퉁잇돌이 되셨느니라 ²¹ 그의 안에서 건물마다 서로 연결하여 주 안에서 성전이 되어 가고 ²² 너희도 성령 안에서 하나님이 거하실 처소가 되기 위하여 예수 안에서 함께 지어져 가느니라

예수 그리스도의 십자가 죽음을 통해 율법의 장벽이 무너지고 서로 원수였던 유대인과 이방인이 화해되었음이 강조된다. 그리스도를 통한 하나님의 화해의 사역은 종말론적인 새창조의 사역이고 교회의 탄생을 가능하게 만든 사건이다. 서로 화해한 유대인과 이방인은 예수 그리스도 안에서 하나가 된 인류를 위한 모형이다. 그러한 하나 됨이 일어난 교회는 인류의 하나 됨을 위해 하나님이 마련하신 표시이자 모든 그리스도인들이 하나님 아버지께 나아가는 통로다 18절.6) 교회가 "건물"이며 "하나님

의 성전"이라는 전통적인 표상은 골로새서에는 나타나지 않는다. 저자는 교회가 사도들과 선지자들의 가르침 위에 지어졌다는 사실을 강조하는데 20절: 참조. 3:5, 이는 제3세대 그리스도인의 시각을 반영한다. 또한 교회는 그리스도의 충만함으로 인해 선교를 수행함으로 거룩한 성전으로 성장하는 가운데 그리스도의 사역에 동참하는 것으로 묘사된다 21-22절.

이어서 저자는 사도적 선포와 교회를 통해 구원의 비밀이 드러났다고 말한다 3:1-13.

(3:1-13) [1] 이러므로 그리스도 예수의 일로 너희 이방인을 위하여 갇힌 자 된 나 바울이 말하거니와 [2] 너희를 위하여 내게 주신 하나님의 그 은혜의 경륜을 너희가 들었을 터이라 [3] 곧 계시로 내게 비밀을 알게 하신 것은 내가 먼저 간단히 기록함과 같으니 [4] 그것을 읽으면 내가 그리스도의 비밀을 깨달은 것을 너희가 알 수 있으리라 [5] 이제 그의 거룩한 사도들과 선지자들에게 성령으로 나타내신 것같이 다른 세대에서는 사람의 아들들에게 알리지 아니하셨으니 [6] 이는 이방인들이 복음으로 말미암아 그리스도 예수 안에서 함께 상속자가 되고 함께 지체가 되고 함께 약속에 참여하는 자가 됨이라 [7] 이 복음을 위하여 그의 능력이 역사하시는 대로 내게 주신 하나님의 은혜의 선물을 따라 내가 일꾼이 되었노라 [8] 모든 성도 중에 지극히 작은 자보다 더 작은 나에게 이 은혜를 주신 것은 측량할 수 없는 그리스도의 풍성함을 이방인에게 전하게 하시고 [9] 영원부터 만물을 창조하신 하나님 속에 감추어졌던 비밀의 경륜이 어떠한 것을 드러내게 하려 하심이라 [10] 이는 이제 교회로 말미암아 하늘에 있는 통치자들과 권세들에게 하나님의 각종 지혜를 알게 하려 하심이니 [11] 곧 영원부터 우리 주 그리스도 예수 안에서 예정하신 뜻대로 하신 것이라 [12] 우리가 그 안에서 그를 믿음으로 말미암아 담대함과 확신을 가지고 하나님께 나아감을 얻느니라 [13] 그러므로 너희에게 구하노니 너희를 위한 나의 여러 환난에 대하여 낙심하지 말라 이는 너희의 영광이니라

여기서 저자는 사도 바울을 예수 그리스도에 의해 갇힌 자며 1절, 그리스도의 비밀을 깨달은 자로 묘사한다 3-4절. 이로써 독자들에게 "그리스도의 비밀"

---

6) F. 무스너는 2:18을 에베소서의 핵심 문장으로 여긴다.

을 알리고자 한다. 사도들 중에 특별히 바울이 그리스도의 비밀을 깨달은 자로서 묘사된다. 하나님의 각종 지혜로 드러난 그리스도의 비밀은 천상적 통치자들과 권세자들에게 교회를 통해 이제 드러나고 있다. 그리하여 교회 자체가 구원의 비밀이 된다. 이제 계시된 하나님의 비밀은 그리스도가 이방 인들 가운데 영광의 소망인 그리스도가 단지 선포되는 것에 그치는 것이 아니라^{참조, 골 1:27}, 이방인들이 그리스도의 몸에 속하고 교회 안에서 함께 구 원의 상속자가 되었다는 것이다^{6절}.

감사의 말^{3:14-21}로 가르침을 담은 부분이 끝나고, 긴 권면^{4:1 이하}이 시작 된다. 일반적인 권면에 이어 5:21-6:9에 '가훈표'^{Haustafel}가 나온다. 신분이 서로 다른 교인들^{여자, 남자, 아이, 부모, 종, 주인}이 서로 화합하여 그리스도의 몸으 로서 하나 됨을 이루라고 권면한다.

(5:21-6:9) ^{5:21}그리스도를 경외함으로 피차 복종하라 ²²아내들이여 자기 남편에 게 복종하기를 주께 하듯 하라 ²³이는 남편이 아내의 머리 됨이 그리스도께서 교회의 머리 됨과 같음이니 그가 바로 몸의 구주시니라 ²⁴그러므로 교회가 그 리스도에게 하듯 아내들도 범사에 자기 남편에게 복종할지니라 ²⁵남편들아 아 내 사랑하기를 그리스도께서 교회를 사랑하시고 그 교회를 위하여 자신을 주 심 같이 하라 ²⁶이는 곧 물로 씻어 말씀으로 깨끗하게 하사 거룩하게 하시고 ²⁷자기 앞에 영광스러운 교회로 세우사 티나 주름 잡힌 것이나 이런 것들이 없이 거룩하고 흠이 없게 하려 하심이라 ²⁸이와 같이 남편들도 자기 아내 사 랑하기를 자기 자신과 같이 할지니 자기 아내를 사랑하는 자는 자기를 사랑하 는 것이라 ²⁹누구든지 언제나 자기 육체를 미워하지 않고 오직 양육하여 보호 하기를 그리스도께서 교회에게 함과 같이 하나니 ³⁰우리는 그 몸의 지체임이 라 ³¹그러므로 사람이 부모를 떠나 그의 아내와 합하여 그 둘이 한 육체가 될 지니 ³²이 비밀이 크도다 나는 그리스도와 교회에 대하여 말하노라 ³³그러나 너희도 각각 자기의 아내 사랑하기를 자신 같이 하고 아내도 자기 남편을 존 경하라 ^{6:1}자녀들아 주 안에서 너희 부모에게 순종하라 이것이 옳으니라 ²네 아버지와 어머니를 공경하라 이것은 약속이 있는 첫 계명이니 ³이로써 네가 잘되고 땅에서 장수하리라 ⁴또 아비들아 너희 자녀를 노엽게 하지 말고 오직

주의 교훈과 훈계로 양육하라 ⁵ 종들아 두려워하고 떨며 성실한 마음으로 육체의 상전에게 순종하기를 그리스도께 하듯 하라 ⁶ 눈가림만 하여 사람을 기쁘게 하는 자처럼 하지 말고 그리스도의 종들처럼 마음으로 하나님의 뜻을 행하고 ⁷ 기쁜 마음으로 섬기기를 주께 하듯 하고 사람들에게 하듯 하지 말라 ⁸ 이는 각 사람이 무슨 선을 행하든지 종이나 자유인이나 주께로부터 그대로 받을 줄을 앎이라 ⁹ 상전들아 너희도 그들에게 이와 같이 하고 위협을 그치라 이는 그들과 너희의 상전이 하늘에 계시고 그에게는 사람을 외모로 취하는 일이 없는 줄 너희가 앎이라

골로새서의 경우와 달리 에베소서의 가훈표는 사회 윤리적 기능의 영역을 넘어선다. 특히 결혼한 남녀의 관계를 그리스도와 그의 몸인 교회 사이의 신비한 연합의 모상으로 여긴다. 따라서 남녀의 결혼은 단지 창조의 목적에 합당한 사건에 불과한 것이 아니라, 교회 안에 드러난 그리스도 사건의 한 특별한 결과로 이해된다. 이어서 마지막 권면의 말^{6:10-20}을 한 뒤 서신을 끝맺는다^{6:21-24}.

7. 에베소와 골로새서 비교

① 에베소서에는 유대인과 이방인이 연합된 교회라는 중심 주제가 교회 안에 보존된 이스라엘의 유산에 대한 "약속"과 결부되어 나타난다^{엡 2:12-13}. 이 단어는 바울의 전형적인 용법^{갈 3:14, 22, 29; 롬 4장}에 어울리게 단수형으로만 사용된다^{엡 1:13; 2:12; 3:6}. 그러나 골로새서에는 이 단어가 나타나지 않는다.

② 골로새서는 구약성경을 인용하지 않으나, 에베소서는 구약 인용문과 구약 암시를 자주 제시한다.

③ 골로새서에는 그리스도가 창조의 중재자로 강조되나^{골 1:15-17}, 에베소서의 경우 훨씬 더 신중심적이고 그리스도의 선재가 고려될 뿐, 창조의 중재자 그리스도 표상은 나타나지 않는다.

④ 골로새서는 성령에 대해 거의 언급하지 않으나[1:8에 상투적으로], 에베소서는 성령론을 신론 및 기독론적 진술 속에 연계시켜 빈번히 다룬다[1:3, 13-14; 2:12, 18, 22; 3:4-5, 16-17; 4:4-6, 30, 32; 5:18-20].

⑤ 골로새서는 오직 사도 바울의 권위를 따르려 할 뿐, 다른 사도에 대한 관심이 없다. 그러나 에베소서의 경우 바울이 사도의 전형임이 분명하지만 그를 교회의 터인 "사도들과 선지자들"[2:20; 3:5; 4:11]의 일원으로 여긴다.[7]

---

7) Ebner/Schreiber, 『신약성경 개론』, 636-637.

XIV

데살로니가후서

...

· **특징**: 데살로니가전서에 많이 의존하여 있는 데살로니가후서는 주의 재림이 도래했다는 주장2:2을 열광주의적이며 이단적인 것으로 간주하는 가운데 이를 교정하고자 한다.

· **핵심 메시지**: 예수 그리스도가 재림하기 전에 "악한 자"라 불리는 적그리스도의 세력이 절정에 달할 것임을 지적하며, 주 예수 그리스도 재림의 날에 하나님은 복음에 복종하지 않는 자들에겐 형벌을 내리시나, 믿음을 굳게 지킨 사람들은 구원하실 것이라고 선포한다.

종말론 관련 문제가 이 문서의 중심에 있다. 저자는 당시 불거진 종말론적 문제에 대처하고자 한다. 3가지 문제가 거론된다: 1. 극단적인 임박한 종말론의 부상 문제2:1-12, 2. 점차 거세진 박해 상황1:4-10, 3. 게으르며 무질서한 자들과의 교제로 인한 문제3:6-15.

1. 서신의 진정성

데살로니가후서는 바울서신집 가운데 빌레몬서 다음으로 짧은 서신이다.

이 서신의 실제 저자가 누구인가에 대해서는 학자들 사이에 논란이 많다. 1:1에서 이 서신은 실바누스와 디모데와 더불어 바울이 데살로니가교회로 보낸 서신이라고 말한다. 그렇지만 학자들은 (특히 독일어권에서) 이 서신을 바울의 친서로 간주하기를 주저하면서[1] 바울을 핵심 권위로 의지하고 해석한 후대의 저자가 기록한 것으로 추정한다.[2] 이 서신의 진정성에 반대하는 사람들은 다음과 같은 이유를 제시한다.

① 데살로니가전서 5:2재림의 날이 도둑처럼 옴과 데살로니가후서 2:1-12재림 전 일련의 사건이 발생에 나타나는 종말론적 표상이 서로 다르다.

② 구조와 형태에서 두 서신이 너무나 일치한다. 서두 인사는 똑같고 본론이 시작되는 2:1은 바울서신 중 오직 데살로니가전서 4:1과 5:12에만 나타난다.

③ 데살로니가후서 1:5-10, 2:1-12만 데살로니가전서에 평행하는 내용이 없을 뿐, 데살로니가후서의 전체 내용이 데살로니가전서에 나온 것이다. 따라서 데살로니가후서의 저자는 데살로니가전서를 알고 있거나 이를 사용했을 것이다.

④ 트릴링은 양식비평적인 접근을 통해 이 서신이 바울의 친서가 아니라고 말한다.[3] 그러나 퀌멜은 이 서신의 진정성을 여전히 긍정하면서, 지나치게 열광적인 종말 기대를 접했던 바울이 종말 지연의 요소를 강조하였다고 여긴다.

니부어K.-W. Niebuhr는 데살로니가후서가 데살로니가교회 안에 새로운 문제가 터져 데살로니가전서의 내용을 더욱 명확하게 할 필요에서 기록된 것으

---

1) 이미 18세기 말에 크리스챤 슈미트J. E. Christian Schmidt는 2:1-12에 나오는 비바울적인 종말 표상에 근거하여 진성성을 의심했다("Vermutungen über die beiden Briefe an die Thessalonicher"[1798]). 또한 H. J. Holtzmann, *ZNW* 2 (1901), 97-108; W. Wrede, *Die Echtheit des zweiten Thessalonicherbriefs untersucht*, 1903실후가 실전되 문학적으로 의존했다고 주장; H.-M. Schenke; Ph. Vielhauer; W. Marxsen; W. Trilling; Klauck, *Briefliteratur*, 292-306.

2) Ebner/Schreiber, 『신약성경 개론』, 685.

3) W. Trilling, *Untersuchungen zum zweiten Thessalonicherbriefs*, 1972.

로 여긴다. 그러나 린데만A. Lindemann은 데살로니가후서가 데살로니가전서를 보충하기 위해서가 아니라 대체할 목적으로 기록된 것으로 간주한다.[4] 홀츠T. Holtz는 한층 조심스러운 입장에서[5] 데살로니가후서는 데살로니가전서를 대체하기보다는 데살로니가전서에 나타나는 바울의 종말론적 진술을 교회 상황이 바뀐 가운데에서 더욱 명백히 하고 해석하려는 의도를 갖고 있다고 본다. 그는 비록 데살로니가후서가 바울 자신이 기록한 서신은 아닐지라도, 자신의 생각을 잘 담은 이 서신이 자신의 이름으로 보내지는 것을 승인했을 것으로 추정할 수 있다고 주장한다. 데살로니가후서 1:1에 언급된 실루아노=실라 또는 디모데와 같은 동역자 그룹에서 실제의 저자를 찾을 수 있으며, 데살로니가전서의 기록 시기로부터 그리 멀지 않은 시기에 바뀐 상황 가운데서 기록된 서신일 것으로 추정한다. 이런 시각에서 홀츠는 이 서신을 바울의 친서나 바울 위서의 범주로 부르는 것이 적합하지 않다고 말한다.

2. 저작 장소와 생성 연대

이 서신이 2세기 초에 만들어진 바울서신집에 나타나는 것을 고려하여 1세기 말경 소아시아에서 생성된 것으로 추정할 수 있다. 바울신학을 수용한 흔적이 없다는 이유에서 바울학파의 산물로 보지 않는 트릴링W. Trilling은 이 서신이 대략 주후 80년-2세기 초 사이에 기록되었을 것이라고 여긴다. 서신의 진정성을 인정하는 퀴멜은 데살로니가전서[6]가 기록된 "몇 주 후"로 잡는다. 홀츠는 데살로니가전서와 "시기적으로 가까운" 시점에 기록되었을 것으로 추측한다.

---

4) K.-W. Niebuhr, *Grundinformation Neues Testament*, Göttingen, ²2003, 275-276; A. Lindemann, "Zum Abfassungszweck des Zweiten Thessalonicherbriefes", *ZNW* 68 (1977), 34 이하.

5) T. Holtz, "Thessalonicherbriefe", *TRE* 33 (2002), 418-420.

6) 데살로니가전서는 대체로 주후 50년경에 기록된 것으로 간주된다.

3. 기록 목적

서신을 쓴 구체적인 목적은 3:11에 나온다. "우리가 들은즉 너희 가운데 게으르게 행하여 도무지 일하지 아니하고 일을 만들기만 하는 자들이 있다 하니." 교회 내에 그릇된 종말론에 잘못 휩쓸려 일하는 것을 포기하는 사람들이 많아졌다(2:2, "영으로나 또는 말로나 또는 우리에게서 받았다 하는 편지로나 주의 날이 이르렀다고 해서 쉽게 마음이 흔들리거나 두려워하거나 하지 말아야 한다는 것이라"). 이와 같이 그릇된 '임박한 종말론'을 교정하고자 한다. 데살로니가후서의 신학적인 기여는 기독교적인 삶의 기본 모델을 제시했다는 점에 있다.

4. 단락 나누기

I.	1:1-12	**서문**
	1:1-2	서두 인사
	1:3-12	데살로니가교회에 대한 바울의 감사
II.	2:1-3:16	**본론**
	2:1-12	열광주의를 반박하는 바울의 신학적 논증
	2:13-17	택하여 구원해 주신 하나님께 대한 감사와 굳게 설 것을 권면
	3:1-5	중보기도를 부탁
	3:6-16	교회가 열광주의에 대처하라고 권면
III.	3:17-18	**마감어**

5. 중심 내용

목회서신의 저자가 바울학파에 속하는 것과 달리, 이 서신의 저자는 바울의 사고를 독창적으로 수용하지 못했고 발전시키지도 못했다는 평을 받는다. 그럼에도 이 서신의 중요성은 하나님의 뜻과 그의 시간에 간섭하려 드는 온갖 종류의 열광주의를 거부하며 현재의 삶에 초점을 맞추는 가운데 일상의 과제를 지속적으로 감당해야 함을 강조한 점에 있다. 바울은 교회가 성장한 것에 대해 일반적인 칭찬을 한 뒤 어려움에 처해 있는 교회를 위로한다. 1:6-10에서 바울은 종말에 신자들이 하나님 나라와 구원의 충만함으로 보상받는 반면, 교회를 박해하는 자들에게는 심판이 도래할 것이라고 말한다.

(1:6-10) [6] 너희로 환난을 받게 하는 자들에게는 환난으로 갚으시고 [7] 환난을 받는 너희에게는 우리와 함께 안식으로 갚으시는 것이 하나님의 공의시니 주 예수께서 자기의 능력의 천사들과 함께 하늘로부터 불꽃 가운데에 나타나실 때에 [8] 하나님을 모르는 자들과 우리 주 예수의 복음에 복종하지 않는 자들에게 형벌을 내리시리니 [9] 이런 자들은 주의 얼굴과 그의 힘의 영광을 떠나 영원한 멸망의 형벌을 받으리로다 [10] 그 날에 그가 강림하사 그의 성도들에게서 영광을 받으시고 모든 믿는 자들에게서 놀랍게 여김을 얻으시리니 이는 (우리의 증거가 너희에게 믿어졌음이라)

이어서 2:1-12에서 바울은 종말에 일어날 사건들에 대해 가르침으로써 교인들의 오해를 막고자 한다.

(2:1-12) [1] 형제들아 우리가 너희에게 구하는 것은 우리 주 예수 그리스도의 강림하심과 우리가 그 앞에 모임에 관하여 [2] 영으로나 또는 말로나 또는 우리에게서 받았다 하는 편지로나 주의 날이 이르렀다고 해서 쉽게 마음이 흔들리거나 두려워하거나 하지 말아야 한다는 것이라 [3] 누가 어떻게 하여도 너희가 미혹되지 말라 먼저 배교하는 일이 있고 저 불법의 사람 곧 멸망의 아들이 나타나기 전에는 그 날이 이르지 아니하리니 [4] 그는 대적하는 자라 신이라고 불리는 모든 것과 숭배함을 받는 것에 대항하여 그 위에 자기를 높이고 하나님의 성전에 앉아 자기를 하나님이라고 내세우느니라 [5] 내가 너희와 함께 있을 때에 이 일을 너희에게 말한 것을 기억하지 못하느냐 [6] 너희는 지금 그로 하여금 그의 때에 나타나게 하려 하여 막는 것이 있는 것을 아나니 [7] 불법의 비밀이 이

미 활동하였으나 지금은 그것을 막는 자가 있어 그 중에서 옮겨질 때까지 하
리라 ⁸ 그 때에 불법한 자가 나타나리니 주 예수께서 그 입의 기운으로 그를
죽이시고 강림하여 나타나심으로 폐하시리라 ⁹ 악한 자의 나타남은 사탄의 활
동을 따라 모든 능력과 표적과 거짓 기적과 ¹⁰ 불의의 모든 속임으로 멸망하는
자들에게 있으리니 이는 그들이 진리의 사랑을 받지 아니하여 구원함을 받지
못함이라 ¹¹ 이러므로 하나님이 미혹의 역사를 그들에게 보내사 거짓 것을 믿
게 하심은 ¹² 진리를 믿지 않고 불의를 좋아하는 모든 자들로 하여금 심판을
받게 하려 하심이라

1-2절을 보면 주의 날의 강림 또는 우리가 주와 함께함이 눈앞에 직면
했다는 주장으로 인해 교인들이 흔들렸음을 알 수 있다. 성령과 사도적
전승에 따른 것이라는 미명 아래 종말에 대한 조급한 대망이 정도를 넘어
종말에 일어날 일들이 이미 도래하였다고 말하는 자들도 있었는데, 그들
에게 미혹되지 말 것을 권면한다.

서신은 최후 종말이 도래하기에 앞서 극복해야 할 단계가 있음을 묵시
문학적인 표상을 사용해서 가르친다. 주의 재림에 앞서 하나님을 대적하
는 "불법의 사람"이 나타나는데, 이 자는 현재 활동 중에 있지만 예수께서
그를 없애리라고 말한다.⁷⁾ 그러나 그 "불법의 사람"은 거짓과 속임수를
통해 멸망하는 자들 가운데서 자신의 세력을 키울 것이라고 한다. 여기에
사용된 묵시문학적인 소재^{"불법의 사람"}는 오랜 전통을 지닌 것으로, 다니엘
11:36에서는 안티오쿠스 4세가 그런 인물로 등장한다. 위의 본문에서 언급
된 "불법의 사람"이 구체적으로 누구를 가리키는지는 확실하게 말하기
어렵다. 기독교를 박해한 로마 황제 칼리굴라나 네로라고 해석하는 경우
도 있었다.

이어지는 2:13-3:5은 감사의 말을 한 뒤 바울의 가르침을 붙들어 환란과
시험을 견디라고 권면한다. 그런 다음 저자는 3:6-15에서 순종하지 않는

---

7) "적그리스도" 표상은 바울 친서에 나타나지 않는다. 막 13:14^{마 24:15}에 암시되고, 요한계
시록과 살후 2:3-12에만 나타난다.

자들에게 엄하게 대처하라는 권면과 부탁의 말을 한다.

(3:6-15) [6] 형제들아 우리 주 예수 그리스도의 이름으로 너희를 명하노니 게으르게 행하고 우리에게서 받은 전통대로 행하지 아니하는 모든 형제에게서 떠나라 [7] 어떻게 우리를 본받아야 할지를 너희가 스스로 아나니 우리가 너희 가운데서 무질서하게 행하지 아니하며 [8] 누구에게서든지 음식을 값없이 먹지 않고 오직 수고하고 애써 주야로 일함은 너희 아무에게도 폐를 끼치지 아니하려 함이니 [9] 우리에게 권리가 없는 것이 아니요 오직 스스로 너희에게 본을 보여 우리를 본받게 하려 함이니라 [10] 우리가 너희와 함께 있을 때에도 너희에게 명하기를 누구든지 일하기 싫어하거든 먹지도 말게 하라 하였더니 [11] 우리가 들은즉 너희 가운데 게으르게 행하여 도무지 일하지 아니하고 일을 만들기만 하는 자들이 있다 하니 [12] 이런 자들에게 우리가 명하고 주 예수 그리스도 안에서 권하기를 조용히 일하여 자기 양식을 먹으라 하노라 [13] 형제들아 너희는 선을 행하다가 낙심하지 말라 [14] 누가 이 편지에 한 우리 말을 순종하지 아니하거든 그 사람을 지목하여 사귀지 말고 그로 하여금 부끄럽게 하라 15그러나 원수와 같이 생각하지 말고 형제 같이 권면하라

밤낮으로 열심히 일하고 섬긴 사도 바울의 본을 따라 살 것을 교인들에게 권면한다. 바울을 모범으로 하는 윤리적 삶의 중요성을 강조한다.

6. 데살로니가후서 2:1-12의 묵시적 가르침

여기서는 교회 안에 뜨겁게 달아오른 임박한 종말론에 대한 기대를 가라앉히고자 한다. "주의 날"은 즉시 오는 것이 아니라 다른 사건들이 도래한 뒤에야 온다고 말한다. 예수님의 재림에 앞서 먼저 "배교하는 일" *ἀποστασία*이 나타나고 [2:3], 다음으로 "불법의 사람" 또는 "멸망의 아들"과 동일시되는 "대적하는 자" *ἀντικείμενος* 가 등장하여 "자기를 높이고 하나님의 성전에 앉아 자기를 하나님이라 내세우게" 된다 [2:3-4]. 그러나 "대적하는 자"의 나타남을 한동안 "막는 것" *τὸ κατέχον, 6절* / "막는 자" *ὁ κατέχων, 7절*가 나타난다. 현재는 결단의 순간으로 이해된다.

여기서 "막는 것"/"막는 자"가 누구인지에 대한 질문이 일어난다. 고대 교부들은 대체로 로마 황제나 로마를 가리키는 것으로 이해했으며, 루터 M. Luther 8)는 교황으로 해석했다. 디벨리우스 M. Dibelius 는 그를 천사라고 했으며, 쿨만 O. Cullmann 은 바울 또는 복음을 가리키는 것으로 생각한다. 슈트로벨 A. Strobel 은 "하나님의 세상 계획에 담겨 있는 재림 지연을 가리키는 전문 용어"로 이해한다. 데살로니가후서에 등장하는 종말에 나타나는 "대적하는 자"라든가 "막는 자"에 대한 표상이 데살로니가전서에는 전혀 언급되지 않는다. 오히려 바울은 자신의 생전에 주의 재림이 있을 것으로 생각했으며(살전 4:15, "우리가 주의 말씀으로 너희에게 이것을 말하노니 주께서 강림하실 때까지 우리 살아남아 있는 자도 자는 자보다 결코 앞서지 못하리라"), 교회가 늘 깨어있을 것을 권면한다 살전 5:1 이하. 그래서 이와 같은 두 서신 사이에 나타나는 종말론에 대한 시각의 차이를 들어 데살로니가후서가 바울의 친서가 아닐 것이라고 여기기도 한다.

---

8) M. Luther (1520): Adversus execrabilem bullam (*WA* 6,597-629).

XV

목회서신

...

> · **특징:** 디모데전서, 디모데후서, 디도서를 통틀어 "목회서신"이라 부른다. 목회
> 수행에 필요한 교훈과 권면을 담고 있기 때문이다. 목회서신은 특히 거짓 교훈
> 과 구분되는 "바른 교훈"을 강조한다. 바울 전승의 중요성을 강조한 바울의
> 제자들로부터 비롯된 기독교 제3세대의 문서이다.
>
> · **핵심 메시지:** 교회 내의 질서를 강조하며, "망령되고 헛된 말"딤전 6:20; 딤후 2:16
> 을 배격하면서 사도 바울의 고난의 삶을 본받으라고 하면서 그가 전해준 "바른
> 교훈"에 순종할 것을 권면한다.

18세기 중엽 이후 "목회서신" Corpus Pastorale 1)이라 부르고 있는 디모데전/
후서와 디도서는 이들 문서가 생겨난 유래와 다루고 있는 주제가 서로
긴밀하게 연결되어 있다. 이들 세 문서는 바울서신집 Corpus Paulinum 에 속하
나, 그 가운데서도 독자적인 그룹을 형성한다. 간혹 목회서신은 종종 '제3
바울서신' Tritopaulinen 으로 불리기도 한다. "목회서신을 지배하는 대주제는
교회"이다J. Roloff. 특히 '교회의 질서'와 '이단 논쟁'이 중심에 있다.

---

1) "목회서신" 표현은 독일 할레의 주석가 안톤P. Anton 의 저서 *Exegetische Abhandlung der
Paulinischen Pastoral-Briefe*, Halle I 1753, II 1755에서 유래한 것으로 간주된다.

바울 전승의 중요성을 강조한 기독교 제3세대에 속하는 문서로 목회서신을 읽을 때 본문을 더욱 잘 이해할 수 있다. 다시 말해 바울 이후 시대에 부상한 다음의 두 가지 관심사를 고려할 때 본문을 더 잘 이해할 수 있다: 1. 바울의 말씀을 보존하고 권위 있는 말씀으로 전하려는 관심, 2. 바울의 말씀을 교회를 위해 활성화하려는 관심.

목회서신의 수신자는 여느 바울서신과 달리 신앙공동체, 즉 교회가 아니라, 특이하게도 바울의 동역자인 디모데와 디도로 되어 있다. 이 두 사람이 사도 바울에게서 지역 교회의 지도자로서 어떻게 하면 교회를 잘 섬길 수 있느냐에 대한 지침을 받고 있는 내용을 다룬다. 목회서신의 주된 관심은 골로새서나 에베소서의 경우처럼 더 이상 '보편적인 교회'에 있지 않고, 바울과 유사하게 지역 교회의 삶을 향하고 있다.

1. 목회서신에 대한 개론적 질문

1) 진정성 문제[2]

"목회서신"의 본문딤전 1:1; 딤후 1:1; 딛 1:1에서는 저자가 바울이라고 하지만, 오늘날 학자들은 대체로 목회서신을 사도 바울의 서신으로 보는 것을 주저하면서 다음과 같은 이유를 들어 후대에 작성되었다고 여긴다.

① 역사적 상황 보도가 사도행전이나 바울 친서의 보도와 다르다. 디모데전서에서는 바울이 마게도냐에 있는 동안 디모데는 에베소에 남아 있었다고 하는데, 이는 바울이 마게도냐 여행에서 디모데와 동행했다고 하는 사도행전 20:1 이하의 보도와 차이가 난다. 또한 그레데섬에서 바울이 선교했다는 디도서의 정보에 대해 다른 곳에서는 전하는 바가

---

2) 디벨리우스M. Dibelius 는 "목회서신이 무엇이며 무엇이고자 하는지는 저자 문제에 결정적으로 달려 있다"고 한다: *Die Pastoralbriefe*, HNT 13, Tübingen, 1931, 1.

없고, 다만 사도행전에서 바울이 로마로 압송되면서 그레데 해안을 지나 항해했다고^{행 27:7 이하} 말할 뿐이다.

② 언어와 문체가 다른 바울서신과 현저히 다르다. 바울 특유의 개념인 "하나님의 의"^{δικαιοσύνη θεοῦ}, "율법의 일"^{ἔργα νόμου}, "육"^{σάρξ}, "몸"^{σῶμα} 등이 목회서신에는 전혀 나타나지 않는다.

③ 목회서신이 언급하는 "거짓 교사들"은 갈라디아서에 나오는 유대주의자와는 다른 부류로서 유대 율법^{딤전 1:7}과 영지주의 초기 형태와 관련된 사변을 혼합한 자들로 간주된다. 이들은 신화와 족보에 몰두하며^{1:4}, 결혼을 금하고^{4:3}, 특별한 지식을 따른다^{참조, 딤전 6:20 "속된 망언과 이른바 '지식'[Gnosis]의 거짓된 가르침".3)}

④ 바울 친서는 적대자들과 논쟁을 벌이는 경우 예수 그리스도나 복음 또는 십자가를 규범으로 삼지만, 목회서신은 거짓 교사들과 논쟁하는 경우 "바른 교훈" 또는 "좋은 교훈"^{딤전 1:10, 4:6, 딛 1:9, 2:1; 참조, 딤후 3:16}을 따라야 할 규범으로 제시한다. "바른 교훈"을 특별히 강조하는 것은 형성기에 있던 초기 공교회의 신앙고백과 관련이 있다. 바른 교훈은 곧 사도 바울이 제자들에게 지켜 보존하라고 "의탁한 것"이다^{딤전 6:20; 딤후 1:20, 14}.

⑤ 목회서신에 나오는 "교회의 질서"는 상당히 발전된 단계에 속하는 것으로, 바울 시대의 그리스도교를 넘어 제도화되어 가는 그리스도교의 특징을 반영한다. 이에 걸맞게 성령이 신앙 공동체의 삶에서 중요한 역할을 하지 못하고, 대신 신앙 공동체를 인도하는 직분을 맡은 사람들^{감독과 장로 및 집사}의 중요성이 부각된다.

⑥ 목회서신은 장로들의 모임을 통해서 주어지는 안수 직분에 대해 언급한다^{딤전 4:14}.

목회서신의 저자는 기독교 제3세대에 속한다. 디모데후서에서 디모데

---

3) Pokorny/Heckel은 딤전 6:20에 언급된 "속된 망언과 거짓된 그노시스의 논쟁"을 벌이는 사람들을 "영지주의의 선구자"^{Prägnostiker}로 이해한다(*Einleitung in das NT*, 664). 참조, H.-F. Weiß, *Frühes Christentum und Gnosis*, Tübingen, 2008.

는 이미 그의 할머니의 신앙을 돌아본다 딤후 1:5; 참조, 3:15. 저자는 목회서신이 이상적인 인물로 내세우는 교회의 직분자일 가능성이 있다.4) 이 서신이 스스로 바울의 서신으로 부르는 사실에서, 목회서신은 이른바 "바울학파" 구성원에 의해 기록되었을 것으로 추정한다 딤전 1:3; 참조, 딤후 1:15, 18; 4:12-13.5)

바울의 동역자들이 가상의 수신자로 등장한다. 특히 바울이 데살로니가와 고린도, 빌립보로 파송한 디모데가 언급된다. 목회서신에서 디모데는 에베소에서 활동하면서 그곳 교회를 이끌었던 인물로 나타난다 딤전 1:3; 딤후 1:15 이하; 4:11 이하. 또 다른 수신자는 디도이다. 그는 이방인으로서 바울과 함께 예루살렘 사도회의 참여했고 갈 2:1, 고린도에서는 중개 역할을 했고 고후 2:13; 7:6-7, 13, 또한 예루살렘 교회를 위한 헌금 모금 사업을 수행했다 고후 8장. 목회서신의 실제 수신자는 소아시아 서쪽에 위치한 교회들로 볼 수 있다. 바울의 최측근인 디모데와 디도가 교회 지도자의 본보기가 되는 "수신자의 전형"으로 제시된다.6)

2) 생성 연대와 저작 장소

교회 정체성의 위기가 목회서신의 생성 배경을 이룬다. 사도 바울이 죽고 나서 한동안 시간이 흐른 뒤, 그의 교훈과 가르침의 유산이 점차 소멸하고, 그 결과 거짓 가르침이 성행하던 시대를 배경으로 한다. 이러한 시기에 목회서신의 저자들은 자신들을 바울 유산의 대표자로 이해하면서, 위기에 처한 교회를 사도 바울의 전통 안에 다시 확고하게 서도록 하려 했다. 바울의 선포와 그가 겪은 고난의 운명을 그리스도 사건과 연결함으로써 바울전승을 유일한 "바른 교훈"으로 삼았다. 바울의 이름으로

---

4) 캄펜하우젠은 교회의 직분 이해에 유사성이 있다는 이유에서 서머나의 감독 폴리캅을 목회서신의 저자로 추정했다(H. von Campenhausen, *Polykarp von Smyrna und die Pastoralbriefe*, Heidenberg, 1951).

5) 바울서신의 본문을 담고 있는 가장 오래된 필사본인 𝔓46 주후 200년경에는 목회서신이 빠져 있다. 또한 바티칸 사본 B에도 없다.

6) Pokorny/Heckel, *Einleitung in das NT*, 665.

기록된 서신을 통해 자신들이 당면한 교회 정체성의 위기를 극복하고자 하였던 것이다.

에베소서 2:11 이하에서 이스라엘과의 관계를 기억에 담고 있는 것과 달리, 목회서신은 유대교와의 논쟁을 더 이상 거론하지 않는다. 또한 구원의 의미를 띤 율법 행위를 둘러싼 바울식 논쟁도 벌이지 않고, 삶에서의 모범적인 실천을 목표로 하고 있다딤전 2:10; 5:10, 25; 6:18; 딤후 2:21; 3:17; 딛 2:7-8, 14; 3:1, 8, 14. 이런 관점에서 목회서신은 골로새서나 야고보서보다 뒤늦게 기록된 것으로 보인다. 또한 "바른 교훈"의 중요성과 교회 질서를 강조하고, 제도화되어 가는 후대 그리스도교의 특징안수를 통한 직분 위임[딤전 4:14]을 반영하고 있는 점도 목회서신의 생성 시점을 상대적으로 후대로 잡게 만든다. 학자들은 대체로 목회서신의 생성 시점을 대략 **주후 100년경**으로 추정한다.[7]

생성 순서와 관련하여, 디모데전서가 사도 바울의 임박한 도착딤전 3:14; 4:13에 대해 말하는 반면, 디모데후서4:1-8는 이미 일종의 유언처럼 표현되어 있다. 이런 관점에서 이 두 편지는 3부분으로 구성된 몸체의 상부와 하부를 이루는 것으로 간주될 수 있다.

생성 장소로는 바울 정신이 살아 있는 소아시아, 특히 **에베소**가 유력하다. 디모데전/후서의 수신자가 에베소에 거주하는 것으로 나타나고, 디도서 3:12에서 거명된 "두기고"가 다른 문서에서 에베소와 관련되어 있기 때문이다행 20:4; 엡 6:21; 골 4:7. 또한 목회서신이 그 지역에 널리 수용되었다는 사실도 이를 뒷받침한다.[8]

---

7) N. Brox; J. Roloff; H. Merkel; H. Hegermann; A. Lindemann; U. Schnelle. 헤프너 Gerd Häfner는 목회서신의 생성 시점을 140년경으로 보려 한다. 목회서신이 시공간적으로나 사상적으로 폴리캅서신과 가깝고, 딤전 6:20에 영지주의 초기 형태와 관련지을 수 있는 표현이 나오고, "경건"εὐσέβεια이란 단어가 신학적으로 첨예화된 표현으로 사용되고 있다는 이유에서다(Ebner/Schreiber, 『신약성경 개론』, 713).

8) Ebner/Schreiber, 『신약성경 개론』, 712-714.

3) 목회서신의 강조점 및 특징

① **바울의 유업 강조:** 목회서신은 바울 시대 이후의 산물임에도 불구하고 사도 바울과 그의 가르침을 강조하며 상기시킨다. 서신은 예수 그리스도의 사도인 바울을 복음을 섬기는 자로 일컫고 ^{딤전 1:1; 2:7; 딤후 1:1; 1:11; 딛 1:1,} 바울의 복음을 사도적 가르침으로서 "지켜야 할 것"이며, 교회의 보석과도 같이 "아름다운 것"으로 여긴다 ^{딤전 6:20-21; 딤후 1:14.} 복음 선포자, 사도적 전승의 보증자이자 교사로서의 바울의 중요성을 강조하는 목회서신은 그를 성도와 교회가 따라야 할 신앙의 본으로 내세운다 ^{딤전 1:15-16; 딤후 1:13; 3:10-11.}

② **현재 종말론 거부:** 골로새서와 에베소서가 적대자를 직면하여 현재적 구원 체험을 그리스도의 이름으로 강조하는 것과 달리(골 2:15-17; 엡 2:5, "허물로 죽은 우리를 그리스도와 함께 살리셨고"), 목회서신은 현재 종말론을 이단으로 거부한다(딤후 2:18, "부활이 이미 일어났다 함으로 … 어떤 사람들의 믿음을 무너뜨리느니라"). 적대자들과 벌이던 신학적 논쟁은 끝났고, 바른 교훈을 강조하는 일만 남았다.

③ **긍정적인 창조신학과 구원신학:** 목회서신은 긍정적인 창조신학과 구원신학을 표방한다. 감사함으로 받는 모든 것은 선하다는 시각에서 음식물을 금하는 일이나 혼인을 금하는 일은 거부된다 ^{딤전 4:1-5.} "하나님은 모든 사람이 구원을 받으며 진리를 아는 데에 이르기를 원하신다" ^{딤전 2:4} 는 긍정적인 구원신학을 표방한다. 그에 따라 심판 사상이 후퇴한다.

④ **감독을 정점에 둔 가정 표상:** 모든 지체가 동등한 차원에서 유기체적으로 연결된 "그리스도의 몸" 된 교회의 표상이 사라지고, 그 대신 "가정의 아버지" ^{pater familias} 로서 감독을 정점으로 하는 가정의 표상이 나타난다.

⑤ **직분의 제도화 강조:** 가정의 본을 따라 교회 직분의 제도화가 이루어진다. 안수식을 통해 직분을 세우는 일이 정례화되고, 모든 교인이 더 이

상 은사를 받은 자로 통하지 않고 안수식을 통해 은사를 갖게 된 감독만
이 은사자로 나타난다.

⑥ **여성의 후퇴**: 가부장적인 가정 모델로 인해 여성의 중요성이 약화된
다. 결혼과 해산은 단지 여성의 의무가 아니라 구원론적 사역에 속한다
딤전 2:15. 또한 직분에 합당한 가르침의 권리가 여성에게서 박탈된다. 여성
이 남자를 가르치는 일이 허락되지 않기 때문이다 딤전 2:12.

2. 디모데전서

디도서와 더불어 공적 성격을 띤 개인서신이다.

□ **단락 나누기**

I.	1:1-2	서두 인사
II.	1:3-20	디모데의 과제
III.	2:1-3:16	교회 내의 삶을 위한 지침
IV	4:1-6:2	교회 지도자들에게 주는 지침
V.	6:3-21	신앙을 지키라는 권면과 마감 인사

전통적인 감사의 모티브가 나오지 않는 서두 인사1:1-2에 이어서 본론의
도입부1:3-20가 시작된다. 여기서 바울은 디모데가 에베소에 남아 있는 동
안 자신은 마게도냐에 있겠다고 알리며, **거짓된 교훈을 가르치는 사람들
에 대항하여 싸우라**고 권면하면서1:3-11 자신이 없는 동안 교회의 질서와
관련된 여러 지시를 내린다.

(1:3-11) ³내가 마게도냐로 갈 때에 너를 권하여 에베소에 머물라 한 것은 어
떤 사람들을 명하여 다른 교훈을 가르치지 말며 ⁴신화와 족보에 끝없이 몰두

하지 말게 하려 함이라 이런 것은 믿음 안에 있는 하나님의 경륜=역사의 계획을
이룸보다 도리어 변론을 내는 것이라 ⁵ 이 교훈의 목적은 청결한 마음과 선한
양심과 거짓이 없는 믿음에서 나오는 사랑이거늘 ⁶ 사람들이 이에서 벗어나 헛
된 말에 빠져 ⁷ 율법의 선생이 되려 하나 자기가 말하는 것이나 자기가 확증하
는 것도 깨닫지 못하는도다 ⁸ 그러나 율법은 사람이 그것을 적법하게만 쓰면
선한 것임을 우리는 아노라 ⁹ 알 것은 이것이니 율법은 옳은 사람을 위하여 세
운 것이 아니요 오직 불법한 자와 복종하지 아니하는 자와 경건하지 아니한
자와 죄인과 거룩하지 아니한 자와 망령된 자와 아버지를 죽이는 자와 어머니
를 죽이는 자와 살인하는 자며 ¹⁰ 음행하는 자와 남색하는 자와 인신 매매를
하는 자와 거짓말하는 자와 거짓맹세하는 자와 기타 바른 교훈=바울의 복음을 거
스르는 자를 위함이니 ¹¹ 이 교훈은 내게 맡기신 바 복되신 하나님의 영광의
복음을 따름이니라

1:3-7을 통해 신앙과 교회를 위험에 빠뜨리는 이단적인 가르침을 전하
는 사람들이 에베소에 있음을 알 수 있다. 그런데 이 서신에서 눈에 띄는
것은 에베소교회의 문제와 직결된 구체적인 지시라기보다는 **모든 교회에
보편적으로 적용될 수 있는 다양한 교회 질서**와 관련된 사항들이 주로
나타난다는 사실이다.

첫 번째 본론인 2:1-3:16은 교회 내의 삶에 대한 내용을 말한다. 먼저
모든 사람을 위하여 기도와 감사를 하라고 권면한다²:¹⁻⁷. 이어서 예배드릴
때의 남녀의 태도를 다루며²:⁸⁻¹⁵, 감독과 집사의 자격에 대하여 말한다
³:¹⁻¹³. 이어서 3:14-16에서 교회는 하나님의 진리의 터라는 사실을 강조한
다.

(3:14-16) ¹⁴ 내가 속히 네게 가기를 바라나 이것을 네게 쓰는 것은 ¹⁵ 만일 내
가 지체하면 너로 하여금 하나님의 집에서 어떻게 행하여야 할지를 알게 하려
함이니 이 집은 살아 계신 하나님의 교회요 진리의 기둥과 터라 ¹⁶ 크도다
경건의 비밀이여, 그렇지 않다 하는 이 없도다 그는 육신으로 나타난 바 되시
고 영으로 의롭다 하심을 받으시고 천사들에게 보이시고 만국에서 전파되시고
세상에서 믿은 바 되시고 영광 가운데서 올려지셨느니라

이후 두 번째 본론4:1-6:2이 시작되는 4장은 거짓 교사들이 나타날 것을 예고하며4:1-5 이들에 대항하여 직분을 맡은 사람들이 취해야 할 바른 태도에 관하여 디모데에게 구체적인 권면을 한다4:6-11.

> (4:6-11) ⁶네가 이것으로 형제를 깨우치면 그리스도 예수의 좋은 일꾼이 되어 믿음의 말씀과 네가 따르는 좋은 교훈으로 양육을 받으리라 ⁷망령되고 허탄한 신화를 버리고 경건에 이르도록 네 자신을 연단하라 ⁸육체의 연단은 약간의 유익이 있으나 경건은 범사에 유익하니 금생과 내생에 약속이 있느니라 ⁹미쁘다 이 말이여 모든 사람들이 받을 만하도다 ¹⁰이를 위하여 우리가 수고하고 힘쓰는 것은 우리 소망을 살아 계신 하나님께 둠이니 곧 모든 사람 특히 믿는 자들의 구주시라 ¹¹너는 이것들을 명하고 가르치라

이어서 4:12-5:2에 걸쳐 교회 지도자들의 본이 되는 삶의 모습이 제시된다. 과부의 신분과 과제5:3-16, 장로직5:17-25, 노예 신분의 그리스도인6:1-2 등에 대해 권면한다. 이어지는 서신의 마감 단락6:3-21은 거짓 가르침과 탐심을 경고하고6:3-10, 디모데에게 믿음 위에 굳게 서라고 권면하며6:11-16, 부자와 관련된 목회적인 조언을 하며6:17-19, 끝으로 헛된 말과 거짓된 지적 논쟁을 피하라고 권면한다6:20-21.

3. 디도서

□ 단락 나누기

이 서신의 배경은 **디모데전서의 상황과 유사**하다. 바울은 그리스도인으로 개종한 이방인 디도와 함께 그레데섬에서 선교사역을 하다가 디도를 그곳에 남겨 두고 떠나왔다. 니고볼리에 있는 바울은 한 동역자를 보내 두기고를 급히 자기에게 보내라고 부탁한다(3:12, "내가 아데마나 두기고를 네게 보내리니 그 때에 네가 급히 니고볼리로 내게 오라 내가 거기서

겨울을 지내기로 작정하였노라").

I.	1:1-4	**서문**
II.	1:5-3:11	**교회 내의 질서 잡힌 삶을 위한 지침**
	1:5-16	교회의 질서에 대하여
	2:1-15	교회 내의 다양한 그룹의 의무
	3:1-11	권면
III.	3:12-15	**마지막 개인적인 지침과 마감 인사**

서두 인사1:1-4에 이어서 디도가 해야 할 일을 알리고1:5-3:11, 적합한 지도자장로와 감독를 세우는 일에 대하여 말한다1:5-9.

(1:5-9) [5] 내가 너를 그레데에 남겨 둔 이유는 남은 일을 정리하고 내가 명한 대로 각 성에 장로들을 세우게 하려 함이니 [6] 책망할 것이 없고 한 아내의 남편이며 방탕하다는 비난을 받거나 불순종하는 일이 없는 믿는 자녀를 둔 자라야 할지라 [7] 감독은 하나님의 청지기로서 책망할 것이 없고 제 고집대로 하지 아니하며 급히 분내지 아니하며 술을 즐기지 아니하며 구타하지 아니하며 더러운 이득을 탐하지 아니하며 [8] 오직 나그네를 대접하며 선행을 좋아하며 신중하며 의로우며 거룩하며 절제하며 [9] 미쁜 말씀의 가르침을 그대로 지켜야 하리니 이는 능히 바른 교훈으로 권면하고 거슬러 말하는 자들을 책망하게 하려 함이라

특히 감독이 갖춰야 할 능력으로 바른 교훈에 대한 권면과 거슬러 말하는 자에 대한 책망을 든다. 이어서 거짓 교사에 대항하여 적극적으로 싸우라고 권면한다1:10-16.

(1:10-16) [10] 불순종하고 헛된 말을 하며 속이는 자가 많은 중 할례파=유대교 출신 가운데 특히 그러하니 [11] 그들의 입을 막을 것이라 이런 자들이 더러운 이득을 취하려고 마땅하지 아니한 것을 가르쳐 가정들을 온통 무너뜨리는도다 [12] 그레

데인 중의 어떤 선지자가 말하되 그레데인들은 항상 거짓말쟁이며 악한 짐승이며 배만 위하는 게으름뱅이라 하니 ¹³ 이 증언이 참되도다 그러므로 네가 그들을 엄히 꾸짖으라 이는 그들로 하여금 믿음을 온전하게 하고 ¹⁴ 유대인의 허탄한 이야기와 진리를 배반하는 사람들의 명령을 따르지 않게 하려 함이라 ¹⁵ 깨끗한 자들=세례를 통해 정결해진 자들에게는 모든 것이 깨끗하나 더럽고 믿지 아니하는 자들에게는 아무 것도 깨끗한 것이 없고 오직 그들의 마음과 양심이 더러운지라 ¹⁶ 그들이 하나님을 시인하나 행위로는 부인하니 가증한 자요 복종하지 아니하는 자요 모든 선한 일을 버리는 자니라

거짓 교사들은 아마도 집마다 방문하면서 그릇된 가르침을 전했던 것으로 보인다. 이들은 교회의 질서에 순종하기를 거부하고 헛된 말을 하며 속이는 자이므로 이들과 대화를 하지 말라고 권면한다"그들의 입을 막을 것이라", 11절. 거짓 교사들에 대한 극도로 부정적인 묘사는 이 서신의 배경 상황 안에 있는 이들에 대한 걱정의 표현이라고 말할 수 있다.

이어서 교회 내의 다양한 그룹이 해야 할 일을 나열한다2:1-10.

(2:1-10) ¹ 오직 너는 바른 교훈에 합당한 것을 말하여 ² 늙은 남자로는 절제하며 경건하며 신중하며 믿음과 사랑과 인내함에 온전하게 하고 ³ 늙은 여자로는 이와 같이 행실이 거룩하며 모함하지 말며 많은 술의 종이 되지 아니하며 선한 것을 가르치는 자들이 되고 ⁴ 그들로 젊은 여자들을 교훈하되 그 남편과 자녀를 사랑하며 ⁵ 신중하며 순전하며 집안 일을 하며 선하며 자기 남편에게 복종하게 하라 이는 하나님의 말씀이 비방을 받지 않게 하려 함이라 ⁶ 너는 이와 같이 젊은 남자들을 신중하도록 권면하되 ⁷ 범사에 네 자신이 선한 일의 본을 보이며 교훈에 부패하지 아니함과 단정함과 ⁸ 책망할 것이 없는 바른 말을 하게 하라 이는 대적하는 자로 하여금 부끄러워 우리를 악하다 할 것이 없게 하려 함이라 ⁹ 종들은 자기 상전들에게 범사에 순종하여 기쁘게 하고 거슬러 말하지 말며 ¹⁰ 훔치지 말고 오히려 모든 참된 신실성을 나타내게 하라 이는 범사에 우리 구주 하나님의 교훈을 빛나게 하려 함이라

2:1("오직 너는 바른 교훈에 합당한 것을 말하여")에서는 교회의 전통적인 가르침인 "바른 교훈"의 중요성을 직접 디도에게 강조하며, 성도들의

본이 되라고 권면한다[7절]. 이어서 하나님의 은혜와 기독교적인 바른 가르침이 무엇인지를 가르친다[2:11-15].

(2:11-15) [11] 모든 사람에게 구원을 주시는 하나님의 은혜가 나타나 [12] 우리를 양육하시되 경건하지 않은 것과 이 세상 정욕을 다 버리고 신중함과 의로움과 경건함으로 이 세상에 살고 [13] 복스러운 소망과 우리의 크신 하나님 구주 예수 그리스도의 영광이 나타나심을 기다리게 하셨으니 [14] 그가 우리를 대신하여 자신을 주심은 모든 불법에서 우리를 속량하시고 우리를 깨끗하게 하사 선한 일을 열심히 하는 자기 백성이 되게 하려 하심이라

하나님의 은혜가 자신들에게만 나타난다고 했을 적대자들과 달리, 그분의 은혜는 모든 사람에게 주어진다고 강조한다.

그런 다음 그리스도인들이 이교도 사회에서 취해야 할 바른 행실이 무엇인가를 말한다[3:1-8]. 이때 '복종 모티브'가 강조된다.

(3:1-8) [1] 너는 그들로 하여금 통치자들과 권세 잡은 자들에게 복종하며 순종하며 모든 선한 일 행하기를 준비하게 하며 [2] 아무도 비방하지 말며 다투지 말며 관용하며 범사에 온유함을 모든 사람에게 나타낼 것을 기억하게 하라 [3] 우리도 전에는 어리석은 자요 순종하지 아니한 자요 속은 자요 여러 가지 정욕과 행락에 종 노릇 한 자요 악독과 투기를 일삼은 자요 가증스러운 자요 피차 미워한 자였으나 [4] 우리 구주 하나님의 자비와 사람 사랑하심이 나타날 때에 [5] 우리를 구원하시되 우리가 행한 바 의로운 행위로 말미암지 아니하고 오직 그의 긍휼하심을 따라 중생의 씻음과 성령의 새롭게 하심으로 하셨나니 [6] 우리 구주 예수 그리스도로 말미암아 우리에게 그 성령을 풍성히 부어 주사 [7] 우리로 그의 은혜를 힘입어 의롭다 하심을 얻어 영생의 소망을 따라 상속자가 되게 하려 하심이라 [8] 이 말이 미쁘도다 원하건대 너는 이 여러 것에 대하여 굳세게 말하라 이는 하나님을 믿는 자들로 하여금 조심하여 선한 일을 힘쓰게 하려 함이라 이것은 아름다우며 사람들에게 유익하니라

"예전-지금"이라는 비교 도식을 사용하여[참조. 롬 6:17-18; 고전 6:9-11; 골 3:7-8; 엡

^{2:2-10; 벧전 1:14-21} 삶에 대한 그리스도인의 태도를 말하고 이를 신학적으로 뒷받침한다. 다시 거짓 교사들에 대한 경고를 한 뒤^{3:9-11}, 개인적인 보도와 인사와 축도로 서신을 마감한다^{3:12-15}.

4. 디모데후서

□ 단락 나누기

이 서신의 배경 상황은 디모데전서와 완전히 다르며, 훨씬 사적인 내용을 담고 있다.

I.	1:1-2	서두 인사
II.	1:3-5	하나님을 향한 감사
III.	1:6-4:8	디모데에게 주는 권면
	1:6-2:13	사도 바울과 그리스도의 고난의 삶을 따르라는 권면
	2:14-4:8	올바른 교훈을 지키라는 권면
IV.	4:9-18	개인적인 전갈
V.	4:19-22	마감 인사

바울은 현재 로마에 수감되어 있는데^{1:17}, 단지 누가만 곁에 남아 있고 다른 동역자는 모두 떠나가 버렸다^{1:15; 4:11, 16}. 사도행전에서 바울의 동역자로 나오는 두기고는 에베소로 보내졌고^{4:12}, 병이 난 드로비모는 밀레도에 남겨졌다^{4:20}. 바울은 자신이 머지않아 죽게 될 것이라고 생각하면서^{4:6-8} 디모데가 속히 와주기를 바라고^{4:9}, 올 때 드로아 가보의 집에 남겨둔 겉옷과 책들을 가져오라고 부탁한다^{4:13}. 이러한 내용을 담고 있는 이 문서는 문학적으로 **유언문학**^{Testament}에 속한다.⁹⁾ 이로써 후대의 사람들이 바

울의 가르침뿐만 아니라 고난에 처한 사도 바울의 모습을 기억하도록 한 것이다.

2:1-13에서 바울의 고난을 본받아 고난 가운데서 투쟁할 것을 디모데에게 권면한다. 먼저 믿음 전통의 승계에 대해 말한 다음[1-7절], 믿음 안에서의 신실함에 대한 약속이 나온다[8-13절].

(2:1-13) [1]내 아들아 그러므로 너는 그리스도 예수 안에 있는 은혜 가운데서 강하고 [2]또 네가 많은 증인 앞에서 내게 들은 바를 충성된 사람들에게 부탁하라 그들이 또 다른 사람들을 가르칠 수 있으리라 [3]너는 그리스도 예수의 좋은 병사로 나와 함께 고난을 받으라 [4]병사로 복무하는 자는 자기 생활에 얽매이는 자가 하나도 없나니 이는 병사로 모집한 자를 기쁘게 하려 함이라 [5]경기하는 자가 법대로 경기하지 아니하면 승리자의 관을 얻지 못할 것이며 [6]수고하는 농부가 곡식을 먼저 받는 것이 마땅하니라 [7]내가 말하는 것을 생각해 보라 주께서 범사에 네게 총명을 주시리라 [8]내가 전한 복음대로 다윗의 씨로 죽은 자 가운데서 다시 살아나신 예수 그리스도를 기억하라 [9]복음으로 말미암아 내가 죄인과 같이 매이는 데까지 고난을 받았으나 하나님의 말씀은 매이지 아니하니라 [10]그러므로 내가 택함 받은 자들을 위하여 모든 것을 참음은 그들도 그리스도 예수 안에 있는 구원을 영원한 영광과 함께 받게 하려 함이라 [11]미쁘다 이 말이여 우리가 주와 함께 죽었으면 또한 함께 살 것이요 [12]참으면 또한 함께 왕 노릇 할 것이요 우리가 주를 부인하면 주도 우리를 부인하실 것이라 [13]우리는 미쁨이 없을지라도 주는 항상 미쁘시니 자기를 부인하실 수 없으시리라

투쟁은 고난을 초래하고 고난은 구원으로 통한다는 점이 강조된다. 이 투쟁은 그릇된 가르침을 전하는 자들에 대항한 투쟁이라는 점이 다음 단락에서 드러난다.

(2:14-26) [14]너는 그들로 이 일을 기억하게 하여 말다툼을 하지 말라고 하나님 앞에서 엄히 명하라 이는 유익이 하나도 없고 도리어 듣는 자들을 망하게 함이라 [15]너는 진리의 말씀을 옳게 분별하며 부끄러울 것이 없는 일꾼으로 인정

---

9) 야곱의 유언창 47:29-49:33 ; 모세의 유언신 31-34 ; 여호수아수 23-24 ; 다윗왕상 2:1-10; 대하 28-29

된 자로 자신을 하나님 앞에 드리기를 힘쓰라 ¹⁶ 망령되고 헛된 말을 버리라 그
들은 경건하지 아니함에 점점 나아가나니 ¹⁷ 그들의 말은 악성 종양이 퍼져나감
과 같은데 그 중에 후메내오와 빌레도가 있느니라 ¹⁸ 진리에 관하여는 그들이
그릇되었도다 부활이 이미 지나갔다=일어났다 함으로 어떤 사람들의 믿음을 무너
뜨리느니라 ¹⁹ 그러나 하나님의 견고한 터는 섰으니 인침이 있어 일렀으되 주께
서 자기 백성을 아신다 하며 또 주의 이름을 부르는 자마다 불의에서 떠날지
어다 하였느니라 ²⁰ 큰 집에는 금 그릇과 은 그릇뿐 아니라 나무 그릇과 질그릇
도 있어 귀하게 쓰는 것도 있고 천하게 쓰는 것도 있나니 ²¹ 그러므로 누구든지
이런 것에서 자기를 깨끗하게 하면 귀히 쓰는 그릇이 되어 거룩하고 주인의
쓰심에 합당하며 모든 선한 일에 준비함이 되리라 ²² 또한 너는 청년의 정욕을
피하고 주를 깨끗한 마음으로 부르는 자들과 함께 의와 믿음과 사랑과 화평을
따르라 ²³ 어리석고 무식한 변론을 버리라 이에서 다툼이 나는 줄 앎이라 ²⁴ 주
의 종은 마땅히 다투지 아니하고 모든 사람에 대하여 온유하며 가르치기를 잘
하며 참으며 ²⁵ 거역하는 자를 온유함으로 훈계할지니 혹 하나님이 그들에게 회
개함을 주사 진리를 알게 하실까 하며 ²⁶ 그들로 깨어 마귀의 올무에서 벗어나
하나님께 사로잡힌 바 되어 그 뜻을 따르게 하실까 함이라

바울은 디모데를 향하여 말다툼을 하지 말며 진리의 말씀을 옳게 분별
하며 망령되고 헛된 말을 버리라고 권면한다. 부활이 이미 일어났다고
주장하는 후메내오와 빌레도가 이단으로 등장한다^{17-18절}. 3:1-5에는 고통
의 때가 이르리라는 예언이 나오고, 3:10-4:8에서 바울은 디모데에게 급박
한 호소를 한다. 15a절은 가족 가운데 자리 잡은 믿음의 전통을 전제한다.

(3:10-17) ¹⁰ 나의 교훈과 행실과 의향과 믿음과 오래 참음과 사랑과 인내와 ¹¹
박해를 받음과 고난과 또한 안디옥과 이고니온과 루스드라에서 당한 일과 어
떠한 박해를 받은 것을 네가 과연 보고 알았거니와 주께서 이 모든 것 가운데
서 나를 건지셨느니라 ¹² 무릇 그리스도 예수 안에서 경건하게 살고자 하는 자
는 박해를 받으리라 ¹³ 악한 사람들과 속이는 자들은 더욱 악하여져서 속이기
도 하고 속기도 하나니 ¹⁴ 그러나 너는 배우고 확신한 일에 거하라 너는 네가
누구에게서 배운 것을 알며 ¹⁵ 또 어려서부터 성경=거룩한 문서들을 알았나니 성
경은 능히 너로 하여금 그리스도 예수 안에 있는 믿음으로 말미암아 구원에

이르는 지혜가 있게 하느니라 [16] 모든 성경은 하나님의 감동으로 된 것으로 교훈과 책망과 바르게 함과 의로 교육하기에 유익하니 [17] 이는 하나님의 사람으로 온전하게 하며 모든 선한 일을 행할 능력을 갖추게 하려 함이라

(4:1-8) [1] 하나님 앞과 살아 있는 자와 죽은 자를 심판하실 그리스도 예수 앞에서 그가 나타나실 것과 그의 나라를 두고 엄히 명하노니 [2] 너는 말씀을 전파하라 때를 얻든지 못 얻든지 항상 힘쓰라 범사에 오래 참음과 가르침으로 경책하며 경계하며 권하라 [3] 때가 이르리니 사람이 바른 교훈을 받지 아니하며 귀가 가려워서 자기의 사욕을 따를 스승을 많이 두고 [4] 또 그 귀를 진리에서 돌이켜 허탄한 이야기를 따르리라 [5] 그러나 너는 모든 일에 신중하여 고난을 받으며 전도자의 일을 하며 네 직무를 다하라 [6] 전제와 같이 내가 벌써 부어지고 나의 떠날 시각이 가까웠도다 [7] 나는 선한 싸움을 싸우고 나의 달려갈 길을 마치고 믿음을 지켰으니 [8] 이제 후로는 나를 위하여 의의 면류관이 예비되었으므로 주 곧 의로우신 재판장이 그 날에 내게 주실 것이며 내게만 아니라 주의 나타나심을 사모하는 모든 자에게도니라

서신의 마감 부분[4:9-22]은 상당히 개인적인 내용을 담고 있다. 4:9-12에는 사도 바울의 상황이 묘사된다. 디모데에게 마가를 데리고 속히 바울에게 오라고 부탁한다. 또한 디모데가 올 때 겉옷과 가죽종이에 쓴 책들을 드로아에 있는 가보의 집에서 가져오라고도 부탁한다[4:13].

XVI

히브리서

...

· **특징**: 히브리서는 마지막 부분13:18-25에 편지 형식을 갖추기는 했지만, 구약성경을 자주 언급하면서 그리스도가 영원한 대제사장임을 밝히는 기독론적 논증을 전개하는 일종의 신학적 논설 또는 설교이다.

· **핵심 메시지**: 천사와 모세를 능가하는 진정한 대제사장 되시는 그리스도의 유일무이한 희생적인 죽음을 통해 하나님께로 나아가는 길이 열렸음을 믿으면서, 인내하며 소망하는 믿음을 지킬 것을 권면한다.

히브리서는 (마태복음과 함께) 신약성경 가운데 신학적으로 가장 중요한 유대 그리스도교적인 문서로 통한다. 매우 독창적인 기독론을 전개하는 가운데 신앙 공동체가 고백하는 하나님의 아들이신 예수 그리스도는 하나님으로부터 "보냄을 받은 자"사도요 신적인 "대제사장"3:1이며, 또한 십자가의 치욕을 부끄러워하지 않고 우리에게 본을 보이신 "믿음의 창시자요 완성자"12:1-2임을 강조한다. 히브리서는 그리스도의 제사장 직분에 대한 교회의 가르침에 많은 영향을 끼쳤다. 또한 히브리서는 유대교와 그리스도교의 연속성을 언급하는 가운데 유대교에 대해 그리스도교의 우월성을 강조한다. 특히 예수 그리스도 안에서 하나님은 "더 좋은 것"을 주셨다는 사실을 부각한다: '더 좋은 것'6:9; '더 좋은 소망'7:19; '더 좋은 언약'7:22; 8:6; '더 좋은 제물'9:23; '더 좋은 소유'10:34; '더 나은 본향'11:16; '더 좋은 부활'11:35; '더 좋은 말씀'12:24.

1. 저자

히브리서가 안고 있는 가장 큰 수수께끼로 통하는 저자 문제에서 그는 완전히 베일에 가려져 있는 인물이다.1) 문서 말미13:24에 나오는 "모든 성도에게 문안하라"는 인사말로 미루어 저자는 교회의 지도자로 보인다. 알렉산드리아의 클레멘스주후 215년 이전에 사망가 이 서신을 히브리인들에게 보내진 히브리어로 기록된 바울서신이 그리스어로 번역된 것이라고 여긴 것Eusebius, His. Eccl. IV,14,2-4은 서신 스스로 바울서신의 전통에서 기록된 문서라고 밝히기 때문이었다13:18-25.

이런 견해에 따라 히브리서는 오랫동안 바울서신의 하나로 간주되어 왔다. 그러나 본문의 문체와 신학을 고려하면 히브리서는 바울서신과 커다란 차이가 나고, 따라서 오늘날에는 더 이상 바울의 작품으로 간주되지 않는다. 히브리서는 권위 있는 사도의 이름에 의존하지 않은 **익명의 저자가 쓴 가장 이른 시대의 그리스도교 교훈서**라 말할 수 있다. 히브리서가 내세우는 권위는 오직 독창적이며 높은 수준의 신학적 내용에서 나오는 권위이다.

히브리서의 그리스어 문장은 신약성경 중에서 가장 유려한 문장으로 손꼽히며, 어휘도 매우 풍부하다. '칠십인경'을 심도 있게 사용하면서 예

---

1) 에우세비우스의 『교회사』 중 오리게네스의 전승 부분에 다음의 진술이 있다. "그 서신에 나타난 사상은 사도의 것이지만, 문체와 어법은 그 사도가 말한 것이나 또 스승이 불러주는 것을 받아 쓴 사람의 것이라고 말하고 싶다. 만일 누가 이 서신을 바울의 것으로 간주한다면, 그를 칭찬해야 한다. 옛사람들이 이유 없이 그것을 바울의 서신이라고 말하지는 않았을 것이기 때문이다. 실제로 그 서신을 쓴 사람이 누구인지는 하나님만이 아신다. 어떤 사람들은 로마교회의 감독 클레멘스가 썼다고 하며, 또 다른 이들은 누가복음과 사도행전의 저자인 누가가 기록했다고도 한다. 이 주제에 대한 논의는 이 정도로 그치자"(Eusebius, His. Eccl. VI,25).

리한 논증을 전개하기 때문에 알려지지 않은 익명의 저자는 헬레니즘 유대교에 정통한 사람이었을 것이다. 그가 구약성경을 인용하고 해석하는 방식으로 미루어 알렉산드리아 유대교를 대표하는 필로^{Philo, 주전 20-주후 50년경}의 작품을 알았을 것으로 보인다.

히브리서의 저자는 "성경신학자"로 불리기도 한다.[2] 유대-헬레니즘적 회당의 강좌를 본떠서 자신의 작품을 기록했고, 그의 작품은 자유로운 신학적 사변이 아니라 성경해석이기 때문이다. 신약의 다른 어떤 문서보다도 구약과 깊은 관련을 맺고 있는 히브리서의 시각은 상당 부분 성경주석에서 발전된 것이다.

2. 수신자

히브리서는 수신자를 직접 거론하지 않는다. "히브리서"^{"히브리인에게 [보내는 서신]" 이미 𝔓⁴⁶에 나타남}라는 표제는 문서의 내용을 고려하여 훗날 첨가된 것이다. 구약성경에서 연역해 내는 저자의 서기관적인 성경해석으로 미루어 보면 유대인 독자를 염두에 두고 있다고 생각할 수 있으나, 저자가 유대인이나 유대 그리스도인들을 수신인으로 생각한 것 같지 않다. 유대교 제의를 과거 시대의 산물로 묘사하고 율법 문제도 다루지 않음으로써 유대교와 거리를 두고 있기 때문이다.

오늘날에는 3:12^{"하나님에게서 떨어질까 조심할 것이요"}과 6:1^{"죽은 행실을 회개함"}을 근거로, 수신자를 이방 그리스도교 신앙 공동체로 간주하는 추세이다. 수신자를 유대 그리스도인이나 이방 그리스도인으로 부르지 않는 것으로 보아, 저자는 이런 구분을 중요한 문제로 여기지 않은 것 같다. 히브리서는 양자 사이의 갈등이 이미 지나갔던 시점에 기록된 문서임이 틀림없다. 저자는 수신자의 출신과 상관없이 그리스도인으로서 다른 그리스도인들에게

---

2) C.-P. März, *Hebräerbrief*, Würzburg, 1989, 7.

쓴다. 그것은 곧 "속續사도 시대", 즉 사도 이후의 시대 상황을 반영한다. 그러나 교회 일반을 향한 권면이라기보다 신앙의 위기에 처한 특정한 수신자 그룹로마에 있는 그리스도인들?을 염두에 둔 것으로 보인다참조, 5:11 이하; 6:9-10; 10:25, 32 이하.

3. 생성 연대와 저작 장소

히브리서의 생성 연대는 정확히 말하기 어렵다. 2:3("우리가 이같이 큰 구원을 등한히 여기면 어찌 그 보응을 피하리요 이 구원은 처음에 주로 말씀하신 바요 들은 자들이 우리에게 확증한 바니"; 5:11-12; 6:1-2)을 근거로, 믿음의 열정이 줄어들고 배교의 위험이 자라나던 2-3세대의 그리스도인에 의해 기록되었을 것으로 추정할 수 있다. 1세기 말경96/97년에 생성된 클레멘스1서에 인용되었으므로1Clem 36:1-5/히 1:3-5, 7, 13, 80-90년경 사이에 기록되었을 것으로 추정하는 것이 적절해 보인다.3) 클레멘스1서가 로마에서 기록되었다는 사실을 생각하면 히브리서의 생성 장소 역시 로마라는 추정이 가능하다. 말미의 "이달리야에서 온 자들도 너희에게 문안하느니라"13:24는 인사말 역시 이를 뒷받침한다.

4. 기록 목적

기록 목적은 본문에 잘 드러난다. 완고한 마음을 가졌거나3:8 듣는 것이 둔해진5:11, 또는 싫증이 나고 무관심해진10:25; 12:12-13, 심지어 믿음을 잃고 하나님에게서 떨어질 위험에 처한3:12; 4:1 교인들에게 처음의 신앙고백을 상기시키고 성숙한 신앙을 갖도록6:1-3 기록되었다.

---

3) Ph. Vielhauer 80-90년대; E. Grässer, *An die Hebräer* 80-90년대; U. Schnelle, *Einleitung* 80-90년; H.-F. Weiss, *Der Brief an die Hebräer* 80-90년; Pokorny/Heckel, *Einleitung* 90년경; Ebner/Schreiber, Einleitung 90년대; J. Roloff 90-100년

5. 문학적 특징

고대 교회는 이 문서를 바울서신의 하나로 여겨서 바울서신집에 포함했고, 그 덕에 정경에 포함되어 오늘까지 전해 내려올 수 있었다. 그러나 흥미롭게도 이 문서에는 편지의 서두 부분이 없다. 편지의 형식은 기껏해야 마감 부분 13:22-25 에만 나타날 뿐이다.

> (13:22-25) 22 형제들아 내가 너희를 권하노니 권면의 말을 용납하라 내가 간단히 너희에게 썼느니라 23 우리 형제 디모데가 놓인 것을 너희가 알라 그가 속히 오면 내가 그와 함께 가서 너희를 보리라 24 너희를 인도하는 자들과 및 모든 성도들에게 문안하라 이달리야에서 온 자들도 너희에게 문안하느니라 25 은혜가 너희 모든 사람에게 있을지어다

저자는 이 문서가 하나의 편지로, 그리고 바울의 동역자였던 디모데를 언급함으로써 바울서신으로 읽혀지기를 원한다. 또한 후대에 첨가된 "히브리인에게"라는 제목도 이 문서가 은근히 바울의 서신이라는 사실을 암시한다. 그러나 마감 부분을 제외한 본문 1:1-13:21 은 편지의 형식이 전혀 나타나지 않는다. 그래서 학자들은 히브리서가 본래 편지가 아니었는데, 바울서신 가운데 하나로 읽히기를 원했던 편집자가 후대에 편지 형식을 띤 마감 부분을 첨가했을 가능성을 제기한다. 히브리서를 일종의 '신학적 논설'로 보거나,[4] 또는 논리 전개 방식이나 문체 등이 유대 헬레니즘적 설교문과 여러 면에서 유사하므로 이 문서를 '설교'로 간주하기도 한다.[5] 저자는 자신의 문서를 "로고스 테스 파라클레세오스"$\lambda \acute{o} \gamma o \varsigma \ \tau \tilde{\eta} \varsigma \ \pi a \rho a \kappa \lambda \acute{\eta} \sigma \epsilon \omega \varsigma$, 즉 '권면의 말'13:22 이라고 부른다.

---

4) H. Windisch, *Hebräerbrief*, 122. 이미 로이쓰 Ed. Reuß 는 히브리서를 "그리스도교 신학 일반에 대한 최초의 체계적 논문"으로 보았다(*Die Geschichte des heiligen Schriften Neuen Testaments*, ⁶1887); F. Hahn, 『신약성서신학 I』, 488("신학 논문에 가깝다").

5) 이와 같이 A. Vanhoye, "Hebräerbrief", *TRE* 14 (1985), 497; Pokorny/Heckel, *Einleitung in das NT*, 677.

6. 단락 나누기

기독론적인 진술과 권면의 진술이 교대로 나타나는 2:1-4; 3:7-4:11; 4:14-16; 5:11-6:12; 10:19-39; 12:1 이하; 12:12 이하; 13:1 이하 히브리서는 3단원으로 구분할 수 있다.

I.	1:1-4:13	**예수 그리스도를 통한 하나님 계시의 위대성**
	1:1-4	서두 (아들을 통해 주신 하나님의 종말론적인 말씀)
	1:5-14	천사보다 뛰어난 아들에 대한 성경의 증언
	2:1-4	말씀을 들으라는 권면
	2:5-18	구원의 토대인 아들의 낮아짐
	3:1-6	모세보다 위대한 예수님
	3:7-4:13	불신앙에 대한 경고와 믿음으로 하나님의 안식에 들어감
II.	4:14-10:18	**진정한 대제사장이신 예수 그리스도**
	4:14-16	그리스도에 대한 고백을 붙들라는 권면
	5:1-10	예수님의 대제사장직
	5:11-6:20	인내로 약속을 붙들라는 권면
	(6:4-8)	두 번째 회개의 불가능성
	(6:12-17)	인내하는 믿음의 모범인 아브라함
	7:1-28	멜기세덱의 계보를 따른 영원한 대제사장 예수
	8:1-13	새 언약
	9:1-28	하늘에서 드리는 새 언약의 예배
	10:1-18	예수님의 유일무이한 희생
III.	10:19-13:25	**믿음 안에서의 신실함과 올바른 삶을 위한 권면**
	10:19-31	소망의 신앙고백을 붙들라는 권면
	10:32-39	고난 중에서도 신앙을 지키라는 권면
	11:1-40	옛 시대 믿음의 증인들
	12:1-29	믿음의 싸움을 견디라는 권면
	13:1-25	하나님이 기뻐하시는 삶의 형태 및 마감어

7. 중심 내용

첫 번째 대단원인 1:1-4:13은 앞으로의 논지를 펼치기 위한 토대를 이룬다. 정교한 문체에 송영의 형태를 띤 도입부[1:1-4]에서 저자는 아들 안에 궁극적으로 드러난 하나님의 계시에 대해 말한다.

> (1:1-4) [1] 옛적에 선지자들을 통하여 여러 부분과 여러 모양으로 우리 조상들에게 말씀하신 하나님이 [2] 이 모든 날 마지막에는 아들을 통하여 우리에게 말씀하셨으니 이 아들을 만유의 상속자로 세우시고 또 그로 말미암아 모든 세계를 지으셨느니라 [3] 이는 하나님의 영광의 광채시요 그 본체의 형상이시라 그의 능력의 말씀으로 만물을 붙드시며 죄를 정결하게 하는 일을 하시고 높은 곳에 계신 지극히 크신 이의 우편에 앉으셨느니라 [4] 그가 천사보다 훨씬 뛰어남은 그들보다 더욱 아름다운 이름을 기업으로 얻으심이니

여기서 저자는 구원사 가운데 차지하는, 그 무엇과도 비교할 수 없는 아들의 빼어난 위상을 언급하면서, 시편 110편[6]을 따라 아들이 종말론적 통치자로 등극함을 진술한다. 이것은 서신 전체의 주제를 연상시킨다. 1-2절에선 하나님이 주체로 나타나는 반면, 3-4절에는 아들이 구원 사역의 주체로 나온다.

도입부에 이어서 선재하신 인자 예수 그리스도는 모든 천사보다 뛰어난 분이라는 점을 말한다[1:5-14]. 말씀을 들으라는 짧은 권면[2:1-4] 다음에, 아들이 잠시 천사들보다 낮아짐은 대제사장 직분을 수행하기 위한 전제 조건임을 밝힌다[2:5-18]. 여기서 "잠시 동안 천사보다 못하게 하시며"[2:7]는 예수님의 성육신을 암시한다. 이어서 천사보다 더 높으시며, 구약의 위대한 계시자인 모세보다 더 큰 예수님을 바라볼 것을 권면한다[3:1-6].

다음 단락 3:7-4:13에서, 저자는 시편 95:7-11 _{출애굽 광야 세대의 불신앙}에 나오는

---

6) (시 110:1-4) "[1] 여호와께서 내 주께 말씀하시기를 내가 네 원수들로 네 발판이 되게 하기까지 너는 내 오른쪽에 앉아 있으라 하셨도다 [2] 여호와께서 시온에서부터 주의 권능의 규를 내보내시리니 주는 원수들 중에서 다스리소서 … [4] 여호와는 맹세하고 변하지 아니 하시리라 이르시기를 너는 멜기세덱의 서열을 따라 영원한 제사장이라 하셨도다"

하나님 말씀[3:7-11]에 대한 미드라쉬적 해석을 통해 불신앙과 변절을 경고하는 한편[3:12-19], 하나님의 약속을 믿는 자는 하나님의 안식처로 들어가리라고 가르친다[4:1-11].

이어서 이 문서의 중심 주제를 담고 있는 **두 번째 대단원** 4:14-10:31이 시작된다. 여기서 저자는 예수님이야말로 진정한 대제사장이라는 사실을 밝힌다. 예수님은 위대한 대제사장의 직분을 수행하기 위한 모든 조건을 이룬 분임을 강조한다. 즉 인간의 연약함을 아실 뿐만 아니라 하나님의 부르심을 받은 자로서 영원한 구원의 근원이 되시며, 멜기세덱의 후계를 이은 대제사장이라는 사실을 강조한다[4:14-5:10].

(4:14-5:10) [4:14] 그러므로 우리에게 큰 대제사장이 계시니 승천하신 이 곧 하나님의 아들 예수시라 우리가 믿는 도리를 굳게 잡을지어다 [15] 우리에게 있는 대제사장은 우리의 연약함을 동정하지 못하실 이가 아니요 모든 일에 우리와 똑같이 시험을 받으신 이로되 죄는 없으시니라 [16] 그러므로 우리는 긍휼하심을 받고 때를 따라 돕는 은혜를 얻기 위하여 은혜의 보좌 앞에 담대히 나아갈 것이니라 [5:1] 대제사장마다 사람 가운데서 택한 자이므로 하나님께 속한 일에 사람을 위하여 예물과 속죄하는 제사를 드리게 하나니 [2] 그가 무식하고 미혹된 자를 능히 용납할 수 있는 것은 자기도 연약에 휩싸여 있음이라 [3] 그러므로 백성을 위하여 속죄제를 드림과 같이 또한 자신을 위하여도 드리는 것이 마땅하니라 [4] 이 존귀는 아무도 스스로 취하지 못하고 오직 아론과 같이 하나님의 부르심을 받은 자라야 할 것이니라 [5] 또한 이와 같이 그리스도께서 대제사장 되심도 스스로 영광을 취하심이 아니요 오직 말씀하신 이가 그에게 이르시되 너는 내 아들이니 내가 오늘 너를 낳았다 하셨고 [6] 또한 이와 같이 다른 데서 말씀하시되 네가 영원히 멜기세덱의 반차를 따르는 제사장이라 하셨으니 [7] 그는 육체에 계실 때에 자기를 죽음에서 능히 구원하실 이에게 심한 통곡과 눈물로 간구와 소원을 올렸고 그의 경건하심으로 말미암아 들으심을 얻었느니라 [8] 그가 아들이시면서도 받으신 고난으로 순종함을 배워서 [9] 온전하게 되셨은즉 자기에게 순종하는 모든 자에게 영원한 구원의 근원이 되시고 [10] 하나님께 멜기세덱의 반차를 따른 대제사장이라 칭하심을 받으셨느니라

그런데 독자들의 이해 수준이 아직 불완전하다고 본 저자는 이어서 "그리스도에 관한 초보적 가르침"[6:1]에만 머물지 말고 성숙한 경지, 즉 기독교적 가르침의 최고 단계[7-10장]로 나아갈 것을 권면한다.

(5:11-6:2) [5:11] 멜기세덱에 관하여는 우리가 할 말이 많으나 너희가 듣는 것이 둔하므로 설명하기 어려우니라 [12] 때가 오래 되었으므로 너희가 마땅히 선생이 되었을 터인데 너희가 다시 하나님의 말씀의 초보에 대하여 누구에게서 가르침을 받아야 할 처지이니 단단한 음식은 못 먹고 젖이나 먹어야 할 자가 되었도다 [13] 이는 젖을 먹는 자마다 어린아이니 의의 말씀을 경험하지 못한 자요 [14] 단단한 음식은 장성한 자의 것이니 그들은 지각을 사용함으로 연단을 받아 선악을 분별하는 자들이니라 [6:1] 그러므로 우리가 그리스도의 도의 초보τὸν τῆς ἀρχῆς τοῦ Χριστοῦ λόγον를 버리고 죽은 행실을 회개함과 하나님께 대한 신앙과 [2] 세례들과 안수와 죽은 자의 부활과 영원한 심판에 관한 교훈의 터를 다시 닦지 말고 완전한 데로 나아갈지니라[7]

제일 먼저 "죽은 행실"을 회개하라고, 즉 생명을 낳지 못하는 죄를 회개하라고 권면한다. 그것은 하나님에 대한 신앙을 뜻한다. 여기서 히브리서 저자가 생각하는 믿음은 특이하게도 복음이나 예수님에 대한 믿음이 아니라 하나님에 대한 믿음이다[6:1]. 이로써 저자가 이방인을 위한 교리문답을 염두에 두고 있음이 암시된다.

"그리스도의 도의 초보"는 '그리스도에 대한 초보적 가르침' 또는 '그리스도 가르침의 시작'으로 번역할 수 있다. 또한 복수 형태 "세례들"은 기독교 세례 외에 요한의 세례나 이방인 개종 세례, 또는 당시 거행되던 종교적 정결 예식을 염두에 둔 표현이다. 여기서 "안수"는 목사 안수보다는 세례에 이어지는 영의 수여를 가리키는 것으로 보인다[참조, 행 8:17; 19:6].

---

7) 『개역(개정)성경』 히 6:1 이하 번역은 원문의 순서와 다르다. 참조, 가톨릭 『성경』(히 6:1-3) "그러므로 그리스도에 관한 초보적인 교리를 놓아두고 성숙한 경지로 나아갑시다. 다시 기초를 닦을 필요는 없습니다. 그 기초는 곧 죽음의 행실에서 돌아서는 회개와 하느님에 대한 믿음, 세례에 관한 가르침과 안수, 죽은 이들의 부활과 영원한 심판입니다. 하느님께서 허락하시면 우리는 성숙한 경지로 나아갈 수 있을 것입니다."

그리스도에 대한 초보적 가르침에서 완전한 데로 나아간다는 것은, 기독교적 가르침의 가장 높은 단계에 대한 이해로 나아감을 뜻한다.

이어서 "한 번 빛을 받은" 그리스도인에게 '두 번째 회개'란 없다는 저자의 경고는 위의 권면을 더욱 절실하게 드러낸다. 여기서 언급되는 두 번째 회개가 불가능하다는 진술로 인해 루터[Martin Luther]는 히브리서를 평가절하했다.

> (6:3-10) [3] 하나님께서 허락하시면 우리가 이것을 하리라 [4] 한 번 빛을 받고 하늘의 은사를 맛보고 성령에 참여한 바 되고 [5] 하나님의 선한 말씀과 내세의 능력을 맛보고도 [6] 타락한 자들은 다시 새롭게 하여 회개하게 할 수 없나니 이는 그들이 하나님의 아들을 다시 십자가에 못 박아 드러내 놓고 욕되게 함이라 [7] 땅이 그 위에 자주 내리는 비를 흡수하여 밭 가는 자들이 쓰기에 합당한 채소를 내면 하나님께 복을 받고 [8] 만일 가시와 엉겅퀴를 내면 버림을 당하고 저주함에 가까워 그 마지막은 불사름이 되리라 [9] 사랑하는 자들아 우리가 이같이 말하나 너희에게는 이보다 더 좋은 것 곧 구원에 속한 것이 있음을 확신하노라 [10] 하나님은 불의하지 아니하사 너희 행위와 그의 이름을 위하여 나타낸 사랑으로 이미 성도를 섬긴 것과 이제도 섬기고 있는 것을 잊어버리지 아니하시느니라

이어서 저자의 권면이 나오고[6:11-20], 대제사장으로서의 예수님의 모습을 묘사한다. 먼저 7장[7:1-28]에서 예수님은 멜기세덱과 같이 완전무결한 대제사장이라는 점을 강조한다.

> (7:11-25) [11] 레위 계통의 제사 직분으로 말미암아 온전함을 얻을 수 있었으면 (백성이 그 아래에서 율법을 받았으니) 어찌하여 아론의 반차=질서를 따르지 않고 멜기세덱의 반차를 따르는 다른 한 제사장을 세울 필요가 있느냐 [12] 제사 직분이 바뀌었은즉 율법도 반드시 바꾸어지리니 [13] 이것은 한 사람도 제단 일을 받들지 않는 다른 지파에 속한 자를 가리켜 말한 것이라 [14] 우리 주께서는 유다로부터 나신 것이 분명하도다 이 지파에는 모세가 제사장들에 관하여 말한 것이 하나도 없고 [15] 멜기세덱과 같은 별다른 한 제사장이 일어난 것을 보니 더욱 분명하도다 [16] 그는 육신에 속한 한 계명의 법을 따르지 아니하고

오직 불멸의 생명의 능력을 따라 되었으니 ¹⁷ 증언하기를 네가 영원히 멜기세덱의 반차를 따르는 제사장이라 하였도다 ¹⁸ 전에 있던 계명은 연약하고 무익하므로 폐하고 ¹⁹ (율법은 아무 것도 온전하게 못할지라) 이에 더 좋은 소망이 생기니 이것으로 우리가 하나님께 가까이 가느니라 ²⁰ 또 예수께서 제사장이 되신 것은 맹세 없이 된 것이 아니니 ²¹ (그들은 맹세 없이 제사장이 되었으되 오직 예수는 자기에게 말씀하신 이로 말미암아 맹세로 되신 것이라 주께서 맹세하시고 뉘우치지 아니하시리니 네가 영원히 제사장이라 하셨도다) ²² 이와 같이 예수는 더 좋은 언약의 보증이 되셨느니라 ²³ 제사장 된 그들의 수효가 많은 것은 죽음으로 말미암아 항상 있지 못함이로되 ²⁴ 예수는 영원히 계시므로 그 제사장 직분도 갈리지 아니하느니라 ²⁵ 그러므로 자기를 힘입어 하나님께 나아가는 자들을 온전히 구원하실 수 있으니 이는 그가 항상 살아 계셔서 그들을 위하여 간구하심이라

여기서 저자는 그리스도의 제사장직에 놓인 종말론적인 새로움에 대하여 말한다. 즉 레위 제사장 직분과 비교하면서 그리스도의 유일한 구원사적인 의미를 강조한다. 레위 제사장 직분은 하나님께로 나아가는 온전한 구원의 길을 마련하지 못했으나, 제사장 가문이 아닌 유다 지파 출신인 다윗 가문의 그리스도가 첫 제사장으로 기록된 영원한 멜기세덱^{창 14:17-20}의 질서에 따른 온전한 제사장 직분의 수행자라는 사실을 밝힌다.

그런 다음 8장^{8:1-13}에서, 옛 예언자 직분과 새로운 예언자 직분을 비교하며^{1-6절} 또 옛 구원 질서와 새로운 구원 질서를 비교하는^{7-13절} 가운데, 빼어난 대제사장이신 예수님은 "더 좋은 언약"인 새 언약의 중보자라는 사실을 강조한다.

(8:1-13) ¹ 지금 우리가 하는 말의 요점은 이러한 대제사장이 우리에게 있다는 것이라 그는 하늘에서 지극히 크신 이의 보좌 우편에 앉으셨으니 ² 성소와 참 장막에서 섬기는 이시라 이 장막은 주께서 세우신 것이요 사람이 세운 것이 아니니라 ³ 대제사장마다 예물과 제사 드림을 위하여 세운 자니 그러므로 그도 무엇인가 드릴 것이 있어야 할지니라 ⁴ 예수께서 만일 땅에 계셨더라면 제사장이 되지 아니하셨을 것이니 이는 율법을 따라 예물을 드리는 제사장이 있음이

라 [5] 그들이 섬기는 것은 하늘에 있는 것의 모형과 그림자라 모세가 장막을 지으려 할 때에 지시하심을 얻음과 같으니 이르시되 삼가 모든 것을 산에서 네게 보이던 본을 따라 지으라 하셨느니라 [6] 그러나 이제 그는 더 아름다운 직분을 얻으셨으니 그는 더 좋은 약속으로 세우신 더 좋은 언약의 중보자시라 [7] 저 첫 언약이 무흠하였더라면 둘째 것을 요구할 일이 없었으려니와 [8] 그들의 잘못을 지적하여 말씀하시되 주께서 이르시되 볼지어다 날이 이르리니 내가 이스라엘 집과 유다 집과 더불어 새 언약을 맺으리라 [9] 또 주께서 이르시기를 이 언약은 내가 그들의 열조의 손을 잡고 애굽 땅에서 인도하여 내던 날에 그들과 맺은 언약과 같지 아니하도다 그들은 내 언약 안에 머물러 있지 아니하므로 내가 그들을 돌보지 아니하였노라 [10] 또 주께서 이르시되 그 날 후에 내가 이스라엘 집과 맺을 언약은 이 것이니 내 법을 그들의 생각에 두고 그들의 마음에 이것을 기록하리라 나는 그들에게 하나님이 되고 그들은 내게 백성이 되리라 [11] 또 각각 자기 나라 사람과 각각 자기 형제를 가르쳐 이르기를 주를 알라 하지 아니할 것은 그들이 작은 자로부터 큰 자까지 다 나를 앎이라 [12] 내가 그들의 불의를 긍휼히 여기고 그들의 죄를 다시 기억하지 아니하리라 하셨느니라 [13] 새 언약이라 말씀하셨으매 첫 것은 낡아지게 하신 것이니 낡아지고 쇠하는 것은 없어져 가는 것이니라

이러한 사실은 계속 언급된다. 구약성경에 나타나듯, 옛 언약첫 언약의 예법과 제사는 새로운 언약의 모형이며9:1-10, 예수 그리스도의 희생은 구약성경에 나오는 대제사장의 희생제를 능가한다는 점이 강조된다9:11-10:18.

(10:1-18) [1] 율법은 장차 올 좋은 일의 그림자일 뿐이요 참 형상이 아니므로 해마다 늘 드리는 같은 제사로는 나아오는 자들을 언제나 온전하게 할 수 없느니라 [2] 그렇지 아니하면 섬기는 자들이 단번에 정결하게 되어 다시 죄를 깨닫는 일이 없으리니 어찌 제사 드리는 일을 그치지 아니하였으리요 [3] 그러나 이 제사들에는 해마다 죄를 기억하게 하는 것이 있나니 [4] 이는 황소와 염소의 피가 능히 죄를 없이 하지 못함이라 [5] 그러므로 주께서 세상에 임하실 때에 이르시되 하나님이 제사와 예물을 원하지 아니하시고 오직 나를 위하여 한 몸을 예비하셨도다 [6] 번제와 속죄제는 기뻐하지 아니하시나니 [7] 이에 내가 말하기를 하나님이여 보시옵소서 두루마리 책에 나를 가리켜 기록된 것과 같이 하나님의 뜻을 행하러 왔나이다 하셨느니라 [8] 위에 말씀하시기를 주께서는 제사와 예

물과 번제와 속죄제는 원하지도 아니하고 기뻐하지도 아니하신다 하셨고 (이는 다 율법을 따라 드리는 것이라) ⁹ 그 후에 말씀하시기를 보시옵소서 내가 하나님의 뜻을 행하러 왔나이다 하셨으니 그 첫째 것을 폐하심은 둘째 것을 세우려 하심이라 ¹⁰ 이 뜻을 따라 예수 그리스도의 몸을 단번에 드리심으로 말미암아 우리가 거룩함을 얻었노라 ¹¹ 제사장마다 매일 서서 섬기며 자주 같은 제사를 드리되 이 제사는 언제나 죄를 없게 하지 못하거니와 ¹² 오직 그리스도는 죄를 위하여 한 영원한 제사를 드리시고 하나님 우편에 앉으사 ¹³ 그 후에 자기 원수들을 자기 발등상이 되게 하실 때까지 기다리시나니 ¹⁴ 그가 거룩하게 된 자들을 한번의 제사로 영원히 온전하게 하셨느니라 ¹⁵ 또한 성령이 우리에게 증언하시되 ¹⁶ 주께서 이르시되 그 날 후로는 그들과 맺을 언약이 이것이라 하시고 내 법을 그들의 마음에 두고 그들의 생각에 기록하리라 하신 후에 ¹⁷ 또 그들의 죄와 그들의 불법을 내가 다시 기억하지 아니하리라 하셨으니 ¹⁸ 이것들을 사하셨은즉 다시 죄를 위하여 제사 드릴 것이 없느니라

먼저 율법에 근거한 옛 희생 제사 질서의 무력함을 언급한 후¹⁻¹⁰절, 그리스도의 단 한 번의 희생이 가져온 영원한 영향력을 말한다¹¹⁻¹⁸절.

마지막 세 번째 대단락 10:19-13:25 믿음의 길은 "그러므로 형제들아!" 하고 부르면서 시작된다. 앞에서는 주로 교훈적인 논증을 펼쳤다면, 이제부터는 1인칭 복수형 "우리가"을 사용하여 수신자들을 직접 부르는 가운데, 여러 권면의 말이 이어진다. 먼저 고난 중에도 믿음을 굳세게 지킬 것을 권면하며¹⁰:¹⁹⁻³⁹, 타락의 죄는 다시 용서받을 수 없음을 경고한다¹⁰:²⁶⁻³¹. "우리가 진리를 아는 지식을 받은 후 짐짓 죄를 범한즉 다시 속죄하는 제사가 없다"²⁶절는 진술 가운데 저자의 주장이 담겨 있다. 여기에는 의도적인 죄참조, 3:12-13와 무지에서 범하는 죄에 대한 유대 전통적인 구별이 전제되어 있다. 고의적인 죄를 범한 자는 하나님의 심판을 피할 수 없고 멸망하리라 한다. 이로써 미혹에 노출된 그리스도인들을 경고한다. 다른 한편 굳센 믿음은 큰 상=생명을 받으리라고 격려한다¹⁰:³²⁻³⁹.

이어지는 11장에서는, 옛 언약의 '믿음의 선진들'을 증거로 언급하면서

믿음의 본질을 묘사한다[11:1-40]. 여기서 저자는 믿음이 미래의 소망과 직결되어 있음을 말한다(11:1, "믿음은 바라는 것들의 실상^{보증}이요 보이지 않는 것들의 증거니"). 그러한 믿음의 선례는 아벨, 에녹, 노아, 아브라함, 사라와 같은 옛 언약의 인물들에게서 나타나나, 이들은 약속된 것을 받지 못했다. 그러나 비로소 그리스도인들은 그 약속된 목표에 도달했음을 말한다.

12장[1-29절]에서는 믿음의 "창시자요 완성자"이신 예수님을 모범으로 하여 신앙을 지킬 것을 권면한다. 마지막 13장에서 형제 사랑을 권면하며[1-6절], 장차 나타날 도성으로 가는 길에서 신앙고백 위에 굳게 설 것을 권면한다[1-6절].

8. 대제사장 기독론 Die Hohepriester-Christologie

히브리서 기독론은 세 단계로 이루어진 전통적인 기독론(Präexistenz^{선재}, Erniedrigung ^{낮아짐}, Erhöhung ^{올리움})을 예수님의 죽음을 대속의 죽음으로 해석하는 속죄 구원론과 밀접하게 연결하는 특징을 갖고 있다. 이는 예수 그리스도의 죽음을 선재하는 하나님의 아들이 천상적인 대제사장의 직분에 들어서는 것이라고 해석하여, 영원한 대제사장인 예수님이 하늘 성소에 들어가 우리의 구원을 위해 자신의 몸을 단번에 희생 제물로 드리심으로써 성취하는 구원 사역을 강조한다.

바울의 경우 하나님의 아들이신 예수 그리스도는 퀴리오스$^{Kyrios, 주님}$로서 구원 사역을 수행하나, 히브리서에서는 하나님의 아들이신 예수 그리스도는 대제사장으로서 구원 사건과 밀접하게 연결된다. 2:17에 처음으로 그리스도를 일컫는 말로 "대제사장"이 언급된다[참조, 3:1; 4:14 이하]. 그리스도의 대제사장 직분은 구약의 레위 제사장 직분을 능가하는 것으로, "멜기세덱의 반차$^{=계통를 따른}$"[5:10; 6:20; 7:1 이하] 영원한 대제사장 직분이라는 사실을 강조한다. 이를 밝히기 위해 구약성경을 인용한다시 110:4 [히 5:6; 7:17 이하]; 창 14:17 이하[히 7:1 이하]. 레위 제사장은 연약하여 죄를 짓는 사람이나5:3; 7:27, 예수님은 비록 인간과 같으나2:17 죄가 없으신 분임을 강조한다4:15; 9:14. 레위 제사장은 염소나 소의 피를 바치는 반복적인 제사 행위를 통해 기껏해야 육적인 정결함을 마련할 뿐이나, 대제사장인 그리스도는 반복해 제사를 드릴 필요가 없이 자신을 바침으로써 한 번에 정결함을 완성했고 양심을 죽은 행실에서 깨끗하게 했다7:29; 9:14. 게다가 레위 제사장은 지상의 성전에서 섬기나, 그리스도는 천상의 지성소에서 섬긴다8:1-2; 9:24.

9. 히브리서가 고대 종교사에서 차지하는 위치

오늘날 히브리서에 대한 고대 종교사적 질문과 관련하여 두 가지 입장이 맞서 있다.[8] 하나는 성경적·유대적 전통에서 히브리서를 해석하려는 입장이고, 다른 하나는 헬레니즘적·영지주의적 전통에서 이해하려는 입장이다. 히브리서가 고대 종교사에서 차지하는 위치를 판단하는 시금석으로 히브리서의 종말론을 언급할 수 있다. 히브리서의 종말론에는 두 가지 노선이 서로 결합되어 나타난다. 하나는 **수평적, 구원사적 노선(I)**이다. 이로써 히브리서가 유대 원시 그리스도교적 종말론의 시간 및 역사이해와 연결되어 있음이 드러난다. 다른 하나는 천상과 지상의 공간적 범주가 대조되는 것이 특징적으로 드러나는 **수직적 노선(II)**으로 헬레니즘적 유대교 전승에서 기원한 것이다. 곧 히브리서에는 시간적/묵시문학적 노선(I)과 공간적/이원론적 노선(II)이 병존한다고 할 수 있다. 종교사적으로 시간적/묵시문학적 노선은 유대 원시 그리스도교적 묵시문학(I)과 관련된 것인 반면, 공간적/이원론적 노선은 (유대) 헬레니즘(II)에서 기원한 것이다.

---

8) 참조, H.-F. Weiss, *Der Brief an die Hebräer*, Göttingen, 1991, 96-114.

종교사적으로 히브리서는 묵시문학적 영향을 폭넓게 받은 그리스도교 전통과, 묵시적 영향이 우선적이라고 규정하기 어려운 헬레니즘적 유대교 주변 세계가 서로 만나면서 나온 결과물이다.[9] 골로새서와 에베소서도 그러한 문맥의 소산물이다. 히브리서의 종교사적 배경을 영지주의에서 찾으려는 시도는 설득력이 없다.[10] 히브리서의 종교사적 배경과 관련된 해석 모델을 바이스[H.-F. Weiss]는 세 가지로 정리한다.

① **헬라 유대적 해석 모델:** 히브리서의 종말론, 문학적 형태, 문체, 칠십인경 사용, 성경해석 방법을 통해 히브리서가 헬레니즘의 영향을 받은 유대교와 원시 그리스도교 영역에 속한다는 사실이 드러난다. 히브리서는 전승사적으로는 헬레니즘적 유대교의 연속선상에 있고, 종교사적으로는 유대 헬레니즘의 연속선상에 있다. 플라톤 철학의 유산을 포함한 헬레니즘의 유산이 헬레니즘적 유대교를 통해 전수되었다. 따라서 헬레니즘 전승의 이원론이 단일신론적 자료 형태로 유대 헬레니즘을 통해 중개되었다. 빈디쉬[H. Windisch]는 히브리서를 "특별히 칠십인경 신학의 문서"라 불렀다. 필로와 공유하는 헬레니즘적 유대교와 관련된 문서로 여긴다.

② **영지주의적 해석 모델:** 케제만은 히브리서를 필로와 공유하는 영지주의적 전승의 토대에서 이해하려 한다. 그러나 "원초 인간 구원자 신화"[Urmensch-Erlöser-Mythus]가 2세기 중엽 이후에 생성된 이차적 개념으로 드러나면서 이 모델은 설득력을 잃었다.

③ **묵시문학적 해석 모델:** 미헬[Otto Michael]은 히브리서를 헬라 교양 요소를 수용하는 가운데 "묵시문학적 원시 그리스도교 신앙 체험의 교육학적 묘사"로 이해한다. 곧 "헬라 유대교 문화권에서 유래하였으나 내용적으로 묵시문학의 사유 형식과 그리스도에 대한 증언을 결합한다." 원시 그리스

---

9) U. Luz, *EvTh* 27, 1967, 331.
10) F. Hahn, 『신약성서신학 I』, 489.

도교의 종말론적 역사 해석의 전통적인 요소들이 나타난다. 미래적인 종말론적 구원의 완성이 전통적인 원시 그리스도교적 묵시문학의 문체로 묘사된다:

그리스도인들은 여전히 구원을 기다린다[9:26]; 구체적으로 죽은 자의 부활을 기다린다[6:2; 11:35]; 동시에 미래의 심판을 기다린다[6:2; 9:27]; 현 세상이 지나감[12:26 이하]; 안식에 들어감[4:3 이하] 또는 하나님의 도성에 들어감[11:10 이하; 12:22; 13:14].

공동서신

...

"전체=공동 교회"ἡ καθολικὴ ἐκκλησία 또는 "교회 일반"에게 보내진 것으로 여기는 야고보서, 베드로전서, 베드로후서, 유다서, 요한일서, 요한이서, 요한삼서* 이 일곱 문서를 "공동서신"Catholic Epistles 또는 "일반서신" General Epistles 이라고 한다. 이 문서들은 대체로 교회가 점차 제도화되어 가던 시기인 신약성경 생성 마지막 단계에서 기록되었다.

사도 베드로
시내산 수도원에서 발견, 6세기

---

* 교부 에우세비우스의 『교회사』에 (4세기 초) "공동서신"이란 용어가 최초로 등장하는 것 같다. "그는=야고보 공동서신 중 최초의 서신을 기록했다고 전해지는데, 그것이 위조라고 여겨지는 것도 주의해야 한다. 사실 고대인들은 그것을 그다지 많이 언급하지 않았다."His. Eccl. II,23,25

XVII

야고보서

...

· **특징**: 서두 인사만 서신 형태를 갖춘 야고보서는 이방 지역에 흩어져 살고 있는 전체 그리스도인에게 보낸 문서로서 헬레니즘계 유대 지혜문학의 영향을 많이 받은 윤리적 권면의 성격이 강한 일종의 교훈서이다.

· **핵심 메시지**: 예수 그리스도를 통해 드러난 구원 사건을 신학적으로 반성하는 일보다는 경건의 실천에 초점을 맞추는 가운데, 신앙 공동체의 구체적인 삶이 신앙과 일치해야 한다는 점을 강조한다.

종교개혁가 루터M. Luther는 야고보서의 내용이 바울의 칭의론과 대립된다는 이유에서 야고보서를 "지푸라기 서신"으로 부르면서, 그 안에 그리스도교 선포의 중심인 십자가와 부활에 관한 구원의 메시지가 없음을 비난했다. 그로 인해 야고보서는 개신교 역사에서 푸대접을 받아 왔다.[1] 그러나 근자에 들어와 야고보서는 초기 그리스도교의 지혜전통에 대한 신

---

1) 오리게네스3세기가 야고보서를 "문서", 즉 거룩한 문서로 인용했다고 하나, 에우세비우스는 이 문서를 "안티레고메나"Antilegomena, 즉 진정성을 둘러싸고 논란 중에 있는 문서로 분류했다Hist. Eccl. III,25,3. 아타나시우스Athanasius의 정경명세서367년 안에서 비로소 야고보서가 정경으로 언급된다.

학적 성찰을 담은 문서로, 특히 헬레니즘계 유대 그리스도교의 유산을 잘 물려받은 중요한 문서로 간주되면서 관심을 불러일으키고 있다. 크리스토 프 부르카르트 Christoph Burchard 는 야고보서에 대해, "자기 자신을 이스라엘로 이해하며 또 성경의 경건한 자들을 자신의 조상으로 이해하는 그리스도교 가 매우 유대적으로 채색된 형태를 대표한다"고 말한다.[2]

야고보서의 중심 주제는 그리스도인의 완전성에 있다. 그 완전성은 믿음과 분리된 실천이 아니라, "마음에 심어진 말씀"[1:21] 에 따라 "자유롭게 하는 온전한 율법"[1:25] 의 실천에 놓여 있다는 사실을 강조한다. 또한 야고 보서에는 비록 인용문의 형태로 나타나지는 않지만 예수님과 관련된 전 승이 중요한 역할을 하고 있다. 네 복음서를 제외한 신약성경 중 어떤 책도 야고보서만큼 예수 전승을 폭넓게 받아들인 문서는 없다.[3]

1. 저자

이 서신의 저자는 서두[1:1]에서 자신의 이름을 야고보라고 밝힌다. 그렇 다면 이 "야고보"는 누구를 가리키는가? 세베대의 아들 야고보는 이미 주후 44년에 순교 당했다(참조, 행 12:1-2 "[1] 그 때에 헤롯 왕이 손을 들어 교회 중에서 몇 사람을 해하려 하여 [2] 요한의 형제 야고보를 칼로 죽이니"). 알패오의 아들 야고보도 있으나[행 1:13] 그는 신약 이후 시대에 중요한 인물 이 아니었다. 따라서 야고보서는 예루살렘 교회의 지도자이며 유대 그리 스도교의 수장에 오른 예수님의 형제 야고보[막 6:3]를 표방하는 것으로 간 주된다.[4] 그런데 유대 역사가 요세푸스에 따르면 예수님의 형제 야고보

---

2) Christoph Burchard, *Der Jakobusbrief*, Tübingen, 2000, 1.

3) H. Frankemölle, *Der Brief des Jakobus*, Güthersloh, 1994, 80-88. 야고보서에서 공관복음 전승과 병행하는 구절은 1:5(=마 7:7); 1:6(=마 11:23-24); 1:22-23(=마 7:24, 26); 4:10(=마 23:12); 5:12(=마 5:33-37)이다.

4) "알패오의 아들" 야고보[막 3:18; 행 1:13]는 신약 전승에 별로 중요한 인물로 나오지 않는다. 참조, 사도 유다의 아버지 야고보[행 1:13]; 예수의 십자가 죽음을 바라보던 "작은 야고보"[막 15:40].

는 주후 62년에 예루살렘에서 순교한다.5)

이미 안디옥 학파의 성서주석가 몹수에스티아의 감독 테오도루스 Theodorus of Mopsuestia, 350-428 는 야고보서의 진정성을 의심했다. 이 서신을 야고보의 실제 서신으로 여기는 학자들이 간혹 있었으나,6) 다음과 같은 이유에서 대다수 학자들은 이 서신의 실제 저자가 예수님의 형제 야고보일 가능성이 거의 없다고 말한다.

① 야고보의 중요성을 강조하는 유대 그리스도 신학의 특징할례, 정결법, 안식일, 성전, 이스라엘 백성 등이 전혀 나타나지 않는다.

② 5:14("너희 중에 병든 자가 있느냐 그는 교회의 장로들을 청할 것이요 그들은 주의 이름으로 기름을 바르며 그를 위하여 기도할지니라")에 나타나듯 서신의 교회 상황은 장로 제도가 자리를 잡은 후대임이 명백하다.

③ 서두에 나오는 "야고보"라는 이름 외에 예수님의 형제라고 추측할 만한 어떤 흔적도 찾을 수 없다.

④ 서신의 핵심 내용에 속하는 "믿음과 행함"의 대립은 바울 이후 시대의 산물이고, 주의 형제 야고보는 이미 62년에 순교했다.

프랑케묄레H. Frankemölle 는 주의 형제 야고보는 특정한 제의적 규정을 구원의 불가피한 요소로 여기지 않았음에도 그것을 이방인 그리스도인도 준수할 것을 요구한 "토라 신학자"이나, 그와 달리 야고보서의 저자는 <시락서>=집회서와 알렉산드리아 필로의 영향을 받은 "지혜의 신학자"라고 한다. 또한 야고보서의 구조나 논증 및 신학은 전적으로 고대 유대교의 지혜문학에서 영향을 받았다고 한다.7)

---

5) 『유대고대사』(*Ant.* XX,9,1): "아난은 그리스도라 불리는 예수의 형제와 일부 다른 이들을 넘기고 그들이 율법을 어겼다고 고발하였으며 그들을 돌로 쳐 죽게 했다."

6) F. Mußner, M. Hengel, W. Michaelis, Th. Zahn.

7) H. Frankemölle, *Der Brief des Jakobus*, 54, 745.

야고보서의 실제 저자는 우리에게 알려지지 않은 익명의 그리스도인이다. 그가 남긴 문서는 팔레스타인계 유대 그리스도교의 산물이 아니라, 헬레니즘계 유대 그리스도교의 산물로 보아야 한다. 그런데 저자는 왜 "야고보"라는 이름을 선택했을까? 이 점에 대해서는 이 서신의 수신인을 가리키는 "흩어져 있는 열두 지파"1:1를 고려할 수 있다. 옛 야곱이 열두 지파의 시조이듯이, 야고보는 열두 지파가 상징하는 종말론적인 하나님 백성을 대표하는 권위자로 통하기 때문이다계 7:4-8.8) 다른 한편 이 서신의 중심 신학 모티브인 "믿음과 행함의 관계"에서 본다면, 저자는 바울과 그의 신학에 이의를 제기하는 입장을 취하고 있으며 이러한 자신의 입장을 표현하기 위해 바울과 거리를 유지했던 야고보의 권위에 의지하려 했을 것으로 짐작할 수 있다.9)

이 문서가 언급하는 "믿음"의 개념은 바울이 사용한 믿음의 개념과 다르다. 바울은 자신의 몸을 온전히 하나님께 바치는 인격적인 개념으로 믿음을 이해했고, 그렇기 때문에 믿음과 행함이 대립한다고 생각하지 않았다. 반면 야고보는 믿음이 하나님에 대한 이론적인 지식에 그치는 것이라고 생각한다.

2. 수신자

이 서신의 수신자는 "흩어져 있는 열두 지파"이다1:1. 이는 팔레스타인 본토 밖에서 흩어져 살아가는 전체 그리스도인을 가리킨다. 수신자인 교회들에는 사회적인 긴장 관계가 있던 것으로 보인다. 서신에는 환난에 빠진 고아와 과부1:27, 부자와 가난한 자에 대한 차별2:1 이하, 시기와 다툼과 싸움의 문제가 전제되어 있다3:13 이하, 4:1 이하.

---

8) J. Roloff, *Einführung in das NT*, 224.

9) H. Conzelmann/A. Lindemann, *Arbeitsbuch zum NT*, 2004, 410.

3. 생성 연대와 저작 장소

야고보서의 저자 표기를 두고 그 진정성을 여전히 옹호하는 사람들은 이 서신이 주후 50년대 중반에서 60년경 사이에 기록되었을 것으로 여기지만, 대다수 학자는 야고보서를 익명의 저자의 작품으로 간주한다. 80년대에 생성된 마태복음과 가까운 내용과 전승을 담고 있다는 점을 고려해서 대체로 1세기 말경 사이에 헬레니즘적 유대 신앙 공동체에서 기록되었을 것으로 추측한다.[10]

생성 장소를 짐작하게 하는 증거가 너무 빈약하여 이를 둘러싼 의견이 분분하다 예루살렘 F. Mussner; 시리아 J. Roloff, H.M. Schenke; K.M. Fischer; 안디옥 Chr. Burchard; 알렉산드리아 F. Schnider; 이집트 H. Paulsen. 우도 슈넬레는 알렉산드리아를 제안한다. 야고보서에 언급된 바다 풍경 "요동치는 바다 물결" 1:6; "바다의 생물"과 "짠 물" 3:7, 12; "작은 키로 운행하는 배" 3:4 이나 동방 항구 도시에서 이루어지는 국제 무역에 대한 암시 4:13가 그것을 뒷받침한다고 말한다.[11]

4. 기록 목적

바울이 제기한 믿음과 행위의 반대 명제는 제의적 행위에 국한되지 않고 윤리적 행위까지 확장되었고, 그 결과 유대 그리스도교에 대한 왜곡된 상이 확산되었다. 야고보서에 의하면 윤리적 행위가 없는 믿음은 죽은 믿음일 뿐이다 2:14-26. 바울의 입장이 유대 그리스도교에 대한 표상을 왜곡했다고 느낀 저자는 "유대 그리스도교에 대한 변증"[12]의 목적에서 야고보서를 기록한 것으로 보인다. 슈넬레U. Schnelle는, 야고보를 바울 이후 시대에 위기에 처한 유대 그리스도교의 정체성을 새롭게 정의하려는 목적에서 기록된 문서로 이해한다.

---

10) Ebner/Schreiber 70-80/85년 사이; W. G. Kümmel, J. Roloff 100년경; U. Schnelle 1세기 말경; Pokorny/Heckel 1세기 4/4분기; Chr. Burchard 1세기 마지막 수십 년.

11) U. Schnelle, *Einleitung*, 434.

12) G. Theissen, *Entstehung des NT*, 176.

5. 문학적 특징

1:1에 편지의 시작을 알리는 안부 인사가 나오나, 끝부분에는 마감어가 없다. 통상 편지에서 기대되는 개인과 관련된 어떤 소식이나 이름을 전혀 언급하지 않는다. 문서 전체는 그리스도인들의 실생활을 위한 권면의 말로 가득하다. 따라서 내용상 야고보서는 일종의 잠언집 또는 지혜문학과 유사하다. 그래서 양식비평학자로 유명한 디벨리우스M. Dibelius는 문서 안에 사고 발전의 구조가 나타나지 않는 점을 지적하면서, 야고보서를 여러 말씀이 수집된 완벽한 교훈서Paränese로 여겼으며, 이러한 종류의 책은 신약성경 가운데 야고보서가 유일하다고 말했다.13) 이미 루터M. Luther는 야고보서에 대한 머리말1522에서 이 문서에 대해 "그토록 무질서하게 나열된" 잠언집이라고 했다. 그렇지만 초기 그리스도교의 예배에 사도의 편지들이 널리 읽혔기 때문에, 저자는 의도적으로 편지 형식을 사용하여 자신의 문서가 교회 안에서 알려지도록 했던 것으로 보인다.

6. 단락 나누기

I.	1:1	서두 인사
II.	1:2-18	믿는 자가 겪는 시험과 시련의 위험
III.	1:19-27	말씀 행함의 중요성
IV.	2:1-13	예수에 대한 신앙과 율법
V.	2:14-26	행함과 믿음을 통한 칭의
VI.	3:1-18	혀의 힘과 지혜의 본질
VII.	4:1-12	세상과 벗함을 경고함
VIII.	4:13-5:6	부의 위험을 경고함
IX.	5:7-20	종말론적인 권면

---

13) M. Dibelius, *Geschichte der urchristlichen Literatur*, München, 1990, 146.

7. 중심 내용

서두 인사는 이 문서가 갖추고 있는 유일한 편지 양식이다.

(1:1) 하나님과 주 예수 그리스도의 종 야고보는 흩어져 있는 열두 지파에게 문안하노라

저자는 3인칭을 사용해서 발신자와 수신자 표시, 인사를 한 문장으로 표현하는 헬레니즘 시대의 편지 양식을 따른다. 이어서 모두 여덟 개의 단락으로 연결된 본문이 전개된다.14) **첫째 단락** 1:2-18은 믿는 자가 겪게 되는 시련과 유혹에 대하여 말한다.

(1:2) 내 형제들아 너희가 여러 가지 시험을 당하거든 온전히 기쁘게 여기라 (1:12-18) 12 시험을 참는 자는 복이 있나니 이는 시련을 견디어 낸 자가 주께서 자기를 사랑하는 자들에게 약속하신 생명의 면류관을 얻을 것이기 때문이라 13 사람이 시험을 받을 때에 내가 하나님께 시험을 받는다 하지 말지니 하나님은 악에게 시험을 받지도 아니하시고 친히 아무도 시험하지 아니하시느니라 14 오직 각 사람이 시험을 받는 것은 자기 욕심에 끌려 미혹됨이니 15 욕심이 잉태한즉 죄를 낳고 죄가 장성한즉 사망을 낳느니라 16 내 사랑하는 형제들아 속지마라 17 온갖 좋은 은사와 선물이 다 위로부터 빛들의 아버지께로부터 내려오나니 그는 변함도 없으시고 회전하는 그림자도 없으시니라 18 그가 그 피조물 중에 우리로 한 첫 열매가 되게 하시려고 자기의 뜻을 따라 진리의 말씀으로 우리를 낳으셨느니라

시험은 자신의 욕심에서 비롯된 것이며, 모든 선의 근원이신 하나님께 자신을 위탁하라고 권면한다. 1:12-18에는 하나님과 인간 사이의 관계에 대한 저자의 성찰이 담겨 있다. 저자의 인간 이해는 창조신학과 종말론을 배경으로 한다. 그것은 바울의 입장보다는 하나님 나라를 행위 원리로 삼은 예수님의 종말론적 윤리와 비교할 수 있다. 저자는 그리스도인의

---

14) 근자에 들어와 야고보서를 섬세한 단락 나누기를 갖추었고 신학적으로도 성찰된 문서로 여기는 경향이 있다 H. Frankemölle; Chr. Burchard.

존재와 행위를 하나님의 존재와 행위에서 비롯된 것으로 이해한다. 즉 본래적 행위자는 하나님이고, 하나님이 인간의 실존과 행위를 가능하게 하신다는 사고를 보여준다.

둘째 단락^{1:19-27}에서 저자는 말씀을 듣는 데 그치지 않고 행하는 것이 얼마나 중요한가를 강조한다.

> (1:19-27) ¹⁹ 내 사랑하는 형제들아 너희가 알지니 사람마다 듣기는 속히 하고 말하기는 더디 하며 성내기도 더디 하라 ²⁰ 사람이 성내는 것이 하나님의 의를 이루지 못함이라 ²¹ 그러므로 모든 더러운 것과 넘치는 악을 내버리고 너희 영혼을 능히 구원할 바 마음에 심어진 말씀을 온유함으로 받으라 ²² 너희는 말씀을 행하는 자가 되고 듣기만 하여 자신을 속이는 자가 되지 말라 ²³ 누구든지 말씀을 듣고 행하지 아니하면 그는 거울로 자기의 생긴 얼굴을 보는 사람과 같아서 ²⁴ 제 자신을 보고 가서 그 모습이 어떠한 것을 곧 잊어버리거니와 ²⁵ 자유롭게 하는 온전한 율법을 들여다보고 있는 자는 듣고 잊어버리는 자가 아니요 실천하는 자니 이 사람은 그 행하는 일에 복을 받으리라 ²⁶ 누구든지 스스로 경건하다 생각하며 자기 혀를 재갈 물리지 아니하고 자기 마음을 속이면 이 사람의 경건은 헛것이라 ²⁷ 하나님 아버지 앞에서 정결하고 더러움이 없는 경건은 곧 고아와 과부를 그 환난 중에 돌보고 또 자기를 지켜 세속에 물들지 아니하는 그것이니라

야고보서의 전체 내용을 한마디로 요약하는 22절은 말씀을 행하는 것이 중요함을 강조하며, 또한 그에 걸맞게 26-27절에서 진실한 경건과 거짓 경건을 구분한다. 25절의 "자유롭게 하는 온전한 율법"은 예수 전승에서 언급된 그리스도교적 율법으로 이해할 수 있다^{예컨대, 마 7:12; 9:13; 12:7; 22:23}.

이어서 3가지 주제가 등장한다. 첫 번째로, '교회 안의 빈부 문제'를 다룬다^{2:1-13}. 누가가 가난한 자에 대한 관심을 드러낸다면, 오히려 야고보서는 부자에 대한 적대감에 관한 주제를 더욱 중요하게 여긴다.

> (2:1-5) ¹ 내 형제들아 영광의 주 곧 우리 주 예수 그리스도에 대한 믿음을 너희가 가졌으니 사람을 차별하여 대하지 말라 ² 만일 너희 회당에 금 가락지를

끼고 아름다운 옷을 입은 사람이 들어오고 또 남루한 옷을 입은 가난한 사람이 들어올 때에 ³ 너희가 아름다운 옷을 입은 자를 눈여겨 보고 말하되 여기 좋은 자리에 앉으소서 하고 또 가난한 자에게 말하되 너는 거기 서 있든지 내 발등상 아래에 앉으라 하면 ⁴ 너희끼리 서로 차별하며 악한 생각으로 판단하는 자가 되는 것이 아니냐 ⁵ 내 사랑하는 형제들아 들을지어다 하나님이 세상에서 가난한 자를 택하사 믿음에 부요하게 하시고 또 자기를 사랑하는 자들에게 약속하신 나라를 상속으로 받게 하지 아니하셨느냐

저자는 가난한 자와 부자의 모습을 묘사하면서 교회 안에서 그들을 차별하여 대우하지 말라 권면한다.

두 번째로, 야고보서의 핵심 주제인 '믿음과 행함의 문제'가 등장한다. 여기에 믿음의 본질에 대한 근본적인 성찰이 나온다.

(2:14-26) ¹⁴ 내 형제들아 만일 사람이 믿음이 있노라 하고 행함이 없으면 무슨 유익이 있으리요 그 믿음이 능히 자기를 구원하겠느냐 ¹⁵ 만일 형제나 자매가 헐벗고 일용할 양식이 없는데 ¹⁶ 너희 중에 누구든지 그에게 이르되 평안히 가라, 덥게 하라, 배부르게 하라 하며 그 몸에 쓸 것을 주지 아니하면 무슨 유익이 있으리요 ¹⁷ 이와 같이 행함이 없는 믿음은 그 자체가 죽은 것이라 ¹⁸ 어떤 사람은 말하기를 너는 믿음이 있고 나는 행함이 있으니 행함이 없는 네 믿음을 내게 보이라 나는 행함으로 내 믿음을 네게 보이리라 하리라 ¹⁹ 네가 하나님은 한 분이신 줄을 믿느냐 잘하는도다 귀신들도 믿고 떠느니라 ²⁰ 아아 허탄한 사람아 행함이 없는 믿음이 헛것인 줄을 알고자 하느냐 ²¹ 우리 조상 아브라함이 그 아들 이삭을 제단에 바칠 때에 행함으로 의롭다 하심을 받은 것이 아니냐 ²² 네가 보거니와 믿음이 그의 행함과 함께 일하고 행함으로 믿음이 온전하게 되었느니라 ²³ 이에 성경에 이른 바 아브라함이 하나님을 믿으니 이것을 의로 여기셨다는 말씀이 이루어졌고 그는 하나님의 벗이라 칭함을 받았나니 ²⁴ 이로 보건대 사람이 행함으로 의롭다 하심을 받고 믿음으로만은 아니니라 ²⁵ 또 이와 같이 기생 라합이 사자들을 접대하여 다른 길로 나가게 할 때에 행함으로 의롭다 하심을 받은 것이 아니냐 ²⁶ 영혼 없는 몸이 죽은 것 같이 행함이 없는 믿음은 죽은 것이니라

행함이 없는 믿음이 구원을 가져올 수 있는지에 관한 질문14절과 귀신들

도 믿음을 가질 수 있다는 진술[19절]로 미루어, 저자는 '믿음'을 인격적인 개념으로 받아들이지 않고 이론적인 이해 정도로 여긴다는 사실을 알 수 있다. 24절의 "사람이 행함으로 의롭다 하심을 받고 믿음으로만은 아니니라"는 진술은 로마서의 구절을 연상하게 한다(롬 3:28, "그러므로 사람이 의롭다 하심을 얻는 것은 율법의 행위에 있지 않고 믿음으로 되는 줄 우리가 인정하노라"). 또한 아브라함 이야기를 믿음과 행함의 병행을 강조하는 예로 든 것도 로마서 4장을 연상하게 한다[참조. 갈 3:6]. 여기에서 바울은 아브라함의 이야기를 예로 들어 믿음을 통해 의롭게 하시는 하나님의 칭의를 말한다. 이러한 이유에서 루터는 야고보서를 바울과 대립하는 서신으로 간주하여 "지푸라기 문서"라고 평가절하했다. 그러나 이 서신의 저자는 율법의 행함을 요구하지 않고 율법을 사랑의 계명으로 이해한다. 따라서 저자는 바울과 논쟁을 벌인다기보다, 오히려 왜곡된 바울 이해와 싸운다. 바울 자신도 왜곡된 자신의 입장과 싸웠다(롬 6:1-2, "은혜를 더하게 하려고 죄에 거하겠느냐 그럴 수 없느니라"). 믿음과 행함을 대립하는 것으로 여기지 않는 바울은 하나님께 자신을 온전히 바치는 순종의 차원을 포함하는 개념으로 믿음을 이해했다.

마지막 세 번째로, 저자는 이미 1:26에서 혀를 다스리지 않는 위험에 대해 말했는데 이 주제를 3:1-12에서 다시 받아 혀로 짓는 죄에 대해 경고한다.

그런 다음 3:13-18에서 참된 지혜가 무엇인지를 설명한다.

(3:13-18) [13] 너희 중에 지혜와 총명이 있는 자가 누구냐 그는 선행으로 말미암아 지혜의 온유함으로 그 행함을 보일지니라 [14] 그러나 너희 마음속에 독한 시기와 다툼이 있으면 자랑하지 말라 진리를 거슬러 거짓말하지 말라 [15] 이러한 지혜는 위로부터 내려온 것이 아니요 땅 위의 것이요 정욕의 것이요 귀신의 것이니 [16] 시기와 다툼이 있는 곳에는 혼란과 모든 악한 일이 있음이라 [17] 오직 위로부터 난 지혜는 첫째 성결하고 다음에 화평하고 관용하고 양순하며 긍휼과 선한 열매가 가득하고 편견과 거짓이 없나니 [18] 화평하게 하는 자들은 화평

으로 심어 의의 열매를 거두느니라

17절에서 저자는 "땅 위의 지혜"15절와 대립하는 "위로부터 난 지혜"17절, 즉 하나님이 주시는 지혜의 가장 중요한 속성들을 열거한다. 그리스도인들의 태도와 행위 가운데 드러나는 이 속성들은, 그리스도인이 참된 지혜를 통해 얼마나 온전해졌는가를 나타내는 지표가 된다.

4:1-12에서는 세상과 벗함으로써 하나님과 원수 되는 것을 경고한다. 긍정적으로 말하면, 하나님께 복종하고4:7, 마음을 깨끗이 하면4:8, 마귀가 대적하는 자들로부터 달아나리라4:7고 한다. 이어서 저자는 부의 위험을 경고한 다음4:13-5:6, 종말론적인 권면으로 마감한다5:7-20.

XVIII

베드로전서

...

· **특징**: 베드로전서는 편지 형태를 이용하여 소아시아 전역에 흩어져 살면서 핍박과 고난에 처한 교인들에게 위로와 권면의 말을 전하고 그들을 격려할 목적에서 기록된 위로와 권면의 문서이다.

· **핵심 메시지**: 세상 가운데 이방인이며 나그네로 존재하면서 고난과 시험에 처한 교인들에게 예수 그리스도에 대한 복음, 즉 그의 죽음과 부활과 재림을 상기시키고, 인내로써 신앙을 굳세게 지킬 것을 권면하며, 또한 신실한 청지기의 삶을 살 것을 요청한다.

이 서신의 중심 주제는, 예수 그리스도의 부활로 마련된 구원의 확실성을 근거로 그리스도인의 거듭난 실존을 상기시키면서 언제나 세상과 부딪히며 고난의 삶을 살 수밖에 없는 그리스도인들을 위로하고 소망을 잃지 말라고 권면하는 데 있다. '이방 세계에 살면서 멸시 천대를 받을 수밖에 없는 그리스도인들의 실존의 문제'를 염두에 두고 기록된 문서이다. 베드로전서는 이러한 주제를 본격적으로 다룬 신약의 유일한 문서이다. 베드로전서가 말하는 고난은 이방 세계 그리스도인의 삶에서 나오는 불가피한 산물이라기보다, 기독교적 실존을 규정하는 본질적 구성 요소이다. 예수 그리스도처럼 그리스도인은 고난을 통해 영광에 갈 수 있음을 말한다1:11; 4:13; 5:1. 고난받는 예수 그리스도와 고난받는 그리스도인 사이의 연대성이 베드로전서 신학의 토대를 이룬다.1) 3세기 전반 오리게네스는 베드로전서를 정경적 권위를 가진 문서Homologumena에 포함했으나, 무라토리 정경2세기 말경에는 빠졌다.

1. 저자

이 서신은 실바누스실루아노가 베드로의 권위를 빌어 기록한 것으로 나타난다(5:12, "내가 신실한 형제로 아는 실루아노로 말미암아 너희에게 간단히 써서 권하고 이것이 하나님의 참된 은혜임을 증언하노니 너희는 이 은혜에 굳게 서라"). 동시에 1:1에는 "예수 그리스도의 사도 베드로"가 이 서신의 저자로 명시되어 있다. 이러한 이유에서 고대 교회는 사도 베드로를 이 서신의 저자로 여겼다.

그럼에도 불구하고 현대의 대다수 학자들은 베드로가 저자일 가능성을 배제하면서 이 문서를 **익명의 그리스도인의 작품**으로 여긴다. 서신의 발신인 표기 외에는 어떠한 내용에서도 사도 베드로를 암시하는 흔적을 찾을 수 없고, 또한 셈어의 흔적이 없고 고급 '코이네 그리스어'로 기록되었으며, 또한 칠십인경에서 유래한 구약성경을 인용하는 사실 등으로 보아 갈릴리 출신 어부 베드로를 저자로 보기 어렵다는 것이다.

게다가 저자는 자신을 "사도"1:1 라고 하며, 또한 "함께 장로 된 자"συμ-πρεσβύτερος, 5:1라고 하는데, 열두 제자단 성원이며 예수 부활의 첫 번째 증인이 스스로를 후대 교회의 칭호인 장로로 부르는 것은 납득하기 어렵다.2) 또한 5:12-13은 실루아노와 마가를 언급하는데, 이들은 베드로보다는

---

1) U. Schnelle, *Einleitung*, 459.

2) 베드로의 이름을 빌려 기록된 여러 외경이 전해 내려온다베드로복음, 베드로행전, 빌립에게 보내는

바울의 주변 인물이다. 칭의, 율법, 믿음과 행위와 같은 바울신학의 핵심 개념들이 베드로전서에 나타나지는 않으나 저자는 바울신학의 영향을 받은 사람으로 보인다[1:2, 11-12; 3:18; 4:6, 14]. 그러므로 베드로전서는 초기 교회의 상이한 흐름을 대표하는 베드로와 바울이 순교한 뒤 이 두 흐름을 통합하려는 경향을 가진 문서라고 말할 수 있다.[3)]

2. 수신자

수신자는 "흩어진", 즉 디아스포라에서 살고 있는 "나그네"로 나타난다[1:1]. 이들은 유대인들이 아니라 이방 세계에서 소수민으로 살아가는 그리스도인들을 가리킨다[2:11, "거류민과 나그네 같은"]. 1:1에 언급된 지역["본도, 갈라디아, 갑바도기아, 아시아, 비두니아"]은 소아시아에 속한 로마 지방명이다. 따라서 이 서신은 어느 특정한 지역 교회가 아니라, 소아시아에 있는 전체 그리스도인을 수신자로 생각한다. 당시 소아시아 지역은 수많은 백성이 서로 동화되어 살아가는 헬레니즘의 시대의 전형적인 지역으로서 시대 조류에 개방적인 로마제국의 한 중심지였다.

3. 생성 연대와 저작 장소

베드로전서는 그리스도교가 이방 세계에 널리 퍼져 나가 그리스도인과 이방 세계 사이의 긴장이 고조된 시기에 기록되었다. 하나님을 반대하는 세상 세력[즉 로마]을 상징하는 "바벨론"에 대한 언급[5:13]이 나오는 것을 보아 성전이 멸망한 주후 70년 이후에 기록되었을 것이다. 120년경 생성된 폴리캅서신[1:3[벧전 1:8]; 2:1[벧전 1:13, 21]; 8:1-2[벧전 2:21-24]; 10:2[벧전 5:5]]이 베드로전서를 인

베드로서신, 베드로계시록.

3) Pokorny/Heckel, *Einleitung in das NT*, 703. 포웰은 베드로전서를 가리켜 "베드로의 관점을 표현한 문서"로 보며, 또 베드로 신학은 전반적으로 "주류 기독교의 믿음을 표현"한 문서로 여긴다(515-516).

용하고,4) 또한 베드로후서3:1가 전서를 언급하는 사실로 미루어 베드로전서는 1세기 말경 이전에 생성된 것으로 보인다.

1:1의 수신자 정보는 소아시아 전역에 기독교가 널리 확산된 것을 전제한다. 제도화된 장로연합체가 이미 결성된 것 5:1-5 도 비교적 후대를 암시한다. 또한 4:15-16에 나오는 고난을 고려하면, 아마도 '황제숭배'5) 거부 때문에 그리스도인에 대한 박해가 있었던 도미티아누스 황제 통치 초기인 90년경에 로마나 소아시아에서 기록되었을 것으로 추정된다.6)

4. 단락 나누기

I.	1:1-2	서두 인사
II.	1:3-12	소망에 대한 감사의 말
III.	1:13-2:10	종말론적인 하나님의 백성으로 부름 받은 거듭난 자의 새로운 실존
IV.	2:11-4:11	고난 가운데 나그네로 거하는 그리스도인의 삶을 위한 다양한 권면
V.	4:12-5:11	현재의 구체적인 상황과 관련된 권면 (예수 그리스도의 고난에 동참하는 그리스도인의 고난)
VI.	5:12-14	마감어

5. 중심 내용

이 서신은 다음과 같은 인사말로 시작한다.

---

4) 에우세비우스가 그것을 증언한다. "현존하는 폴리캅이 빌립보 교인들에게 보낸 서신에서 그는 베드로전서의 증인들을 인용하였다"Hist. Eccl. IV,14,9.

5) 헬레니즘 시대의 황제숭배 Kaiserkult: 살아있거나 이미 죽은 로마 황제에게 제물을 바치고 또 그들의 형상에 기도했으나, 그들을 '신'deus 으로 섬긴 것은 아니지만 신-왕Gottkönig 의 형태로 신격화divius 했다.

6) 이와 같이 J. Roloff, *Einführung in das NT*, 216; U. Schnelle 90년경; R. E. Brown 70-90년 사이; N. Brox 70-100년; I. Broer 1세기에서 2세기로 넘어가는 과도기; F. Hahn 95/96년이나 그 직전; R. Feldmeier 81-90년; Pokorny/Heckel 1세기 말.

(1:1-2) ¹ 예수 그리스도의 사도 베드로는 본도, 갈라디아, 갑바도기아, 아시아와 비두니아에 흩어진 나그네 ² 곧 하나님 아버지의 미리 아심을 따라 성령이 거룩하게 하심으로 순종하고 예수 그리스도의 피 뿌림을 얻기 위하여 택하심을 받은 자들에게 편지하노니 은혜와 평강이 너희에게 더욱 많을지어다

이 서두는 본문 전체를 이해하는 데 중요하다. 저자는 수신자 교인들을 가리켜 택함을 받은 '나그네'로 묘사한다참조. 1:17; 2:11, 바로 여기에 이 세상을 그리스도인의 고향으로 보지 않는 저자의 시각이 잘 나타난다. 그리스도인의 실존을 낯선 이방 지역에 흩어져 살고 있는 실존으로 본 것이다.

이어 감사의 말1:3-12을 하면서, 여러 시험과 근심 걱정에도 불구하고 그리스도인을 산 소망을 통해 거듭나게 하신 하나님을 찬양한다.

(1:3-4) ³ 우리 주 예수 그리스도의 아버지 하나님을 찬송하리로다 그의 많으신 긍휼대로 예수 그리스도를 죽은 자 가운데서 부활하게 하심으로 말미암아 우리를 거듭나게 하사 산 소망이 있게 하시며 ⁴ 썩지 않고 더럽지 않고 쇠하지 아니하는 유업을 잇게 하시나니 곧 너희를 위하여 하늘에 간직하신 것이라

이어서 세 개의 본론이 전개된다.

첫 번째 본론1:13-2:10은 거듭난 자의 새로운 삶에 관한 권면이다. 먼저 순종과 성화에 대해 권면한다.

(1:13-21) ¹³ 그러므로 너희 마음의 허리를 동이고 근신하여 예수 그리스도께서 나타나실 때에 너희에게 가져다 주실 은혜를 온전히 바랄지어다 ¹⁴ 너희가 순종하는 자식처럼 전에 알지 못할 때에 따르던 너희 사욕을 본받지 말고 ¹⁵ 오직 너희를 부르신 거룩한 이처럼 너희도 모든 행실에 거룩한 자가 되라 ¹⁶ 기록되었으되 내가 거룩하니 너희도 거룩할지어다 하셨느니라 ¹⁷ 외모로 보시지 않고 각 사람의 행위대로 심판하시는 이를 너희가 아버지라 부른즉 너희가 나그네로 있을 때를 두려움으로 지내라 ¹⁸ 너희가 알거니와 너희 조상이 물려 준 헛된 행실에서 대속함을 받은 것은 은이나 금 같이 없어질 것으로 된 것이 아니요 ¹⁹ 오직 흠 없고 점 없는 어린 양 같은 그리스도의 보배로운 피로 된 것이니라 ²⁰ 그는 창세 전부터 미리 알린 바 되신 이나 이 말세에 너희를 위하여

나타내신 바 되었으니 ²¹ 너희는 그를 죽은 자 가운데서 살리시고 영광을 주신 하나님을 그리스도로 말미암아 믿는 자니 너희 믿음과 소망이 하나님께 있게 하셨느니라

특히 18-21절은 그리스도의 피로 이루어진 죄 많은 행실에서의 대속함을 강조한다. 여기에는 이사야 53장이 아니라 대속의 모티브와 연결된 유월절 어린 양 전승이 전제되어 있다. 그런 다음 형제를 사랑하라는 권면이 나온다.

(1:22-25) ²² 너희가 진리를 순종함으로 너희 영혼을 깨끗하게 하여 거짓이 없이 형제를 사랑하기에 이르렀으니 마음으로 뜨겁게 서로 사랑하라 ²³ 너희가 거듭난 것은 썩어질 씨로 된 것이 아니요 썩지 아니할 씨로 된 것이니 살아 있고 항상 있는 하나님의 말씀으로 되었느니라 ²⁴ 그러므로 모든 육체는 풀과 같고 그 모든 영광은 풀의 꽃과 같으니 풀은 마르고 꽃은 떨어지되 ²⁵ 오직 주의 말씀은 세세토록 있도다 하였으니 너희에게 전한 복음이 곧 이 말씀이니라

이러한 권면의 내용을 담은 명령법 표현에 이어 기독론적이며 교회론적인 성격을 띤 직설법 문장들이 나온다. 이것은 앞 단락의 명령법 표현들이 진실임을 입증한다.

(2:1-10) ¹ 그러므로 모든 악독과 모든 기만과 외식과 시기와 모든 비방하는 말을 버리고 ² 갓난 아기들 같이 순전하고 신령한 젖을 사모하라 이는 그로 말미암아 너희로 구원에 이르도록 자라게 하려 함이라 ³ 너희가 주의 인자하심을 맛보았으면 그리하라 ⁴ 사람에게는 버린 바가 되었으나 하나님께는 택하심을 입은 보배로운 산 돌이신 예수께 나아가 ⁵ 너희도 산 돌 같이 신령한 집으로 세워지고 예수 그리스도로 말미암아 하나님이 기쁘게 받으실 신령한 제사를 드릴 거룩한 제사장이 될지니라 ⁶ 성경에 기록되었으되 보라 내가 택한 보배로운 모퉁잇돌을 시온에 두노니 그를 믿는 자는 부끄러움을 당하지 아니하리라 하였으니 ⁷ 그러므로 믿는 너희에게는 보배이나 믿지 아니하는 자에게는 건축자들이 버린 그 돌이 모퉁이의 머릿돌이 되고 ⁸ 또한 부딪치는 돌과 걸려 넘어지게 하는 바위가 되었다 하였느니라 그들이 말씀을 순종하지 아니하므로 넘어지나니 이는 그들을 이렇게 정하신 것이라 ⁹ 그러나 너희는 택하신 족속이요

왕 같은 제사장들이요 거룩한 나라요 그의 소유가 된 백성이니 이는 너희를 어두운 데서 불러 내어 그의 기이한 빛에 들어가게 하신 이의 아름다운 덕을 선포하게 하려 하심이라 ¹⁰ 너희가 전에는 백성이 아니더니 이제는 하나님의 백성이요 전에는 긍휼을 얻지 못하였더니 이제는 긍휼을 얻은 자니라

하나님이 택하신 "살아 있는 돌"⁴ᵉ인 그리스도는 믿는 사람들에게는 "보배"이나 믿지 않는 사람들에게는 버림받은 "모퉁이의 머릿돌"과 "걸려 넘어지게 하는 바위"에 비유된다⁷⁻⁸ᵉ. 또한 이스라엘에게 적용되었던 영예의 칭호가 이방인이 다수인 수신자 교회의 특징으로 나온다. "택하심을 받은 족속", "왕과 같은 제사장", "거룩한 백성" 등⁹ᵉ·참조·출 19:5-6; 계 1:6. "백성"/"족속"ᵉ́θνος은 본래 비유대인을 뜻했으나, 여기서는 이방 그리스도인을 가리킨다²:¹²; ⁴:³. 다른 사람들과의 관계에서 그리스도인들은 유대 디아스포라의 표상에 따라 "나그네" 혹은 "이방인"παρεπίδημος 1:1; 2:11; πάροικος 2:11으로 불린다. 이런 칭호가 드러내는 세상과의 간격은, 사람들이 교회의 일원이 된 결과에서 비롯된 것이다.

두 번째 본론²:¹¹⁻⁴:¹¹에는 더욱 구체적인 권면의 말씀들이 나열된다. 이 방인 가운데 거하는 그리스도인의 실존²:¹¹⁻¹²을 거론한 다음, 그리스도인의 삶이 어떠해야 하는지를 구체적으로 진술하기 시작한다. 먼저 그리스도인들이 왕과 총독과 같은 **상부 질서**에 순종하라고 권면한다²:¹³⁻¹⁷. 여기에 언급된 동사 "순종하다"ὑποτάσσεσθαι는 초기 그리스도교 윤리의 전통어로서 당시 사회 규범에 따른 것이다. 하지만 베드로전서 안에서 이 동사는 그리스도인의 태도를 결정짓는 특징으로 사용되었다.

계속하여 **노예들은 주인들에게** 순종하라는 권면이 이어진다²:¹⁸⁻²⁰. 여기서 주제는 노예 해방이 아니라, 당시 사회 현상으로서의 노예의 운명에 있다. 불의함을 가장 잘 드러내는 경우로 노예 운명을 바라보면서 정의롭지 못한 고난에 초점을 맞춘다. 베드로전서의 경우 "고난"은 피할 수 있는 성질의 것이 아니라, 그리스도인이라면 누구나 일상에서 접할 수밖에 없

는 운명적인 것임을 뜻한다. 그리스도의 본을 따른 그리스도인의 고난의 운명은 이사야 53장의 인용문을 통해 보다 확실하게 드러난다2:21-25.

> (2:21-25) ²¹ 이를 위하여 너희가 부르심을 받았으니 그리스도도 너희를 위하여 고난을 받으사 너희에게 본을 끼쳐 그 자취를 따라오게 하려 하셨느니라 ²² 그는 죄를 범하지 아니하시고 그 입에 거짓도 없으시며 ²³ 욕을 당하시되 맞대어 욕하지 아니하시고 고난을 당하시되 위협하지 아니하시고 오직 공의로 심판하시는 이에게 부탁하시며 ²⁴ 친히 나무에 달려 그 몸으로 우리 죄를 담당하셨으니 이는 우리로 죄에 대하여 죽고 의에 대하여 살게 하려 하심이라 그가 채찍에 맞음으로 너희는 나음을 얻었나니 ²⁵ 너희가 전에는 양과 같이 길을 잃었더니 이제는 너희 영혼의 목자와 감독 되신 이에게 돌아왔느니라

이 단락은 '고난받는 하나님의 종'에 대한 이사야의 진술을 비교적 상세하게 수용하여 예수님의 고난에 적용한 신약성경의 유일한 본문이다. 하지만 구약성경을 직접 인용하는 대신 개별적 요소들이 예수 수난에 대한 진술과 연결된다. 특히 24절 전반에 이사야 53:12의 '죄 담당의 모티브'가 나온다.7)

이어서 신앙을 가진 **아내와 남편의 관계**에 대해 권면한다3:1-7. 여기에는 당시 사회의 가부장적 사고방식이 엿보이나참조, 3:6 남성은 여성의 "주인", 이 권면은 형제+자매 상호 간의 사랑을 말하는 구절1:22; 3:8과 함께 읽을 필요가 있다. 끝으로 **전체 교회를 향한 세 종류의 권면**으로 지금까지의 내용을 요약한다.

> (3:8-12) ⁸ 마지막으로 말하노니 너희가 다 마음을 같이하여 동정하며 형제를 사랑하며 불쌍히 여기며 겸손하며 ⁹ 악을 악으로, 욕을 욕으로 갚지 말고 도리어 복을 빌라 이를 위하여 너희가 부르심을 받았으니 이는 복을 이어받게 하려 하심이라 ¹⁰ 그러므로 생명을 사랑하고 좋은 날 보기를 원하는 자는 혀를 금하여 악한 말을 그치며 그 입술로 거짓을 말하지 말고 ¹¹ 악에서 떠나 선을 행하고 화평을 구하며 그것을 따르라 ¹² 주의 눈은 의인을 향하시고 그의 귀는 의인

---

7) F. Hahn, 『신약성서신학 I』, 478.

의 간구에 기울이시되 주의 얼굴은 악행하는 자들을 대하시느니라 하였느니라

8절은 먼저 그리스도인이 가져야 할 사회적 태도를 위한 덕목록이고, 9절은 산상설교를 떠올리는 특정 태도에 대한 요청이며, 또한 10-12절은 시편 34:13-17의 인용을 통한 권면이다.

이어서 고난 중의 소망이란 주제에 대해 더욱 강도 높게 진술한다. 이방 세계에 거하는 그리스도의 삶이란 늘 새로운 연단의 삶이란 것을 상기시키면서 고난받을 준비를 하라는 다음 단락의 주제를 예비한다. 온갖 고난에도 불구하고 그리스도인으로서의 책임에 충실할 것을 권면한다 3:13-17. 그리스도인의 이러한 태도는 소망의 근거 되는 무죄한 그리스도의 죽음과 그의 부활에 근거한다는 설명이 뒤따른다 3:18-22.

(3:18) ^{18} 그리스도께서도 단번에 죄를 위하여 죽으사 의인으로서 불의한 자를 대신하셨으니 이는 우리를 하나님 앞으로 인도하려 하심이라 육체로는 죽임을 당하시고 영으로는 살리심을 받으셨으니

이어서 그리스도를 모범으로 하는 그리스도인은 죄 된 옛 삶과 완전히 절연할 것을 권면한다 4:1-6. 마지막으로 만물의 마지막이 가까웠음을 강조하면서 하나님의 은혜를 맡은 선한 청지기의 삶을 살라는 말로 두 번째 본론을 요약한다.

(4:7-11) ^{7} 만물의 마지막이 가까이 왔으니 그러므로 너희는 정신을 차리고 근신하여 기도하라 ^{8} 무엇보다도 뜨겁게 서로 사랑할지니 사랑은 허다한 죄를 덮느니라 ^{9} 서로 대접하기를 원망 없이 하고 ^{10} 각각 은사를 받은 대로 하나님의 여러 가지 은혜를 맡은 선한 청지기 같이 서로 봉사하라 ^{11} 만일 누가 말하려면 하나님의 말씀을 하는 것 같이 하고 누가 봉사하려면 하나님이 공급하시는 힘으로 하는 것 같이 하라 이는 범사에 예수 그리스도로 말미암아 하나님이 영광을 받으시게 하려 함이니 그에게 영광과 권능이 세세에 무궁하도록 있느니라 아멘

세 번째 본론⁴:¹²⁻⁵:¹¹은 앞서 언급한 내용을 현재의 구체적인 상황에 적용하는 것이다. 교회가 현재 닥친 불 시험을 잘 견딜 것과, 범죄자로서가 아니라 그리스도인으로서 고난에 참여하는 것을 영예로 여기라고 권면한다⁴:¹²⁻¹⁹.

(4:12-19) ¹² 사랑하는 자들아 너희를 연단하려고 오는 불 시험을 이상한 일 당하는 것 같이 이상히 여기지 말고 ¹³ 오히려 너희가 그리스도의 고난에 참여하는 것으로 즐거워하라 이는 그의 영광을 나타내실 때에 너희로 즐거워하고 기뻐하게 하려 함이라 ¹⁴ 너희가 그리스도의 이름으로 치욕을 당하면 복 있는 자로다 영광의 영 곧 하나님의 영이 너희 위에 계심이라 ¹⁵ 너희 중에 누구든지 살인이나 도둑질이나 악행이나 남의 일을 간섭하는 자로 고난을 받지 말려니와 ¹⁶ 만일 그리스도인으로 고난을 받으면 부끄러워하지 말고 도리어 그 이름으로 하나님께 영광을 돌리라 ¹⁷ 하나님의 집에서 심판을 시작할 때가 되었나니 만일 우리에게 먼저 하면 하나님의 복음을 순종하지 아니하는 자들의 그 마지막은 어떠하며 ¹⁸ 또 의인이 겨우 구원을 받으면 경건하지 아니한 자와 죄인은 어디에 서리요 ¹⁹ 그러므로 하나님의 뜻대로 고난을 받는 자들은 또한 선을 행하는 가운데에 그 영혼을 미쁘신 창조주께 의탁할지어다

이어서 "함께 장로 된 자요 그리스도의 고난의 증인"⁵:¹인 저자는 장로들에게 하나님의 뜻에 합당하게 직분을 수행할 것을 권면하며⁵:¹⁻⁴, 끝으로 젊은이들은 장로들에게 순종할 것을 권면한다⁵:⁵. 온 세상에 날뛰는 대적 마귀가 그리스도인들을 박해하는 현실에서도 교인들은 염려를 주께 맡기고 깨어 굳건한 믿음 가운데 마귀에게 대항할 것을 권면한다⁵:⁶⁻⁹. 4:11과 유사하게 아멘으로 끝나는 축도가 뒤따른다⁵:¹⁻¹¹. 이어서 서신의 마감어가 나온다⁵:¹²⁻¹⁴.

6. 바울신학과의 유사성

베드로전서의 수신자 교회들은 서신의 명칭과 달리 사도 베드로의 전승보다는 오히려 바울의 전승에 더 긴밀하게 연결되어 있다.⁸⁾ 베드로와

관련한 사적인 요소나 그의 특징적인 가르침이 서신 어디에도 나타나지 않고, 이 서신이 표방하는 신학^{기독론, 구원론, 세례 이해 및 윤리}은 상당히 바울적인 특징을 나타내기 때문이다. 예를 들면, 제2바울서신을 포함하여 바울의 문서에서 자주 나타나는 "그리스도 안에서"^{ἐν Χριστῷ, 164회} 또는 "은사"^{χάρισμα,} ^{15회}라는 바울 특유의 표현은 베드로전서 이외에는⁹⁾ 신약성경 어디에서도 나타나지 않는다.

그렇다면 이 서신이 어떻게 바울이 아니라 베드로의 이름으로 기록되었는가 하는 질문이 생긴다. 이에 대해 롤로프는 흥미로운 대답을 한다. 1세기 말경 바울의 가르침이 주변적인 가르침으로 밀리고 왜소하게 여겨지게 되었는데, 이런 경향에 맞서기 위해 의심의 여지 없이 전체 교회를 대표하는 베드로의 이름을 빌려 기록함으로써 바울의 교훈을 정당한 신학적 유산으로 온 교회에 선포하고자 했으리라는 것이다.¹⁰⁾

7. 베드로전서의 영향사

그리스도인을 '나그네'로 부른 베드로전서의 모티브는 그리스도인의 자기 이해에 커다란 영향을 끼쳐 왔다. '나그네 모티브'는 17세기 영국 작가 존 번연^{John Bunyan, 1628-1688}의 『천로역정^{天路歷程}』과 같은 기독교 문학 작품을 비롯하여 찬양문이나 기도문 가운데 널리 수용되었으며, 또한 그것은 이 세상에 안주하려는 교회의 태도를 비판하는 범주로도 자주 사용되어 왔다. 이미 어거스틴은 이런 의미에서 "하나님의 왕국"^{Civitas Dei}의 본질을 '페레그리나티오'^{peregrinatio}, 즉 '타향살이'로 정의하기도 했다. 또한 독일 나치 시대에 순교한 본훼퍼^{Dietrich Bonhoeffer, 1906-1945}는 제자도^{Nachfolge}의 본질과 과제를 그들의 '낯섦' 혹은 '다름'으로 규정했다.

---

8) 그러나 바울신학 일부만 나온다. 예컨대 율법 문제나 십자가 등의 주제는 다루지 않는다.

9) ἐν Χριστῷ는 벧전 3:16; 5:10^{참조,} 5:14b에, χάρισμα는 벧전 4:10에 나타난다.

10) J. Roloff, *Einführung in das NT*, 217.

XIX

유다서

...

· **특징:** 편지의 인사말로 시작하여 영광송으로 끝나는 유다서는 사도 시대를 회상하는 제3세대 그리스도인의 시각에서 이단을 반박하는 문서이다. 여기에는 고대 유대교의 다양한 전승이 담겨 있다.

· **핵심 메시지:** 신앙을 위협하는 거짓 교사들에 대항하면서, 사도들이 전해 준 "성도에게 단번에 주신 믿음"(3절)을 위해 싸울 것을 권면한다.

1. 저자에 대하여

이 서신의 저자는 자신을 "예수 그리스도의 종이요 야고보의 형제 유다"라고 소개한다^{1절}. 예수님을 팔아넘긴 가룟 유다 외에 "야고보의 (아들) 유다"^{눅 6:16}가 있으나, 이들을 저자로 간주하기 어렵다. 마가복음 6:3^{마 13:55}에 따르면 야고보와 유다는 예수님의 형제이다. 그렇다면 이 서신은 예수님의 형제 유다에 의해 기록되었음을 주장하려 한다. 그러나 학자들은 예수님의 형제이며 예루살렘 초기 교회의 지도자였던 유다가 이 서신을 기록한 것으로는 보기 어렵다고 한다. 이 서신이 훌륭한 그리스어로 기록되었을 뿐 아니라 특히 서신의 저자가 사도 시대를 이미 지나가 버린 시간으로 회상하기 때문이다(17절, "사랑하는 자들아 너희는 우리 주 예수 그리스도의 사도들이 미리 한 말을 기억하라"). 따라서 우리에게 전혀 알려지지 않은 그리스어를 말하는 **익명의 유대 그리스도인**이 기록했을 것으로 판단된다. 구약의 외경에 속하는 <제1에녹서>에 대한 언급[14절]이 나오는 것도 이를 뒷받침한다. "유다"라는 가명이 붙었음에도 불구하고 본문 가운데 그를 연상시키는 내용이 전혀 나타나지 않는다. 한마디로 제3세대 그리스도인의 상황을 반영하는 문서라고 여겨진다.

2. 수신자

거짓된 가르침을 가지고 교회 안으로 "가만히 들어온 사람 몇"[4절]이 있다고 말하는 것으로 보아, 이 서신의 저자는 어떤 구체적인 상황을 전제로 하고 있는 것처럼 보인다. 그러나 서신은 그 상황과 관련된 어떤 구체적인 정보도 담고 있지 않다. 그래서 유다서는 구체적인 상황에 대한 서신이라기보다 거짓된 가르침으로 인해 위기에 처한 전체 교회를 위한 문서라는 인상을 준다. 1:1("하나님 아버지 안에서 사랑을 얻고 예수 그리스도를 위하여 보호하심을 받은 부름 받은 자들에게")에 의거하여 전체 그리스도인이 이 문서의 수신자에 해당한다.

3. 생성 연대

생성 연대를 정확히 말하기 어렵다. 대략 1세기에서 2세기로 넘어갈 무렵, 이른바 '속사도 시대'=사도 이후 시대에 기록되었을 것이다. 유다서가 베드로후서의 대본으로 사용되었다는 사실과, 주후 80-120년 사이에 많은 위서들이 생겨났다는 사실도 이를 뒷받침한다. 다른 한편 본문 가운데 비정경적 유대 묵시문학Assumtio Mosis; äthHen[에녹서]이 사용되었다는 사실을 고

려하면, 너무 후대로 잡을 수도 없다. 따라서 주후 100년경에 생성된 것으로 추정할 수 있다.[1]

4. 단락 나누기

I.	1-2	서두 인사
II.	3-4	(주제와 동기): 사도적 신앙 수호와 거짓 교사에 대한 저항
III.	5-6	(본론): 거짓 가르침의 위험에 대한 경고
IV.	17-23	사도의 말씀에 대한 기억과 권면
V.	24-25	영광송

5. 중심 내용

인사말[1-2절]에 이어 3-4절에 서신의 **주제와 기록 동기**를 언급한다.

(3-4) [3] 사랑하는 자들아 우리가 일반으로 받은 구원에 관하여 내가 너희에게 편지하려는 생각이 간절하던 차에 성도에게 단번에 주신 믿음의 도를 위하여 힘써 싸우라는 편지로 너희를 권하여야 할 필요를 느꼈노니 [4] 이는 가만히 들어온 사람 몇이 있음이라 그들은 옛적부터 이 판결을 받기로 미리 기록된 자니 경건하지 아니하여 우리 하나님의 은혜를 도리어 방탕한 것으로 바꾸고 홀로 하나이신 주재 곧 우리 주 예수 그리스도를 부인하는 자니라

저자는 교회에 들어온 거짓 교사에 대항하는 싸움에서 수신자들에게 힘을 실어준다. 저자는 대적자들을 하나님의 은혜를 왜곡하여 방탕한 삶을 살며 주 예수 그리스도를 부인하는 자로 묘사한다. 거짓 교사는 바울의 칭의론을 근거로 반율법적이고, 이른바 영적인 기독교적 자유함을 표방한 사람들로 보인다. 따라서 저자는 야고보를 의지하면서 거짓 가르침

---

1) J. Roloff [100년 직전]; E. Lohse [2세기 초]; U. Schnelle [80-100년 사이]; Pokorny/Heckel [100년경].

을 비판한다. 이어 본론5-16절에서 저자는 거짓 교사가 당할 심판의 예를 든다.

(5-16) ⁵ 너희가 본래 모든 사실을 알고 있으나 내가 너희로 다시 생각나게 하고자 하노라 주께서 백성을 애굽에서 구원하여 내시고 후에 믿지 아니하는 자들을 멸하셨으며 ⁶ 또 자기 지위를 지키지 아니하고 자기 처소를 떠난 천사들을 큰 날의 심판까지 영원한 결박으로 흑암에 가두셨으며 ⁷ 소돔과 고모라와 그 이웃 도시들도 그들과 같은 행동으로 음란하며 다른 육체를 따라 가다가 영원한 불의 형벌을 받음으로 거울이 되었느니라 ⁸ 그러한데 꿈꾸는 이 사람들도 그와 같이 육체를 더럽히며 권위를 업신여기며 영광을 비방하는도다 ⁹ 천사장 미가엘이 모세의 시체에 관하여 마귀와 다투어 변론할 때에 감히 비방하는 판결을 내리지 못하고 다만 말하되 주께서 너를 꾸짖으시기를 원하노라 하였거늘 ¹⁰ 이 사람들은 무엇이든지 그 알지 못하는 것을 비방하는도다 또 그들은 이성 없는 짐승 같이 본능으로 아는 그것으로 멸망하느니라 ¹¹ 화 있을진저 이 사람들이여, 가인의 길에 행하였으며 삯을 위하여 발람의 어그러진 길로 몰려 갔으며 고라의 패역을 따라 멸망을 받았도다 ¹² 그들은 기탄 없이 너희와 함께 먹으니 너희의 애찬에 암초요 자기 몸만 기르는 목자요 바람에 불려가는 물 없는 구름이요 죽고 또 죽어 뿌리까지 뽑힌 열매 없는 가을 나무요 ¹³ 자기 수치의 거품을 뿜는 바다의 거친 물결이요 영원히 예비된 캄캄한 흑암으로 돌아 갈 유리하는 별들이라 ¹⁴ 아담의 칠대 손 에녹이 이 사람들에 대하여도 예언하여 이르되 보라 주께서 그 수만의 거룩한 자와 함께 임하셨나니 ¹⁵ 이는 뭇 사람을 심판하사 모든 경건하지 않은 자가 경건하지 않게 행한 모든 경건하지 않은 일과 또 경건하지 않은 죄인들이 주를 거슬러 한 모든 완악한 말로 말미암아 그들을 정죄하려 하심이라 하였느니라 ¹⁶ 이 사람들은 원망하는 자며 불만을 토하는 자며 그 정욕대로 행하는 자라 그 입으로 자랑하는 말을 하며 이익을 위하여 아첨하느니라

5절에서 저자는 수신자들에게 기억을 되살릴 것을 요청하는데, 이는 구약성경또는 외경에 나오는 내용이다. 하나님을 믿지 않는 이스라엘을 광야에서 벌주셨으며, 반란을 일으킨 천사들을 심판했으며, 음란한 소돔과 고모라를 불로 벌했다는 전승을 언급하여 독자들에게 경고한다. 저자는

이러한 인용을 현재를 위한 예언으로 사용한다. 이 같은 점은 14절에 잘 나타난다. 이로써 저자는 불신앙과 불순종은 하나님의 벌을 초래하기 마련이라는 점을 말한다. 이어서 거짓 교사들'8절 '환상 가운데 꿈꾸는 자들'을 구약의 악명 높은 죄인들최초 살인자 가인; 이스라엘을 저주한 발람; 모세와 아론의 권위에 대적하여 반란을 주도한 고라과 비교한 다음에 "사도들이 미리 한 말을 기억하라"고 권면하고 17-19절, 또한 믿는 자들을 위하여 권면한다20-23절. 구약성경의 말씀과 사도의 말씀을 병행시키는 것이 독특하다.

> (17-23) 17 사랑하는 자들아 너희는 우리 주 예수 그리스도의 사도들이 미리 한 말을 기억하라 18 그들이 너희에게 말하기를 마지막 때에 자기의 경건하지 않은 정욕대로 행하며 조롱하는 자들이 있으리라 하였나니 19 이 사람들은 분열을 일으키는 자며 육에 속한 자며 성령이 없는 자니라 20 사랑하는 자들아 너희는 너희의 지극히 거룩한 믿음 위에 자신을 세우며 성령으로 기도하며 21 하나님의 사랑 안에서 자신을 지키며 영생에 이르도록 우리 주 예수 그리스도의 긍휼을 기다리라 22 어떤 의심하는 자들을 긍휼히 여기라 23 또 어떤 자를 불에서 끌어내어 구원하라 또 어떤 자를 그 육체로 더럽힌 옷까지도 미워하되 두려움으로 긍휼히 여기라

위의 본문에는 고대 유대교의 다양한 전승과 관련된 진술이 나타난다.[2] 5-7절에서 범죄함과 그에 따른 하나님의 심판을 언급하는데, 이런 예화는 고대 유대교 문서들Sir 16:6-15; CD 2:17-3, 12; 3 Macc 2:4-7; TestNaph 3:4-5에서도 경고의 문맥에 이용되었다. 유다서 저자는 이 예화들을 모형론적으로 거짓 교사에게 적용한다. 또한 6절의 진술은 창세기 6:1-4에 대한 유대적 해석으로, <제1에녹서>10:4-6, 11-13; 12:4-13:1에도 실려 있다. 소돔과 고모라의 운명에 대한 7절의 진술은 <제3마카비서>2:5와 <희년서>16:6; 20:5; 22:22 등에 있다. 또한 9절에서는 신명기 34:6과 관련된 모세에 대한 외경 전승인 <모세승천기>Assumptio Mosis를 이용한다. 14-15절에는 <제1에녹서>1:9의 종말 심판 장면이 인용된다. 비교적 짧은 본문에 이처럼 다양한 유대 전승이 밀

---

2) U. Schnelle, *Einleitung in das NT*, 466.

집되어 나타나는 것은 신약성경 다른 문서에서는 찾아보기 어려운 특이한 현상이다.

마지막 24-25절에는 하나님을 찬양하는 영광송이 나온다.

(24-25) [24] 능히 너희를 보호하사 거침이 없게 하시고 너희로 그 영광 앞에 흠이 없이 기쁨으로 서게 하실 이 [25] 곧 우리 구주 홀로 하나이신 하나님께 우리 주 예수 그리스도로 말미암아 영광과 위엄과 권력과 권세가 영원 전부터 이제와 영원토록 있을지어다 아멘

XX

베드로후서

...

· **특징**: 신약성경 중 가장 늦게 생성된 베드로후서는 사도적 신앙을 변호
하면서 거짓 교사들과 논쟁을 벌이는 문서이다.

· **핵심 메시지**: 거짓 교사들에 대항해서 그리스도의 재림과 종말 심판에
대한 약속을 변증한다.

거짓 교훈을 경고하는 내용이 상당 부분 나오나[2장], 베드로후서의 주
관심은 오히려 예수 재림의 대망과 관련된 종말론에 있으며[3:1-13], 예수님
의 재림이 도래하지 않았다고 조롱하는 자들에 맞서 재림 소망을 확고하
게 붙들게 하려는 데에 있다. 또한 베드로후서는 사도 베드로와 바울이
교회적 규범이 되는 구원 선포의 전달자이며 보증인이란 점을 나타낸다.
슈툴마허는 베드로후서를 "사도 바울의 유언 형태를 띤[참조. 벧후 1:13-15] 회람
문서"라고 한다.[1] 케제만은 베드로후서의 신학에 대해 다음과 같이 요약
했다.

---

1) P. Stuhlmacher, *Biblische Theologie* II, 106.

"사도의 개념이 변했다. 복음의 사자가 전승의 보증인이 되었고, 부활의 증인이 거룩한 역사historia sacra의 증인이 되었고, 종말론적 하나님 사역의 전달자가 구원 기관의 토대가 되었고, 핍박받은 자가 안녕을 가져오는 자가 되었다. 베드로후서는 "초기 공교회주의"Frühkatholizismus를 가장 분명하게 나타낸다."2)

그러나 오토 크노흐O. Knoch, 1990년 주석서는 이러한 입장에 반대한다. 그는 베드로후서가 교회 직분의 권위를 강조하는 것이 아니라, 사도적 전통의 권위를 강조하면서 합법적인 그리스도교 전통을 교회 안에 보존하려는 문서로 이해한다.

1. 저자

이 서신의 저자는 자신을 시몬 베드로로 표방한다(1:1, "예수 그리스도의 종이며 사도인 시몬 베드로는 우리 하나님과 구주 예수 그리스도의 의를 힘입어 동일하게 보배로운 믿음을 우리와 함께 받은 자들에게 편지하노니"). 또한 자신의 서신은 두 번째 베드로 서신이라고 밝힌다(3:1, "사랑하는 자들아 내가 이제 이 둘째 편지를 너희에게 쓰노니 이 두 편지로 너희의 진실한 마음을 일깨워 생각나게 하여"). 게다가 변화산 위의 장면을 연상시키고 1:16-21, 하늘로부터 나는 소리를 인용함으로써(1:17, "지극히 큰 영광 중에서 이러한 소리가 그에게 나기를 이는 내 사랑하는 아들이요 내 기뻐하는 자라 하실 때에 그가 하나님 아버지께 존귀와 영광을 받으셨느니라" 참조, 마 17:5), 이 서신이 베드로의 작품임을 납득시키려 한다. 그럼에도 불구하고 대다수 학자는 다음과 같은 이유에서 이 서신이 사도 베드로의 작품일 가능성이 없다고 말한다.

---

2) E. Käsemann, "Eine Apologie der urchristlichen Eschatologie", *Exegetische Versuche und Besinnungen* I, Göttingen, ⁶1970, 141. "초기 공교회주의"는 3세기 전에 나타난 현상으로서, 교회의 감독을 정점으로 하는 위계질서와 교회 직분을 강조함으로써 형성된 그리스도교의 제도화를 가리킨다.

① 1:16에서 베드로가 예수 그리스도를 직접 목격한 증인이라고 나오나, 이 서신의 상당 부분이 문학적으로 유다서에 의존하고 있다. 이 문서를 실제 베드로가 썼다면, 그것은 이상한 일이다.

② 베드로전서와 의도적으로 관련을 지으나^{참조, 벧후 1:1; 3:1}, 두 문서는 문체나 내용 면에서 너무 다르다.

③ 사도 시대를 회고한다. 3:4에서 숨진 조상들의 시대가 언급되는데, 바로 베드로 자신이 그 시대에 속한 사람이다("이르되 주께서 강림하신다는 약속이 어디 있느냐 조상들이 잔 후로부터 만물이 처음 창조될 때와 같이 그냥 있다 하니").

④ 2세기 무렵 베드로의 이름을 딴 다양한 외경이 생성되었다는 사실도 고려할 필요가 있다^{참조, 베드로복음, 베드로행전, 빌립에게 보내는 베드로서신, 베드로게시록}.

⑤ 1:20-21; 3:15-16에서 성경해석의 올바른 기준이 확립되는 후대의 시기가 암시된다.

⑥ 저자는 구약의 여러 모티브를 자유롭게 이용할 줄 알며, 엄격한 윤리관을 가진 헬레니즘 유대교 출신의 학식이 높은 그리스도인이다.

베드로라는 이름을 저자로 선택한 이유는 특히 그리스도 재림의 모형으로서 예수의 변모 사건^{1:16-18}이 이 문서 전체에서 중요한 위상을 차지하기 때문으로 볼 수 있다^{Ebner/Schreiber}. 베드로의 권위를 빌어 저자는 자신의 시대에 교회가 직면한 문제를 해결하려 했다. 저자는 높은 교양을 갖춘 헬레니즘적 유대 그리스도인으로 보인다^{U. Schnelle}.

2. 수신자

수신자에 대한 정보가 전혀 나타나지 않으나, 1:1에 근거하여("예수 그리스도의 종이며 사도인 시몬 베드로는 우리 하나님과 구주 예수 그리스도의 의를 힘입어 동일하게 보배로운 믿음을 우리와 함께 받은 자들에게 편지하노니"), 믿음을 공유하고 있는 그리스도인 전체를 향한 문서로 간주된다 1:1. 좀 더 좁혀 말하자면, 베드로전서를 뒤이은 서신이라는 표현이 나오므로 3:1, "이 둘째 편지를" 베드로전서의 경우처럼 소아시아 전체 교회를 향해 기록된 문서로 이해할 수 있다.

3. 생성 연대와 저작 장소

베드로후서의 생성 연대를 정확히 말할 수 없다. 하지만 베드로전서를 전제하고 있으며 유다서를 상당 부분 참조했고, 바울의 편지들을 하나로 엮은 바울서신집을 전제하는 3:15-16 것으로 미루어, 이 문서가 1세기말 이전에 기록되었을 가능성이 적다. 주후 135년경에 이집트에서 기록되었을 것으로 추정하는 <베드로묵시록>이 베드로후서를 전제한다고 보는 학자도 있다.3) 이처럼 2세기에 베드로의 이름으로 된 다양한 문학 작품들이 나타난다는 사실에서 베드로후서가 비교적 늦은 시기에 기록되었을 것이라는 추측이 설득력을 얻는다. 이러한 이유에서 학자들은 베드로후서를 신약성경 가운데 가장 늦게 기록된 문서로 여기면서, 대략 110-150년 사이에 기록되었을 것으로 추정한다.4) 예컨대 롤로프는 이 서신을 "의심의 여지 없이 가장 늦게 생성된 신약문서"로 파악하여 125-130년경에 기록되었을 것으로 여긴다.5)

베드로후서의 생성 장소로 로마, 소아시아, 알렉산드리아 등이 거론되나 분명히 말하기 어렵다. 이 서신이 정경에 포함되기까지 고대 교회에서 많은 논란이 있었다. 오리게네스 3세기는 베드로후서가 많은 공격을 받은 문서 중의 하나라고 하였는데, 이 진술이 에우세비우스의 『교회사』에 인

---

3) U. Schnelle, *Einleitung in das NT*, 471.

4) U. Schnelle 110년경; Conzelmann/Lindemann 120-130년; R. E. Brown 130년 전후; N. Perrin/D. Duling 140년경; G. Bornkamm, O. Cullmann, W. Marxsen 2세기 중엽; F. Hahn 2세기의 일사분기; Pokorny/Heckel 110-130년경; Ebner/Schreiber 120년경.

5) J. Roloff, *Einführung in das NT*, 222.

용되었다.

> (제6권 25,8) 그가(베드로가) 남겼다는 두 번째 서신에 대해서는 약간의 논란
> 이 있다.
> (제3권 25,3) 베드로후서, 요한이서와 요한삼서에 대해서는 그것들이 참으로
> 그 복음서 저자의 저작인지 아니면 동일한 이름을 가진 다른 사람의 저작인지
> 에 대한 논란이 있다.

4. 베드로후서와 유다서의 관계

베드로후서는 제목과 달리 베드로전서와는 거의 공통점이 없고 오히려
유다서와 많은 점을 공유한다.[6] 유다서에 언급된 거짓 가르침의 위험에
대한 경고를 상당 부분 수용했다[벧후 2:1-3:9]. 특히 2:1-22은 유다서 4-13절의
내용과 상당 부분 일치한다. 베드로후서의 내용이 유다서의 내용과 유사
한 부분을 도표로 정리하면 다음과 같다.[7]

벧후		유다	벧후		유다	벧후		유다	벧후		유다
2:1-3	=	4	2:10	=	7-8	2:13	=	12	2:18	=	16
2:4	=	6	2:11	=	9	2:15	=	11	3:2	=	17
2:6	=	7	2:12	=	10	2:17	=	12-13	3:3	=	18

베드로후서는 유다서에 언급된 사건들이 일어난 순서를 교정한다. 즉
유다서 5-7절이 언급하는 하나님으로부터 심판을 받는 세 가지 경우[믿지
않는 광야의 백성 심판[5절], 타락한 천사 심판[6절], 소돔과 고모라[7절]와 관련해서, 베드로후서는
광야 백성 심판 사건을 빼고 그 대신에 노아 홍수 사건[2:5]을 천사 타락[2:4]과
소돔과 고모라 사건[2:6] 사이에 놓음으로써 사건 발생의 순서를 바로잡는

---

6) 히에로니무스 Hieronymus 은 이미 베드로전서와 후서 사이의 차이를 느꼈는데, 이는 두 명
의 베드로의 비서가 작업한 결과라고 생각했다 ep. 120,11.

7) Pokorny/Heckel, *Einleitung in das NT*, 714.

다. 따라서 유다서가 베드로후서를 참조한 것이 아니라 그 반대라는 사실이 분명하다. 이런 이유에서 대다수 학자는 베드로후서는 유다서의 내용을 전적으로 수용하면서 이를 새로운 상황에 맞게 수정하며 심화시킨 내용을 담은 문서로 이해한다.

5. 단락 나누기

I.	1:1-2	서두
II.	1:3-11	(도입부): 그리스도인들을 부르심
III.	1:12-21	기독교적 소망의 토대
IV.	2:1-22	적대자들에 대한 경고
V.	3:1-13	재림 대망을 변증
VI.	3:14-18	마지막 권면과 영광송

6. 중심 내용

이 서신의 중심 주제는 1:12-15에 나타난다.

(1:12-15) [12] 그러므로 너희가 이것을 알고 이미 있는 진리에 서 있으나 내가 항상 너희에게 생각나게 하려 하노라 [13] 내가 이 장막에 있을 동안에 너희를 일깨워 생각나게 함이 옳은 줄로 여기노니 [14] 이는 우리 주 예수 그리스도께서 내게 지시하신 것 같이 나도 나의 장막을 벗어날 것이 임박한 줄을 앎이라 [15] 내가 힘써 너희로 하여금 내가 떠난 후에라도 어느 때나 이런 것을 생각나게 하려 하노라

여기서 저자는 자신의 서신을 일종의 유언으로 생각하는데, "생각나게 하다" ὑπομιμνῄσκειν 동사를 반복하여 사용함으로써 이를 강조한다. 1:20과 3:1-2에서도 유사한 표현이 나온다.

(3:1-2) ¹ 사랑하는 자들아 내가 이제 이 둘째 편지를 너희에게 쓰노니 이 두 편지로 너희의 진실한 마음을 일깨워 생각나게 하여 ² 곧 거룩한 선지자들이 예언한 말씀과 주 되신 구주께서 너희의 사도들로 말미암아 명하신 것을 기억하게 하려 하노라

이로써 저자는 사도들이 전해준 전승, 특히 예수 그리스도의 재림과 하나님의 심판에 대한 사도적 전승을 기억하라고 독자들에게 당부한다.

2:1-12에서 저자는 거짓 교사들과 논쟁을 벌인다. 구약 시대에 거짓 선지자들이 이스라엘 민족 가운데 나타났듯이 오늘날도 거짓 교사들이 교회에 나타나 그릇된 가르침을 퍼뜨릴 것이라고 말한다.

(2:1-3) ¹ 그러나 백성 가운데 또한 거짓 선지자들이 일어났었나니 이와 같이 너희 중에도 거짓 선생들이 있으리라 그들은 멸망하게 할 이단을 가만히 끌어들여 자기들을 사신 주를 부인하고 임박한 멸망을 스스로 취하는 자들이라 ² 여럿이 그들의 호색하는 것을 따르리니 이로 말미암아 진리의 도가 비방을 받을 것이요 ³ 그들이 탐심으로써 지어낸 말을 가지고 너희로 이득을 삼으니 그들의 심판은 옛적부터 지체하지 아니하며 그들의 멸망은 잠들지 아니하느니라

구약성경에 나오는 예에 따라 하나님의 심판이 거짓 교사들에게 내릴 것이라고 말한다.

(2:4-10) ⁴ 하나님이 범죄한 천사들을 용서하지 아니하시고 지옥에 던져 어두운 구덩이에 두어 심판 때까지 지키게 하셨으며 ⁵ 옛 세상을 용서하지 아니하시고 오직 의를 전파하는 노아와 그 일곱 식구를 보존하시고 경건하지 아니한 자들의 세상에 홍수를 내리셨으며 ⁶ 소돔과 고모라 성을 멸망하기로 정하여 재가 되게 하사 후세에 경건하지 아니할 자들에게 본을 삼으셨으며 ⁷ 무법한 자들의 음란한 행실로 말미암아 고통 당하는 의로운 롯을 건지셨으니 ⁸ (이는 이 의인이 그들 중에 거하여 날마다 저 불법한 행실을 보고 들음으로 그 의로운 심령이 상함이라) ⁹ 주께서 경건한 자는 시험에서 건지실 줄 아시고 불의한 자는 형벌 아래에 두어 심판 날까지 지키시며 ¹⁰ 특별히 육체를 따라 더러운 정욕 가운데서 행하며 주관하는 이를 멸시하는 자들에게는 형벌할 줄 아시느니라

이어서 저자는 3:1-3에서 예수의 재림을 의심하는 적대자들의 조롱에 대항해서 예수 그리스도의 재림이 반드시 오리라는 점을 강조한다.

(3:3-12) ³ 먼저 이것을 알지니 말세에 조롱하는 자들이 와서 자기의 정욕을 따라 행하며 조롱하여 ⁴ 이르되 주께서 강림하신다는 약속이 어디 있느냐 조상들이 잔 후로부터 만물이 처음 창조될 때와 같이 그냥 있다 하니 ⁵ 이는 하늘이 옛적부터 있는 것과 땅이 물에서 나와 물로 성립된 것도 하나님의 말씀으로 된 것을 그들이 일부러 잊으려 함이로다 ⁶ 이로 말미암아 그 때에 세상은 물이 넘침으로 멸망하였으되 ⁷ 이제 하늘과 땅은 그 동일한 말씀으로 불사르기 위하여 보호하신 바 되어 경건하지 아니한 사람들의 심판과 멸망의 날까지 보존하여 두신 것이니라 ⁸ 사랑하는 자들아 주께는 하루가 천 년 같고 천 년이 하루 같다는 이 한 가지를 잊지 말라 ⁹ 주의 약속은 어떤 이들이 더디다고 생각하는 것 같이 더딘 것이 아니라 오직 주께서는 너희를 대하여 오래 참으사 아무도 멸망하지 아니하고 다 회개하기에 이르기를 원하시느니라 ¹⁰ 그러나 주의 날이 도둑 같이 오리니 그 날에는 하늘이 큰 소리로 떠나가고 물질이 뜨거운 불에 풀어지고 땅과 그 중에 있는 모든 일이 드러나리로다 ¹¹ 이 모든 것이 이렇게 풀어지리니 너희가 어떠한 사람이 되어야 마땅하냐 거룩한 행실과 경건함으로 ¹² 하나님의 날이 임하기를 바라보고 간절히 사모하라 그 날에 하늘이 불에 타서 풀어지고 물질이 뜨거운 불에 녹아지려니와 ¹³ 우리는 그의 약속대로 의가 있는 곳인 새 하늘과 새 땅을 바라보도다

저자는 네 가지 논증을 펴는 가운데 미래에의 소망을 변증한다. 첫째, 이미 노아 시대에 멸망이 있었다⁶절. 둘째, 하나님의 시간 계산은 인간의 것과 다르다⁸절. 셋째, 재림의 약속이 지연되는 것은 회개의 기회를 주기 위함이다⁹절. 넷째, 재림과 심판의 날은 아무도 모르게 올 것이다¹⁰절. 이어지는 부분에서 저자는 마지막 권면을 한다.

(3:14-16) ¹⁴ 그러므로 사랑하는 자들아 너희가 이것을 바라보나니 주 앞에서 점도 없고 흠도 없이 평강 가운데서 나타나기를 힘쓰라 ¹⁵ 또 우리 주의 오래 참으심이 구원이 될 줄로 여기라 우리가 사랑하는 형제 바울도 그 받은 지혜대로 너희에게 이같이 썼고 ¹⁶ 또 그 모든 편지에도 이런 일에 관하여 말하였으되 그 중에 알기 어려운 것이 더러 있으니 무식한 자들과 굳세지 못한 자들

이 다른 성경과 같이 그것도 억지로 풀다가 스스로 멸망에 이르느니라 [17] 그러므로 사랑하는 자들아 너희가 이것을 미리 알았은즉 무법한 자들의 미혹에 이끌려 너희가 굳센 데서 떨어질까 삼가라 [18] 오직 우리 주 곧 구주 예수 그리스도의 은혜와 그를 아는 지식에서 자라 가라 영광이 이제와 영원한 날까지 그에게 있을지어다

저자는 자신의 권면이 바울서신에 나타난 종말론 이해와 일치한다고 하면서, 적대자들이 이를 깨닫지 못하며 진실을 왜곡하고 있다고 말한다. 저자는 독자들이 점도 없고 흠도 없는 삶을 살아야 한다고 하면서 또한 주의 오래 참으심 가운데 이루어질 구원에 대한 확신을 가지고 깨어 있으라고 권면한다.

베드로후서에 나타나는 **신학적 문제의 핵심은 예수 재림의 지연**에 있다. 적대자들은 주님의 강림의 약속이 어디 있느냐고 하면서 만물이 처음 창조될 때와 같이 그냥 있다고 조롱하나[3:3-4], 재림이 지연되는 것이 아니고 하나님의 섭리에 따라 반드시 도래하리라고 말한다[3:8-10]. 베드로후서의 저자는 유다서의 저자보다 강도 높게 적대자들과 논쟁을 벌인다. 거짓 가르침을 전하는 자들을 공격할 뿐만 아니라 한 걸음 더 나아가 편지를 읽는 이들이 그들과 결별할 것을 요구한다[3:17].

요한문서

• • •

전통적으로 요한복음, 요한서신, 요한계시록을 합하여 요한문서로 여겨 왔지만 근자에 와서 요한복음과 요한서신 요한일서, 요한이서, 요한삼서 만을 "요한문서" Johannine corpus 라고 부르는 경향이 있다. 복음서와 편지라는 서로 다른 장르의 문서이지만 요한복음과 요한서신은 언어적, 신학적으로 상당이 많은 유사점을 갖고 있어서 같은 계통에 속한 문서로 간주되나, 요한계시록은 이 둘과 많은 차이점이 있기 때문이다. 이미 3세기 알렉산드리아의 감독 디오니시우스 Dionysius, 264년에 사망 는 요한복음과 요한서신이 서로 유사하나 요한계시록과는 차이가 난다는 사실을 지적하면서 요한계시록의 사도성을 부인했다. 예전에는 요한서신을 이른바 "공동서신"에 속하는 것으로 취급했지만, 이제는 요한서신이 오히려 요한복음과 밀접한 관계가 있음이 확실해졌고, 따라서 요한복음과 함께 다루는 것이 일반적이다.

XXI

요한복음

...

> · **특징**: 내용과 구조, 독특한 언어 세계와 신학적 개념에서 공관복음과 확연히 차이를 보이는 요한복음은 하나님의 계시자로서 세상에 오신 예수 그리스도의 모습을 복음서 전체에 걸쳐 강조한다.
>
> · **핵심 메시지**: 하나님의 말씀이신 로고스가 육신을 입고 세상에 오셔서 하나님의 계시자 예수님을 믿는 사람들에게는 구원을, 거부하는 사람들에게는 심판을 선포한다.

'독수리 복음서'로 불려 온 요한복음은 예수를 바라보는 특유의 '신성 그리스도론' 및 진술 방법과 언어의 측면에서 초기 그리스도교 전승 중에서도 고유한 위치를 차지한다. 예수님은 요한복음 전체에 걸쳐 빛과 구원을 세상에 베풀기 위해 오신 신적인 인물로 계시된다. 그래서 케제만^{E.} ^{Käsemann}은 처음부터 끝까지 신적 영광으로 충만한 요한복음의 예수님을 가리켜 "땅 위로 거니시는 하나님"^{über die Erde wandelnder Gott}이라 표현했다.[1]

---

1) 따라서 케제만은, 요한의 기독론은 본래 의도와 달리 결국 예수의 인성을 부인하게 되는 "순진한 가현설"^{naiver Doketismus}로 빠질 위험이 있다고 보았다(E. Käsemann, *Jesu letzter Wille nach Johannes*, Tübingen, 1966).

요한복음(김창선 作, 2023)*

그에 걸맞게 공관복음의 경우 "하나님의 나라"βασιλεία τοῦ θεοῦ가 예수 선포의 중심이지만, 요한복음은 예수 그리스도 자신을 본질적인 내용으로 삼는다.2) 따라서 요한의 '신학'theo- logy은 본질상 기독론Christology에 대한 이해를 뜻하며(10:30, "나와 아버지는 하나이니라"), 요한의 기독론은 구원론을 지향한다(11:25-26, "나는 부활이요 생명이니 나를 믿는 자는 죽어도 살겠고 무릇 살아서 나를 믿는 자는 영원히 죽지 아니하리니"). 요한복음 역시 "상세한 서론을 가진 수난이야기"Martin Kähler, 1835-1912 라는 공관복음적 기본 모델을 따른다고 볼 수 있으나, 예수님의 죽음과 부활이 서술의 기준이 아니라 구원의 계시 사건인 성육신이 기준을 이룬다. 네 복음서 중 가장 늦게 생성된 요한복음은 예수 그리스도 사건을 가장 심오하게 해석한 문서로 통한다.

1. 요한복음과 공관복음과의 차이점

요한복음을 공관복음과 비교해보면 각각 상당히 다른 **내용과 구성**으로 되어 있음이 드러난다. 요한복음은 이른바 "요한서시"Prolog, 1:1-18로 시작된다. 이 서시는 마가복음의 도입부1:1-8와 평행 부분으로 볼 수도 있으나, 그것과는 완전히 다른 내용을 담고 있다. 요한복음은 예수님이 선재자로서 태초부터 하나님과 함께 있었다는 진술로 시작된다.

---

* 요한복음이 강조하는 십자가 사건(좌절과 실패가 아닌 영광과 승리의 순간이며, 하나님께로 올라가는 순간[19:30])

2) R. Bultmann, *Theologie des NT*, Tübingen, 1980, 418: "(요한복음에서) 하나님의 계시자로서 예수는 자신이 계시자라는 사실 외에 다른 아무것도 계시하지 않는다."

또한 요한복음에 나타나는 예수님 공사역 전체에 대한 묘사는 **지리적,
시간적인 측면**에서 공관복음과 확연히 다르다. 공관복음에는 예수는 갈
릴리 사역 후 단 한 번만 예루살렘으로 올라간 것으로 묘사되나, 요한복
음에는 여러 번에 걸쳐 예루살렘에 간 것으로 나타난다[2:13; 5:1; 7:10; 10:22; 10:23;
12:12]. 이에 따라 공관복음에는 예수님의 공사역이 갈릴리 사역과 예루살렘
으로 올라가는 길이라는 두 지역 구분이 확실하나, 요한복음의 경우 예수
님은 이 두 지역 사이에서 수차례 왕래한다.

공관복음은 오직 한 번의 유월절 축제를 언급하나, 요한복음은 **세 번의
서로 다른 유월절**을 언급한다[2:13; 6:4; 12:1. 참조, 18:28].3) 따라서 요한복음에는
예수님 공사역 기간이 3년으로 확장되어 있다. 또한 공관복음은 성전 정
화 사건을 예수님 사역의 마지막 부분에서 언급하는 데 비해 요한복음은
앞부분[2:13-22]에서 언급하는 점이 독특하다. 마가복음에는 성전 정화 사건
의 문맥에서 유래한 성전 비판적인 예수님의 말씀이 예수님을 법정에 고
소하는 직접적인 이유로 나타나는 반면[막 14:58], 요한복음에는 이에 대한
어떠한 언급도 없고, **나사로를 다시 살리신 사건**[11장]에서 적대자들이 예수
님을 살해하려는 이유를 댄다[12:9-10]. 이 사건이 요한복음에는 예수님 공사
역의 절정을 이루지만, 공관복음에서는 이에 대한 언급을 한마디도 찾을
수 없다.

이처럼 요한복음은 지리적, 시간적인 면뿐 아니라 **예수의 선포 내용**에
서도 공관복음과 많은 차이가 있다. 공관복음은 예수 선포의 핵심으로

---

3) "유월절" Pessach, Passafest 은 유대인의 세 순례 절기 중 하나로 "무교병의 절기"로도 불린다.
곧 이스라엘이 하나님의 도우심으로 체험한 출애굽이라는 기적 같은 해방사건을 기념하는 축
제의 절기다[출 12-13장]. 이 축제는 니산월[3-4월] 만월 때부터 시작된다. 유월적 식사는 가족 축제
로 가족 예배가 되며, 식사 참여자는 각자 예배와 관련된 본문을 담은 "하가다"Haggada를 손에
든다. 둘째 축제는 기독교의 성령강림절에 해당하는 "칠칠절"Shawuot, Wochenfest로 유월절 후 7주
또는 50일 뒤에 열린다. 하나님의 시내산 계시를 기념하는 축제이기에[출 19-20장] 모세 오경을
읽는다. 셋째 축제는 "초막절"Sukkot[초막], Laubhüttenfest로서 본래 추수감사절이었다가 훗날 세 순
례 절기에 속하게 되었다. 사람들이 초막에 거하는 것이 초막절의 특징인데, 이것은 출애굽 당
시 초막에 살았던 것을 기념한다.

하나님 나라의 도래를 언급하나, 요한복음에는 계시자로서의 예수 그리스도의 본질과 구원의 의미가 서술의 핵심으로 나타난다. 이는 특히 이른바 "ἐγώ εἰμι"나는 …이다 말씀에서 잘 나타난다. 즉 예수님은 자신을 "생명의 떡"6:35, "세상의 빛"8:12, "구원으로 들어가는 문"10:9, "선한 목자"10:11, "부활이요 생명"11:25, "길이요 진리요 생명"14:6, "참 포도나무"15:1로 부른다. 그러나 이런 종류의 말은 공관복음에는 전혀 나타나지 않는다.

예수의 진술 양식에서도 차이가 있다. 공관복음의 비유나 논쟁 또는 일반적인 진술에 나타나는 예수님의 말씀은 주로 간단명료한 문장들의 조합인 반면, 요한복음의 예수님 말씀은 대체로 계시 언어의 형태를 띠고 있다. 특히 '생명과 죽음', '빛과 어둠', '진리와 거짓', '위와 아래'와 같은 한 쌍의 대립된 개념이 강조된다. 또한 공관복음에 여러 번 나타나는 **악령 축출 이야기**가 요한복음에는 전혀 나타나지 않고 대신 요한 특유의 모습을 갖춘 예수님의 기적에 관한 이야기들이 나온다: 가나의 포도주 기적 이야기2:1-11, 안식일에 마비된 자를 고치는 이야기5장, 눈먼 자를 고치는 이야기9장, 나사로를 다시 살려내는 이야기11장.

예수의 수난 이야기를 전하는 18-20장은 공관복음 전승과 유사한 점이 가장 많다고 할 수 있다. 그러나 여기서도 차이점은 분명히 나타난다. 죽음으로 가는 예수의 길을 고난의 길이 아니라 오히려 영광의 길13:1, 31-32; 17:1; 20:17 또는 왕의 길19:14로 묘사한다.

예수님의 처형 시간과 상황도 서로 다르다. 공관복음에서는 예수님은 제자들과 유월절 식사를 함께 한 다음 날, 즉 니산월 15일금요일에 죽는다. 이와 달리 요한복음에는 예수님이 이미 하루 앞서, 즉 유월절 예비일 오후에 처형되는 것으로 나타난다19:31. 그런데 이 예비일이란 니산월 14일로, '어린 양이 희생되는 날'(참조, 1:29, "보라, 세상 죄를 지고 가는 하나님의 어린 양이로다")을 가리킨다. 뿐만 아니라 공관복음에서 예수님은 제자들이 모두 달아나 아무도 곁에 있지 않았던 외로운 상태에서 죽음을 맞이

하지만, 요한복음에서는 예수의 어머니와 다른 두 여인, 애제자가 십자가 곁에 있었고, 예수님은 이들에게 유언을 남긴다 19:25-27.

요한복음은 공관복음보다 신학적인 해석을 더 폭넓게 반영하면서 역사 속에서 일어났다고 확신하는 사건을 해석한다. 그래서 요한복음에 대한 모범적인 주석서를 집필한 슈낙켄부르크 R. Schnackenburg는 역사적이고 객관적인 전승이 요한의 해석과 너무 섞여 있기 때문에 양자를 서로 분리하기란 사실상 불가능하다고 말한다.4)

2. 요한복음과 공관복음의 관계

이것은 요한복음 저자가 이미 공관복음을 알았고, 자신의 복음서를 기록하면서 그것을 이용했는지, 그렇지 않았는지에 대한 물음이다. 이에 대해서 학자들의 많은 연구가 있었지만 그 관계를 확정하지 못했다. 이는 동시에 요한복음 저자가 복음서 저술의 의도를 어디에 두었는지를 묻는 질문과도 밀접하게 연결되어 있다. 곧 제4복음서 저자가 예수님의 삶과 역사를 보도하는 공관복음에 무엇인가 부족한 점이나 잘못된 점이 있다는 것을 느꼈고, 이를 보충하거나 대체하려는 의도를 갖고 자신의 복음서를 집필했는가 하는 것이다.

에우세비우스의 『교회사』에 2세기의 알렉산드리아의 클레멘스 Clemens of Alexandria가 인용되는데 Hist. Eccl. VI,14,7, 거기서는 클레멘스가 요한복음을 언급하면서 한 장로가 "영적인" 복음서를 기록했다고 한다. 이는 클레멘스가 요한복음을 공관복음을 대체할 같은 종류의 복음이 아니라 공관복음과 조화를 이루는 복음으로 본 것이라고 이해할 수 있다.

요한복음과 공관복음 사이의 문학적인 관계에 대한 논쟁에서 요한복음

---

4) 도드C. H. Dodd는 요한복음의 역사적 가치를 강조했다(*Historical Tradition in the Forth Gospel*, Cambridge, 1963). 던J. D. G. Dunn은 요한복음이 이미 기독교 처음 두 세대 내에 예수 전통이 심하게 가공되었다는 것과 동시에 더 앞선 예수 전통에 잘 뿌리내려 있다는 사실을 보여준다고 인정한다(『예수와 기독교의 기원[상]』, 244).

은 공관복음과 무관하다고 주장하는 가드너-스미스[P. Gardner-Smith]의 입장이 토대를 이룬다.[5] 영국의 저명한 신약학자인 도드[C. H. Dodd] 역시 양자 사이에는 아무런 문학적인 관련이 없다고 주장했다. 1970년대 중반에는 이 점에 대해 학자들이 의견의 일치를 보는 듯했지만 다시 논란의 대상으로 부상했다. 그동안 학계에 많은 논란이 있었는데, 양자의 관계를 네 가지 모델로 정리할 수 있다.[6]

① 요한복음 저자와 후대의 편집층은 공관복음 중 최소한 하나는 알고 있었다[J. Becker]. 개별 전승들 사이의 유사성은 예수 전승의 구전 수용에서 나온 것이다.

② 요한복음 저자는 공관복음을 전제하지는 않으나, 요한 이전 전승 단계에서는 공관복음을 알고 있었다[A. Dauer]. 현존하는 유사성은 요한 이전 단계에서 다양한 전승이 유입된 결과이다.

③ 제4복음서의 최종 편집층은 공관복음을 이용했다[H. Thyen]. 요한복음 21장을 포함하는 요한복음의 마지막 형태를 고려할 때, 공관복음에 종속된 것으로 보지 않을 수 없다.

④ 요한복음 저자[1-20장]는 마가복음이나 누가복음을 알고 있는 상태에서 자신의 복음서를 창조했다[C. K. Barrett; M. Lang]. 그는 복음서라는 새로운 장르를 자신이 전하는 예수 생애의 틀로 삼고 공관복음적 전승을 자신이 직접 혹은 그의 학파가 수용했다.

예전에는 요한복음이 공관복음에 종속되지 않았다는 입장이 지배적이었다. 그러나 최근에는 요한복음의 최종 편집 단계에서 "복음서"란 장르가 사용되었고, 작품 구성이 유사하다는 측면에서 요한이 적어도 하나 또는 두 세 개의 공관복음에 대한 지식을 가졌을 뿐만 아니라, 요한 전승

---

5) P. Gardner-Smith, *Saint John and the Synoptic Gospels*, Cambridge, 1938.

6) U. Schnelle, *Einleitung in das NT*, 507-508.

과 공관복음적 전승 사이에 전승사적인 연관성을 인정해야 한다는 입장이 탄력을 받고 있다. 롤로프는 심지어 독자들도 마가복음에 대한 지식을 갖고 있었다고 하면서, 마가복음을 알고 있었던 요한복음의 저자가 마가복음과 다르게 묘사하려는 의도에서 마가복음을 자료로 사용하는 대신 기존의 전승과 접촉점이 별로 없는 초기 그리스도교 전승을 사용하여 자신만의 예수 이야기를 기술한 것으로 여긴다.[7]

3. 문헌비평적인 질문 및 저자 문제

21:24에 따르면 예수께서 특별히 사랑한 "애제자"가 요한복음을 기록한 것으로 나오고, 그 외에 또 다른 사람들이 제4복음서의 저자로 등장한다("이 일들을 증언하고 이 일들을 기록한 제자가 이 사람이라 우리는 그의 증언이 참된 줄 아노라"). 이어서 25절에는 "예수께서 행하신 일이 이 외에도 많으니 만일 낱낱이 기록된다면 이 세상이라도 이 기록된 책을 두기에 부족할 줄 아노라"는 진술이 나온다. 24절에 갑자기 1인칭 복수 "우리"로 하는 말이 나온다. 그런데 21:20-23에는 이미 애제자가 죽었다는 사실이 암시되어 있다.

또한 20:30-31은 요한복음을 쓴 목적을 이야기한다. "예수께서 제자들 앞에서 이 책에 기록되지 아니한 다른 표적도 많이 행하셨으나 오직 이것을 기록함은 너희로 예수께서 하나님의 아들 그리스도이심을 믿게 하려 함이요 또 너희로 믿고 그 이름을 힘입어 생명을 얻게 하려 함이니라." 이 말씀은 마치 요한복음의 결론처럼 들린다.

이 모든 사항들을 고려하면 21장은 후대에 첨가된 부분으로 간주할 수 있다.[8] 오늘날 대다수 학자는 요한복음의 현재 형태를 요한공동체의 편

---

7) J. Roloff, *Einführung in das NT*, 233.

8) 베트게H.-G. Bethge 는 20장으로 끝나는 요한복음의 마지막 부분에 대한 콥트어 번역이 발견되었다고 보고한다(Pokorny/Heckel, *Einleitung*, 545).

집물로 여긴다.[9] 요한복음의 편집자 그룹"우리"은 애제자를 요한복음의 저자로 내세움으로써[21:24] 이 문서가 실제 목격자에 의해 비롯된 것임을 드러내고자 했다.

애제자는 복음서 이야기의 중요 부분을 서술할 때 등장한다[13:23, 세족식 후 고난 예고 중; 19:26-27, 돌아가시기 직전 십자가 위에서; 20:2, 예수 부활 소식을 전하는 중; 21:7, 20]. 제자들 가운데 그 애제자가 예수님과 특히 가까운 관계에 있었다는 사실을 요한복음은 강조한다(13:23, "예수의 제자 중 하나 곧 그가 사랑하는 자가 예수의 품에 의지하여 누웠는지라"). 또한 베드로를 비롯한 다른 어떤 제자보다도 예수님을 더욱 잘 이해했던 인물임을 드러낸다. 이미 2세기의 사람들은 이 애제자를 세베대의 아들인 요한, 곧 12제자 중 한 명인 요한[막 3:17]으로 이해하고자 했다.[10] 네 번째 복음서가 일찍부터 "요한에 따른 복음"이라고 불렸던 것도 그런 이유에서였다. 그러나 여러 역사적 상황을 고려하면 이 복음서의 저자를 예수 역사의 증인인 요한으로 확정 짓기 어렵다는 것이 오늘날 학계의 정설이다.

헹엘[M. Hengel]은 요한복음의 저자를 요한이서와 요한삼서의 저자로 나오는 "장로 요한"으로 여기면서, 이 장로가 그의 학파에 의해 애제자였던 세베대의 아들 요한과 동일시된 것으로 추정한다.[11] 요한복음 연구의 대가인 슈낙켄부르크[R. Schnackenburg]는 실제 저자는 애제자가 아니고, "헬레니즘적 고등교육을 받은 한 신학자"가 애제자의 전승을 수용하여 요한복음 1-20장을 기술한 것이며 또 21장을 포함한 요한복음의 현재 형태를 요한

---

9) 요 5:4("물의 움직임을 기다리니 이는 천사가 가끔 못에 내려와 물을 움직이게 하는데 … 먼저 들어가는 자는 어떤 병에 걸렸든지 낫게 됨이라")의 장면과 요 7:53-8:11음행 중 잡혀온 여자가 용서받는 이야기도 후대에 첨가된 본문으로 간주한다. 이 본문들은 대표적인 필사본ℵ, A*, B, C*, D 안에 나타나지 않기 때문이다.

10) 이미 이레네우스는 세베대의 아들 요한이 노년에 요한복음을 에베소에서 기록한 것으로 보았다(Adversus Haereses III,1,2 = Eus., His. Eccl. V,8,4). 종교개혁가 루터는 애제자를 나사로요 11:5, 36로 여겼다.

11) M. Hengel, Die Johanneische Frage, 전경연/김수남 옮김, 『요한문서 탐구』(대한기독교서회, 1998).

공동체의 산물로 본다.12) 그에 의하면, 요한복음은 다음의 3단계를 거쳐 생성되었을 것으로 추정한다: ① 애초에 사도적 근원에서 나온 팔레스타인 전승이 있었고, ② 이 전승이 '장로'에 의해 편집되어, ③ 에베소교회에 의해 권위를 인정받게 된다. 이처럼 오늘날 우리에게 전해진 요한복음은 복잡한 발전 과정을 겪었다고 여긴다. 문학비평적 관점에서 요한복음 주석서를 쓴 튄H. Thyen은 애제자와 '세베대의 아들 요한'의 동일시가 본문 내적으로 적절하다는 시각에서 "위僞문서설"Pseudoepigraphie-These을 주장한다. 즉 요한복음이 요한에 의한 기록된 것은 아니나, 그러한 동일시가 작품 내에 의도된 것으로 여긴다.13)

4. 생성 연대와 저작 장소

1935년 상부 이집트 지역에서 2세기 전반125년경?에 작성된 파피루스 조각𝔓52이 발견되었다. 여기에 요한복음 18장의 몇 구절31-33, 37-38절이 담겨 있어서, 이 복음서가 당시 그 지역에 알려져 있었다는 사실이 밝혀졌다. 따라서 요한복음의 집필 상한선은 주후 150년을 넘어갈 수 없다. 다른 한편 공관복음과 비교하면, 요한복음의 언어 사용과 신학적 사고는 한층 발전된 단계에 속할 뿐만 아니라 최종 편집 단계에서 공관복음을 알고 있었으리라고 가정할 수 있다. 따라서 학자들은 대체로 주후 100년을 전후로 요한복음의 최종 형태가 완성되었을 것으로 추정한다.14)

---

12) R. Schnackenburg, *Jesus Christ: im spiegel der vier evangelien*, 김병학 옮김, 『복음서의 예수 그리스도』(분도출판사, 2009), 376.

13) H. Thyen, *Das Johannesevangelium*, 2005, 793-796.

14) W. G. Kümmel 1세기 마지막 10년; Pokorny/Heckel 100년경; U. Schnelle 100-110년; I. Broer 1세기 말 전환기; J. Roloff 90년경. 그러나 W. Schmithals 2세기 중반.

그러나 기록 장소에 대해서는 의견이 분분하다. 이집트에 널리 전파되었다는 관점에서 알렉산드리아로 여기기도 하고, 안디옥의 이그나티우스 감독이 요한복음에 의지하여 집필했을 가능성이 있다는 의미에서 시리아나 안디옥으로 추정하는가 하면W. Bauer; H. Köster, 동 요르단 북쪽O. Cullmann; K. Wengst 또는 에베소J. Roloff; R. Brown를 염두에 두는 사람도 있다.

5. 요한공동체 발전의 3단계

요한공동체는 커다란 변화를 겪은 공동체이다. 요한공동체의 발전사를 3단계로 추측할 수 있다.[15]

① 1단계: 요한공동체는 원래 시리아 및 팔레스타인을 중심으로 일어난 예언자적이며 카리스마적인 방랑 선교사들의 운동에서 유래했는데, 유대 회당과 논쟁하면서 궁지에 몰려 급기야 유대교에서 이탈하게 되었다. 이것이 요한공동체에게 트라우마로 남았다요 9:22; 12:42; 16:2.

② 2단계: 그 후에 공동체는 소아시아로 이주한 것으로 보이는데, 거기서 기독론에 대한 논쟁으로 인해 분열된다요일 2:19. 공동체의 한 무리는 하나님의 아들이 실제로 육신이 된 것이 아니라고 주장함으로써요일 4:2 영지주의 운동에 비견할 만한 "가현적 기독론"docetic Christology에 접근하게 된다.

③ 3단계: 그러나 소규모의 다른 무리는 예수의 성육신을 끝까지 고수하면서 소아시아의 다른 기독교 운동에 합류하려는 노력을 기울였다. 바로 이때가 주후 90-100년경으로, 오늘날 우리가 알고 있는 요한복음의 형태가 완성된 시기라고 추정된다. 요한복음의 최종 편집 작업을 책임진 이른바 정통파에 속하는 요한공동체 무리는 얼마 지나지 않아 2세기 공교회에 합류된 것으로 보이는데, 이 무리가 이른바 '요한학파'이

---

15) 참조, J. Roloff, *Einführung in das NT*, 234-235.

다. 요한문서_{요한복음+요한서신}가 이들이 남긴 유일한 흔적이다.

요한학파의 존재를 짐작하게 하는 여러 증거가 있다.[16]

① 요한서신과 요한복음 사이에 나타나는 신학적 일치
- 아버지와 아들의 하나됨_{요이 9; 요일 1:3; 2:22 이하; 4:14; 요 5:20; 10:30, 38; 14:10 등}
- 예수 그리스도의 성육신_{요이 7; 요일 4:2; 요 1:14}
- 하나님과 세상의 이원론_{요이 7; 요일 2:15-17; 4:3-6; 요 14-17}
- "하나님에게서 난 자"_{요일 2:29; 3:9; 4:7; 요 1:13; 3:3 이하}
- 하나님을 "앎"_{요일 2:3-5, 13-14; 3:1, 6; 4:6-8; 요 1:10; 8:55; 14:7; 16:3 등}
- 하나님, 예수, 진리, 가르침 가운데 "거함"_{요이 2, 9; 요1 2:6, 24, 27; 4:12-15; 요 8:31; 14:6, 17; 15:4-10}
- 예수 그리스도의 물과 피_{요일 5:6-8; 요 19:34-35}
- 사랑의 계명_{요이 4-6; 요일 2:7-8; 3:11; 요 13:34-35}
- 진리에서 나옴/진리를 앎_{요이 1; 요삼 3, 8; 요일 2:21; 3:19; 요 8:32; 18:37}
- 하나님께 속한 자_{요삼 11; 요일 3:10; 4:1-6; 요 8:47}
- 계명을 지킴_{요일 2:3-4; 3:22, 24; 5:2-3; 요 14:15, 21, 23; 15:10}

② 언어학적인 특징: 요한서신과 요한복음에는 자주 나오지만 다른 복음서에는 별로 나오지 않는 어휘들을 고려한다면, 요한학파의 존재를 생각해볼 수 있다. 요한문서에 나타나는 특징적인 단어들은 다음과 같다. ἀγαπᾶν _{사랑하다}, ἀλήθεια _{진리}, ἀληθής _{참된}, γεννᾶν _{낳다}, γινώσκειν _{알다}, ἐντολή _{계명}, ζωή _{생명}, κόσμος _{세상}, μαρτυρεῖν _{증언하다}, μένειν _{머물다}, μισεῖν _{미워하다}, πιστεύειν _{믿다}, τηρεῖν _{지키다}.

③ 요한복음 21:24는 요한학파의 존재를 전제한다. 여기에 나오는 1인칭 복수는 요한복음의 저자가 예수님의 애제자라고 밝히면서 전체 복음서의 편집자들_{"우리"}을 암시한다.

---

16) U. Schnelle, *Einleitung in das NT*, 479-481.

④ 요한 윤리의 중심으로서 형제 사랑의 계명을 강조한다 요일 5-6; 요 2:7-11; 요 13:34-35.

그런데 요한계시록도 이 요한학파의 문서에 속하는 것으로 여겨야 하는지에 대한 논란이 많았다. 오늘날 학계는 대체로 요한계시록을 요한학파의 문헌에서 제외한다. 언어 사용, 역사관, 인간론, 교회론 등이 서로 너무 다르게 나타나기 때문이다.

6. 요한복음의 자리매김

1) 유대교와의 관계

다른 세 복음서에 비해 요한복음은 유독 '유대인'이라는 표현을 자주 사용한다. 요한복음 전체에서 70여 번 사용되는 이 용어의 그 절반 정도는 부정적인 의미를 나타낸다. 또한 예수의 적대자로 등장하는 "바리새파 사람들"이란 표현이 19번 사용되었고, "대제사장들과 바리새파 사람들"도 5번이나 나온다.

그러나 유대인이 긍정적인 의미로 사용된 경우도 있다. 예수님이 사마리아 여인을 향해 "구원은 유대인으로부터 온다" 4:22 는 말씀에서 이에 대한 가장 분명한 예가 나타난다. 또한 유대인들이 예수를 믿었다는 언급도 여러 차례 나온다 7:31, 40, 43; 8:31; 11:45; 12:11, 17. 게다가 아브라함, 모세, 이스라엘의 성경을 높이 평가한다 5:39, 45-60; 8:39-40.

그럼에도 전반적으로 요한복음은 유대교와 거리를 두고 있음을 분명히 밝힌다. 요한복음에는 요한의 추종자들이 예수 그리스도에 대한 신앙고백으로 인해 유대 회당으로부터 쫓겨났음을 암시하는 구절이 여럿 있다 9:22; 12:42; 16:2. 특히 16:2에는 예수를 그리스도로 시인하는 자들을 출교하고 죽이는 자들이 그들을 회당으로부터 추방하는 행위를 '라트레이아 λατρεία,

즉 '하나님을 섬기는 일'이라고까지 말한다.

요한복음은 유대인을 하나님에게 반대하는 세상의 대표자로 여긴다. 요한은 유대인 중의 다양한 종파를 전혀 구분하지 않을 뿐만 아니라, 공관복음과 달리 예수님과 그 백성 사이의 관계에 대한 어떠한 발전 과정도 언급하지 않는다. 또한 어떠한 세부 설명 없이 거의 시종일관 유대인을 싸잡아서 부정적인 대상으로 묘사한다. 이런 성향에 걸맞게, 요한복음에서는 예수님이 자신의 백성의 구원을 위해 애쓰는 모습을 거의 찾아볼 수 없다. 요한복음은 유대인들에 대해 거리를 두고 이야기할 뿐 아니라 2:13; 6:4; 7:2, 더 나아가 그들에 대한 두려움도 나타낸다 9:22; 19:38. 심지어 사탄을 유대인의 "아버지"라고 부르기도 한다 8:44. 이처럼 요한복음은 유대인에 대해 상당히 부정적으로 평가한다.

이러한 사항들로 미루어, 요한복음의 생성 시기를 대략 1세기 말경으로 추정한다. 이 시기에 그리스도교 공동체와 유대 회당 사이에 심각한 갈등이 있었기 때문이다. 고대 유대교는 주후 70년 이후 성전 파멸과 더불어 상실된 정체성을 다시 회복하기 위해 애썼다. 대략 85-90년 사이에는 18개 조항의 유대 기도인 '쉬모네 에스레' Schemoneh Esreh의 12번째 조항에 이단자 저주문인 '비르캇 하-미님' Birkat ha-minim, 그리스도인을 저주하는 말이 첨가되었다.17)

> "변절자들에게는 어떠한 희망도 없으며, 그 건방진 세도가 하루 속히 우리 시대에 삭아 없어지길 기원합니다. [또한 나사렛 사람들=그리스도인과 이단자들minim이 갑작스레 멸망하기를 기원합니다. 이들이 생명책에서 지워져 의인들과 더불어 기록되지 않기를 기원합니다.]"

이로써 그리스도인들은 더 이상 유대교 예배에 참석할 수 없게 되었다. 이처럼 요한복음에는 복음서 집필 당시 요한공동체 구성원들의 현실 체험이 투영된 것으로 보아야 한다.

---

17) "쉬모네 에스레" 기도문 전문이 우리말로 번역되어 있다. 『유대교와 헬레니즘』, 150-152 참조.

그런데 요한복음이 유대인을 싸잡아서 부정적으로 평가한 것이 훗날 심각한 결과를 초래했다는 사실을 기억할 필요가 있다. 독일 나치주의자들이 이를 반유대적인 논쟁에 이용했다. 그런데 실상 요한복음에는 반유대주의Antisemitism와 관련된 민족적이며 정치사회적인 요소를 전혀 찾아볼 수 없다. 요한복음의 반유대주의는 역사적이며 신학적인 차원과 관련된 것이다. 오늘날 독일 신학계는 이를 곡해함으로써 600만 명이나 되는 엄청난 수의 유대인들을 살해하는 끔찍한 사건의 정신적 지주 역할을 한 것을 반성하고 있다.

요한복음이 모든 유대인을 예수의 적대자로 보는 듯하지만, 요한은 유대 백성 전체를 예수의 적대자로 보지 않는다. 7:43; 10:19에서 유대인 무리 중에 갈라짐이 있음을 언급한다. 오히려 여기서 일반화되어 표현된 유대인은 유대 지도자층을 가리키는 표현으로 보는 것이 옳다. 이런 사실은 수난사에서 분명히 확인할 수 있다18:12, 14, 29, 31, 36, 38; 19:7.

또한 유대인에 대한 부정적 시각은 요한복음이 갖고 있는 이른바 '우주적 이원론'kosmischer Dualismus의 관점에서 이해해야 한다. 예수님의 적대자는 "유대인"뿐만 아니라 "이 세상"으로도 나타난다7:7; 14:17; 15:18- 16:4. 이러한 표현은 결국 예수님과 그의 선포에 반대하는 세력 일반을 지칭하는 상징적 의미로 사용되었다고 볼 수 있다. 요한복음이 유대인을 거론할 때, 저자는 당시 자신의 공동체와 대립하던 유대 공동체를 염두에 둔 것이지, 시공을 초월한 유대 백성 전체를 지칭한 것으로 보아서는 안 된다.18)

2) 종교사적인 위치

언어 및 기독론과 관련해서 요한복음이 지닌 독특함은 도대체 어떤 종교사적인 문맥과 관련이 있는지에 대한 질문이 제기되었다. 이를 요한

---

18) 몇몇 시리아어 사본과 라틴어 사본은 반反유대적 정서를 드러내어, 요 4:22의 "구원이 유대인에게서 남이라"는 진술을 "구원은 유대 땅에서 남이라"로 바꾼다. 즉 세상에 구원을 가져온 것은 유대인이 아니라 예수님의 죽음이고, 그 죽음은 유대 땅에서 일어난 것이라 한다.

복음의 종교사적인 위치에 대한 질문이라고 부른다. 먼저 요한복음의 종교사적인 배경을 헬레니즘적 종교 혼합에서 이루어진 **신비주의 종교**에서 찾는 견해가 있다 예컨대, W. Baur.

또한 요한복음이 **영지주의와 관계**가 있다는 주장이 제기되었다. 요한복음이 영지주의에서 유래한 것으로 여긴 불트만R. Bultmann은 "영지주의적 구원자 신화"를 배경으로 요한복음을 주석했다. 불트만은 영지주의 신화가 다음과 같은 고정된 틀을 갖고 있다고 한다.

원초 인간 또는 하나님의 아들이 이 땅에 내려와 물질의 함정에 빠진 빛의 조각들인 인간들을 불러 모아 함께 다시 하늘로 올라간다. 이때 파송된 구원자는 자신에 의해 구원받은 빛의 조각들인 인간들과 본질적으로 동일하다. 즉 영혼들과 빛의 조각들은 물질적인 이 세상에서 유래한 것이 아니라 하늘에서 유래한 것으로서, 파송된 자를 통하여 다시 그들의 근원지로 되돌아간다.

이러한 가정에서 출발한 불트만은 주장하기를, 요한은 영지주의 신학의 핵심 사상, 즉 영혼의 선재함과 영혼과 구원자를 일치시키는 것을 파기했으며, 그리하여 영지주의와 반대로 구원을 구원받을 자의 존재와 연결하지 않고 오직 아들에게 드러난 하나님의 자유로운 구원 행위와 연결했다고 보았다. 이로써 요한은 결국 영지주의를 비판한다는 입장이다.

그러나 이러한 불트만의 입장은 견지되기 어렵다. 위에서 진술한 형태의 영지주의 신화는 영지주의 초기에서 유래한 것이 아니라 영지주의적 사고의 마지막 발전 단계에서 유래한 것이기 때문이다. 따라서 영지주의를 요한적 사고의 직접적 근원지로 보기 어렵다.[19)]

아무튼 쇼트로프L. Schottroff는 요한신학이 영지주의 사고와 밀접하게 연관되었다고 주장하면서 "요한복음과 더불어 영지주의적 구원론이 정경

19) 콜페C. Colpe는 종교 혼합적인 구원자 신화의 완성은 기독교 이후 시기에 이루어진 것임을 밝혔다("Gnosis II", *RAC* 11 [1981], 542).

안으로 들어왔다"고 한다.[20] 또한 베커J. Becker는 요한복음 전체의 시각을 영지주의에 근접한 것으로 간주하고, 요한의 신학을 "영지주의화하는 신학"이라 말한다.[21]

예전과 달리 오늘날에는 보통 영지주의란 개념을 넓은 의미로 이해한다. 즉 영지주의는 고대에 널리 유포되었던 종교 현상이었다고 여긴다. 영지주의에서 신적인 빛의 세계와 우리의 세계는 서로 대립된 이원론을 이룬다. 그에 걸맞게 인간 이해도 이분법적으로 파악하는데, 몸을 지닌 인간이 이 세상에 속한다면 영을 지닌 인간은 천상의 세계에 속한다고 본다.

요한복음의 종교사적 위치에 대한 다른 견해도 있다. 요한복음이 **구약성경 및 헬레니즘적 유대교의 지혜문서**에 그 뿌리를 두고 있다는 주장이 바로 그것이다. 특히 유대교에서 지혜는 선재하는 존재로서 이 세상에 왔다가 다시 하나님께로 돌아간다고 생각했다제1에녹서 42; 참조, 잠 8:22 이하; 지혜서 24:3 이하. 알렉산드리아의 필로는 지혜를 로고스와 동일시했다Spec Leg I 81; Somn II 242 등.

그렇다면 요한복음에서 하나님과 세상을 완전히 구분하는 이원론은 도대체 어디에서 유래한 것인가? 케제만과 쇼트로프는 요한을 영지주의자로 보았다.[22] 이와 달리 유대교에서 그와 같은 이원론이 유래하였다고 보기도 한다예컨대 1QS III,13-IV,26. 그러나 쿰란문서의 본문에 나타나는 우주적 이원론은 요한의 이원론과 차이가 있다. 쿰란문서의 이원론적 구조는 하나님의 영향 안에 놓여 있음을 강조하기 때문이다.

---

20) L. Schottroff, *Der Glaubende und die feindliche Welt*, 295.

21) J. Becker, *Das Evangelium nach Johannes* I, 55. 또한 H. M. Schenke/K. M. Fischer (*Einleitung* II, 188 이하)와 W. Schmithals(*Johannesevangelium und Johannesbriefe*, 149)는 요한복음을 기독교 영지주의에 대한 증거로 이해한다.

22) E. Käsemann, *Jesu letzter Wille nach Johannes*, 154.

7. 단락 나누기

I.	1:1-18	**서문(Prolog): 계시자로서 세상에 오신 예수님의 성육신**
II.	1:19-12:50	**(첫째 본론) 예수님이 세상에 계시함**
	1:19-51	예수 계시의 시작
	2:1-4:54	예수 영광의 표식들
	5:1-10:42	예수님과 유대인 사이의 논쟁
	11:1-12:50	"자신의 시간"을 위한 예수님의 준비
III.	13:1-20:31	**(둘째 본론) 예수님이 아버지께로 감**
	13:1-17:26	(예수의 고별설교) 예수님이 감춰진 자신의 모습을 제자들에게 계시함
	18:1-19:42	(수난사) 예수 파송의 완성
	20:1-29	부활한 예수 그리스도
IV.	20:30-31	**마감어(Epilog)**
·	21:1-25(첨가)	**제자들을 위한 부활하신 분의 사역과 또 다른 결론(21:24-25)**

8. 중심 내용

마가복음은 예수님이 세례 요한으로부터 세례를 받는 장면으로 시작하며, 마태복음이나 누가복음은 예수님의 탄생 이야기로부터 시작한다. 이에 비해 요한복음은 창조 이전의 영원에 대한 언급으로 시작한다. 육신이 되신 하나님의 말씀으로서의 예수님을 찬양하는 내용이 **머리글**Prolog, 1:1-18 을 이룬다.23)

(1:1-18) ¹ 태초에 말씀[=로고스]이 계시니라 이 말씀이 하나님과 함께 계셨으니 이 말씀은 곧 하나님이시니라 ² 그가 태초에 하나님과 함께 계셨고 ³ 만물이

23) 신약성경에는 또 다른 그리스도 찬송시가 있다. 대표적인 것으로 빌 2:6-11; 골 1:15-20.

그로 말미암아 지은 바 되었으니 지은 것이 하나도 그가 없이는 된 것이 없느니라 [4] 그 안에 생명이 있었으니 이 생명은 사람들의 빛이라 [5] 빛이 어둠에 비치되 어둠이 깨닫지 못하더라 [6] 하나님께로부터 보내심을 받은 사람이 있으니 그의 이름은 요한이라 [7] 그가 증언하러 왔으니 곧 빛에 대하여 증언하고 모든 사람이 자기로 말미암아 믿게 하려 함이라 [8] 그는 이 빛이 아니요 이 빛에 대하여 증언하러 온 자라 [9] 참 빛 곧 세상에 와서 각 사람에게 비추는 빛이 있었나니 [10] 그가 세상에 계셨으며 세상은 그로 말미암아 지은 바 되었으되 세상이 그를 알지 못하였고 [11] 자기 땅에 오매 자기 백성이 영접하지 아니하였으나 [12] 영접하는 자 곧 그 이름을 믿는 자들에게는 하나님의 자녀가 되는 권세를 주셨으니 [13] 이는 혈통으로나 육정으로나 사람의 뜻으로 나지 아니하고 오직 하나님께로부터 난 자들이니라 [14] 말씀이 육신이 되어 우리 가운데 거하시매 우리가 그의 영광을 보니 아버지의 독생자의 영광이요 은혜와 진리가 충만하더라 [15] 요한이 그에 대하여 증언하여 외쳐 이르되 내가 전에 말하기를 내 뒤에 오시는 이가 나보다 앞선 것은 나보다 먼저 계심이라 한 것이 이 사람을 가리킴이라 하니라 [16] 우리가 다 그의 충만한 데서 받으니 은혜 위에 은혜러라 [17] 율법은 모세로 말미암아 주어진 것이요 은혜와 진리는 예수 그리스도로 말미암아 온 것이라 [18] 본래 하나님을 본 사람이 없으되 아버지 품 속에 있는 독생하신 하나님이 나타내셨느니라

이 머리글은 헬레니즘적 유대 그리스도교적 환경에서 나온 '로고스-찬송시'Logos-Hymnus에서 유래한 것이다.[24] 여기에 구약의 지혜소피아 신학이 플라톤 · 스토아 철학의 로고스 사상과 융합되어 나타난다. 이미 요한 서시에 드러나듯이, 아버지와 아들의 본질과 활동이 하나 됨은 요한 사상의 토대를 이루며 참조, 10:30; 17:21 등, 예수 그리스도 안에 드러난 하나님의 성육신1:14은 요한 사상의 중심에 속한다.

요한 서시는 지극히 인상적인 언어를 사용한 본문으로, 극도로 집약된 사고를 담고 있다. 이 본문은 시대를 초월하여 수많은 기독교인의 경건과 가르침에 커다란 영향을 끼쳤다. 그 가운데서도 삼위일체 하나님에 대한

---

24) H. Merklein, "Geschöpf und Kind. Zur Theologie der hymnischen Vorlage des Johannes-prologes", *Ekklesiologie des NT (FS K. Kertelge)*, Freiburg, i.Br. 1996, 162-183.

신앙고백과 성육화한 하나님의 아들 예수 그리스도에 대한 신앙고백이 요한 서시에서 많은 영감을 받았다.

흥미롭게도 빌켄스U. Wilckens는 예수님의 고별 기도17:1-26와 연결하여 요한 서시의 중요성을 강조한다.[25] 그는 이 두 본문이 구조적으로 서로 밀접히 연결되어 있다고 생각한다. 서시가 예수님의 '유래'Herkunft를 언급한다면, 17장의 기도는 성육화하신 하나님의 아들의 '미래'Zukunft를 언급한다. 예수님의 유래와 미래는 본질적으로 하나로 연결되어 있다(16:28, "내가 아버지에게서 나와 세상에 왔고 다시 세상을 떠나 아버지께로 가노라"). 이로써 예수님이 이 세상에 오신 권위의 근거가 하나님임을 밝히며, 또한 예수님이 다시금 하나님께로 돌아가 그와 하나 됨을 통해 예수님을 따르는 사람들이 예수님을 통해 계시된 영생에 참여하게 되었음을 보여준다. 이 '온 길'과 '되돌아가는 길', 곧 하나님에게서 와서 다시 그에게 돌아가는 길은 서로 밀접하게 연결되어 있다. 예수님의 십자가 죽음이 그가 세상에 온 목적을 '성취'한 것이며, 동시에 그의 '영광'을 보여준 것이기 때문이다. 십자가 죽음은 곧 예수께서 세상에 오신 목적이다.

슈낙켄부르크R. Schnackenburg는 요한 서시를 다음과 같이 구분한다.[26]

A. 1:1-5 (로고스의 선재적 존재)
B. 1:6-13 (로고스가 세상에 옴)
C. 1:14-16, 18 (성육신 사건과 믿는 자를 위한 구원)

선재하는 말씀의 성육신화에 대한 진술을 담은 이 서시는 요한복음 전체를 이해할 수 있게 하는 핵심 본문이며, 요한복음의 전체 내용을 요약하는 본문이라고 말할 수 있다.[27] 그 가운데서도 구원을 가져오는 성육

---

25) U. Wilckens, *Das Evangelium nach Johannes*, Göttingen, 1998, 20-21.

26) 베르거K. Berger는 다르게 구분한다(*Exegese des NT*, 1977): ① 제1-8절 로고스와 세례요한 사이의 대립, ② 제9-13절 예수와 세상 사이의 대립, ③ 제14-18절 예수와 모세 사이의 대립.

27) 테오발트M. Theobald는 "말씀의 성육신"을 요한복음의 올바른 읽기를 지시하는 "독서 지침"으로 이해한다.

신 사건을 진술하는 14절이 특히 중요하다. 이 14절을 어떻게 이해하느냐에 따라 요한복음 전체의 해석이 좌우된다.

불트만R. Bultmann은 14절의 전반前半을 핵심적인 진술로 이해하여 "계시의 모순성"스칸달론을 강조했다. 그리하여 성육신 사건 가운데 예수 그리스도의 계시의 역설을 이해하는 열쇠가 있다고 보았다. 다시 말해 예수 십자가 사건은 믿지 않는 자들에겐 걸림돌의 근거인 반면, 믿는 자들에겐 영광을 인식하는 근거라고 보았다. 이와 달리 케제만E. Käsemann은 14a절전반을 14b절후반 진술의 전제로 간주하여, 요한복음의 중심 주제는 자기비하나 계시의 모순이 아니라 '지상에서 영광 가운데 다니시는 그리스도'라고 말했다. 다시 말해 낮아짐의 진술은 후퇴하고, '영광의 기독론'이 지배적인 것으로 보았다.

서시에서 세례 요한에 대해 언급하는 6-8절과 15절은 서시의 중심 논지에서 벗어나기 때문에, 여러 학자들은 복음서 저자가 확대한 본문일 것으로 여긴다. (내용적으로, 5절 다음에 9절이 매끄럽게 연결되며, 14절 다음에 16절이 잘 연결된다.)

첫 번째 본론 1:19-12:50 세상에서의 예수의 계시이 시작된다. 먼저 세례 요한의 증언 1:19-34과 첫 제자들의 증언1:35-51을 통해 성육신하신 예수님은 "세상 죄를 지고 가는 하나님의 어린 양"임이 강조된다 1:29, 36; 참조, 사 53:7; 출 12:46. 예수님은 낮은 자의 모습으로 왔으나, 세상을 구원하는 하나님의 권세를 지닌 분이라는 역설을 말한다. 예수님의 길은 십자가로 나아가는 길임이 본론 시작부터 드러나고 있다. 요한의 죄 개념은 보편적이다. 따라서 예수님은 이스라엘의 죄뿐만 아니라 온 세상의 죄를 도말하는 분이다.

2-4장은 공사역 가운데 드러나는 **예수님의 영광의 모습**을 부각한다. 먼저 "첫 표적"2:11으로 명시된, **가나의 혼인 잔치**에서 일어난 포도주 기적

2:1-11이 나온다.

(2:1-11) ¹ 사흘째 되던 날 갈릴리 가나에 혼례가 있어 예수의 어머니도 거기 계시고 ² 예수와 그 제자들도 혼례에 청함을 받았더니 ³ 포도주가 떨어진지라 예수의 어머니가 예수에게 이르되 저들에게 포도주가 없다 하니 ⁴ 예수께서 이르시되 여자여 나와 무슨 상관이 있나이까 내 때가 아직 이르지 아니하였나이다 ⁵ 그의 어머니가 하인들에게 이르되 너희에게 무슨 말씀을 하시든지 그대로 하라 하니라 ⁶ 거기에 유대인의 정결 예식을 따라 두세 통 드는 돌항아리 여섯이 놓였는지라 ⁷ 예수께서 그들에게 이르시되 항아리에 물을 채우라 하신즉 아귀까지 채우니 ⁸ 이제는 떠서 연회장에게 갖다 주라 하시매 갖다 주었더니 ⁹ 연회장은 물로 된 포도주를 맛보고도 어디서 났는지 알지 못하되 물 떠온 하인들은 알더라 연회장이 신랑을 불러 ¹⁰ 말하되 사람마다 먼저 좋은 포도주를 내고 취한 후에 낮은 것을 내거늘 그대는 지금까지 좋은 포도주를 두었도다 하니라 ¹¹ 예수께서 이 첫 표적을 갈릴리 가나에서 행하여 그의 영광을 나타내시매 제자들이 그를 믿으니라

이 이야기는 다음과 같이 "전형적인 기적 이야기"의 형태로 이루어져 있다: ① 상황을 설명하는 도입부1-2절, ② 긴장감을 고조시키는 기적 준비 3-5절, ③ 기적 자체의 과정을 언급하지 않는 간접적인 기적 묘사6-8절, ④ 기적의 경이로움을 강조하는 마감어 9-10절.[28]

이 첫째 표적에 대한 보도는 이제까지 서술한 내용의 한 정점으로 볼 수 있다. 이 보도는 기적 자체에는 별로 관심이 없고, 이 표적을 통해 드러나는 신학적 영향에 관심을 집중한다.[29] 이 표적은 예수님이 메시아라는 사실을 구체적으로 보여주며, 이로써 예수님이 자신의 영광을 드러내 보이셨다는 데 초점을 맞춘다. 이런 뜻에서 이 기적은 '현현 기적' Epiphaniewunder 에 속한다. 이 표적은 계속하여 언급될 표적의 시작을 알린다참조, 4:54, "두

---

28) R. Bultmann, *Das Evangelium des Johannes*, Göttingen, 1978. 79.

29) 베데스다 못에서의 병자 치유 5:8-9, 오병이어 6:12, 갈릴리 바다를 걸음 6:19, 맹인 치유 9:6, 죽은 나사로 살림 11:43-44 을 묘사하는 경우에도 기적 자체에 대해서는 지나치듯이 간단히 언급할 뿐이다.

번째 표적"; 12:37, "이렇게 많은 표적"; 20:30, "이 책에 기록되지 아니한 다른 표적".30) 예수님의 종말론적인 영광을 드러내는31) 이 기적을 통해 제자들은 예수님의 인격에 대해 더욱 깊은 이해에 도달한다2:11. 특히 4절과 11절에는 복음서 저자 특유의 시각이 잘 드러난다.

성전 항쟁 이야기2:13-22가 이어진다. 공관복음의 경우 종반부마 21:12-13; 막 11:15-17; 눅 19:45-46에서 언급되는 내용이 특이하게도 요한복음에는 초기 사역으로 나타난다.

> (2:13-22) [13] 유대인의 유월절이 가까운지라 예수께서 예루살렘으로 올라가셨더니 [14] 성전 안에서 소와 양과 비둘기 파는 사람들과 돈 바꾸는 사람들이 앉아 있는 것을 보시고 [15] 노끈으로 채찍을 만드사 양이나 소를 다 성전에서 내쫓으시고 돈 바꾸는 사람들의 돈을 쏟으시며 상을 엎으시고 [16] 비둘기 파는 사람들에게 이르시되 이것을 여기서 가져가라 내 아버지의 집으로 장사하는 집을 만들지 말라 하시니 [17] 제자들이 성경 말씀에 주의 전을 사모하는 열심이 나를 삼키리라 한 것을 기억하더라 [18] 이에 유대인들이 대답하여 예수께 말하기를 네가 이런 일을 행하니 무슨 표적을 우리에게 보이겠느냐 [19] 예수께서 대답하여 이르시되 너희가 이 성전을 헐라 내가 사흘 동안에 일으키리라 [20] 유대인들이 이르되 이 성전은 사십육 년 동안에 지었거늘 네가 삼 일 동안에 일으키겠느냐 하더라 [21] 그러나 예수는 성전된 자기 육체를 가리켜 말씀하신 것이라 [22] 죽은 자 가운데서 살아나신 후에야 제자들이 이 말씀하신 것을 기억하고 성경과 예수께서 하신 말씀을 믿었더라

요한복음이 예수님 사역의 마지막 시기에 속하는 성전 항쟁 사건을 앞부분에 배치한 것은 복음서 저자의 의도에 따른 것이다. 십자가 죽음의 직접 원인으로 간주되는 이 사건을 복음서 앞부분에 배치함으로써 저자

---

30) 가나의 기적을 첫 번째 표적2:11이라 하고, 가버나움의 관원의 아들 치유 기적을 두 번째 표적4:54이라고 하는 것은 뜻밖이다. 두 기적 사이에2:23-3:2 다른 여러 표적이 언급되기 때문이다. 그래서 혹자는 '표적'semeia 자료가 사용되는 와중에 그와 같은 껄끄러움이 생겼을 것으로 짐작한다.

31) 풍성한 포도주 상은 충만함을 나타낸다암 9:13-14; 호 14:7; 렘 31:12.

는, 이 세상에 파송된 예수님의 길이 구원 사건을 뜻하는 십자가와 부활로 나아가는 길임을 분명히 하고 있으며, 또한 예수님은 하나님 현존의 장소이자 참된 성전임을 말한다 참조, 10:38; 14:6, 9-10.

그런 다음 어느 날 밤 예루살렘에서 바리새인 **니고데모와 예수 사이에 '거듭남'에 대한 대화**가 벌어진다 3:1-21.

(3:1-18) [1] 그런데 바리새인 중에 니고데모라 하는 사람이 있으니 유대인의 지도자라 [2] 그가 밤에 예수께 와서 이르되 랍비여 우리가 당신은 하나님께로부터 오신 선생인 줄 아나이다 하나님이 함께 하시지 아니하시면 당신이 행하시는 이 표적을 아무도 할 수 없음이니이다 [3] 예수께서 대답하여 이르시되 진실로 진실로 네게 이르노니 사람이 거듭나지 아니하면 하나님의 나라를 볼 수 없느니라 [4] 니고데모가 이르되 사람이 늙으면 어떻게 날 수 있사옵나이까 두번째 모태에 들어갔다가 날 수 있사옵나이까 [5] 예수께서 대답하시되 진실로 진실로 네게 이르노니 사람이 물과 성령으로 나지 아니하면 하나님의 나라에 들어갈 수 없느니라 [6] 육으로 난 것은 육이요 영으로 난 것은 영이니 [7] 내가 네게 거듭나야 하겠다 하는 말을 놀랍게 여기지 말라 [8] 바람이 임의로 불매 네가 그 소리는 들어도 어디서 와서 어디로 가는지 알지 못하나니 성령으로 난 사람도 다 그러하니라 [9] 니고데모가 대답하여 이르되 어찌 그러한 일이 있을 수 있나이까 [10] 예수께서 그에게 대답하여 이르시되 너는 이스라엘의 선생으로서 이러한 것들을 알지 못하느냐 [11] 진실로 진실로 네게 이르노니 우리는 아는 것을 말하고 본 것을 증언하노라 그러나 너희가 우리의 증언을 받지 아니하는도다 [12] 내가 땅의 일을 말하여도 너희가 믿지 아니하거든 하물며 하늘의 일을 말하면 어떻게 믿겠느냐 [13] 하늘에서 내려온 자 곧 인자 외에는 하늘에 올라간 자가 없느니라 [14] 모세가 광야에서 뱀을 든 것 같이 인자도 들려야 하리니 [15] 이는 그를 믿는 자마다 영생을 얻게 하려 하심이니라 [16] 하나님이 세상을 이처럼 사랑하사 독생자를 주셨으니 이는 그를 믿는 자마다 멸망하지 않고 영생을 얻게 하려 하심이라 [17] 하나님이 그 아들을 세상에 보내신 것은 세상을 심판하려 하심이 아니요 그로 말미암아 세상이 구원을 받게 하려 하심이라 [18] 그를 믿는 자는 심판을 받지 아니하는 것이요 믿지 아니하는 자는 하나님의 독생자의 이름을 믿지 아니하므로 벌써 심판을 받은 것이니라

산헤드린 유대교 최고 회의체의 회원으로서 유대교의 공적 대표자에 속하는 1, 10절 참조, 7:50 니고데모와 예수님 사이에 구원을 얻기 위해서 무엇이 필요한가를 두고 진지한 대화가 전개된다. 먼저 니고데모는 예수께 '어느 정도의 존경'을 표한다 2절, "하나님께로부터 오신 선생", 즉 예언자. 이어서 예수님은 구원을 얻기 위해서는 '거듭남'이 필요하다고 말한다 3, 7절.

믿지 않는 니고데모는 이에 대해 반박하는 질문을 한다. '거듭' ἄνωθεν, 위로부터과 '태어나다' γεννηθῆναι 라는 단어를 글자 그대로, 일상적인 의미로 이해하는 가운데 예수님의 진술이 엉터리 같은 소리라고 주장한다 4절. 이런 반박에 직접 대답하는 대신 예수님은 '거듭남'의 의미를 밝힌다. 그것은 곧 "물과 성령"으로 태어남을 뜻한다 5절. 그리스도인 독자라면 이 글을 읽을 때 이내 물세례를 연상하게 되나, 그보다는 하나님의 영을 통한 '새 창조'를 가리키는 것으로 이해하는 것이 옳다 7-8절.

여기서 니고데모는 예수님의 말을 오해하여 재차 근본적인 의심을 드러낸다 9절, "어찌". 그러자 예수님은 니고데모를 질책한다 10절. 이어서 11절에서 예수님은 "우리가 아는 것을 말하고 본 것을 증언한다"고 말한다. 여기에 갑자기 1인칭 복수 "우리"가 나타나는데, 이는 요한공동체의 시각이 담긴 표현이다. 예수님이 증언에 대해 말하는 것은 의외다. 요한복음에서 예수님은 당신 자신을 증언하시는 분이기 때문이다. 13절에서 예수님은 인자만 하늘의 일에 대해 말할 수 있다고 한다. 여기에는 유대 묵시문학 에녹, 바룩, 에스라에 대한 강한 논박이 담겨 있다. 14-15절은 구원하시는 하나님의 은혜의 표적을 말한다. 인자의 '들림'은 십자가에서 일어난다. 그러나 바울의 십자가 신학과 같이 고난을 강조하지는 않는다.

이어서 요한복음에서 가장 유명한 진술인 16절은 영지주의적 사고에 정면으로 반대하면서 참조, 6:51, 아들 파송의 목적이 인간 세상을 구원하기 위함이라고 한다 17절. 18절은 예수님의 오심이 심판과 구원을 위한 종말론적인 가름을 가져왔다고 선언한다. 다시 말해 미래 종말에나 기대할 수 있는 영원한 심판과 영생의 구원이 현재 예수님을 믿느냐 거부하느냐에 따라 결정된다는 이른바 현재적 종말론에 대한 진술을 담고 있다. 영생의 선물이 이미 현재에 주어졌기 때문에 믿는 자는 심판받지 아니한다는 것이다. 다시 말해 믿는 자는 현재에 예수 그리스도 안에 나타난 하나님의 생명의 권세에 이미 참여하고 있다는 것이다. 초기 그리스도교의 (미래) 묵시적 종말론apocalyptic eschatology이 이른바 **'실현된 종말론'**realized eschatology으로 변형되었다.32)

> (3:18) "그를 믿는 자는 심판을 받지 아니하는 것이요 믿지 아니하는 자는 벌써 심판을 받은 것이니라"
> (참조, 5:24-25) "²⁴ 내가 진실로 진실로 너희에게 이르노니 나 보내신 이를 믿는 자는 영생을 얻었고 심판에 이르지 아니하나니 사망에서 생명으로 옮겼느니라 … ²⁵ 죽은 자들이 하나님의 아들의 음성을 들을 때가 오나니 곧 이 때라 듣는 자는 살아나리라"

예수님은 유대 지방에서 갈릴리로 가는 도중에 중간 지역인 사마리아를 거치는데, 사마리아 지방에 있는 야곱의 우물가에서 **예수님과 사마리아 여인 사이에 대화**가 벌어진다4:1-41. 이 단락은 예수님이 바로 유대인들이 기다리던 종말론적인 메시아라는 사실을 드러내면서, 동시에 '참된 예배'의 의미를 밝힌다.

> (4:20-26) ²⁰ 우리 조상들은 이 산[=그리심 산]에서 예배하였는데 당신들의 말은 예배할 곳이 예루살렘에 있다 하더이다 ²¹ 예수께서 이르시되 여자여 내 말을 믿으라 이 산에서도 말고 예루살렘에서도 말고 너희가 아버지께 예배할 때가 이르리라 ²² 너희는 알지 못하는 것을 예배하고 우리는 아는 것을 예배하노니 이는 구원이 유대인에게서 남이라 ²³ 아버지께 참되게 예배하는 자들은 영과 진리로 예배할 때가 오나니 곧 이 때라 아버지께서는 자기에게 이렇게 예배하

---

32) 미래 종말론적인 대망이 요한복음에서 약화된 것은 사실이나, 완전히 사라졌다고 말하기 어렵다5:28-29; 6:39-40, 44, 54; 12:48. 불트만은 5:28-29를 훗날 교회의 편집자가 첨가한 것으로 여겼으나, 현재 종말론과 미래 종말론이 요한복음에 함께 나타나는 것은 본래적이다(6:54 "내 살을 먹고 내 피를 마시는 자는 영생을 가졌고 마지막 날에 내가 그를 다시 살리리니").

는 자들을 찾으시느니라 ²⁴ 하나님은 영이시니 예배하는 자가 영과 진리로 예배할지니라 ²⁵ 여자가 이르되 메시아 곧 그리스도라 하는 이가 오실 줄을 내가 아노니 그가 오시면 모든 것을 우리에게 알려 주시리이다 ²⁶ 예수께서 이르시되 네게 말하는 내가 그라 하시니라

오늘날 대체로 24절을 예배에 임하는 자가 갖춰야 할 경건하며 겸손하며 진실한 마음 자세를 나타내는 구절로 이해하여 예배하면서 거의 습관적으로 사용하곤 한다. 그러나 이는 본문에 대한 오해에서 비롯된 것이다. 이 구절을 통해 복음서 저자는 하나님의 영과 예수 그리스도를 통해 계시된 하나님의 진리 안에서 참된 예배가 가능하다는 사실을 강조한다. 곧 참된 예배는 예수 그리스도와 함께하는 시간을 뜻한다.³³⁾

4:43-54에는 예수님이 관원의 아들을 치유하는 이야기가 나오는데, 이 치유를 **"두 번째 표적"** ⁴:⁵⁴ 이라고 한다.³⁴⁾

이어서 5-10장에는 **예수님과 믿지 않는 세상 사이에 벌어지는 논쟁**이 나온다. 베데스다 못에서 안식일에 병자를 고치는 이야기⁵장, '오병이어'로 오천 명을 먹이신 기적 이야기는 예수님이 인류를 구원하기 위해 하나님이 보낸 "생명의 떡"임을 밝힌다(6:35, "예수께서 이르시되 나는 생명의 떡이니 내게 오는 자는 결코 주리지 아니할 터이요 나를 믿는 자는 영원히 목마르지 아니하리라").³⁵⁾

10장에서 예수님은 자신이 양들이 안전하게 들어가며 나오며 생명을 얻게 하는 문이며⁷절, 양들을 돌보는 **선한 목자**라고 밝힌다¹¹, ¹⁴절:

---

33) 이와 관련하여 필자의 『21세기 신약성서 신학』 제15장 "신령과 진정으로 드리는 예배?"를 참조하라.

34) 이처럼 표적을 세는 일은 이어지는 본문에서 더 이상 지속되지 않는다.

35) 이처럼 요한복음에는 다른 복음서에는 찾아볼 수 없는 "나는 …이다"ἐγώ εἰμι라고 자신을 계시하는 독특한 언어 사용이 여러 번 나타난다. (6:35, 41) 나는 생명의 떡이다; (8:12) 나는 세상의 빛이다; (10:7, 9) 나는 양의 문이다; (10:11, 14) 나는 선한 목자다; (11:25) 나는 부활이요 생명이다; (14:6) 나는 길이요 진리요 생명이다; (15:1, 5) 나는 참 포도나무다.

(10:7-18) ⁷ 그러므로 예수께서 다시 이르시되 내가 진실로 진실로 너희에게 말하노니 나는 양의 문이라 ⁸ 나보다 먼저 온 자는 다 절도요 강도니 양들이 듣지 아니하였느니라 ⁹ 내가 문이니 누구든지 나로 말미암아 들어가면 구원을 받고 또는 들어가며 나오며 꼴을 얻으리라 ¹⁰ 도둑이 오는 것은 도둑질하고 죽이고 멸망시키려는 것뿐이요 내가 온 것은 양으로 생명을 얻게 하고 더 풍성히 얻게 하려는 것이라 ¹¹ 나는 선한 목자라 선한 목자는 양들을 위하여 목숨을 버리거니와 ¹² 삯꾼은 목자가 아니요 양도 제 양이 아니라 이리가 오는 것을 보면 양을 버리고 달아나나니 이리가 양을 물어 가고 또 헤치느니라 ¹³ 달아나는 것은 그가 삯꾼인 까닭에 양을 돌보지 아니함이나 ¹⁴ 나는 선한 목자라 나는 내 양을 알고 양도 나를 아는 것이 ¹⁵ 아버지께서 나를 아시고 내가 아버지를 아는 것 같으니 나는 양을 위하여 목숨을 버리노라 …

마지막 일곱 번째 기적인 **나사로의 죽음과 부활 이야기**¹¹:¹⁻⁴⁴에서도 예수님은 스스로를 계시한다. 이 기적은 예수 공사역의 정점을 이루면서 예수의 운명과 직결되어 있다(11:25-26, "²⁵ 예수께서 이르시되 나는 부활이요 생명이니 나를 믿는 자는 죽어도 살겠고 ²⁶ 무릇 살아서 나를 믿는 자는 영원히 죽지 아니하리니 이것을 네가 믿느냐"). 이 기적을 보고는 대제사장들과 바리새인들이 공회를 열어 예수를 살해할 음모를 꾸민다¹¹:⁴⁵⁻⁵³. 베다니에서 기름 부음을 받는 이야기¹²:¹⁻⁸에 이어 메시아로 환영을 받는 예수님의 예루살렘 입성 장면이 나오고¹²:¹²⁻¹⁹, 다음과 같은 말씀으로 예수님의 공적 사역이 끝난다.

(12:44-50) ⁴⁴ 예수께서 외쳐 이르시되 나를 믿는 자는 나를 믿는 것이 아니요 나를 보내신 이를 믿는 것이며 ⁴⁵ 나를 보는 자는 나를 보내신 이를 보는 것이니라 ⁴⁶ 나는 빛으로 세상에 왔나니 무릇 나를 믿는 자로 어둠에 거하지 않게 하려 함이로라 ⁴⁷ 사람이 내 말을 듣고 지키지 아니할지라도 내가 그를 심판하지 아니하노라 내가 온 것은 세상을 심판하려 함이 아니요 세상을 구원하려 함이로라 ⁴⁸ 나를 저버리고 내 말을 받지 아니하는 자를 심판할 이가 있으니 곧 내가 한 그 말이 마지막 날에 그를 심판하리라 ⁴⁹ 내가 내 자의로 말한 것이 아니요 나를 보내신 아버지께서 내가 말할 것과 이를 것을 친히 명령하여 주셨으니 ⁵⁰ 나는 그의 명령이 영생인 줄 아노라 그러므로 내가 이르는 것은

내 아버지께서 내게 말씀하신 그대로니라 하시니라

이제까지 본 첫째 본론 부분에서 복음서 저자는 사람들이 어떻게 예수님에 대한 신앙에 이르게 되는가를 반복하여 강조했다. 먼저 제자들, 그 뒤를 이어 예루살렘의 많은 사람들(2:23, "유월절에 예수께서 예루살렘에 계시니 많은 사람이 그의 행하시는 표적을 보고 그의 이름을 믿었으나"), 사마리아 여인(4:42, "그 여자에게 말하되 이제 우리가 믿는 것은 네 말로 인함이 아니니 이는 우리가 친히 듣고 그가 참으로 세상의 구주신 줄 앎이라 하였더라"), 병 고침을 받은 눈먼 사람(9:38, "이르되 주여 내가 믿나이다 하고 절하는지라"), 많은 관리(12:42, "관리 중에도 그를 믿는 자가 많되")가 예수님에 대한 신앙을 갖게 되었다고 밝힌다. 그러나 동시에 예수님에 대한 신앙을 거부하는 모습 역시 증가하면서 결국에는 유대 지도자들이 예수님을 살해하기로 결심하게 된다[11:48-57].

둘째 본론[13:1-20:29]은 공관복음[막 14:22-25; 마 26:26-29; 눅 22:14-20; 참조, 고전 11:23-25]에 나타나는 예수님의 성만찬 제정 장면 대신, 예수님이 예루살렘에서 제자들과 마지막 식사를 나누며 제자들의 발을 씻는 상징적인 행위에 대한 보도로 시작한다[13:1-20]. **세족식**은 예수께서 당하실 수난을 예고하는 성격을 띤다. 따라서 이 세족식 이야기는 앞으로 전개될 **수난 이야기의 도입부 역할**을 한다. 이로써 독자들이 곧 닥칠 예수님의 죽음의 운명을 바라보도록 한다.

(13:1-20) [1] 유월절 전에 예수께서 자기가 세상을 떠나 아버지께로 돌아가실 때가 이른 줄 아시고 세상에 있는 자기 사람들을 사랑하시되 끝까지 사랑하시니라 [2] 마귀가 벌써 시몬의 아들 가룟 유다의 마음에 예수를 팔려는 생각을 넣었더라 [3] 저녁 먹는 중 예수는 아버지께서 모든 것을 자기 손에 맡기신 것과 또 자기가 하나님께로부터 오셨다가 하나님께로 돌아가실 것을 아시고 [4] 저녁 잡수시던 자리에서 일어나 겉옷을 벗고 수건을 가져다가 허리에 두르시고 [5] 이에

대야에 물을 떠서 제자들의 발을 씻으시고 그 두르신 수건으로 닦기를 시작하여 ⁶ 시몬 베드로에게 이르시니 베드로가 이르되 주여 주께서 내 발을 씻으시나이까 ⁷ 예수께서 대답하여 이르시되 내가 하는 것을 네가 지금은 알지 못하나 이후에는 알리라 ⁸ 베드로가 이르되 내 발을 절대로 씻지 못하시리이다 예수께서 대답하시되 내가 너를 씻어 주지 아니하면 네가 나와 상관이 없느니라 ⁹ 시몬 베드로가 이르되 주여 내 발뿐 아니라 손과 머리도 씻어 주옵소서 ¹⁰ 예수께서 이르시되 이미 목욕한 자는 발밖에 씻을 필요가 없느니라 온 몸이 깨끗하니라 너희가 깨끗하나 다는 아니니라 하시니 ¹¹ 이는 자기를 팔 자가 누구인지 아심이라 그러므로 다는 깨끗하지 아니하다 하시니라 ¹² 그들의 발을 씻으신 후에 옷을 입으시고 다시 앉아 그들에게 이르시되 내가 너희에게 행한 것을 너희가 아느냐 ¹³ 너희가 나를 선생이라 또는 주라 하니 너희 말이 옳도다 내가 그러하다 ¹⁴ 내가 주와 또는 선생이 되어 너희 발을 씻었으니 너희도 서로 발을 씻어 주는 것이 옳으니라 ¹⁵ 내가 너희에게 행한 것 같이 너희도 행하게 하려 하여 본을 보였노라 ¹⁶ 내가 진실로 진실로 너희에게 이르노니 종이 주인보다 크지 못하고 보냄을 받은 자가 보낸 자보다 크지 못하나니 ¹⁷ 너희가 이것을 알고 행하면 복이 있으리라 ¹⁸ 내가 너희 모두를 가리켜 말하는 것이 아니니라 나는 내가 택한 자들이 누구인지 앎이라 그러나 내 떡을 먹는 자가 내게 발꿈치를 들었다 한 성경을 응하게 하려는 것이니라 ¹⁹ 지금부터 일이 일어나기 전에 미리 너희에게 일러 둠은 일이 일어날 때에 내가 그인 줄 너희가 믿게 하려 함이로라 ²⁰ 내가 진실로 진실로 너희에게 이르노니 내가 보낸 자를 영접하는 자는 나를 영접하는 것이요 나를 영접하는 자는 나를 보내신 이를 영접하는 것이니라

1절에서 예수님이 아버지께 돌아갈 때가 도달했다는 사실을 언급하는데, 여기서 예수님의 때는 죽음에 이르는 시간이자 동시에 영광에 이르는 시간이다. 제자들의 발을 씻는 예수님의 본을 따라 예수님이 없는 시간에도 제자들이 그와 같이 사랑의 삶을 살 것을 독려한다. 이어서 **유다의 배반을 예고**한 뒤^{13:21-30}, 예수님은 이제 이루어진 자신의 영광에 대해 언급하고, 남게 될 제자들을 위해 '**새 계명**'을 주며^{13:31-35}, 베드로가 부인할 것을 예고한다^{13:36-38}.

그런 다음 예수님이 제자들을 향해 하시는 일련의 **고별설교**[14:1-16:33]가 나온다. 첫 번째 고별설교[14:1-31]에는 매우 흥미롭게도 '파루시아'[Parusia], 즉 **'예수 재림'에 대한 새로운 해석**이 제시된다.[36]

첫머리에서 예수님은 제자들을 위해 아버지의 집에 거처할 처소를 예비하기 위해 제자들을 떠난다고 선포하며 또 이들에게 자신의 파루시아[=재림]를 약속한다:

(14:1-3) ¹ 너희는 마음에 근심하지 말라 하나님을 믿으니 또 나를 믿으라 ² 내 아버지 집에 거할 곳이 많도다 그렇지 않으면 너희에게 일렀으리라 내가 너희를 위하여 거처를 예비하러 가노니 ³ 가서 너희를 위하여 거처를 예비하면 내가 다시 와서 너희를 내게로 영접하여 나 있는 곳에 너희도 있게 하리라

그러나 마감 부분에 가서는 자기를 사랑하는 모든 사람들에게 이렇게 약속한다:

(14:23) 사람이 나를 사랑하면 내 말을 지키리니 내 아버지께서 그를 사랑하실 것이요 우리가 그에게 가서 거처를 그와 함께 하리라

2절의 약속이 여기 23절에서는 이미 실현되고 있다. 즉 구원의 거처가 더 이상 아버지의 집, 즉 하늘이 아니라 예수님의 말씀을 지키는 인간의 마음속에 있다는 뜻이다. 따라서 예수님은 아버지에게 가서 거처를 예비할 필요가 없고, 또 예수님의 제자들은 아버지와 예수님을 위한 거처를 각자의 내면에 준비해야 한다. 이렇게 보면 23절은 '하나님이 당신의 백성 안에 거한다'는 구약성경의 제의적 언어[출 25:8; 29:45; 레 26:11]를 요한공동체의 현재 시점으로 수용하여 영적으로 표현한 것으로 볼 수 있다.[37] 한마디로 23절은 상징적인 말씀인 2절에 대한 일종의 해석에 해당한다.

23절 바로 앞에서 저자는 예수님의 파루시아를 부활과 동일시하면서

---

36) G. Theissen, 『그리스도인 교양을 위한 신약성서』, 192.

37) R. Schnackenburg, *Das Johannesevangelium* III, 93.

매우 신비적인 언어로 묘사한다:

> (14:19-20) [19] 조금 있으면 세상은 다시 나를 보지 못할 것이로되 너희는 나를 보리니 이는 내가 살아 있고 너희도 살아있겠음이라 [20] 그 날에는 내가 아버지 안에, 너희가 내 안에, 내가 너희 안에 있는 것을 너희가 알리라

고별설교 안에는 예수님의 사랑의 계명이 재차 언급되고 보혜사에 관한 약속이 나오며[14:12-26], 또한 평화에 관한 약속[14:27-31a]도 나온다. 그런 다음 예수님은 "일어나라 여기를 떠나자"고 말한다[14:31b].

이어서 참 포도나무[15:1-8], 사랑의 계명[15:9-17]이 나오고, 계속하여 15:18-16:33에서 세상의 미움, 예수의 떠나감과 다시 오심 등의 이야기가 나온다. 예수님은 자신이 떠나간 뒤 남게 될 세대를 위한 **보혜사**의 활동에 대해 다음과 같이 진술한다:

> (14:16-17) [16] 내가 아버지께 구하겠으니 그가 또 다른 보혜사를 너희에게 주사 영원토록 너희와 함께 있게 하리니 [17] 그는 진리의 영이라 세상은 능히 그를 받지 못하나니 이는 그를 보지도 못하고 알지도 못함이라 그러나 너희는 그를 아나니 그는 너희와 함께 거하심이요 또 너희 속에 계시겠음이라; (14:26) 보혜사 곧 아버지께서 내 이름으로 보내실 성령 그가 너희에게 모든 것을 가르치고 내가 너희에게 말한 모든 것을 생각나게 하리라; (15:26-27) [26] 내가 아버지께로부터 너희에게 보낼 보혜사 곧 아버지께로부터 나오시는 진리의 성령이 오실 때에 그가 나를 증언하실 것이요 [27] 너희도 처음부터 나와 함께 있었으므로 증언하느니라; (16:7-11, 13-15) [7] 그러나 내가 너희에게 실상을 말하노니 내가 떠나가는 것이 너희에게 유익이라 내가 떠나가지 아니하면 보혜사가 너희에게로 오시지 아니할 것이요 가면 내가 그를 너희에게로 보내리니 [8] 그가 와서 죄에 대하여, 의에 대하여, 심판에 대하여 세상을 책망하시리라 [9] 죄에 대하여라 함은 그들이 나를 믿지 아니함이요 [10] 의에 대하여라 함은 내가 아버지께로 가니 너희가 다시 나를 보지 못함이요 [11] 심판에 대하여라 함은 이 세상 임금이 심판을 받았음이라 … [13] 그러나 진리의 성령이 오시면 그가 너희를 모든 진리 가운데로 인도하시리니 그가 스스로 말하지 않고 오직 들은 것을 말하며 장래 일을 너희에게 알리시리라 [14] 그가 내 영광을 나타내리니 내 것을 가지고 너희

에게 알리시겠음이라 ^{15} 무릇 아버지께 있는 것은 다 내 것이라 그러므로 내가 말하기를 그가 내 것을 가지고 너희에게 알리시리라 하였노라

이어서 예수께서 제자들을 위해 하나님께 드리는 장엄한 **고별 기도** $^{17:1-26}$가 나온다.38) 아버지에 의해 파송된 아들로서 파송의 목적을 성취한 뒤 영원부터 하나로 연결된 아버지께로 다시 돌아가는 예수님이 이 기도문의 중심에 있다.

(17:1-26) ^{1} 예수께서 이 말씀을 하시고 눈을 들어 하늘을 우러러 이르시되 아버지여 때가 이르렀사오니 아들을 영화롭게 하사 아들로 아버지를 영화롭게 하게 하옵소서 ^{2} 아버지께서 아들에게 주신 모든 자에게 영생을 주게 하시려고 만민을 다스리는 권세를 아들에게 주셨음이로소이다 ^{3} 영생은 곧 유일하신 참 하나님과 그가 보내신 자 예수 그리스도를 아는 것이니이다 ^{4} 아버지께서 내게 하라고 주신 일을 내가 이루어 아버지를 이 세상에서 영화롭게 하였사오니 ^{5} 아버지여 창세 전에 내가 아버지와 함께 가졌던 영화로써 지금도 아버지와 함께 나를 영화롭게 하옵소서 ^{6} 세상 중에서 내게 주신 사람들에게 내가 아버지의 이름을 나타내었나이다 그들은 아버지의 것이었는데 내게 주셨으며 그들은 아버지의 말씀을 지키었나이다 ^{7} 지금 그들은 아버지께서 내게 주신 것이 다 아버지로부터 온 것인 줄 알았나이다 ^{8} 나는 아버지께서 내게 주신 말씀들을 그들에게 주었사오며 그들은 이것을 받고 내가 아버지께로부터 나온 줄을 참으로 아오며 아버지께서 나를 보내신 줄도 믿었사옵나이다 ^{9} 내가 그들을 위하여 비옵나니 내가 비옵는 것은 세상을 위함이 아니요 내게 주신 자들을 위함이니이다 그들은 아버지의 것이로소이다 ^{10} 내 것은 다 아버지의 것이요 아버지의 것은 내 것이온데 내가 그들로 말미암아 영광을 받았나이다 ^{11} 나는 세상에 더 있지 아니하오나 그들은 세상에 있사옵고 나는 아버지께로 가옵나니 거룩하신 아버지여 내게 주신 아버지의 이름으로 그들을 보전하사 우리와 같이 그들도 하나가 되게 하옵소서 ^{12} 내가 그들과 함께 있을 때에 내게 주신 아버지의 이름으로 그들을 보전하고 지키었나이다 그 중의 하나도 멸망하지 않고 다만 멸망의 자식뿐이오니 이는 성경을 응하게 함이니이다 ^{13} 지금 내가 아버지께로

---

38) '죽어가는 사람의 고별 연설'이라는 문학 유형을 따른 대표적인 고대 유대문헌으로 '12 족장의 유언' Testaments of the 12 Patriarchs, 주전 2세기경이란 작품이 있다. 또한 밀레도에서의 바울의 연설 행 20:17-35과 디모데후서도 일종의 유언문학에 속한다.

가오니 내가 세상에서 이 말을 하옵는 것은 그들로 내 기쁨을 그들 안에 충만히 가지게 하려 함이니이다 …

여기서 "때가 이르렀사오니"[1절]는 영광의 때인 아들의 수난의 때가 도래했음을 뜻한다. 곧 십자가 죽음으로 완성될 파송의 성취 순간을 가리키며 아버지께로 돌아갈 때를 가리킨다[참조, 12:23 "인자가 영광을 얻을 때"; 12:27-28; 13:1 "아버지께로 돌아가실 때"].

십자가 죽음의 때에 직면하여 제자들과 작별을 고하는 예수님의 고별기도는 크게 3단락으로 나눌 수 있다.[39] **첫째 단락**[17:1-5]에서 육신으로 세상에 파송되어 맡겨주신 사명을 성취한 아들 예수님은 먼저 자신을 영화롭게 해주실 것을 아버지께 청한다. 아버지를 통한 아들의 영광은 동시에 아들을 통한 아버지의 영광에 기여한다. 이것은 아버지가 아들에게 만민을 다스리는 권세를 주어서 보낸 파송에 부합한다. 십자가 죽음을 통해 아들은 아버지의 명령을 완수하게 되고, 아버지는 아들을 다시 자기에게로 들어 올리신다. 예수님의 파송은 세상의 구원을 위한 것이며, 세상은 예수님을 믿는 가운데 **영생**의 은사를 받는다. 여기서 영생은 미래에 속한 것이 아니라, 하나님을 아는 것으로 규정된다[3절]. 그것은 곧 아버지에 의해 파송된 예수 그리스도를 아는 것이다.

부활과 심판도 더 이상 미래적인 것이 아니라 **현재적인 사건**으로 선포된다[5:24, "내 말을 듣고 또 나 보내신 이를 믿는 자는 영생을 얻었고 심판에 이르지 아니하나니 사망에서 생명으로 옮겼느니라"]. 종말론적 구원이 인간 현재의 삶으로 이동함으로써, 예수님과 그의 메시지는 영원하신 하나님과 만나게 되는, 시간을 초월한 사건이 된다.

둘째 단락[17:6-23]은 지상에 남게 될 제자들을 위한 중보기도이다: 제자들을 위한 간구의 근거[6-11a절]; 제자들을 지켜달라는 간구[11b-16절]; 진리로 거룩하게 해달라는 간구[17-19절]; 믿는 사람들이 다 하나가 해달라는 간구[20-23절].

---

39) U. Wilckens, *Das Evangelium nach Johannes*, 259.

그리고 **셋째 단락**^{17:24-26}은 믿는 사람들이 도달할 완성에 대한 진술로 이 장의 결론이다.

이어서 **수난 이야기**^{18:1-19:42}가 본격적으로 언급된다. 요한신학의 특징은 예수님의 수난에 대한 저자의 묘사에서 더 잘 드러난다. 수난 이야기에서는 예수님의 영광의 모습과 신적인 위엄을 지닌 하나님의 아들로서의 권세가 부각된다. 그것은 한 마디로 인자가 영광 가운데 하나님 아버지께로 "들리움"^{3:14; 8:28; 12:32-33}을 보여주는 모습이다. 다른 복음서 저자들이 십자가 죽음의 순간을 예수님이 지극히 낮아진 모습으로 기술하는 것과 달리, 요한복음 저자는 십자가 죽음의 순간을 **영광과 들리움의 절정**을 나타내는 시간으로 강조한다.

당시 신앙인들은 예수님의 처절한 수난과 그 치욕스러운 죽음을 받아들이기가 어려웠다. 따라서 그 안에 담긴 깊은 뜻을 찾기 위해 구약성경을 통해 고난받는 종의 대속의 죽음, 의인의 고난, 십자가의 어리석음에 감추어진 하나님의 지혜 등으로 해석하고자 애썼으며, 또한 치욕의 순간을 넘어선 부활과 영광스러운 재림의 순간을 유독 부각하려고 할 뿐이었다. 일찍이 요한복음 저자 외에 그 누구도 예수님이 당하신 고난의 길과 치욕스러운 십자가 죽음을 오히려 예수님의 영광을 드러내는 것으로 해석한 적이 없었다. 바로 이 점에 요한신학의 독특함과 위대함이 있다.

언뜻 보기에 요한복음의 수난 이야기는 공관복음의 묘사와 유사하나, 둘 사이에는 여러 곳에서 차이가 난다. 공관복음과 다른 점에 유의하면서 수난 이야기를 다음의 6단계로 나누어 본다.⁴⁰⁾

1) **예수의 체포**^{18:1-11}: 고별사에 이어서 예수님은 제자들과 더불어 예루살렘 시내에서 나와 한 동산으로 들어간다. 곧이어 유다가 로마군과 유대인 아랫사람들을 데리고 예수님을 체포하러 그곳으로 간다. 요한복음에

---

40) H. Merkel, *Bibelkunde des Neuen Testaments*, Gütersloh, 1992, 95-97 참조.

는 공관복음에 나타나는 겟세마네의 고뇌에 찬 기도 장면^{막 14:32-42; 마 26:36-46;} ^{눅 22:39-46}이 없다.[41] 공관복음의 경우와 달리 예수 체포 장면은 신적 현현 Epiphanie의 장면으로 바뀐다^{18:4-9}.

> (18:4-9) ⁴ 예수께서 그 당할 일을 다 아시고 나아가 이르시되 너희가 누구를 찾느냐 ⁵ 대답하되 나사렛 예수라 하거늘 이르시되 내가 그니라 하시니라 그를 파는 유다도 그들과 함께 섰더라 ⁶ 예수께서 그들에게 내가 그니라 하실 때에 그들이 물러가서 땅에 엎드러지는지라 ⁷ 이에 다시 누구를 찾느냐고 물으신대 그들이 말하되 나사렛 예수라 하거늘 ⁸ 예수께서 대답하시되 너희에게 내가 그니라 하였으니 나를 찾거든 이 사람들이 가는 것은 용납하라 하시니 ⁹ 이는 아버지께서 내게 주신 자 중에서 하나도 잃지 아니하였사옵나이다 하신 말씀을 응하게 하려 함이러라

체포하려는 자들이 다가오자 예수님은 세 번에 걸쳐 "내가 그니라"라고 말하며 당당하게 나선다. 이에 체포하러 온 자들이 예수님의 신적인 권위에 눌려 물러가 땅에 엎드러지고 만다^{6절.[42]} 이처럼 예수님은 이들에게 체포당한다기보다 자발적으로 몸을 내맡긴다. 8-9절에서는 예수님의 죽음이 사람들을 위한 대속의 죽음임이 드러난다.

2) **안나스와 가야바 앞에서 심문받는 예수와 베드로의 부인**^{18:12-27}: 공관복음의 경우 체포된 예수님은 곧장 대제사장 가야바에게 끌려가나, 요한복음에서는 먼저 전임 대제사장이었던 안나스에게 끌려가 그의 심문을 받는다. 이 장면에는 거짓 증인들에 대한 언급도 없고 메시아 질문도 제기되지 않을 뿐만 아니라 유죄 판결도 내려지지 않는다. 안나스 앞에서의 심문에서도 예수님은 상황을 주도한다. 심문이 중단된 뒤 대제사장 가야

---

41) 겟세마네 기도의 흔적이 요 12:27에 나타난다. "지금 내 마음이 괴로우니 무슨 말을 하리요 아버지여 나를 구원하여 이때를 면하게 하여 주옵소서 그러나 내가 이를 위하여 이때에 왔나이다"

42) 막 14:45-46와 비교하라: "⁴⁵ (유다가) 예수께 나아와 랍비여 하고 입을 맞추니 ⁴⁶ 그들이 예수께 손을 대어 잡거늘"

바에게 보내진다.

3) **빌라도 앞에서의 공판** 18:28-19:16a: 요한 특유의 기독론이 나타나고, 무대와 등장인물이 뒤바뀌면서 정교하게 구성된 이 장면은 요한 수난사의 핵심에 속하는 부분이다. 유대인들이 총독 관정 앞에, 예수님은 관정 안에 있고 그 중간에 빌라도가 서 있다. 빌라도가 관정 밖에서 유대인들의 고소를 받아들인 후 18:28-32, 관정 안에서 예수님을 심문하고도 18:33-38a 죄를 찾지 못하고 예수님을 석방하려고 한다. 유대인들은 예수님 대신 강도 바라바를 풀어주라고 외친다 관정 밖, 18:38b-40. 이어서 빌라도가 병사들을 시켜 예수님을 채찍질하게 한 뒤 관정 안, 19:1-3, 조롱받는 유대인의 왕을 유대인들에게 나오게 하니 그들은 "십자가에 못 박으소서"라고 소리친다 관정 밖, 19:4-8. 다시 관정 안에서 빌라도가 예수를 심문한 다음 19:9-12, 유대인들의 두 번째 외침에 따라 그를 십자가에 못 박도록 넘겨준다 관정 밖, 19:13-16a.

이처럼 무대와 등장인물이 엇물려 나타나면서 십자가 죽음이 언도되기까지 서로 대조되는 두 가지 극적 흐름이 절정을 향해 달리는 것을 볼 수 있다. 즉 비참한 상황에 처한 사람으로서 심문받는 예수님의 모습을 그리는 형식적인 흐름과 더불어, 신적인 권위와 영광을 지닌 왕인 예수님의 모습을 묘사하는 내적인 내용의 흐름이 서로 두드러진다. 외적인 권세를 대표하는 빌라도가 점점 걱정에 싸여 어찌할 바를 모르는 상황에 빠지는 한편, 유대인들은 자신들의 진정한 왕을 포기하고 빌라도를 더 높게 평가함으로써 마치 이방인처럼 행동한다. 그러나 외적으로 심판을 받았음에도 불구하고 결국 오직 예수님만 그들 모두 위에서 내적인 자유 가운데 하나님께 속한 사람으로 나타난다.

이 셋째 장면에는 요한 특유의 기독론적인 표현이 많이 나온다.[43] 특히 왕의 칭호가 반복적으로 나타난다. 이에 따라 심판 법정에 관한 이야기가

---

43) 구원하기 위해 세상에 오신 예수(1:9; 3:19; 9:39 등), 진리에 대하여 증언하는 예수(1:17; 3:31-32; 8:32, 47; 10:27): 18:37 참조.

'왕의 현현에 관한 이야기'로 이루어진다.

① 왕 선언 Königsproklamation: 빌라도 앞의 예수님 18:36-37
② 왕 등극 Königsinthronisation: 조롱 장면 19:2-3
③ 백성 앞에 모습을 드러낸 왕 Königsepiphanie: 가시관과 자색 옷 19:5
④ 왕을 향한 환호 Königsakklamation: 십자가 형 요구 19:6, 15

4) 십자가 위의 예수 19:16b-30: 구레네 사람 시몬이 예수님의 십자가를 대신 지고 가는 장면이 없고 막 15:21, 예수님은 자기의 십자가를 스스로 지고 가서 못 박힌다 16b-18절. 십자가 위에 히브리어, 라틴어, 그리스어로 기록된 팻말이 붙어 예수의 왕 되심이 온 세상에 선포된다 19-22절. 예수님의 옷을 나눠 취하고 제비 뽑는 행위 23-24b절는 그리스어 시편 22:19 LXX44)의 성취를 나타낸다. 또한 십자가 곁에 있는 여인들 25절, 예수님이 어머니와 애제자에게 하는 말 26-27절, 성경 구약 말씀의 성취를 위한 목마르다는 예수님의 외침 28절, 신 포도주를 마심 29절, 예수님이 자신의 지상 사역을 완성했음을 선언하면서 운명함 30절으로 수난 이야기는 끝난다.

> (19:28-30) ²⁸ 그 후에 예수께서 모든 일이 이미 이루어진 줄 아시고 성경을 응하게 하려 하사 이르시되 내가 목마르다 하시니 ²⁹ 거기 신 포도주가 가득히 담긴 그릇이 있는지라 사람들이 신 포도주를 적신 해면을 우슬초에 매어 예수의 입에 대니 ³⁰ 예수께서 신 포도주를 받으신 후에 이르시되 다 이루었다 τετέλεσται 하시고 머리를 숙이니 영혼이 떠나가시니라

이렇게 예수님은 제자들뿐 아니라 심지어 하나님으로부터도 버림 받은 자로, 그러나 철저히 실패한 자로서 죽는 것이 아니라 하나님의 계획을 완성한 자로, 하나님으로부터 영광을 입은 자로 죽는다. 이와 같이 십자가 죽음의 순간은 좌절과 실패가 아닌 영광과 승리의 순간이며 하나님께로

---

44) 우리말 개역성경에는 시편 22:18로 되어 있다.

올라가는 들림의 순간이다 ^{선재자 그리스도=성육하신 분=십자가에 달리신 분=올리우신 분.}

5) **십자가에서 시신을 치움** ^{19:31-37}: 공관복음에 전혀 나타나지 않는 이 장면에서 예수님은 진정한 유월절 양으로 묘사된다.

6) **예수의 매장** ^{19:38-42}: 이 부분은 공관복음 전승을 토대로 했다. 그러나 공관복음에는 아리마대 요셉⁴⁵⁾만 등장하는데, 여기서는 아리마대 요셉이 니고데모와 함께 매장 일을 완벽하게 수행한다.

이어서 요한복음 20:1-29에는 빈 무덤 이야기와 부활하신 예수 그리스도가 막달라 마리아와 제자들에게, 도마에게 모습을 드러내는 장면이 나온다. 계속하여 요한복음을 **기록한 목적**이 언급된다(20:30-31, "³⁰ 예수께서 제자들 앞에서 이 책에 기록되지 아니한 다른 표적도 많이 행하셨으나 ³¹ 오직 이것을 기록함은 너희로 예수께서 하나님의 아들 그리스도이심을 믿게 하려 함이요 또 너희로 믿고 그 이름을 힘입어 생명을 얻게 하려 함이니라").

이 본문은 마치 요한복음의 결론인 것 같다. 그런데 흥미롭게도 디베랴 호수에서의 부활하신 그리스도의 현현 이야기를 담은 21장의 끝부분 ^{21:24-25}에 결론이 다시 나온다(21:24-25, "²⁴ 이 일들을 증언하고 이 일들을 기록한 제자가 이 사람이라 우리는 그의 증언이 참된 줄 아노라 ²⁵ 예수께서 행하신 일이 이 외에도 많으니 만일 낱낱이 기록된다면 이 세상이라도 이 기록된 책을 두기에 부족할 줄 아노라"). 학자들은 결론이 두 번에 걸쳐 나타나는 것으로 미루어 21장이 훗날 확대된 본문일 것으로 짐작한다.

9. 요한 신학의 중심

요한복음은 특유의 기독론을 표방한다. 여기서 예수를 바라보는 두 가지

---

45) 막 15:43을 참조하라("아리마대 사람 요셉이 와서 당돌히 빌라도에게 들어가 예수의 시체를 달라 하니 이 사람은 존경 받는 공회원이요 하나님의 나라를 기다리는 자라").

중심 관점은 유대교의 **유일신 신앙과 선재하신 그리스도**이다. 아버지와 아들의 관계를 통해 두 관점이 조화를 이룬다. 성육신하신 로고스 예수는 아들로서 아버지의 형상이다. 비록 아버지가 아들보다 항상 크나, 아들은 아버지와 동일하다. 아버지는 파송된 아들 안에서 현존한다. 예수를 보는 자는 그를 파송한 아버지를 보는 것과 같다. 곧 아버지와 아들의 본질과 사역은 하나이다 10:30; 17:21 등. 따라서 요한복음은 **파송 기독론**도 강조한다. 하나님 아버지로부터 파송된 예수 그리스도의 모습을 특히 강조한다.[46]

이미 서시 1:14에서 성육신의 중요성을 강조하고, 또한 복음서 앞부분에 공사역의 시작에 해당하는 성전 항쟁 사건 2:14-22을 배치함으로써 **십자가와 부활에 관한 구원의 의미를 강조**하는 데서 요한복음의 중심 사상이 드러난다. 예수 수난에 대한 언급이 복음서 전체를 관통하는데 2:4; 10:11, 15, 17; 11:13; 12:16, 32-33; 13:1-3, 7, 37; 15:13; 17:19; 18:32, 이로써 부활하신 분이 다름 아닌 십자가에 돌아가신 분이라는 사실을 밝힌다. **성육신과 십자가는 곧 인간을 향한 하나님의 사랑의 표현**이다. 이런 시각에서 십자가는 요한에게 치욕과 고통으로 가득 찬 어두움의 장소가 아니라 구원의 완성을 선언하는 빛의 장소이다.

성육신 기독론 가운데 이미 드러나듯이, **요한의 예수상은 양면성의 긴장**을 담고 있다. 수난 이야기에 나타나듯이 예수님은 고난당하여 죽을 수밖에 없는 실제 인간임을 부각하나, 다른 한편 예수님의 신성도 강조한다. 따라서 요한의 예수님은 근심 걱정이나 갈등과 위협을 초월한 분으로 묘사된다.

공관복음의 예수님은 시작된 하나님의 통치를 권세를 가지고 선포하지만, 요한복음의 예수님은 **계시자로서의 자기 자신을 중심 주제로 삼고**, 자신이 하나님과 지극히 가까이 있는 자라는 사실을 강조하며 선포한다. 곧 "나를 본 자는 아버지를 보았다" 14:9고 하며, 이른바 "내가 …이니라"

---

46) 김창선, "요한복음의 파송 기독론", 『21세기 신약성서 신학』, 345-360 참조.

ἐγώ εἰμι는 요한 특유의 여러 상징어를 통해 자신을 계시한다.

요한의 기독론은 동시에 종말론을 결정짓는다. 예수님을 믿는 자에게는 부활 사건이 이미 일어난 것이다(5:20, "내 말을 듣고 또 나 보내신 이를 믿는 자는 영생을 얻었고 심판에 이르지 아니하나니 사망에서 생명으로 옮겼느니라"). 예수님이 곧 "부활이요 생명"이기 때문에[11:25], 예수님을 믿는 자는 "영원히 죽지 않으리라" 말한다[11:26]. 전통적인 미래 종말론이 포기된 것은 아니나[5:28-29], 무게 중심이 이른바 **'현재 종말론'**[3:18; 5:24-25]에 놓인다. 현재 예수님과 함께하는 삶이 곧 구원의 삶이다.

XXII

요한서신

...

· **특징**: 저자의 이름을 밝히지 않은 세 요한서신요한일서, 요한이서, 요한삼서은 언어와 내용에서 서로 밀접한 연관성이 있으며, 모두 요한공동체에 속하는 교인들에게 보낸 문서이다. 완벽한 편지 형식을 갖춘 요한이서 및 요한삼서와 달리 요한일서는 편지의 형식을 갖추고 있지 않다. 그러나 세 서신 모두 특정 상황을 전제로 한 실제 편지로 간주된다.

· **핵심 메시지**: 하나님의 아들이신 예수께서 인간의 몸을 입고 이 땅에 성육신 하신 분이라는 사실을 부인하는 거짓된 가르침에 대해 경고하며, 또한 교인 서로 간의 사랑을 권면한다.

학자들은 대체로 '요한서신'이 요한 신앙 공동체 발전사 후기에 기록된 것으로 간주한다. 따라서 여기에는 하나님의 아들로서의 예수님의 메시아성을 둘러싸고 유대 공회와 벌이는 요한복음의 논쟁이 더 이상 나오지 않고, 예수 그리스도의 성육신을 부정하면서 천상적인 구원자 그리스도를 내세우는 교회 내부의 이단과의 논쟁이 중심이 되어 있다. 요한서신이 여러 면에서 요한복음과 비슷한 모습을 보이기 때문에 2세기경부터 내려온 교회 전통에서는 요한서신과 요한복음의 저자가 동일 인물이라고 하

면서 세배대의 아들 사도 요한을 그 저자로 여겨왔다. 그러나 이러한 시
각은 본문에서 분명하게 확인되지 않을 뿐 아니라, 그 밖의 여러 이유에
서 더 이상 광범위한 지지를 얻지 못한다.

요한일서는 저자의 이름을 언급하지 않으나, 요한이서와 요한삼서는
저자가 자신을 '장로'라고 한다. 그러나 여기서 말하는 '장로'는 교회의
직분을 가리킨다고 보기 어렵다. 전체 요한문서에 교회 내의 장로법이나
장로 직분과 관련된 어떤 흔적도 나타나지 않기 때문이다. 따라서 여기서
'장로'는 나이로 인해 카리스마를 지니게 된 사람을 가리킨다. 그 장로가
요한일서 역시 기록했는지 정확히 알 수 없으나 그럴 가능성이 있다.

요한서신이 모두 언어와 문체 및 사고 세계의 측면에서 요한복음의
것과 일치하기 때문에, 학자들은 대체로 **세 개 서신 모두 요한공동체에서
비롯**되었을 것이라는 점에 동의한다.[1] 그러나 요한 신앙공동체 역사의
어느 단계에 이들이 속하는지, 요한복음보다 먼저 혹은 나중에 기록되었
는지를 둘러싸고 약간의 논란이 있다.

콘첼만H. Conzelmann은 요한일서를 요한학파의 "목회서신"이라고 하면서,
요한일서가 요한복음을 전제한 것으로 여긴다. 그러나 슈트레커G. Strecker
는 요한일서를 요한복음보다 먼저 기록된 요한신학에 대한 독자적인 증
언을 담은 문서로 평가한다. 이에 대한 가장 주된 견해는 요한서신이 요
한복음이 생성되고 난 다음 주후 100년경 또는 2세기 초에 요한학파[2]에
의해 기록되었다는 것이다요 21장이 첨가되는. 요한복음의 최종 편집이 이루어
지고 요한일서가 기록되던 단계는 요한공동체의 분열 이후 형성되고 있
는 공교회 정통 신앙에 합류하기 위해 애쓰던 시기였다.

---

1) 대체로 요한이서와 요한삼서의 "장로"를 요한일서의 저자와 동일 인물로 간주한다H.
Windisch; C. H. Dodd; R. Schnackenburg; R. E. Brown; H. J. Klauck; M. Hengel; Pokorny/Heckel 등. 그러나 슈넬레
는 요한이서/요한삼서와 요한일서의 저자가 서로 다른 인물이며, 또한 언어와 신학적 표상과
다른 상황에 근거하여 요한일서의 저자와 요한복음의 저자도 동일 인물이 아니라고 판단한다
(U. Schnelle, *Einleitung*, 500).
2) "요한학파"에 대하여는 XXI-5. "요한공동체 발전의 3단계"를 참조하라.

1. 요한일서

1) **개론적 설명:** 요한일서에 서신의 특징을 나타내는 통상적인 서두 인사와 수신자 명단을 담은 마감 인사가 나타나지 않기 때문에 과연 이 문서를 편지로 볼 수 있는가 하는 의심을 받아 왔다. 그래서 디벨리우스는 요한일서를 "특별한 목적을 띤 논설문"Traktat이라고 하며, 슈트레커는 "편지 형태의 설교문"briefartige Homilie이라고 하고, 포코르니/헥켈은 요한일서와 관련하여 "정돈된 사고 구조가 드러나지 않으며, 특히 교리와 권면의 부분이 밀접하게 얽혀 있다"고 말한다.3) 그러나 실제 편지로 간주할 수 있다.4) 저자가 수신인을 부르는 말이 종종 나타나고 2:1, 28, "[나의] 자녀들아"; 4:1, 11, "사랑하는 자들아", 또한 구체적인 상황과 관련하여 특정 수신인에 대하여 언급하며, "내가 너희에게 씀은" 2:1, 7, 8, 12, 13, 21 또는 "내가 너희에게 쓴 것은" 2:14[3번]이라는 진술이 여러 번 나타나기 때문이다.

이 서신은 교회 내에서 일어난 **심각한 갈등 상황을 배경**으로 한다. 그리하여 성육신을 부인하는 거짓 가르침을 공박하며 바른 삶을 살 것을 권면하는 내용을 반복하여 강조한다.5) 이 경우 신앙과 사랑, 즉 신앙고백의 차원과 윤리적인 실천의 차원을 서로 밀접히 연관시킨다. 이 서신으로부터 알 수 있는 수신자의 상황은 교회 내부의 갈등으로 인해 교인 일부가 교회를 떠났고 2:18, 남아 있는 교인들도 미혹될 위험에 처해 있다 2:26는 것이다. 많은 학자들은 이 서신이 요한복음이 기록된 직후 에베소에서 작성되었을 것으로 짐작한다.6) 서신의 전체 내용에서 저자는 전승된 메시지를 상기시키는 가르침과 윤리적 권면을 밀접하게 연관시킨다. 사용된 개

---

3) M. Dibelius, *Geschichte der urchristlichen Literatur*, 136; G. Strecker, *Theologie des NT*, 456; Pokorny/Heckel, *Einleitung*, 543. 슈넬레도 "편지모양의 설교문"이라고 부른다(*Einleitung*, 505).

4) Conzelmann/Lindemann; J. Roloff; I. Broer 등.

5) 따라서 푸가F. Vouga는 요한서신을 가리켜 "권면의 서신"이라 부른다(*Die Johannesbriefe*, 1990).

6) 그러나 슈넬레는 요한일서가 요한복음보다 앞서 (요한이서와 요한삼서보다는 뒤늦게) 95년경에 기록된 것으로 여긴다. U. Schnelle, *Einleitung*, 503.

념뿐만 아니라 **현재 종말론적인 사고** 요 5:24-25; 요일 3:14를 공유한다는 점에서 요한일서는 신학적으로나 언어적으로 요한복음과 밀접한 관계를 갖는다.

> (요일 3:14) 우리는 형제를 사랑함으로 사망에서 옮겨 생명으로 들어간 줄을 알거니와 사랑하지 아니하는 자는 사망에 머물러 있느니라
> (요 5:24-25) [24] 내가 진실로 진실로 너희에게 이르노니 내 말을 듣고 또 나 보내신 이를 믿는 자는 영생을 얻었고 심판에 이르지 아니하나니 사망에서 생명으로 옮겼느니라 [25] 진실로 진실로 너희에게 이르노니 죽은 자들이 하나님의 아들의 음성을 들을 때가 오나니 곧 이 때라 듣는 자는 살아나리라

2) 단락 나누기

I.	1:1-4	**서문**
II.	1:5-5:12	**본론**
	1:5-2:17	하나님과의 연합과 형제 사랑
	2:18-3:24	거짓 가르침과의 논쟁
	4:1-5:12	하나님의 사랑에서 유래한 형제 사랑
III.	5:13-21	**마감어**

3) 요한일서의 틀

요한일서의 틀을 이루는 서문과 마감어는 상당 부분 요한복음의 틀과 일치하는데, 요한일서의 저자가 요한복음의 서문과 마감어를 의식적으로 모방한 것으로 보여 독자들에게 이 서신의 저자가 요한복음의 저자와 동일 인물이라는 인상을 준다. 그러나 일반적으로는 요한서신을 요한복음이 기록된 이후의 교회 상황에서 유래되었다고 보며, 또한 요한서신의 저자가 요한복음의 저자와 동일 인물이 아닌 이른바 요한학파에 속한 사람일 것으로 간주한다.

요한복음 1:1-18	요한일서 1:1-4
1 태초에 말씀이 계시니라 이 말씀이 하나님과 함께 계셨으니 이 말씀은 곧 하나님이시니라 4 그 안에 생명이 있었으니 이 생명은 사람들의 빛이라 14 말씀이 육신이 되어 우리 가운데 거하시매 우리가 그의 영광을 보니 아버지의 독생자의 영광이요 은혜와 진리가 충만하더라	1 태초부터 있는 생명의 말씀에 관하여는 우리가 들은 바요 눈으로 본 바요 자세히 보고 우리의 손으로 만진 바라 2 이 생명이 나타내신 바 된지라 이 영원한 생명을 우리가 보았고 증언하여 너희에게 전하노니 이는 아버지와 함께 계시다가 우리에게 나타내신 바 된 이시니라 3 우리가 보고 들은 바를 너희에게도 전함은 너희로 우리와 사귐이 있게 하려 함이니 우리의 사귐은 아버지와 그의 아들 예수 그리스도와 더불어 누림이라
요한복음 20:31	요한일서 5:13
오직 이것을 기록함은 너희로 예수께서 하나님의 아들 그리스도이심을 믿게 하려 함이요 또 너희로 믿고 그 이름을 힘입어 생명을 얻게 하려 함이니라	내가 하나님의 아들의 이름을 믿는 너희에게 이것을 쓰는 것은 너희로 하여금 너희에게 영생이 있음을 알게 하려 함이라

4) 중심 내용

서문1:1-4에서 저자는 생명의 말씀에 대하여 말한다.

(1:1-4) 1 태초부터 있는 생명의 말씀에 관하여는 우리가 들은 바요 눈으로 본 바요 자세히 보고 우리의 손으로 만진 바라 2 이 생명이 나타내신 바 된지라 이 영원한 생명을 우리가 보았고 증언하여 너희에게 전하노니 이는 아버지와 함께 계시다가 우리에게 나타내신 바 된 이시니라 3 우리가 보고 들은 바를 너희에게도 전함은 너희로 우리와 사귐이 있게 하려 함이니 우리의 사귐은 아버지와 그의 아들 예수 그리스도와 더불어 누림이라 4 우리가 이것을 씀은 우리의 기쁨이 충만하게 하려 함이라

이 서문에서 강조되는 성육신 기독론Incarnation-Christology이 요한일서 전체

를 관통하는 중심 사상이다. 자신이 선포하는 메시지가 "생명의 말씀"에 근거하였다는 사실을 강조하면서 저자는 자신의 메시지가 예수 그리스도 안에 나타난 하나님의 계시의 체험에 근거한 것이라는 점을 독자들에게 확신시키려고 한다.

이어 **첫 번째 본론** 1:5-2:17 에서 하나님과의 연합과 형제 사랑을 서로 밀접하게 연관시킨다. 먼저, 자신이 죄 없다고 생각하는 것에 대하여 강하게 경고한다 1:8-2:2.

> (1:8-10, 2:1-2) 1:8 만일 우리가 죄가 없다고 말하면 스스로 속이고 또 진리가 우리 속에 있지 아니할 것이요 9 만일 우리가 우리 죄를 자백하면 그는 미쁘시고 의로우사 우리 죄를 사하시며 우리를 모든 불의에서 깨끗하게 하실 것이요 10 만일 우리가 범죄하지 아니하였다 하면 하나님을 거짓말하는 이로 만드는 것이니 또한 그의 말씀이 우리 속에 있지 아니하니라 2:1 나의 자녀들아 내가 이것을 너희에게 씀은 너희로 죄를 범하지 않게 하려 함이라 만일 누가 죄를 범하여도 아버지 앞에서 우리에게 대언자가 있으니 곧 의로우신 예수 그리스도시라 2 그는 우리 죄를 위한 화목 제물이니 우리만 위할 뿐 아니요 온 세상의 죄를 위하심이라

그런 다음 본래 옛 계명인 "형제 사랑"을 새로운 계명으로서 상기시킨다.

> (2:7-11) 7 사랑하는 자들아 내가 새 계명을 너희에게 쓰는 것이 아니라 너희가 처음부터 가진 옛 계명이니 이 옛 계명은 너희가 들은 바 말씀이거니와 8 다시 내가 너희에게 새 계명을 쓰노니 그에게와 너희에게도 참된 것이라 이는 어둠이 지나가고 참빛이 벌써 비침이니라 9 빛 가운데 있다 하면서 그 형제를 미워하는 자는 지금까지 어둠에 있는 자요 10 그의 형제를 사랑하는 자는 빛 가운데 거하여 자기 속에 거리낌이 없으나 11 그의 형제를 미워하는 자는 어둠에 있고 또 어둠에 행하며 갈 곳을 알지 못하나니 이는 그 어둠이 그의 눈을 멀게 하였음이라

저자는 처음으로 독자를 "사랑하는 자"라고 부른다. 이로써 그리스도의 실존을 지배하는 하나님의 사랑을 지적한다. 교회에 들어왔을 때 들은 사랑의 계명을 염두에 두면서, 여기서는 "옛 계명"이라고 말한다. 이 부분은 요한복음 13:34에서 예수님이 말하는 새 계명을 연상시킨다("새 계명을 너희에게 주노니 서로 사랑하라 내가 너희를 사랑한 것 같이 너희도 서로 사랑하라"). 또한 세상을 사랑하는 것에 대해 경고한다.

> (2:15-17) ¹⁵ 이 세상이나 세상에 있는 것들을 사랑하지 말라 누구든지 세상을 사랑하면 아버지의 사랑이 그 안에 있지 아니하니 ¹⁶ 이는 세상에 있는 모든 것이 육신의 정욕과 안목의 정욕과 이생의 자랑이니 다 아버지께로부터 온 것이 아니요 세상으로부터 온 것이라 ¹⁷ 이 세상도, 그 정욕도 지나가되 오직 하나님의 뜻을 행하는 자는 영원히 거하느니라

여기서 "세상"은 하나님을 알지 못하는 하나님의 대적자로 나타난다 참조. 요 1:10-11. 세상에 대한 사랑은 하나님에 대한 사랑과 대립되어 있다. 요한은 자신의 공동체를 이 세상에서 생명과 사랑을 발견할 수 있는 유일한 영역으로 여긴다.

두 번째 본론2:18-3:24에서 저자는 계속하여 거짓된 가르침과 논쟁을 벌인다.

> (2:18-27) ¹⁸ 아이들아 지금은 마지막 때라 적그리스도가 오리라는 말을 너희가 들은 것과 같이 지금도 많은 적그리스도가 일어났으니 그러므로 우리가 마지막 때인 줄 아노라 ¹⁹ 그들이 우리에게서 나갔으나 우리에게 속하지 아니하였나니 만일 우리에게 속하였더라면 우리와 함께 거하였으려니와 그들이 나간 것은 다 우리에게 속하지 아니함을 나타내려 함이니라 ²⁰ 너희는 거룩하신 자에게서 기름 부음을 받고 모든 것을 아느니라 ²¹ 내가 너희에게 쓰는 것은 너희가 진리를 알지 못하기 때문이 아니라 알기 때문이요 또 모든 거짓은 진리에서 나지 않기 때문이라 ²² 거짓말하는 자가 누구냐 예수께서 그리스도이심을 부인하는 자가 아니냐 아버지와 아들을 부인하는 그가 적그리스도니 ²³ 아들을

부인하는 자에게는 또한 아버지가 없으되 아들을 시인하는 자에게는 아버지도 있느니라 24 너희는 처음부터 들은 것을 너희 안에 거하게 하라 처음부터 들은 것이 너희 안에 거하면 너희가 아들과 아버지 안에 거하리라 25 그가 우리에게 약속하신 것은 이것이니 곧 영원한 생명이니라 26 너희를 미혹하는 자들에 관하여 내가 이것을 너희에게 썼노라 27 너희는 주께 받은 바 기름 부음이 너희 안에 거하나니 아무도 너희를 가르칠 필요가 없고 오직 그의 기름 부음이 모든 것을 너희에게 가르치며 또 참되고 거짓이 없으니 너희를 가르치신 그대로 주 안에 거하라

여기에 **"가현적假現的 기독론"**docetic Christology**에 대한 강력한 경고**가 나온다. 즉 예수님의 성육신을 부인하는 거짓 교사들의 말에 현혹되지 말라는 경고이다. 거짓 교사들과의 갈등으로 인해 교회가 이미 분열된 심각한 위기 상황19절에서 저자는 거짓 교사들이 스스로 그리스도교 공동체에 속해 있다는 주장이 부당하다는 사실을 드러낸다. 교회가 분열되었음에도 불구하고 거짓 교사들이 바른 신앙을 가진 교인들을 여전히 미혹하는데26절, 저자는 그것을 적그리스도가 나타난 종말의 표징으로 인식한다18절. 이어서 2:28-3:24에서 저자는 하나님 안에 거하고 형제 사랑을 실천하고 의를 행하는 자는 이미 죽음을 극복했다는 사실을 알 것이라고 하면서 예수 그리스도의 이름을 믿고 그가 주신 계명대로 서로 사랑할 것을 권면한다.

세 번째 본론4:1-5:12에서는 요한일서의 또 하나의 중심 주제인 **사랑과 신앙의 문제**에 대해 본격적으로 말한다. 먼저 예수 그리스도의 성육신을 부인하는 적그리스도의 영을 분별해야 한다고 경고4:1-6하고, 서로 사랑의 계명이 하나님의 사랑에서 나온 것임을 강조한다4:7, 16. 또한 하나님이 인간의 죄를 대속하기 위해 그 아들을 화목제물로 보냈듯이, 믿는 자들은 하나님을 사랑하며 서로를 사랑해야 한다는 점도 강조한다4:10-11.

(4:7-21) 7 사랑하는 자들아 우리가 서로 사랑하자 사랑은 하나님께 속한 것이니 사랑하는 자마다 하나님으로부터 나서 하나님을 알고 8 사랑하지 아니하는

자는 하나님을 알지 못하나니 이는 하나님은 사랑이심이라 ⁹ 하나님의 사랑이
우리에게 이렇게 나타난 바 되었으니 하나님이 자기의 독생자를 세상에 보내
심은 그로 말미암아 우리를 살리려 하심이라 ¹⁰ 사랑은 여기 있으니 우리가 하
나님을 사랑한 것이 아니요 하나님이 우리를 사랑하사 우리 죄를 속하기 위하
여 화목 제물로 그 아들을 보내셨음이라 ¹¹ 사랑하는 자들아 하나님이 이같이
우리를 사랑하셨은즉 우리도 서로 사랑하는 것이 마땅하도다 … ¹⁵ 누구든지
예수를 하나님의 아들이라 시인하면 하나님이 그의 안에 거하시고 그도 하나
님 안에 거하느니라 ¹⁶ 하나님이 우리를 사랑하시는 사랑을 우리가 알고 믿었
노니 하나님은 사랑이시라 사랑 안에 거하는 자는 하나님 안에 거하고 하나님
도 그의 안에 거하시느니라 … ¹⁹ 우리가 사랑함은 그가 먼저 우리를 사랑하셨
음이라 ²⁰ 누구든지 하나님을 사랑하노라 하고 그 형제를 미워하면 이는 거짓
말하는 자니 보는 바 그 형제를 사랑하지 아니하는 자는 보지 못하는 바 하나
님을 사랑할 수 없느니라 ²¹ 우리가 이 계명을 주께 받았나니 하나님을 사랑하
는 자는 또한 그 형제를 사랑할지니라

결국 참된 사랑은 결코 인간의 공적에서가 아니라 하나님의 활동하심
에서 비롯되었다고 말한다. 이어지는 단락^{5:1-4a}에서도 하나님에 대한 사
랑을 강조한다. 그런 다음에 성령이 확증하는 것처럼, 예수 그리스도에
대한 신앙고백이 예수님의 세례와 죽음에 바탕을 두고 있음을 부각한다.
마지막 부록^{5:13-21}에서 저자는 기도할 것을 권면한다.

2. 요한이서

교인들을 향한 권면의 성격이 강한 요한이서는 헬레니즘적 서신 유형
에 따른 실제 편지로 간주된다^{R. Schnackenburg.7)} 요한이서는 요한일서의 중심
내용이 그대로 반복되기 때문에 요한일서를 축약시켜 놓은 것처럼 보인
다. 즉 교인들이 서로 사랑하라는 계명을 강조하며^{참조. 요일 2:7-8}, 예수 그리

---

7) 그러나 불트만은 자신의 주석서 *Die Drei Johannesbriefe*, 104-105 에서 요한이서를 특정한 교회를
염두에 두지 않은 일종의 "공동서신"^{katholischer Brief}에 속하는 것으로 여기면서 요한이서가 실제
편지가 아니라고 주장했다.

스도의 성육신을 부인하면서 미혹하는 적그리스도에 대한 비난^{참조. 요일} 2:18-19; 4:1-2이 요한이서 5-7에 그대로 드러난다.

■ 단락 나누기

I.	1-3절	서두 인사
II.	4-11절	**본론**
	4-6	사랑의 계명
	7-11	거짓 교사에 대한 경고
III.	12-13절	**마감 인사**

저자는 자신의 이름을 밝히지 않고 단지 자신을 "장로"라고 말한다(1 절, "장로인 나는 택하심을 받은 부녀와 그의 자녀들에게 [편지하노니]"). 여 기서 "장로"presbyteros는 "나이 든 사람"을 뜻하며, "택하심을 받은 부녀"는 여인들에 대한 공손의 표시가 아니라 선택된 사람들의 모임인 교회를 가 리키는 것으로 볼 수 있다. 서신은 성도들이 서로 사랑하며 하나님의 계 명에 따라 살라고 권면한다.

(4-11) ⁴ 너의 자녀들 중에 우리가 아버지께 받은 계명대로 진리를 행하는 자 를 내가 보니 심히 기쁘도다 ⁵ 부녀여, 내가 이제 네게 구하노니 서로 사랑하 자 이는 새 계명 같이 네게 쓰는 것이 아니요 처음부터 우리가 가진 것이라 ⁶ 또 사랑은 이것이니 우리가 그 계명을 따라 행하는 것이요 계명은 이것이니 너희가 처음부터 들은 바와 같이 그 가운데서 행하라 하심이라 ⁷ 미혹하는 자 가 세상에 많이 나왔나니 이는 예수 그리스도께서 육체로 오심을 부인하는 자 라 이런 자가 미혹하는 자요 적그리스도니 ⁸ 너희는 스스로 삼가 우리가 일한 것을 잃지 말고 오직 온전한 상을 받으라 ⁹ 지나쳐 그리스도의 교훈 안에 거하 지 아니하는 자는 다 하나님을 모시지 못하되 교훈 안에 거하는 그 사람은 아 버지와 아들을 모시느니라 ¹⁰ 누구든지 이 교훈을 가지지 않고 너희에게 나아 가거든 그를 집에 들이지도 말고 인사도 하지 말라 ¹¹ 그에게 인사하는 자는 그 악한 일에 참여하는 자임이라

서신의 중심에는 교인들이 서로 "서로 사랑하라"는 권면4-6절과 아울러 "예수 그리스도가 육체로 오심을 부인"하면서 미혹하는 방랑 선교사들에 대한 경고가 있다7-11절. 이로써 미혹하는 자들은 다른 기독론을 가진 자들이며, 저자는 다른 "가현적 기독론"docetic Christology을 주장하는 자는 하나님과의 교제에서 떨어져 나간 자라고 말한다. 이어서 저자는 그리스도의 교훈 안에 거하지 않는 자와 교제를 하지 말 것을 권면한 뒤10-11절, 마감 인사로 편지를 끝낸다12-13절.

3. 요한삼서

실제 편지라고 여겨지는 요한삼서도 요한이서와 마찬가지로 발신인은 "장로"라고만 되어 있다. 수신인을 "내 자녀들"4절이라고 하는 것으로 보아 이 장로는 실제 나이 많은 사람일 것이다. 이 두 서신은 편지 양식과 언어 사용 면에서 서로 일치하는 점이 많아 동일한 저자의 서신으로 여겨진다. 저자는9절, "내가 두어 자를 교회에 썼으나" 가이오Gaius에게 데메드리오를 추천한다12절. 따라서 이 편지는 추천서신에 해당한다. 저자는 가이오를 "사랑하는 자"로 부르며2, 5, 11절, 자신의 "자녀"에 속하는 사람4절으로 여긴다. 또한 요한이서가 기록된 직후에 요한삼서가 기록된 것으로 보이는데, 그 시기는 대략 2세기 초였을 것이다. 이 서신은 교회에서 일어난 한 구체적인 사건을 다룬다.

- ■ 단락 나누기

I.	1-4절	서두 인사
II.	5-12절	본론
	5-8	가이오에 대한 칭찬
	9-10	디오드레베가 책망을 받음
	11-12	가이오를 경고하고 데메드리오를 칭찬함
III.	13-15절	마감어

본문에 언급되는 가이오는 아마도 장로의 교회가 아닌 다른 교회에 속한 교인으로 보인다. 서문에서 저자는 진리 안에서 행하는 가이오의 행동을 칭찬한다(3절, "형제들이 와서 네게 있는 진리를 증언하되 네가 진리 안에서 행한다 하니 내가 심히 기뻐하노라"). 그런 다음 교회 안에서 그리스도인의 의무를 따라 충실하게 행하는 가이오의 사랑, 특히 낯선 방랑 선교사들을 사랑으로 영접하는 그의 태도를 칭찬한다.

> (5-8) [5] 사랑하는 자여 네가 무엇이든지 형제 곧 나그네 된 자들에게 행하는 것은 신실한 일이니 [6] 그들이 교회 앞에서 너의 사랑을 증언하였느니라 네가 하나님께 합당하게 그들을 전송하면 좋으리로다 [7] 이는 그들이 주의 이름을 위하여 나가서 이방인에게 아무 것도 받지 아니함이라 [8] 그러므로 우리가 이같은 자들을 영접하는 것이 마땅하니 이는 우리로 진리를 위하여 함께 일하는 자가 되게 하려 함이라

그러나 가이오와 달리 교회의 지도자로 보이는 디오드레베[8])는 이들을 영접하기를 거부할 뿐만 아니라, 다른 교인들이 그런 일을 하려고 하는 일을 방해하였으며 낯선 방랑 선교사들을 교회에서 내쫓았다는 사실을 저자는 지적한다.

> (9-11) [9] 내가 두어 자를 교회에 썼으나 그들 중에 으뜸되기를 좋아하는 디오드레베가 우리를 맞아들이지 아니하니 [10] 그러므로 내가 가면 그 행한 일을 잊지 아니하리라 그가 악한 말로 우리를 비방하고도 오히려 부족하여 형제들을 맞아들이지도 아니하고 맞아들이고자 하는 자를 금하여 교회에서 내쫓는도다 [11] 사랑하는 자여 악한 것을 본받지 말고 선한 것을 본받으라 선을 행하는 자는 하나님께 속하고 악을 행하는 자는 하나님을 뵈옵지 못하였느니라

9절에서 장로가 가이오에게 디오드레베가 "그들 중에 으뜸되기를 좋아한다"고 말하는 것으로 미루어 보아 가이오와 디오드레베 사이에 어떤

---

8) 롤로프는 디오드레베가 지역 교회의 감독이었을 것으로 추측한다(J. Roloff, *Einführung*, 244).

거리감이 존재한다는 것을 알 수 있다. 또한 장로가 디오드레베의 그릇된 행실을 지적하러 직접 가겠다고 하는 것은[10절] 가이오와 디오드레베가 공간적으로 가까운 거리에 있다는 사실을 암시한다. 이렇게 보면, 두 사람이 같은 지역에 거주하면서도 같은 교회에 속하지 않았다는 추론이 가능하다. 가이오가 유랑 선교사들을 환대했다는 사실에서 그의 가정 형편이 넉넉함을 짐작할 수 있다. 이런 시각에서 장로가 디오드레베의 교회와 구분되는 또 다른 교회를 가이오를 통해 세우려는 의도에서 요한삼서를 보낸 것으로 추측해볼 수 있다. 만일 그렇다면, 요한삼서 역시 요한공동체의 분열이라는 정황에 있다고 말할 수 있다. 장로에게 맞서는 디오드레베를 배격하고, 자신의 권위를 인정하고 친밀한 관계에 있는 가이오를 새로운 교회 지도자로 세우려는 시도로 볼 수 있다.[J. Kügler.9)]

아무튼 겉으로 드러나는 이 서신의 목적은 사랑으로 충만한 가이오를 더욱 격려하는 데 있다(11절, "사랑하는 자여 악한 것을 본받지 말고 선한 것을 본받으라 선을 행하는 자는 하나님께 속하고 악을 행하는 자는 하나님을 뵈옵지 못하였느니라"). 이어지는 12절을 통해 이 서신이 일종의 추천서신이라는 점을 알 수 있다. 여기에서 장로는 데메드리오를 추천한다(12절, "데메드리오는 뭇사람에게도, 진리에게서도 증거를 받았으매 우리도 증언하노니 너는 우리의 증언이 참된 줄을 아느니라"). 데메드리오는 아마도 장로의 편지를 전달하는 사람일 것이다. 이어서 저자는 방문 계획을 언급하고 인사로 마감한다.

요한문서[요한복음+요한서신]는 자신의 공동체를 세상으로부터 철저하게 소외되고 분리된 공동체로 묘사하면서 교인 상호 간의 사랑을 강조한다. 이런 시각에서 요한문서는 종파주의적 성격을 띤 것으로 보일 수 있다. 그래서 『그리스도와 문화』[1951]를 저술한 리처드 니버[H. Richard Niebuhr]는 요

---

9) Ebner/Schreiber, 『신약성경 개론』, 841.

한일서를 "문화에 대립하는 그리스도"^{Christ against Culture}의 정신을 지닌 전형적인 예로 간주했다. 혹자는 세상과 분리된 채 신앙공동체 내부에만 관심의 초점을 맞추는 경향을 윤리적 차원의 결점으로 보기도 하나, 그것은 정당하지 않다.

요한이 강조하는 핵심 메시지인 "형제 사랑"의 계명^{요일 2:7-11; 4:7; 참조, 요 13:34 "새 계명을 너희에게 주노니 서로 사랑하라"}은 요한공동체가 처한 심각한 위기 상황에서 자신의 정체성을 지키기 위한 간절한 호소로 이해할 필요가 있다. 그와 더불어 "서로 사랑"의 계명은 예수님의 운명과 밀접하게 연결된 것임을 기억해야 한다. 그것은 단지 개인적 감정의 문제가 아니라 예수님의 삶을 모델로 하는 구체적인 행위의 문제이다. 다시 말해 서로 사랑은 타인에 대한 적극적인 섬김의 표현으로서 예수님의 세족식 행위를 근본 모델로 한다. 그것은 동시에 세상을 향한 증언의 목적도 갖고 있다^{요 13:35}.10)

---

10) R. Hays, 『신약의 윤리적 비전』, 유승원 옮김 (IVP, 2002).

XXIII

요한계시록

...

· **특징**: 요한계시록은 모든 적대 세력을 쳐부수고 승리할 하나님의 미래에 대한 예언을 다룬다. 초기 교회의 예언의 모습을 보여주는 문서로 신약성경 가운데 유일한 묵시문학이다.

· **핵심 메시지**: 박해에 직면한 신앙공동체를 향해 인내하라고 권면하는 가운데, 적그리스도의 세력에 대한 그리스도의 승리가 곧 도래하리라 선포한다. 그것은 십자가에서 돌아가시고 부활하신 "어린 양" 예수 그리스도를 통해 세상과 역사의 주재자이신 하나님의 통치, 즉 새로워진 세상에 대한 하나님의 복된 통치가 드러난다는 사실을 가리킨다.

요한계시록은 유대 묵시문학적 전통과 관련된 문서로, 결코 비밀스러운 책이 아니다. 이 책은 유대 묵시문학의 전통과 사고방식에 의존하여 세상의 종말에 대한 일을 우주론적인 차원에서 다룬다. 곧 요한계시록이 다루는 중심 주제는 세상의 종말과 심판과 하나님에 의해 마련된 새로운 세상의 도래이다.

바울이나 요한의 신학과 달리 구원의 현재성이 아니라 미래성에 무게 중심을 둔다. 그렇다고 현실과 무관하게 미래 세대를 위한 막연한 종교적 사변을 펼치는 문서가 아니다. 오히려 구체적인 시대를 배경으로 하여 당시의 그리스도인들을 위해 기록된 문서이다. 이 문서는 그리스도의 재림과 하나님의 승리가 곧 도래하리라는 소망을 지니고 거짓 가르침과 황제 숭배를 강요하는 로마 제국에 대하여 신앙공동체가 저항하도록 용기를 북돋우는 '위로의 책'이며, 동시에 모든 악과 하나님을 모르는 세상 권세는 반드시 심판을 받고 멸망하리라는 것을 증언하는 '심판의 책'이다. 또한 죽임을 당한 "어린 양" 예수 그리스도에 근거한 대안 공동체인 교회를 향해 폭력을 가하는 모든 지상 권세에 대항하여 싸우는 예언자적인

Albrecht Dürer, The Apocalyptic Woman, from "The Apocalypse"(1511년)

투쟁을 통해 만백성에게 구원의 확실성을 선포하는 책이다.

1. 유대 묵시문학이란 무엇인가

요한계시록은 유대 묵시문학의 전통에 서 있다. "신구약 중간 시기"에 나타난 '묵시문학' Apocalyptic 은 흔히 대환난 또는 세상의 종말에 대한 표상을 담은 다양한 내용의 문서와 사고를 통틀어 일컫는 말로,[1] '계시'를 뜻하는 그리스어 '아포칼립시스' ἀποκάλυψις, 계 1:1 에서 유래하여 '감추어진 하나님의 뜻을 드러내 보인다'는 의미를 담고 있다. 이러한 내용의 문서를 '아포칼립스' Apocalypse, "묵시록" 또는 "계시록" 라 한다.

---

1) 참조, K. Koch, *Ratlos vor der Apokalyptik*, Gütersloh, 1970, 11; 김창선, 『쿰란문서와 유대교』 (한국성서학연구소, 2007), 259-291.

'아포칼립틱'Apocalyptic, 묵시문학은 후기 이스라엘과 원시 그리스도교 문헌의 정신적인 배경을 나타낼 뿐만 아니라, 인간과 세상의 미래에 대한 환상적인 종교 사유를 폭넓게 가리키는 용어이다.[2] 구약성경의 다니엘을 포함하여 <에녹서>와 <바룩서>, <제4에스라서>와 같은 책이 묵시문학에 속한다. 신약 외경에도 여러 묵시문학이 전해 내려오는데, 그 중 <헤르마스의 목자>(2세기 중엽),[3] <베드로 묵시록>(2세기), <바울 묵시록>(3세기 초), <이사야 승천기>(2세기), <도마 묵시록>(5세기 이전) 등이 알려져 있다.

::: Excursus

요한계시록과 유대 묵시문학의 차이

요한계시록이 유대 묵시문학과 구별되는 가장 두드러진 특징은 부활하신 그리스도의 영광에 대한 강조와 "그리스도 사건"이 묵시문학적인 전체 역사관의 가치 기준이 된다는 것이다. 곧 예수님의 죽음과 부활을 통해 새로운 시대가 이미 시작되었으며, 하나님은 이미 그리스도 안에서 종말론적으로 역사하셨다고 기술한다. 다른 한편 하나님의 간섭을 통해 질적으로 새로운 구원의 시대가 도래하고 그리하여 종말의 시간이 최초의 에덴동산의 시간과 일치할 것이라는 유대 묵시적인 소망과는 차이가 있다. 또한 요한계시록은 위경으로 구상되지도 않았다. 즉 다니엘, 에스라, 에녹, 바룩과 같은 고대 인물의 이름을 빌려오지 않았다.[4]

2. 요한계시록의 문학적, 신학적 특징

요한계시록이 기록될 당시 독자들은 요한계시록의 언어와 사유 방식과

---

2) K. Koch, 위의 책, 17; D. S. Russel, *The Method & Message of Jewish Apocalyptic 200 BC-AD 100*, London, 1964, 105f. 이와 관련하여 영어권에서는 체계화된 묵시사상 또는 묵시문학적인 신학을 Apocalypticism이라고 한다. 이에 대하여 P. D. Hanson, "Apocalypticism", *IDBS* (Nashville, 1976), 28-34을 참조하라.

3) 우리말로 번역되었다. 하성수 역주, 『헤르마스 목자』, 교부문헌총서 14 (분도출판사, 2002).

4) 예루살렘 성전 멸망(주후 70년) 후 새롭게 형성되기 시작한 유대교는 바리새파 이념과 상충한다고 여겨 묵시문학과 결별한다.

비유나 묵시문학적 상징 세계에 대해 잘 알고 있었을 것이다. 하지만 그와 같은 것이 현대인에게는 낯설기에 요한계시록에 전제된 역사적 상황과 세계관을 이해하지 않고 단순히 현재의 눈으로 본다면, 요한계시록이 전하고자 하는 의도가 왜곡될 수 있다. 곧 여기의 상징어나 비유 등을 액면 그대로 받아들여서는 안 되고, 거기에 전제된 역사적 상황과 당시 세계관 등의 배경 이해가 선행되어야 한다. 오늘날 우리 교계나 심지어 사회에 요한계시록이 끼치는 영향력은 상당히 크다. 심각한 사회 문제를 일으키는 이단들은 주로 요한계시록을 제멋대로 해석하는 경향이 있다. 따라서 요한계시록에 대한 바른 이해가 절실하다.

요한계시록의 상징 세계는 저자 스스로 고안해 낸 것이 아니라 전승에서 물려받은 것이다. 저자는 여러 비유와 상징을 구약의 다니엘서를 비롯한 유대 묵시문학으로부터 가져와서 새로운 구원사의 문맥에서 새롭게 창조했다. 따라서 요한계시록을 올바르게 파악하기 위해서는 전통적인 상징과 비유에 대한 이해와 더불어 그리스도 선포에 대해서도 이해해야 한다.

이 작품은 예수 그리스도의 계시에 대한 선포[1:1-3]로 규정된다. 그런데 이 작품은 일곱 교회에 보내는 편지[1:4-8]이기도 하다. 편지는 일종의 편지 속의 편지로 나오고, 이어서 하늘의 환상이 묘사된다. 이 가운데 화자는 여러 번 사건에 개입한다[5:4; 10:2 이하; 17:3]. 따라서 이 작품은 임박한 종말의 사건을 묘사하는 환상 보도라고 할 수 있다.

3. 저자 및 수신자

저자는 자신의 이름을 "요한"이라고 밝히며[1:4, 9; 22:8], 자신을 "종"이라고 한다[1:1; 22:9]. 또한 저자는 자신을 제자나 사도로 주장하지 않고, 구약의 예언자 반열에 속한 초기 그리스도교 시대의 예언자로 이해한다[1:1; 10:1; 11:18;

22:6. 따라서 "형제 예언자들"22:9에 대해 거론한다. 그는 소아시아 지역의 교회들에게 권위 있는 인물로 통했다. 그의 권위는 직분이 아니라 그의 계시 체험에 근거한 것이다. 교회 전승은 요한계시록의 저자를 예수님의 제자 요한으로 보아 요한문서 요한복음과 요한서신의 저자와 동일인으로 간주했다.Justinus, Dial 81,4; Irenaeus, 5) 요한복음과 요한서신 사이에는 그리스도를 "어린 양" ἀρνίον, 계 5:6 등; ἀμνός, 요 1:29에 비유하거나 "생명수" 계 7:16-17; 21:6; 요 4:10로 이해하며, 또한 그리스도를 하나님의 "말씀" 계 19:13; 요 1:1으로 이해하는 유사점이 있다.

그러나 신학적 내용특히 종말론과 역사 이해과 언어 사용의 측면에서 양자 간에 큰 차이가 있기 때문에, 학자들은 대체로 두 작품을 동일 저자의 산물로 보지 않는다. 요한계시록 자체에는 예수님의 제자 요한의 작품이라는 사실이 전혀 암시되지 않으며, 또한 저자가 사도를 지나간 시대의 인물로 파악하여18:20; 21:14 자신을 사도와 동일시하지 않는다.

저자는 유대 그리스도인이나 이방 그리스도인에게 율법을 따를 것을 요구하지 않는 기독교 보편주의의 영향을 받은 사람일 것이다그리스도의 구원 사역은 "각 족속과 방언[= 언어]과 백성과 나라"에 미치며[5:9], "각 나라와 족속과 백성과 방언"에서 셀 수 없는 큰 무리가 어린 양의 보좌로 나온다[7:9]. 언어와 신학적 사고 체계를 보아 예언자 요한은 70년 예루살렘 멸망 후에 소아시아의 바울의 옛 선교 지역으로 이주했던 팔레스타인 유대교 출신의 그리스도인 무리에 속한 사람일 것이다.6)

1:1에는 소아시아의 일곱 교회가 수신자로 나온다. 요한계시록이 관심을 갖고 있는 일곱 교회가 소아시아에 위치한다는 사실과, 다른 한편 요한계시록의 서신 양식이 바울서신을 따른다는 점에서 일곱 교회는 바울

---

5) 그러나 3세기 중엽에 알렉산드리아의 감독 디오니시우스Dionysius, 265경 사망는 다음과 같이 말했다. "이 책이 요한이라는 사람의 저술임을 부인하지 않는다. … 그러나 나는 요한계시록이 요한복음과 요한서신의 저자인 세베대의 아들 요한의 것이라는 주장에 쉽게 동의할 수 없다. 양자의 취지, 구성의 형태와 특성, 또한 이 책 전체의 솜씨에 비추어 보아 그의 작품이 아니라고 추측한다"(Eusebius, *His. Eccl.* VII, 25).

6) 참조, J. Roloff, *Einführung in das NT,* 248.

의 전통 안에서 살았던 교회로 보인다.

4. 생성 연대와 저작 장소

요한계시록에는 당시의 시대사적 배경이 잘 드러난다. 로마제국이 구체적으로 언급되지는 않으나, "(큰 성) 바벨론" 14:8; 16:19; 17:5; 18:2, 10, 21 은 분명히 로마를 가리킨다. 황제 숭배 제의와 관련하여 신앙공동체에 밀려오는 박해 상황 6:9-11이 요한계시록의 배경을 이룬다. 13:8, 15에 언급된 황제숭배 제의는 도미티아누스 황제 81-96 의 통치 방식과 잘 어울린다. 도미티아누스는 로마제국의 통합을 꾀하기 위해 수많은 황제 조각물과 개선문 등을 건립하여 절대적 지배자로서의 강한 황제의 모습을 보여주었다. 주후 85년 이후 그는 자신을 "우리의 주님이며 하나님" dominus et deus noster 으로 부르도록 강요했으며, 반대자들은 무자비하게 다루었다. 그리하여 13:3과 17:8이 암시하는 네로 환생설 Nero redivivus 이 도미티아누스 시대에 생겼다.7)

네로 황제 시대의 박해 64년와 같은 범국가적 차원의 대대적인 그리스도인 박해가 도미티아누스의 통치 동안에 일어났는지 역사적으로 확인할 수 없다. 그래서 요한계시록을 주석한 기젠 H. Giesen은 도미티아누스 황제 시절 로마제국의 대다수 지역에서 그리스도인들은 이웃과 평화롭게 살았고, 개별적 모함에 의한 법정을 제외하면 그리스도인에 대한 조직적인 박해가 없었다는 이유에서 로마의 신 숭배와 황제 숭배로부터 오는 매력이 진짜 위험이었을 것으로 여긴다.8) 아무튼 도미티아누스의 통치 말경에 황제 숭배가 전성기를 누렸다는 사실로 미루어 아마 국지적인 탄압과 박해가 분명히 있었을 것이며, 그리스도인들과의 충돌을 피할 수 없었을 것이다.

---

7) 요한계시록 저자와 동시대에 살았던 로마의 풍자 작가인 유베날리스는 도미티아누스를 "두 번째 네로"라고 불렀다 Sat. 4:38. 참고로 네로 황제는 68년에 의문의 자살로 생을 마감했다.
8) H. Giesen, *Die Offenbarung des Johannes*, 1997, 29.

6:9-11에 순교자가 언급되는 것은 요한계시록이 도미티아누스 황제 통치 말기인 주후 90년대 초반에 기록되었을 것으로 추정할 수 있게 한다.[9] 교회 내의 위기 상황은 2:4 "처음 사랑을 버림"; 3:15-16 "차지도 뜨겁지도 아니함"은 제3세대 그리스도교의 전형적인 모습에 부합한다. 기록 목적은 박해 상황에 처해 있던 소아시아 그리스도인들을 위로하는 데 있다 W. Bousset; G. Kretschmar; I. Broer.

저자는 "하나님의 말씀과 예수님을 증언"하였다 1:9는 이유에서 밧모섬으로 유배되어 환상을 경험한다. 그리하여 요한계시록의 기록 장소를 밧모섬으로 추정하기도 하나, 대체로 1:11과 소아시아 일곱 교회에게 보내는 편지(2-3장)에 근거하여 소아시아의 서쪽 지방에서 기록된 것으로 본다.

5. 단락 나누기

I.	1:1-20	**서문**
	1:1-3	서언(Prolog)
	1:4-8	편지 양식의 도입부
	1:9-20	소명 환상
II.	2:1-3:22	**일곱 소아시아 교회로 보내는 편지; 현재에 대한 묘사**
		(2:1-7) 에베소교회에게; (2:8-11) 서머나 교회에게; (2:12-17) 버가모 교회에게; (2:18-29) 두아디라 교회에게; (3:1-6) 사데 교회에게; (3:7-13) 빌라델비아 교회에게; (3:14-22) 라오디게아 교회에게
III.	4:1-22:5	**(본론): 요한이 하늘에서 본 종말에 대한 묘사**
①	4:1-11:19	**첫 번째 환상**
	4:1-5:14	환상의 도입

---

9) 이미 교부 이레네우스가 이와 같이 추정했다 Adv. haer. V,30.3. 참조, A. Strobel 95/96년, TRE 3, 187; U. Schnelle 90-95년 사이; H. Giesen 도미티아누스 통치 말년. 그러나 J. Frey 트라야누스 시대, 97-117년 사이; Ebner/Schreiber 90년대.

		(4장) 하늘 보좌에 앉은 하나님에 관한 환상;
		(5장) 봉인한 책과 어린 양
	6:1-8:1	일곱 봉인과 믿는 자의 인침
		(6장) 일곱 봉인; 인침을 받은 믿는 자(이스라엘 12지파에서 144,000명과 이방 민족의 "셀 수 없는 큰 무리")
	8:2-11:19	일곱 나팔과 믿는 자에 대한 위로의 선포
②	12:1-19:10	**두 번째 환상**
	12:1-14:20	하나님과 악의 세력 사이의 우주적인 싸움
		(12:1-17) 여자와 아이와 용; (12:18-13:10) 바다에서 나온 짐승; (13:11-18) 숫자 666을 지닌 땅에서 올라온 짐승; (14:1-5) 양과 144,000명; (14:6-20) 종말 심판 선포
	15:1-16:21	진노의 일곱 대접과 구원 공동체의 구원
	17:1-19:10	큰 음녀 바벨론[=로마]에 대한 하나님의 심판: 계시록의 시대사적 배경
		(17장) 음녀 바벨론과 짐승; (18장) 바벨론 멸망을 선포; (19:1-10) 하나님에 대한 찬양
③	19:11-22:5	**다가올 종말에 대한 또 다른 환상**
		(19:11-21) 짐승과 거짓 예언자에 대한 심판; (20:11-15) 죽은 자의 부활과 심판; (21:1-8) 새 하늘과 새 땅; (21:9-22:5) 하늘에서 내려온 새 예루살렘
IV.	22:6-21	**마감어**

6. 중심 내용

환상가 요한은 자기 작품의 중요성을 강조하는 **서언**Prolog, 1:1-3으로 시작한다. 여기에서 예수 그리스도가 종 요한에게 앞으로 일어날 일에 대한 계시를 알리며 또 이를 접하게 될 사람을 향해 복을 선언한다. 1-2절은 작품 전체를 요약하는 진술이다.

(1:1-3) ¹ 예수 그리스도의 계시라 이는 하나님이 그에게 주사 반드시 속히 일어날 일들을 그 종들에게 보이시려고 그의 천사를 그 종 요한에게 보내어 알게 하신 것이라 ² 요한은 하나님의 말씀과 예수 그리스도의 증거 곧 자기가 본 것을 다 증언하였느니라 ³ 이 예언의 말씀을 읽는 자와 듣는 자와 그 가운데에 기록한 것을 지키는 자는 복이 있나니 때가 가까움이라

편지 양식의 도입부[1:4-8]에는 그리스도에 대한 찬양과 하나님의 계시의 말씀("나는 알파와 오메가라 이제도 있고 전에도 있었고 장차 올 자요 전능한 자라")이 나온다. 이어서 요한이 밧모섬에서 "인자 같은 이", 즉 천상적 그리스도를 바라보는 환상이 나오는데[1:9-20], 이때 그리스도는 본 것을 "기록하라"[1:11, 19]고 요한에게 명한다.

(1:13-18) ¹³ 촛대 사이에 인자 같은 이가 발에 끌리는 옷을 입고 가슴에 금띠를 띠고 ¹⁴ 그의 머리와 털의 희기가 흰 양털 같고 눈 같으며 그의 눈은 불꽃 같고 ¹⁵ 그의 발은 풀무불에 단련한 빛난 주석 같고 그의 음성은 많은 물 소리와 같으며 ¹⁶ 그의 오른손에 일곱 별이 있고 그의 입에서 좌우에 날선 검이 나오고 그 얼굴은 해가 힘있게 비치는 것 같더라 ¹⁷ 내가 볼 때에 그의 발 앞에 엎드러져 죽은 자 같이 되매 그가 오른손을 내게 얹고 이르시되 두려워하지 말라 나는 처음이요 마지막이니 ¹⁸ 곧 살아 있는 자라 내가 전에 죽었었노라 볼지어다 이제 세세토록 살아 있어 사망과 음부의 열쇠를 가졌노니

"인자 같은 이"는 다니엘 7:13("내가 또 밤 환상 중에 보니 인자 같은 이가 하늘 구름을 타고 와서 옛적부터 항상 계신 이에게 나아가 그 앞으로 인도되매")을 염두에 둔 표현으로서 하나님의 권세 가운데 나타나는 예수 그리스도를 가리킨다. 다시 오실 그리스도의 영광과 위엄을 하나님의 영광에 비추어 묘사한다. 여기서 인자 그리스도는 대제사장을 연상시키는 모습으로 나온다[13절: 발에 끌리는 긴 옷, 가슴에 금띠]. 또 인자의 '흰 양털 같은 머리털'은 하나님을 연상시키고[14절], 이로써 하나님께 속하는 영예를 인자에게 돌리고 있다.

여기서 '흰 머리'는 다니엘 7:9에서 유래한 것이며, "빛난 주석 같은 발"

과 "많은 물소리"에 비유된 음성15절은 다니엘 10:6에서 나온 표현이다. "오른손"은 권세의 손을, "일곱 별"은 권세를 상징하는 별자리를 나타내고, 또 "입에서 나오는 좌우에 날 선 검"은 그리스도가 심판자임을 상징적으로 표현한 것이다16절.

"전에 죽었으나, 이제 살아 있는"18절은 그리스도의 죽음과 부활을 뜻한다. "사망과 음부"는 죽은 자들이 종말의 심판 때까지 머무는 지하 세계를 가리킨다. 유대적 표상에서 음부의 권세를 가지고 있는 자는 하나님이거나 왕상 2:6[LXX]; 토비트 13:2; 지혜서 16:13 천사이다2En 42:1. 따라서 여기서 인자 그리스도는 하나님의 영광과 권세를 가진 자로서 지하 세계의 문을 열어젖히고 구원을 선사하는 권세자로 등장한다.

"네가 본 것과 지금 있는 일과 장차 될 일을 기록하라"1:19는 명령은 요한계시록 전체의 프로그램에 해당된다. 이에 걸맞게 2-3장은 일곱 교회에 보내는 편지 가운데 "지금 있는 일"을 묘사한다. 이들 편지는 실제 편지가 아니라 요한계시록의 한 부분으로 집필된 것으로서 하나의 통일성을 이루고 있는데, 올리우신 그리스도의 말씀을 펼친다. 이어지는 4-22장은 요한이 하늘에서 본 "장차 될 일", 즉 미래의 종말에 일어날 일들을 묘사한다.

지금 일어나고 있는 일을 묘사하는 부분2:1-3:22에서, 그리스도는 소아시아 일곱 교회에게 편지하라고 명한다에베소, 서머나, 버가모, 두아디라, 사데, 빌라델비아, 라오디게아 교회. 일곱 교회의 사자들은 그리스도로부터 각 교회를 위한 메시지를 받는다. 교회들은 문제를 안고 있다. 신앙을 확고하게 지키고 있는 교회가 있는가 하면, 신앙을 로마 종교의식과 조화시키려는 교회도 있다. 니골라당이 그러하다. 그리스도인들은 특히 로마의 황제 숭배 및 신들 숭배에서 나오는 미혹과 위험을 견뎌내야 한다.

메시지는 네 부분으로 나눌 수 있다: ① 메시지가 그리스도로부터 유래했다는 사실, ② 교회의 현재 행위에 대한 평가, ③ 교회 내외부에 있는 악한 세력이 심판을 받을 것이라는 경고, ④ 신실한 사람에 대한 약속. 일곱 편지는 연속적으로 나열되는데, 가장 먼저 나오는 에베소교회에 보내는 메시지는 다음과 같다.

(2:1-7) ¹ 에베소교회의 사자에게 편지하라 오른손에 있는 일곱 별을 붙잡고 일곱 금 촛대 사이를 거니시는 이가 이르시되 ² 내가 네 행위와 수고와 네 인내를 알고 또 악한 자들을 용납하지 아니한 것과 자칭 사도라 하되 아닌 자들을 시험하여 그의 거짓된 것을 네가 드러낸 것과 ³ 또 네가 참고 내 이름을 위하여 견디고 게으르지 아니한 것을 아노라 ⁴ 그러나 너를 책망할 것이 있나니 너의 처음 사랑을 버렸느니라 ⁵ 그러므로 어디서 떨어진 것을 생각하고 회개하여 처음 행위를 가지라 만일 그리하지 아니하고 회개하지 아니하면 내가 네게 가서 네 촛대를 그 자리에서 옮기리라 ⁶ 오직 네게 이것이 있으니 네가 니골라 당의 행위를 미워하는도다 나도 이것을 미워하노라 ⁷ 귀 있는 자는 성령이 교회들에게 하시는 말씀을 들을지어다 이기는 그에게는 내가 하나님의 낙원에 있는 생명나무의 열매를 주어 먹게 하리라

에베소는 아시아 지역의 무역과 문화의 중심지였다. 아르테미스 여신 전도 유명하다. "일곱 별을 붙잡고 일곱 금 촛대 사이를 거니시는 이"1절는 권세로 교회를 주관하며 예언의 말씀을 하는 그리스도를 가리킨다. 그리스도는 에베소교회의 "행위와 수고와 인내"를 칭찬한다. 이때 "행위"는 기독교적인 삶을, "수고"는 선교적 열정을, "인내"는 신앙 위에 굳게 서는 것을 뜻한다. 이어 책망을 하고 심판이 있을 것을 선포한다4-5절. 이방적인 예배와 생활양식을 수용한 니골라 당을 미워하는 것을 칭찬한 뒤 6절, 다시 에베소교회를 향한 약속의 말씀을 준다7절.

이어서 요한은 버가모Pergamon 교회에게 메시지를 보낸다2:12-17. 에베소가 아시아 지방의 수도로 바뀌기 전까지 버가모는 아시아의 수도였으며, 또 아테네 성전 지역에는 큰 도서관을 갖고 있는 교육의 중심지였다. 주전 180년경에 버가모 제단이 제우스와 모든 신들에게 봉헌되었다. 주전 133

년에 이 도시는 로마의 지배를 받게 된 이후 소아시아 황제 숭배의 중심지가 된다. "좌우에 날 선 검을 가지신" 2:12 올리우신 그리스도가 거짓 교사들에 대한 심판자로 나선다. 먼저 '안디바' Antipas의 순교에도 버가모교회가 믿음을 저버리지 않았음을 칭찬하나, 거짓 교사들을 교회 안에 용납한 것을 비판한다. '우상제물을 먹음과 행음함'은 배교에 대한 상징으로 이해할 수 있다. 거짓 교사들의 가르침은 니골라 당의 가르침과 동일하다. 니골라 당 2:6, 15은 교회 안에 속한 무리로서 로마 신 숭배 및 황제 숭배와 화해하기를 모색하는 자들이다. 이들의 거짓 가르침이 거짓 교사의 원형인 발람 Bileam의 이름을 따서 "발람의 교훈" 16절이라 불린다. 올리우신 그리스도는 니골라 당의 추종자들 2:15과 두아디라 교회 2:18-29의 여자 예언자인 '이세벨' 10)의 추종자들 2:20을 비판하는 가운데, 우상제물과의 접촉을 금한다. 이를 통해 그리스도인들과 세상을 구분하고자 한다.

그런데 서머나 교회 2:8-11와 빌라델비아 교회 3:7-13는 비판도 받지 않고 회개의 요청도 받지 않는다. 이 두 교회는 부요한 가운데 자만에 빠진 라오디게아 교회 3:14-22와 달리, 환란과 궁핍 중에도 끝까지 충성한 일로 칭찬받는다. 교인들을 비방하는 "사탄의 회당, 곧 자칭 유대인" 2:9; 3:9은 그리스도인들의 분파를 뜻하지 않고 실제 유대인을 가리키는데, 올리우신 그리스도는 그들의 유대성을 부인한다. 그들은 그리스도인들에 대한 증오심을 갖고 있었다. 그들의 관점에서 보면 그리스도인들은 배교자이기 때문이다.

장차 될 일을 다루는 본론 4:1-22:5에서 요한은 도래할 역사의 비밀에 대한 환상을 본다. 이 부분은 요한계시록의 묵시문학적 본론부에 속한다. **첫 번째 일련의 환상 보도가** 4-11장에 전개된다. 환상의 시작을 알리는 부분 4:1-5:14은 하나님과 어린 양의 세상 통치에 대한 내용이다. 하늘 보좌 위에

---

10) 이세벨은 이스라엘 왕 아합의 아내를 연상시킨다. 그녀는 가나안 출신으로서 이스라엘 가운데 바알의 제단과 바알의 예언자들을 장려했다 왕상 16:31-34; 21:25-26.

앉으신 하나님을 알현하는 장면으로 시작한다.

(4:1-2) ¹ 이 일 후에 내가 보니 하늘에 열린 문이 있는데 내가 들은 바 처음에 내게 말하던 나팔 소리 같은 그 음성이 이르되 이리로 올라오라 이 후에 마땅히 일어날 일들을 내가 네게 보이리라 하시더라 ² 내가 곧 성령에 감동되었더니 보라 하늘에 보좌를 베풀었고 그 보좌 위에 앉으신 이가 있는데

4:11에서 하나님은 "우리 주 하나님"으로 불리는데, 이는 도미티아누스 황제를 "주와 하나님"dominus et deus으로 호칭하는 것에 의도적으로 대조시킨 칭호이다. 하나님과 세상 권력 사이의 갈등은 요한계시록의 대大주제에 속한다.

특히 5장은 하나님의 비밀스러운 계획을 담은 일곱 겹으로 봉인된 두루마리 책이 어린 양에게 전달되는 내용이다. 이 봉인된 책을 풀 수 있는 권한은 그리스도를 가리키는 "죽임을 당한 어린 양"만이 갖고 있다.

(5:1-7) ¹ 내가 보매 보좌에 앉으신 이의 오른손에 두루마리가 있으니 안팎으로 썼고 일곱 인으로 봉하였더라 ² 또 보매 힘있는 천사가 큰 음성으로 외치기를 누가 그 두루마리를 펴며 그 인을 떼기에 합당하냐 하나 ³ 하늘 위에나 땅 위에나 땅 아래에 능히 그 두루마리를 펴거나 보거나 할 자가 없더라 ⁴ 그 두루마리를 펴거나 보거나 하기에 합당한 자가 보이지 아니하기로 내가 크게 울었더니 ⁵ 장로 중의 한 사람이 내게 말하되 울지 말라 유대 지파의 사자 다윗의 뿌리가 이겼으니 그 두루마리와 그 일곱 인을 떼시리라 하더라 ⁶ 내가 또 보니 보좌와 네 생물과 장로들 사이에 한 어린 양이 서 있는데 일찍이 죽임을 당한 것 같더라 그에게 일곱 뿔과 일곱 눈이 있으니 이 눈들은 온 땅에 보내심을 받은 하나님의 일곱 영이더라 ⁷ 그 어린 양이 나아와서 보좌에 앉으신 이의 오른손에서 두루마리를 취하시니라

오직 그리스도만이 종말에 있을 하나님의 구원 사역을 영광스럽게 수행할 수 있는 분이라는 사실이 극적으로 묘사된다. 다시 말해 폭력과 착취 위에 세워진 현재의 세상 권력 예컨대, 로마제국을 무너뜨리는 것은 힘의

과시를 통해서가 아니라, 죽임을 당한 어린 양 그리스도라는 것이다. 저자가 묘사하고자 하는 역전의 충격이 선명하게 드러나는 대목이다.[11]

"유대 지파의 사자 다윗의 뿌리"5절에 비유되는 죽임을 당한 "어린 양" 그리스도는 마침내 세상의 왕으로 입증되며 11:15, "만주의 주시요, 만왕의 왕"으로 불린다17:14. "안팎으로 기록된 두루마리"1절는 세상사의 최후 단계에 관한 하나님의 계획을 담고 있다. "일곱"1, 5절은 완전수를 나타내며 일곱 인이 하나씩 열리면서 점점 긴장이 고조된다. "유대 지파의 사자"와 "다윗의 뿌리"5절는 둘 다 유대 메시아 칭호이다.

아무 설명 없이 예수님을 "어린 양"으로 부르는데6절, 이는 유대교에 바탕을 두지 않은 초기 교회에서 메시아를 가리키는 칭호로서 요한공동체에게도 잘 알려진 칭호였을 것이다. 여기서 어린 양은 두 가지 차원의 표상과 관련된다. 첫째, 통치자의 위엄을 상징하는 "일곱 뿔"과 하나님의 눈을 나타내는 "일곱 눈"을 가진 어린 양은 하나님의 권세와 통치에 참여하는 그리스도를 뜻한다. 둘째, 어린 양은 세상 죄를 대속하기 위해 살해된 그리스도를 나타낸다(요 1:29, "이튿날 요한이 예수께서 자기에게 나아오심을 보고 이르되 보라 세상 죄를 지고 가는 하나님의 어린 양이로다"). 이와 같이 "어린 양"은 그리스도의 속죄의 죽음을 상징하며 동시에 부활하여 승귀한 주님의 권세를 일컫는 칭호이다. 이제 어린 양은 보좌에 앉으신 하나님께 나아가 두루마리를 취한다7절.

5:1-14에서 봉인된 일곱 두루마리 책을 열 수 있는 전권을 가진 이는 오직 그 목에 죽음의 상흔을 지닌 "어린 양" 예수 그리스도뿐이란 사실이 드러났다.

이제 6:1-8:1에서 요한은 일곱 인으로 봉인된 두루마리에 대한 전권을

---

11) 이런 상징의 극적인 역전은 계 19:11-16에도 나타난다. 그리스도는 종말 전투에 앞서 이미 자신의 "피로 물든 옷을 입은 백마 탄 자"로 묘사된다. 여기서 그는 "하나님의 말씀"으로 불리고, 그의 입에서 나온 말씀이 "만국을 치는 예리한 검"과 동일시된다.

가진 어린 양, 그리스도가 그 전권을 어떻게 행사하는지를 묘사하기 시작한다. 그리스도의 행위가 우주적인 차원에서 전개되는 것을 볼 때, 당시 교회 상황만을 겨냥한 것이 아니라, 그리스도의 재림 때까지 교회의 전체 역사를 겨냥한 것임을 알 수 있다. 그리스도는 자기를 따르는 자들을 구원하기 위해 전권을 행사하기 시작한다. 여기에서 요한은 전통적 그림을 이용하여 구약의 예언자처럼 그리스도인들의 현재를 해석한다. 재앙을 묘사함으로써 그는 그리스도와 더불어 종말의 시간이 도래했음을 보여준다. 그러나 종말의 완성의 때는 아직 이르지 않았다.

어린 양 그리스도가 7 봉인을 하나씩 떼면서 종말에 일어나는 엄청난 재앙이 나열된다. 이들 재앙은 반복해서 일어나는 동일한 사건들로 볼 수 있으나 매번 다르게 묘사된다. 먼저 요한은 그리스도가 첫째 봉인을 떼어내자 **네 종류의 말을 탄 자**가 등장하는 환상을 본다.6:1-17: 활을 가진 흰 말 탄 자; 큰 칼을 가진 붉은 말 탄 자; 저울을 가진 검은 말 탄 자; 사망과 음부를 동반한 청황색 말 탄 자. 이들 네 명의 말 탄 자들은 동일한 자로 보아도 무방하다. 말 탄 자에게서 각각 독특한 재앙이 뒤따른다. 말들의 색은 그 기사가 초래하는 영향력을 가리킨다. '흰색'은 종말론적인 의미를 띠기에 첫째 말 탄 자는 종말론적 정복자를 나타낸다. 그는 하나님으로부터 면류관을 받는데, 면류관은 구원과 종말론적 승리를 상징한다. 피를 연상시키는 '붉은색' 말을 탄 자는 이 땅에 전쟁을 가져오는 자이다. '검은색' 말을 탄 자는 기근을 가져오는 자이다. 그가 지닌 저울은 폭등한 곡물을 제한하기 위해 측정하는 도구이다. 그리고 '청황색' 말의 색깔은 창백해진 시신을 가리키기에, 네 번째 말을 탄 자는 의인화된 사망, 구체적으로 페스트를 가져오는 자를 상징한다.

여섯째 봉인 환상6:12-17은 불법자들에 대한 현세의 심판에 대해 말하고 있으나, 이 지점에서 미리 최후 심판을 말하고 있는 것으로 볼 필요는 없다. 신실한 그리스도인들이 현재 하나님의 구원을 체험하고 있듯이, 불법한 자들은 현재 재앙을 체험한다. 그리스도인들이 구원의 완성을 아직 기다리고 있듯이, 불법한 자들에 대한 최후 심판은 아직 오지 않았다.

하나님을 대적하는 인간들에게 닥치는 재앙에 이어서, 이제 요한은 **인 침을 받은 144,000명의 그리스도인들**에 대한 환상을 본다7:1-17. 이 부분은 일곱째 봉인으로 넘어가기 전에 나오는 중간 단락으로서, 바로 앞 여섯째 봉인 환상에서 불법한 자들이 당하는 재앙과 대조되는 장면이다. 여기에 서 요한은 아무리 어려운 상황일지라도 하나님은 언제나 당신의 자녀들 을 지켜주시리라는 확신을 강조하고자 한다. 하나님의 자비로운 통치는 그리스도 안에서 이미 현재 이루어지고 있다.

> (7:1-8) ¹ 이 일 후에 내가 네 천사가 땅 네 모퉁이에 선 것을 보니 땅의 사방 의 바람을 붙잡아 바람으로 하여금 땅에나 바다에나 각종 나무에 불지 못하게 하더라 ² 또 보매 다른 천사가 살아 계신 하나님의 인을 가지고 해 돋는 데로 부터 올라와서 땅과 바다를 해롭게 할 권세를 받은 네 천사를 향하여 큰 소리 로 외쳐 ³ 이르되 우리가 우리 하나님의 종들의 이마에 인치기까지 땅이나 바 다나 나무들을 해하지 말라 하더라 ⁴ 내가 인침을 받은 자의 수를 들으니 이스 라엘 자손의 각 지파 중에서 인침을 받은 자들이 십사만 사천이니 ⁵ 유다 지파 중에 인침을 받은 자가 일만 이천이요 르우벤 지파 중에 일만 이천이요 갓 지 파 중에 일만 이천이요 ⁶ 아셀 지파 중에 일만 이천이요 납달리 지파 중에 일 만 이천이요 므낫세 지파 중에 일만 이천이요 ⁷ 시므온 지파 중에 일만 이천이 요 레위 지파 중에 일만 이천이요 잇사갈 지파 중에 일만 이천이요 ⁸ 스불론 지파 중에 일만 이천이요 요셉 지파 중에 일만 이천이요 베냐민 지파 중에 인 침을 받은 자가 일만 이천이라

여기서 144,000은 12×12,000으로 나타낼 수 있는 수인데, 이스라엘의 12 지파를 염두에 둔 상징수로서 "아무도 능히 셀 수 없는 큰 무리"7:9를 뜻 한다. 이 수는 각 지파마다 12,000씩 12의 완전수구원받은 자의 충만한 수로 하나 님 백성을 상징한다. 구약성경에서는 야곱의 장자인 르우벤이 가장 먼저 언급되지만, 여기서는 유다가 먼저 언급된다. 유다가 다윗을 낳은 지파이

며 동시에 예수님이 유래한 지파이기 때문이다. 또한 단 지파가 빠지고 그 대신 므낫세가 언급된다. 단이 이방신에게 빠졌던 지파라는 사실과 삿 17-18장 적그리스도가 단 지파에서 나올 것이라는 고대 교회의 전승Irenaeus 을 고려한다면 단 지파는 더 이상 하나님 백성에 속하지 못하게 되었음을 알 수 있다. 여기서 말하는 12지파는 더 이상 유대 백성의 미래에 대한 대망을 나타내지 않고 유대인과 이방인으로 구성된 종말론적인 하나님 백성에게 적용되고, 그것은 곧 예수 그리스도의 교회 전체와 동일시된다 (참조, 약 1:1, "하나님과 주 예수 그리스도의 종 야고보는 흩어져 있는 열두 지파에게 문안하노라"). 따라서 144,000은 그리스도인이 된 이스라엘의 '남은 자'를 가리키지 않고 모든 그리스도인을 가리키는 상징수이다.

이 구원받은 그리스도인들은 '큰 환란에서 나오는 자들'7:14과 동일하다. 이때 "큰 환란"은 최후의 종말 심판을 염두에 둔 표현이라기보다, 교회의 역사 전체에 해당하는 박해로 이해할 수 있다. '어린 양의 피로 씻은 흰옷을 입은' 신실한 그리스도인들7:13-14은 현재에 홀로 남겨져 있지 않다. 이들에게는 그 고통이 복된 상태로 바뀌리라는 위로와 격려의 메시지가 필요하다. 그들만이 영원한 영광에 참여하는 될 자들이다22:14-15.

이제 일곱째 봉인이 열리면서8:1, 요한은 '**일곱 천사와 일곱 나팔**'에 대한 환상을 본다8:2-11:19. 여기서 일곱 천사는 일곱 대표 천사를 연상시킨다 라파엘, 가브리엘, 미가엘 등. 이들은 하나님 보좌 앞에 있는 "일곱 영"1:4과 동일하다. 이 천사들은 하나님으로부터 나팔을 받는다. 유대 전통에 따르면, 나팔소리는 특히 결정적인 전환점을 나타낸다. 일곱 천사는 하나님의 구원 및 심판 행위를 선포한다.

그리스도인들은 재앙에서 보호받을 뿐만 아니라 동시에 구원받게 된다. 하나님과 그의 메시아의 궁극적인 통치가 이루어지고 마침내 악의 세력에 대한 승리가 선언된다. 하나님은 신실한 그리스도인들에게는 구원의 완성을 선물하시나, 믿지 않는 세상에게는 멸망의 심판을 내리시는 분이시다.

처음의 네 가지 나팔 환상은, 땅과 바다와 또 강과 별이 붕괴하는 것을 묘사한다. 다섯 번째 나팔이 울리자 요한은 "하늘에서 땅에 떨어지는 별 하나"9:1를 본다. 이것은 천상에서 타락한 천사를 뜻하지 않고, 하나님의 네 사자들 가운데 하나로서 악한 영들을 가두어 두는 무저갱의 열쇠를 지닌 천사를 가리킨다. 무저갱이 열리면 연기가 올라오고 해와 대기가 암흑으로 바뀐다. 여섯째 나팔이 울리자9:13 하늘의 번제단에서 한 음성이 나오는데, 믿는 자들의 기도에 대한 응답으로 이해할 수 있다. 대적자들에 대한 하나님의 심판의 완성이 가까이 왔음을 알린다.

이제 하나님은 당신의 자녀들을 위해 당신의 뜻을 관철한다. "두 증인"11:3으로 대표되는 구원 공동체가 구원을 받는다. 반면 남아 있는 원수들은 하나님의 권능에 떨면서 모든 영광을 하나님께 돌린다11:11-13. 일곱째 나팔 환상은 더 이상 재앙을 선포하지 않고, 그리스도인들의 기도에 최종적으로 응답한다. 하나님과 그의 메시아의 왕적 통치가 선포되고11:15, 이어서 이십사 장로들의 기도와 찬양이 나오며 하나님 현현의 요소가 보인다11:16-19.

(11:15-19) 15 일곱째 천사가 나팔을 불매 하늘에 큰 음성들이 나서 이르되 세상 나라가 우리 주와 그의 그리스도의 나라가 되어 그가 세세토록 왕 노릇 하시리로다 하니 16 하나님 앞에서 자기 보좌에 앉아 있던 이십사 장로가 엎드려 얼굴을 땅에 대고 하나님께 경배하여 17 이르되 감사하옵나니 옛적에도 계셨고 지금도 계신 주 하나님 곧 전능하신 이여 친히 큰 권능을 잡으시고 왕 노릇 하시도다 18 이방들이 분노하매 주의 진노가 내려 죽은 자를 심판하시며 종 선지자들과 성도들과 또 작은 자든지 큰 자든지 주의 이름을 경외하는 자들에게 상 주시며 또 땅을 망하게 하는 자들을 멸망시키실 때로소이다 하더라 19 이에 하늘에 있는 하나님의 성전이 열리니 성전 안에 하나님의 언약궤가 보이며 또 번개와 음성들과 우레와 지진과 큰 우박이 있더라

두 번째 일련의 환상이 12:1-19:10에 나온다. 비록 바로 앞 단락^{11:15-19}에서 구원의 완성이 도래했음을 알렸으나, 신앙공동체는 여전히 악의 세력과 싸우고 있다. 요한계시록 본론의 핵심 부분을 이루는 '12-14장'은 하나님의 세력^{여인, 아들, 그 여자의 남은 자손}과 악의 세력^{붉은 용} 간의 우주적인 싸움을 묵시적인 그림으로 묘사한다. 다시 말해 종말 시대의 양대 세력, 즉 그리스도와 사탄, 하나님에게 적대적인 정치 세력과 교회가 서로 대립 관계에 있음을 드러낸다. 먼저 12:1-17에는 '**해를 옷 입은 한 여자**'와 그 대적자로서 악의 세력을 상징하는, 일곱 머리와 열 뿔을 가진 '**붉은 용**'에 대한 묘사가 나온다.

천상적 특징을 지닌 ^{"태양으로 옷 입고 발 아래 달을 갖고 있고 머리에는 열두 별로 된 관을 쓴"}, ^{12:1} '**해산 직전의 여인**'은 하나님의 백성을 상징한다.[12) 여기서 '관'은 승리를 뜻한다. "생명의 관"^{2:10}은 생명이 빼앗기지 않으리라는 것을 상징하고 "생명 나무"^{22:14}에 참여함을 보장한다. 또한 여인의 산고^{12:2}는 그리스도인들을 위해 마리아가 십자가 아래에서 겪은 고통을 상징하는 것으로 이해할 수 있다.

또한 하나님 보좌 앞으로 올려가는 '**여인이 낳은 아들**'은 예수 그리스도를 가리킨다. '쇠 지팡이=철장로 만국을 다스릴 남자'^{12:5, 참조, 시 2:9}는 메시아로서 백마를 탄 자로서^{19:1-16} 불법자들에게 심판을 내리는 자이다. 원수를 섬멸하여 신실한 그리스도인들에게 구원을 보증하는 자이다. 자기방어를 할 수 없는 아들이 용에게 위협을 받으나, 그럼에도 그는 통치자이자 심판자라는 사실이 요한계시록 기독론의 특징이다.

반면에 고대 근동에서 '**용**'은 악의 본질 그 자체이며 혼돈을 상징하며 또 인간의 실존을 위협하는 하나님의 적대 세력을 상징한다. 구약의 신앙에 따르면 오직 야훼만이 그 용을 제압할 수 있다.[13) 용의 붉은 색은 용의

---

12) 시온, 예루살렘, 이스라엘은 종종 야훼의 아내로 나온다^{사 54:1,5-6; 렘 3:6-10; 겔 16:8-14; 호 2:19}. 또한 시온은 산통 중에 있는 어머니로 통한다^{사 49:21; 50:1; 66:7-11 등}.

13) 사 51:9; 시 74:13-14; 89:9-10; 암 9:3; 겔 29:3-4; 32:2-3.

살해 의도를 드러낸다^{참조. 6:4 "붉은 말"}. 용의 일곱 머리는 바벨론 신화에서 일곱 머리를 가진 용을 연상시킨다. "일곱 머리와 열 뿔"은 다니엘 7:7, 24를 떠올리며, 또한 왕적 권세를 상징하는 "일곱 머리띠"는 사탄적인 짐승의 위험한 권세를 가리킨다. 이때 "일곱"은 완전성을 뜻하는 상징수이다. 이러한 상징들은 로마제국을 대표한다.

이어서 요한은 12장의 환상에 이어서 또 다른 환상을 본다. 용의 하수인으로서 '두 마리 짐승'에 대한 묘사가 나온다^{12:18-13:18}. 12장에서 붉은 용 사탄이 그리스도나 교회를 파멸하려 했으나 실패했다. 그럼에도 그리스도인들의 믿음을 위협할 수는 있었다. 이제 (12:13-18에 연속된) 13장에서 사탄은 구체적으로 교회를 상대로 전투를 벌인다.

(12:18-13:18) ^{12:18} [용이] 바다 모래 위에 서 있더라14) ^{13:1} 내가 보니 바다에서 한 짐승이 나오는데 뿔이 열이요 머리가 일곱이라 그 뿔에는 열 왕관이 있고 그 머리들에는 신성 모독하는 이름들이 있더라 ² 내가 본 짐승은 표범과 비슷하고 그 발은 곰의 발 같고 그 입은 사자의 입 같은데 용이 자기의 능력과 보좌와 큰 권세를 그에게 주었더라 ³ 그의 머리 하나가 상하여 죽게 된 것 같더니 그 죽게 되었던 상처가 나으매 온 땅이 놀랍게 여겨 짐승을 따르고 ⁴ 용이 짐승에게 권세를 주므로 용에게 경배하며 짐승에게 경배하여 이르되 누가 이 짐승과 같으냐 누가 능히 이와 더불어 싸우리요 하더라 ⁵ 또 짐승이 과장되고 신성 모독을 말하는 입을 받고 또 마흔두 달 동안 일할 권세를 받으니라 ⁶ 짐승이 입을 벌려 하나님을 향하여 비방하되 그의 이름과 그의 장막 곧 하늘에 사는 자들을 비방하더라 ⁷ 또 권세를 받아 성도들과 싸워 이기게 되고 각 족속과 백성과 방언과 나라를 다스리는 권세를 받으니 ⁸ 죽임을 당한 어린 양의 생명책에 창세 이후로 이름이 기록되지 못하고 이 땅에 사는 자들은 다 그 짐승에게 경배하리라 ⁹ 누구든지 귀가 있거든 들을지어다 ¹⁰ 사로잡힐 자는 사로잡혀 갈 것이요 칼에 죽을 자는 마땅히 자기도 칼에 죽을 것이니 성도들의 인내와 믿음이 여기 있느니라 ¹¹ 내가 보매 또 다른 짐승이 땅에서 올라오니 어린

---

14) 우리말 개역개정성경에는 12:18 표시가 없이 17절 끝에 붙어 있으나, 그리스어 성경은 이를 따로 표시하였다.

양 같이 두 뿔이 있고 용처럼 말을 하더라 ¹² 그가 먼저 나온 짐승의 모든 권세를 그 앞에서 행하고 땅과 땅에 사는 자들을 처음 짐승에게 경배하게 하니 곧 죽게 되었던 상처가 나은 자니라 ¹³ 큰 이적을 행하되 심지어 사람들 앞에서 불이 하늘로부터 땅에 내려오게 하고 ¹⁴ 짐승 앞에서 받은 바 이적을 행함으로 땅에 거하는 자들을 미혹하며 땅에 거하는 자들에게 이르기를 칼에 상하였다가 살아난 짐승을 위하여 우상을 만들라 하더라 ¹⁵ 그가 권세를 받아 그 짐승의 우상에게 생기를 주어 그 짐승의 우상으로 말하게 하고 또 짐승의 우상에게 경배하지 아니하는 자는 몇이든지 다 죽이게 하더라 ¹⁶ 그가 모든 자 곧 작은 자나 큰 자나 부자나 가난한 자나 자유인이나 종들에게 그 오른손에나 이마에 표를 받게 하고 ¹⁷ 누구든지 이 표를 가진 자 외에는 매매를 못하게 하니 이 표는 곧 짐승의 이름이나 그 이름의 수라 ¹⁸ 지혜가 여기 있으니 총명한 자는 그 짐승의 수를 세어 보라 그것은 사람의 수니 그의 수는 육백육십육이니라

먼저 요한은 '**바다에서 나오는 한 짐승**'을 본다. 그리스도인들에 대한 위협이 얼마나 무시무시한지는 그 짐승이 바다에서 유래한 사실에 드러난다. 고대 시대의 사람들은 바다를 악마들의 거처로 여겼기 때문이다. 바다는 하나님만이 섬멸할 수 있는 '레비아탄'Leviatan으로 불리는 바다 신의 왕국이다사 27:1; 시 74:14; 104:26.

다니엘 7장에 언급된 네 짐승의 특징을 한 몸에 지닌 '**바다에서 나온 한 짐승**'13:1은 '용', 즉 사탄의 하수인이 되어 그리스도인들을 박해하는 로마제국을 상징한다. "죽임을 당한 어린 양의 생명책"에 이름이 기록된 사람들을 제외한 이 땅에 사는 모든 자들이 그 짐승을 숭배할 것이라 한다13:7-8. 이 짐승은 죽임을 당한 어린 양의 대적자다. 요한은 로마의 신과 황제에 대한 숭배를 기독교 신앙에 대한 커다란 위협으로 보았다. 이러한 위협을 미처 깨닫지 못하는 사람들을 위해 로마제국과 황제를 가리키는 다니엘서의 형상들을 사용하여 하나님에게 대적하는 로마제국의 본질을 들추어낸다.

두 번째 나타나는 '**땅에서 올라오는 짐승**'13:11-18 역시 사탄의 하수인으

로서 첫 번째 짐승을 섬긴다. 땅의 짐승은 '베헤못'Behemoth 으로 불렸다
äthHen 60:7-9; 4Esr 6:49-52; ApkAbr 21:4; syrBar29:4. 이 짐승은 로마 황제와 황제 제의를
섬기는 자들로 황제 숭배를 거부하는 그리스도인들을 박해하는 자들을
상징한다. 땅에서 올라온 이 짐승은 숫자 666으로 표현된 한 인간을 나타
낸다. 대다수 학자들은 666을 히브리어 철자를 사용한 '게마트리아'Gematria
해석법에 따라 '네로 황제'נרון קסר, 케사르 네론를 상징하는 숫자로 해석한다.15)

נרון קסר의 철자를 숫자로 환산해서 모두 합하면 666이 된다.
[ן(50)+ו(6)+ר(200)+נ(50)]+[ר(200)+ס(60)+ק(100)]=666

이 경우에 네로는 역사적 인물 네로가 아니라 이른바 '환생한 네로'
Nero redivivus를 가리킨다. 이 숫자를 미래에 나타날 어떤 황제로 해석할 수도
있겠으나, 요한계시록의 문맥에서는 도미티아누스 황제를 가리킨다.16)

그리스도인들의 대적자의 권세가 너무도 압도적이라 누가 그러한 압박
을 견딜 수 있겠는가 하는 질문이 나온다. 요한은 그에 답하고자 한다.
그리스도인들이 처한 박해 상황 뒤에 황제 숭배를 거부하는 144,000명
참조 7:1-8 "인침을 받은 자들"의 그리스도인들이 어린 양과 함께 시온 산에 모이는
환상을 본다14:1-5.

(14:1-5) ¹또 내가 보니 보라 어린 양이 시온 산에 섰고 그와 함께 십사만 사
천이 서 있는데 그들의 이마에는 어린 양의 이름과 그 아버지의 이름을 쓴 것
이 있더라 ²내가 하늘에서 나는 소리를 들으니 많은 물 소리와도 같고 큰 우
렛소리와도 같은데 내가 들은 소리는 거문고 타는 자들이 그 거문고를 타는
것 같더라 ³그들이 보좌 앞과 네 생물과 장로들 앞에서 새 노래를 부르니 땅에

15) W. Bousset, *Die Offenbarung Johannes*, Göttingen, ⁶1906, 372-373, 416; J. Ernst, *Die
eschatologischen Gegenspieler in den Schriften des NT*, 1967, 142-143; U. B. Müller, *Die Offen-
barung des Johannes*, Gütersloh, 1984, 257; H. Giesen, *Die Offenbarung des Johannes*, Regens-
burg, 1997, 315 등.
16) 주후 1-2세기에 살았던 로마의 풍자 작가인 유베날리스Iuvenalis 는 도미티아누스 황제를
"두 번째 네로"라고 불렀다Sat 4,38.

서 속량함을 받은 십사만 사천 밖에는 능히 이 노래를 배울 자가 없더라 ⁴이 사람들은 여자와 더불어 더럽히지 아니하고 순결한 자라 어린 양이 어디로 인도하든지 따라가는 자며 사람 가운데에서 속량함을 받아 처음 익은 열매로 하나님과 어린 양에게 속한 자들이니 ⁵그 입에 거짓말이 없고 흠이 없는 자들이더라

시온 산 위에 있는[17] 구원받은 하나님의 백성 144,000명은 짐승의 표를 지닌 자들과 정반대로 "이마에 어린 양과 하나님의 이름을 적은 자들이다. 이 그리스도인들은 "처음 익은 열매"로서 "어린 양이 어디로 인도하든지 따라가는" 자들이다 14:4. 예수께서 자신의 증언의 말씀으로 고난당했듯이, 그를 따르는 그리스도인들도 말씀을 증언하고 고난을 받아야 한다. 이러한 환상을 통해 요한은 박해받는 신실한 그리스도인들을 격려하고자 한다. 오직 144,000명 만이 새 노래를 배워서 부를 수 있다. 즉 듣고 이해할 수 있다는 뜻이다. 그러나 무리지어 큰 음성으로 하는 합창은 아직 할 수 없다. 그것은 19:1-10에 가서야 일어난다("내가 들으니 하늘에 허다한 무리의 큰 음성 같은 것이 있어 이르되 할렐루야 구원과 영광과 능력이 우리 하나님께 있도다").

하나님의 백성이 종말에 누리게 될 복에 대한 전망에 이어, 사악한 세상에 대한 종말 심판이 선포된다 14:6-20. 이 싸움은 "인자와 같은 이", 즉 그리스도와 천사가 낫을 휘둘러 수확하는 장면을 통해 하나님의 뜻에 저항한 자들에게 있을 두 가지 심판의 비유 곡식 추수(14-16절), 포도즙 압착(17-20절)로써 종말 심판을 전망하면서 끝난다.

둘째 화 11:14에 이은 "셋째 화" 15:1-16:21는 특히 '일곱 대접'에 대한 환상이다. 하나님을 대적하는 인간 세력에 대해 내리시는 하나님의 진노가 여기에서 완성된다(16:19, "큰 성이 세 갈래로 갈라지고 만국의 성들도 무너지니 큰 성 바벨론이 하나님 앞에 기억하신 바 되어 그의 맹렬한 진노의 포도주

---

17) 종말에 메시아가 시온산에서 자신을 계시하리라는 전통이 반영된 것이다.

잔을 받으매"). 황제 숭배를 이기고 벗어난 그리스도인들이 모세와 어린 양의 노래를 부름으로써 하나님의 종말론적인 구원 사역을 찬송하는 장면이 나오고, 뒤이어 하나님의 진노의 대접이 악한 세상에 부어짐으로 종말의 대재앙이 절정에 이른다.

그런 다음 17:1-19:10은 '**큰 음녀 바벨론**'에 대한 하나님의 심판을 묘사한다. 하나님 대적자의 상징인 바벨론=로마에 대한 심판은 이미 16:19에서 선언되었다. 그런데 요한에게는 그 심판의 완벽한 집행이 중요하기에, 이 단락에서 그 집행을 광대하게 펼친다. 대접을 가진 천사17:1가 '해석해 주는 천사'angelus interpres, 17:7로 등장함으로써 앞에서 다룬 환상15:1, 일곱 재앙을 가져 오는 일곱 천사과 연결되어 있음을 알 수 있다. 여기에는 바벨론 멸망에 관한 5개의 찬양이 하나로 연결되어 나온다.

"바다에서 나오는 한 짐승"13:1과 동일시되는 "일곱 머리와 열 뿔을 가진 짐승을 탄"17:7 음녀 바벨론은 신앙공동체를 파멸시키려는 적그리스도로서, 곧 로마를 가리킨다. 당시 근동 사람들의 시각에서 볼 때 로마제국은 바다에서 올라온 제국이었다. 일곱 머리는 일곱 산을 상징하는데, 이를 세상 세력 내지는 세상의 왕들을 상징하는 것으로 해석하는 경우도 있으나 대체로 로마를 가리키는 상징으로 해석한다.18) 이로써 요한계시록의 배경이 되는 시대사가 드러난다. 18:1-24에서야 큰 음녀 바벨론에 대한 심판이 상세히 묘사된다. 바벨론에 대한 멸망은 이미 17:16-17에서 선포되었으나, 이제 하나님의 권세를 지닌 천사가 그 도시의 멸망을 선언한다18:1-3. 그 천사는 구원 공동체를 향해 죄악 된 도시를 떠나라고 호소하고18:4-5, 바벨론의 악한 행위에 대해 그 대가를 치르도록 심판 천사들에게 명한다18:6-8. 구원의 완성 가운데서 그리스도인들은 이제 승리의 노래를 부르며 하나님을 찬양한다19:1-10. 그 찬송은 엎드려 하나님을 경배하는 천상적 존

---

18) H. Giesen, *Die Offenbarung des Johannes*, 377.

재들에게까지 퍼진다. 그 찬송은 하늘에서만 머물지 않고 땅 위 믿는 자들에게도 이어진다.

마지막 환상 보도 ^{19:11-22:5}에서 요한은 또 다른 심판 환상을 본다. 하나님의 심판은 이제 땅 위에 있는 사탄의 주된 대리인들, 즉 신으로 추앙받는 **로마 황제 및 거짓 선지자에 대한 심판 환상**이다.

> (20:1-6) ¹ 또 내가 보매 천사가 무저갱의 열쇠와 큰 쇠사슬을 그의 손에 가지고 하늘로부터 내려와서 ² 용을 잡으니 곧 옛 뱀이요 마귀요 사탄이라 잡아서 천 년 동안 결박하여 ³ 무저갱에 던져 넣어 잠그고 그 위에 인봉하여 천 년이 차도록 다시는 만국을 미혹하지 못하게 하였는데 그 후에는 반드시 잠깐 놓이리라 ⁴ 또 내가 보좌들을 보니 거기에 앉은 자들이 있어 심판하는 권세를 받았더라 또 내가 보니 예수를 증언함과 하나님의 말씀 때문에 목 베임을 당한 자들의 영혼들과 또 짐승과 그의 우상에게 경배하지 아니하고 그들의 이마와 손에 그의 표를 받지 아니한 자들이 살아서 그리스도와 더불어 천 년 동안 왕 노릇 하니 ⁵ (그 나머지 죽은 자들은 그 천 년이 차기까지 살지 못하더라) 이는 첫째 부활이라 ⁶ 이 첫째 부활에 참여하는 자들은 복이 있고 거룩하도다 둘째 사망이 그들을 다스리는 권세가 없고 도리어 그들이 하나님과 그리스도의 제사장이 되어 천 년 동안 그리스도와 더불어 왕 노릇 하리라

거짓 선지자는 앞에서^{13:11-15} "땅에서 올라온 짐승"으로 불렸는데, 황제 숭배와 잡신 숭배를 세상에 퍼뜨리는 자를 상징한다. **첫째 종말 전쟁**에서 적대 세력을 멸망시키는 심판자 그리스도가 백마를 타고 (하늘의 군대와 함께) 하늘로부터 내려와서, 그 짐승 및 그를 선전하는 거짓 선지자를 불타는 유황불에 던져 멸망시킨다^{19:11-21}. 무저갱의 열쇠와 큰 쇠사슬을 손에 쥔 천사가 하늘로부터 내려와 사탄인 용을 결박하여 무저갱에 던진 다음, 순교자들이 살아나는 첫 번째 부활이 있게 된다. 이들은 그리스도와 더불어 천 년 동안 이 땅을 다스린다^{20:1-6.19)} 이때 천 년은 정해진 시간

---

19) 하나님 나라의 궁극적인 도래에 앞서 나타나는 메시아 왕국에 대한 표상이 유대 묵시 문학 여러 곳에서 나타나나 4Esr 7:26-33; 참조, syrBar 29-30; 이삭의 유언, 신약성경에는 오직 요한계시록

개념으로 볼 것이 아니라, 신학적인 의미로 이해해야 한다. 그것은 모든 그리스도인의 신실함에 대한 보상을 뜻하지, 순교자들에게만 주어지는 특별한 상으로 이해할 필요는 없다.

비순교자들은 첫 번째 순교에서 빠져있다. 신실한 그리스도인들과 달리 나머지 죽은 자들은 살아나지 못했다. 이들은 천 년이 지나기까지 기다렸다가 심판을 받아야 한다. 여기서 나머지 죽은 자들은 믿지 않은 자들과 또 그리스도 대적자들을 가리킨다. 또 "첫째 부활"이란 표현으로써 요한은 구원의 완성으로 들어가는 궁극적인 육체적 부활을 가리킨다. 천 년이 차매[20] **둘째 종말 전쟁**이 일어난다. 사탄의 최후의 저항이 있으나 멸망한다 20:7-10.

그런 다음 죽은 자들의 부활과, 각 사람이 행위대로 심판받고 '사망과 음부'사악한 마지막 두 권세도 불 못에 던져지는 **세상 심판의 최후 장면**이 나온다 20:11-15. 불 못의 죽음은 "둘째 사망"에 해당한다 2:11; 21:8. 여기서 요한은 하나님의 음성을 들을 뿐만 아니라, 보좌에 앉으신 하나님을 바라본다. 심판은 심판의 책에 기록된 대로 그 행위에 따라 내려진다. 주님께 신실한 그리스도인들은 이 심판에서 제외된다.

21:1-22:5에서 요한은 **새 하늘과 새 땅에 관한 환상**21:1-8에 이어 하늘에서 내려오는 새 예루살렘에 대한 환상21:9-22:5을 본다. 하나님의 새로운 세상에 있는 종말론적 구원공동체에 대한 환상이다. 하나님은 최종적으로 원수를 무찔렀다. 따라서 그의 백성 역시 받은 구원을 위협할 더 이상의 원수가 없다. 이제 요한에게는, 구원이 완성된 새로운 실재를 찬란한 그림

에만 나온다. 유대 묵시문학의 경우와 달리 요한계시록 저자는 메시아 왕국의 영광을 상세하게 그리지 않으며, 비교적 간단한 진술을 통해 고난받는 예수 증인을 위한 특별한 위로의 말씀을 선포하고자 한다. 그것은 온갖 고난과 역경에서도 믿는 자들은 재림과 종말 심판에서 반드시 구원받으리라는 확실성이다.

20) 시 90:4에 "하나님께는 하루가 천년 같다"는 표현이 있다. 고대 이스라엘인들은 세계의 역사가 6일, 즉 6,000년 동안 진행된 다음, 세계의 안식일로서 일곱째 날 마지막 천 년이 도래하리라고 생각했다. 따라서 1,000은 세계 안식일의 평화 상태를 나타내는 상징수이다.

으로 묘사하는 일만 남았다.

(21:1-8) ¹ 또 내가 새 하늘과 새 땅을 보니 처음 하늘과 처음 땅이 없어졌고
바다도 다시 있지 않더라 ² 또 내가 보매 거룩한 성 새 예루살렘이 하나님께로
부터 하늘에서 내려오니 그 준비한 것이 신부가 남편을 위하여 단장한 것 같
더라 ³ 내가 들으니 보좌에서 큰 음성이 나서 이르되 보라 하나님의 장막이 사
람들과 함께 있으매 하나님이 그들과 함께 계시리니 그들은 하나님의 백성이
되고 하나님은 친히 그들과 함께 계셔서 ⁴ 모든 눈물을 그 눈에서 닦아 주시니
다시는 사망이 없고 애통하는 것이나 곡하는 것이나 아픈 것이 다시 있지 아
니하리니 처음 것들이 다 지나갔음이러라 ⁵ 보좌에 앉으신 이가 이르시되 보라
내가 만물을 새롭게 하노라 하시고 또 이르시되 이 말은 신실하고 참되니 기
록하라 하시고 ⁶ 또 내게 말씀하시되 이루었도다 나는 알파와 오메가요 처음과
마지막이라 내가 생명수 샘물을 목마른 자에게 값없이 주리니 ⁷ 이기는 자는
이것들을 상속으로 받으리라 나는 그의 하나님이 되고 그는 내 아들이 되리라
⁸ 그러나 두려워하는 자들과 믿지 아니하는 자들과 흉악한 자들과 살인자들과
음행하는 자들과 점술가들과 우상 숭배자들과 거짓말하는 모든 자들은 불과
유황으로 타는 못에 던져지리니 이것이 둘째 사망이라

하늘에서 내려오는 새 예루살렘은 로마제국을 상징하는 음녀 바벨론과
대립되는 표상이다. 새 예루살렘은 옛 예루살렘이 새로워진 것이 아니라
그와 완전히 다른, 선재적인창조 이전부터 있던 도시로서 옛 예루살렘을 완전히
대체하는 새로운 세상의 도시이다. 여기서 새 예루살렘은 신랑을 맞이하
러 가는 신부의 모습에 비유된다²¹:². 이어서 하늘 보좌에서 소리가 들려
하나님이 다시 오셨음을 나타낸다²¹:³. 인간이 타락하기 전 낙원에서 인간
과 함께하셨고 이스라엘의 역사 가운데 간헐적으로 나타나신 하나님이
이제 온 백성 가운데 영원히 함께하실 것이며, 그리하여 모든 고통과 죽
음이 사라지리라고 선언된다.

하나님에 의해 마련된 새로운 세상과 현존하는 옛 세상은 서로 무관한
두 종류의 세상이 아니다. 새로운 세상은 동시에 새로워진 옛 세상이다.
하나님은 옛 세상을 버리지 아니하시고 악한 적대 세력에서 해방하여 본

래의 창조 목적에 부합하도록 새롭게 변화시키기 때문이다. 이러한 표상은 완전해진 이 땅에 나타날 그리스도의 천년왕국의 통치 20:4-5를 통해서뿐만 아니라, 천상의 도시가 하늘로부터 새로워진 이 땅으로 내려오는 모습(21:10, "성령으로 나를 데리고 크고 높은 산으로 올라가 하나님께로부터 하늘에서 내려오는 거룩한 성 예루살렘을 보이니")에서도 드러난다.

마감 부분22:6-21에서 요한은 자신이 본 환상들이 틀림없다는 사실을 강조한다. 그리고 그리스도의 재림이 임박했음을 예고하면서, "주 예수여 오시옵소서! "(마라나타) 참조. 고전 16:22; Did. 10:6 라는 간구와 모든 자에게 복을 비는 말로 기록을 마친다.

> (22:20-21) [20] 이것들을 증언하신 이가 이르시되 내가 진실로 속히 오리라 하시거늘 아멘 주 예수여 오시옵소서 [21] 주 예수의 은혜가 모든 자들에게 있을지어다 아멘

여기서 "마라나타"는 주님을 향한 신앙고백 Bekenntnis 이라기보다, 예수님의 재림을 대망하는 신앙 공동체의 외침 기도 Gebetsruf 이다.21) 천상적 인자 예수님을 향한 외침 기도로서 마라나타는 고정된 형태를 띠게 된다. 요한계시록의 저자는 편지 형식의 머리말로 시작했는데1:4-5a, 그와 어울리게 바울서신의 경우처럼 은혜를 소원하는 말로 끝을 맺는다. 묵시문학에서는 이러한 편지 형태가 낯설지만 이는 요한계시록이 갖고 있는 예배적 관심과는 잘 어울린다. 사도들의 편지처럼 이 작품 역시 신앙 공동체에서 읽혀지기를 바랐다 W. Bousset; U. B. Müller. 예배하는 신앙 공동체는 예배와 성만찬을 통해 그리스도의 오심을 현재 확신할 수 있다. 예배 중의 찬양을 통해 하늘의 성전에서 24명의 장로와 하나님 보좌를 섬기는 존재들의 찬양 대열에4장 지금 동참하는 셈이다. 오직 예수 그리스도로부터 오는 복을

---

21) 아람어 문장 "Maranatha"는 보통 두 가지로 이해할 수 있다. 즉 직설법 형태로 "마란 아타" אתא מרן=우리 주님이 오셨다! 또는 명령법 형태로 "마라나 타" אתא מרנא=우리 주여, 오소서!.

비는 마지막 진술[22:21]은 도입부[1:4-6]의 하나님과 그의 보좌에 있는 일곱 영으로부터 나오는 축복과 차이가 난다. 그리스도인의 실존은 본질적으로 예수 그리스도에 의해 규정된다.

선별된 참고문헌

Achtemeier, P. J./Green, J. B./Thomson, M. M. *Introducing The New Testament: Its Literature and Theology*, 2001. (=소기천/윤철원/이달 옮김.『새로운 신약성서 개론』, 대한기독교서회, 2004)

Broer, I. *Einleitung in das Neue Testament*, Würzburg: Echter, ⁴2016.

Brown, R. E. *An Introduction to the New Testament*, 1997. (=김근수/이은순 옮김.『신약개론』, 기독교문서선교회, 2003)

Bultmann, R. *Theologie des Neuen Testaments* (UTB 630), Tübingen: Mohr, ⁸1980.

Conzelmann, H. *Grundriß der Theologie des Neuen Testaments*, Tübingen: Mohr, 1987. (=박두환 옮김.『신약성서신학』. 한국신학연구소, 2004)

Conzelmann, H./Lindemann, A. *Arbeitsbuch zum Neuen Testament*, Tübingen: Mohr, ¹⁴2004.

de Silva, David A. *An Introduction to the New Testament*, InterVarsity Press, 2004. (=김경식 외 옮김.『신약개론』. 기독교문서선교회, 2021)

Dibelius, M. *Geschichte der urchristlichen Literatur*, München: Kaiser, 1975.

Dunn, J. D. G. *Beginning from Jerusalem*, Eerdmans, 2009. (=문현인 역.『초기 교회의 기원(상/하)』. 새물결플러스, 2019)

Ebner, M./Schreiber, St.(eds.) *Einleitung in das Neue Testament*, Stuttgart: Kohlhammer, 2008. (=이종한 옮김.『신약성경 개론』. 분도출판사, 2013)

Goppelt, L. *Theologie des Neuen Testaments* (UTB 850), Göttingen: Vandenhoeck & Ruprecht, ³1985. (=박문재 옮김.『신약신학』. 크리스챤다이제스트, 2007)

Hahn, F. *Theologie des Neuen Testaments I*, Tübingen: Mohr, 2005. (=강면광 외 옮김.『신약성서신학 I』. 대한기독교서회, 2007)

Koch. D.-A. *Geschichte des Urchristentums: Ein Lehrbuch*, Göttingen: Vandenhoeck & Ruprecht, 2013.

Kümmel, W. G. *Einleitung in das Neue Testament*, Heidelberg: Quelle & Meyer, ²⁰1980. (=박익수 옮김.『신약정경개론』. 대한기독교출판사, 1988)

Merklein, H. *Jesus von Nazaret: Wie ihn die Evangelisten sehen*, Stuttgart: Katholisches Bibelwerk, 2008.

Niebuhr, K.-W. (ed.) *Grundinformation Neues Testament: Eine bibelkuntlichheologische Einführung*, Göttingen: Vandenhoeck & Ruprecht, 2000.

Pokorny, P. / Heckel, U. *Einleitung in das Neue Testament: Seine Literatur und Theologie im Überblick*, Tübingen: Mohr, 2007.

Roloff, J. *Einführung in das Neue Testament*, Stuttgart: Reclam, [7]2012.

Schnackenburg, R. *Jesus Christus im Spiegel der vier Evangelien*, Freiburg i.B.: Herder, 1998. (=김병학 옮김. 『복음서의 예수 그리스도』. 분도출판사, 2009)

Schnelle, U. *Einleitung in das Neue Testament*, Göttingen: Vandenhoeck & Ruprecht, [5]2005; [8]2017. (=김문경 외 옮김. 『우도 슈넬레의 신약정경개론』. 대한기독교서회, 2023)

_____. *Theologie des Neuen Testaments*, Göttingen: Vandenhoeck & Ruprecht, 2007.

Schweizer, E. *Theologische Einleitung in das NT*, Göttingen: Vandenhoeck & Ruprecht, 1989.

Stuhlmacher, P. *Biblische Theologie des Neuen Testaments I/II*, Göttingen: Vandenhoeck & Reprecht, [2]2012.

Theissen, G. *Das Neue Testament: Geschichte, Lieteratur, Religion*, München: C. H. Beck, 2002. (=노태성 옮김. 『그리스도인 교양을 위한 신약성서: 역사·문학·종교』. 다산글방, 2005)

_____. *Die Entstehung des Neuen Testaments als literaturgeschichtliches Problem*, Heidelberg: Winter, [2]2011.

_____. *Gospel Writing and Church Politics*, Hong Kong, 2001. (=류호성/김학철 옮김. 『복음서의 교회정치학』. 대한기독교서회, 2011)

Vielhauer, Ph. *Geschichte der urchristlichen Literatur: Einleitung in das Neue Testament, die Apokryphen und die Apostolischen Väter*, Berlin/New York: de Gruyter, 1978.

Weiser, A. *Theologie des Neuen Testaments II: Die Theologie der Evangelien*, Stuttgart / Berlin / Köln: Kohlhammer, 1993.

Wilckens, U. *Theologie des Neuen Testaments*, Bd. I/3-4, Neukirchen-Vluyn, 2005.

김창선.『21세기 신약성서 신학』. 예영커뮤니케이션, 2004.

_____.『복음의 진리를 위한 사도바울의 투쟁』. 한국성서학연구소, 2007.

_____.『유대교와 헬레니즘: 신약성서 배경 연구』. 한국성서학연구소, 2011.

_____.『공관복음서의 예수』. 비블리카 아카데미아, 2012.

_____.『역사적 성서해석과 신학적 성서해석』. 교육과학사, 2016.

_____.『역사적 예수와 바울』. 쿰란출판사, 2021.

색인